Frankreich Nord

Bretagne, Normandie, Loire, Champagne, Burgund, Lothringen, Elsaß

Reiseführer

Atlasteil
15 Routenbeschreibungen
23 Stadtpläne

Kümmerly + Frey

Bei einem Reiseführer dieser Art ist es unvermeidbar, daß trotz größten Bemühens der Redaktion um äußerste Genauigkeit manche Angaben von den Ereignissen überholt werden. Wir sind unseren Lesern für jeden hilfreichen Hinweis dankbar, um diesen Führer auch weiterhin stets auf dem letzten Stand zu halten.

Dieses Werk ist eine durchgreifend aktualisierte Übersetzung des Werkes „Guida d'Europa / Francia", Teil Nordfrankreich; die Beschreibungen der Orte der Region Paris–Ile-de-France stützen sich auf das Werk „Guida d'Europa / Parigi e dintorni".

Redaktion und Bearbeitung: Marco Tamborini
Geographische Anmerkungen: Lamberto Laureti
Karten und Pläne: Kartographische Abteilung des TCI
Sandro Toniolo, Sergio Seveso, Mario Balzarotti, Giovanni Filippi, Franco Fioravanti, Umberto Iccardi, Aldo Rema
Grafik und Illustration: Giovanni Filippi, Giovanni Schiona, Antonello Vincenti

Aus dem Italienischen übertragen von Dr. Martina Frank, Wien
Redaktion und Bearbeitung: Dr. Alexander Potyka, Wien
Herstellung: Franz Hanns, Wien
Satz: RSB Fotosatz Ges. m. b. H., Wien

Redaktionsschluß Hotelteil: November 1986

ISBN 3-259-06110-X

VORWORT

Das nördliche Frankreich, ein Land, das dem Kulturreisenden ebensoviel zu bieten hat wie dem Erholungsuchenden, ein Land der Geschichte ebenso wie ein Land der Gegenwart und der Zukunft, erfreut sich weiterhin zunehmender Beliebtheit als Reiseziel. Es ist nicht nur das überragende Zentrum Paris, das mit seiner unvergleichlichen Atmosphäre, seinen Museen und Denkmälern einen Aufenthalt lohnend macht, auch das Loire-Tal, mit den schönsten Renaissanceschlössern der Welt, die Badeorte der Atlantikküste, die Bretagne, mit ihren vorgeschichtlichen Denkmälern, die Normandie, die Champagne, mit der prachtvollen Kathedrale von Reims und natürlich das Elsaß, mit seinen Weinstraßen, um nur die Wichtigsten zu nennen, bezaubern den Reisenden.
Diese Vielfalt, dieses reiche Angebot an Sehenswertem dem Leser zu erschließen, ist die Aufgabe dieses Bandes.

Dieser Reiseführer, der von Praktikern und Urlaubsspezialisten und einer großen Zahl von „Kundschaftern" erstellt wurde, ist ein Musterbeispiel für gute Zusammenarbeit zwischen Verlegern und Automobil- und Touring-Clubs.

Der TOURING CLUB ITALIANO hat die erste, italienische Fassung in der bewährten, detailreichen und zuverlässigen Art erstellt, die deutschsprachige Fassung wurde von der Redaktion des Verlags Kümmerly + Frey überarbeitet und den Bedürfnissen des deutschsprachigen Lesers angepaßt.

Wir wünschen Ihnen mit dem neuen Kümmerly + Frey-Reiseführer viel Freude und eine gute und sichere Fahrt!

Die Redaktion

INHALT

Nützliche Hinweise von A bis Z 5
Kartenteil 9
Frankreich – Ein Land stellt sich vor 24
Routenvorschläge 37
Entfernungsübersicht 72
Ortsbeschreibungen 73
Hotelverzeichnis 217
Register 237

NÜTZLICHE HINWEISE VON A BIS Z

Apotheken *(Pharmacies).* – Adressen der Apotheken mit Nachtdienst (liste de garde) sind an jeder Apotheke angebracht. Apotheken haben vielfach nicht nur sonn- und feiertags, sondern auch Mo am Vormittag geschlossen, sind aber dafür von Di bis inkl. Sa bis 19 Uhr (in Paris bis 20 Uhr) dienstbereit.

Ärztliche Hilfe. – Arzt: *Médicin;* Krankenhaus: *Hôpital.*
In Frankreich gibt es außer für Feuerwehr (18) und Polizei (17) keine landesweit einheitlichen Notrufnummern. Jede Großstadt verfügt über einen eigenen Rettungsdienst (SAMU). Krankenhäuser gibt es in allen größeren Städten und Orten. Österreichische und deutsche Staatsbürger haben infolge internationaler Gegenseitigkeitsabkommen im Fall des Falles Anspruch auf vereinfachte Abwicklung. Sie können nach Eintausch des sogenannten „Internationalen Krankenscheines" gegen einen Krankenschein der französischen Krankenkassen ärztliche Hilfe kostenlos in Anspruch nehmen. Schweizer Bürger müssen die Kosten selbst tragen, können aber aufgrund besonderer Vereinbarungen die ausgelegten Kosten bei ihrer Krankenversicherung refundiert bekommen. Der Abschluß einer besonderen Krankenversicherung ist aber zu empfehlen. Informationen erteilen die Automobilclubs Ihres Heimatlandes.

Auskunftsstellen. – Für Reiseauskünfte wenden Sie sich bitte an folgende Stellen.
In *Österreich:* Französisches Fremdenverkehrsamt, 1030 Wien, Landstraßer Hauptstraße 2a, Hilton-Center, 2. Stock/259 c, Tel. 0222/75 70 62.
In der *Bundesrepublik Deutschland:* 6000 Frankfurt, Kaiserstraße 12, Tel. 069/74 05 51; 4000 Düsseldorf, Berliner Allee 26, Tel. 0211/80 375.
In der *Schweiz:* 8022 Zürich, Bahnhofstraße 16, Tel. 01/21 13 085; 1201 Genève, 2, Rue Thalberg, Tel. 22 32 86 10.
In *Frankreich:* Hier stehen Ihnen zahlreiche regionale und örtliche Informationsstellen – „Comités régionaux de tourisme", „Comités départementaux de tourisme", „Offices de tourisme", „Syndicats d'initiative" – ebenso zur Verfügung wie die zentrale Auskunftsstelle in Paris, „Agence nationale pour l'information touristique" (ANIT), 75001 Paris, 8, Avenue de l'Opéra, Tel. (01) 42 96 10 23.

Autobusverbindungen. – Das französische Autobusnetz entspricht durchaus dem Standard des modernen Tourismus. Nahezu jede größere Stadt und alle Fremdenverkehrsorte können bequem und preiswert mit den Autobussen privater Linienunternehmen und der französischen Staatsbahnen erreicht werden. Auskünfte erteilen Reisebüros und die Vertretungen der Französischen Staatsbahnen.

Automobilclub. – Der Automobile Club de France (ACF), 75008 Paris, 6–8, Place de la Concorde, Tel. (01) 26 534-70 und die Association Française des Automobilistes (AFA), 75017 Paris, 9, Rue Anatole de la Forge, Tel. (01) 22 78 200, stehen aufgrund internationaler Abkommen den Mitgliedern ausländischer Automobil- und Touring Clubs (z. B. ÖAMTC, ADAC, TCS) zur Verfügung. Die Dienstleistungen sind im Verhältnis zu anderen Clubs etwas eingeschränkt. Informieren Sie sich bei Ihrem Automobil- und Touring Club.

Bootssport. – Die französische Mittelmeerküste, die Atlantikküste und die vielen schiffbaren Wasserstraßen machen Frankreich zu einem Paradies für Motor- und Segelbootsportler. Die Ausübung der Sportschiffahrt mit Motorbooten ist bei Booten mit einer Motorleistung von über 10 CV an einen Führerschein (Schiffsführerpatent) gebunden. Ausländische Schiffsführerpatente werden mit französischer Übersetzung anerkannt.
Der Abschluß einer Haftpflichtversicherung ist nicht obligat, jedoch sehr empfehlenswert. Informationen erteilt Ihr Automobilclub (oder Bootsclub). Das Mitführen von einem Rettungsgerät für jede im Boot befindliche Person ist zwingend vorgeschrieben. Informationen über die Schiffbarkeit von Wasserstraßen erteilen die Vertretungen der Französischen Fremdenverkehrswerbung.

Camping. – Das Campingwesen erfreut sich in Frankreich großer Beliebtheit. Mehr als zwei Millionen Campingplätze stehen dem Touristen zur Verfügung. Am Eingang der einzelnen Plätze sind Kategorie sowie Benützungsgebühren ausgehängt. Die Klassifizierung erfolgt ähnlich wie bei Restaurants und Hotels mittels Sternen.
Darüber hinaus besteht die Möglichkeit des „Campierens auf dem Bauernhof"; Auskünfte erteilen die Maison des

Chambres d'Agriculture, 75008 Paris, 9, Avenue Georges V, Tel. (01) 72 35 150, oder die Fédération Nationale des Gîtes Rureaux de France, 75009 Paris, 35, Rue Godot de Mauroy. Für das sogenannte „freie“ Campieren ist die Bewilligung des Grundstückseigentümers erforderlich.

Die Aufstellung der empfehlenswerten Campingplätze ist im alljährlich erscheinenden ADAC-Campingführer „Südeuropa“ ersichtlich. Unbedingt empfehlenswert ist das „Carnet Camping International“, das Sie über Ihren Automobil- oder Campingclub erhalten. Mit diesem Carnet genießen Sie nicht nur Preisermäßigungen, es umfaßt auch eine Haftpflichtversicherung.

Diplomatische Vertretungen. – *Österreichische Botschaft:* 75007 Paris, 6, Rue Fabert, Tel. (01) 55 59 566. – *Deutsche Botschaft,* 75008 Paris, 13–15, Avenue Franklin D. Roosevelt, Tel. (01) 43 59 35 51; Konsulate in Bordeaux, Lille, Lyon, Marseille und Nancy. – *Schweizer Botschaft:* 75007 Paris, 142, Rue de Grenelle, Tel. (01) 43 50 34 46.

Einreisebestimmungen. – Zur Einreise nach Frankreich benötigen deutsche, österreichische und Schweizer Staatsbürger einen gültigen oder max. 5 Jahre abgelaufenen Reisepaß oder einen gültigen Personalausweis. (Im Herbst 1986 wurde u. a. für österreichische Staatsbürger angesichts des zunehmenden internationalen Terrorismus in Frankreich Visumpflicht eingeführt; über die Wirkungsdauer dieser Maßnahme war zu Redaktionsschluß nichts bekannt.)

Eisenbahnnetz. – Frankreich ist mit allen europäischen Staaten durch Eisenbahnlinien verbunden. Fahrpläne und Tarife sind über Bahnhöfe und Reisebüros, beim Französischen Fremdenverkehrsamt und bei den Niederlassungen der Französischen Staatsbahnen (SNCF) im Ausland zu erfragen. In *Österreich:* SNCF, 1070 Wien, Mariahilfer Straße 84, Tel. 0222/93 75 88; in der *Bundesrepublik Deutschland:* 6000 Frankfurt, Rüstenstraße 11, Tel. 069/72 84 44; in der *Schweiz:* 3000 Bern, Effingerstraße 31, Tel. 031/25 11 01. Diese Stellen informieren Sie auch über die zahlreichen Fahrpreisermäßigungen.

EISENBAHNEN

Feiertage. – Gesetzliche Feiertage sind: 1. Januar, 1. Mai, 14. Juli (Nationalfeiertag), 15. August, 1. November, 11. November (Waffenstillstand 1918), 25. Dezember sowie Ostermontag, Christi Himmelfahrt und Pfingstmontag.

Flugverkehr. – Die nationale französische Fluglinie ist die Air France, die die meisten Staaten der Erde mit Frankreich verbindet. Von Österreich, der Schweiz und der Bundesrepublik Deutschland aus verkehren natürlich auch die jeweiligen nationalen Fluglinien sowie zahlreiche Chartergesellschaften.
Innerhalb Frankreichs bietet die staatliche Gesellschaft Air Inter täglich über 300 Flüge in verschiedene große Städte des Landes.
Informationen erteilen die Büros der Air France in Österreich, in der Bundesrepublik Deutschland und in der Schweiz und die Büros der Air Inter in Frankreich sowie natürlich Ihr Reisebüro. Air-France-Büros in *Österreich:* 1010 Wien, Kärntner Straße 49, Tel. 52 66 52; in der *Bundesrepublik Deutschland:* 6000 Frankfurt, Kaiserstraße 19/21, Tel. 069/49 69 25/660; in der *Schweiz:* 8000 Zürich, Kalstraße 70, Tel. 01/21 11 377.

Geld – Geldwechsel. – Die französische Währungseinheit ist der Französische Franc (Franc Français) = 100 Centimes. Banknoten sind in folgenden Größenordnungen im Umlauf: 20, 50, 100, 200, 500 FF; Münzen in den Größenordnungen: 5, 10, 20 und 50 Centimes sowie 1, 2, 5 und 10 FF.
Die Ein- und Ausführ von Landeswährung und Fremdwährung ist bis zum Gegenwert von FF 5.000,– ohne Einschränkung erlaubt. Beträge über diesem Gegenwert sind an der Grenze zu deklarieren.

Geschäfte und Warenhäuser. – Üblicherweise haben in Frankreich kleinere Läden Mo geschlossen (ausgenommen große Warenhäuser und Geschäfte in Fremdenverkehrszentren). Sonst gelten folgende Einkaufszeiten: Di–Sa 9–12 und 14–18 Uhr (vielfach auch bis 19.30 Uhr). Lebensmittelläden sind häufig auch von 9–13 Uhr geöffnet. Banken: zumeist Mo–Fr 9–12 und 14–16 Uhr. In touristischen Zentren sind Wechselstuben nach Bedarf geöffnet.

Heilbäder und Kurorte. – Frankreich ist reich an wertvollen Thermen und Mineralwässern. Es bestehen zur Zeit mehr als 100 verschiedene Heil- und Kurbäder, wo weit über 1.000 Heilquellen Linderung und Heilung verschaffen. Die einzelnen Badeorte sind mit allen modernen Einrichtungen des heutigen Fremdenverkehrs versehen und bieten nahezu jeden Komfort. Außerdem haben sich in den letzten Jahren Meerwasserkuranstalten (Thalassotherapie) am Ärmelkanal, am Atlantik und am Mittelmeer etabliert.
Die Französischen Fremdenverkehrsämter sind auf Anfrage gerne bereit, detaillierte Auskünfte über die einzelnen Kurorte und ihre Heilerfolge zu geben, ebenso die Fédération Thermale et Climatique Française, 75005 Paris, 16, Rue de l'Estrapade, Tel. (01) 43 25 11 85.

Hotels. – Siehe Hotelverzeichnis.

Museen. – Die meisten staatlichen, aber auch privaten Museen und Sammlungen haben Di geschlossen. Die genauen Öffnungszeiten finden Sie im beschreibenden Teil dieses Führers. Da Öffnungszeiten aber auch immer wieder verändert werden, empfiehlt es sich, vor allem bei abseits gelegenen Sehenswürdigkeiten, zuvor bei einem der Fremdenverkehrsvereine oder in Ihrer Hotelrezeption genaue Auskünfte zu erfragen.

Notruf. – Landesweite Notrufnummern sind: Polizei und Rettung 17, Feuerwehr 18.

Pannenhilfe. – Die Panneneinsätze werden von einer zentralen Leitstelle in Paris gesteuert. Sie erreichen diese Notrufzentrale der AIT-Assistance unter der Telefonnummer 16/05 10 61 06, die Sie im Bedarfsfall von jeder öffentlichen Telefonzelle aus ohne Gebühr anwählen können (in französischer, deutscher und englischer Sprache).

Post- und Telefon. – Postämter sind von Mo–Fr 9–18 Uhr sowie Sa von 9–12 Uhr geöffnet.
Das französische Telefonsystem wurde in jüngster Zeit umgestellt und vereinfacht. Innerhalb von Paris und innerhalb der französischen Provinz braucht man nun nur noch die achtstellige Teilnehmernummer zu wählen. Den bisher siebenstelligen Pariser Teilnehmernummern wird eine 4 vorangestellt, den Rufnummern in der Provinz (bisher sechsstellig) wird die Départementkennzahl vorangestellt. Von Paris aus in die Provinz wählt man die 16, dann die achtstellige Rufnummer, umgekehrt wählt man die 16, zusätzlich eine 1 und dann die achtstellige Nummer.
Vorwahlnummer nach Frankreich: Von Österreich, der Bundesrepublik Deutschland und der Schweiz aus 0033. Von Frankreich nach Österreich 19 43, nach der Bundesrepublik Deutschland 19 49, nach der Schweiz 19 41. Nach der 19 erneut Wählton abwarten.

Von den öffentlichen Telefonzellen aus kann man meist mit Münzen telefonieren, aber auch „Telefonwertkarten" sind in jedem Postamt erhältlich. In der Zeit zwischen 23 und 6 Uhr sind die Telefongebühren um 50% ermäßigt, ebenso an Sonn- und Feiertagen und an Samstagen ab 14 Uhr.

Restaurants. – Nicht überall in Frankreich bekommt man jene Qualität serviert, für die Frankreichs Köche weltberühmt sind. Die französischen Restaurants werden mit Sternchen klassifiziert. Viele Restaurants bieten Tagesgerichte (Plats du jour) oder Touristenmenüs (Menus touristiques) an, bei denen im Preis Vor-, Haupt- und Nachspeise, ein Getränk sowie das Gedeck enthalten sind, und die in der Regel sehr preiswert sind. In den Rechnungen ist zumeist ein Bedienungsgeld von 10–15% inbegriffen, ein weiteres Trinkgeld ist bei Zufriedenheit durchaus üblich, aber nicht unbedingt erforderlich.

Straßenzustand. – Das französische Straßennetz kann als dicht und ausreichend bezeichnet werden. Laufend werden neue Autobahnen gebaut, und auch die Nationalstraßen sind gut ausgebaut und erlauben ein zügiges Vorwärtskommen. Auch die meisten Nebenstraßen sind asphaltiert und man findet nur wenige wirklich schlechte Straßenzüge. In der Hauptreisezeit (August) sind die Verbindungen in die großen Fremdenverkehrszentren, vor allem im Süden des Landes, häufig verstopft. Neuralgische Stellen sind die Côte d'Azur und der Großraum Paris. Sogenannte „Intinéraires bis" (Ausweichstrecken), die durch besondere Schilder gekennzeichnet sind, ermöglichen eine bequemere und häufig reizvollere Fahrt durch weniger bekannte Landschaften.

Die Benützung der Autobahnen ist gebührenpflichtig. Informationen über fertiggestellte Autobahnteilstücke und deren Tarife erteilen die Automobil- und Touringclubs.

Uhrzeit. – In Frankreich gilt die Mitteleuropäische Zeit (MEZ), von Anfang April bis Ende September die Sommerzeit (MEZ + 1 Stunde).

Verkehrsbestimmungen. – Im wesentlichen gelten die gleichen Verkehrsbestimmungen wie im übrigen Europa. Die festgelegten Geschwindigkeitsbeschränkungen werden streng überwacht und Übertretungen streng geahndet. Pkw dürfen im Ortsgebiet 60, auf Freilandstraßen 90 und auf Autobahnen 130 km/h fahren; bei Nässe sind auf Autobahnen 110, auf Freilandstraßen 80 km/h erlaubt. Gelbe Streifen am Fahrbahnrand bedeuten Parkverbot. Kurzparkzonen (Blaue Zonen – zones bleues) sind durch Verkehrszeichen gekennzeichnet und gebührenpflichtig.

KARTENTEIL

Maßstab 1:1330000

0 10 20 30 40 50 km

1 cm = 13,3 km

Seiteneinteilung:

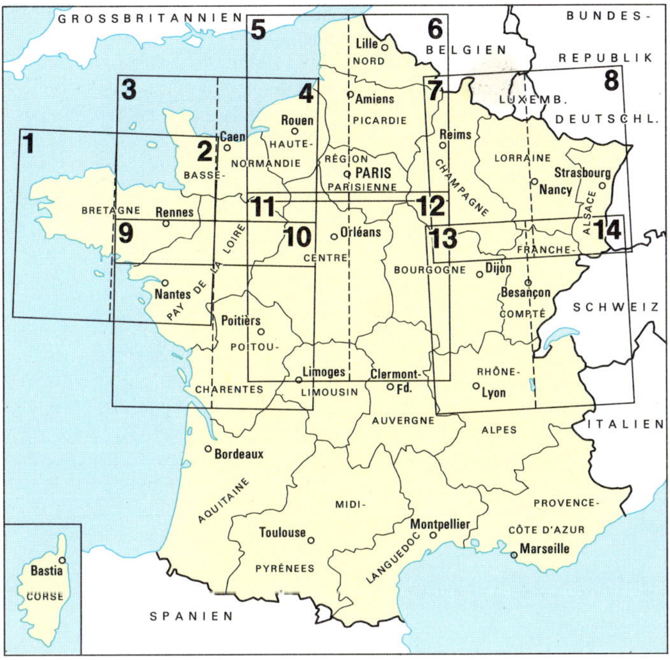

Autobahn mit Anschlüssen
Motorway with access road
Autoroute avec accès

Autobahn im Bau
Motorway under construction
Autoroute en construction

Autostraße mit Anschlüssen
Motorroad with access road
Semi-autoroute avec accès

Autostraße im Bau
Motorroad under construction
Semi-autoroute en construction

Internationale Fernstraße
International trunk road
Route de transit international

Regionale Fernstraße
Regional trunk road
Route de transit régional

Hauptverbindungsstraße
Main connecting road
Route de communication principale

Verbindungsstraße
Connecting road
Route de communication

4 6 15 5

Autobahndistanzen in Kilometern
Motorway distances in kilometres
Distances sur l'autoroute en kilomètres

7 5 3 15 6

Distanzen in Kilometern
Distances in kilometres
Distances en kilomètres

Grenzübergang, durchgehend offen
Frontier crossing, open day and night
Passage frontalier, ouvert jour et nuit

A
B
1
2
3
4
Ile d'Ouessant
Lampaul
Rochers
Ile Molène
Le Conquet
St-Mathieu
Pte. de St. Mathieu
Porspoder
Lanildut
Brélès
St-Renan
Portsall
L'Aber-Wrac'h
Lannilis
Ploudalmézeau
Plouguerneau
Brignogan-Plage
Guissény
Plouescat
Le Folgoët
Lesneven
Plabennec
Gouesnou
BREST
Guipavas
Plougastel-Daoulas
Pte des Espagnols
Roscanvel
Landerneau
Landivisiau
Daoulas
Le Faou
Camaret-sur-Mer
Crozon
Morgat
Lanvéoc
Pte. de Penhir
Rostudel
Grottes de Crozon
Ménez-Hom
Quimerch
Aulne
Châteaulin
Locronan
Tréboul
Douarnenez
Pte. du Van
Pte. du Raz
Ile de Sein
Pont-Croix
Audierne
Plouhinec
Plozevet
Pouldreuzic
QUIMPER
Plonéour-Lanvern
Pont-l'Abbé
St-Guénole
Penmarch
Pte. de Penmarch
Fouesnant
Bénodet
Kerazan
Loctudy
Beg-Meil
Iles de Glénan
Concarneau
Trégunc
Pont-Aven
Riec-s-Bélon
Le Pouldu
Quimperlé
Bannalec
Rosporden
Scaër
Coray
Briec
Pleyben
Châteauneuf-du-Faou
Roc de Toulaëron
Ile de Batz
Roscoff
St-Pol-de-Léon
Carantec
Morlaix
Primel-Trégastel
St-Jean-du-Doigt
Plougasnou
Plouigneau
Plougonven
St-Thégonnec
Guimiliau
Sizun
Commana
Monts d'Arrée
St-Michel
Huelgoat
Berrien
Brasparts
Loqueffret
Plonévez-du-Faou
Poullaouen
Carhaix-Plouguer
Gourin
Le Faouët
Plouay
Hennebont
LORIENT
Ploemeur
Larmor-Plage
Port-Louis
Groix
Etel
Plouharnel
Carnac
Presqu'ile de Quiberon
Quiberon
Pte.des Poulains
Sauzon
Grotte de l'Apothicairerie
Le Palais
Grand Phare
Aiguilles de Port Colon
Bangor
Belle-Ile
Lannion
Perros-Guirec
Trégastel Plage
Ste-Anne
Ploumanac'h
Trébeurden
Tréguier
Pleubian
Plestin-les-Grèves
St-Michel-en-Grève
Lanmeur
Plouaret
Bégard
Belle-Isle-en-Terre
Louargat
Callac
Bourbriac
Bulat-Pestivien
Gorges du Toul Goulic
St-Nicolas-du-Pélem
Rostrenen
Gouarec
Plouray
Guémené-s.-Scorff
Melrand
Bubry
Languidic
Belz
Landévant
Lannéanou
Roudouallec
Laz
Kernascléden
Inguiniel
Arzano
St-Fiacre
Silfiac
QUIMPER
BREST
LORIENT

Jersey
St-Helier
Golfe de St. Malo
Iles Chausey
Cap de Carteret
Carentan
St-Lô
Coutances
Granville
Avranches
Villedieu-les-Poêles
Vire
Le Mont-St-Michel
Cancale
St-Malo
Dinard
Paramé
St-Servan-s.-Mer
Cap Fréhel
Pte. du Grouin
St-Quay-Portrieux
St-Brieuc
Plérin
Lamballe
Dinan
Dol-de-Bretagne
Pontorson
Fougères
Combourg
Rennes
Vitré
Loudéac
Ploërmel
Josselin
Montfort
Vannes
Redon
Châteaubriant
Guémené-Penfao
Nozay
Blain
Ancenis
Nantes
St-Nazaire
La Baule
Pornichet
Le Croisic
Guérande
Pornic
Paimbœuf
Machecoul
Clisson
Challans
Noirmoutier-en-l'Ile
Ile de Noirmoutier
Ile d'Yeu
St-Jean-de-Monts
Les Herbiers
Montaigu
Les Essarts
Ille-et-Vilaine
Loire-Atlantique

A
B
1
2
LA MA
Alderney (Aurigny)
Braye
C. de la Hague
Auderville
Nez de Jobourg
Omonville-la-Rogue
Urville-N.
Beaumont-Hague
Cherbourg
Octeville
Tourlaville
C. Lévy
Pte. de Barfleur
St-Pierre-Eglise
Barfleur
La Pernelle
Quettehou
St-Vaast-la-Hougue
Diélette
Les Pieux
Rauville-la-Bigot
Valognes
Quinéville
Montebourg
Utah Beach
Bricquebec
Colomby
Ste-Mère-Eglise
Carteret
Cap de Carteret
Barneville-Carteret
St-Sauveur-le-Vicomte
Portbail
Denneville
La Haye-du-Puits
St-Jores
Carentan
Isigny-s.-M.
Grandcamp-les-Bains
Vierville-s.-Mer
Omaha Beach
St-Laurent-s.-M.
Trévières
Bayeux
Jersey
St-John
Trinity
L'Etacq
Gorey
St-Brelade
St-Helier
Saison
(Saison)
Lessay
Périers
St-Jean-de-Daye
La Mine
Balleroy
Cerisy-la-Forêt
Pont-Hébert
St-Lô
St-Sauveur-Lendelin
Marigny
Coutainville-Plage
Agon
Coutances
Le Mesnil-Herman
Rochers de Ham
Torigni-s.-Vire
Caumont-l'Eventé
St-Martin-des-Besaces
Montmartin-s.-M.
Hyenville
Villebaudon
Tessy-s.-Vire
Lengronne
Hambye
Gavray
Percy
Pont-Farcy
Bréhal-Plage
Iles Chausey
Donville-les-Bains
Villedieu-les-Poêles
Granville
St-Pair-s.-M.
Le Repas
La Haye-Pesnel
St-Sever-Calvados
Vire
Golfe de St Malo
Carolles
Sartilly
St-Jean-le-Thomas
Genêts
St-Pois
Tinchebray
Brécey
Sourdeval
Avranches
Juvigny-le-Tertre
Mortain
Pontaubault
Ducey
Barenton
St-Hilaire-du-Harcouët
Le Teilleul
Buais
Passais
Landivy
Cap Fréhel
Pte. du Grouin
Cancale
Paramé
St-Malo
Dinard
St-Lunaire
St-Servan-s.-Mer
Le Mont-St-Michel
Le Vivier-s.-M.
Sables-d'Or-les-Pins
Fort la Latte
St-Cast
Erquy
Pléneuf-Val-André
Le Val-André
St-Briac-s.-M.
Matignon
Ploubalay
Hénanbihen
Les Rosaires
Plérin
Châteauneuf-d'Ille-et-Vilaine
Dol-de-Bretagne
Pontorson
Pleine-Fougères
Plancoët
Lamballe
Noyal
Dinan
Le Vieux Bourg
Trans
Antrain
St-James
Louvigné-du-Désert
Plélan-le-Petit
Jugon
Bazouges-la-Pérouse
St-Brice-en-Coglès
Gorron
Ambrières
Moncontour
Evran
Combourg
St-Rémy-du-Plain
Sens-de-Bretagne
Fougères
La Tannière
St-Denis-de-Gastines
Ernée
Collinée
Broons
Tinténiac
Hédé
Plouguenast
Eréac
Caulnes
Bécherel
Montmuran
St-Aubin-d'Aubigné
St-Aubin-du-Cormier
Dompierre-du-Chemin
Vautorte
St-Jouan-de-l'Isle
Quédillac
Trémorel
Montauban
Plémet
Merdrignac
St-Méen-le-Gd.
Bédée
La Croixille
Alexain
La Baconnière
Ménéac
Montfort
Rennes
Val-d'Izé
Le Bourgneuf-la-Forêt
La Chèze
Rohan
La Trinité-Porhoët
Gaël
Mauron
Mordelles
Vitré
Châteaubourg
Les Forges
Laval
Les Rochers
La Gravelle
Paimpont
Châteaugiron
Argentré-du-Plessis
Néant-sur-Yvel
Plélan-le-Grand
Le Ballon
Josselin
Guichen
Corps-Nuds
Janzé
La Roche-aux-Fées
St-Poix
Cossé-le-Vivien
Ploërmel
La Guerche-de-Bret.
Guer
Maure-de-Bret.
Le Sel
Retiers
Laubrières
Quelaines
La Chapelle
Plumelec
Malestroit
Lohéac
Bain-de-Bret.
Thourie
Ballots
Craon
Sérent
Carentoir
Pipriac
Guipry
Messac
Martigné-Ferchaud
St-Quentin-l.-A.
La Gacilly
Rougé
Renazé
Elven
St-Gravé
Sion-les-Mines
Pouancé
Rochefort-en-Terre
Grand-Fougeray
Châteaubriant
Segré
Questembert
Redon
St-Nicolas-de-Redon
Derval
La Croix-Laurent
Challain-la-Potherie
Theix
Allaire
Guémené-Penfao
Moisdon-la-Rivière
La Chapelle-Glain
Péaule
Fégréac
Nozay
La Meilleraye-de-Bret.
Vern-d'Anjou
Muzillac
La Roche-Bernard
La Bretesche
Trelan
Plessé
St-Mars-la-Jaille
Candé
Pénestin
Missillac
St-Gildas-des-Bois
Blain
Joué-s.-Erdre
Le Louroux-Béconnais
Bécon-les-Gr.
Herbignac
Pontchâteau
Campbon
Bouvron
Nort-s.-E.
La Regéserie
ILLE-ET-VILAINE
CÔTES-DU-NORD
MANCHE
MAYENNE

MANCHE
D
Dieppe
Le Tréport
Eu
St-Valéry-en-Caux
Fécamp
Etretat
Yvetot
Bolbec
Lillebonne
Montivilliers
Harfleur
Ste-Adresse
LE HAVRE
Honfleur
Trouville-s.-M.
Deauville
Cabourg
Houlgate
Dives-s.-M.
Ouistreham
Pont-l'Évêque
Pont-Audemer
ROUEN
Maromme
Barentin
Pavilly
Malaunay
Neufchâtel-en-Bray
Elbeuf
Louviers
Les Andelys
Gaillon
Vernon
CAEN
Lisieux
Bernay
Brionne
Le Neubourg
Évreux
Conches-en-Ouche
Pacy-s.-Eure
Falaise
Vimoutiers
Orbec
Argentan
Flers
La Ferté-Macé
Gacé
L'Aigle
Rugles
Breteuil
Verneuil-sur-Avre
Dreux
Nonancourt
Mortagne-au-P.
Alençon
Sées
Mamers
Nogent-le-Rotrou
La Loupe
Illiers
Brou
La Ferté-Bernard
Bonnétable
Sillé-le-Guillaume
Évron
Sablé-s.-S.
LE MANS
Château-du-Loir
La Flèche
Durtal
Baugé
ANGERS
St-Calais
Vendôme
Montoire-s.-le-Loir
Château-Renault
Châteaudun
Cloyes-s.-le-Loir
Blois
SEINE-MARITIME
CALVADOS
EURE
ORNE
SARTHE
EURE-ET-LOIR
LOIR-ET-CHER
MAYENNE
Pays de Caux

A
B
1
2
Pas de Calais
„Chunnel"
Tunnel ferroviaire en construction
CALAIS
Sangatte
Hoverport
Marck
Wissant
C. Gris-Nez
Guînes
Ardres
Audresselles
Marquise
Wimereux
Licques
BOULOGNE-S.-M.
PAS-
Le Portel
Colembert
Desvres
Harderlot-Plage
Samer
Hucqueliers
Le Touquet-Paris-Plage
Etaples
Maninghem
Hénoville
Merlimont-Plage
Montreuil-sur Mer
Canche
Berck
Maresquel
Hesdin
Waben
Fort-Mahon-Plage
Quend
Nampont-St-Martin
Ligescourt
Rue
Crécy-en-Ponthieu
Le Boisle
Le Crotoy
Forest-Montiers
Nouvion
St-Valéry-s.-S.
Cayeux-s.-M.
Noyelles-s.-Mer
Brutelles
Cambron
St-Riquier
Ault
Abbeville
Mers-les-Bains
Le Tréport
Eu
Fressenneville
Somme
Criel-s.-Mer
Hallencourt
Longpré
Berneval-le-Grand
St-Martin-en-Campagne
Gamaches
Le Translay
Airaines
Dieppe
Varengeville-s.-M.
Ste-Marguerite
Quiberville
St-Aubin
Sotteville-s.-Mer
Veules-les-Roses
Bouttencourt
Blangy-s.-Bresle
Oisemont
Envermeu
Arques-la-Bataille
Sénarpont
Camps-en-Amiénois
St-Valéry-en-Caux
Veulettes-sur-Mer
Duvillé-la-Rivière
Fresnoy-Folny
Foucarmont
Hornoy
St-Pierre-en-Port
Cany-Barville
Fontaine-le-Dun
Londinières
Bacqueville-en-C.
Torcy-le-Grand
Fécamp
Yport
Valmont
St-Laurent-en-C.
Longueville-s.-Scie
Mesnières-en-Bray
Aumale
Poix
Neufchâtel-en-Bray
Etretat
Ourville-en-Caux
Doudeville
Falaise d'Aval
Epreville
Héricourt-en-C.
Bellencombre
Les Hayons
Port du Havre-Antifer
Bailleul
Yerville
Tôtes
St-Saëns
Gaillefontaine
Grandvilliers
Criquetot-l'Esneval
Goderville
Fauville-en-Caux
St-Martin-Osmonville
Formerie
Crèvecœur-le-Gd
Cauville
PAYS DE CAUX
SEINE-MARITIME
Yvetot
Forges-les-Eaux
Rolleville
Epouville
Montivilliers
Bolbec
Barentin
Pavilly
Clères
St-André-s.-Cailly
Buchy
St-Samson-la-Poterie
Songeons
Marseille-en-Beauvaisis
Harfleur
St-Romain-de-Colbosc
Lillebonne
Caudebec-en-C.
St-Wandrille
Malaunay
Crillon
Le Havre
La Mailleraye-s.-S.
Duclair
Tancarville
Quillebeuf-s.-S.
Maromme
La Feuillie
Gournay-en-Bray
Troissereux
Honfleur
St-Martin-de-B.
Jumièges
ROUEN
Vascœuil
BEAUVAIS
Villerville
Boos
Lyons-la-Forêt
St-Germer-de-Fly
Auneuil
Trouville-s.-M.
St-Maclou
Grd.-Couronne
Pont-St-Pierre
Morgny
Sérifontaine
La Houssoye
Beuzeville
Pont-Audemer
Bourg-Achard
La Bouille
Fleury-s.-Andelle
Villers-s.-M.
St-André-d'Hébertot
Montfort-s.-Risle
Bourgtheroulde
Elbeuf
Pont-de-l'Arche
Ecouis
Gisors
Pont-l'Evêque
Epaignes
St-Georges-du-Vièvre
St-Cyr-du-Vaudreuil
Les Andelys
Etrépagny
Chaumont-en-Vexin
Cormeilles
Pont-Authou
Bec-Hellouin
Louviers
Dangu
Valsemé
Lieurey
Brionne
Champ de Bataille
Heudebouville
Les Thilliers-en-V.
St Clair-s.-Epte
Fleury
Lisieux
La Bretagne
Harcourt
Acquigny
Gaillon
Amblainville
Thiberville
Fontaine-la-Soret
Le Neubourg
Ambleville
Magny-en-Vexin
Chars
Marines
St-Loup-de-F.
Bernay
EURE
Autheuil
Vernon
St-Julien-le-Faucon
Beaumont-le-Roger
Gasny
Vétheuil
Bonnières-s.-S.
Vigny
Villeneuve-St-Martin
Pontoise
Livarot
Orbec
Broglie
Beaumesnil
Caër
Evreux
Pacy-s.-Eure
Rosny
Meulan
Cergy-P.
Conflans-Ste-H.
Vimoutiers
Courteilles
La Ferrière-s.-Risle
Limay
Mantes
La Barre-en-Ouche
Conches-en-Ouche
Breuilpont
Autoroute de Normandie
Poissy
Flins-s.-S.
Maule
La Vieille-Lyre
St-André-de-l'Eure
Longnes
Septeuil
St-Germain-en-Laye
Trun
Monnai
Glos-la-Ferrière
Damville
Ivry-la-Bataille
Bueil
SEINE-
La Ferté-Fresnel
Rugles
Breteuil
Marcilly-s.-E.
Anet
La Queue-l.-Y.
St-Cyr-l'Ecole
Chambois
Le Bourg-St-Léonard
Exmes
Gacé
l'Aigle
Tillières-sur-Avre
Droisy
Nonancourt
Houdan
Montfort-l'Amaury
Les Mesnuls
Trappes
VERSAILLES
St-Quentin-en-Yvelines
Dampierre
Haras du Pin
Nonant-le-Pin
Echauffour
Chandai
Verneuil-sur-Avre
Dreux
Chérisy
Condé-s.-V.
St-Léger-en-Y.
Le Merlerault
Ste-Gauburge-Ste-Colombe
Crulai
Notre-Dame-d'Aspres
Avre
Laons
Faverolles
Le Perray-en-Y.
Cernay
PERCHE
Moulins-la-Marche
St-Maurice
Brezolles
Tréon
Rambouillet
Sées
Courtomer
Tourouvre
Ste-Anne
La Ferté-Vidame
Epernon
Rochefort-en-Yvelines
Ecouves
Le Perron
Essai
Bazoches-s.-H.
Senonches
Châteauneuf-en-Thymerais
Maintenon
Orphin
St-Arnoult-en-Yvelines
Mortagne-au-P.
St-Mard-de-Réno
Longny-au-Perche
Digny
Dangers
Gallardon
Dourdan
Le Mêle-sur-Sarthe
Moutiers-au-Perche
Ablis
Alençon
Le Pin-la-Garenne
Rémalard
La Loupe
Courville-sur-Eure
Chartres
Béville-le-Comte
Auneau
Authon-la-Plaine
Bellême
Nocé
Champrond-en-Gâtine
Voise
Sainville
EURE-ET-LOIR

6
DUNKERQUE
WEST-VLAANDEREN
BELGIË
OOST-VLAANDEREN
GENT
AALST
ROESELARE
KORTRIJK
Oudenaarde
Geraardsbergen
BRUXELLES
Ieper
Poperinge
Menen
Mouscron
TOURCOING
ROUBAIX
LILLE
Tournai
Ath
Leuze
Soignies
HAINAUT
MONS
La Louvière
CHARLEROI
Armentières
Hazebrouck
Cassel
Bergues
Aire-s.-la-Lys
Béthune
Bruay-en-Artois
Lens
Hénin-Liétard
Douai
Orchies
St-Amand-les-Eaux
Valenciennes
Denain
Maubeuge
PAS-DE-CALAIS
Arras
Doullens
Cambrai
Le Quesnoy
Le Cateau
Avesnes-s.-Helpe
Hirson
Bapaume
Albert
Péronne
AMIENS
SOMME
ST-QUENTIN
Guise
Vervins
Ham
Roye
Montdidier
Noyon
Chauny
La Fère
Laon
AISNE
OISE
Compiègne
Soissons
Clermont
Creil
Senlis
Chantilly
Crépy-en-Valois
Villers-Cotterêts
Château-Thierry
REIMS
Épernay
Meaux
PARIS
Coulommiers
La Ferté-s.-Jouarre
SEINE-ET-MARNE
Provins
Melun
Fontainebleau
Montereau-Faut-Y.
Sézanne
Romilly-s.-S.
Nogent-s.-S.
Arcis-s.-Aube
CHAMPAGNE
MARNE

BELGIQUE
LUXE
ARDENNES
MARNE
MEUSE
MEURTH
AUBE
HAUTE-MARNE
VOSGE
CÔTE
Rochefort
Givet
Fumay
Revin
Couvin
Chimay
Fourmies
Hirson
Monthermé
Bouillon
Bertrix
Neufchâteau
Bastogne
St-Hubert
Arlon
Longwy
Longuyon
Hayange
Briey
Jarny
CHARLEVILLE-MÉZIÈRES
Sedan
Carignan
Florenville
Virton
Montmédy
Stenay
Rethel
Vouziers
Attigny
Le Chesne
Buzancy
Grandpre
Dun-s.-Meuse
Verdun
Étain
Suippes
Ste-Menehould
Clermont-en-Arg.
Les Islettes
CHÂLONS-S.-M.
Vitry-le-François
St-Dizier
Bar-le-Duc
Revigny-s.-Ornain
Ligny-en-Barrois
Commercy
St-Mihiel
Pont-à-Mousson
Toul
Vaucouleurs
Gondrecourt
Joinville
Wassy
Arcis-s.-Aube
Brienne-le-Ch.
Bar-s.-Aube
Chaumont
Neufchâteau
Contrexéville
Bourbonne-les-Bains
Langres
Nogent-en-Bassigny
Châtillon-s.-S.
Montbard
Is-s.-Tille
Fontaine-Française
Champlitte-et-le Prélot
L. du Der-Chantecoq
L. de la Forêt d'Orient

WIESBADEN
MAINZ
Bingen
Bad Kreuznach
TRIER
Idar-Oberstein
KAISERSLAUTERN
LUDWIGSHAFEN
NEUSTADT A.D.W.
LUXEMBOURG
Merzig
Dillingen
Saarlouis
Völklingen
SAARBRÜCKEN
Forbach
St. Wendel
Neunkirchen
Homburg
St. Ingbert
Zweibrücken
PIRMASENS
Landau
Sarreguemines
Bitche
Wissembourg
KARLSRUHE
Haguenau
Rastatt
Baden-Baden
Saverne
Sarrebourg
NANCY
Lunéville
STRASBOURG
Kehl
Offenburg
Lahr
Sélestat
Baccarat
St-Dié
Epinal
COLMAR
Emmendingen
FREIBURG
Gérardmer
Remiremont
Luxeuil-les-Bains
Thann
MULHOUSE
Lörrach
BASEL
BELFORT
Montbéliard
Sochaux
Delle
MOSELLE
SAARLAND
RHEINLAND-PFALZ
BAS-RHIN
HAUT-RHIN
BADEN
HAUTE-SAÔNE

RENNES
Vitré
LAVAL
Montfort
Mordelles
Châteaugiron
Châteaubourg
La Guerche-de-Bret.
Janzé
Retiers
Bain-de-Bret.
Guichen
Plélan-le-Grand
Ploërmel
Josselin
Malestroit
Sérent
Plumelec
Questembert
Muzillac
Rochefort-en-Terre
Redon
Guer
Maure-de-Bret.
Pipriac
Guipry
Carentoir
La Gacilly
Grand-Fougeray
Derval
Châteaubriant
Martigné-Ferchaud
Pouancé
Craon
Renazé
Segré
Cossé-le-Vivien
Quelaines
Guémené-Penfao
Nozay
Blain
Plessé
St-Gildas-des-Bois
Missillac
La Roche-Bernard
Pontchâteau
Herbignac
Pénestin
Piriac-s.-M.
La Turballe
Guérande
Le Croisic
La Baule
Pornichet
ST-NAZAIRE
Montoir-de-Bret.
Savenay
Paimbœuf
St-Brévin-les-Pins
St-Michel-Chef-Chef
St-Père-en-Retz
Pornic
Préfailles
Pte. de St. Gildas
Bourgneuf-en-R.
Machecoul
St-Philbert-de-G.-L.
NANTES
Carquefou
Ancenis
Varades
Candé
Chalonnes-s.-L.
Chemillé
Beaupréau
Vallet
Clisson
CHOLET
Montaigu
Mortagne-s.-Sèvre
Tiffauges
St-Laurent-s/-Sèvre
Les Herbiers
Mouchamps
Pouzauges
Chantonnay
Ile de Noirmoutier
Noirmoutier-en-l'Ile
Beauvoir-s.-M.
La Garnache
Challans
Legé
St-Jean-de-Monts
Ile d'Yeu
Port-Joinville
Aizenay
Le Poiré-s.-Vie
Les Essarts
St-Gilles-Croix-de-Vie
La Roche-s.-Yon
Les Sables-d'Olonne
Talmont
Luçon
Fontenay-le-Comte
Marans
Ile de Ré
St-Martin-de-Ré
LA ROCHELLE
Châtelaillon-Plage
Ile d'Aix
Fouras
Rochefort-s.-M.
Tonnay-Charente
Ile d'Oléron
St-Pierre-d'Ol.
Le Château-d'Oléron
Marennes
La Tremblade
Pte. de la Coubre
Royan
St-Georges-de-Didonne
Saujon
Soulac-s.-M.
Le Verdon-s.-M.
LOIRE-ATLANTIQUE
VENDÉE
2
3
4
A

Le Mans
Sarthe
Angers
Saumur
Tours
Blois
Vendôme
Châteaudun
Amboise
Chenonceaux
Chinon
Loches
Loudun
Thouars
Parthenay
Châtellerault
Poitiers
Chauvigny
Montmorillon
Le Blanc
Bressuire
St-Maixent-l'Ecole
Niort
Melle
Civray
Ruffec
Confolens
Bellac
Le Dorat
Limoges
St-Junien
Rochechouart
La Rochefoucauld
Angoulême
Cognac
Jarnac
Châteauneuf-s.-Charente
Nontron
St-Yrieix-la-Perche
Aixe-s.-V.
Magnac-Laval
Châteauponsac
Argenton-s.-Creuse
Buzançais
Châtillon-s.-Indre
Montrichard
St-Aignan
Contres
Château-Renault
Montoire-s.-le-Loir
St-Calais
La Flèche
Sablé-s.-S.
Baugé
Durtal
Le Lude
Château-du-Loir
Ecommoy
Bourgueil
Langeais
Ste-Maure-de-Touraine
Richelieu
L'Ile-Bouchard
Lencloître
Mirebeau
Neuville-de-Poitou
Vouillé
Lusignan
Vivonne
Gençay
Sommières-du-Clain
Lussac-les-Châteaux
L'Isle-Jourdain
Montrésor
Tournon-St-Martin
Doué-la-Fontaine
Montreuil-Bellay
Fontevraud-l'Abbaye
TGV Atlantique
L'Aquitaine
Indre-et-Loire
Touraine
Loir-et-Cher
Indre
Deux-Sèvres
Vienne
Charente
Haute-Vienne
Maine-et-Loire
Limousin

Chartres
Nogent-le-Rotrou
Mamers
Bellême
La Ferté-Bernard
Le Mans
Brou
Illiers
Bonneval
Châteaudun
Orléans
Olivet
Beaugency
St-Calais
Vendôme
Montoire s.-le-Loir
Château-du-Loir
Le Lude
Château-Renault
Blois
Chambord
Amboise
Tours
Vouvray
Chenonceaux
Montrichard
Contres
Romorantin-Lanthenay
Salbris
Langeais
Chinon
Loches
Ste-Maure-de-Touraine
Richelieu
Selles-s.-Ch.
Valençay
St-Aignan
Vierzon
Châtillon-s.-Indre
Levroux
Issoudun
Buzançais
Châteauroux
Châtellerault
Poitiers
Chauvigny
Le Blanc
Argenton-s.-Creuse
La Châtre
Montmorillon
La Souterraine
Guéret
Bellac
Le Dorat
Confolens
Civray
Ruffec
St-Junien
Limoges
Bourganeuf
Ambazac
St-Léonard-de-Noblat
Rochechouart
Chasseneuil-s.-Bonnieure
SARTHE
EURE-ET-LOIR
LOIR-ET-CHER
LOIRET
INDRE-ET-LOIRE
INDRE
CHER
VIENNE
HAUTE-VIENNE
CREUSE
TOURAINE
BEAUCE
TGV Atlantique
l'Océane A 11
l'Aquitaine A 10

Fontainebleau
Montereau-Faut-Y.
Milly
Nemours
MARNE
Souppes-s.-Loing
Château Landon
Pithiviers
Beaumont-du-Gâtinais
Malesherbes
Puiseaux
Larchant
Sens
Villeneuve-s.-Yonne
St-Julien-du-Sault
Joigny
Migennes
Montargis
Courtenay
Château-Renard
Charny
St-Florentin
Brienon-sur-Armançon
TROYES
Estissac
Villemaur-s.-Vanne
Aix-en-Othe
Ervy-le-Châtel
Chaource
Tonnerre
Chablis
Auxerre
Seignelay
Toucy
Pourrain
Vincelles
Coulanges-la-Vineuse
Vermenton
Noyers
Nuits
Ancy-le-Franc
L'Isle-s.-S.
Avallon
Vézelay
Clamecy
Varzy
Corbigny
Tannay
Gien
Briare
Bléneau
St-Fargeau
St-Sauveur-en-Puisaye
Châtillon-Coligny
Ouzouer-s.-L.
Sully-s.-Loire
Aubigny-s.-Nère
Argent-s.-Sauldre
Cosne-Cours-sur-Loire
Donzy
Sancerre
Pouilly-sur-Loire
La Charité-sur-Loire
Prémery
BOURGES
Baugy
Nevers
Fourchambault
Guérigny
Decize
Imphy
Dun-s.-A.
St-Amand-Mont-Rond
Sancoins
Lurcy-Lévy
La Guerche-s.-l'Aubois
Château-Chinon
Lormes
Saulieu
Montsauche
Moulins-Engilbert
Luzy
Fours
Bourbon-Lancy
La Machine
St-Pierre-le-Moûtier
Dornes
Chevagnes
Moulins
Bourbon-l'Archambault
Souvigny
Dompierre-s.-Besbre
Digoin
Paray-le-Monial
Gueugnon
Toulon-s.-Arroux
Montluçon
Commentry
Montmarault
St-Pourçain-s.-Sioule
Varennes-s.-A.
Lapalisse
Le Donjon
Gannat
Vichy
Cusset
Bellerive
Riom
Châtel-Guyon
Thiers
Roanne
Charlieu
Marcigny
Chambilly
Evaux-les-Bains
Montaigut
Néris-l.-B.
Huriel
Pionsat
St-Gervais-d'Auvergne
Pontaumur
Pont-du-Château
Lezoux
Maringues
Aigueperse
Ebreuil
Cérilly
Ygrande
Chambon-s.-Voueize
Auzances
Mainsat
Bellegarde-en-Marche
Crocq
St-Avit
S. Yonne
Y O N N E
N I È V R E
M O R V A N
S A Ô N E
A L L I E R
B O U R B O N N A I S
C H E R
Y O N N E

MARNE
Langres
Châtillon-s.-S.
Montbard
Semur-en-Auxois
Saulieu
Vitteaux
DIJON
Auxonne
Dole
Gray
Beaune
Nuits-St-Georges
Autun
Le Creusot
Montchanin
Montceau-les-Mines
CHALON-S.-S.
Louhans
Lons-le-Saunier
Poligny
Arbois
Tournus
Cluny
Paray-le-Monial
Digoin
Charolles
Mâcon
Bourg-en-Bresse
Oyonnax
Nantua
Bellegarde-sur-Valserine
Villefranche-s.-S.
Tarare
ROANNE
Feurs
Montbrison
LYON
Vienne
Givors
ST-ÉTIENNE
Belley
Bourgoin-Jallieu
Ambérieu-en-Bugey
Château-Chinon
COTE D'OR
SAONE ET LOIRE
AIN
JURA

MULHOUSE
HAUT-RHIN
BELFORT
BASEL
Lörrach
Rheinfelden
Montbéliard
Sochaux
Audincourt
Porrentruy
Delémont
Olten
Aarau
Solothurn
BIEL
Grenchen
La-Chaux-de-Fonds
Le Locle
Neuchâtel
BERN
Burgdorf
Thun
Interlaken
Fribourg
Murten
Yverdon-les-Bains
Pontarlier
Ste-Croix
Vallorbe
LAUSANNE
Morges
Vevey
Montreux
Nyon
Thonon-les-Bains
Evian-les-Bains
Annemasse
Bonneville
Cluses
Sallanches
Chamonix-Mt-B.
Megève
Albertville
Ugine
Faverges
Moutiers
Bourg-St-Maurice
Martigny
Sion
Sierre
Aigle
Bulle
Frutigen
Aosta
Courmayeur
Zermatt
Vesoul
Lure
Luxeuil-les-Bains
Remiremont
Guebwiller
Thann
Cernay
Colmar
Breisach
Müllheim
Badenweiler
Feldberg
Altkirch
Lac de Neuchâtel
Lac Léman
SCHWEIZ
HTE. SAVOIE
FRANCHE-COMTÉ
DOUBS
HAUTE-SAÔNE
Mont Blanc
Grand Paradiso
Parco Nazionale Gran Paradiso

FRANKREICH – EIN LAND STELLT SICH VOR

Geographie

Frankreichs Fläche erstreckt sich auf 543.965 km^2, zu denen auch die rund 600 km^2 der Küsteninseln und die 8.681 km^2 Korsikas zählen; ausgenommen sind hingegen die Gebiete in Übersee mit ihren 515.000 km^2. Die Einwohnerzahl beträgt laut letzter Volkszählung (März 1982) 54,257.000, was einer durchschnittlichen Dichte von beinahe 100 Ew/km^2 entspricht. Eine ähnliche Dichte zeichnet im übrigen fast alle Regionen aus; Ausnahmen bilden die Ile-de-France (wo die Dichte durch die Hauptstadt Paris mit ihren mehr als 10 Millionen Einwohnern 800 Ew/km^2 erreicht), der Nord-Pas-de-Calais (die Dichte von mehr als 300 Ew/km^2 geht auf die starke Industrialisierung zurück) und das Elsaß (ca. 200 Ew/km^2). Frankreich liegt nach Breitengraden gerechnet zwischen 51°5′ (Pas de Calais an der Grenze zu Belgien) und 42°21′ (Gipfel der Coma Negra, 1.558 m, in den östlichen Pyrenäen) oder 42°21′, wenn man auch Korsika einbezieht, während es sich von Westen nach Osten vom 5°9′ Längengrad westlich von Greenwich (Ile d'Ouessant) bis zum 8°10″ Längengrad östlich von Greenwich (linkes Rheinufer an der Grenze zu Deutschland) erstreckt. Die sechseckige Form des Staatsgebietes von Frankreich umfaßt drei Küstenstreifen (auf einer Gesamtlänge von ca. 3.100 km) und drei kontinentale Grenzlinien (2.100 km lang); die durchschnittliche Entfernung zwischen den einzelnen gegenüberliegenden Spitzen beträgt 1.000 km.

Geographisch liegt Frankreich zwischen der Iberischen Halbinsel und Mitteleuropa; der Südosten grenzt an das Mittelmeer, der Westen an den Atlantik und der Nordwesten an den Ärmelkanal, der das Festland von den Britischen Inseln trennt. Zu Großbritannien gehören die sogenannten Normannischen Inseln (Aurigny, Guernsey und Jersey), obwohl sie nur einige Kilometer von der Küste des Cotentin entfernt liegen. Ungefähr zwei Drittel des französischen Gebietes liegen auf Höhen unter 250 m; mittelhohe Berge nehmen ein Viertel des Territoriums ein, ebenso wie auch die Hochplateaus, die jedoch nie 2.000 Meter Höhe überschreiten (Jura, Vogesen, Zentralmassiv); das Hochgebirge beschränkt sich auf die Nordseite der Pyrenäen und auf die westlichen Alpen und bildet nur ein Zehntel der Gesamtfläche. Es überrascht deshalb nicht, daß das Durchschnittsniveau nur bei 340 m liegt, obwohl Europas höchster Gipfel, der Montblanc, mit 4.807 m in Frankreich liegt (der höchste Berg der französischen Pyrenäen ist der Vignemale, 3.298 m).

Morphologie. – Frankreich zeichnet sich durch eine variationsreiche Landschaft aus, die das Ergebnis der geologischen Formationen in Westeuropa ist. Ausschlaggebend für die Bildung der heutigen Charakteristiken waren die häufigen Faltungen, die ab dem Paläozoikum (vor mehr als 3 Millionen Jahren) und während des gesamten Zänozoikums (bis vor einer Million Jahren) nachweisbar sind, und das Eindringen und Zurückziehen des Meeres (das seinerseits mit vertikalen Verschiebungen der kontinentalen Masse verbunden ist).

Das nördlichste dieser paläozoischen Massive bilden die Schieferhügel der *Ardennen* an der belgischen Grenze, die kaum 500 m erreichen (zu Frankreich gehört nur ein kleiner Teil des Massivs). Aus Granitgestein bestehen die sanften Erhebungen der Vogesen südöstlich von den Ardennen, die ihre höchsten Gipfel am Hohneck (1.362 m) und am Ballon d'Alsace (1.274 m) erreichen; der Rhein trennt sie vom gegenüberliegenden Schwarzwald. Den ausgedehnten Nordwesten Frankreichs bildet das sogenannte *Massif Armoricain,* das sich aus kristallinem und schieferhältigem Gestein zusammensetzt, das von einzelnen langen Granitgräten durchzogen wird. Zu diesem Gebiet zählen die kleine Halbinsel des Cotentin, die zerklüftete bretonische Halbinsel und die Hügel der Normandie und der Vendée (die höchsten Erhebungen sind der Signal de Toussaines in der Bretagne mit 384 m, der Signal de la Forêt d'Ecouves in der Normandie mit 417 m und der Puy Crapaud in der Vendée mit 288 m).

Das ausgedehnteste dieser alten Massive ist das *Massif Central,* das am Puy de Sancy (1.885 m) und am Plomb du Cantal (1.855 m) gipfelt. Die kristallinen Felsen aus dem Paläozoikum wurden nochmals während des Terziär (im Anschluß an die Faltungen der Alpen und Pyrenäen) verschoben und einer vulkanischen Tätigkeit ausgesetzt, die zu den typischen Kraterformen vor allem in der Auvergne führte. Weitere alte Formationen sind die Massive der Maures und des Esterel (Côte d'Azur) sowie der mittlere und westliche Teil von Korsika, Gebiete, die zerklüftete Küsten (in Korsika mit den tiefeingeschnittenen *„tias“*) bestimmen. Auf die Faltungen des Tertiär gehen hingegen die Alpen und die Pyrenäen zurück. Die *Westalpen* bestehen aus einzelnen Ketten, die oft 3.000–4.000 m Höhe überschreiten (Montblanc 4.807 m, Pelvoux 4.102 m, Vanoise 3.852 m) und durch breite Täler getrennt werden (Maurienne, Gresivaudan usw.). Die französischen Alpen unterscheiden sich in eine innere Zone aus kristallinem oder metamorphem Gestein, die der Hauptkette entspricht (von Süden nach Norden: Mercantour, Queyras, Oisans, Vanoise, Belledonne, Montblanc,

Chablais), und einer äußeren, prealpinen Zone im Westen (von ersterer durch tiefe Depressionen wie dem Sillon Alpin mit der Isère getrennt), ausschließlich aus Kalkgestein, die sich von Savoyen bis zur Provence erstreckt (vereinzelt sind in den Falten- oder Tafelbildungen interessante Karstphänomene anzutreffen) und nur selten 2.000 m überschreitet. Diese Zone ist ihrerseits durch das Rhône-Tal im Westen begrenzt. Voralpinen Charakter besitzen auch die Erhebungen des *Jura* an der Schweizer Grenze, die sich aus Kalkgestein aus dem Mesozoikum zusammensetzen. Sie bestehen aus einzelnen Bergrücken (Gipfelpunkt ist der Crêt de la Neige mit 1.718 m), die den großen Faltungen entsprechen und ihrerseits ausgedehnte Hochplateaus begrenzen.

Weniger hoch als die Alpen, aber dennoch schwer zugänglich und überquerbar sind die *Pyrenäen* (die die Grenze zu Spanien bilden), die sich auf ca. 350 km vom Atlantik (Golf der Gascogne) bis zum Mittelmeer (Golfe du Lion) erstrecken und häufig die 3.000-m-Grenze überschreiten (Vignemale 3.298 m, Balaitous 3.144 m, Marboré 3.248 m, Montcalm 3.080 m). Der Hauptkamm der Kette besteht aus kristallinem Gestein; an diesen lehnen sich zu beiden Seiten sedimentäre Formationen aus Kalk- (vereinzelt interessante Karstphänomene) und Sandstein.

Die großen sedimentären Becken der Ebenen nehmen ungefähr die Hälfte des französischen Territoriums ein. Im Südwesten das große Becken Aquitaniens zwischen den Pyrenäen und dem Massif Central mit der Garonne und ihren Zuflüssen; im Norden das Becken von Paris, umschlossen von den Ardennen, den Vogesen, dem Morvan, dem Zentralmassiv und dem Massif Armoricain und durchflossen von der Seine und der oberen Loire, die ebenso wie ihre zahlreichen Zuflüsse breite Täler und Meander bilden. Die Morphologie Frankreichs ergänzen weitere kleinere Ebenen, die sich vom Rhein bis zum Golfe du Lion erstrecken: zu ihnen zählen das Saône-Tal, das untere Rhône-Tal mit seinem Delta (Camargue) und die Ebene des Languedoc. Letztere setzt sich mit dem kleinen Becken des Roussillon bis zu den Pyrenäen fort. Die Ebene des Nordens, das eintönigste aller französischen flachen Gebiete, begrenzt im Südosten von den Ardennen und vom Pariser Becken durch die Hügel des Artois getrennt, bildet die Fortsetzung des nahen Flandern.

Hydrographie. – Die zahlreichen Wasserläufe Frankreichs entspringen vor allem im Zentralmassiv, in den Pyrenäen oder in den Westalpen. Die Mündungen liegen meist am Atlantik, nur die Flüsse, die in den Alpen entspringen, fließen ins Mittelmeer. Ausschließlich auf französischem Gebiet liegen drei große Flüsse; die Loire, die Seine und die Garonne, und auch die Rhône gehört vorwiegend zu Frankreich. Außerdem verfügt Frankreich über die oberen Läufe von Schelde (Escaut), Maas (Meuse) und Mosel (Moselle), während 150 km des Rheins, von Basel bis Karlsruhe, die Grenze zur Bundesrepublik Deutschland bilden.

Die Loire ist der längste (1.020 km) Fluß und besitzt auch flächenmäßig das größte Becken (121.000 km²): sie entspringt im Massif Central und fließt Richtung Norden; in Nevers mündet ihr wichtigster Zufluß, der Allier, ein; anschließend durchquert sie das Becken von Paris, und nach Orléans fließt sie Richtung Atlantik, den sie schließlich beim Hafen St-Nazaire erreicht; hier erreicht ihre Wasserführung 850 m³/s. Schiffsverkehr besteht von der Mündung bis nach Angers. Weitere wichtige Zuflüsse sind auf der linken Seite die Cher, die Indre und die Vienne, die ebenfalls alle im Zentralmassiv entspringen.

Regelmäßiger ist der Lauf der Seine, mit 776 km Länge und einer Beckenfläche von 77.000 km². Sie entspringt am Hochplateau der Langres (Burgund), durchfließt Paris und mündet mit den rechten Zuflüssen Marne und Oise bereichert bei Le Havre in den Ärmelkanal. Die mittlere Wasserführung von 520 m³/s begünstigt die Schiffahrt. Wildbachähnlicheren Charakter hat hingegen die 575 km lange Garonne (das Becken ist 56.000 km² groß); ihre Quelle liegt in den Pyrenäen (Gletscher der Maladetta) auf spanischem Gebiet; weitere Zuflüsse kommen aus dem Massif Central. Nachdem sie Aquitanien durchflossen hat, mündet die Garonne in den Atlantik, wo sie gemeinsam mit der Dordogne (490 km lang und aus dem Massif Central kommend) die 70 km tiefe Gironde-Mündung bildet. Die mittlere Wasserführung beträgt 680 m³/s. Mit dem Mittelmeer ist die Garonne durch den gleichnamigen Seitenkanal des Canal du Midi verbunden; die wichtigsten Zuflüsse sind auf der rechten Seite Ariège, Tarn und Lot. Ein weiterer wichtiger Pyrenäenfluß ist der Adour (335 km), der in den Golf der Gascogne mündet, während die Aude (223 km) von den östlichen Pyrenäen hinab in die Languedoc fließt.

Von den insgesamt 812 km der Rhône befinden sich 522 km, und zwar vom Genfer See bis zum Mittelmeer, in Frankreich; das breite verzweigte Delta bildet die Camargue. Die Wasserführung ist hoch und regelmäßig (1.800 m³/s), da der Fluß sowohl von Zuflüssen aus den Alpen als auch vom Genfer See und von seinem wichtigsten Nebenfluß, der Saône, die in Lyon nach 480 km einmündet, genährt wird. Die am Lothringer Hochplateau entspringende Saône, die mit dem Rhein durch einen schiffbaren Kanal verbunden ist (Rhône-Rhein-Kanal), wird ihrerseits vom am Jura entspringenden Doubs (430 km) genährt. Andere wichtige Zuflüsse der Rhône sind die Isère (290 km) und die Durance (280 km), die im alpinen Hochland entspringen.

Den größten seiner Seen, den Genfer See (Lac Leman, 542 km²) teilt Frankreich mit der Schweiz (zu Frankreich gehören 233 km²). Besonders reich an Seen sind Savoyen mit den Seen von Annecy (28 km²) und du Bourget (44 km²) und das Massif Central mit Wasserbekken vulkanischen Ursprungs von Pavin, d'Aydat usw. Außerdem verfügen das Massif Central, die Alpen und die Pyrenäen über große Stauseen (erwähnenswert vor allem das Bekken von Serre-Ponçon an der Durance). Im Flachland trifft man vereinzelt auf interessante und malerische Seengebiete, die aus kleinen Wasserspiegeln bestehen; bekannt für diese Vorkommen sind das Lothringer Hochplateau, die Champagne, die Ebene des Forez und das Gebiet der Dombes. Häufig sind auch Süß- und Salzwasserteiche, vor allem an der Küste des Mittelmeeres und in Aquitanien.

Klima. – Die geographische Lage Frankreichs am Atlantik und am Mittelmeer führt zu einem weitgehend maritimen Klima, das nur in den bergigen Gegenden (wie etwa im Massif Central) und im Osten stärkeren kontinentalen Charakter hat. In den Regionen, die den atlantischen Einflüssen ausgesetzt sind, sind die Winter im allgemeinen mild und feucht mit durchschnittlichen Januartemperaturen von 2° bis 6°C. In den östlichen Gebieten herrschen hingegen kalte Luftmassen arktischen Ursprungs vor, sodaß die Temperaturen oft drei Monate lang unter Null sinken. Die Sommer zeichnen sich in den Küstenabschnitten und in den Bergen durch besonders gutes Wetter aus, das dem hier noch spürbaren Einfluß des Hochdruckgebietes zu verdanken ist: die Durchschnittstemperaturen im Juli schwanken zwischen 15° und 20°C in der nördlichen Hälfte des Landes, während sie in Aquitanien und am Mittelmeerstreifen 24°C überschreiten. Weniger homogen sind die Wetterbedingungen in den Zwischenjahreszeiten: den Frühling beherrschen im Midi die kalten Winde des Mistral oder die warmen Winde des Autan (Languedoc und Aquitanien). Im Herbst läßt sich überall ein Ansteigen der Niederschläge verzeichnen. Diese sind besonders häufig (manchmal selbst im Sommer als Schneefall) in den Alpen, Pyrenäen, Vogesen, im Jura und im Massif Central, wo jährliche Durchschnittswerte 2.000 mm überschreiten; in den nördlichen Alpen (Savoyen) herrschen die Niederschläge im Sommer vor, während sie im Süden (Provence und Dauphiné) im Frühling und Herbst häufiger sind. In großen Zügen läßt sich folgende Unterteilung aufstellen: das Massif Armoricain und die Normandie unterliegen einem ozeanischen Klima mit vielen Niederschlägen, vor allem im Winter, und minimalen Temperaturschwankungen (in Brest werden 6°C im Januar und nur 15°C im Juli bei mehr als 1.200 mm Niederschlag gemessen); das Gebiet ist außerdem heftigen Winden ausgesetzt wie dem kalten Noroit und dem gemäßigteren Surois. Ein abgeschwächtes ozeanisches Klima herrscht auch im Becken von Paris und im gesamten Norden vor: am häufigsten regnet es im Sommer und die Temperaturschwankungen sind ausgeprägter (in Lille sind im Januar 2° und im Juli 17°C durchschnittlich zu verzeichnen, der jährliche Niederschlag beträgt ca. 700 mm). Kontinental ist hingegen das Klima im Osten, wo auch die Jahreszeiten stärker ausgeprägt sind: die Winter sind lang und streng, Niederschläge sind aber im Sommer häufiger (in Straßburg verzeichnet man 1°C im Januar und 19°C im Juli, der jährliche Niederschlag beträgt mehr als 500 mm). Beträchtlich ist der Unterschied zwischen dem Flachland und den Bergen (Vogesen, Morvan, Jura), die den kalten Nordostwinden (Bise) ausgesetzt sind. Subtropischen Charakter hat das Klima im Süden (Aquitanien und Provence), der heftigen Winden (Mistral, Autan, Tramontana) und hohen Temperaturen ausgesetzt ist: in Aquitanien wird der höchste Niederschlag im Frühling gemessen, während der Sommer besonders trocken ist (in Bordeaux mißt man 6°C im Januar und 19°C im Juli mit durchschnittlichen jährlichen Niederschlägen von 800 mm); in der Provence sind die Regenfälle hingegen im Herbst häufiger und die Sommer sind noch trockener und heißer (in Nizza entsprechen den 10°C im Januar 22°C im Juli, die jährlichen Niederschlagswerte betragen 750 mm); der allgemeine Charakter entspricht dem Mittelmeerklima, unterscheidet sich hingegen von diesem durch das System der Niederschläge.

Flora, Fauna und Naturschutz. – Die *Flora* Frankreichs entspricht den schon beschriebenen klimatischen Bedingungen, der Bodenbeschaffenheit und den verschiedenen Höhen. Roussillon, Languedoc, das untere Rhône-Tal und die Provence gehören zum Mittelmeerraum, was sich im allgemeinen mit dem Vorkommen der Olivenbäume beschreiben läßt. Der typische Wald dieses Gebietes besteht aus Steineichen, Korkeichen, Pinien und Zypressen und zeichnet sich durch Unterholz aus Gewürzpflanzen (Thymian, Lavendel), Mastixbäumen, Riedgras usw. aus; wegen der häufigen Waldbrände oder weil das Land als Weide benutzt wird, bietet sich oft das Bild vereinzelt aufragender Bäume, einzelner Büsche und seltener Grasbüschel. Abwechslungsreicher ist das Land am Atlantik, das sich von den Pyrenäen bis zu den nördlichen Regionen erstreckt; abwechselnd trifft man auf Laubwald (haarige Eichen, Sommereichen, Buchen; Kastanien auf sandhaltigen Böden und Pappeln auf feuchten Böden), Nadelwald (neugepflanzte Pinien an der Küste Aquitaniens) und Wiesen; vor allem in den Causses de Quercy oder am Fuß der Pyrenäen verändert sich die Landschaft oft zum kargen „maquis"; in der Bretagne haben sich nur mehr vereinzelt Waldabschnitte erhalten, während Heideland mit Wacholder und Binsenstauden nun vorherrschen. Im bergigen Land (von den Vogesen bis zum Massif Central, von den Pyrenäen zu den Alpen und nach Korsika) verändert sich der Pflanzenwuchs je nach Höhe und Temperatur sowie nach der Ausrichtung der Hänge (die schattigen nennt man à l'ubac, die sonnigen à l'adret). Man unterscheidet demnach: Eichenwald in den Tälern und unteren Hängen; Buchen (bis 900–1.000 m Höhe) und anschließend Tannen bis 1.600–1.800 m. Darüber macht der Wald Wiesen mit Latschen und Rhododendronsträuchern sowie den im Sommer reich blühenden Almen Platz. Auf den meist schneebedeckten Alpengipfeln findet man schließlich Felsflora und Moosflechten.

Auch in Frankreich findet man zahlreiche *Tierarten* wie Rehe, Gemsen, Murmeltiere und andere Nagetiere (darunter den für die Pyrenäen typischen Desman) nur mehr in den schwer zugänglichen Berggegenden; ähnliches gilt auch für die Vogelwelt (in der Provence und in den Pyrenäen lebt noch der Uhu). Artenreich ist auch die Fischwelt in den Wildbächen und Teichen. In den letzten Jahrzehnten wurden die Einrichtung und der Ausbau schon bestehender Naturparks vorangetrieben. Im Jahr 1963 wurde der erste französische Nationalpark gegründet: er befindet sich auf der Vanoise in den Alpen, und ihm folgte kurz darauf jener von Port-Cros auf den Iles d'Hyères. Derzeit verfügt Frankreich über sieben Nationalparks: 1967 wurde jener der westlichen Pyrenäen eingerichtet, 1970 jener der Cevennes, 1973 jener der Pelvoux-Ecrins und 1979 jener der Mercantour in den Alpes Maritimes. Neben den Nationalparks bestehen auch 21 regionale Naturparks, in denen landwirtschaftliche Tätigkeiten erlaubt sind, und 40 Naturreservate. Geplant ist die Einrichtung dreier weiterer Nationalparks (Haute-Ariège, Iles d'Hyères und Iles Chaussey) und zweier regionaler Parks.

Wirtschaft

Im Verlauf der ersten zwanzig Jahre nach dem Zweiten Weltkrieg konnte in Frankreich, ähnlich wie in anderen kapitalistischen Staaten, eine grundlegende Veränderung der wirtschaftlichen Grundlagen festgestellt werden, die zunächst durch eine Geldabwertung und einen gleichzeitigen Ausbau der wirtschaftlichen Aktivitäten definiert werden kann. Weitere Veränderungen brachten die Verstaatlichungen auf den Sektoren der Energie (Kohle, Wasserkraft, Gas), des Bankwesens, der Autoindustrie und der Versicherungen sowie die innereuropäischen oder weltweiten wirtschaftlichen Abkommen. In der Folge des ersten Wirtschaftsplanes (1947) und des Beitritts zur EWG (1957) wurde die industrielle Basisproduktion erhöht und durch Modernisierung und Zusammenlegung einzelner Betriebe vor allem die Eisenindustrie gefördert. Trotz aller Reformen konnte sich die französische Industrie zunächst jedoch keinen wichtigen Platz im internationalen Vergleich sichern.

Das zunehmend stärkere Eingreifen des Staates führte vor allem in den sechziger Jahren dazu, daß die großen privaten Betriebe ausländische Partner suchten, was schließlich zur noch heute gültigen Formel der multinationalen Beteiligungen führte. Nach dem Beitritt Frankreichs zur EWG (1957) begann eine Phase des Ausbaus der Industrie (begünstigt auch durch zahlreiche Gastarbeiter), charakterisiert durch eine beträchtliche Erhöhung die Produktivität. In diese Zeit fällt auch eine Neuordnung der Landwirtschaft, die einerseits durch Mechanisierung die Produktivität sicherte und andererseits aber auch ein Abwandern der Bevölkerung in die Städte mit sich brachte. Der wirtschaftliche Aufschwung dauerte schließlich bis 1973 und brachte Frankreich auf den Rang der fünften Wirtschaftsmacht der Welt (nach den USA, UdSSR, Japan und der Bundesrepublik Deutschland). Die weltweite Ölkrise des Jahres 1973 führte wie in allen Industrienationen zu Problemen, zu ständig steigenden Inflationsraten und zunehmender Arbeitslosigkeit (1982 wurde die 2-Millionen-Grenze überschritten). Eine leichte Verbesserung brachte in den letzten Jahren das Sinken der Preise für Rohstoffe und Erdöl und das Drücken der Inflationsrate auf weniger als 10%. Einerseits ermöglichte diese Entwicklung die Modernisierung der Industrieanlagen und damit die Erhöhung ihrer Produktivität und andererseits, als Konsequenz dessen, eine Reduzierung der Arbeitnehmerzahlen und eine bessere Konkurrenzfähigkeit auf den internationalen Märkten, wozu auch wiederholte Abwertungen des französischen Francs beitrugen. Der politische Machtwechsel des Jahres 1981, der zu einer Linksregierung führte, hatte in der Form von Verstaatlichungen ein verstärktes Eingreifen des Staates in die Wirtschaft zur Folge. Bankwesen, Elektrizitätswirtschaft, Grundstoffindustrie, Fernmeldewesen und andere Wirtschaftszweige wurden vorübergehend vom Staat kontrolliert, der sich somit mehr als die Hälfte der Investitionen in der Industrie sicherte, aber auch die Hauptverantwortung für den wirtschaftlichen Fortschritt übernahm. Von 1970 bis 1981 stieg die Zahl der Werktätigen von 21 Millionen auf 21,5 Millionen; die Zahl der in der Landwirtschaft Beschäftigten (8,7%) sank um eine Million, jene der Industriearbeiter (34,2%) sank um 700.000, während die Beschäftigungszahl der Dienstleistungsbetriebe von 10 Millionen auf 12,4 Millionen anstieg (57,4%). Die aus den Wahlen im Jahr 1986 hervorgegangene bürgerliche Regierung machte einen Großteil der Verstaatlichungsmaßnahmen rückgängig.

Rohstoffvorkommen. – Schon im vorigen Jahrhundert haben die Kohle- und Eisenerzvorkommen den Ausbau der Schwerindustrie ermöglicht, wenn auch mit dem Abbau der reichen Eisenerzvorkommen in Lothringen erst später begonnen werden konnte, als man die technischen Möglichkeiten entwickelte, den hohen Phosphorgehalt auszuscheiden. Derzeit liefert das französische Erdreich ca. 30 Millionen Tonnen Eisenerz (vor allem von den Vorkommen in Lothringen, aus denen rund ein Fünftel Metall gewonnen wird) und ca. 18 Millionen Tonnen Kohle, vor allem von den Gruben im Norden und im Pas-de-Calais, die sich im Norden nach Belgien fortsetzen, und aus Lothringen. Weitere kleinere Kohle- und Eisenerzvorkommen liegen im Massif Central, im Massif Armoricain und in einigen Tälern der Alpen und Pyrenäen, wo sie die Grundlage für ein traditionsreiches Bergbauwesen bildeten. Bescheiden sind die Vorkommen von Braunkohle und von flüssigen Brennstoffen (weniger als 2 Millionen Tonnen Erdöl im Jahr aus dem Elsaß und den Becken von Paris und

Aquitanien). Der immer noch steigende Erdölbedarf und -import führte zur Errichtung mächtiger Raffinerien an der Mündung der Seine (Le Havre, Gonfreville), dem Rhône-Delta (Lavéra, La Mède, Fos) und an der Gironde (Ambès, Pauillac); dicht ist auch das Netz der Pipelines und der Erdgasleitungen (von den Vorkommen im Becken von Aquitanien). Der zunehmende Energieverbrauch führte auch zum Ausbau der Elektrizitätswerke. Mehr als ein Viertel der Produktion (27%) liefern die Wasserkraftwerke in den Tälern der Alpen und Pyrenäen, im Massif Central und am Rhein, während die kalorischen Kraftwerke vor allem in den Industriegebieten im Norden und im Becken von Paris liegen. Beachtenswert ist auch der (weltweit relativ höchste) Anteil der Atomenergie, deren Ausbau durch die reichen Vorkommen radioaktiver Minerale, vor allem im Massif Armoricain und im Massif Central, gefördert wird. Frankreich ist besonders reich an Bauxit, dessen Vorkommen in der Provence konzentriert sind (les Baux, Hérault usw.) und das der Aluminiumherstellung dient. Beachtenswert ist auch die Nutzung der elsässischen Potasche, während der Schwefel ein Nebenprodukt bei der Gewinnung der flüssigen Brennstoffe ist; beträchtlich ist auch die Salzgewinnung in den Salzbergwerken im Elsaß und in Lothringen. Erwähnung verdienen auch die kleineren Vorkommen von Bleisulfid, Antimon, Zinn, Wolfram, Edelmetallen, Vanadium, Phosphaten, Amiant und Talk (letztere werden aus den Vorkommen im kristallinen Alpengestein gewonnen).

Industrie. – Die Herstellung der zahlreichen Konsumgüter, von der Bekleidung bis zur Autoindustrie und bis zu kosmetischen Produkten, ist eng mit der Entwicklung der Basisindustrie, vertreten durch die traditionsreiche Textilindustrie, die Chemie und Petrochemie, und die Stahl- und Metall verarbeitende Industrie, verbunden. Das Eisenhüttenwesen konzentriert sich vor allem in Lothringen (Longwy, Thionville, Hayange usw.), im Norden (Denain, Dunkerque, Valenciennes usw.) und im Massif Central (Le Creusot, St-Etienne usw.) in Entsprechung zu den wichtigsten Eisenerz- und Kohlevorkommen, sowie in einigen Hafenstädten am Ärmelkanal und am Atlantik. Die Metallindustrie verarbeitet vor allem importierte Minerale und Bauxit aus der Provence; in den modernen Anlagen der Maurienne und der Tarantaise (Savoyen) wird mit elektro-metallurgischen Verfahren Aluminium gewonnen. Direkt mit der Metallindustrie verbunden sind die Metall verarbeitende Industrie und der Maschinenbau: die Kraftfahrzeugindustrie vertreten die großen Fabriken in der Umgebung von Paris (Renault, Citroën, Talbot), im Elsaß (Peugeot) und in der Umgebung von Lyon (Berliet); bedeutend sind auch die Areonautik und die Schiffswerften in den Häfen am Atlantik (St-Nazaire, Nantes), am Ärmelkanal (Dunkerque) und am Mittelmeer (La Ciotat, La Seyne).
Die chemische Industrie konzentriert sich besonders in der Umgebung von Paris, im Norden und in der Umgebung von Lyon; von den vielfältigen Produkten (Säuren, Kunststoffe, Färbemittel usw.) sind vor allem die Gummierzeugung (Massif Central, Umgebung von Paris) und die Autoreifenherstellung (Clermont Ferrand) zu erwähnen.
Die wichtigsten Zentren der Textilindustrie befinden sich im Norden (Wolle und Baumwolle in Lille, Roubaix-Tourcoing, Leinen in Cambrai und Valenciennes), im Osten (Baumwolle in Mülhausen, Remiremont), in der Umgebung von Paris und in der Normandie (Rouen, Elbeuf); wichtige Niederlassungen liegen auch im Massif Central und in Lyon, wo traditionsgemäß die Seidenproduktion vorherrscht; synthetische Materialien werden auch im Elsaß (Belfort), in Paris und in anderen traditionellen Textilzentren hergestellt.
Von den übrigen Industriesektoren erwähnen wir die Pharmazeutik, die Photoindustrie, die Kosmetikerzeugung (von besonderem internationalen Ruf), die Tabakverarbeitung, die Verarbeitung von Leder, die Papierindustrie, die Zementwerke, die Glas- und Porzellanherstellung (Baccarat-Kristall, Porzellan aus Sèvres und Limoges), die in der Hauptstadt konzentrierte Haute Couture und luxuriöse Goldschmiedekunst, die einen ausgesuchten internationalen Markt ansprechen. Nicht zu vergessen sind schließlich Nahrungsmittel (Zukker, Bier, Milchprodukte, Wein, Alkohol), die direkt mit der Landwirtschaft verbunden sind, und deren Ausfuhr einen wichtigen Anteil des französischen Gesamtexportes ausmacht.

Landwirtschaft, Viehzucht und Fischfang. – Ein Drittel des französischen Bodens wird für den Getreideanbau genützt (31,8%); etwas mehr als ein Viertel ist von Wald bedeckt (26,6%), während 23,6% als Weideland dienen. Trotz des Sinkens der Beschäftigtenzahlen in der Landwirtschaft ist eine beachtenswerte Entwicklung zu verzeichnen, die vor allem den großen, modern betriebenen Besitzungen mit mehr als 50 ha im Norden und im Pariser Becken zu verdanken ist. Dennoch herrschen in Frankreich noch immer die Klein- und Mittelbetriebe (jeweils weniger als 5 ha oder zwischen 5 und 50 ha) mit familiärem Charakter vor. Die Verschiedenartigkeit der französischen Landwirtschaft ergibt sich einerseits aus den geographischen und klimatischen Gegebenheiten und andererseits aus den sehr unterschiedlichen landwirtschaftlichen Strukturen. Im Norden herrschen ausgedehnte offene Getreidefelder und zentralisierte Siedlungen vor; den Westen und das Zentrum charakterisieren hingegen die typischen umschlossenen Felder (enclos) mit vereinzelten Waldabschnitten (bocage) und verstreut liegende Bauernhöfe. Einen besonderen Charakter zeigt die Landschaft im Süden, wo Mischkulturen und verschiedenartige Siedlungsformen zu finden sind. Siedlungen herrschen in den bergigen Gegenden vor, in hohen Lagen, wo Almwirtschaft betrieben wird, haben sie oft Saison-Charakter. Den ersten Rang im Getreideanbau nimmt der Weizen ein, der vor allem in den großen nördlichen Ebenen zu finden und weitgehend für den Export bestimmt ist. Weit verbreitet sind auch Gerste und Mais. Die Reben aus dem Süden und dem Zentrum lieferten im Jahr 1980 mehr als 70 Milliarden hl Wein (was Frankreich nach Italien den zweiten Rang der Welt einbrachte):

typische Weinbaugebiete sind die Champagne, das mittlere und untere Loire-Tal (Anjou, Touraine), der Südwesten (Bordeaux, Médoc), die Regionen im Osten (Elsaß, Burgund, Beaujolais) und der Midi. Erwähnung verdienen auch andere Getreidesorten (Hafer, Roggen, Reis, letzterer wird in der Camargue angebaut), Obst und Gemüse, der Flachs aus dem Norden, der Tabak aus dem Elsaß und aus dem Südwesten, der Hopfen aus dem Elsaß und die Zuckerrüben aus dem Pariser Becken und aus dem Norden. Wichtig sind außerdem die Holzindustrie und die Korkgewinnung (im Süden).

Die Viehwirtschaft, die sich auf ausgedehntes Weideland stützt, wird von der Rinderzucht, vor allem in den Regionen am Atlantik, beherrscht. Beachtenswert sind auch die Bestände an Schafen im Massif Central und im Midi an Schweinen. Trotz der ausgedehnten Küstenabschnitte an fischreichen Meeren nimmt der Fischfang noch immer nur einen zweitrangigen Platz in der französischen Wirtschaft ein. Betrieben wird der Fischfang in den nördlichen Bereichen des Atlantiks, in der Nordsee, im Ärmelkanal und entlang der Küsten (vor allem Sardellen, Sardinen, Thunfisch, aber auch Kabeljau und Austern, die am Atlantik gezüchtet werden); die wichtigsten Fischereihäfen sind Boulogne, Dunkerque, Fécamp, Saint-Malo, wo auch die entsprechenden Konservenindustrien ihren Sitz haben.

Handel und Fremdenverkehr. – Im Verlauf der letzten 15 Jahre erlebten die kleinen und mittleren Handelsbetriebe und Geschäfte trotz der Konkurrenz durch Supermärkte einen neuen Aufschwung, der teilweise auch der Neudimensionierung der landwirtschaftlichen Betriebe und des Handwerks zu verdanken ist. Weiterhin steigende Tendenz weist der Fremdenverkehr auf, der auf eine ständig größer werdende Zahl ausländischer Gäste zählen kann. Einen beachtenswerten Beitrag zur nationalen Witschaft leistet der Außenhandel, in dem Frankreich neben Japan, Deutschland und den USA weltweit führend ist. Die wichtigsten Ausfuhrgüter sind Getreide, chemische Produkte, Getränke, Photozubehör, Eisen und Stahl, Autos und Maschinen. Neben den Mitgliedsstaaten der EG und der Französischen Gemeinschaft zählen die Schweiz und die Vereinigten Staaten zu den wichtigsten Handelspartnern.

Staatsform und Verfassung

Die Republik Frankreich (*République française*) besteht aus 96 *Départements*, die zu 22 Regionen (*régions de programme*), zusammengefaßt sind, fünf Übersee-Départements (Gouadeloupe, Martinique, Französisch-Guyana, Réunion, Saint-Pierre et Miquelon) und fünf Überseegebieten (Neukaledonien, Wallis und Futuna, Mayotte, Französisch-Polynesien, Französische Antarktis). Staatsoberhaupt ist der Präsident der Republik, der auch Oberbefehlshaber der Exekutive ist; er wird nach allgemeinem Wahlrecht jeweils für sieben Jahre direkt gewählt. Die legislative Macht liegt beim Parlament, dessen zwei Kammern sich aus den 491 Mitgliedern der Nationalversammlung und den 305 Mitgliedern des Senats zusammensetzen. Die Abgeordneten der Nationalversammlung werden nach direktem und allgemeinem Wahlrecht jeweils für fünf Jahre gewählt; die Senatoren werden jeweils für neun Jahre von den Gemeinde- und Départementenräten und von den Abgeordneten gewählt und sind jeweils zu einem Drittel nach drei Jahren neu zu wählen. Den Verwaltungsregionen stehen Präfekten vor; außerdem verfügen sie über einen regionalen Rat und ein Komitee für Wirtschaft, Kultur und Sozialwesen.

Sprache und Religion. – Offizielle Sprache ist Französisch, das von 95% der Bevölkerung gesprochen wird. In einigen Grenzgebieten werden als Regionalsprachen anerkannte Sprachen gesprochen, wie Deutsch (ca. 1 Million Personen) im Elsaß und in Lothringen, Bretonisch (etwas weniger als 1 Million) in der Bretagne, italienische Dialekte in Korsika, Katalanisch im Roussillon, Baskisch in den westlichen Pyrenäen und Flämisch an der Grenze zu Belgien.

Der Staat erkennt offiziell keine einzige Religion an. Am verbreitetsten ist der Katholizismus, dem 96% der Bevölkerung zugerechnet werden. Moslems sind 1,700.000, Protestanten 1,000.000, Juden 700.000 und Armenier etwas weniger als 200.000 Franzosen.

Geschichte

Prähistorie. – Das französische Gebiet wurde schon in der Frühzeit des Menschen besiedelt: bekannt sind Niederlassungen des Solutréen im Périgord, die Magdalenenkultur war über weite Teile des Landes verbreitet. Die ersten neolithischen Kulturen sind im Elsaß nachweisbar, während sich im Süden die Chassey-Kultur entwickelte. Mit der Bronze- und Eisenzeit verbreitete sich die Kultur der Urnenfelder, und seit dem 7. Jh. v. Chr. ist das Eindringen von Bevölkerungsscharen aus Mitteleuropa und der Kelten nachzuvollziehen. Die Kelten siedelten sich in dem später von den Römern Gallia genannten Gebieten an. Im Zentrum dieses Gebietes lebten die eigentlichen *Gallier*, nördlich der Seine und der Marne die *Belgier* und südlich der Garonne die *Aquitanier*; im Süden, an der tyrrhenischen Küste, behaupteten sich einige griechische, von den Fokern gegründete Kolonien, wie das im Jahr 600 v. Chr. entstandene *Massalia* (Marseille).

Die Römische Antike. – Der römische Vorstoß begann im 2. Jh. v. Chr. mit

REGIONEN UND DÉPARTEMENTS

Départements und Hauptstädte

01 Ain (Bourg-en-Bresse)
02 Aisne (Laon)
03 Allier (Moulins)
04 Alpes de Haute-Provence (Digne)
05 Alpes, Hautes- (Gap)
06 Alpes-Maritimes (Nizza)
07 Ardèche (Privas)
08 Ardennes (Charleville-Mézières)
09 Ariège (Foix)
10 Aube (Troyes)
11 Aude (Carcassonne)
12 Aveyron (Rodez)
13 Bouches-du-Rhône (Marseille)
14 Calvados (Caen)
15 Cantal (Aurillac)
16 Charente (Angoulême)
17 Charente-Maritime (La Rochelle)
18 Cher (Bourges)
19 Corrèze (Tulle)
2A Corse-du-Sud (Ajaccio)
2B Corse, Haute- (Bastia)
21 Côte-d'Or (Digione)
22 Côtes-du-Nord (Saint-Brieuc)
23 Creuse (Guéret)
24 Dordogne (Périgueux)
25 Doubs (Besançon)
26 Drôme (Valence)
27 Eure (Évreux)
28 Eure-et-Loir (Chartres)
29 Finistère (Quimper)
30 Gard (Nîmes)
31 Garonne, Haute- (Toulouse)
32 Gers (Auch)
33 Gironde (Bordeaux)
34 Hérault (Montpellier)
35 Ille-et-Vilaine (Rennes)
36 Indre (Châteauroux)
37 Indre-et-Loire (Tours)
38 Isère (Grenoble)
39 Jura (Lons-le-Saunier)
40 Landes (Mont-de-Marsan)
41 Loir-et-Cher (Blois)
42 Loire (Saint-Etienne)
43 Loire, Haute- (Le Puy)
44 Loire-Atlantique (Nantes)
45 Loiret (Orléans)
46 Lot (Cahors)
47 Lot-et-Garonne (Agen)
48 Lozère (Mende)
49 Maine-et-Loire (Angers)
50 Manche (Saint-Lô)
51 Marne (Châlons-sur-Marne)
52 Marne, Haute- (Chaumont)
53 Mayenne (Laval)
54 Meurthe-et-Moselle (Nancy)
55 Meuse (Bar-le-Duc)
56 Morbihan (Vannes)
57 Moselle (Metz)
58 Nièvre (Nevers)
59 Nord (Lille)
60 Oise (Beauvais)
61 Orne (Alençon)
62 Pas-de-Calais (Arras)
63 Puy-de-Dôme (Clermont-Ferrand)
64 Pyrénées-Atlantiques (Pau)
65 Pyrénées, Hautes- (Tarbes)
66 Pyrénées-Orientales (Perpignan)
67 Rhin, Bas- (Straßburg)
68 Rhin, Haut- (Colmar)
69 Rhône (Lion)
70 Saône, Haute- (Vesoul)
71 Saône-et-Loire (Mâcon)
72 Sarthe (Le Mans)
73 Savoie (Chambéry)
74 Savoie, Haute- (Annecy)
75 Ville de Paris (Paris)
76 Seine-Maritime (Rouen)
77 Seine-et-Marne (Melun)
78 Yvelines (Versailles)
79 Sèvres, Deux- (Niort)
80 Somme (Amiens)
81 Tarn (Albi)
82 Tarn-et-Garonne (Montauban)
83 Var (Toulon)
84 Vaucluse (Avignon)
85 Vendée (La Roche-sur-Yon)
86 Vienne (Poitiers)
87 Vienne, Haute- (Limoges)
88 Vosges (Épinal)
89 Yonne (Auxerre)
90 Belfort, Territoire de- (Belfort)
91 Essonne (Évry)
92 Hauts-de-Seine (Nanterre)
93 Seine-Saint-Denis (Bobigny)
94 Val-de-Marne (Créteil)
95 Val-d'Oise (Pontoise)

Die Kennziffern der Départements entsprechen den beiden letzten Ziffern auf den Autokennzeichen. Ein Fahrzeug mit der Nummer 221 B 80 kommt beispielsweise aus dem Département Somme.

der Gründung (118 v. Chr.) der Kolonie *Narbo-Martius* (Narbonne), die etwas später zur Gründung der *Gallia Narbonese* führte, die sich bald über ganz Gallien erstrecken sollte. Der von Julius Caesar geführte Gallische Krieg (58–51 v. Chr.) endete mit der Bezwingung von Alesia, der Gefangennahme des gallischen Führers Vercingetorix (52 v. Chr.) und der Unterwerfung von ganz Gallien. Diese neu eroberten Gebiete (Gallia Comata) wurden von Augustus in drei Provinzen unterteilt: *Belgica* im Norden, *Lugdunensis* im Zentrum und *Aquitania* im Süden.

Trotz einiger Aufstände war für das der Romanisierung offene Frankreich die Römerzeit eine Zeit der Blüte und der Einigung. Im 3. Jh. begannen die Einfälle der Barbaren, sodaß das Land am Ende des 5. Jhs. in drei Reiche geteilt erscheint: im Norden die Franken, im Osten die Burgunder und im Süden die Westgoten.

Merowinger und Karolinger. – Unter der strengen zentralisierten Regierung von Merovaus (448–457), dem Begründer der Dynastie der Merowinger, begann die Vereinigung des gallischen Gebietes. Nach dem Tod des Königs Childerich (457–481) kam die Macht an Chlodwig (481–511), der 486 die Römer und 507 die Westgoten besiegen konnte. Nach seinem Tod wurde das Reich unter seinen vier Söhnen aufgeteilt: Teoderich in Metz, Chlodomir in Orléans, Childebert in Paris und Klothar in Soissons. Erst 558 konnte Klothar das Reich wieder vereinigen, aber mit seinem Tod (561) kam es zu einer neuerlichen Teilung unter seinen Söhnen. Ab diesem Moment herrschen ständige Kämpfe zwischen den vier Reichen vor, bei denen keine Partei einen durchschlagenden Erfolg erringen konnte. In dieser Zeit der *„rois fainéants“* (der Schattenkönige) lag die eigentliche Macht in den Händen der höfischen Beamten; einer von ihnen, Karl Martell, konnte die Macht über Austrasien (im Norden), Neustrien (in der Mitte) und Aquitanien (im Süden) erringen und besiegte im Jahr 732 die Araber in Poitiers. Ihm folgten seine Söhne und Pippin der Kurze; letzterer ließ sich 751 zum König ausrufen und begründete somit offiziell die Dynastie der Karolinger. Der Thronfolger Karl der Große (768–814) ließ sich im Jahr 800 in Rom von Papst Leo III. zum Kaiser des Heiligen Römischen Reiches krönen. Nach dem Tod Karls des Großen im Jahr 814 in Aachen führten neuerliche innere Machtkämpfe zu einer Auflösung des Reiches, das schließlich durch den Vertrag von Verdun (843) wieder in drei Teile geteilt wurde. Die Söhne von Ludwig dem Frommen teilten sich das Frankenreich folgendermaßen: an Ludwig den Deutschen kamen Deutschland, an Karl den Kahlen Frankreich und an Lothar Lothringen und Italien. Gegen die zentrale Königsmacht lehnten sich die verschiedenen Herzogtümer auf, die schließlich am Reichstag von Kiersy (877) von Karl dem Kahlen die Erbfolge der wichtigsten feudalen Lehen erzwangen. In diese Zeit der inneren Zerrüttungen fällt auch die ständige Gefahr normannischer Einfälle (885).

Kapetinger. – Im Jahre 987 wurde der Graf von Paris, Hugo Capet (987–997), in Reims mit der französischen Königskrone gekrönt; die Dynastie der Kapetinger sollte im 11. Jh. die Feudalmacht beherrschen, die unter Philipp I. (1068–1108) ihren Höhepunkt erreichte. Die tatsächliche Herrschaft war auf Paris beschränkt; die wichtigsten konkurrierenden Lehensherren waren die Herzöge der Normandie, unter ihnen Wilhelm der Eroberer, der König von England geworden war (1066), die Grafen von Flandern, die Grafen von Anjou, die Herzöge von Aquitanien und die Grafen von Toulouse. Unter Ludwig VI., dem Dicken (1108–1137), konnte durch straffe Abhängigkeitspolitik die Vormachtstellung der Feudalmächte abgeschwächt werden, eine Entwicklung, die bis ins späte 13. Jh. dauern sollte. Durch die Albigenserkriege konnten die Grafschaften von Toulouse und Languedoc erworben werden (1229); das Herzogtum Aquitanien, das durch Erbschaft an die englischen Könige gekommen war, wurde durch die ständigen englischen Niederlagen von 1208 bis 1226 auf die Gebiete südlich der Dordogne eingeschränkt. Mit Ludwig IX., dem Heiligen (1226–1270), begann für die französische Krone eine extreme Blütezeit; der Friedensvertrag von Paris aus dem Jahr 1259 erkannte Frankreich sämtliche von den Engländern besetzte Gebiete zu, mit Ausnahme der Guyenne. Der Streit zwischen Philipp dem Schönen (1285–1314) und Papst Bonifaz VIII. über die teokratische Vormachtstellung des Papstes erlebte einen ersten Höhepunkt im berühmten „Attentat von Anagni“ und gipfelte schließlich im Jahr 1305 in der Wahl eines Franzosen, nämlich Klemens' V., zum Papst; 1309 übersiedelte der apostolische Stuhl nach Avignon, wo er bis 1376 bleiben sollte.

Die Valois. – Mit dem unerwarteten plötzlichen Tod von Karl VI.

(1322–1328) erlosch die Dynastie der Kapetinger und die Krone kam an Philipp VI. (1328–1350) aus dem Zweig der Valois; der Widerstand des englischen Königs Eduard III. gegen die Anerkennung der Valois als legitime Erben des Thrones führte im Jahr 1339 zum Beginn des sogenannten Hundertjährigen Krieges. Beinahe ganz Frankreich fiel in englische Hände, und in dieser unruhigen Zeit fachten auch die inneren Kämpfe der Feudalherren wieder auf; der französische Adel teilte sich in die Fraktionen der (dem französischen König treuen) Armagnacs und in jene der Burgunder (die für die Engländer kämpften). Im Jahr 1422 wurde Heinrich VI. von England zum französischen König gekrönt, während der legitime König Karl VII. in Bourges gefangengehalten wurde. Während der englischen Belagerung von Orléans im Jahr 1429 wurden die französischen Truppen von Johanna von Orléans angeführt, die wie durch ein Wunder die Befreiung der Stadt erreichte. Nach dem Sieg führte sie Karl VII. zur Krönung nach Reims, wurde aber von den Burgundern gefangengenommen, vor Gericht gestellt, der Ketzerei für schuldig erkannt und 1431 bei lebendigem Leib verbrannt. Langsam konnte Frankreich wieder erstarken, bis schließlich im Jahr 1453 nur mehr Calais von Engländern besetzt war. Mit Ludwig XI. (1461–1483) wurde Frankreich wieder mächtig; im Jahr 1477, nach der Schlacht von Nancy, in der der burgundische Herzog Karl der Kühne fiel, kam Burgund zu Frankreich; 1480 folgte die Provence und 1491 wurde durch die Hochzeit von Karl VIII. (1483–1498) mit Anne de Bretagne die Eingliederung der Bretagne eingeleitet. Die Einigung des Reiches ermöglichte nunmehr die Machtausdehnung nach Italien; Karl VIII. eroberte 1494 Neapel, sein Nachfolger Ludwig XII. aus dem Zweig Valois-Orléans (1498–1515) besetzte das Herzogtum Mailand. Die Kriege in Italien wurden von Franz I. (1515–1547) fortgesetzt: seine Niederlage in Pavia gegen Karl V. von Habsburg im Jahr 1525 war der Beginn einer langen französisch-spanischen Auseinandersetzung, der der Frieden von Château-Cambrésis (1559) ein Ende setzte: Frankreich unter Heinrich II. (1547–1559) wurden die Gebiete von Calais, Metz, Toul und Verdun zuerkannt. Im Jahr 1560, nach dem tragischen Tod von Heinrich II., begann die Regentschaft seiner Witwe Katharina von Medici, der Mutter von Franz II. und Karl IX. (1560–1574). Die zweite Hälfte des 16. Jhs. kennzeichneten die blutigen Religionskriege, die in den Kämpfen zwischen den von Condé und Coligny geführten Hugenotten und den von der Familie Guise geführten Katholiken gipfelten. Ein grausames Ende bildete am 24. August 1572 die berühmte St.-Bartholomäus-Nacht, in der die Hugenotten niedergemetzelt wurden.

Die Bourbonen. – Mit der Ermordung von Heinrich III. (1574–1589) erlosch die Dynastie der Valois-Angoulême, und zum Nachfolger wurde Heinrich IV. von Navarra (1589–1610) bestimmt, der im Edikt von Nantes (1598) die freie Religionsausübung für Protestanten bestätigte. Mit Ludwig XIII. (1610–1643), der zunächst unter der Regentschaft seiner Mutter Maria von Medici und später unter jener des mächtigen Ministers Concini stand, begann, auch dank der Politik des Kardinals Richelieu, eine Zeit des Friedens und der Machtentfaltung. Aber erst mit Ludwig XIV. (1643–1715), dem „roi soleil" (Sonnenkönig), der sich die Politik des Nachfolgers von Richelieu, Mazarin, zunutze machte, sollten der französische Absolutismus und die Prunkentfaltung ihren Höhepunkt erreichen; Frankreich konnte trotz des Widerstandes der Fronde, die sich gegen die Macht der Minister auflehnten, die Hegemonie in Europa behaupten und die Kolonialausdehnung beginnen. Während der Regierungen von Ludwig XV. (1715–1774) und Ludwig XVI. (1774–1793) keimten neben den Problemen in der Außenpolitik (französisch-englischer Kolonialkrieg und Siebenjähriger Krieg) antiabsolutistische Prinzipien, die durch die Vertreter der Aufklärung und der Enzyklopädie rasche Verbreitung fanden.

Die Revolution und das Napoleonische Zeitalter. – Im Jahre 1789 bricht die Revolution aus: mit der Einberufung der Generalstände, die zur konstitutionellen Nationalversammlung umgewandelt wurden, geht man zum Volksaufstand über, der am 14. Juli mit dem Sturm auf die Bastille und anschließend mit der Konfiszierung der Güter von Kirche und Krone gipfelt. Von Paris aus breitet sich die Bewegung über das gesamte französische Gebiet aus. Im Jahre 1792 wird die königliche Familie festgenommen und offiziell abgesetzt: Ludwig XVI. wird im folgenden Jahr enthauptet (21. Januar 1793), dasselbe Los trifft auch seine Gemahlin Marie Antoinette. Die gegenrevolutionären Bewegungen in einigen Regionen (Vendée, Lyon) werden unterdrückt, so wie auch die Gefahr einer Koalition der anderen europäischen Staaten vermieden werden kann. Im Jahr 1794 fällt Robespierre, und mit ihm endet die radikalste Phase der Bewegung. Im folgenden Jahr hält das Directoire die Macht. Von 1796 bis 1814 beherrscht Napoleon Bonaparte das französische und das europäische Geschehen, zunächst mit den Italienfeldzügen (1796–1797), dann mit seiner Ernennung zum Ersten Konsul (1799) und schließlich mit der Krönung zum Kaiser (1804). Der Rußlandfeldzug, die Schlacht von Waterloo (1815) und der anschließende Wiener Kongreß besiegeln das Ende des Napoleonischen Zeitalters und führen zur Restauration der Monarchie mit Ludwig XVIII. (1814–1824).

Vom 19. Jh. bis in die heutige Zeit. – Die Restauration der Monarchie trug mit Karl X. (1824–1830) extrem reaktionäre Züge: 1830 kommt es zur Juli-Revolution, während der an der Stelle des letzten französischen Königs Karl X. Louis Philippe Bourbon-Orléans (1830–1848) zum König ausgerufen wird. In der Februar-Revolution des Jahres 1848 fällt Louis Philippe; zunächst wird die neugegründete Zweite Republik von einer provisorischen Regierung geführt, und anschließend steht sie unter der Präsidentschaft des Fürsten Louis Napoleon. 1852 führt ein Staatsstreich zum Second Empire unter Napoleon III. (1852–1870). Diese Zeitspanne bestimmen die Italienkriege, in denen Frankreich auf der Seite von Piemont steht (1859), und der Französisch-preußische Krieg, der in der Schlacht von Sedan (1870) mit einer französischen Niederlage endet, in deren Folge Elsaß und Lothringen an Deutschland abgetreten werden müssen. Die militärischen Niederlagen führen zum Sturz Napoleons III. und zur Ausrufung der Dritten Republik, während in Paris selbst ein Volksaufstand zum Zwischenspiel der Kommune führt. Die folgenden Jahre (1875 wird die republikanische Verfassung beschlossen) sind Jahre des Friedens und des wirtschaftlichen Aufbaus, während denen Frankreich zu einer führenden Weltmacht wird; in den achtziger Jahren können auch die kolonialen Besitzungen erweitert werden, sodaß Frankreich an kolonialer Ausdehnung nur mehr von England übertroffen wird. In der Folge des Ersten Weltkriegs (1914–1918) werden dem siegreichen Frankreich wieder die elsässischen und lothringischen Gebiete zuerkannt; die Nachkriegszeit kennzeichnen zunächst wirtschaftliche Stabilität (1925) und auf politischem Gebiet eine rechte und nationalistische Regierung, die im Jahr 1936 durch den Front Populaire (Volksfront) des Sozialisten Léon Blum abgelöst wurde. Der Zweite Weltkrieg bricht für Frankreich unerwartet aus: im Mai 1940 besetzen deutsche Truppen Frankreich, und nach dem im Monat danach unterzeichneten Waffenstillstand kommt es unter der Führung des Maréchal Pétain zur Einsetzung einer „deutschgesinnten" Regierung in Vichy. Es beginnt die Arbeit der Widerstandsbewegung, die vom Ausland durch General de Gaulle gesteuert wird. Im Jahr 1944 landen die Alliierten in der Normandie und Frankreich wird befreit. Nach den Versammlungen der provisorischen Regierung unter dem Vorsitz de Gaulles kommt es im Jahr 1946 zur Ausrufung der Vierten Republik. Der Wiederaufbau bringt Frankreich wieder einen der führenden Ränge im Weltgeschehen ein. Die Niederlagen in Indochina (1954), die zunehmende Unzufriedenheit der Kolonien des Maghreb, die die Unabhängigkeit forderten, schwächten in zunehmenden Maß die Nachkriegsregierungen. 1958 gründet General de Gaulle die Fünfte Republik mit eingeschränkter parlamentarischer Macht. 1962 wird Algerien in die Unabhängigkeit entlassen und 1965 wird de Gaulle trotz seines personalisierten und nationalistischen Regierungsstils, der einige internationale Probleme aufwarf, wiedergewählt. 1968 festigt sich die Opposition, die diesmal aus den Studenten- und Arbeiterbewegungen des Mai 1968 hervorgeht. Nach einer Volksabstimmung im folgenden Jahr tritt de Gaulle ab und es kommt zur Wahl des gemäßigten Gaullisten Pompidou. Diesem folgt im Jahr 1974 der Republikaner Valéry Giscard d'Estaing, während die Wahlen des Jahres 1981 den Sozialisten François Mitterrand zum Präsidenten der Republik bestimmten; Premierminister wird Pierre Mauroy, der eine linke Koalitionsregierung bildet. Parlamentswahlen im Jahr 1986 führen erstmals in Frankreich zum Zustand der „Cohabitation", dem Nebeneinander eines sozialistischen Präsidenten (Mitterrand) und einer bürgerlichen Regierung (unter Jacques Chirac).

Kunstgeschichte

Prähistorie. – Im europäischen Vergleich verfügt Frankreich über zahlreiche Zeugen aus dem Paläolithikum. In zahlreichen Höhlen im Périgord, darunter in den berühmten von Lascaux, jenen von Font-de-Gaume und der Combarelles, haben sich Wandmalereien aus dem Quartär erhalten, die mit erstaunlicher Lebendigkeit die Tierwelt, nämlich Wisente, Pferde, Rentiere, Mammuts und Bären, darstellen und vor 15.000–20.000 Jahren entstanden sind. Besondere Bedeutung kommt außerdem den typischen weiblichen Statuetten aus dem Périgord zu. Weitere außergewöhnliche Zeugen aus der Vorgeschichte sind die bekannten megalithischen Denkmäler (Reihungen von Dolmen, Menhir und Tumuli) in der Bretagne, vor allem in der Umgebung von Carnac und Locmariaquer, die aus dem 3.–2. Jt. v. Chr. stammen; zu dieser Gruppe zählen auch ähnliche Monumente in Korsika (Filitosa).

Die gallo-römische Zeit. – Die Gallier hatten schon vor der römischen Eroberung kulturelle Beziehungen zu Griechenland und Italien, was griechische und etruskisch-italienische Statuen und Keramiken, die in Gräbern an der Mittelmeerküste gefunden wurden, bezeugen. Die Gründungen von Aix und Narbonne durch die Römer (2. Jh. v. Chr.) setzen den Beginn der Romanisierung, die durch die Eroberung Caesars auf das gesamte Gebiet ausgedehnt wurde. Von der Verbreitung dieser Bewegung zeugen die zahlreichen vor allem im Süden erhaltenen Baudenkmäler, die vom 1. bis zum 4. Jh. reichen: Triumphbögen in Orange, Carpentras, St-Rémy, Saintes, Besançon, Reims; Tempel in Nîmes und Vienne; Theater und Amphitheater in Orange, Vaison, Nîmes, Nizza, Arles, Lyon, Autun, Perigueux; Aquädukte in Pont-du-Gard und Fréjus; Kryptoportikus in Arles; Trophäen in La Turbie, St-Rémy und Nîmes; Stadttore in Fréjus, Arles, Nîmes, Autun und Langres.

Das Mittelalter. – Das Frühchristentum, das sich in Frankreich ab dem 4. Jh. behaupten konnte, errichtete vom 5. bis zum 8. Jh. zahlreiche Kirchenbauten, von denen sich allerdings nur spärliche Reste erhalten haben, die entweder dem römischen basilikalen Typus oder byzantinischen Typen folgten; zu den ersten Baptisterien zählen jene von Fréjus, Aix, Lyon und Poitiers. Die neue Blüte der Künste während der karolingischen Zeit (9. Jh.) ist uns vor allem durch Werke der Kleinkunst, wie Buchmalerei, Goldschmiedekunst und Elfenbeine, erhalten. Einen neuen und allgemeinen Impuls künstlerischen Schaffens brachten im 11. Jh. die kirchlichen Orden. Die *Romanik* schuf ihre schönsten Werke in Burgund, wo, wie in Cluny, Autun und Vezelay, prachtvolle eingewölbte Kirchenräume mit reich geschmückten Kapitellen und Portalen entstanden. Einfacheren Strukturen folgten die Kirchen in der Provence, deren plastischer Schmuck oft antike Vorbilder verrät (Arles, St-Gilles). Typisch für den Périgord sind die einschiffigen, mit Kuppel überwölbten Kirchen (Périgueux, Angoulême), während sich in der Auvergne die prachtvoll ausgebildeten Chöre entwickeln (Clermont-Ferrand und die Zone der Puys); eine interessante Sonderform stellen die wildbewegten, feingearbeiteten Reliefs im Languedoc dar (Moissac, Toulouse, Souillac). In der romanischen Malerei, von der sich nur vereinzelt Zeugen erhalten haben, lassen sich zwei Strömungen unterscheiden: in Burgund wurde an der antiken byzantinischen Tradition festgehalten (Berzé-la-Ville), während im Poitou und im Berry, im Anschluß an die karolingische Tradition, bewegtere Darstellungen vorherrschen (St-Savin). In Limoges wird die Emailkunst ausgebildet, die vor allem im 13. Jh. Berühmtheit erlangen sollte. Um die Mitte des 12. Jhs. werden die Grundlagen der *gotischen Kunst* entwickelt. Die Wiege ist die Ile de France, wo in Laon, Noyon, Senlis und Paris die ersten Kathedralen entstehen. Die zweite Phase gotischer Architektur, die sich im 13. Jh. durchsetzt, zeichnet sich durch die Ablösung der Emporen durch das Triforium, einen ausgeprägteren Höhendrang und eine zunehmende Auflösung der geschlossenen Wand zugunsten einer Durchfensterung aus; dieser Phase entsprechen die Lösungen der großen Kathedralen von Chartres, Amiens, Reims, Bourges und Beauvais. Das 14. und 15. Jh. bestimmen Verstärkungen dieser Tendenzen, die gemeinsam mit vielfältigem und einfallsreichem Formenvokabular der dekorativen Formen zum sogenannten „stile flamboyant", der Spätgotik, führen. Vertreten ist dieser Stil in sämtlichen Regionen Frankreichs vom Osten (Straßburg, Metz) bis zum Westen (Le Mans, Quimper) und vom Norden (Rouen) über das Zentrum (Sens, Tours, Auxerre) bis zum Süden (Clermont-Ferrand, Bayonne); in einzelnen Regionen bilden sich Besonderheiten heraus, wie etwa im Anjou (gedrückte Wölbeformen) und im Languedoc (Wehrkirchen, wie etwa in Albi). Vervollständigend treten neben die Architektur an diesen Kathedralen die Skulptur, die in Chartres, Amiens und Reims besonders schöne Beispiele gezeugt hat, und die Glasmalerei, die in St-Denis, Chartres, Bourges, Le Mans, Sens und andernorts harmonische farbige Meisterwerke schuf. Neben der Sakralarchitektur bietet auch die profane Baukunst mit ihren Schlössern (Tarascon), öffentlichen und privaten Palästen (Palais des Papes in Avignon), Spitälern (Beaune, Angers) und Stadtbefestigungen (Carcassonne, Avignon, Aigues Mortes) Meisterleistungen. Seit dem 14. Jh. begann sich unter Einflüssen aus den nördlichen Niederlanden und aus dem südlichen Italien die sogenannte „Internationale Gotik" herauszubilden, die durch einen lebhaften Naturalismus gekennzeichnet ist. Hauptvertreter dieser Richtung sind die Brüder Limbourg, Jean Fouquet, der Maître de Moulins und die Bildhauer Klaus Sluter, Michel Colombe und andere, die den Weg zur Renaissance vorbereiten; gleichzeitig bilden sich in Dijon und Bourges wichtige Kunstzentren heraus.

Die Renaissance. – Die Renaissance setzt sich in Frankreich nach den Italienfeldzügen von Karl VIII., Ludwig XII. und Franz I. ab dem frühen 16. Jh. durch. Zahlreiche italienische Künstler, wie die Architekten Domenico da Cortona, Vignola, Serlio, die Bildhauer Guido Mazzoni, Francesco Laurana, Benvenuto Cellini und die Maler Leonardo da Vinci, Marco d'Oggione, Andrea Solario, Francesco Melzi, Rosso Fiorentino, Primaticcio und Nicolò dell'Abate kamen nach Frankreich. Italienischer Einfluß läßt sich in den Schlössern von Fontainebleau, an den Loire-Schlössern (Blois, Chambord, Chenonceaux, Amboise, Azay-le-Rideau), an der Kirche St-Pierre in Caen und an verschiedenen privaten Gebäuden in Dijon, Toulouse und Avignon ablesen; Fontainebleau ist für die Heranbildung einer manieristischen Malerschule von großer Bedeutung (Jean Cousin, Antoine Caron), deren Einfluß auch in den Werken der Bildhauer Jean Goujon und Germain Pilon nachweisbar ist.

17. und 18. Jahrhundert (das Zeitalter des *Barock*). – In diesen beiden Jahrhunderten bildet sich eine, von italienischen Einflüssen weitgehend gelöste Kunst heran, die eine wichtige Rolle im internationalen Kunstgeschehen einnimmt. Mit der Zentralisierung der politischen Macht in Paris wird die Stadt auch zum einzigen kreativen Zentrum, das der Provinz nur mehr eine sekundäre Aufgabe zugesteht. Besondere Bedeutung kommt der im Jahr 1648 gegründeten Akademie zu, deren Aufgabe nicht nur die Heranbildung der Künstler, sondern auch die Orientierung des Geschmacks ist. Der Überzeugung folgend, daß die künstlerischen Ideale auf der Klassik beruhen, wird im Jahr 1660 auch in Rom eine französische Akademie gegründet, die junge Künstler heranbildete. Den architektonischen Prinzipien, basierend auf der Verwendung der Säulenordnungen und auf der Überkuppelung der Kirchenräume, liegen italienische Voraussetzungen zugrunde, denen allerdings durch stärkere Rationalisierung und Geometrisierung der Baukörper ein betont klassizierendes Gepräge verliehen wird; Ergebnisse dieser Bemühungen sind die großartigen Anlagen wie die Louvre-Kolonnaden und Versailles. Eine wichtige Bauaufgabe waren auch die sogenannten „places royales" in Paris, die auch in der Provinz nachgeahmt wurden (Rennes, Nancy, Lyon, Reims, Bordeaux). Am Land entstanden prachtvolle Schlösser und Villen, die sich durch geometrisch gezeichnete Parkanlagen auszeichnen. Die Militärarchitektur bestimmen großangelegte sternförmige Befestigungsanlagen, die auf die Theorien Vaubans zurückgehen. Im 18. Jh. löste den barocken Prunk die Eleganz und Leichtigkeit des *Rokoko* ab; Dekorationsformen und Palaistypen wurden im gesamten Europa nachgeahmt. In der Malerei triumphiert mit den Malern Nicolas Poussin, Claude Lorrain und anderen in Rom geformten Künstlern ein klassisches Kunstideal; einen Gegenpol zu dieser Bewegung bilden die von Carravaggio beeinflußten „realistischen" Maler wie die Brüder Le Nain, George de La Tour, Sébastien Bourdon und der Stecher Jacques Callot. Der klassizierende Akademismus hat seine Hauptvertreter in Le Brun, François Lemoyne, Pierre Mignard und anderen. Im 18. Jh. stechen die „poetischen" Maler Watteau, Lancret und Chardin sowie die brillanten und sinnlichen Meister wie Boucher und Fragonard hervor. Auch in der Plastik lassen sich sowohl Klassizismus (Puget, Girardon), Realismus (Coysevox) und Rokoko (Coustou) nachweisen. Gesellschaftspolitisch wichtig waren die seit 1737 stattfindenden „Salons", also öffentliche Kunstausstellungen, die vor allem den Kunstgeschmack des Bürgertums heranbildeten.

Das 19. Jahrhundert. – Die Rückkehr und Neubesinnung auf klassische Ideale seit der Mitte des 18. Jhs. führte zur allgemein-europäischen Entwicklung des *Klassizismus*, der der offizielle Stil der Revolution und des Premier Empire wurde. Die Architektur nimmt Formen der klassischen Antike wieder auf und errichtet Kirchen (Kathedralen von

Nancy), öffentliche Gebäude (Theater von Lyon und Spital von Bordeaux), Triumphbögen, Gedächtnissäulen und Platzanlagen (Place de la Bourse in Bordeaux). An die Antike lehnt sich auch die Bildhauerei an (Houdon, Clodion, Rude, David d'Angers). Klassische und heroische Themen bestimmen die Malerei von David, Gros und Ingres. Im dritten Jahrzehnt des Jahrhunderts bildet die *Romantik* einen Gegenpol zum Klassizismus. Während in der Architektur die Rückbesinnung auf mittelalterliche Formen jede Art neuen Gestaltens eher hemmte, leistet die Malerei durch die Loslösung vom Akademismus Großartiges: Hauptvertreter dieser neuen Generation sind Delacroix, Gericault und Daumier mit ihren dramatischen Bildinhalten, die Landschaftsmaler der Schule von Barbizon (Rousseau, Daubigny, Diaz) und vor allem die großen Meister Corot und Courbet. Die aus diesen Künstlern hervorgehende nächste Generation begründet den *Impressionismus*, dessen Hauptvertreter Manet, Monet, Degas, Renoir, Pissarro, Sisley und Cézanne durch die Arbeit in der freien Natur eine neuartige Auffassung des Lichteinflusses herausarbeiten.

Das 20. Jahrhundert. – Die von den Impressionisten vollbrachten Neuerungen haben sämtliche folgende Stilrichtungen bestimmt und beeinflußt. Die Reihe reicht von den Postimpressionisten (Gauguin, van Gogh), zu den Intimisten (Bonnard, Vuillard), zu den „Fauves" (Matisse, Dufy, Marquet, Rouault), zu den Kubisten (Picasso, Braque, Léger) und zu den Surrealisten (Mirò, Max Ernst). Gleichzeitig erneuert sich auch die den Stilfolgen der Malerei eng folgende Skulptur mit starken Persönlichkeiten wie Carpeaux, Rodin, Bourdelle, Maillol, Despiaux. Für die Architektur beginnt nach den ersten glücklichen Versuchen mit neuen Materialien (Eisenkonstruktionen) die Zeit des *Jugendstils* (art nouveau), der vor allem in der Schule von Nancy eine besondere Blüte erreicht. Der Vorsprung der Malerei und der Plastik wird durch die Verwendung neuer Formen, die sowohl Funktion als auch städtebauliche Kriterien beachten, wieder wettgemacht (Le Corbusier, Le Cœur, Perret, Sauvage). Moderne architektonische Lösungen bieten die Kirchen von Royan von Gillet (1958), die unterirdische Kirche von Lourdes (1958), die Kapelle von Le Corbusier in Ronchamp (1955), die modernen plurifunktionellen Anlagen in Lyon (das Viertel Part-Dieu und der Centre Perrache) und Bordeaux und die Gebäude des europäischen Parlaments in Straßburg (1977).

ROUTENVORSCHLÄGE

Die Routenvorschläge sollen keine vollständige Zusammenstellung der Schönheiten der einzelnen Regionen sein. Sie sollen eine Anregung bieten, wie man die bekannten und auch weniger bekannten, touristisch interessanten Sehenswürdigkeiten im Zuge einer Rundfahrt kennenlernen kann.
In den folgenden Routen finden Sie kurze Beschreibungen all jener Orte und Sehenswürdigkeiten, die Sie nicht im Teil Ortsbeschreibungen finden können. Führt eine Route durch einen Ort, der im ausführlichen, alphabetischen Teil beschrieben ist, so verweist Sie die Routenbeschreibung in den Ortsbeschreibungsteil („siehe dort").
Ein Stern * gibt an, daß es sich um eine sehr interessante Stadt bzw. ein sehr interessantes Objekt handelt, zwei Sterne ** kennzeichnen einzigartige Sehenswürdigkeiten.
Gute Fahrt und viel Vergnügen!

1	Tours–Bourges–Moulins–Lyon	38
2	Paris–Mâcon–Lyon	41
3	Straßburg–Besançon–Lyon	43
4	Basel–Reims–Calais	44
5	Dijon–Genf–Aosta	47
6	Lausanne–Dijon–Paris	50
7	Basel–Mülhausen–Nancy–Luxemburg	53
8	Paris–Nancy–Straßburg	55
9	Paris–Luxemburg	56
10	Paris–Brüssel	58
11	Paris–Calais	60
12	Paris–Évreux–Caen–Saint-Brieuc	62
13	Paris–Le Mans–Rennes–Brest	65
14	Paris–Orléans–Tours–Nantes	67
15	Nantes–Brest	69

LEGENDE DER ROUTENKARTEN

Routenverlauf auf Autobahn	Denkmal
Routenverlauf auf Straßen	Ruine
Autobahn, Straße	Prähistorische Stätte
Staatsgrenze	Therme
Autofähre	Höhle
Wald	Natur-Sehenswürdigkeit
Nationalpark	Flughafen
Panoramastraße	Schilift
Kirche oder Kloster	Hotel, Motel
Schloß, Burg, Turm	Campingplatz

Ort mit Unterkunft (Hotel):

● Luxus ○ 1. Kat. ⊕ 2. Kat. ⊗ 3. Kat. ⊙ 4. Kat.

Ein Hotelverzeichnis finden Sie am Schluß des Bandes

1 TOURS–BOURGES–MOULINS–LYON 430 km

Die Route verbindet das Loire- mit dem Rhône-Tal. Von Tours aus folgt man dem Cher-Tal, überquert dann die Hochebene des Berry und erreicht schließlich das Allier-Tal und die Ausläufer der Berge des Beaujolais. Die Schönheit der Landschaft besticht in allen Streckenabschnitten, ist aber besonders im letzten Teil und im Cher-Tal, dessen Schlösser zu den berühmten Loire-Schlössern gerechnet werden können, beeindruckend. Die Schlösser bieten gemeinsam mit den Zentren Bourges und Tours sowie mit den zahlreichen kleineren Orten kunsthistorische Höhepunkte. Der letzte Abschnitt der Route, ab Moulins, führt über die Auvergne in die Region Rhône-Alpes, die im *Kümmerly + Frey Reiseführer Frankreich Süd* ausführlich beschrieben ist.

Tours (48 m), siehe dort, die Hauptstadt der Touraine an der Loire. – Die Straße folgt bis Vierzon dem Lauf des Cher und dem *Canal du Berry*. – Man befindet sich im Gebiet der Loire-Schlösser.

• *Véretz* (2.097 Ew, 45 m), ein Ort am Cher; *Kirche* aus dem 16. Jh., mit einer einzigartig erhöhten Kapelle, die mit dem Schloß verbunden und mit Fresken aus der Schule Leonardo da Vincis geschmückt ist.

24 km – Bléré (4.113 Ew, 60 m), ein kleines Industriezentrum am linken Cher-Ufer: interessante romanisch-gotische *Kirche* aus dem 12.–15. Jh. mit drei ungleichen Schiffen; östlich vom Zentrum liegt die Renaissance-*Grabkapelle* für Guillaume de Seigne aus dem Jahr 1526.

32 km – Chenonceaux (62 m), siehe Amboise, Umgebung, mit seinem berühmten, zu den typischsten der französischen Renaissance zählenden, *Schloß*.

• In *Chissay-en-Touraine* befindet sich ein schönes Schloß aus dem 15.–16. Jh. mit Türmen.

42 km – Montrichard (3.857 Ew, 68 m). Auf einem Felsen die *Burgruinen* mit einem mächtigen *Donjon** aus dem 11. Jh. – Im Vorort *Nanteuil* romanisch-gotische Kirche aus dem 12.–15. Jh.

• *Thésée* (1.099 Ew, 68 m), das römische *Tasciaca,* wo eine antike Keramikwerkstatt aus dem 2. Jh. n. Chr. ausgegraben wurde; in einem kleinen MUSÉE *(Öffnungszeiten: Juni–Sept. 14.30–18.30 Uhr, Di geschl.; Eintrittsgebühr)* sind die Ausgrabungsfunde ausgestellt.

59 km – Saint-Aignan (3.680 Ew, 184 m) am Cher, beherrscht von einem Renaissance-*Schloß* aus dem 16. Jh., an dessen Fuß die romanisch-gotische (11.–12. Jh.) Kirche *St-Aignan* liegt: Fassadenturm und im Innern schöne figürliche Kapitelle und Krypta mit Fresken aus dem 12.–15. Jh.

• Bevor man die Sauldre überquert, zweigt links die Straße D 956 nach (41 km) **Blois,** siehe dort, dem großen historischen Kunstzentrum, ab.

73 km – Selles-sur-Cher (4.656 Ew, 86 m), dessen Kirche *Notre-Dame-la-Blanche* vom romanischen Originalbau aus dem 12. Jh. noch die Fassade und den erhöhten Umgangschor* mit Blendbögchengliederung und feinen Reliefs bewahrt. Die BURG

Route 1

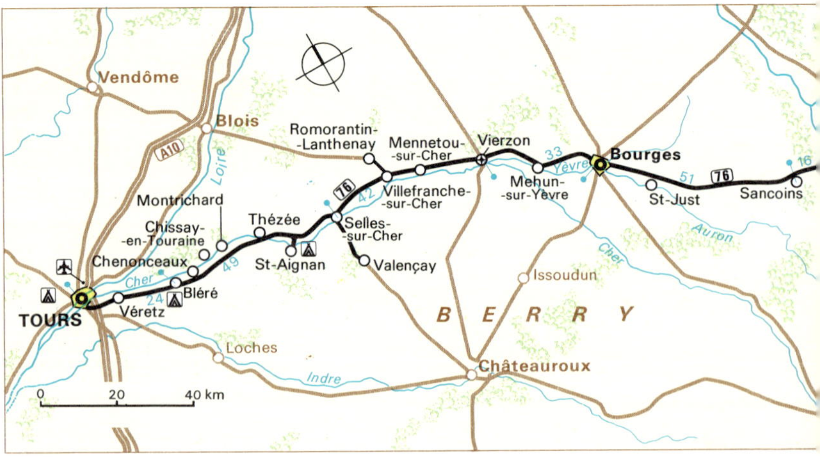

aus dem 13. Jh. *(Öffnungszeiten: Ostern bis Allerheiligen 9–11.30 und 14–18 Uhr; Eintrittsgebühr)* mit Türmen und Graben wurde im 16.–17. Jh. durch Hinzufügung eines Flügels zum Schloß umgestaltet; aus dieser Zeit stammt auch die Innenausstattung. – Im Süden Abzweigung der Straße D 956 nach (41 km) Valençay.

Valençay (3.173 Ew, 140 m) besitzt ein SCHLOSS* *(Öffnungszeiten: Ostern bis Allerheiligen 9–11.30 und 14–18.30; Eintrittsgebühr),* das um 1540 für den Bankier Jacques d'Estampes errichtet wurde. Es besteht aus zwei durch einen kuppelgedeckten Rundturm, die sog. *Vieille-Tour,* verbundenen Flügeln. Der reichgestaltete Eingangstrakt mit Mittelpavillon mit vier Ecktürmchen stammt aus dem 16. Jh.; der andere Flügel, der mit der *Tour Neuve* aus dem 18. Jh. endet, entstand erst um 1650. Im Innern zahlreiche Kunstobjekte, wertvolle Möbel und Erinnerungsstücke an den Minister Talleyrand, der das Gebäude 1803 kaufte.

• *Villefranche-sur-Cher* (98 m): links Straße D 922 nach (8 km) Romorantin-Lanthenay.

Romorantin-Lanthenay (41.200 Ew, 88 m) ist ein beachtenswertes Zentrum der Textilindustrie an der Sauldre. Beim öffentlichen Park befinden sich Häuser aus dem 15.–16. Jh. und im Rathaus ist das MUSÉE DE SOLOGNE *(Öffnungszeiten: 10–11.30 und 14–18 Uhr, Di geschl.; Eintrittsgebühr)* eingerichtet, das Volkskunde und lokales Kunsthandwerk dokumentiert. In den Überresten des *Château Royal* aus dem 15.–16. Jh. befinden sich heute Amtsräume.

• *Mennetou-sur-Cher* (90 m), ein malerischer, von Mauern mit Toren und Türmen umschlossener Ort; *Kirche* mit schönem gotischen Chor aus dem 13. Jh.

115 km – Vierzon (36.514 Ew, 122 m), eine Industriestadt am Zusammenfluß von Yèvre und Cher. – Man kreuzt die Straße N 20 Limoges–Orléans, siehe Route 3.
• *Mehun-sur-Yèvre* (6.902 Ew, 120 m), ein großer Industrieort (Porzellan): Kirche *Notre-Dame* aus dem 11.–12. Jh. (Kruzifix von J. Boucher); *Porte de l'horloge* aus dem 14. Jh.; Ruinen der *Burg* von Jean de Berry aus dem 14. Jh.

148 km – Bourges (130 m), siehe dort, die wichtige Kunststadt. – Man folgt weiter der Straße **N 76.**
• Bis nach *Saint-Just* geht es durch das Auron-Tal und anschließend über die Hochebene des Berry.

199 km – Sancoins (3.558 Ew, 206 m), ein großer Ort am Aubois.
• Man überquert den Allier.

215 km – Saint-Pierre-le-Moutier (2.556 Ew, 214 m), ein alter Ort mit der Kirche *St-Pierre* aus dem 12.–16. Jh., die ein schönes Nordportal mit Reliefs aus dem 13. Jh. besitzt. – Links führt die Straße N 7 nach (23 km) **Nevers,** siehe dort; man folgt der **N 7** hingegen rechts durch das Allier-Tal.

246 km – Moulins (221 m), siehe *Kümmerly + Frey Reiseführer Frankreich Süd,* die historische Stadt am rechten Allier-Ufer.
• *Bessay-sur-Allier* (230 m): romanische Kirche aus dem 12. Jh.
• In *Varennes-sur-Allier* (248 m) verläßt man das Allier-Tal.

296 km – Lapalisse (3.775 Ew, 299 m), an der Bresbe, beherrscht von einem schönen SCHLOSS *(Öffnungszeiten: Mai–Nov. 9–12 und 14–19 Uhr; Eintrittsgebühr)* aus dem

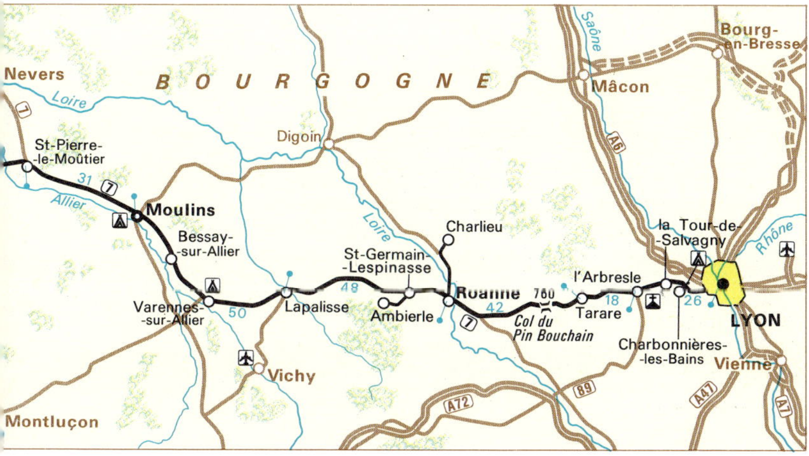

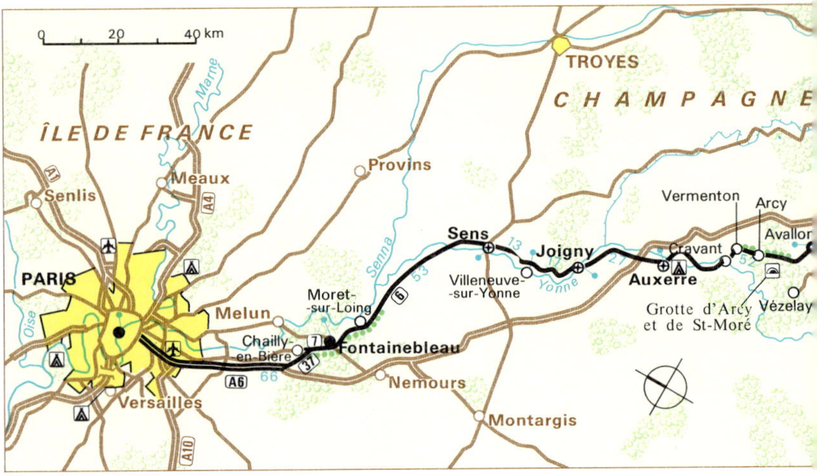

Route 2

12.–13. Jh., das im 16. Jh. im italienischen Renaissance-Stil umgestaltet wurde; der Auftraggeber, Jacques II. de Chabannes la Palice, 1525 in Pavia verstorben, gilt als Urheber des italienischen Wortes „lapalissiano", das ungefähr dem deutschen „Lappalie" entspricht. Im Innern des Schlosses wunderschöne Ausstattung aus der Renaissance (Tapisserien, Gemälde, Möbel), und in der Kapelle die Grablege der La Palice. – Bei der Ortseinfahrt rechts, Abzweigung der Straße D 907 nach (23 km) **Vichy,** siehe *Kümmerly + Frey Reiseführer Frankreich Süd.*

• *Saint-Germain-Lespinasse:* 6 km westlich liegt der Ort **Ambierle** (1.422 Ew, 460 m), in dessen spätgotischer *Kirche* (15. Jh.) sich schöne Glasfenster und ein Rogier van der Weyden zugeschriebener Flügelaltar* (1466) mit Passionsszenen und Stifterfiguren erhalten haben. Interessant ist auch die heimatgeschichtliche Sammlung des MUSÉE FORÉZIEN *(Öffnungszeiten: April–Okt. 10–12 und 14–18 Uhr; Eintrittsgebühr).*

344 km – Roanne (56.498 Ew, 279 m), eine Industriestadt am linken Ufer der Loire. In einem Palais aus dem 18. Jh. zeigt das MUSÉE DÉCHELETTE *(Öffnungszeiten: 10–12 und 14–18 Uhr, Di geschl.)* prähistorische und gallo-römische Ausgrabungsfunde, mittelalterliche Plastiken, Keramiken, Gemälde (Corot, Courbet, Lépine) und moderne Skulpturen (Rodin).

19 km nordöstlich von Roanne, erreichbar über die Straßen D 482 und D 487, liegt **Charlieu** (5.063 Ew, 265 m), ein alter Ort, der einst Sitz einer *Benediktinerabtei* war *(Öffnungszeiten: 9–12 und 14–18 oder 19 Uhr; Eintrittsgebühr);* zu sehen sind der Narthex der Kirche mit wunderschönen Reliefs** in den Portaltympana (11.–12. Jh.), Meisterwerke burgundischer Bildhauerkunst, der gotische *Kreuzgang** mit Kapitelsaal (15. Jh.), der Palast des Priors (16. Jh.) und ein Rundturm (12. Jh.). In der Nähe befindet sich ein *Franziskanerkloster (Besichigung wie oben)* mit einem schönen gotischen Kreuzgang aus dem 14. Jh. und einer einschiffigen Kirche aus dem 15. Jh.

• Über den *Col du Pin-Bouchain* (760 m), Wasserscheide zwischen Atlantik (Loire) und Mittelmeer (Rhône), überquert man die Berge des Beaujolais.

386 km – Tarare (12.188 Ew, 375 m), ein großes Industriezentrum (Stoffe).

404 km – L'Arbresle (4.247 Ew, 231 m), ein Industriezentrum. Im Vorort *Eveux* liegt außergewöhnlich schön das berühmte *Dominikanerkloster Ste-Marie de la Tourette*,* ein Meisterwerk von Le Corbusier (1957–1959), dessen strenge einfache Bauformen durch das Ausnutzen des Sonnenlichtes belebt werden. – Rechts Straße N 89 nach Clermont-Ferrand, siehe *Kümmerly + Frey Reiseführer Frankreich Süd.*

• Nach *La Tour-de-Salvagny* (340 m) geht es bergab Richtung Lyon; schöner Blick auf die Hügel der Umgebung.

• *Charbonnières-les-Bains* (3.924 Ew, 231 m), ein Thermalkurort.

• Durch den Vorort *Tassin-la-Demi-Lune,* über den Fourvière-Hügel und über den Cours Verdun erreicht man das Zentrum von

430 km – Lyon (169 m), siehe *Kümmerly + Frey Reiseführer Frankreich Süd.*

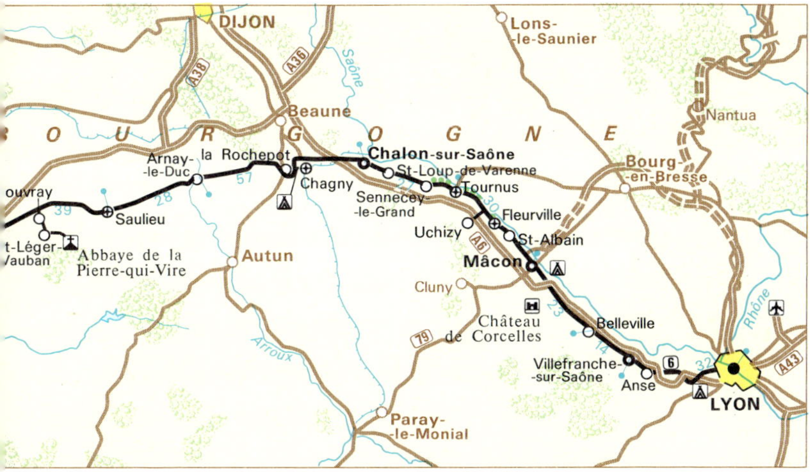

2 PARIS–MÂCON–LYON 476 km

Die Route führt über eine der wichtigsten Verbindungsstraßen von Paris in den Südosten Frankreichs. Man folgt zunächst der Seine bis zur Einmündung der Yonne und anschließend dieser bis nach Auxerre. Dann geht es über einige Hochebenen bis ins Saône-Tal, das man in Chalon-sur-Saône erreicht. Am schönsten ist wohl der Streckenabschnitt durch die bewegte weite Landschaft von Burgund, die zu den schönsten Gebieten Frankreichs zählt; an der an Wäldern und Weinbergen reichen Strecke liegen zahlreiche berühmte Kunstzentren und malerische Orte. Der letzte Abschnitt der Route, etwa ab Villefranche-sur-Saône, führt durch die Region Rhône-Alpes, die im *Kümmerly + Frey Reiseführer Frankreich Süd* ausführlich beschrieben ist.

Paris verläßt man durch die *Porte d'Orléans.*
• Links liegt der große Flughafen von Orly. – Man fährt auf die Autobahn **A 6,** die man in *Chailly-en-Bière* wieder verläßt.
• Kurze Zeit folgt man der Straße **N 37** und anschließend der Straße **N 7** bis nach

65 km – Fontainebleau, siehe dort, Fremdenverkehrszentrum und Luftkurort, berühmt für sein königliches Schloß.
• Anschließend fährt man durch den schönen Wald von Fontainebleau*. – Links liegt der malerische Ort *Moret-sur-Loing.*
• Man verläßt die Ile-de-France.
• Über die Straße **N 6** erreicht man vom Norden her

118 km – Sens (69 m), siehe dort, beherrscht vom mächtigen Baukörper seiner Kathedrale.

131 km – Villeneuve-sur-Yonne (4.810 Ew, 74 m), ein befestigter, von Ludwig VII. im Jahre 1163 gegründeter Ort. Erhalten haben sich *zwei Stadttore,* Teile der Befestigungsmauern aus dem 13. Jh. und im Zentrum die Kirche *Notre-Dame* aus dem 13.–16. Jh. mit im Innern einer Grablegungsgruppe aus dem 16. Jh.

148 km – Joigny (11.925 Ew, 101 m) an der Yonne; bei der Überquerung des Flusses schöner Blick auf die Stadt. Im Ortszentrum liegt die spätgotische Kirche *St-Thibault* aus den Jahren 1490–1529; im Innern, rechts, schöne Madonnenstatue aus dem 15. Jh. und im linken Schiff Gemälde von Murillo, Oostsanen, Ribera; links von der Kirche, auf der Place du Pilori 18, ein *Fachwerkhaus* mit Holzschnitzereien aus dem 16. Jh.; gotisch-renaissance Kirche *St-Jean* aus den Jahren 1504–1596 mit, im Innern, einer Grablegungsgruppe aus dem 15. Jh.; gegenüber von der Kirche ein weiteres *Fachwerkhaus* aus dem 16. Jh. mit wunderschönen Holzplastiken*; rechts von der Kirche das *Château des Comtes* aus der Renaissance (1550–1613); östlicher liegt die Kirche *St-André* aus dem 12.–17. Jh. mit Glasfenstern aus dem 16. Jh.

166 km – Auxerre (127 m), siehe dort; wunderschöner Blick auf die von seinen zwei Kirchen beherrschte Stadt vom Pont Paul-Bert.
• Man folgt dem Lauf der Yonne, die man in *Champs-sur-Yonne* überquert.

• *Cravant* (748 Ew, 122 m), am Zusammenfluß von Cure und Yonne; gotisch-renaissance Kirche aus dem 15. Jh.
• *Vermenton* (1.261 Ew, 125 m): Kirche Notre-Dame aus dem 12.–13. Jh.
• 1 km nach *Arcy* rechts Abzweigung zu den GROTTES D'ARCY ET DE ST-MORÉ* *(Öffnungszeiten: Ostern bis Mitte Okt.; Eintrittsgebühr),* die reich an Konkretionen sind.
• Es geht nun durch das malerische *Cure-Tal** mit seinen Felsen und Wäldern.
• Bei der Ortseinfahrt von Avallon Abzweigung der Straße D 957 nach (15 km) **Vézelay,** siehe dort.

227 km – Avallon (254 m), siehe dort, malerisches Städtchen und wichtiges Fremdenverkehrszentrum.

In *Rouvray* (396 m) mit gotischer Kirche aus dem 13.–16. Jh., folgt man rechts der Straße D 55 nach (8 km) *St-Léger-Vauban* (509 Ew, 460 m), dem Geburtsort des Militärarchitekten Sébastien le Prestre, Marquis de Vauban (1633–1807): eine Statue und eine Inschrift am Geburtshaus erinnern an das Ereignis. – 4 km tiefer, im Wald von St-Léger, liegt die im Jahr 1850 gegründete **Abtei La Pierre-qui-Vire,** deren Klostergebäude in den Jahren 1850–1954 entstanden: die Abtei ist für ihre Publikationen sakraler Kunst bekannt.

266 km – Saulieu (3.158 Ew, 514 m), an der Grenze des Morvan. Der Ort rühmt sich der schönen romanischen Kirche *St-Andoche* aus dem Jahr 1119, die teilweise später verändert wurde (die Fassade stammt aus dem 19. Jh.); im Innern prachtvolle figürliche Kapitelle* aus dem 12. Jh. Bei der Kirche befindet sich das MUSÉE *(Öffnungszeiten: 10–12 und 14–18 Uhr, Di geschl.; Eintrittsgebühr)* mit Tierskulpturen des berühmten, hier geborenen, François Pompon (1855–1933) und einer heimatgeschichtlichen Abteilung.
• Malerische Fahrt über die Hochebene des Morvan.

294 km – Arnay-le-Duc (2.473 Ew, 374 m), ein altes Städtchen über dem Arroux-Tal: Kirche *St-Laurent* aus dem 15.–16. Jh. mit der *Tour de la Motte,* die zur mittelalterlichen Burg gehörte, und *Schloß* aus dem 16. Jh. (Manoir de Sully).
• Bei Höhe 561 m überquert man die einsame Hochebene der Chaumes d'Auvenay.
• *La Rochepot* (258 Ew, 410 m), überragt von einer schönen BURG* *(Öffnungszeiten: vom Palmsonntag bis 1. Nov., So 10–11.30 und 14–17.30 Uhr; Eintrittsgebühr)* aus dem 12.–15. Jh. mit runden Ecktürmen. Im Ort romanische Kirche aus dem 12. Jh. – Rechts Abzweigung der Straße D 973 nach (31 km) **Autun,** siehe dort.
• Links Abzweigung der Straße N 74 nach (15 km) **Beaune,** siehe dort.
• *Chagny* (5.926 Ew, 216 m), ein Industriezentrum.

351 km – Chalon-sur-Saône (179 m), siehe dort, ein Industrie- und Handelszentrum an der Saône.
• *Saint-Loup-de-Varenne:* bei der Ortsausfahrt links, Denkmal für den hier 1833 verstorbenen Erfinder der Photographie Nicéphore Niepce.
• *Sennecy-le-Grand* (2.269 Ew, 200 m) mit der romanischen Kirche *St-Julien* aus dem 11. Jh. und dem *Ruffey-Schloß* aus dem 10.–11. Jh., aber im 15. Jh. erneuert.

378 km – Tournus (193 m), siehe dort, bekannt für seine Baudenkmäler und Weine.
• Rechts liegt *Uchizy* (615 Ew): romanische Kirche aus dem 11. Jh. mit Vierungsturm.
• *Fleurville* (343 Ew, 171 m).
• *Saint-Albain:* beachtenswerte romanisch-gotische Kirche aus dem frühen 13. Jh.

408 km – Mâcon (175 m), siehe dort, ein an Baudenkmälern und Museen reiches Städtchen. – Abzweigung der Straße N 79 nach (26 km) **Cluny,** siehe dort, und (68 km) **Paray-le-Monial,** siehe dort.
• Rechts erhebt sich das SCHLOSS VON CORCELLES *(Öffnungszeiten: 15–18 Uhr; Eintrittsgebühr)* aus dem 15. Jh., das ein Jahrhundert später verändert wurde.

431 km – Belleville (6.609 Ew, 190 m), Weinbauzentrum im Beaujolais mit großer romanisch-gotischer *Kirche* aus dem 12. Jh.
• Es geht durch die hügelige Landschaft des Beaujolais mit seinen Weinbergen.

445 km – Villefranche-sur-Saône (191 m), siehe *Kümmerly + Frey Reiseführer Frankreich Süd,* eine Industriestadt mit interessanter Umgebung.
• *Anse* (3.116 Ew, 176 m) mit einer *Burg* aus dem 11. Jh. (heute Hotel), in der ein kleines archäologisches *Museum* eingerichtet ist.
• Man verläßt das Saône-Tal und überquert das bescheidene Massiv des Mont-D'Or.
• Man kreuzt mehrmals die Autobahn A 6 und erreicht über die Rue de Bourgogne und den Vorort *Vaise* das Zentrum von

476 km – Lyon (169 m), siehe *Kümmlery + Frey Reiseführer Frankreich Süd.*

3 STRASSBURG–BESANÇON–LYON 436 km

Die Route über die Straße N 83 bildet den Verbindungsweg zwischen dem Rhein- und dem Rhône-Tal und zwischen den beiden wichtigsten Industriezentren des französischen Ostens. Vom Rhein-Tal und Straßburg gelangt man durch die breite Ill-Ebene und über die Weinberge der Vogesen ins Doubs-Tal, in dem Besançon liegt. Anschließend verläuft die Strecke entlang der westlichen Hänge des Jura und durch die wasserreiche Ebene der Dombes. Interessant ist die Route sowohl wegen der abwechslungsreichen, teilweise waldreichen und teilweise landwirtschaftlich genützten Landschaft als auch wegen der Kunstzentren wie Bourg-en-Bresse, Besançon und Colmar. Der letzte Abschnitt der Route, etwa ab Bourg-en-Bresse, führt durch die Region Rhône-Alpes, die im *Kümmerly + Frey Reiseführer Frankreich Süd* ausführlich beschrieben ist.

Straßburg (139 m), siehe dort, die elsässische Hauptstadt.
• Kurze Zeit folgt man der neuen Autobahn **A 35.**
• Man fährt durch Tabakplantagen auf der Straße **N 83.**
• *Benfeld* (3.894 Ew): an der Fassade des Rathauses aus dem Jahr 1531 eine Uhr mit beweglichen Figuren.
• Links liegt der Ort **Ebersmünster** (474 Ew), dessen *Abteikirche** vom Österreicher Peter Thumb im Jahre 1727 errichtet wurde: wunderschönes Beispiel für die sogenannte Vorarlberger Baumeisterschule mit prachtvoller Ausstattung (geschnitzter vergoldeter Hochaltar) und Fresken aus dem Jahr 1759.
• Es geht weiterhin durch das dichtbevölkerte industrialisierte Ill-Tal.

45 km – Schlettstadt (*Sélestat;* 182 m), siehe Colmar, Umgebung, reich an mittelalterlichen Baudenkmälern.
• Mit schönen Aussichtsmöglichkeiten geht es am Fuße der Vogesen entlang.

67 km – Colmar (193 m), siehe dort, das schöne Kunstzentrum im Elsaß.

82 km – Rufach *(Rouffach;* 5.102 Ew, 204 m), ein malerischer alter Ort, auf dessen Türmen Störche nisten. *Liebfrauenkirche* aus dem 12.–14. Jh. mit achteckigem Turm, eleganter Apsis und harmonischen drei Schiffen aus dem 15. Jh. Rechts von der Kirche einige gotische Häuser und der *Hexenturm* aus dem 13.–15. Jh.
• Rechts Abzweigung nach (4 km) *Gebweiler (Guebwiller),* siehe Mülhausen, Umgebung.
• Rechts erblickt man den *Großen Belchen (Grand Ballon,* 1.424 m), die höchste Erhebung der Vogesen. – Es geht am Fuße der grünen Berghänge entlang.

Von Thann bis Marlenheim verläuft an den ersten Hängen der Vogesen die 179 km lange **Weinstraße** *(Route du Vin),* durch das Gebiet, aus dem der berühmte Riesling stammt; an der Strecke liegen bekannte Weinbauorte und malerische mittelalterliche Dörfer.

• Kurz nach *Cernay* (10.171 Ew, 275 m), einem Industrieort, kreuzt man die Straße N 66, die links nach (16 km) *Mülhausen* und rechts nach (5 km) *Thann,* siehe Mülhausen, Umgebung, führt. – Siehe auch Route 7.
• Beim *Pont d'Aspach* zweigt links die Straße N 466, die zur Autobahn A 36 nach (17 km) **Mülhausen,** siehe dort, führt, ab.
• Man verläßt das Elsaß durch die *„Trouée de Belfort",* eine weite Ebene, die Vogesen und Jura trennt.

137 km – Belfort (358 m), siehe dort, die historische Festungsstadt an der Grenze zum Elsaß.
• *Héricourt* (8.100 Ew, 331 m), ein Industriezentrum (Textilien, Metallverarbeitung).
• Man erreicht das Doubs-Tal.
• *L'Isle-sur-le-Doubs* (3.496 Ew, 292 m), eine Sommerfrische an den Flußwindungen.

197 km – Baume-les-Dames (6.071 Ew, 291 m), ein Industriezentrum (Pfeifenherstellung): Überreste einer gotischen *Abteikirche* aus dem 16.–17. Jh. und Kirche *St-Martin* aus dem 17. Jh. mit einer Beweinung Christi aus dem Jahr 1549.
• Vom Süden her erreicht man über die Rue de Belfort das Zentrum von

226 km – Besançon (242 m), siehe dort, Hauptstadt der Franche-Comté.
• Man folgt für kurze Zeit weiterhin dem Doubs-Tal.
• Schöne Fahrt durch das Tal der Loue, die man in *Quingey* überquert.
• In *Mouchard* (1.298 Ew, 277 m) kreuzt man die Straße D 472 Lausanne–Paris, siehe Route 6.

275 km – Arbois (4.232 Ew, 291 m), inmitten ausgedehnter Weinberge an der Cuisance. Sehenswert das zu einem Museum umgestaltete *Pasteur-Haus,* die gotische

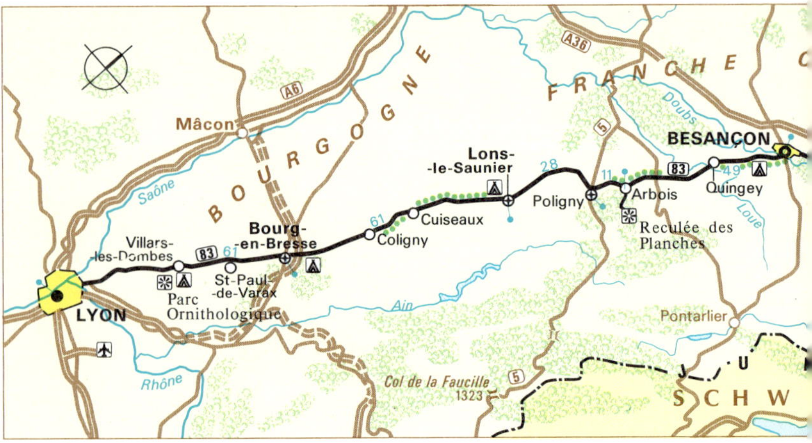

Route 3

Kirche *St-Just* aus dem 12.–13. Jh. mit hohem Turm und das Musée Sarret de Grozon *(Öffnungszeiten: Juni–Sept. 15–18.30 Uhr, Di geschl.)*, das Kunsthandwerk, Keramik und Malerei gewidmet ist.

5 km südöstlich von Arbois öffnet sich die berühmte **Reculée des Planches*,** das schönste der zahlreichen Täler des Jura, mit senkrecht abfallenden Felswänden, durch die die Cuisance fließt. Die Cuisance entspringt in Höhlen mit außergewöhnlichen Erosionsformen *(Öffnungszeiten: Juni–Sept. 9–12 und 14–18.30 Uhr; Besichtigung nur mit Führung; Eintrittsgebühr)*. Die Reculée endet beim *Cirque du Fer à Cheval** mit prachtvollen Blicken auf das Tal.

286 km – Poligny (4.893 Ew, 327 m). In der gotischen Kirche *St-Hippolyte* aus dem 15. Jh. im Langhaus und im Chor burgundische Statuen* aus dem 15. Jh.; sehenswert ist auch die Apotheke im *Hôtel Dieu.* – Kreuzung mit der Straße N 5 Genf–Dijon, siehe Route 5.
• Mit schönen Aussichtsmöglichkeiten geht es über die letzten Ausläufer des Jura.

314 km – Lons-le-Saunier (255 m), siehe dort, ein Thermalkurort.
• Man verläßt die Franche-Comté.
• *Cuiseaux* (1.861 Ew, 273 m), ein alter befestigter Ort, von dessen Stadtmauern sich Überreste zweier Türme erhalten haben. *Kirche* mit Marienstatue aus dem 13. Jh.
• *Coligny* (1.077 Ew, 291 m): Kirche aus dem 15.–16. Jh., im 19. Jh. restauriert.

375 km – Bourg-en-Bresse (240 m), siehe *Kümmerly + Frey Reiseführer Frankreich Süd,* berühmt für die Kirche von Brou.
• *St-Paul-de-Varax* (276 m) mit schöner romanischer *Kirche* aus dem 11.–12. Jh., deren Portaltympanon mit Reliefs geschmückt ist.
• *Villars-les-Dombes* (3.272 Ew, 279 m) im Zentrum der Ebene mit einem Vogelpark *(Öffnungszeiten: 8.30–17.30 oder 19 Uhr)* von 23 ha mit vielen freilebenden Sumpfvögeln. Im Ort befindet sich eine gotische *Kirche* aus dem 14.–15. Jh.
• Über den Cours d'Herbouville erreicht man das Zentrum von

436 km – Lyon (169 m), siehe *Kümmerly + Frey Reiseführer Frankreich Süd.*

4 BASEL–REIMS–CALAIS 704 km

Die Route bildet eine häufig genutzte Möglichkeit, den Hafen von Calais, und somit die Fähren nach England zu erreichen, ohne durch Paris fahren zu müssen. Sie beginnt in der Schweizer Stadt Basel und führt dann durch den Norden Frankreichs, durch das südliche Elsaß, die Franche-Comté und die Ebenen der Champagne, der Picardie und des Artois. Obwohl es sich eigentlich um einen Verbindungsweg handelt, bietet die Route dennoch in den Zentren Châlons-sur-Marne, Reims und Laon Sehenswürdigkeiten, die einen Aufenthalt lohnen. Die Landschaft gestaltet sich mit ihren grünen, von Kanälen durchzogenen Weiden und Wiesen überall interessant.

Basel (180.463 Ew, 254 m), Hauptstadt des gleichnamigen Schweizer Kantons. – Ausfahrt im Westen; über die Burgfelder Straße erreicht man die französische Grenze: *Schweizer und französischer Zoll; Paßkontrolle.*

• Auf französischem Gebiet folgt man links der Straße **D 419.**

31 km – Altkirch (8.588 Ew, 312 m): auf der zentralen Place de la République liegen das *Rathaus* aus dem 18. Jh. und ein Renaissance-Haus aus dem 16. Jh., in dem das Historische Museum des Sundgaus untergebracht ist *(Öffnungszeiten: 15–17.30 Uhr, Mo geschl.; Eintrittsgebühr)*.

• Man überquert den Rhône-Rhein-Kanal.

65 km – Belfort (358 m), siehe dort, die alte Festungsstadt an der Elsässischen Grenze.

• Es geht weiter über die Straße **N 19.**

• **Ronchamp** (3.087 Ew, 353 m), ein Industrieort, wo sich auf einem Hügel die weiße, eindrucksvolle Kapelle *Notre-Dame-du-Haut**, ein berühmtes Meisterwerk von Le Corbusier aus dem Jahr 1955, erhebt.

128 km – Vesoul (20.081 Ew, 220 m), Hauptort des Départements Haute-Saône, beherrscht vom Hügel *Motte,* von dem man eine schöne Aussicht auf die Vogesen genießt.

• Man überquert die Saône in *Port-sur-Saône* (261 m), und kurz danach verläßt man die Franche-Comté.

• *Fayl-Billot* (1.595 Ew, 333 m), bekannt für die kunsthandwerkliche Herstellung von Möbeln und Korbwaren.

• Man fährt nun durch wald- und weidenreiches Gebiet.

203 km – Langres (466 m), siehe dort, ein historisches befestigtes Städtchen in der Champagne.

• Man folgt dem linken Marne-Ufer.

238 km – Chaumont (314 m), siehe dort, Hauptort des Départements Haute-Marne.

• Es geht weiter über die Straße **N 67** durch das Marne-Tal.

Ronchamp: Notre-Dame-du-Haut

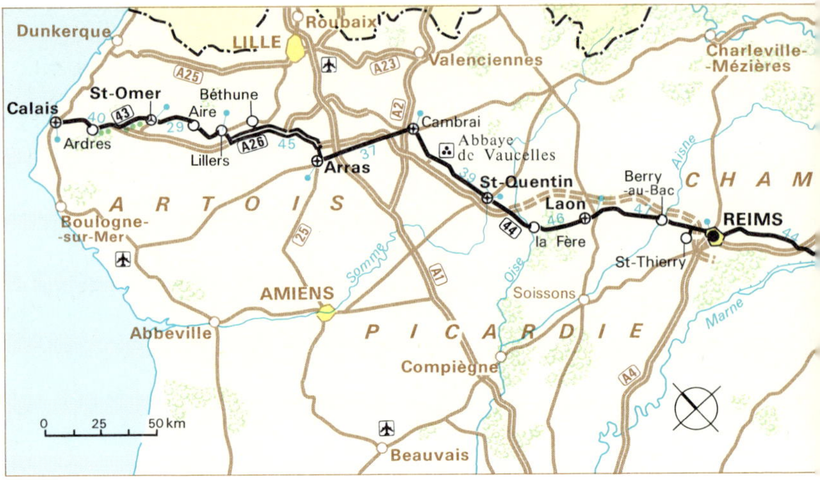

Route 4

• *Vignory:* romanische Kirche aus dem 10.–11. Jh., siehe Chaumont, Umgebung.
• *Joinville* (5.122 Ew, 188 m), ein Industriezentrum mit Schloß aus dem 16. Jh., siehe Chaumont, Umgebung.

312 km – St-Dizier (39.815 Ew, 146 m), Industriestadt an der Marne mit einigen gotischen Kirchen und, im Rathaus, einem kleinen kunsthistorischen, heimatkundlichen und naturgeschichtlichen *Museum.* – 6 km nordöstlich liegt *Villiers-en-Lieu* mit einem Musée de l'Automobile Française *(Öffnungszeiten: 14–18 oder 19 Uhr; Eintrittsgebühr),* in dem ca. 100 Autos ausgestellt sind.
• Man kreuzt die Straße **N 4** aus Nancy, siehe Route 8, und folgt dieser Richtung Westen entlang des Marne-Saône-Kanals durch die fruchtbare Ebene des Perthois.

341 km – Vitry-le-François (20.092 Ew, 105 m), an der Marne, nach dem Krieg auf dem gleichen schachbrettähnlichen Raster, den der italienische Architekt Geronimo Marini im 16. Jh. entwarf, wiederaufgebaut. Auf der zentralen Place des Armes liegt die Kirche *Notre-Dame* aus dem 17.–18. Jh.; im Innern Kreuzigung von Jean Restout aus dem Jahr 1737 und Statue der Hl. Johanna von Orléans von Bourdelle aus dem Jahr 1909.
• Man folgt im Norden der Straße **N 44,** die geradlinig durch die Ebene am rechten Marne-Ufer führt.

373 km – Châlons-sur-Marne (83 m), siehe dort, Kunststätte in der Champagne.
• Links erstreckt sich der 50.000 ha große regionale Naturpark *Montagne de Reims,* bestehend aus Wald und Weingärten.

417 km – Reims (83 m), siehe dort, mit seiner berühmten Kathedrale.
• Ausfahrt im Nordwesten über die Straße N 44.
• Links liegt *St-Thierry:* Überreste einer alten Abtei und romanische Kirche aus dem 12. Jh.
• Man überquert die Aisne und den Ardennen-Kanal in *Berry-au-Bac* (56 m). – Nach einigen Hügeln erreicht man

464 km – Laon (181 m), siehe dort, das mit seiner Kathedrale auf einem Vorgebirge liegt.
• Nach der Fahrt durch den Wald von St-Gobain überquert man den Sambre-Oise-Kanal; links liegt *La Fère* (4.400 Ew, 51 m) mit dem reichen *Musée Jeanne d'Aboville,* siehe Laon, Umgebung.

510 km – St-Quentin (74 m), siehe Laon, Umgebung, an der Somme.
• Man folgt kurze Zeit dem Kanal von St-Quentin, der dann im 5.670 m langen *Souterrain de Riqueval* verschwindet, der 1802–1810 angelegt und von Napoleon eröffnet wurde.
• Rechts Überreste der im Jahr 1131 gegründeten *Abtei von Vaucelles,* von der sich Teile des Kreuzgangs, der Kapitelsaal und einige Klostergebäude erhalten haben.
• In mehreren Abschnitten überquert man den Kanal von St-Quentin und erreicht schließlich

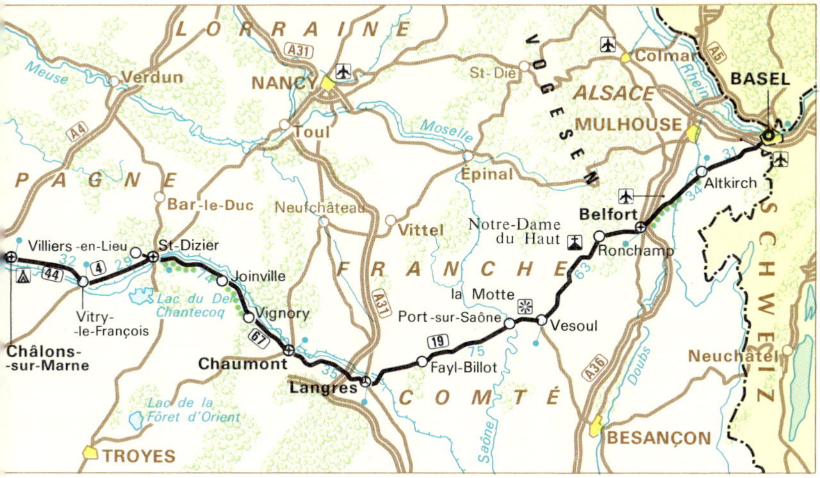

549 km – Cambrai (75 m), siehe Douai, Umgebung, eine Industriestadt am Escaut.
• Es geht weiter Richtung Westen über die Straße D 939.

588 km – Arras (72 m), siehe dort, an der Scarpe.
• Im Norden, über die Straße **N 17,** erreicht man nach 7 km die Auffahrt auf die Autobahn **A 26,** die den dichtbevölkerten Nordwesten mit seinen mit dem Kohleabbau verbundenen Industrieanlagen durchquert.
• Rechts Abfahrt nach **Béthune** (29.279 Ew, 25 m), einer von Vauban befestigten Stadt mit einem Beffroi aus den Jahren 1346–1388 auf der zentralen *Grand-Place.*

633 km – Autobahnabfahrt, 2 km von *Lillers* (9.498 Ew, 29 m) entfernt; romanische Kollegiatskirche St-Omer, siehe dort.
• Es geht weiter über die Straße **N 43.**
• *Aire* (22 m), siehe Saint-Omer, Umgebung, an der Lys.

664 km – St-Omer (21 m), siehe dort, mit flämischem Stadtbild.
• *Ardres* (3.165 Ew, 11 m), dessen Grand-Place alte Häuser und die Kirche *St-Omer* aus dem 14.–15. Jh. umsäumen.
• Man trifft auf mehrere kleine Seen und schließlich auf den Kanal von Calais.

704 km – Calais (79.369 Ew), siehe dort, der wichtige Hafen für die Verbindung mit England am Ärmelkanal.

5 DIJON–GENF–AOSTA 339 km

Die Route bietet dank des Montblanc-Tunnels einen schnellen Verbindungsweg von Frankreich nach Italien und bildet ein Teilstück der Achse London–Paris–Rom. Von der burgundischen Hauptstadt Dijon aus, fährt man zunächst über die westlichen Hänge des Jura, bis man am Col de la Faucille die Berge überquert. Anschließend folgt ein kurzer Streckenabschnitt durch Schweizer Gebiet und über den Genfer See. Nun folgt man dem Arve-Tal bis man den Montblanc-Tunnel, der nach Italien führt, erreicht. Die Route ist in all ihren Abschnitten schön und interessant, wobei natürlich der Montblanc die Hauptattraktion ist.

Dijon (257 m), siehe dort, die Hauptstadt von Burgund und wichtiges Kunstzentrum. – Man folgt der Straße **N 5.**

32 km – Auxonne (6.943 Ew, 188 m), am rechten Saône-Ufer. In der gotischen Kirche *Notre-Dame* aus dem 14. Jh. werden im rechten Schiff eine Madonnenstatue* aus dem 15. Jh. und in den Kapellen weitere burgundische Plastiken aufbewahrt. Im Musée Bonaparte *(Öffnungszeiten: Mai–Mitte Okt. 14.30–16.30 Uhr, So 15–17 Uhr; Eintrittsgebühr)* sind Erinnerungsstücke an Napoleon ausgestellt, der hier mehr als zwei Jahre als Garnisonskommandant verbrachte (1788–1791). Auf der Place d'Armes erhebt sich das spätgotische *Hôtel de ville,* ein flämischer Ziegelbau aus dem 15. Jh.; gegenüber befindet sich eine Napoleonstatute von Jouffroy.

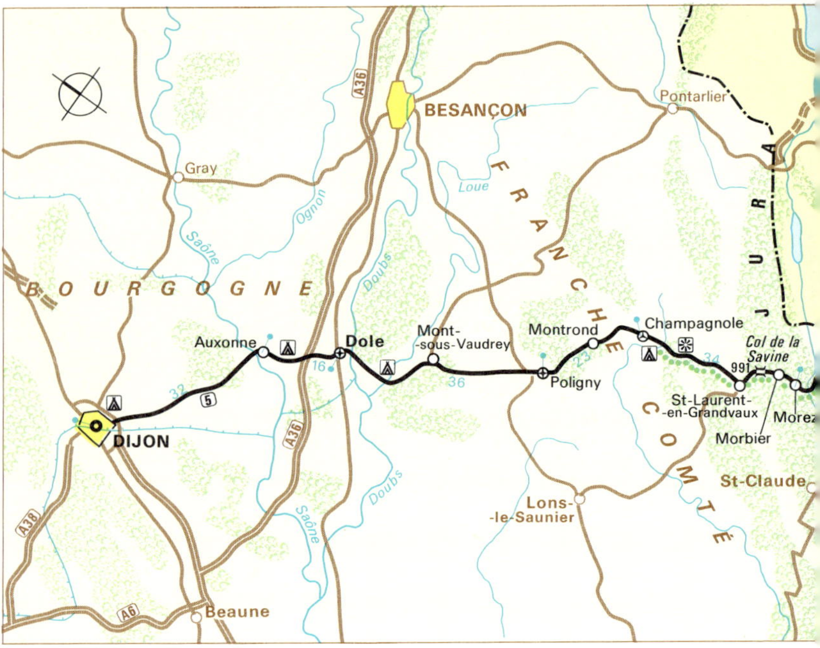

Route 5

• Man überquert die Autobahn A 36 und verläßt die für ihre Weine berühmte Côte d'Or in Burgund.

48 km – Dole (231 m), siehe dort, ein Städtchen am rechten Doubs-Ufer.
• Man durchquert die Ebene am Zusammenfluß von Loue und Doubs.
• *Mont-sous-Vaudrey* (217 m): man trifft auf die Straße D 472 aus Pontarlier, siehe Route 6.
• Kurz vor Poligny kreuzt man die Straße N 83 Lyon–Straßburg, siehe Route 3.

84 km – Poligny (4.893 Ew, 327 m): gotische Kirche *St-Hippolyte* aus dem 15. Jh. mit burgundischen Plastiken* aus dem 15. Jh. in Chor und Langhaus; beachtenswert ist auch die alte *Apotheke* des Spitals aus dem 17. Jh.
• Vor *Montrond* (575 m) durchquert man den Wald von Poligny.

107 km – Champagnole (10.714 Ew, 538 m), Industriezentrum und Sommerfrische in schöner Lage über der Ain-Schlucht.
• Links liegt der *Billaude-Wasserfall.*
• Es geht durch die waldreiche Schlucht an der Lemme.
• *Saint-Laurent-en-Grandvaux* (1.806 Ew, 908 m): rechts Straße N 78 nach (48 km) *Lons-le-Saunier,* siehe dort, einem Thermalkurort.
• Es geht über den *Col de la Savine* (991 m), am bewaldeten Mont-Noir.
• *Morbier* (1.580 Ew, 825 m), hoch über dem Bienne-Tal, durch das die Straße D 126 mit schönen Blicken auf die *Bienne-Schlucht* führt.

141 km – Morez (7.167 Ew, 702 m), ein für seine Uhren- und Augengläserherstellung bekannter Ort; wird auch zur Sommerfrische und zum Wintersport besucht.
• *Les Rousses* (2.193 Ew, 1.118 m), Sommerfrische und Wintersportort.
• Die Straße führt entlang der Schweizer Grenze.
• Kurz vor dem Col de la Faucille, rechts, Straße D 936 nach (24 km) **Saint-Claude,** siehe dort.

168 km – Col de la Faucille (1.323 m), einer der wichtigsten Pässe des Jura. Eine Kabinenbahn führt auf den *Petit Mont-Rond* (1.534 m), von dem man einen prachtvollen Blick* auf den Montblanc genießt.
• *Le Pailly* (1.214 m), in wunderschöner Lage mit Blick auf den Genfer See.

189 km – Gex (4.518 Ew, 628 m), Sommerfrische mit Blick auf den Montblanc. – Links Straße D 984 C nach (8 km) **Divonne-les-Bains** (4.240 Ew, 500 m), einem

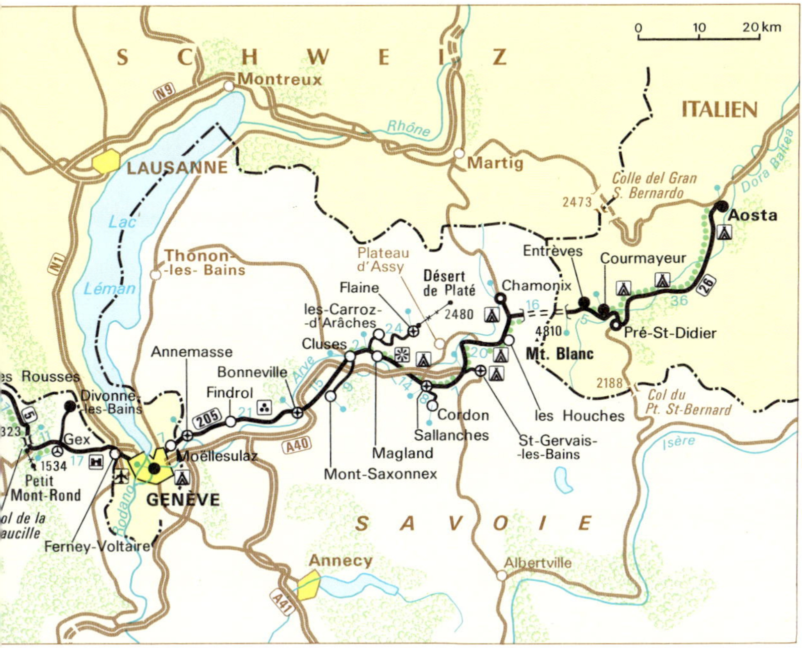

wichtigen Thermalkurort in wunderschöner Landschaft in der Nähe eines künstlichen Sees. Im Juli findet hier ein internationales Kammermusik-Festival statt.

- Ende der Straße N 5.

189 km – Französisch-Schweizer Grenze *(Zoll)* kurz nach dem Dorf *Ferney-Voltaire* (6.986 Ew, 436 m): im Schloss lebte Voltaire von 1760 bis zu seinem Tod (1778); ausgestellt sind Erinnerungsstücke.

- Über die Avenue de Ferney erreicht man das Zentrum von

196 km – Genf *(Genève;* 157.406 Ew, 375 m): elegante und moderne Stadt internationalen Charakters am gleichnamigen See. Siehe *Kümmerly + Frey Reiseführer Schweiz.*

- *Moëllesulaz:* Schweizer-französische Grenze: *Paß- und Zollkontrolle.*

203 km – Annemasse (23.655 Ew, 433 m), eine Industriestadt an der Grenze.

- *Findrol* (474 m): man folgt weiterhin der Straße **N 205;** rechts Abzweigung der Straße nach **Annecy,** siehe dort.
- Kurz nach *Contamine-sur-Arve* erblickt man links auf einem Felssporn die mächtigen Ruinen der *Burg von Faucigny* aus dem 11. Jh.

224 km – Bonneville (8.087 Ew, 450 m), die alte Hauptstadt des Faucigny. Erhalten haben sich einige Barockpalais, die *Burg von Bonne* aus dem 14. Jh. und an einem Ende der Arve-Brücke eine *Säule* mit der Statue von Carlo Felice aus dem Jahr 1824.

- Rechts Abzweigung nach (9 km) *Mont-Saxonnex* (659 Ew, 997 m), einer Sommerfrische.

239 km – Cluses (15.268 Ew, 485 m), eine Sommerfrische und Sitz der École Nationale d'Horlogerie.

- Links Abzweigung der Straße D 6 nach (24 km) Flaine.

9 km, **Les Carroz d'Arâches** (1.140 m), ein Wintersportort (Seilbahn auf die *Kédeuze,* 1.757 m). – 24 km, **Flaine*** (1.600 m), ein moderner Wintersportort mit außergewöhnlich guten Schnee- und Wetterverhältnissen, der vom amerikanischen Architekten Marcel Breuer angelegt wurde. Die *Grandes-Platières-Seilbahn,* 3.100 m lang, führt auf das geologisch interessante Hochplateau *Désert de Platé* (2.480 m). Aussicht* vom Montblanc bis zur Vanoise. Der Ort verfügt außerdem über den *Grands-Vans-Sessellift* (2.204 m).

- *Magland* (2.264 Ew, 506 m), an dessen Ortseinfahrt links das *Schloß Bellegarde* (16.–17. Jh.) liegt.
- Links der schöne *Wasserfall des Mont-d'Arpenaz,* 260 m hoch.
- Man folgt weiterhin dem Arve-Tal in der Nähe der Autobahn A 40.

255 km – Sallanches (10.302 Ew, 554 m), Sommerfrische und Ausflugsziel in schöner Lage mit prachtvoller Sicht* auf den Montblanc. – 8 km südwestlich von Sallanches liegt der Wintersportort *Cordon* (629 Ew, 871 m).

262 km – St-Gervais-les-Bains (807 m), siehe *Kümmerly + Frey Reiseführer Frankreich Süd,* eine Sommerfrische, die man durch den Vorort *Le Fayet* an der *Route des Grandes Alpes* durchquert.

- Links Straße D 13 auf das *Plateau d'Assy.*
- Rechts, *Les Houches* (1.008 m), der bekannte Wintersportort.
- *Les Bossons* (1.055 m), ein Vorort von Chamonix am Fuße der Bossons-Gletscher. Prachtvoller Blick auf den Montblanc.

282 km – Chamonix-Montblanc (1.037 m), siehe *Kümmerly + Frey Reiseführer Frankreich Süd,* der wichtigste alpine Ort Frankreichs.

- Bei 1.274 m Höhe Einfahrt in den **Montblanc-Tunnel*** (Gedächtnisdenkmal), der zu den längsten Straßentunneln der Welt zählt.

Die Grabungen für den **Montblanc-Tunnel,** ein Meisterwerk der Ingenieurkunst, begannen auf italienischer Seite im Jänner und auf französischer Seite im Mai 1959. Im August 1962 waren die Bohrungsarbeiten abgeschlossen. Der Tunnel wurde am 16. Juli 1965 von den Präsidenten Saragat und De Gaulle eröffnet. Er ist 11,6 km lang, 8,65 m breit und 6–7 m hoch. Jeder der vier Fahrbahnstreifen ist 3,50 m breit, die maximale Neigung beträgt 3%. Die erlaubte Höchstgeschwindigkeit beträgt 70 km/h; es sollte ein Fahrzeugabstand von 100 m eingehalten werden.

289 km – Tunnel-Ausfahrt. – Man folgt der Straße **N 26.**

- Es geht durch das Ferret-Tal: in *Entrèves* FRANZÖSISCH-ITALIENISCHE GRENZE.

303 km – Courmayeur (2.760 Ew, 1.224 m), ein wichtiger alpiner Urlaubsort.

- Ab *Pré-St-Didier* (1.001 m) folgt man dem Tal der Dora Baltea.

339 km – Aosta (37.355 Ew, 583 m), Hauptstadt der italienischen Region Aosta-Tal, reich an römischen und mittelalterlichen Baudenkmälern. Siehe *Kümmerly + Frey Reiseführer Italien, Band 1.*

6 LAUSANNE–DIJON–PARIS 520 km

Die Route beginnt am Genfer See und führt dann über die Bergrücken des Jura nach Frankreich. Nach der Fahrt bergab, durch die Wälder der Westhänge, erreicht man die weite Ebene an der Mündung des Doubs in die Saône. Die Fahrt durch Burgund führt durch dessen Hauptstadt Dijon und dann am Nordostrand der Region durch die schöne Landschaft mit Wäldern und Weinbergen, in der zahlreiche malerische Orte liegen. In Sens trifft man auf die Yonne und folgt dieser bis zu ihrer Mündung in die Seine; dieser folgt man schließlich bis nach Paris. Die Orte der Ile-de-France und Paris sind im *Kümmerly + Frey Reiseführer Paris und Umgebung* ausführlicher beschrieben.

Lausanne (126.761 Ew, 485 m), eine moderne Stadt am Nordufer des Genfer Sees; siehe *Kümmerly + Frey Reiseführer Schweiz.*

- Ausfahrt im Nordwesten über die Straße **N 9,** die zunächst über das Vaud-Hochplateau und dann über die letzten Erhebungen des Jura führt.

Route 6

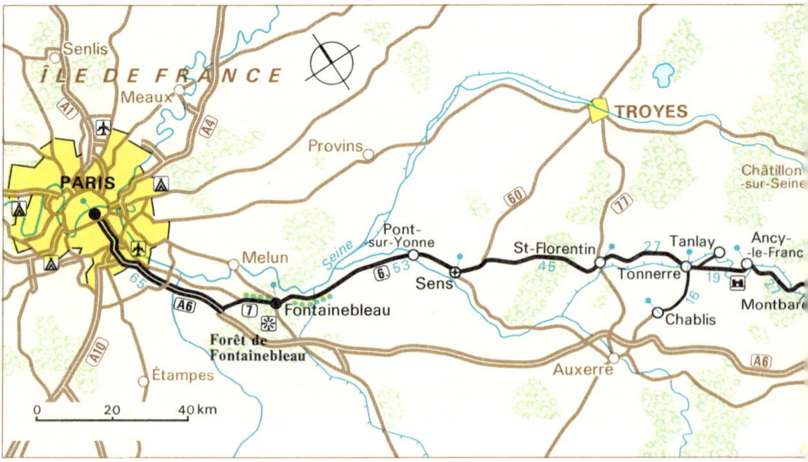

40 km – Vallorbe (3.375 Ew, 769 m), Industriezentrum und Verkehrsknotenpunkt.
• Nach 3 km erreicht man die GRENZE ZU FRANKREICH: *Schweizer und französische Zollkontrolle.*
• Es geht weiter über die Straße **N 57;** links erhebt sich der *Mont d'Or* (1.463 m).

47 km – Jougne (858 Ew, 1.010 m), Sommerfrische und Wintersportort.
• Man durchquert die *cluse de la Cluse-et-Mijoux**, eine malerische Talenge, an deren Einfahrt sich zwei Festungen erheben: rechts das *Fort de Larmont Inférieur* und links das CHÂTEAU DE JOUX *(Öffnungszeiten: 9–12 und 14–17 oder 18.30 Uhr; Eintrittsgebühr)* aus dem 12.–13. Jh., aber im Jahr 1690 von Vauban verändert; im Innern Waffen- und Rüstungensammlung.

67 km – Pontalier (18.841 Ew, 837 m), ein Transitort am Doubs. – Man verläßt die Straße N 57, die weiter nach (58 km) **Besançon,** siehe dort, führt, und folgt links der Straße **D 72.**
• Langsam geht es durch die Föhrenwälder des Jura bergab. – Es geht weiter über die Straße **D 472.**

110 km – Salins-les-Bains (4.465 Ew, 331 m), ein Thermalkurort im malerischen Furieuse-Tal: romanisch-gotische Kirche *St-Anatoile* aus dem 11.–15. Jh. mit romanischem Portal und im Innern der Grabesstatue des Heiligen (9. Jh.); *Hôtel de ville* aus dem Jahr 1739. Außerdem, westlich vom Ortskern, die SALINE *(Besichtigung nur mit Führung; Eintrittsgebühr)* mit eindrucksvollen Galerien, in denen das Salz abgebaut wird.
• *Mouchard* (277 m): man kreuzt die Straße N 83 Lyon–Straßburg, siehe Route 3.
• *Mont-sous-Vaudrey* (240 m), man trifft auf die Straße **N 5** und folgt ihr. – Richtung Genf siehe Route 5.
• Man durchquert die Ebene am Zusammenfluß von Loue und Doubs.

155 km – Dole (231 m), siehe dort, ein Städtchen am rechten Doubs-Ufer.
• Man erreicht Burgund und die für ihre Weine berühmte Côte-d'Or; Brücke über die Autobahn A 36.

171 km – Auxonne (6.943 Ew, 188 m), am rechten Saône-Ufer. In der gotischen Kirche *Notre-Dame* aus dem 14. Jh. befinden sich eine Claus Sluter zugeschriebene Madonna* (spätes 15. Jh.) und in den Seitenkapellen weitere burgundische Plastiken. Im MUSÉE BONAPARTE *(Öffnungszeiten: Mai–Mitte Okt. 14.30–16.30 Uhr, So 15–17 Uhr; Eintrittsgebühr)* sind Erinnerungsstücke an Napoleon zu sehen, der hier als Garnisonskommandant mehr als zwei Jahre verbrachte (1788–1791). Auf der Place d'Armes liegen das gotische *Hôtel de ville,* ein Backsteinbau aus dem 15. Jh., und das Napoleon-Denkmal von Jouffroy.

203 km – Dijon (274 m), siehe dort, Hauptstadt von Burgund und wichtiges Kunstzentrum. – Ausfahrt im Westen über die Avenue Albert Ier, die an der Kartause von Champmol vorbeiführt.
• Auffahrt auf die Autobahn **A 38,** die durch das waldreiche Ouche-Tal führt.

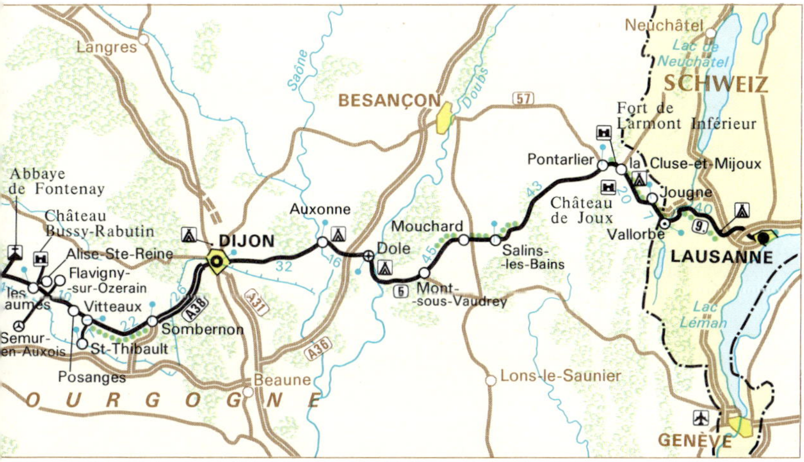

229 km – Abfahrt von der Autobahn kurz vor (3 km) *Sombernon* (582 Ew, 535 m), an der Wasserscheide zwischen Mittelmeer und Atlantik.
• Man folgt der Straße **D 905.**

251 km – Vitteaux (1.077 Ew, 325 m): oberhalb des Ortes die Kirche *St-Germain* aus dem 12.–13. Jh., in der Kunstwerke aus dem 15. Jh. (Orgelempore, Chorgestühl, Grabdenkmäler) und ein großes Dreifaltigkeitstriptychon aus dem Jahr 1596 aufbewahrt werden. – Links Abzweigung der Straße D 70, die nach 31 km in die Straße N 6, siehe Route 2, einmündet.

7 km südwestlich von Vitteaux liegt das Dorf **Saint-Thibault,** dessen *Kirche* einige Bauteile aus dem 13. Jh. bewahrt: Portal* mit Statuen der Herzöge von Burgund, die die Kirche gründeten; eleganter polygonaler Chorschluß*; in der *St-Gilles-Kapelle* befindet sich der Schrein des Hl. Thibault aus dem 14. Jh.

• *Posanges:* große Burg mit runden Ecktürmen und Kirche aus dem 15. Jh.
• Links Straße D 9 nach (11,5 km) **Semur-en-Auxois,** siehe dort, und rechts nach (5 km) Flavigny-sur-Ozerain.

Flavigny-sur-Ozerain (385 Ew, 426 m), ein wunderschön gelegener befestigter Ort, besitzt zwei *Stadttore* aus dem 16. Jh.: die *Porte du Bourg* im Süden und die *Porte du Val* im Westen. Im Ortsinnern mehrere alte *Häuser* und die Kirche *St-Genest* aus dem 13.–15. Jh.: schöne Emporen, Lettner, Chorgestühl und wunderschöner Verkündigungsengel* aus dem 15. Jh. Von der einstigen Abtei, die sich im Süden befand, hat sich eine Krypta aus karolingischer Zeit (8. Jh.) erhalten. Angeschlossen ist auch ein kleines *Musée* mit mittelalterlichen Plastiken.

270 km – Les Laumes (248 m), Ausgangspunkt für die Besichtigung von Alise-Sainte-Reine und dem Schloß Bussy-Rabutin.

Der Name des Dorfes **Alise-Sainte-Reine*** (344 m), 3 km südöstlich gelegen, geht auf das antike *Alesia* zurück, in dem Julius Caesar im Jahr 52 v. Chr. den endgültigen Sieg über die von Vercingetorix geführten Gallier erringen konnte. Im Ort befindet sich das *Musée d'Alesia* mit archäologischen Ausgrabungsfunden. Auf einem Hochplateau im Nordosten erhebt sich eine kolossale Vercingetorix-Statue und liegen die Ausgrabungen der nach der Schlacht entstandenen römischen Stadt *(Öffnungszeiten: 9–18 oder 19 Uhr; Eintrittsgebühr).*
6 km nordöstlich, an der Straße D 954, liegt das Schloß **Bussy-Rabutin** *(Öffnungszeiten: 9–17 Uhr, Di geschl.; Besichtigung nur mit Führung; Eintrittsgebühr).* Es stammt aus dem 16. Jh., die Fassade wurde aber im Jahr 1649 von Graf Roger de Bussy-Rabutin, der wegen einer Schrift über die Liebschaften König Ludwigs XIV. hierher verbannt wurde, erneuert. Im Innern beachte man die satyrischen Dekorationsmotive mit Allegorien, Schriften und Bildnissen; sehenswert sind vor allem die Portraits berühmter Frauen in der Tour Dorée von Mignard, Le Brun und anderen.

• *Marmagne,* wo rechts die Straße D 32 zur (3,5 km) **Abtei von Fontenay*** führt *(Öffnungszeiten: 9–12 und 14.30–18.30 Uhr; Besichtigung nur mit Führung; Eintrittsgebühr).* Sie wurde im Jahr 1118 vom Hl. Bernhard von Clairvaux gegründet und gilt als eine der am besten erhaltenen Zisterzienserabteien: die durch besonders einfache und schmucklose Bauformen gekennzeichnete Kirche wurde im Jahr 1147 von Papst Eugen III. geweiht (Altar und Statue der Notre-Dame de Fontenay aus dem 13. Jh.); wunderschöner romanischer Kreuzgang*, Kapitelsaal und andere Klosterräume.

284 km – Montbard (7.749 Ew, 211 m), ein Industriezentrum an der Brenne. Im *Parc Buffon,* auf einem Hügel, der vom hier geborenen berühmten Naturforscher Buffon (1707–1788) angelegt wurde, befinden sich die Ruinen der *Burg* aus dem 14. Jh. und Teile der Stadtmauern mit zwei Türmen.
• Man überquert zweimal den *Canal de Bourgogne.*

311 km – Ancy-le-Franc (1.236 Ew, 193 m), wo an der Ortsausfahrt das berühmte, wunderschöne SCHLOSS* liegt *(Öffnungszeiten: März–Okt. 11–17 oder 18 Uhr; Besichtigung nur mit Führung; Eintrittsgebühr);* der Renaissancebau wurde im Jahr 1546 nach Entwürfen Sebastiano Serlios errichtet; besonders schön ist der Innenhof; die prachtvolle Innenausstattung stammt von Primaticcio und Nicolò dell'Abate.
• Rechts Abzweigung der Straße D 965, an der **Tanlay** (153 m) mit seinem schönen SCHLOSS* liegt *(Öffnungszeiten: 9.15–11.30 und 14.15–17.15 Uhr, Di geschl.; Besichtigung nur mit Führung; Eintrittsgebühr);* es besteht aus dem *Petit-château* aus dem Jahr 1610 und dem von einem Graben umschlossenen *Grand-château* aus dem 17. Jh. mit prunkvoll ausgestattetem Innern (Gemälde von Mignard, Oudry, A. van Ostade); schöner Park.

330 km – Tonnerre (6.517 Ew, 145 m), ein malerisches Städtchen im Weinbaugebiet am Armançon. In der Rue de l'hôpital befindet sich das alte, im Jahr 1293 gegründete SPITAL* *(Öffnungszeiten: im Sommer 10–11.30 und 14–17.30 Uhr, Di geschl.; Besichtigung nur mit Führung; Eintrittsgebühr),* von dem sich der große Krankensaal erhalten hat; zu sehen sind außerdem eine schöne, bemalte Grablegungsgruppe aus dem Jahr 1454 und das prunkvolle Grabmal für den Minister Louvois, ein Meisterwerk von

Girardon (18. Jh.). – Die Straße D 965 verbindet, im Südwesten, Tonnerre mit (35 km) **Auxerre,** siehe dort; an der Strecke liegt (16 km) Chablis.

Chablis (2.408 Ew, 441 m) ist eines der größten Weinbauzentren Frankreichs und für seine Weißweine bekannt. Ende November findet seit dem 16. Jh. die Weinmesse der Yonne statt. Beachtenswert auf der Place du Marché die Kirche *St-Martin* aus dem 13. Jh.; im rechten Schiff ein Letztes Abendmahl von Ph. de Champaigne (1640); rechts vom Chor ein Gemälde von P. Mignard; am Altar Anbetung der Hirten von J. Bassano.

357 km – Saint-Florentin (7.207 Ew, 105 m): in der gotisch-renaissance *Kirche* aus dem 14.–17. Jh. ein schöner Lettner aus dem Jahr 1600 und große Glasfenster aus dem 16. Jh.; im Chorumgang eine von vielen kleinen Statuen bevölkerte Auferstehungsdarstellung* (1548). – Rechts Straße N 77 nach (49 km) **Troyes,** siehe dort.

- Man fährt nun durch den großen Wald von Othe.
- Kreuzung mit der Straße **N 60** aus Troyes, der man links folgt.

402 km – Sens (69 m), siehe dort, beherrscht vom mächtigen Baukörper der Kathedrale.

- Ausfahrt im Norden über die Straße **N 6** aus Lyon, siehe Route 2.
- *Pont-sur-Yonne* (3.051 Ew, 65 m): schöne Kirche aus dem 13.–15. Jh.
- Man erreicht die Ile-de-France und somit die Umgebung von Paris.
- Rechts liegt das malerische Städtchen *Moret-sur-Loing,* und anschließend beginnt der wunderschöne Wald von Fontainebleau*.

455 km – Fontainebleau, siehe dort, Fremdenverkehrszentrum und Luftkurort, berühmt für sein königliches Schloß.

- Ausfahrt im Nordwesten vom Carrefour de la Libération über die Straße **N 7** durch den schönen Wald; vor *Chailly-en-Bière* biegt man links in die Straße **N 37** ein, die zur Autobahn **A 6** führt. – Rechts liegt der große Flughafen von Orly.

520 km – Paris, siehe dort, das man durch die *Porte d'Orléans* erreicht.

7 BASEL–MÜLHAUSEN–NANCY–LUXEMBURG 329 km

Die Route führt von der Schweiz über das französische Lothringen nach Luxemburg, bzw. weiter nach Belgien. Nach Basel verläßt man die Schweiz, fährt dann kurz durch die elsässische Ebene, bis man über den Col de Bussang die Vogesen überquert; anschließend folgt man in der Nähe der Grenze zu Luxemburg dem Lauf der Mosel. Die Route bietet die Möglichkeit zur Besichtigung der großen Kunstzentren Nancy und Metz sowie der zahlreichen kleineren, aber dennoch interessanten Städte wie Épinal, Pont-à-Mousson und Thionville.

Basel (180.463 Ew, 254 m), die Hauptstadt des gleichnamigen Schweizer Kantons; siehe *Kümmerly + Frey Reiseführer Schweiz.* – Im Norden, über die Elsässer Straße, erreicht man die FRANZÖSISCHE GRENZE: *Schweizer und französischer Zoll; Paßkontrolle.*

- *St-Louis* (18.112 Ew, 225 m), der französische Vorort von Basel, an der Grenze. – Man fährt weiter auf der Straße **N 66.**

34 km – Mülhausen (240 m), siehe dort, das große Industriezentrum im Elsaß. – Es geht weiter Richtung Westen über die Schnellstraße.

- *Thann* (340 m), siehe Mülhausen, Umgebung, mit der schönen gotischen Kirche St-Thiébaut.
- Es geht zunächst durch das Thur-Tal und dann auf den *Col de Bussang* (731 m): rechts liegt die Mosel-Quelle (715 m).
- Man durchquert die Orte *Bussang* (599 m) und *St-Maurice-sur-Moselle* (549 m). – Links Straße D 465 auf den (9,5 km) *Ballon d'Alsace* (1.250 m), siehe Belfort, Umgebung.
- Man folgt dem Lauf der Mosel.

116 km – Remiremont (400 m), siehe Plombières-les-Bains, Umgebung, mit der Kirche Notre-Dame. – Man fährt weiter auf der Straße **N 57.**

- *Arches* (1.523 Ew, 350 m), bekannt für seine traditionsreiche Papierindustrie.

140 km – Épinal (340 m), siehe dort, ein Industriezentrum an der Mosel, bekannt für die Herstellung volkstümlicher Drucke.

- Die Straße führt nun durch den Wald von Thaon und dann entlang des Canal de l'Est.

167 km – Charmes (5.959 Ew, 283 m), an der Mosel, Heimatstadt des Schriftstellers Maurice Barrès (1862–1923): oberhalb des Städtchens erhebt sich das *Monument de Lorraine;* Blick auf das Mosel-Tal.

- Nach *Flavigny-sur-Moselle* überquert man die Mosel.

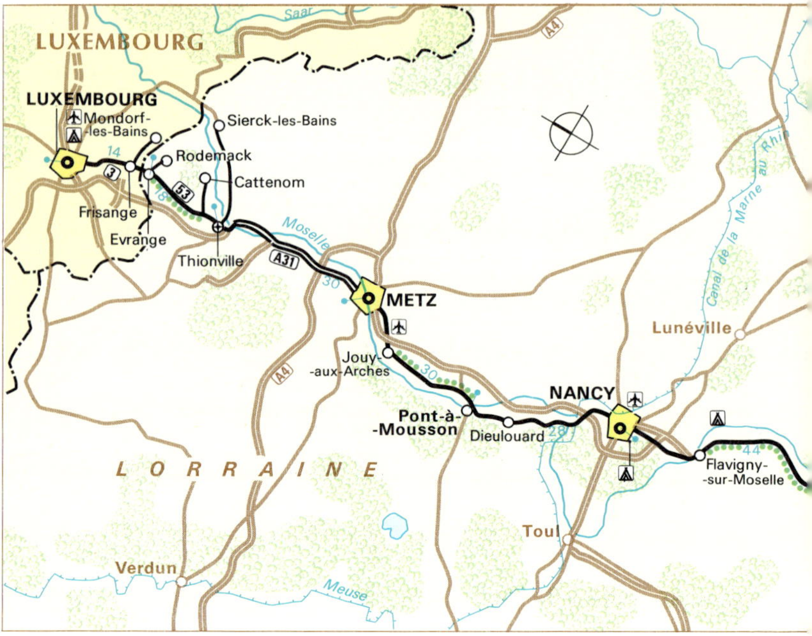

Route 7

210 km – Nancy (212 m), siehe dort, Hauptstadt von Lothringen und Kunstzentrum. – Ausfahrt im Norden, wieder über die Straße N 57, die durch die betriebsamen Vororte von Nancy führt; man kreuzt die Autobahn A 31 nach Metz.

• *Dieulouard* (5.372 Ew, 197 m), am linken Mosel-Ufer mit einer gotischen *Kirche* aus dem Jahr 1504, in der eine verehrte Madonnenstatue aus dem 15. Jh. aufbewahrt wird.

238 km – Pont-à-Mousson (181 m), siehe Nancy, Umgebung, mit schönen Gebäuden rund um die Place Duroc.

• Es geht weiter entlang des rechten Mosel-Ufers.

• *Jouy-aux-Arches,* benannt nach den 17 noch erhaltenen Arkaden eines römischen Aquädukts aus dem 1. Jh. n. Chr., der das Wasser nach Metz leitete.

• Rechts liegt der Flughafen von Frescaty.

268 km – Metz (173 m), siehe dort, die historische Stadt an der Mosel.

• Man fährt auf die Autobahn **A 31,** die durch die Industrievororte von Metz mit ihren Hochöfen und Stahlwerken führt.

• Die Autobahn endet kurz vor der Mosel-Brücke in

297 km – Thionville (155 m), siehe Metz, Umgebung, einem alten Festungsort und Industriezentrum.

• Richtung Norden geht es weiter über die Schnellstraße **N 53.** – Rechts Straße D 1 zum (7 km) Atomkraftwerk *Cattenom* und Straße N 153 nach (13 km) *Sierck-les-Bains.*

Sierck-les-Bains (1.583 Ew, 202 m), malerisch am rechten Mosel-Ufer gelegen, besitzt Überreste der Stadtmauern aus dem 13. Jh., alte Häuser und die Ruinen einer Burg der Herzöge von Lothringen aus dem 11. Jh.

• Rechts Straße D 62 nach (4 km) *Rodemack;* altes Dorf, in dem sich Abschnitte der Befestigungsmauern mit Türmen aus dem 13. Jh. erhalten haben; der Herrschaftssitz wurde im 17. Jh. erneuert.

317 km – Evrange: GRENZE ZU LUXEMBURG; *Paß- und Zollkontrolle.* – Man folgt der Straße **N 3–E 9.**

• *Frisange* (248 m): der erste Ort im Großherzogtum.

• Rechts Straße zum (7 km) Thermalkurort *Mondorf-les-Bains.*

329 km – Luxemburg (78.800 Ew, 235–380 m), Hauptstadt des gleichnamigen Großherzogtums.

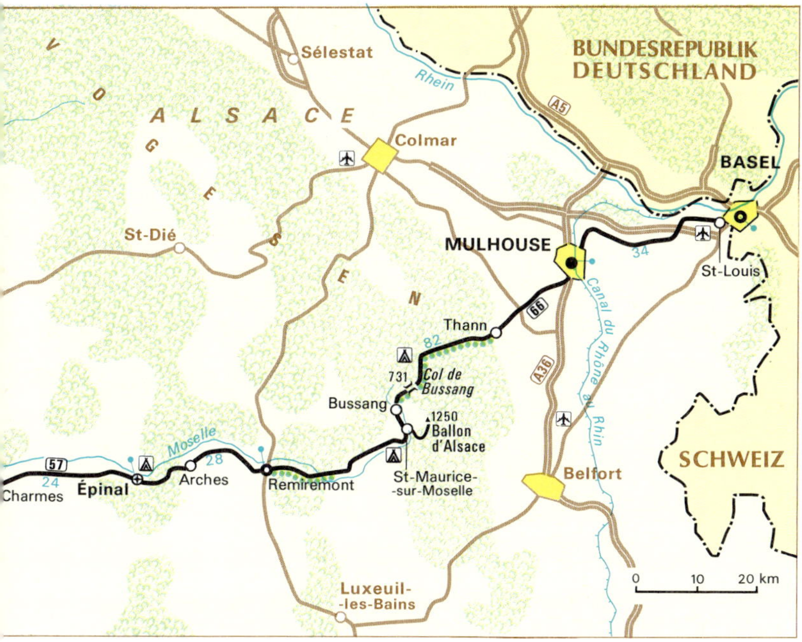

8 PARIS–NANCY–STRASSBURG 454 km

Der erste Teil der Route bis nach Saint-Dizier führt über die meist eintönigen Hochebenen der Brie, der Champagne und der Sèche, bis man schließlich das grüne Lothringen mit seiner Hauptstadt Nancy erreicht. Anschließend folgt man den nordwestlichen Hängen der Vogesen, erreicht das Eslaß und überquert die Berge, ehe man in Straßburg den Rhein erreicht. Die Route ist besonders in den waldreichen Gebieten von Lothringen interessant und angenehm.

Paris, siehe dort. – Ausfahrt im Südosten von der *Porte de Bercy* über die Straße **N 4,** die zunächst entlang der Seine und dann entlang der Marne, die man in *Joinville* überquert, führt.

- Nach den Vororten von Paris führt die Straße auf das Hochplateau der Brie und durchquert den Wald von Armainvilliers.
- *Fontenay-Trésigny* (3.328 Ew, 130 m): gotische Kirche aus dem 15.–16. Jh. und Schloß aus dem 17. Jh.

53 km – Rozay-en-Brie (1.792 Ew, 90 m): *Kirche* aus dem 13.–16. Jh.

- *Esternay* (158 m), wo 1914 der deutsche Vorstoß aufgehalten wurde; Schloß aus dem 16. Jh.

111 km – Sézanne (6.548 Ew, 137 m), ein Industriezentrum am Fuße der Weinberge; im Ortszentrum die gotische Kirche *St-Denis* aus dem 16. Jh.

- Es geht durch die eintönige Landschaft der Champagne-Sèche, die 1914 Zentrum heftiger Kämpfe war.

176 km – Vitry-le François, siehe Route 4.

- Die Landschaft wird in der fruchtbaren Ebene des Perthois, entlang des Marne-Saône-Kanals, wieder abwechslungsreicher.

205 km – Saint-Dizier (39.815 Ew, 146 m), eine Industriestadt an der Marne mit einigen gotischen Kirchen und im Rathaus einem kleinen naturhistorischen, kunsthistorischen und volkskundlichen *Museum.*

- *Stainville* (368 Ew, 209 m), an der malerischen Saulx-Schlucht.
- Man fährt durch den Wald von Ligny.

237 km – Ligny-en-Barrois (6.454 Ew, 225 m), ein alter Ort zwischen dem Marne-Rhein-Kanal und dem Ornain: Kirche *Notre-Dame* aus dem 13.–17. Jh. mit Plastiken und Glasfenstern aus dem 16. Jh. und *Tour de Luxembourg* aus dem 12.–16. Jh.

- Bei *Pagny-sur-Meuse* (248 m) überquert man die Maas und erreicht Lothringen.

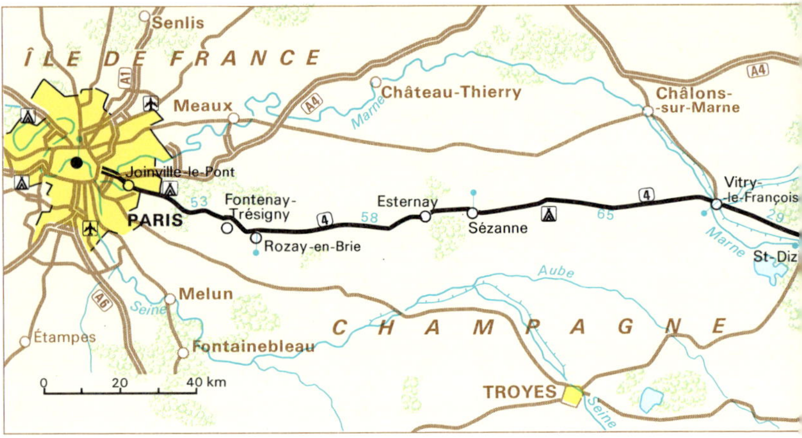

Route 8

283 km – Toul (220 m), siehe Nancy, Umgebung, ein alter Festungsort mit schöner Kathedrale.

• Man fährt auf die Autobahn **A 31,** die den großen Wald von Haye durchquert; bei der Autobahnabfahrt schöner Blick auf

305 km – Nancy (212 m), siehe dort, die Hauptstadt Lothringens, ein Juwel aus dem 18. Jh. – Ausfahrt im Südosten über den Boulevard Lobau und dann weiter auf der Straße **N 4.**

• Die Straße führt durch das Meurthe-Tal: im Tal liegen *Saint-Nicolas-de-Port* (232 m), siehe Nancy, Umgebung, und das Industriezentrum *Dombasle-sur-Meurthe* (10.218 Ew, 216 m) mit Chemiewerken.

335 km – Lunéville (230 m), siehe Nancy, Umgebung, ein historisches Städtchen aus dem 18. Jh.

• Es geht durch das Vezouze-Tal rund um die waldreichen Hänge der nördlichen Vogesen; im *Héming* überquert man den Marne-Rhein-Kanal.

388 km – Sarrebourg (15.050 Ew, 250 m), ein Industriestädtchen: *Franziskanerkirche* aus dem 13. Jh. mit großem Friedens-Glasfenster* von Marc Chagall und *Musée du Pays de Sarrebourg* mit gallo-römischen und mittelalterlichen Objekten.

404 km – Phalsbourg (4.348 Ew, 250 m), eine von Vauban im 17. Jh. befestigte Zitadelle mit zwei monumentalen Zufahrtstoren. Im Hôtel de ville aus dem 17. Jh., ein heimatgeschichtliches *Museum.*

• Über den *Col de Saverne* (410 m) überquert man die Vogesen und erreicht das Elsaß.

415 km – Saverne (210 m), siehe Straßburg, Umgebung, am Marne-Rhein-Kanal mit einem prachtvollen Schloß.

• **Mauersmünster** (230 m), siehe Straßburg, Umgebung, mit seiner schönen romanischen Kirche.

• Rechts erstreckt sich das grüne Gebiet des *Dabo-Wangenbourg.*

• In *Marlenheim* (184 m) verläßt man rechts die „Weinstraße", siehe Route 3, und erreicht die weite Rheinebene.

454 km – Straßburg (139 m), siehe dort, Rhein-Hafen und Hauptstadt des Elsaß.

9 PARIS–LUXEMBURG 344 km

Die Route bildet die schnellste Verbindung nach Luxemburg und bietet mit Ausnahme des für seine Kathedrale berühmten Reims kaum Fremdenverkehrsziele. Man folgt zunächst dem Lauf der Marne durch ein Gebiet, das im Ersten Weltkrieg Schauplatz zahlreicher Schlachten war; nach Reims durchquert man die grüne, freundliche nördliche Champagne und zwischen Aisne und Maas überquert man die Argonne; über die südlichen Ausläufer der Ardennen erreicht man schließlich Luxemburg.

Paris, siehe dort. – Ausfahrt im Nordosten von der *Porte de Pantin,* wo die Straße **N 3** beginnt, die die Pariser Vororte bis *Villeparisis* durchquert.

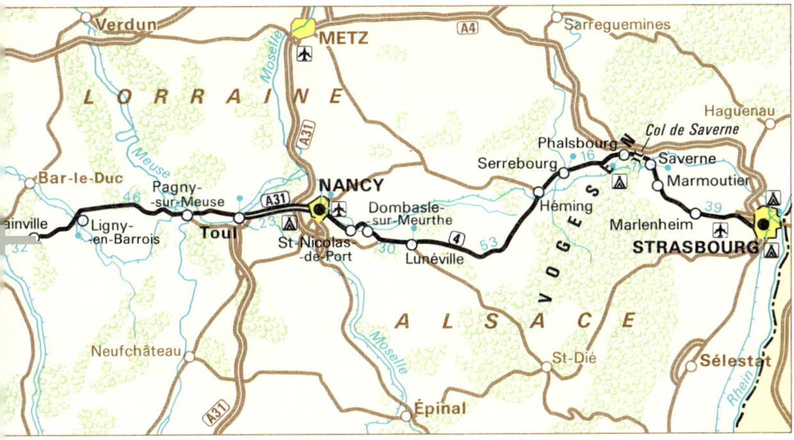

• In *Claye-Souilly* (50 m) überquert man den Ourcq-Kanal.
• Rechts Denkmal des Generals Gallieni, der hier im September 1914 die Schlacht an der Marne begann.

45 km – Meaux, siehe dort.
• Kurz vor *Trilport* (58 m) überquert man die Marne und folgt anschließend ihrem Lauf in unmittelbarer Nähe.
• In *La Ferté-sous-Jouarre* (6.872 Ew, 62 m) beginnt die Zone der Schlachtfelder aus den Jahren 1914–1918.
• Rechts *Cote 204,* ein Hügel mit einem französisch-amerikanischen Denkmal, das an die Schlacht von 1918 erinnert.

92 km – Château-Thierry (13.856 Ew, 63 m), an der Marne, beherrscht von einem *Schloß**.
• Nach *Dormans* (2.975 Ew, 71 m) biegt man links in die Straße **RD 380** ein, die die Marne überquert und durch das Semoigne-Tal die Ebene des Tardenois durchquert.
• *Verneuil,* siehe dort.
• *Chambrecy* (194 m): kurz nach dem Ort, links, britischer Militärfriedhof und italienischer Militärfriedhof von Bligny, wo 5.000 in der Marne-Schlacht (Juli 1918) gefallene Soldaten ruhen.
• Nach *Bligny* französischer und deutscher Militärfriedhof.

153 km – Reims (83 m), siehe dort, die Kunststadt mit ihrer berühmten Kathedrale.
• Ausfahrt im Osten; es geht nun durch die trockene Ebene der nördlichen Champagne, zunächst weiterhin auf der Straße RD 380 und dann über die Straßen **D 980** und **D 946.**

209 km – Vouziers (5.314 Ew, 110 m), ein Ort an der Aisne, mit der gotischen Kirche *St-Maurille* aus dem 16. Jh., die sich durch ein dreifaches Renaissance-Portal* (1534) auszeichnet. – Man erreicht die Straße **D 947** und durchquert den Wald von Boult.

231 km – Buzancy (551 Ew, 177 m): Kirche aus dem 13.–16. Jh. und *Château de la Cour* aus dem 18. Jh., einst Sitz der Herzöge von Lothringen.
• Die Straße führt bis auf 289 m Höhe am Bergkamm der Argonne und dann wieder hinunter in die Maas-Ebene.
• Links liegt der Tierpark im *Wald von Belval* mit vielen Tieren auf freier Wildbahn *(Eintrittsgebühr).*

253 km – Stenay (3.998 Ew, 185 m), ein Zentrum der Metallverarbeitung an der Maas; schöner, von Lauben umgebener Platz aus dem 17.–18. Jh.
• Vom Maas-Tal gelangt man ins Chiers-Tal.

270 km – Montmédy (2.716 Ew, 198 m) beherrscht von der *Ville Haute,* eine von Vauban im 17. Jh. angelegte Zitadelle, deren Mauerring sich perfekt erhalten hat.

8 km nordöstlich (erreichbar über die Straßen N 43 und D 110) liegt das Dorf **Avioth** (108 Ew, 215 m), bekannt für seine schöne gotische Kirche *Notre-Dame** aus dem 13–15. Jh.: Zweiturmfassade mit reichgestaltetem Portal und großer übergiebelter Fensterrose; ein weiteres sehens-

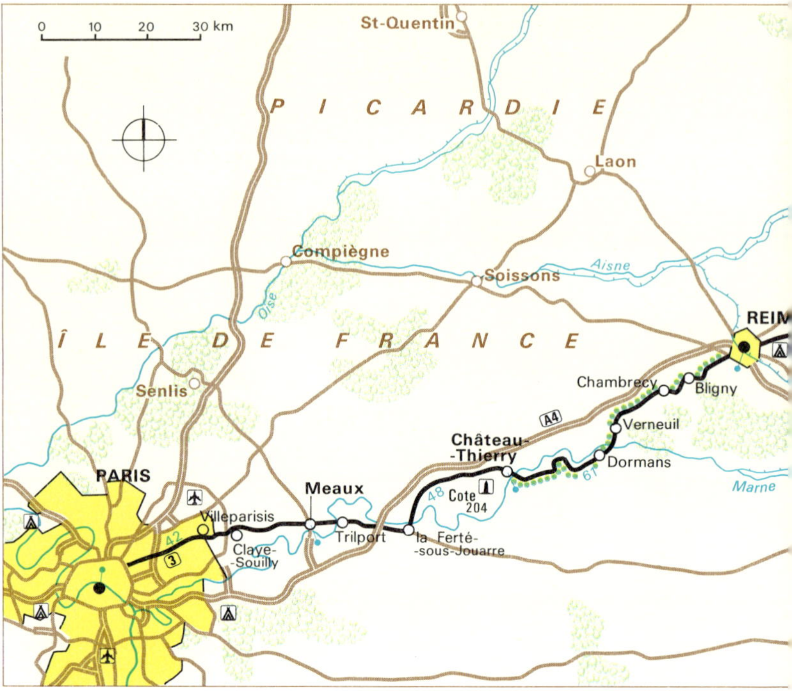

Route 9

wertes Portal öffnet sich an der rechten Seite; im Innern, rund um den Chor, eine Steinschranke aus dem 15. Jh. Bei der Kirche liegt die *Recevresse**, eine elegante achteckige spätgotische Ädikula aus dem 15. Jh.

• *Marville* (494 Ew, 270 m), ein alter Ort mit Häusern aus dem 16. und 17. Jh.; am Friedhof, auf einem Hügel, befindet sich die Kapelle *St-Hilaire* aus dem 12.–15. Jh. mit Grabsteinen und -Statuen.

295 km – Longuyon (7.452 Ew, 218 m), mit schönen typischen Häusern. – Man fährt Richtung Norden auf der Straße **N 18** durch das Pays du Fer mit seinen Industrieanlagen und Bergwerken.

313 km – Longwy (20.240 Ew, 225–385 m), ein Industriezentrum. – Es geht Richtung Nordosten durch stark industrialisiertes Gebiet.

• *Longlaville:* GRENZE ZU LUXEMBURG *(französischer Zoll).*

• *Rodange (Luxemburger Zoll),* das erste Dorf im Großherzogtum. – Man folgt der Straße **N 5.**

344 km – Luxemburg (78.000 Ew, 235–380 m), die Hauptstadt des gleichnamigen Großherzogtums.

10 PARIS–BRÜSSEL 294 km

Die Route ist der schnellste Verbindungsweg in die belgische Hauptstadt, der nicht über die Autobahn führt. Der erste Streckenabschnitt über das hügelige und waldreiche Plateau der nordöstlichen Ile-de-France bietet mit den Kunstzentren Soissons und Laon den interessantesten Routenteil, während der Weg über das Thiérache-Hochplateau eher eintönig ist; anschließend erreicht man das Zentrum des Bergbaugebietes, das von Lille bis Charleville-Mézières reicht. Nach der belgischen Grenze fährt man durch das sogenannte „Pays Noir“ mit seinen Industrieanlagen und Hochöfen bis nach Brüssel.

Paris, siehe dort. – Ausfahrt im Nordosten durch die *Porte de la Villette,* bei der die Straße **N 2** beginnt, die an den internationalen Flughäfen *Le Bourget* und *Charles de Gaulle* vorbeiführt.

37 km – Dammartin-en-Goële (3.476 Ew, 169 m), ein malerischer Ort auf einem Hügel mit der Kirche *Notre-Dame* aus dem 13.–15. Jh.

• *Villers-Cotterêts* (8.878 Ew, 133 m): schönes *Schloß** aus dem 16. Jh. und *Musée Alexandre Dumas.*

97 km – Soissons, siehe dort. – Man kreuzt die Straße N 31, die Richtung Osten bis nach (57 km) **Reims,** siehe dort, führt.
• Man durchquert nun ein Gebiet, in dem im Ersten Weltkrieg harte Kämpfe stattfanden.
• Nach *Chavignon* überquert man den Oise-Aisne-Kanal.

132 km – Laon (181 m), siehe dort, mit seinen prachtvollen gotischen Kathedralen.
• *Marle* (2.936 Ew, 79 m): gotische *Kirche* aus dem 12.–13. Jh.

168 km – Vervins (3.259 Ew, 174 m), ein alter Ort am Hochplateau der Thiérache mit der gotischen Kirche *Notre-Dame* aus dem 13.–16. Jh.: im Innern ein Gemälde von Jouvenet aus dem Jahr 1699 (Christus bei Simon).
• Man erreicht die höchste Stelle des Hochplateaus in *La Capelle* (228 m).

201 km – Avesnes-sur-Helpe (6.792 Ew, 152 m), ein alter Festungsort; auf der Place du Général Leclerc im Ortszentrum erhebt sich die gotische Kirche *St-Nicolas* aus dem 13.–16. Jh. mit einem einschiffigen Saalraum.
• Man erreicht nun das Gebiet der Kohlengruben.

219 km – Maubeuge (35.474 Ew, 134 m), ein Industriezentrum an der Sambre, nach dem letzten Krieg wieder aufgebaut. Heimatstadt des berühmten flämischen Malers Jan Gossaert (genannt Mabuse, 1465–1533). Das Städtchen befestigen *Mauern,* die von Vauban 1685 errichtet wurden; im Norden öffnet sich die *Porte de Mons.*
• Nach *Bettignies* überquert man die GRENZE ZU BELGIEN: *französischer und belgischer Zoll.* In *Bois-Bourdon* erreicht man belgisches Territorium.
• Es geht weiter über die Straße **N 7** durch die französischsprachige Provinz Hainaut.

239 km – Mons (96.784 Ew, 35 m), Hauptstadt der Provinz Hainaut. Der Ort rühmt sich zweier schöner gotischer Gebäude aus dem 15. Jh.: das *Hôtel de ville* und die Kirche *Ste-Waudru;* außerdem mehrere Museen.
• *Soignies* (12.019 Ew, 80 m), Industriezentrum, beherrscht von einer romanischen *Kirche* aus dem 10.–11. Jh.
• Man erreicht nun das flämische Gebiet Belgiens.

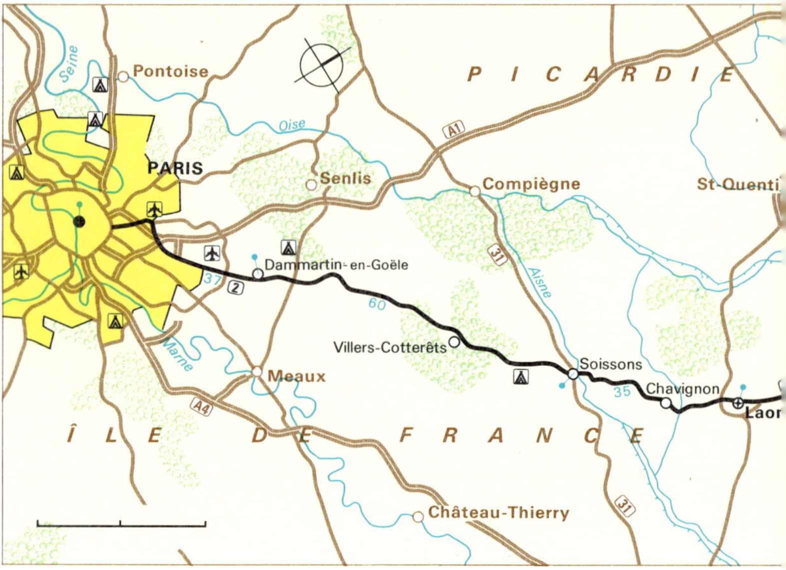

Route 10

279 km – Halle (20.360 Ew, 36 m), ein Handelszentrum. Wunderschön ist die *Wrouwekerk,* eine gotisch-brabantische Basilika aus den Jahren 1341–1402.

294 km – Brüssel (1,008.715 Ew, 16 m), die Hauptstadt Belgiens.

11 PARIS–CALAIS 276 km

Die Route führt zu den, für die Verbindung mit Großbritannien wichtigen, Häfen von Boulogne und Calais. Es geht zunächst durch die eintönige Landschaft der Picardie und

Route 11

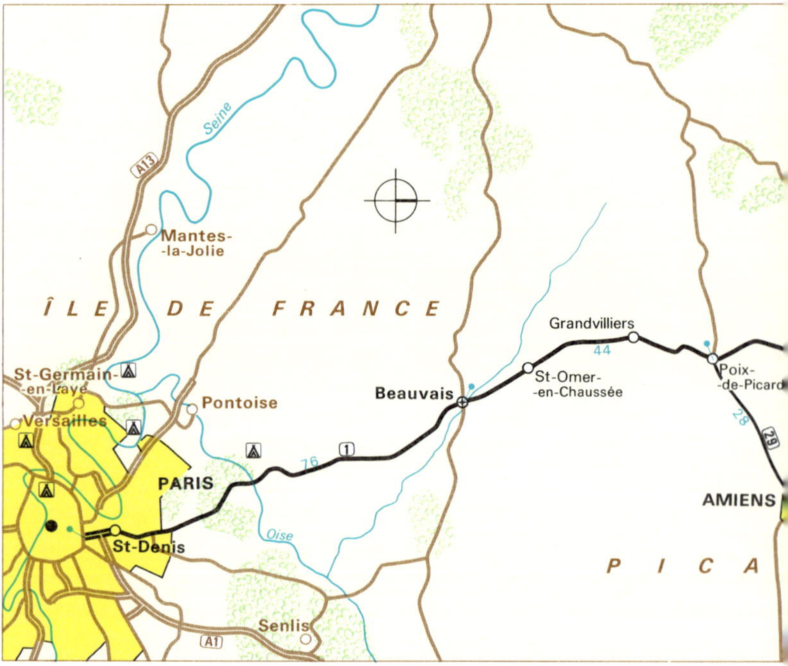

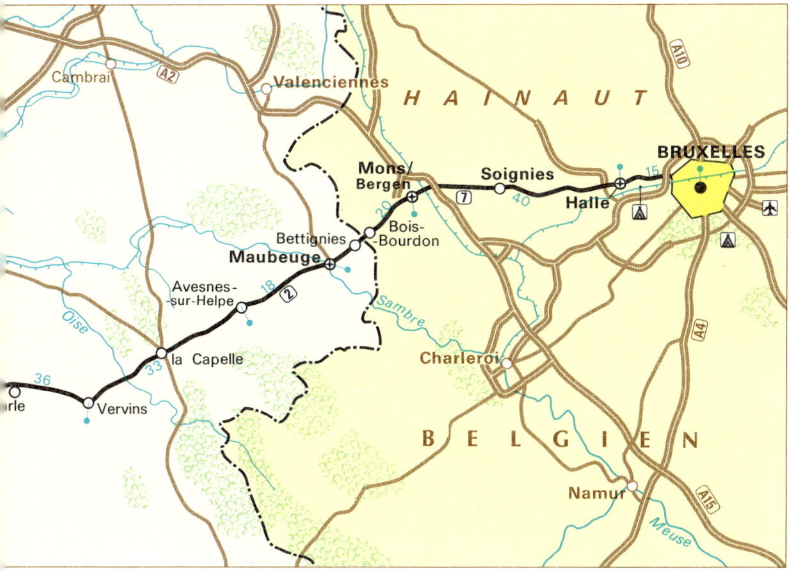

dann, parallel zur Küste, durch den Artois. Direkt an der Strecke liegen außer Beauvais kaum kunsthistorisch interessante Stätten, aber kurze Abstecher ermöglichen die Besichtigungen von Amiens und Arras.

Paris, siehe dort. – Ausfahrt im Norden von der *Porte de la Chapelle;* man folgt zunächst für kurze Zeit der Autobahn **A 1** und dann links der Straße **N 1.**

• In *Saint-Denis,* wo sich die berühmte gotische Kathedrale aus dem 12.–13. Jh. erhebt, verläßt man die Industriezone.

• Links erstreckt sich der Wald von Isle-Adam; man überquert die Oise.

76 km – Beauvais, siehe dort, reich an Baudenkmälern und berühmt vor allem für die

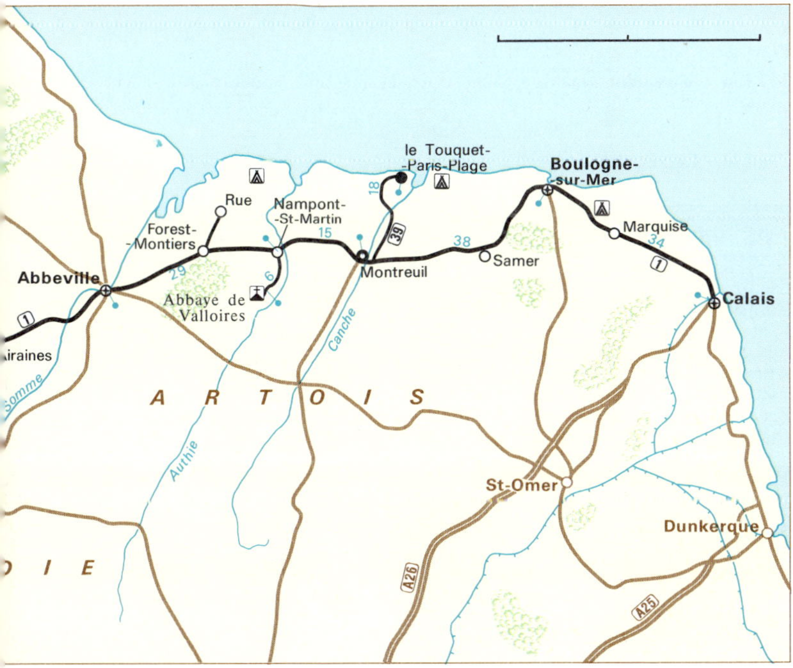

Kathedrale St-Pierre und die Kirche St-Étienne; sehr bekannt sind auch die von hier stammenden Tapisserien.

• Ausfahrt im Norden über die Straße **D 901.**

• Die Straße führt durch das Thérain-Tal und nach *Saint-Omer-en-Chaussée* (101 m) durch das Tal des Petit-Thérain.

• *Grandvilliers* (2.675 Ew, 193 m), die höchste Stelle der Route.

• Rasch geht es bergab ins Poix-Tal.

120 km – Poix-de-Picardie (1.755 Ew, 106 m), ein Ort mit den Überresten einer Burg und der spätgotischen Kirche *St-Denis* aus dem 16. Jh.; im Innern wunderschöne, bemalte hängende Schlußsteine. – Rechts Abzweigung der Straße N 29 nach (28 km) **Amiens,** siehe dort, der berühmten Kunststadt.

• Man überquert die eintönige Hochebene der Picardie.

• *Airaines* (2.303 Ew, 49 m): romanisch-gotische Kirche *Notre-Dame* aus dem 12.–15. Jh. mit romanischem Taufbecken aus dem 11. Jh.

• Es geht bergab, bis man das sumpfige Flußbett der Somme überquert.

162 km – Abbeville (8 m), siehe dort, ein Industriezentrum mit Hafen an der Somme.

• Es geht weiter im Norden über die Straße **N 1.**

• *Forest-Montiers,* am Rand des Waldes von Crécy. Links Straße D 940 B nach (10 km) *Rue,* siehe Abbeville, Umgebung.

• In *Nampont-St-Martin* überquert man das sumpfige Flußbett der Authie. – Rechts Straße D 192 zur (6 km) Abtei von Valloires.

Die **Abtei von Valloires** *(Öffnungszeiten: 10–12 und 14.30–18.30 Uhr; Eintrittsgebühr),* heute ein Kinderheim, wurde von den Zisterziensern im Jahre 1158 gegründet und im Barockstil in den Jahren 1741–1758 von Coignard erneuert. Die große Anlage zeigt ihre Schmuckstücke in den Repräsentationsräumen (Gemälde von Parrocel) und in der Kirche, deren Inneres meisterlich vom Wiener Pfaff von Pfaffenhofen ausgestattet wurde; rund um den Chor schmiedeeiserne Schranken von Jean Veyren; im Chor zwei Gräber mit Statuen aus dem 13. Jh.

205 km – Montreuil (3.166 Ew, 45 m), ein alter Ort an der Canche, den teilweise noch Mauern aus dem 13. Jh., die im 16.–17. Jh. verstärkt wurden, umgeben; die ZITADELLE wurde von Jean Errard im 17. Jh. erneuert *(Öffnungszeiten: 9–12 und 14–18 Uhr, Di geschl.; Eintrittsgebühr),* bewahrt aber noch Türme aus dem 13. Jh. Im Ortszentrum liegt die Kirche *St-Saulve* (12.–16. Jh.) mit einem spätgotischen Portal aus dem Jahr 1480.

• Man überquert die Canche; links Abzweigung der Straße N 318 zum Badeort (18 km) **Le Touquet-Paris-Plage,** siehe dort.

• *Samer* (2.845 Ew, 73 m), mit Häusern aus dem 18. Jh. auf der zentralen Grand-Place und Kirche aus dem 15. Jh.

242 km – Boulogne-sur-Mer, siehe dort, Hafen und Badeort an der Mündung der Liane.

• *Marquise* (5.030 Ew, 39 m), ein Industriezentrum.

276 km – Calais, siehe dort, der wichtigste Hafen für die Einschiffung nach England.

12 PARIS–ÉVREUX–CAEN–SAINT-BRIEUC 567 km

Die Route führt zunächst durch die nördliche Normandie und dann entlang der bretonischen Küste. Fremdenverkehrsattraktionen bieten sowohl die landschaftlichen Schönheiten am Ärmelkanal als auch die zahlreichen Kunststätten, die die Route säumen (Évreux, Bayeux, Caen, Coutances, Mont-Saint-Michel). Von Paris folgt man dem Seine-Tal, bis man in Honfleur die Küste des Calvados mit ihren berühmten Badeorten (Deauville-Trouville) erreicht; man durchquert die Halbinsel des Cotentin, bis man das berühmte Mont-Saint-Michel erblickt. Von Saint-Malo bis nach Saint-Brieuc folgt man der bezaubernden zerklüfteten Côte d'Émeraude mit ihren zahlreichen Badeorten.

Paris, siehe dort. – Ausfahrt im Südwesten von der *Porte St-Cloud,* wo man auf die Autobahn **A 13** fährt. – Man überquert die Seine.

• *Versailles-Ouest:* Abfahrt nach **Versailles,** siehe dort, mit seinem berühmten Schloß und nach **Saint-Germain-en-Laye,** siehe dort, in dessen Schloß das Musée des Antiquités Nationales untergebracht ist.

• Man durchquert den Wald von Marly.

56 km – Mantes-Est: Ausfahrt zum Städtchen **Mantes-la-Jolie,** siehe dort, an der Seine.

• Es geht weiter über die Straße **N 13** am linken Seine-Ufer; man erreicht *Rosny-sur-Seine* mit einem schönen Schloß und *Bonnières-sur-Seine.*
• Man verläßt nun das Tal der Seine und überquert in *Pacy-sur-Eure* (45 m) die Eure: rechts Straße D 181 nach (13 km) *Vernon,* siehe dort.

123 km – Évreux (65 m), siehe dort, mit seiner Kathedrale Notre-Dame (13.–15. Jh.). – Rechts Straße N 154 nach (50 km) **Rouen,** siehe dort.
• Bei *La Rivière-Thibouville* verläßt man die Straße N 13, die weiter nach (13 km) **Bernay,** siehe dort, und (38 km) **Lisieux,** siehe dort, führt, und folgt dem Risle-Tal über die Straße **D 130.**
• Rechts liegt die Abtei von *Le Bec-Hellouin,* siehe Bernay, Umgebung.
• Es geht durch Wälder weiterhin entlang der Risle. – In *Montfort-sur-Risle* Ruinen eines Schlosses aus dem 16. Jh.

171 km – Pont-Audemer (10.011 Ew, 9 m), ein Ort mit Fachwerkhäusern an den Kanälen der Risle: in der gotischen Kirche *St-Ouen* aus dem 11.–16. Jh. Renaissance-Fenster* aus dem 16. Jh. und moderne Glasfenster von Max Ingrand (1950–1952). – Man folgt Richtung Westen der Straße **D 180.**

195 km – Honfleur, siehe dort, der malerische Ort an der Seine-Mündung gegenüber von Le Havre.
• Im Westen folgt man der *Côte Fleurie* über die Straße **D 513.**

211 km – Deauville-Trouville, siehe dort, die großen Ferienzentren.
• Man fährt durch zahlreiche weitere Badeorte, darunter *Houlgate,* siehe Deauville, Umgebung.
• *Cabourg,* siehe Deauville, Umgebung, ein berühmter Badeort.
• Man verläßt die Küste und fährt in Richtung des Flusses Orne.

253 km – Caen (8 m), siehe dort, Kunstzentrum und wichtige Stadt in der Normandie. – Ausfahrt im Westen über die Straße **N 13.**
• Am Horizont ragen die Türme der Kathedrale von Bayeux empor.

280 km – Bayeux (50 m), siehe dort, die sehenswerte Kunststadt, die im Krieg keine Zerstörungen erlitt. – Ausfahrt im Südwesten über die Straße **D 972.**
• An der Einfahrt zum großen Wald von Cerisy kreuzt man die Straße D 13: links (2,5 km) liegt das SCHLOSS VON BALLEROY* *(Öffnungszeiten: 9–12 und 14–18 Uhr, Mi geschl.; Eintrittsgebühr),* in den Jahren 1626–1636 von François Mansart erbaut, mit von Le Nôtre entworfenen Gärten und prachtvoll eingerichtetem Inneren (Bildnisse von P. Mignard und Gemälde von C. Van Loo); rechts (6 km) liegt das Dorf **Cerisy-la-Forêt,** wo sich eine wertvolle romanische *Abteikirche** aus dem 11. Jh. mit gotischer Apsis aus dem 13. Jh. befindet. Seitlich liegen die Klostergebäude aus dem 13. Jh. *(Öffnungszeiten: März–Nov. 14.30–18 Uhr, im Sommer 10–12 und 14.30–19 Uhr; Eintrittsgebühr)* mit einer Plastikensammlung, der Abt-Kapelle und dem Gerichtssaal.

315 km – Saint-Lô (14 m), siehe Bayeux, Umgebung, Hauptort des Départements Manche, teilweise noch von Stadtmauern aus dem Mittelalter umgeben.

342 km – Coutances (92 m), siehe dort, mit seiner gotischen Kathedrale Notre-Dame. – Man folgt im Süden der Straße D 971.
• *Bréhal* (2.043 Ew, 52 m): 2 km südöstlich befindet sich in malerischer Lage das *Schloß von Chanteloup* aus der Renaissance, das auf einer älteren mittelalterlichen Festung errichtet wurde; der Renaissance-Flügel stammt aus den Jahren 1513–1536.
• Es geht wieder Richtung Meer, das man in

371 km – Granville (15.172 Ew) erreicht: Badeort und Hafenstadt, schön auf einer felsigen Halbinsel gelegen. Die Haute-ville umsäumen teilweise Mauern aus dem 18. Jh. In der Grand-Porte ist das MUSÉE DU VIEUX GRANVILLE *(Öffnungszeiten: Ostern bis Sept. 10–12 und 14–18 Uhr, Di geschl.),* eine heimatgeschichtliche Sammlung, eingerichtet; am Westrand erhebt sich die Kirche *Notre-Dame* aus dem 16.–17. Jh. Von der *Pointe du Roc,* an der Spitze der Halbinsel, prachtvolle Aussicht*; in der Nähe befindet sich ein modernes *Aquarium.*
• Man folgt im Südosten der Straße **D 973.**
• Links Straße D 580 zur (3 km) ABBAYE DE LA LUCERNE* *(Öffnungszeiten: 9–12.30 und 14–19 Uhr; Eintrittsgebühr),* den eindrucksvollen Ruinen einer romanischen Prämonstratenser-Abtei aus dem 12. Jh.

397 km – Avranches (11.319 Ew, 10 m), ein Städtchen in schöner Lage an der Mündung der Sée in der Bucht von Mont-Saint-Michel. Im MUSÉE DE L'AVRANCHIN *(Öffnungszeiten: Ostern bis Sept. 9–12 und 14–18 Uhr, Di geschl.; Eintrittsgebühr)*

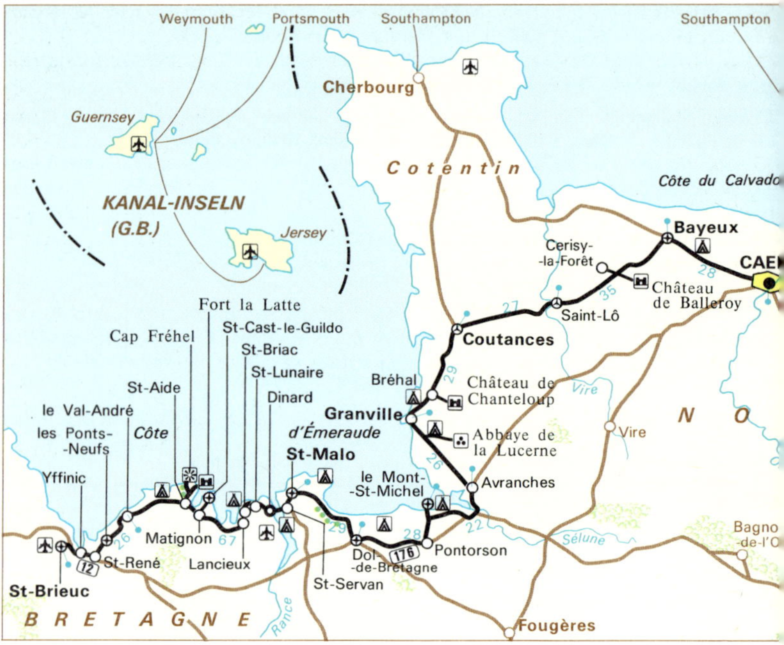

Route 12

sind illuminierte Handschriften (8.–15. Jh.) aus der Abtei Mont-Saint-Michel zu sehen. Vom *Jardin des Plantes,* westlich des Ortes, prachtvoller Blick* auf Mont Saint-Michel.

• Man überquert die Mündung der Sélune und erreicht rechts die Küstenstraße **D 75** die zur berühmten Abtei

417 km – Le Mont-Saint-Michel, siehe dort, führt: Meisterwerk gotischer Architektur und eines der wichtigsten französischen Fremdenverkehrsziele.

• Von *Pontorson* (18 m) folgt man Richtung Westen der Straße **N 176;** man erreicht die Bretagne.

445 km – Dol-de-Bretagne (16 m), siehe Saint Saint-Malo, Umgebung, mit einer mächtigen Kathedrale.

• Über die Straße **D 155** gelangt man zur sogenannten Côte d'Émeraude: im Osten prachtvoller Blick* auf Mont-Saint-Michel.

474 km – Saint-Malo, siehe dort, die Perle der Côte d'Émeraude.

• In *Saint-Servan* überquert man die Mündung der Rance über die Straße **D 168** und erreicht *Dinard,* siehe Saint-Malo, Umgebung.

• Man fährt nun auf der Straße **D 786,** die durch den schönsten Abschnitt der *Côte d'Émeraude** führt, siehe Saint-Malo, Umgebung: an der Strecke liegen die Badeorte *Saint-Lunaire, Saint-Briac, Lancieux;* von sämtlichen Stellen bietet sich ein schöner Blick auf die recht zerklüftete Küste.

• In *Matignon* rechts Abzweigung der Straße D 13 nach (6 km) *Saint-Cast* und *Saint-Aide* und ebenfalls rechts nach (6 km) *Fort la Latte* und *Cap Fréhel,* siehe Saint-Malo, Umgebung.

541 km – Le Val-André, ein bekannter Strand in der Bucht von Saint-Brieuc.

• *Les Ponts-Neufs* (33 m).

• *Saint-René:* Man folgt der Straße **N 12** aus *Rennes,* siehe Route 13; nach *Yffiniac* folgt man der rechten Seite der schönen Bucht von Saint-Brieuc.

567 km – Saint-Brieuc (99 m), siehe dort, eine typisch bretonische Stadt.

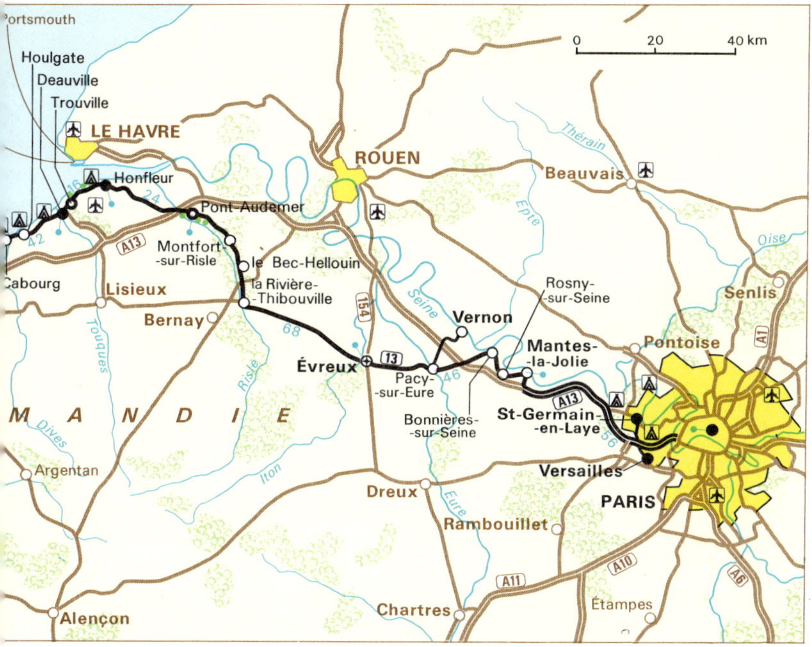

13 PARIS–LE MANS–RENNES–BREST 598 km

Wichtige Route, die Paris mit der Bretagne verbindet und durch das in der Mitte liegende Maine führt. Die Strecke ist abwechslungsreich und besonders schön im Huisne-Tal und gegen Ende an der nördlichen Küste des Finistère. Für den Fremdenverkehr interessant sind sowohl die Kunstzentren Chartres, Le Mans und Rennes als auch der besondere Charakter des bretonischen Landes und seiner Dörfer.

Paris, siehe dort. – Ausfahrt im Süden von der *Porte d'Italie,* wo die Autobahn **A 6** beginnt. Links liegt der interkontinentale Flughafen von *Orly*.
• Links Abzweigung der *Autoroute du Sud* nach Lyon; man folgt der Autobahn **A 10** *(L'Aquitaine)*.
• Anschließend geht es weiter auf der Autobahn **A 11** *(L'Océane)*.
• *Ablis:* Autobahnabfahrt nach (13 km) **Rambouillet,** siehe dort, berühmt für sein Schloß.

85 km – Chartres: Man verläßt die Autobahn A 11 und erreicht
• **Chartres,** siehe dort, mit seiner zu den schönsten und wertvollsten von Frankreich zählenden Kathedrale. – Ausfahrt im Südwesten über die Straße **N 23.**
• Man fährt weiter über das kahle Hochplateau der Beauce bis auf die Höhe von 247 m.
• Die Landschaft wird im hügeligen Gebiet des Petit-Perche grün und freundlich.

144 km – Nogent-le-Rotrou (13.586 Ew, 108 m), ein Ort an der Huisne, beherrscht von der Burg St-Jean *(Öffnungszeiten: 10–12 und 14–18 Uhr, Di geschl.; Eintrittsgebühr)* mit Mauerring aus dem 12.–13. Jh. und einem mächtigen Donjon aus dem 11. Jh. In der Burg ist das heimatgeschichtliche *Musée du Perche* eingerichtet. Im *Hôtel-Dieu* befindet sich das schöne Sully-Grabmal* aus dem Jahr 1642.
• Die Straße führt nun durch das grüne Huisne-Tal.

165 km – La Ferté-Bernard (9.797 Ew, 91 m), ein Agrarzentrum an der Huisne mit der eindrucksvollen, befestigten *Porte St-Julien* aus dem 15. Jh.; im Innern das *Musée folklorique.* Auf der Place de la République liegt die elegante gotische Kirche *Notre-Dame-des-Marais* aus dem 15.–16. Jh. mit schönen Glasfenstern* und Chorkapellen mit reichgeschmückter Wölbung; im Süden befinden sich die *Halles* aus dem Jahr 1536.

15 km südöstlich (über die Straßen D 7 und D 36) liegt **Montmirail** (3.434 Ew, 248 m) mit seinem mächtigen Schloss *(Öffnungszeiten: 14–18 Uhr, Juli und Aug. tägl, März–Juni und Sept.–Okt.*

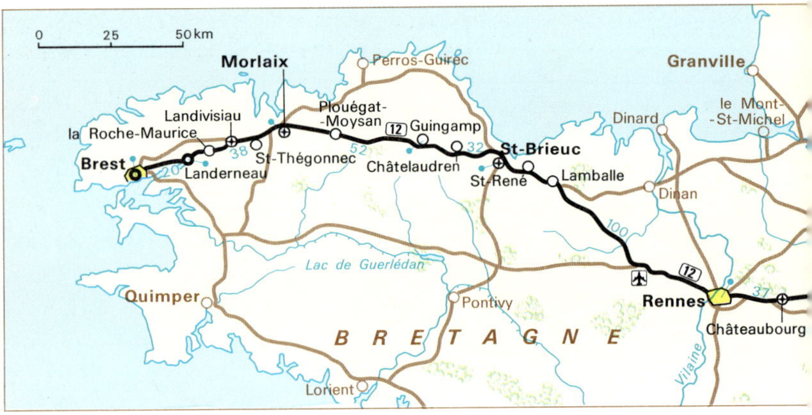

Route 13

nur So; Eintrittsgebühr) aus dem 15. Jh. (zehneckiger Turm; großer gotischer Saal), das im 18. Jh. vergrößert und reich ausgestattet wurde.

• Vor den Toren von Le Mans, an der Kreuzung mit der Straße N 157, *Denkmal* für Wilbur Wright, der hier im Dezember 1908 die ersten Flugversuche unternahm.

209 km – Le Mans (51 m), siehe dort, an der Sarthe, berühmt für seine Kunstschätze und seine Industrie. – Ausfahrt im Nordwesten über die Straße **N 157.**

• Nach *Saint-Denis d'Orques* (127 m) rechts Straße D 7 nach (15 km) Evron.

Evron (5.867 Ew, 114 m) bewahrt eine große, im Jahre 630 gegründete, aber in den Jahren 1736–1744 erneuerte *Benediktinerabtei.* Die Kirche *Notre-Dame** besitzt aus der Romanik Turm und Langhaus, aus dem Jahr 1666 ein Schiff und aus der Gotik (14. Jh.) Vierung und Chor; im Inneren Glasfenster und Grabmäler aus dem 14.–18. Jh. An der linken Seite erhebt sich die romanische Kapelle *Notre-Dame de l'Épine* aus dem 12. Jh., in der sich Fresken aus dem 13. Jh. und eine versilberte Madonnenstatue aus dem 15. Jh. erhalten haben.

284 km – Laval (70 m), siehe dort, ein Industriezentrum an der Mayenne.

• Nach dem Dorf *La Gravelle* (192 m) erreicht man die Bretagne.

319 km – Vitré (90 m), siehe Rennes, Umgebung, ein malerisches mittelalterliches Städtchen an der Vilaine.

• Die Straße führt nun durch das grüne Vilaine-Tal mit seinen Wiesen.

• *Châteaubourg* (2.128 Ew, 48 m).

355 km – Rennes (30 m), siehe dort, Hauptstadt der Bretagne, Industriezentrum und wichtiger Verkehrsknotenpunkt. – Ausfahrt im Westen über die Avenue du Mail und dann über die Straße **N 12,** die kurvenreich mehrere Wasserläufe überquert.

435 km – Lamballe (55 m), siehe Saint-Brieuc, Umgebung, bekannt für seine Pferdezucht.

• In *St-René* trifft man auf die Straße D 786 aus Saint-Malo, siehe Route 12; nach *Yffiniac* erblickt man rechts die schöne Bucht von Saint-Brieuc.

456 km – Saint-Brieuc (99 m), siehe dort, auf einem Vorgebirge, nur wenige Kilometer vom Meer entfernt.

• *Châteaulaudren* (1.047 Ew, 100 m): am Friedhof, in der Kirche *Notre-Dame du Tertre* aus dem 14.–16. Jh., 96 Tafelbilder* (Szenen aus Altem und Neuem Testament) und Marienstatue aus dem 15. Jh.

487 km – Guingamp (10.752 Ew, 74 m): Kirche *Notre-Dame-de-Bon-Secours* aus der Gotik (13.–14. Jh.) und Renaissance (16. Jh.). Sie ist am 1. Sonntag im Juli Ziel einer großen Wallfahrt. Auf der Place du Centre erhebt sich der volkstümliche Brunnen *„la Plomée"* aus der Renaissance.

• In *Plouégat-Moysan* erreicht man den Finistère, das Gebiet an der westlichsten Spitze der Bretagne; man fährt auf zweispuriger Fahrbahn.

539 km – Morlaix (61 m), siehe dort, ein vielbesuchtes Ausflugsziel.

• Man erreicht der Reihe nach *Saint-Thégonnec* und *Landivisiau,* siehe Morlaix, Umgebung, beide bekannt für ihre Pfarrensembles.

• Man verläßt die Schnellstraße N 12 und folgt der Straße **D 712,** die mit schönen Aussichtsmöglichkeiten durch das Elorn-Tal führt.

• **La Roche-Maurice** (50 m) mit seiner an einem Felsen errichteten Häusergruppe;

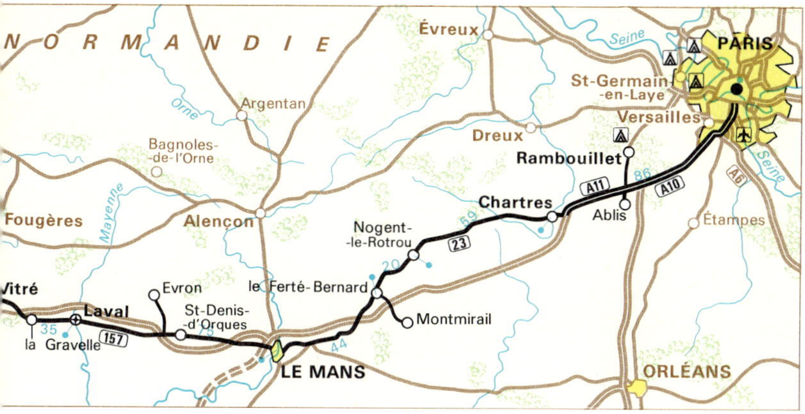

Pfarrensemble mit *Karner* aus den Jahren 1639–1640 und gotischer Kirche aus dem 16. Jh., in deren Innerem sich ein hölzerner *Lettner* aus der Renaissance und ein großes Passions-Glasfenster* aus dem Jahr 1529 befinden.

578 km – Landerneau (15.660 Ew, 21 m), ein Städtchen am Beginn der Elorn-Mündung mit einer malerischen Brücke aus dem Jahr 1510 und mit der Kirche *St-Houardon* (Renaissance-Portikus aus dem Jahr 1604).

598 km – Brest (34 m), siehe dort, der große Militär- und Frachthafen am Atlantik, in einer wunderschönen Bucht.

14 PARIS–ORLÉANS–TOURS–NANTES 426 km

Die Route führt durch das weltweit für seine Schlösser aus dem 15.–16. Jh. berühmte Loire-Tal, das eines der wichtigsten Fremdenverkehrsziele in Frankreich ist. Man überquert zunächst das eintönige Hochplateau der Beauce und erreicht in Orléans die Loire, deren Lauf man von jetzt an ständig bis nach Nantes folgt. Die prachtvolle, oft von Weingärten überzogene Landschaft, auch der Garten Frankreichs genannt, ist ebenso sehenswert und malerisch wie die dicht aufeinander folgenden Orte, in denen historische Erinnerungen wachgeblieben sind. Die hier beschriebene Route führt entlang des rechten Loire-Ufers, zeitweise (von Blois nach Tours und von Tours nach Angers) lohnt sich aber auch die Fahrt am linken Ufer. In jedem Fall führt die Besichtigung der wichtigsten Schlösser von den Zentren Orléans, Blois, Amboise, Tours und Saumur immer wieder in die zauberhafte wasser- und waldreiche Landschaft am linken Ufer.

Paris, siehe dort. – Ausfahrt im Süden von der *Porte d'Orléans* über die Schnellstraße **N 20,** die *Montrouge* durchquert; rechts erstreckt sich der Park von Sceaux.
• *Montlhéry* (120 m): rechts liegt die berühmte *Autorennbahn.*

49 km – Étampes, siehe dort, ein an mittelalterlichen Baudenkmälern reiches Städtchen.
• Man überquert nun das eintönige kahle Kalksteinplateau der Beauce.
• *Toury* (134 m), mit einer gotischen Kirche aus dem 12.–13. Jh.
• Nach *Artenay* (122 m) erstreckt sich links der große Wald von Orléans.

117 km – Orléans (110 m), siehe dort, die historische Stadt an der Loire. – Ausfahrt im Südwesten über die Straße **N 152** entlang des rechten Flußufers.
• *Meung-sur-Loire* (4.630 Ew, 100 m): Kirche *St-Liphard** aus dem 11.–13. Jh. mit strengem Glockenturm und *Schloß* aus dem 13. Jh., im 18. Jh. umgestaltet.

5 km von Meung entfernt, am anderen Loire-Ufer, liegt **Clery-St-André** (2.027 Ew, 94 m): in der gotischen Kirche *Notre-Dame* aus dem 15. Jh. befinden sich das Grabmal von Ludwig XI. (gest. 1483) und die schöne Renaissance-Kapelle St-Jacques aus dem Jahr 1518.

142 km – Beaugency (106 m), siehe Orléans, Umgebung, ein mittelalterlicher Ort, beherrscht von einem Donjon aus dem 11. Jh.
• Links Abzweigung zur (1 km) *Burg von Avary,* einem mächtigen Gebäude aus dem 14. Jh. mit vier Ecktürmen aus dem 13. Jh. und umgeben von einem Wassergraben. Gegenüber, auf einer Insel in der Loire, liegt das *Atomkraftwerk St-Laurent-des-Eaux.*

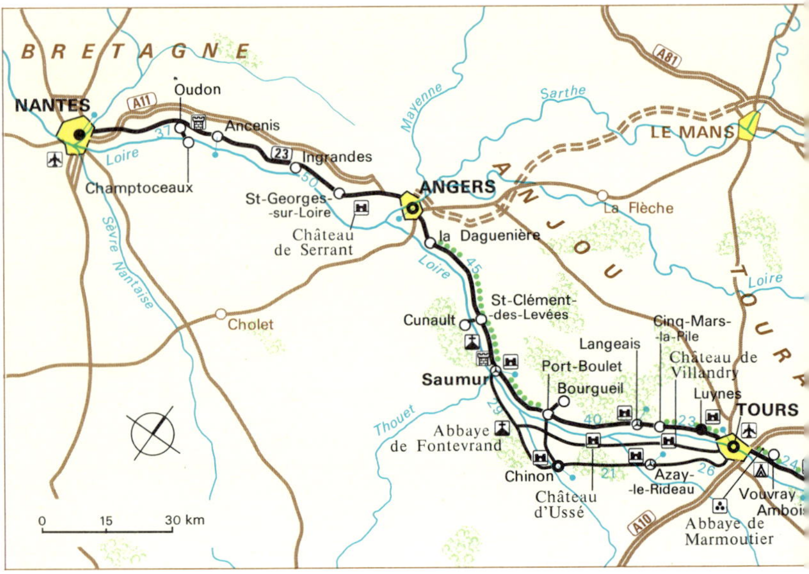

Route 14

• *Mer* (5.186 Ew, 97 m): links Straße D 112 über die Loire und dann zum (11 km) berühmten Schloß von **Chambord,** siehe dort.

10 km nordwestlich, an der Straße D 15, liegt das **Schloß von Talcy** *(Öffnungszeiten: 9–11.15 und 14 Uhr bis Sonnenuntergang, Di geschl.; Eintrittsgebühr),* das um die Mitte des 16. Jhs. vom Florentiner Bankier Bernardo Salviati, dem Cousin Katharinas von Medici, über einem älteren Bau aus dem 13. Jh. errichtet wurde; im Inneren Möbel und Tapisserien aus dem 17. und 18. Jh.; im zweiten Hof ein Taubenschlag aus dem 18. Jh.

• **Suèvres** (1.147 Ew, 88 m), mit zwei interessanten Kirchen: *St-Lubin* aus dem 12.–16. Jh. und *St-Christophe* aus dem 12.–16. Jh. mit Fragmenten aus der Merowingerzeit.

• **Menars** (474 Ew, 98 m), mit einem SCHLOSS* *(Öffnungszeiten: an Sonn- und Feiertagen 8.30–11 und 14–18 Uhr; Eintrittsgebühr)* aus dem 17. Jh., das später in den Besitz der Marquise de Pompadour kam: diese ließ es durch J. A. Gabriel und Soufflot vollenden; schön ist auch der terrassenförmig an der Loire angelegte Park*.

173 km – Blois (73 m), siehe dort, einer der wichtigsten Orte im Loire-Tal.
• Links, jenseits des Flusses, liegt *Chaumont-sur-Loire* (65 m), siehe Blois, Umgebung, beherrscht von einem schönen Schloß. – Man kann den Fluß überqueren und über die Straße D 751 am linken Ufer bis nach Tours fahren.

207 km – Amboise (57 m), siehe dort, das unter anderem auch an Leonardo da Vinci erinnert.
• Nach *Vouvray* (2.746 Ew, 60 m), einem Weinbauzentrum, und *Rochecorbon* (2.349 Ew, 54 m), beherrscht von einem Wachturm aus dem 15. Jh., erblickt man rechts die Ruinen der *Abtei von Marmoutier* mit dem Portail de la Crosse und dem Glockenturm der Kirche aus dem 12.–13. Jh.

231 km – Tours (48 m), siehe dort, die Hauptstadt der Touraine. – Ausfahrt im Nordwesten entlang des rechten Loire-Ufers.

Von Tours nach Saumur kann man, statt der Straße N 152 zu folgen, die Straße D 751 wählen, die durch die Wälder im Landesinnern führt; an der Strecke liegen die Schlösser (26 km) *Azay-le-Rideau*,* siehe Tours, Umgebung, und (47 km) *Chinon*,* siehe dort, und die *Abtei von Fontevraud*,* siehe Saumur, Umgebung. – Die gleiche Strecke kann auch über die Straße D 7 zurückgelegt werden, die näher beim Loire-Ufer an den Schlössern (20 km) *Villandry,* siehe Tours, Umgebung, und (40 km) *Ussé,* siehe Chinon, Umgebung, vorbeiführt.

Luynes (3.953 Ew, 53 m), rechts, beherrscht von seiner mächtigen *Burg** aus dem 13.–16. Jh. mit Türmen.
• *Cinq-Mars-la-Pile,* siehe Tours, Umgebung, dessen Name auf einen gallo-römischen Turm (pile) zurückgeht, den man oben auf einem Hügel erblickt.

254 km – Langeais (53 m), siehe Tours, Umgebung, mit seinem berühmten Schloß.
• In *Port-Boulet* trifft man auf die Straße D 749, die links nach (13 km) **Chinon,** siehe dort, und rechts nach (4 km) *Bourgueil* (3.620 Ew, 42 m), einem Weinbauzentrum, dessen Pfarrkirche einen Chor aus dem 12. Jh. besitzt, führt.

294 km – Saumur (30 m), siehe dort, ein Städtchen am linken Loire-Ufer, beherrscht von seinem Schloß.
• Es geht nun weiter über die Straße **D 952,** die weiterhin entlang der Loire führt; auf der Höhe von *Saint-Clément-des-Levées* erblickt man am gegenüberliegenden Ufer den Turm von *Trèves* und die Kirche von *Cunault,* siehe Saumur, Umgebung.
• In *La Daguenière* verläßt man den Fluß.

339 km – Angers (47 m), siehe dort, die historische Stadt im Anjou am Maine. – Ausfahrt im Westen über die Straße **N 23,** die Richtung Loire-Tal zurückführt.
• Kurz vor *Saint-Georges-sur-Loire* (20 m) liegt links von der Straße das schöne SCHLOSS VON SERRANT* *(Öffnungszeiten: 9–11.30 und 14–17.30 Uhr; Eintrittsgebühr)* aus dem 16.–18. Jh., am Ufer eines Teiches. Wundervoll sind die Innenräume mit wertvollen Kunstobjekten (Tapisserien aus Brüssel, aus dem 16. Jh., Büste der Kaiserin Marie-Louise von Canova), die Renaissance-Treppe und die Kapelle mit dem prunkvollen Grab des Marquis de Vaubrun (gest. 1675) von Coysevox (1710).
• In *Ingrandes* (19 m) erreicht man die Bretagne.

389 km – Ancenis (7.304 Ew, 13 m), ein großer Ort an der Loire mit Ruinen eines Schlosses der Herzöge der Bretagne (15.–16. Jh.).
• *Oudon* (1.599 Ew, 11 m), beherrscht von einem achteckigen *Turm** aus dem 16. Jh.; gegenüber, am anderen Loire-Ufer, liegt *Champtoceaux* (1.525 Ew, 70 m), eine Sommerfrische.

426 km – Nantes (8 m), siehe dort, der große Hafen an der Mündung der Loire.

15 NANTES–BREST 303 km

Die Route führt in einiger Entfernung vom Meer, entlang der südlichen bretonischen Küste, durch hügeliges Land, dessen Orte meist an tiefen Buchten liegen. Vom Fremdenverkehrsgebiet des Morbihan, bekannt vor allem wegen seiner megalithischen Denkmäler von Carnac, gelangt man in den nicht weniger beeindruckenden Finistère mit seinen bekannten malerischen Kalvarienbergen und Pfarrensembles.

Nantes (8 m), siehe dort. – Ausfahrt im Norden über die Rue P. Bellamy, bis man die Straße **N 165** erreicht.

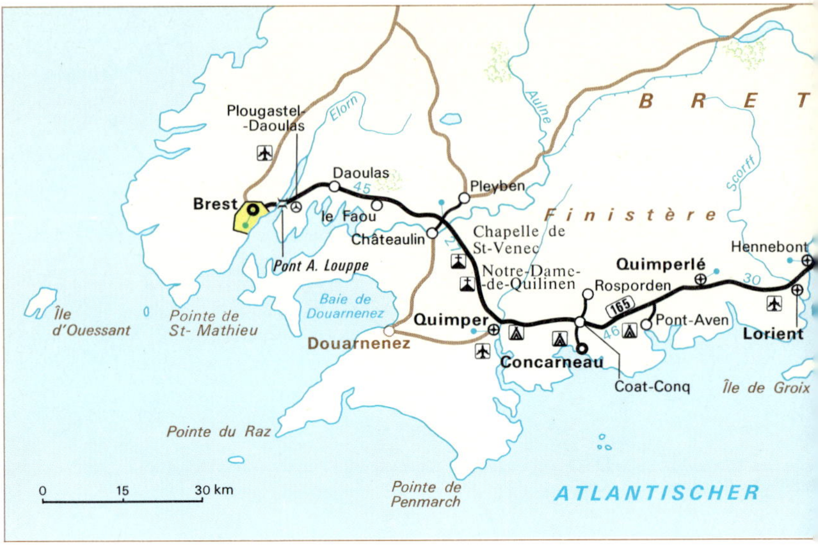

Route 15

- Man fährt über den *Sillon de Bretagne,* eine Hügelkette (70–90 m) am Südrand des Armoricain-Massivs.
- Links Abzweigung der Straße N 171 nach (27 km) **St-Nazaire,** siehe dort, und nach (44 km) *La Baule,* siehe St-Nazaire, Umgebung.

50 km – Pontchâteau (6.520 Ew, 7 m), ein großer Ort am Brivet.
- Rechts liegt das schöne *Bretesche-Schloß* aus dem 15. Jh., heute ein Ferien- und Sportzentrum. – Links erstreckt sich der Sumpf von Gran-de-Brière.
- *La Roche-Bernard* (1.038 Ew, 30 m): man überquert die Mündung der Vilaine auf einer aussichtsreichen, 407 m langen Brücke.
- *Muzillac* (2.897 Ew, 23 m): links Straße D 5 zur (4,5 km) *Pointe de Pen-Lan* an der Mündung der Vilaine.

109 km – Vannes (22 m), siehe dort, eine interessante mittelalterliche Stadt, Ausgangspunkt für die Besichtigung des Golfe de Morbihan.

127 km – Auray (10.398 Ew, 36 m), ein großer Ort an der gleichnamigen tiefen Bucht, mit der Kirche *St-Gildas* aus den Jahren 1623–1641. – 6 km nordöstlich liegt die vielbesuchte Wallfahrtskirche *Ste-Anne-d'Auray* aus den Jahren 1866–1872 mit einer reichen *Schatzkammer* (sakrale Goldschmiedekunst; Statuen); außerdem das dem bretonischen Brauchtum gewidmete *Musée Nicolazic.* – 13 km südwestlich von Auray liegen die berühmten prähistorischen Stätten von **Carnac,** siehe dort.

155 km – Hennebont (12.461 Ew, 22 m), ein Städtchen an der Mündung des Blavet, nach dem letzten Krieg wiederaufgebaut. Erhalten haben sich die gotische Kirche *Notre-Dame-du-Paradis* aus dem 16. Jh. mit schönem Turm und die mächtige *Porte du Bro-Erec'h* aus dem 15. Jh. mit Turmaufsätzen, die in die *Ville-Close* führt.
- *Lorient* (16 m), siehe Quimperlé, Umgebung, Militär- und Fischereihafen.
- Man fährt an dem großen Flughafen der Militärbasis *Lann-Bihoué* vorbei.

185 km – Quimperlé (35 m), siehe dort, ein bretonisches Städtchen.
- Links Straße D 4 nach (6 km) *Pont-Aven* (30 m), siehe Concarneau, Umgebung.
- In *Coat-Conq* Kreuzung mit der Straße D 70: links geht es zum (6 km) zauberhaften Städtchen **Concarneau,** siehe dort, und rechts nach (7 km) *Rosporden* (4.389 Ew, 118 m), dessen gotische *Kirche* einen wunderschönen Glockenturm* aus dem 14. Jh. und im Inneren mehrere Stein- (14.–15. Jh.) und Holzstatuen (17. Jh.) besitzt.

231 km – Quimper (8 m), siehe dort, die historische Hauptstadt der Cornouaille, Ausgangspunkt für interessante Ausflüge. – Es geht weiter im Nordosten über die Straße N 165.

Links führt die Straße D 61 zur Straße D 770: rechts liegt die Kapelle *Notre-Dame-de-Quilinen* aus dem frühen 16. Jh. mit einem wunderschönen Kalvarienberg* (ca. 1550); links erreicht man die gotische Kapelle *St-Vennec* mit einem ähnlichen Kalvarienberg aus dem 16. Jh.

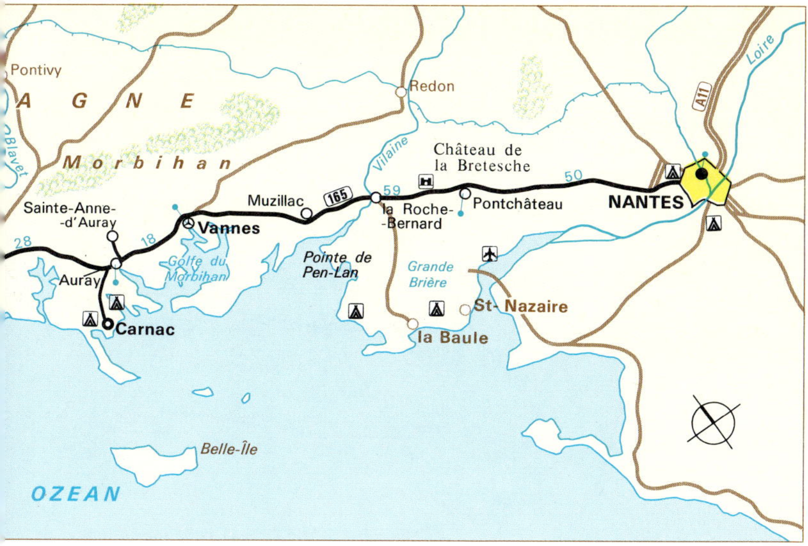

258 km – Links (4 km) liegt **Châteaulin** (6.514 Ew, 8 m) an der Aulne, ein Fischereizentrum; schönes *Pfarrensemble* rund um die Kirche *Notre-Dame* (15.–16. Jh.) mit Karner (16. Jh.) und Kalvarienberg aus dem 15. Jh.

• Rechts (8 km) *Pleyben,* siehe Quimper, Umgebung, berühmt für sein Pfarrensemble.

• Nach dem malerischen Dorf *Le Faou* (10 m) folgt die Straße den Buchten der Baie de Brest.

• *Daoulas* (1.083 Ew) mit romanischer *Kirche* und *Kreuzgang** aus dem 12. Jh.

• Links liegt *Plougastel-Daoulas,* siehe Brest, Umgebung, mit einem wunderschönen Kalvarienberg; anschließend überquert man die breite Mündung des Elorn über den 900 m langen *Pont Albert-Louppe.*

303 km – Brest (34 m), siehe dort, der große Militär- und Frachthafen an der atlantischen Küste.

ENTFERNUNGSÜBERSICHT

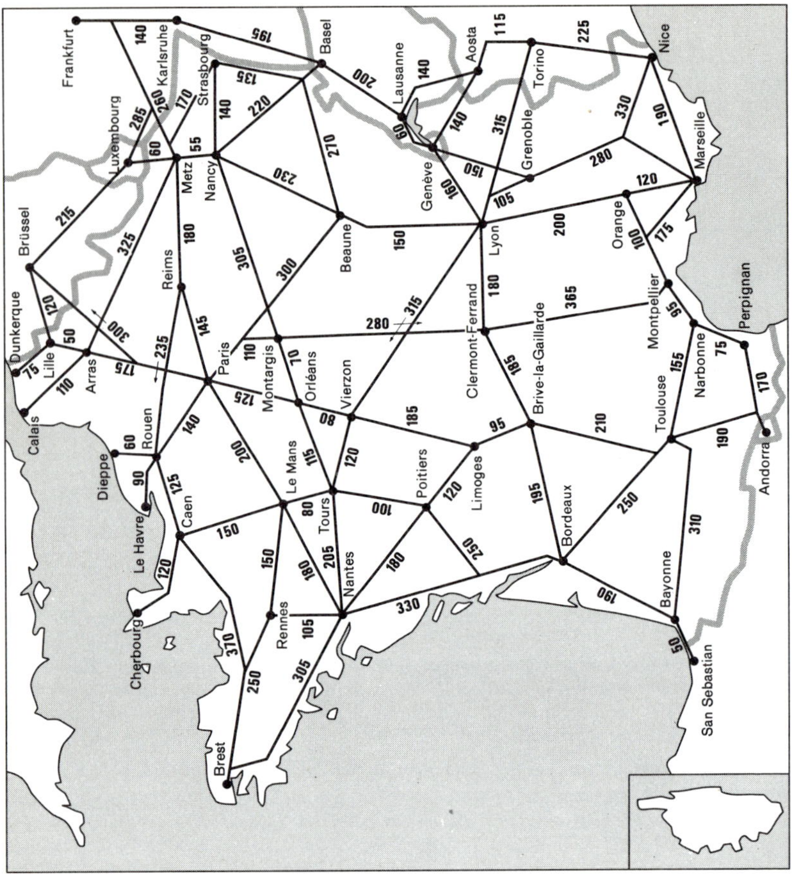

ORTSBESCHREIBUNGEN

** einzigartig
* sehr interessant

Planquadrat im Kartenteil

AMBOISE* (**10** D2)

Centre; Indre-et-Loire, 11.415 Ew, 57 m.

Region — Département — Seehöhe in Meter — Einwohner

Angaben über Postleitzahl ✉, Telefonvorwahl ✆ und über die touristische Informationsstelle i finden Sie im **Hotelteil.**

Stadtpläne:

Straßen

- Hauptverbindungsstraßen
- Hauptstraßen
- andere Straßen
- Stiege
- Fußgängerzone
- Wege
- Straße im Bau

Bahnen

- Eisenbahnlinie und Bahnhof
- Zahnradbahn
- Seilbahn
- Sessellift
- Métro und Station
- RIHOUR Eingang zur Métro-Station

Denkmäler und Museen

- außerordentlich interessant
- sehr interessant
- bemerkenswert

Hotels, Camping und Jugendherbergen

- Hotel und entsprechender Hinweisbuchstabe im Text
- Campingplatz
- Jugendherberge

andere Zeichen

- öffentliche Gebäude
- Kirche
- Gärten und Parks
- Spital

ABBEVILLE (5 B2)

Picardie; Somme, 25.998 Ew, 8 m. – Industriezentrum des Nordens, das während des letzten Krieges hart getroffen wurde. Die Stadt wird von der kanalisierten Somme durchflossen, die einige Kilometer danach in den Ärmelkanal mündet.

St-Vulfran. – Ehemalige gotische Kollegiatskirche aus dem 15.–16. Jh. (1488 begonnen), die im 19. Jh. restauriert wurde; wunderschöne spätgotische Zweiturmfassade* mit einem dreiteiligen Portal, das mit ergreifenden Statuen und einer sakralen Szene geschmückt ist; am Mittelportal geschnitzte Türflügel aus der Renaissance (1550) mit Szenen aus dem Marienleben. Das Innere wurde im letzten Krieg schwer beschädigt.

Musée Boucher de Perthes. – *Öffnungszeiten: von Mai–Oktober tägl. 14–18 Uhr; im Winter Mi und So 14–17 Uhr; Eintrittsgebühr.* Das große Museum ist in mehrere Abteilungen unterteilt: Vorgeschichte des Gebietes, Kupferstiche (5.000 Stücke ab dem 17. Jh.), Keramiken, Silbergeräte, Tapisserien (aus dem 17. Jh., einige aus Paris, andere aus Brüssel nach Kartons von Rubens). Die figürlichen Künste sind vertreten durch gotische und barocke Plastiken (15.–18. Jh.), mittelalterliche (15. Jh.) Tafelbilder aus Frankreich, Flandern und dem Rheinland und durch flämische und französische Leinwandbilder aus dem 17. und 18. Jh.: G. Dughet, Largillière (5 Frauenbildnisse), F. Lemoyne, Lépicié, Greuze.

Château de Bagatelle*. – *Öffnungszeiten: Juli–Sept. 14–18.30 Uhr; Di geschl.; Eintrittsgebühr.* Das Schloß liegt südlich der Stadt, an der Route de Paris 133. Es ist ein zierlicher Rokoko-Bau aus den Jahren 1752–1754 mit wunderschönen Innenräumen im Stil Louis-XV; besonders geschmackvoll sind die strengen aber feinen Ornamente.

UMGEBUNG – Nach **Saint-Riquier** (1.206 Ew, 29 m), 9 km nordöstlich an der Straße D 925, zu einem in karolingischer Zeit gegründeten Kloster. Die wunderschöne *Abteikirche**, ein Meisterwerk der Spätgotik (15.–16. Jh.), zeichnet sich durch einen Fassadenturm und ein reich geschmücktes Portal aus. Weites, lichtdurchflutetes, dreischiffiges Inneres mit Umgangschor; in den Radialkapellen Statuen und Gemälde aus dem 16.–17. Jh.; vom Querschiff Zugang zur *Schatzkammer* (Trésorerie) mit Fresken aus dem 16. Jh.

Nach **Rue** (3.272 Ew, 9 m), 23 km Richtung Nordwesten über die Straßen N 1 und D 940 B, mit einem mächtigen *Wehrturm* aus dem 15. Jh. Bei der Pfarrkirche befindet sich die *Chapelle du St-Esprit**, ein Meisterwerk der Spätgotik aus dem 15.–16. Jh.: an der Fassade ein Doppelportal und im hohen Inneren mächtige hängende Schlußsteine.

ALENÇON (4 C3)

Basse Normandie; Orne, 32.530 Ew, 135 m. – Département-Hauptstadt an der Sarthe, im Zentrum eines fruchtbaren Gebietes; einst berühmt für seine Spitzen, heute Handels- und Industriezentrum.

Notre-Dame. – Spätgotischer Bau aus dem 14.–15. Jh. auf der Place Lamagdelaine; spätgotische Vorhalle mit drei Arkadenbögen, Laufgängen und Baldachinbekrönung von Jean Lemoine (1490–1506); im Inneren komplizierte Marmorverstrebungen, beachtenswerte Glasfenster aus dem 16. Jh. und im Jahre 1714 erneuerte Apsis. – Links von der Kirche die **Maison d'Ozé** *(Öffnungszeiten: 10–12 und 14–17 oder 18 Uhr; Mo geschl.; Eintrittsgebühr),* ein schönes Wohnhaus aus dem Jahr 1450 mit einem historischen und volkskundlichen Museum.

Gegenüber von Notre-Dame verläuft von Süden nach Norden die Grande-Rue: links führt sie zur Kirche *St-Léonard* aus dem Jahr 1489, einem schönen Beispiel spätgotischer Architektur. Rechts, in der Rue St-Blaise, befinden sich der Ziegel- und Steinbau der *Präfektur* von 1630 und, gegenüber, die *Chapelle St-Therèse* beim Geburtshaus der Hl. Therese vom Kind Gottes (1783 geb.).

Im Westen der Stadt, auf der großen Place Foch, erheben sich die Überreste der **Burg** aus dem 14.–15. Jh. mit der *Tour Couronnée* (bekrönter Turm) aus dem 14. Jh. und dem von zwei zinnenbekrönten Rundtürmen flankierten Tor aus dem 15. Jh.; seitlich das *Rathaus* aus dem Jahr 1783.

Musée des Beaux-Arts et de la Dentelle. – *Öffnungszeiten: 10–12 und 14–18 Uhr; Mo geschl.; Eintrittsgebühr.* Das neue Museum hat seinen Sitz im renovierten ehemaligen Jesuitenkolleg aus dem Jahr 1620. ERDGESCHOSS: Ausstellungen und große Gemälde: Philippe de Champaigne (Maria Himmelfahrt), S. Vouet, Jouvenet (Verlöbnis Mariens). – ERSTER STOCK; Malerei: Restout, Courbet, Géricault, Legros, Boudin, Fantin-Latour, N. Maes, Triptychon von Giovanni Massone; im Mezzanin französische Zeichnungen aus dem 14.–19. Jh. – ZWEITER STOCK: Spitzensammlung. Herstellungstechniken und Spitzen aus Alençon vom 17. Jh. bis heute; Sammlung europäischer Spitzen aus Burano, Bayeux, Le Puy, Flandern und Osteuropa.

UMGEBUNG – Nach **Sées*** (5.173 Ew, 188 m), 22 km Richtung Norden über die Straße N 138; beherrschend die mächtige gotische Kathedrale *Notre-Dame** aus dem 13.–14. Jh. mit den mächtigen Strebepfeilern, die im 16. Jh. hinzugefügt wurden, und mit zwei Türmen; im schönen Inneren beachte man das Triforium, das Querhaus mit den Fensterrosen aus dem 13. Jh. und den Chor mit seinem Umgang; Glasfenster aus dem 14. und 15. Jh.; Hochaltar aus dem späten 18. Jh. – 23 km nordwestlich von Sées, an der Straße N 158, liegt **Argentan** (17.411 Ew, 160 m), das während des letzten Krieges beinahe vollständig zerstört wurde. Es besitzt zwei sehenswerte Kirchen: *St-Germain,* ein spätgotischer Bau aus dem 15.–17. Jh. mit Portikus aus dem 15. Jh. an der linken Seite und Vierungsturm; *St-Martin,* ebenfalls spätgotisch aus dem 16. Jh. mit schönen Glasfenstern aus dem 15.–16. Jh.

Nach **Carrouges** (753 Ew, 328 m), 26 km nordwestlich über die Straße D 2; außerhalb des Ortes liegt die Burg *(Öffnungszeiten: 9–12 und 14–18 Uhr; Di geschl.; Eintrittsgebühr)* aus dem 15.–17. Jh. aus roten Ziegeln und von einem Graben umgeben; Einrichtungsgegenstände aus dem 17. und 18. Jh.

Nach **Bagnoles-de-l'Orne** (651 Ew, 194 m), 47 km nordwestlich über die Straßen N 12, N 176 und D 916; wichtiger eleganter Thermalkurort in wunderschöner, waldreicher Umgebung.

AMBOISE* (10 D2)

Centre; Indre-et-Loire, 11.415 Ew, 57 m. – Liebliches Städtchen am linken Loire-Ufer, beherrscht von seinem berühmten königlichen Schloß. Im 15. und 16. Jh. residierten hier häufig die französischen Könige; Karl VIII. (1470 bis 1498) wurde in Amboise geboren und verstarb auch hier; 1519 starb hier nach dreijährigem Aufenthalt Leonardo da Vinci.

Schloß.** – *Öffnungszeiten: 9–12 und 14–18.30 Uhr; Eintrittsgebühr.* Es erhebt sich auf einem Felssporn hoch über der Loire und ruht auf mächtigen Konstruktionen mit Türmen, die im 15. Jh. erneuert wurden. Der heutige Bau wurde von Karl VIII. 1492 begonnen (er starb hier 1498) und unter Ludwig XII. und Franz I. vollendet. Nach einem spitzbogigen Tor gelangt man auf die Terrasse, dem einstigen Schauplatz königlicher Feste; die umliegenden Gebäude wurden zum Großteil im 19. Jh. zerstört. Erhalten haben sich links die Kapelle und rechts der königliche Palast, der *Logis du Roi.* Die **Chapelle St-Hubert*** aus dem Jahr 1493 ist ein Kleinod spätgotischer Baukunst; in der Portallünette Madonna zwischen König Karl VIII. und Anna von Bretagne; der Architrav ist mit einem wunderschönen Relief einer flämischen Werkstatt geschmückt. Im reich ausgestalteten Inneren, links, Grabplatte aus Granit, unter der angeblich die Gebeine Leonardo da Vincis ruhen.

Der **Logis du Roi** besteht aus zwei Baukörpern. Jener, noch gotische, gegen die Loire zu wurde unter Karl VIII. errichtet und besitzt an der Seite zum Fluß eine schöne Schaufront mit Arkaden im Untergeschoß, darüberliegenden hohen Fenstern und Bekrönung mit Mansardenfenstern. Der andere Bauteil, aus der Renaissance, mit schönen Rundtürmen, entstand unter Ludwig XII. und Franz I. Die beiden Körper verbindet die *Tour des Minimes,* ein Rundturm mit 21 m Durchmesser, in dem sich die berühmte ovale Pferdetreppe befindet (an der Südseite des Felssporns erhebt sich entsprechend die *Tour Hurtault* mit 24 m Durchmesser). Unter den Innenräumen des ersten Stocks, die mit schönen Kaminen und Möbeln aus Mittelalter und Renaissance ausgestattet sind, ist besonders der Gardesaal beachtenswert, der sich gegen den Arkadengang öffnet (schöne Aussicht*); interessant ist auch der Stände-Saal (flämische Tapisserien aus dem 16. Jh.), an dessen Balkon im Jahre 1560 viele protestantische Verschwörer aufgehängt wurden. Im zweiten Stock Räume mit Möbeln im Empire-Stil und Bildnisse aus der Familie der Orléans.

Amboise: Schloß

Altstadt. – Am Fuße des Schlosses, am Fluß, liegt die Kirche *St-Florentin* von 1477–1484; die Rue Nationale führt durch die *Tour de l'Horloge* (Uhrturm) aus dem 14. Jh., die mit einer sechseckigen Laterne aus dem 16. Jh. gedeckt ist. Links, in der Rue Joyeuse 6, befindet sich das MUSÉE DE LA POSTE *(Öffnungszeiten: 9.30 oder 10–12 und 14–17 oder 18.30 Uhr; Di geschl.; Eintrittsgebühr)* in einem Palais aus dem 16. Jh.: reiche Sammlung über die Entwicklung des Postwesens in Frankreich.

St-Denis. – Die Kirche befindet sich am Ende der Rue Nationale. Sie stammt aus dem 12. Jh., wurde aber im 15. und 16. Jh. umgestaltet: schönes Portal an der linken Seite. Im Inneren schöne Kapitelle mit Reliefs und im rechten Schiff einige Skulpturen aus dem 16. Jh.: besonders beachtenswert die sog. Ertrunkene des Italieners Primaticcio, der hier angeblich seine in der Loire ertrunkene Frau darstellte.

Clos-Lucé. – *Öffnungszeiten: 9–12 und 14–19 Uhr; Eintrittsgebühr.* Vom Schloß erreichbar durch die Rue Victor-Hugo. Das zierliche gotische Wohnhaus aus dem Jahr 1472 ist von einem Garten umgeben. Hier wohnte ab 1516 Leonardo da Vinci, der von Franz I. nach Frankreich berufen worden war und am 2. Mai 1519 hier verstarb. Zu besichtigen sind das Zimmer Leonardos, die Kapelle mit Fresken einer italienischen Werkstatt und andere Räume mit flämischen Tapisserien; im Keller mechanische Modelle, die nach Zeichnungen Leonardos zusammengesetzt wurden.

UMGEBUNG – Zum **Schloß von Chenonceaux**** (11 km südöstlich über die Straße D 81). Das Schloß *(Öffnungszeiten: 9–12 und 14 bis zwischen 16.30 und 19 Uhr, je nach Jahreszeit; Eintrittsgebühr)* war eines der ersten im Renaissance-Stil und wurde 1513 bis 1521 für den Bankier Thomas Bohier am Cher erbaut. Die Zufahrt führt über eine wunderschöne Allee des großen Parks. Rechts die von Philibert de l'Orme entworfenen Stallungen, in denen heute ein *Wachskabinett* eingerichtet ist. Der von einem Graben umgebene Vorplatz wird von französischen Gärten, die Diane de Poitiers entwerfen ließ, und einem Rundturm aus dem 15. Jh. gesäumt. Das Schloß selbst, ein rechteckiger Bau mit Ecktürmchen, besitzt zwei Geschosse und darüber Mansardenfenster; links schiebt sich eine gotisierende Kapelle vor. An der Rückseite trägt eine fünfbogige, 60 m lange Brücke einen zweigeschossigen Baukörper, den Katherina von Medici im Jahr 1580 durch Ph. de l'Orme hinzufügen ließ. Im Inneren besichtigt man im *Erdgeschoß* den Gardesaal (flämische Tapisserien aus dem 16. Jh.); die Kapelle (links eine Madonna mit Kind aus Marmor von einem italienischen Meister aus dem 16. Jh.); den Saal der Diane de Poitiers; das grüne Kabinett der Katherina von Medici mit Gemälden von Jordaens (betrunkener Silen) und Jouvenet; die Bibliothek mit Decke von 1521 und Gemälden von Andrea del Sarto (Hl. Familie*) und Correggio (Märtyrerin); die Galerie über dem Cher; den Saal Franz' I. mit wunderschönen italienischen Renaissance-Möbeln* und Gemälden von Primaticcio (Diane de Poitiers*) und C. Van Loo (die Drei Grazien); den Salon mit Werken von Rigaud, Nattier, Mignard und Rubens (Jesuskind und Hl. Johannes**). Im *ersten Stock* das Vestibül mit flämischen Tapisserien aus dem 17. Jh., das Zimmer Gabriele d'Estrées, das Zimmer der fünf Königinnen, jenes der Katherina von Medici und das Vendôme-Zimmer.

Chenonceaux: Schloß

AMIENS* (6 C2)

Picardie; Somme, 131.330 Ew, 27 m. – Regions- und Département-Hauptstadt, wichtige Stadt in der Picardie am linken Ufer der Somme, berühmt für seine Kathedrale; beachtenswertes Industriezentrum (Textilien, Metallverarbeitung) und Universitätsstadt.

Kathedrale Notre-Dame** (B3). – Sie ist die größte Kathedrale Frankreichs und eines der vollkommensten Beispiele gotischer Baukunst aus dem 13. Jh. Sie wurde im Jahr 1220 unter der Leitung von Robert de Luzarches begonnen und binnen 50 Jahren vollendet; später wurden die Seitenkapellen hinzugefügt. Die durch mächtige Strebepfeiler dreigeteilte Fassade ist horizontal ebenfalls in drei Abschnitte zu trennen: im unteren Teil öffnen sich hoheitsvoll die drei Portale; im Zentrum befinden sich zwei Galerien, deren obere die Königgstatuen

Amiens: Kathedrale

AMIENS 1 : 18.000 (1 cm = 180 m) 0 100 200 300m

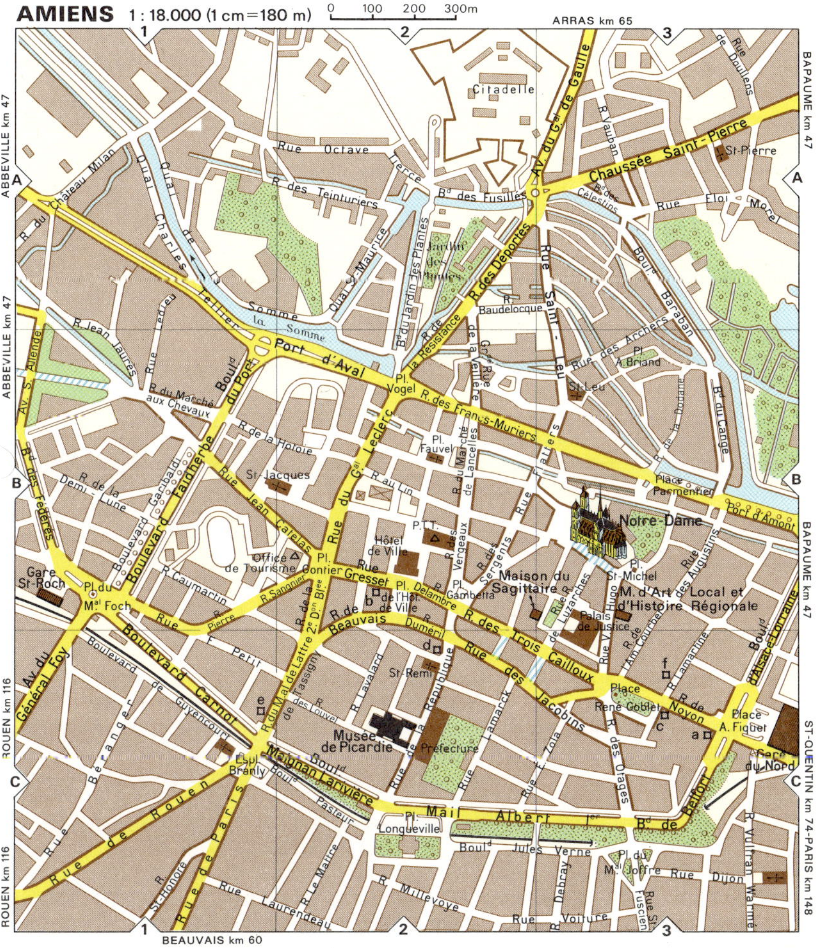

trägt; darüber liegt das große Rosenfenster und seitlich die in Höhe und Form unterschiedlichen Türme. Die zwischen 1225 und 1236 vollendeten Portale stellen einen Höhepunkt gotischer Bildhauerkunst dar. In der Mitte das *Erlöserportal:* am Pfeiler die berühmte Christus-Statue des sogenannten Beau Dieu d'Amiens*; am Gewände Apostel und Propheten; im Tympanon Jüngstes Gericht; in den Archivolten die Himmlischen Hierarchien. Rechts das *Muttergottes-Portal:* am Pfeiler Madonna mit Kind; am Gewände rechts Verkündigung, Heimsuchung und Darbringung im Tempel, links die Heiligen Drei Könige, Herodes, Salomon und die Königin von Saba; im Tympanon Tod, Himmelfahrt und Krönung Mariens. Links das *Firmin-Portal* (erster Bischof von Amiens aus dem späten 3. Jh.): am Pfeiler Statue des Heiligen; am Gewände und im Tympanon Szenen aus dem Leben des Heiligen. An der Sockelzone zwischen den Portalen rechteckige Reliefs mit Szenen aus Heilsgeschichte, dem täglichen Leben und allegorischen Darstellungen. An der Südseite, an der Stirnwand des Querhauses, öffnet sich die *Porte de la Vièrge Dorée* (Tor der vergoldeten Jungfrau), die ihren Namen von der wundervollen Madonnenstatue* aus dem späten 13. Jh. am Trumeaupfeiler erhielt; im Gewände biblische Gestalten; im Tympanon Apostel und Szenen aus dem Leben des Hl. Honoratus. Schöne, durch die hohen und steilen Radialkapellen zwischen den Strebepfeilern belebte Apsis; rechts die große sogenannte Chapelle des Macabées. Der 112 m hohe Vierungsturm stammt aus dem Jahr 1528.

Dreischiffiges, harmonisches INNERES mit ausgewogenen Proportionen: 126 Pfeiler gliedern die Schiffe (Länge 145 m, Höhe 42 m, Breite des Querhauses 65 m, Breite der Seitenschiffe 31 m); die Höhe der Arkaden beträgt beinahe die Hälfte der Gesamthöhe; ein Steinband mit Blattwerk trennt sie vom Triforium. Mittelschiff: über dem Eingang Orgelempore aus dem 15. Jh.; im dritten Joch, zu beiden Seiten, Bischofsgräber aus Bronze (13. Jh.); im sechsten Joch Kanzel aus dem 18. Jh. In den Kapellen des rechten Querhauses Statuen und Reliefs von Blasset (17. Jh.). Der Chor ist vom Querhaus durch Schranken aus dem 18. Jh. getrennt; seitlich vom Eingang Statuen des Hl. Karl Borromäus von Vincenzo da Paola (18. Jh.); das wunderschöne Chorgestühl* (110 Sitze) wurde 1508–1519 gefertigt. Der Chorumgang ist vom Chor durch spätgotische Schranken getrennt, die lebhafte bemalte Steinplastiken rahmen: rechts Szenen aus dem Leben des Hl. Firmin* von 1490–1530, und links Szenen aus dem Leben Johannes d. Täufers von 1531. Gegenüber der Apsiskapelle Grabmal des Kardinals de la Grange (15. Jh.) und darüber das Denkmal des Kanonikus Lucas von Nicolas Blasset (1628), mit einem kleinen weinenden Engel. Die Stirnwand des linken Querhauses schmückt eine große Fensterrose aus dem 14. Jh.; links Grab aus dem 13. Jh., Taufbecken aus dem 12. Jh. und bemalte Steinplastiken aus dem Jahr 1520. Sehenswert in der SCHATZKAMMER *(Besichtigung nach Voranmeldung, Tel. 2291 2731):* Sarg des Hl. Firmin aus Silber und Email (13. Jh.), niellierte Reliquiare mit Gemmen und ein Ziborium mit Emails aus Limoges (13. Jh.); Kirchengeräte aus dem 14.–16. Jh.

Musée d'Art et d'Histoire Régionale (B-C3). – *Öffnungszeiten: im Sommer tägl., sonst Mi, Sa und So 14–18 Uhr; Eintrittsgebühr.* Es befindet sich in der Rue Victor Hugo 36 im Hôtel de Berry aus dem 17. Jh. und ist der Geschichte von Amiens und der Picardie gewidmet. – Auf der nahen Place d'Aguesseau liegen der *Logis du Roi,* ein Bau aus dem 15. Jh., und die *Maison du Sagittaire* (B3; Haus des Schützen) mit einer schönen Renaissance-Fassade von 1593.

Musée de Picardie* (C2). – *Öffnungszeiten: 10–12 und 14–18 Uhr; Mo geschl.; Eintrittsgebühr.* Es ist vor allem der Malerei gewidmet. ERDGESCHOSS. Archäologie: prähistorische Funde, ägyptische, griechische, etruskische, italische, gallorömische und mittelalterliche Objekte. Skulpturen vom 17. bis zum 19. Jh.: Adam, Blasset, Puget, Pigalle, Houdon, Rodin, Bourdelle. Im Stiegenhaus Fresken von Puvis de Chavannes (1863–1882). – ERSTER STOCK. *Saal 2:* Marienbildnisse, die der Bruderschaft von 1439 bis 1666 vom Puy Notre-Dame geschenkt wurden. – *Saal 4:* Lorenzo di Credi, Bartolo di Fredi, Alvise Vivarini, Bronzino; S. Vouet, Philippe de Champaigne. – *Saal 5:* Ribera, Zurbarán, El Greco (männl. Bildnis*), Salvator Rosa, Pietro da Cortona, Luca Giordano, Van Dyck, Frans Hals (Bildnis*), Teniers, Jordaens, Rubens, van Goyen. – *Säle 6–9:* Largillière, Hubert Robert, Chardin, Boucher; Tiepolo (Taufe Christi; Antonius und Cleopatra), Guardi, Longhi, Canaletto; Van Loo, Greuze, Subleyras, Le Sueur, Nattier, Fragonard, G. de la Tour; die Neun Grazien, von 1736 bis 1738 von Boucher geschaffen; Van Loo, C. Parrocel, Pater, Lancret und de Troy. – *Saal 10:* J. L. David, Géricault, Delacroix, Corot, Courbet. –

Saal 12: Monet, Pissarro, Rouault, Cézanne, Matisse, Renoir, Bonnard, Utrillo, Dufy, Gauguin, Picasso, Léger, Vuillard.

ANET (5 B4)

Ile-de-France; Eure-et-Loire, 1.987 Ew, 71 m. – Ort am rechten Eure-Ufer, am Nordrand des Waldes von Dreux, berühmt für sein Renaissance-Schloß. *Ausführliche Beschreibung siehe Kümmerly + Frey Reiseführer Paris und Umgebung.*

Schloß*. – *Öffnungszeiten: März bis Allerheiligen, 14.30–18.30 Uhr; So 10–11.30 und 14.30–18.30 Uhr; Di geschl.; Allerheiligen bis Februar, nur So 10–11.30 und 14–17 Uhr; Eintrittsgebühr.* Es wurde in den Jahren 1548–1555 im Auftrag Heinrichs II. von Ph. Delorme für Diane de Poitiers errichtet. Im 18. Jh. wurde es weitgehend zerstört: erhalten haben sich nur der monumentale Eingang, der alte Flügel des Ehrenhofes und die Kapelle. Hinter dem Schloß liegt die Grabkapelle von Diane de Poitiers *(Öffnungszeiten: 9.30–11.30 und 14.30–18 Uhr; Di geschl.; Eintrittsgebühr)* aus den Jahren 1566–1575. – Neben dem Schloß befindet sich die Kirche *St-Lain* mit gotischer Apsis.

ANGERS* (10 C2)

Pays de la Loire; Maine-et-Loire, 141.143 Ew, 47 m. – Département-Hauptstadt, ehemalige Hauptstadt der Anjou, bekannt für seine mittelalterlichen Baudenkmäler; Industriezentrum

ANGERS 1:14.000 (1 cm=140 m)

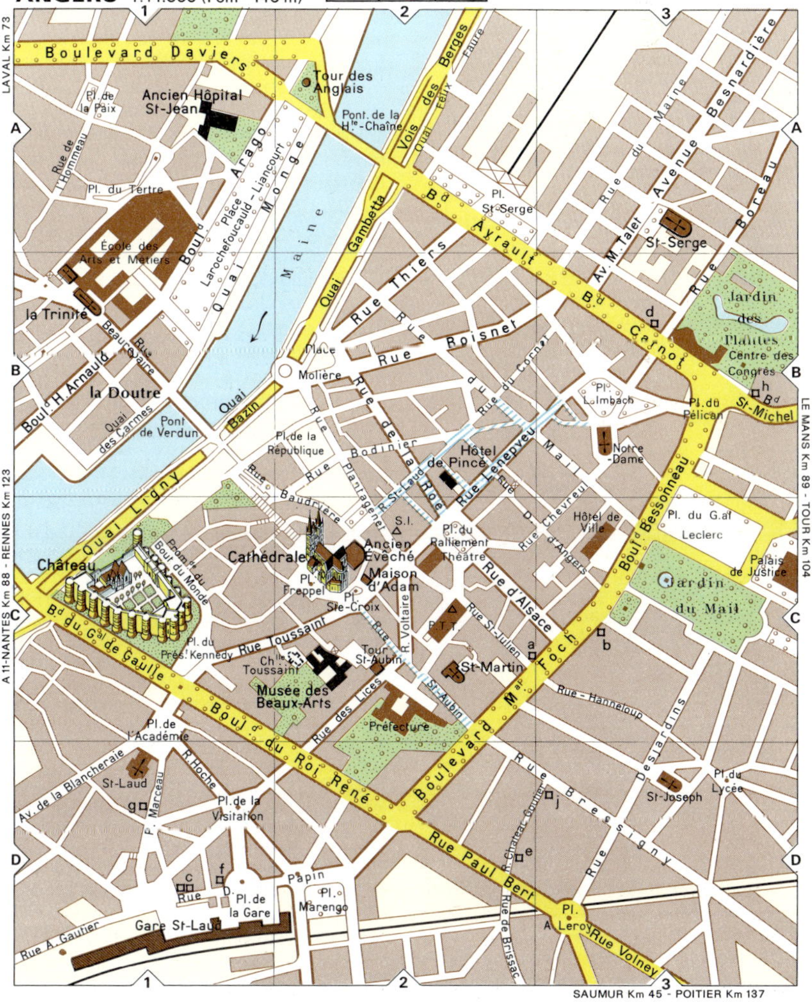

und Herstellungsort des berühmten Cointreau. Universitätsstadt. Einstige römische Kolonie, im Mittelalter Grafschaft und später Herzogtum, das der Dynastie der Anjou ihren Namen gab. Hier wurden Maria von Anjou (1401–1464) und ihr Bruder König René (1409–1480), der letzte Herzog des Hauses, geboren.

1 DAS ZENTRUM

Burg** (C1). – *Öffnungszeiten: 9.30–12 und 14–17 oder 18 Uhr; Eintrittsgebühr.* Mächtige Festung, die Bianca von Kastilien, die Regentin Ludwigs IX., von 1228–1238 errichten ließ. Sie hat die Form eines unregelmäßigen Zehnecks, dessen Kurtinen durch 17 Rundtürme verstärkt sind. Die weiß-graue, von einem Graben umgebene Anlage war einst mit Zinnen bekrönt, die im Jahr 1585 zerstört wurden. Am großen inneren Platz erheben sich mehrere Gebäude aus dem 15. Jh., in denen eine reiche Tapisserien-Sammlung eingerichtet ist. In der gotischen einschiffigen *St-Geneviève-Kapelle* Freskenfragmente aus dem 16. Jh., Glasfenster aus dem 15. Jh. und links Grabplastik des Donadieu de Puycharic (1610). Seitlich der *Logis du Roi* mit Brüsseler Tapisserien aus dem 16. Jh. Vom *Châtelet,* einem kleinen Bau mit Türmchen, gelangt man zu einem 1954 errichteten Pavillon, in dem die berühmten Tapisserien der **Apokalypse**** aufbewahrt werden: sie

Angers: Burg

wurden 1373–1380 vom Pariser Nicolas Bataille nach Kartons des Malers Hennequin de Bruges gefertigt und stellen durch die klare lineare Zeichnung und die schöne Farbigkeit auf blauem oder rotem Grund ein Meisterwerk mittelalterlicher Kunst dar; von den 98 Originalszenen haben sich bis heute 70 erhalten; die Länge beträgt 107 m, die Höhe 5,50 m. – Auf der anderen Seite des Gartens, an der Südost-Ecke, befindet sich der *Logis du Gouverneur* aus dem 15. Jh. mit Tapisserien aus Brüssel und Aubusson aus dem 16.–17. Jh.

Kathedrale St-Maurice* (C2). – Schöner gotischer Bau aus dem 12.–13. Jh. mit zwei seitlichen normannischen Fassadentürmen. Der mittlere Turm wurde erst 1533–1540 hinzugefügt; reich geschmücktes Portal mit romanischer Christus-Figur im Tympanon und oberhalb des großen Fensters 8 Statuen aus dem 16. Jh. Einschiffiges INNERES mit Querhaus und großem Chor. Man beachte die Protomen an der Galerie des Langhauses. An den Wänden Tapisserien aus Aubusson aus dem 16.–17. Jh.; im linken Querhaus Passionstriptychon aus dem frühen 16. Jh. Wertvolle Glasfenster*: jene im Langhaus links mit kräftigen Rot- und Blautönen stammen aus dem 12. Jh.; jene der Rose im Querhaus aus dem 15. Jh. und jene des Chores aus dem 16. Jh. Schöne barocke Werke sind der Orgelkasten, die hölzerne Chorverkleidung und der Hochaltar aus dem Jahr 1757. In der SCHATZKAMMER *(man wende sich an die Sakristei; Di geschl.)* grünes Marmortaufbecken der Anjou, roter Porphyrbehälter, Elfenbein- und Goldschmiedearbeiten aus dem 12. Jh., Reliquiare, Kirchengerät aus dem 15.–19. Jh., flämische Tapisserien aus dem 17. Jh.

An der Rückseite der Kirche befindet sich die sog. **Maison d'Adam** (Place Ste-Croix 1; C2) aus dem späten 15. Jh. mit schönen Holzplastiken. – Links gelangt man zur Rue de l'Oisellerie, wo sich auf Nr. 2 das *Ancien Évêché* (C2) befindet; ehemalige bischöfliche Residenz, die im vorigen Jahrhundert im neuromanischen Stil erneuert wurde; vom ursprünglichen Bau haben sich die Krypta aus dem 12. Jh. und im 1. Stock der Synoden-Saal erhalten.

Hôtel Pincé (B2). – Zierlicher Renaissance-Bau (1535) mit Türmchen und eleganten Dekorationen in der Rue Lenepveu (Fußgängerzone). Es beherbergt das MUSÉE TURPIN DE CRISSÉ *(Öffnungszeiten: 10–12 und 14–16 oder 18 Uhr; Mo geschl.; Eintrittsgebühr):* griechische, etruskische, römische und ägyptische Objekte; chinesische Kunstwerke von 2500 v. Chr. bis zum 19. Jh. und japanische Stücke vom 16.–18. Jh.

Musée des Beaux-Arts* (C2). – *Öffnungszeiten: 9 oder 10–12 und 14–16 oder 18 Uhr; Mo geschl.; Eintrittsgebühr.* Es befindet sich in der Rue du Musée 10 im *Logis Barrault* aus dem Jahr 1487 (schöner Treppenturm). Das *Erdgeschoß* ist der Plastik gewidmet: Lemoyne, Houdon und vor allem David d'Angers (1788–1856). – Im *ersten Stock* Möbel und Truhen (16. Jh.); Emails aus Limoges und Goldschmiedearbeiten (12.–14. Jh.); Elfenbeine (14.–16. Jh.) und gotische Skulpturen (13.–14. Jh.). – Im *zweiten Stock* die Gemäldesammlung: italienische, französische und flämische Meister aus dem 14.–16. Jh.; Maler aus dem 16. und 17. Jh. (Ph. de Champaigne, Ribera, Jordaens, Solimena) und aus dem 18. Jh. (Watteau, Lancret, Chardin, P. Mignard, A. Coypel, F. Boucher, H. Robert, J. B. Van Loo, H. Fragonard, Tiepolo und Guardi; Werke aus dem 19. und 20. Jh. (Ingres, Gros, J. Vernet, Gérard David, Corot, Jongkind, Ziem).

Im dahinterliegenden Garten befinden sich die Ruinen der gotischen Abteikirche *St-Toussaint* aus der Mitte des 13. Jhs. – In der Rue des Lices liegt die **Tour St-Aubin** (C2), der Glockenturm aus dem 12. Jh. von der zerstörten Abteikirche St-Aubin; im Hof der nahen *Präfektur* (C2), die in den ehemaligen, im 17. Jh. erneuerten Abteigebäuden eingerichtet ist, sind einige *romanische Bögen** des Kreuzgangs mit reich geschmückten Kapitellen zu sehen. – Gegenüber der Präfektur führt die Rue St-Martin zur romanischen Kirche **St-Martin** (C2), die sich in einem Hof auf Nr. 17 befindet: Glockenturm und Querhaus aus dem 11. Jh., Chor aus dem 12. Jh. und Krypta mit karolingischen Fragmenten.

St-Serge (A3). – Im Norden der Stadt, beim Jardin des Plantes, erhebt sich die ehemalige Abteikirche aus dem 13.–15. Jh. mit drei Schiffen und Querhaus; der Chor* aus dem frühen 13. Jh. ist ein Meisterwerk der Baukunst unter den Anjou: Dreiteilung durch 6 hohe Säulen und die für die Anjou-Zeit typische Wölbung. Feine Grisaille-Glasfenster. Die angrenzende Schule befindet sich in den Räumlichkeiten des Klosters St-Serge.

2 LA DOUTRE

Altes Stadtviertel am rechten Maine-Ufer, gegenüber vom Stadtzentrum. Rechts vom Pont de la Haute-Chaîne liegt die *Tour des Anglais* (A2), ein runder Verteidigungsturm aus dem 15. Jh., der zu den Stadtbefestigungen gehörte.

Hôpital St-Jean* (A1). – *Öffnungszeiten: 10–12 und 14–18 Uhr; Mo geschl.; Eintrittsgebühr.* Eines der ersten Spitäler Frankreichs, von 1174–1186 erbaut. Der große dreischiffige *Krankensaal* aus dem Jahr 1181 (60 × 22,5 m) beherbergt heute Werke von Jean Lurçat (1892–1966), darunter die 10 wunderschönen **Chant du Monde-Tapisserien**** mit symbolischem Inhalt, die 1957–1966 nach Kartons des Künstlers in der Manufaktur von Aubusson ausgeführt wurden. Im Saal außerdem ein großes gallorömisches Mosaik und die Apotheke des Spitals mit Majoliken aus dem 17. und 18. Jh. Zu besichtigen sind auch die quadratische *Kapelle* aus dem 13. Jh. mit römischen Inschriften und Grabplastiken und der zierliche *Kreuzgang* aus dem 12. Jh. mit mittelalterlichem Lapidarium; im ehemaligen *Getreidespeicher* (12. Jh.) ist ein kleines Weinmuseum eingerichtet.

La Trinité (B1). – Romanische Kirche aus dem 12. Jh., im vorigen Jahrhundert restauriert: einschiffiger Bau mit gotischer Wölbung, Seitennischen mit reich dekorierten Bogenlaibungen, Dreiapsidenchor und Krypta. – Anschließend, in der Rue de la Censerie, die ehemalige *Kirche* der Abtei von Ronceray, aus dem 12. Jh.; romanische Arkaden mit reliefierten Kapitellen und Freskenfragmente; in den Abteigebäuden ist heute eine Schule eingerichtet.

Alte Häuser. – Im Stadtviertel befinden sich einige sehenswerte Beispiele: in der Rue Beaurepaire 16 (B1) der sog. *Tourelles-Hof* mit Häusern aus dem 15.–17. Jh.; am Boulevard Descazeaux 23 das *Hôtel des Pénitents* (B1; a. P.), ein schönes Wohnhaus im Übergangsstil von Gotik zu Renaissance, aus dem 15. Jh.

UMGEBUNG – Zur **Burg von Plessis-Macé,** 13 km nordwestlich, links von der Straße N 162. Während die Festung aus dem 11. Jh. außen einen abweisenden Eindruck erweckt, sind die Innenräume in zierlichen gotischen Formen einladend gestaltet (15.–16. Jh.). Beachtenswert der feinbehauene Balkon und die spätgotische Kapelle *(Öffnungszeiten: März bis Nov. 10–12 und 14–18.30 Uhr; übrige Monate 13.30–18 Uhr; Dez.–Feb. geschl.; Eintrittsgebühr).*

Zum **Schloß von Brissac,** 17 km südöstlich über die Straßen N 160 und D 748. Das Schloß *(Öffnungszeiten: 9.30–11.30 und 14.15–17.15 oder 18 Uhr; Besichtigung nur mit Führung; Eintrittsgebühr)* wurde im frühen 17. Jh. neu errichtet. Es besteht aus zwei Baukörpern; der östliche, mit runden Ecktürmen, stammt aus dem 13. Jh. Reiche Innenausstattung und schöner Park.

Zur **Burg von Plessis-Bourré*,** 19 km Richtung Norden über die Straße D 107. Der Vierkantbau aus den Jahren 1468–1473 zeichnet sich durch runde Ecktürme, ein befestigtes Tor mit Zugbrücke und einen Wassergraben aus *(Öffnungszeiten: 10–12 und 14–17 oder 19 Uhr; Juli und Aug. Mi geschl.; Eintrittsgebühr).* Im Inneren beachtenswert der Parlamentssaal und im ersten Stock der Gardesaal mit Kassettendecke aus dem 15. Jh., die mit allegorischen Figuren geschmückt ist.

ARPAJON (6 C4)

Ile-de-France; Essonne, 8.500 Ew, 69 m. – Alter Ort in der südlichen Umgebung von Paris, am Zusammenfluß von Rémarde und Orge; wichtiger Verkehrsknotenpunkt. *Ausführliche Beschreibung siehe Kümmerly + Frey Reiseführer Paris und Umgebung.*

In der Stadt selbst sind nur die dreischiffigen *Halles** aus dem 17. Jh. sehenswert, schön ist hingegen die Umgebung.

UMGEBUNG – Zum **Schloß von Le Marais*** (12 km Richtung Westen über die Straßen D 152, D 116 und D 27; *Öffnungszeiten: März bis Allerheiligen, nur So, 14–18.30 Uhr; Eintrittsgebühr*): schönes, von Kanälen und Gärten umgebenes Gebäude, das ab dem Jahr 1770 errichtet wurde; die Innenräume erinnern an zahlreiche Schriftsteller, die hier zu Gast waren.

Nach **Saint-Sulpice-de-Favières** (261 Ew), 10 km über die Straßen D 19 und D 82. Sehenswert ist die prachtvolle gotische *Kirche*** aus dem 13.–14. Jh. mit Skulpturenportal und mächtiger Apsis, in deren dreischiffigem Inneren sich zwei schöne Glasfenster aus dem 14. Jh. erhalten haben.

ARRAS (6 C2)

Nord-Pas de Calais; Pas-de-Calais, 45.364 Ew, 72 m. – Département-Hauptstadt, ehemals Mittelpunkt des Artois, am rechten Ufer der Scarpe gelegen; Industrie- und Handelszentrum. Schöne Baudenkmäler aus dem 16.–17. Jh. und einzigartige Plätze.

Grand-Place*. – Sie bildet gemeinsam mit der *Place des Héros* und der *Rue de la Taillerie* ein einzigartiges städtebauliches Ensemble mit flämischem Charakter (Restaurierungen nach dem Ersten Weltkrieg). Die Plätze und die Straße werden von gleichförmigen Häusern aus dem 17. Jh. mit Laubengängen und hohen Giebelfassaden gesäumt (155 Häuser auf 345 Säulen).

Auf der *Place des Héros* erhebt sich das **Hôtel de Ville** (Rathaus) mit seiner schönen spätgotischen Fassade aus dem Jahr 1505; an der Rückseite Renaissance-Fassade von 1572; das Gebäude öffnet sich U-förmig gegen den Garten; zwischen den beiden Flügeln erhebt sich der hohe *Beffroi,* ein 75 m hoher Turm mit Glockenspiel (38 Glocken; im Ersten Weltkrieg zerstört und vorlagengetreu wiederaufgebaut). Vom Untergeschoß aus kann man mit einer Führung die *Boves* besichtigen, unterirdische Gewölbe unter dem Palais der Grand-Place, die in den Kriegsjahren als Fluchträume dienten.

Kathedrale. – Sie erhebt sich gemeinsam mit dem Palais St-Vaast im Westen der Place des Héros auf einer großen Grünfläche. Der mächtigen klassizistischen Kirche ist eine monumentale Treppenanlage vorgelagert; der 1766 begonnene Bau wurde nach den Kriegsschäden in den dreißiger Jahren restauriert. Die 8 Heiligenstatuen aus dem 19. Jh. im Inneren stammen aus dem Pariser Pantheon; reicher Domschatz.

Abtei St-Vaast*. – Strenge Anlage aus den Jahren 1746–1783 auf der Place de la Madelaine, deren monumentaler Eingang in den Ehrenhof führt. Im mittleren Teil ist das **Musée des Beaux-Arts*** eingerichtet *(Öffnungszeiten: 10–12 und 14–17.30 Uhr; Di geschl.; Eintrittsgebühr).* ERDGESCHOSS. In den *Gängen* rund um den kleinen Kreuzgang befinden sich die Inschriftensammlung und die Abteilungen für romanische, gotische, Renaissance- und barocke Skulptur; beachtenswert eine Totenmaske von Guille Lefrançois (1446) und der erste Löwe vom Beffroi aus dem Jahr 1554; außerdem acht Gemälde von Giovanni Baglioni aus dem Jahr 1620, die Musen darstellend. – TREPPE: Werke von Jordaens und andere große Leinwandbilder. – ERSTER STOCK: zwei Triptychen*, Anbetung der Könige (1528) und Kreuzigung (1530) von Jean Bellegambe, J. Brueghel, C. van Loo, Largillière, S. Bourdon; Keramiken und Porzellan aus Arras (18. Jh.). – *Saal:* große Leinwandbilder von J. Restout, L. de Boullongue, J. Parrocel, J. Jouvenet, Ph. de Champaigne. – ZWEITER STOCK: Gemälde aus dem 19. Jh.: T. Chassérieu, A. Monticelli, C. Corot (die Hütte), T. Rousseau, Delacroix.

In der Nähe des Theaters, in der Rue Robespierre Nr. 9, befindet sich das *Wohnhaus von Robespierre,* der 1758 in Arras geboren wurde.

AUTUN* (13 A2)

Bourgogne; Saône-et-Loire, 22.156 Ew, 306 m. – Ruhiges Städtchen und Kunstzentrum in Burgund, in schöner Lage über dem Arroux-Tal. Es wurde von Augustus *(Augustodunum)* gegründet und besitzt noch heute aus der Römerzeit zahlreiche Überreste.

Place du Champ-de-Mars. – Stadtzentrum mit, an der Südseite, dem schönen *Jesuitenkolleg* aus dem Jahr 1709 (heute Lycée Bonaparte), mit schönem schmiedeeisernen Tor von 1772, das die Brüder Bonaparte besuchten; seitlich die Kapelle (heute Kirche *Notre-Dame),* ein klassizistischer Bau von 1757. Gegenüber das Rathaus und das Theater.

Die römische Stadt. – Vom Zentrum führt die *Promenade des Marbres* (rechts die *École Militaire* von 1669, mit einem von André Le Nôtre entworfenen Garten) zu den Überresten des **römischen Theaters,** das mit 149 m Durchmesser zu den größten Frankreichs zählt; Teile des Zuschauerraumes wurden rekonstruiert. – In augusteischer Zeit wurde die Stadt mit einem 6 km langen **Mauerring** mit 54 Türmen und vier Toren umgeben; weite Teile der Mauern sind heute noch sichtbar. Von den Toren haben sich zwei erhalten: die **Porte St-André*,** nördlich an der Straße N 81 nach Dijon (die antike *Porta Lingonensis),* mit zwei großen, von zwei kleineren flankierten Bogenöffnungen und einer Galerie mit zehn Arkadenbögen; der seitliche Rundturm wurde im Mittelalter zur Kirche St-André umgestaltet. Noch nördlicher, im Vorort Arroux, liegt die elegante **Porte d'Arroux*** *(Porta Senonica):* besonders schöne, durch Pilaster rhythmisierte Galerie. – Jenseits der Porte d'Arroux, im Norden der Stadt, liegt einsam der **Janus-Tempel;** der Ziegelturm war vielleicht einst die Cella eines römischen Tempels. – Auf der Rückfahrt durch die Rue de Paris, links in der Rue St-Nicolas, befindet sich das MUSÉE LAPIDAIRE *(man wende sich an das Musée Rolin)* in der romanischen Kapelle St-Nicolas aus dem 12. Jh.: römische und mittelalterliche Inschriftensammlung.

Musée Rolin*. – *Öffnungszeiten: 9.30–12 und 14 oder 14.30–16 oder 18.30 Uhr; im Winter Di geschl.; Eintrittsgebühr.* Das Museum befindet sich neben der Kathedrale im Palast des Kanzlers Nicolas Rolin aus dem 15. Jh. und im angrenzenden Hôtel Lacomme. – *Erdgeschoß:* gallo-römische Archäologie, Bronzen, Mosaike, Inschriften. – Man durchquert den Hof und betritt das Hôtel Lacomme. Mittelalterliche Plastik: romanische Statuen und Fragmente vom Lazarus-Grab aus dem Jahr 1140; Christus-Kopf aus St-Odon, Eva-Relief* von Gislebert vom Portal der Kathedrale (12. Jh.). – *Erster Stock:* gotische Statuen (14.–15. Jh.), französische und flämische Maler (15. Jh.), Geburt Christi** des Meisters von Moulins (2. Hälfte des 15. Jhs.), Hl. Katharina* aus Marmor (15. Jh.), Jungfrau von Autun* (bemalte Steinplastik aus dem 15. Jh.). – Vom ersten Gebäude gelangt man in den *zweiten Stock:* holländische und flämische Maler aus dem 17. Jh. (P. Coecke), Franzosen vom 17.–19. Jh. (Natoire, César Van Loo, H. Vernet).

Kathedrale St-Lazare*. – Sie erhebt sich im oberen Stadtteil auf der Place du Terreau, die vom schönen *St-Lazare-Brunnen* aus dem Jahr 1543 geschmückt wird. Die Kirche ist ein prachtvoller romanisch-gotischer Bau aus den Jahren 1120–1132 (Fassadentürme aus dem 19. Jh.); gotischer Vierungsturm aus dem 15. Jh. Wunderschönes **Doppelportal**,** ein Hauptwerk der burgundischen romanischen Plastik, aus dem 12. Jh., geschaffen vom Meister Gislebert; am

Autun: St-Lazare-Brunnen

Trumeaupfeiler Statuen des Hl. Lazarus und der beiden Schwestern (Nachbildungen); im Tympanon Christus in der Mandorla zwischen Maria und den Hl. Johannes und Jakobus; darunter, links, Apostel und das Paradies, und rechts Hl. Michael und die Hölle; am Architrav Auferstehung der Toten; in den Archivolten Medaillons mit Sternzeichen- und Monatsdarstellungen.

Dreischiffiges INNERES auf Pfeilern mit kannelierten Pilastern; figürliche Kapitelle* (Szenen aus der Apostelgeschichte); Blendtriforium unterhalb der Fensterzone, Querhaus und dreischiffiger Dreiapsidenchor. In der 1. Kapelle links Madonna mit Kind* (burgundische Arbeit aus dem 15. Jh.) und am Steinaltar Christus erscheint Magdalena (16. Jh.); in der 3. Kapelle links Martyrium* von Ingres (1834). Unter dem Hochaltar Urne mit den Reliquien des Hl. Lazarus. Rechts vom Chor Grabstatuen* aus Marmor von P. Jeannin (gest. 1623) und Gemahlin. Links im Chor Zugang zum KAPITELSAAL, in dem die figürlichen Kapitelle* (12. Jh.) aus dem Querhaus ausgestellt sind.

UMGEBUNG – Nach **Le Creusot** (32.309 Ew, 347 m), 29 km Richtung Süden über die Straße N 80: eines der wichtigsten Metallverarbeitungszentren in Europa an einer großen Kohlengrube; besonderer Aufschwung nach 1794, als der *Canal du Centre** zwischen Saône und Loire eröffnet wurde; heute liegt der Ort an der Linie des T.G.V. Paris–Lyon (schnellster Personenzug Europas).

Zum **Schloß von Sully** (15 km nordöstlich an der Straße D 973). *Öffnungszeiten: Ostern bis September 8–18 Uhr; nur Besichtigung der Gärten möglich; Eintrittsgebühr.* Schöner Renaissance-Bau aus dem Jahr 1570, in dem 1808 der Maréchal Mac-Mahon, Herzog von Magenta, geboren wurde.

AUXERRE* (12 D2)

Bourgogne; Yonne, 41.164 Ew, 127 m. – Département-Hauptort in Burgund, am linken Ufer der Yonne, im Gebiet des berühmten Weines Chablis; zahlreiche mittelalterliche Baudenkmäler.

Vom *Pont Paul-Bert* über die Yonne wunderschöne Sicht* auf die Stadt; hochaufragend, von links nach rechts, die Kirche St-Pierre, die Kathedrale und der Glockenturm von St-Germain.

Place Leclerc. – Hauptplatz der Stadt, beherrscht von der *Tour de l'Horloge** aus dem 15. Jh. (astronomische Uhr aus dem 17. Jh.); darunter Häuser aus dem 16. Jh. mit prunkvollen Holzplastiken; am Platz erheben sich außerdem das *Rathaus* aus dem Jahr 1735 und der ehemalige *Justizpalast* aus dem Jahr 1622.

Südöstlich der Altstadt liegt die Renaissance-Kirche *St-Pierre-en-Vallée* (1536–1672) mit einem hohen spätgotischen Glockenturm aus dem Jahr 1554; am Platz ein schönes, mit Statuen geschmücktes Renaissance-Portal. – Südwestlich erhebt sich die Kirche *St-Eusèbe* mit romanischem Glockenturm (12. Jh.), gotischem Vierungsturm (15. Jh.) und Renaissance-Apsis (1530). In der Nähe, in der Rue d'Egleny, befindet sich in einem Bürgerhaus aus dem 18. Jh. das MUSÉE LEBLANC-DUVERNOY *(Öffnungszeiten: 10.30–12 und 14–17.30 Uhr; Di geschl.; Eintrittsgebühr):* Möbel aus der Errichtungszeit, Tapisserien aus Beauvais, heimische Majoliken und Gemälde vom 18.–20. Jh. – Im Norden, in der Rue de Paris 98, in einer ehemaligen Klosterkapelle aus dem Jahr 1714, befindet sich das MUSÉE LAPIDAIRE *(Öffnungszeiten: 9–12 und 14–18 Uhr; Di geschl.; freier Eintritt)* mit gallo-römischen Plastiken und Werken des zeitgenössischen Bildhauers F. Brochet.

Kathedrale St-Étienne.** – Eindrucksvolles gotisches Bauwerk aus dem 13.–16. Jh. Reichgestaltete Fassade mit 68 m hohem Turm (links, der rechte blieb unvollendet): der obere Teil mit dem großen Rosenfenster stammt aus dem 15. Jh., während die drei wundervollen, mit Reliefs geschmückten Portale aus dem 13. und 14. Jh. stammen. Am Mittelportal Jüngstes Gericht und Szenen aus dem Alten und Neuen Testament; am rechten Portal Szenen aus dem Leben Christi, Johannes des Täufers und Davids und rechts das salomonische Urteil; am linken Portal Szenen aus dem Leben Mariens, Krönung Mariens und Genesis-Szenen; am nördlichen Querhaus reiches Doppelportal. Helles, elegantes dreischiffiges Inneres (100 m lang und 30 m hoch) auf Pfeilern mit Triforium, großen Fenstern, Querhaus und Umgangschor. In den Fensterrosen des Querhauses Glasfenster aus dem 16. Jh. Besonders schön sind der Chor mit hohen Glasfenstern aus dem 13. Jh. und der Chorumgang mit seinen Blendarkaden (man beachte die figürlichen und zoomorphen Protome) und den prächtigen Glasfenstern* aus dem 13. Jh. Links, Abgang zur dreischiffigen romanischen KRYPTA auf Bündelpfeilern aus dem 11. Jh. *(Öffnungszeiten: 9–12 und 13.30–19 Uhr; Eintrittsgebühr);* in der mittleren Apsis Christus als Pantokrator (Fresko aus dem 11. Jh.) und an der Wölbung Christus und drei Engel auf weißen Pferden* (Fresken, ebenfalls 11. Jh.). – Links von der Kathedrale, im ehemaligen bischöflichen Palast, der heutigen *Präfektur,* befindet sich ein romanischer Arkadengang* mit abwechselnd gekoppelten und monolithen Säulen aus den Jahren 1115–1136.

St-Germain*. – Die Kirche gehörte einst zu einer berühmten Benediktinerabtei, die im 6. Jh. gegründet wurde, um die Reliquien des Hl. Bischofs Germanus, der in Auxerre geboren wurde und 448 am Hof von Ravenna verstarb, aufzunehmen. Im 13.–14. Jh. wurde die Kirche neu errichtet, 1811 wurden aber einige Langhausjoche abgebrochen, so daß heute rechts der wuchtige romanische Glockenturm* aus dem 12. Jh. einsam aufragt. Schönes gotisches INNERES *(Öffnungszeiten: 9–11.30 und 14–17.30 Uhr; Di geschl.; Eintrittsgebühr)* mit drei, heute kurzen, Schiffen, Querhaus, Umgangschor und tiefer, dreischiffiger Apsiskapelle. Von der Kirche Abgang zur dreischiffigen KRYPTA* aus dem 9. Jh. auf Spoliensäulen, deren Umgang mit wertvollen karolingischen Fresken** (9. Jh.) und Sarkophagen der Bischöfe von Auxerre und der Äbte von St-Germain geschmückt ist. Mit dem Umgang verbunden ist ein im 13. Jh. erneuerter Zentralraum mit mächtiger Wölbung, der die obere Apsiskapelle trägt und seinerseits auf einem weiteren darunterliegenden Zentralraum aufruht. Im *Eingangskreuzgang* aus dem 17. Jh., an der Ostseite, Teile des romanischen Vorgängerbaus; gegenüber von der Kirche Überreste der Befestigungen der Abtei aus dem Jahr 1320 mit Mauern und einem Rundturm. In den derzeit in Restaurierung befindlichen Klostergebäuden werden in Zukunft die musealen Sammlungen von Auxerre zu sehen sein.

UMGEBUNG – Nach **Saint-Bris-le-Vineux** (896 Ew, 167 m), 9 km südöstlich über die Straße D 956; hier erhebt sich eine schöne, teilweise aus der Gotik (13. Jh.) und teilweise aus der Renaissance (16. Jh.) stammende Kirche: Glasfenster aus dem 15.–16. Jh., Taufbecken und Kanzel mit Reliefs aus dem 15. Jh. und an der Chorschranke (Lettner) großes, feingearbeitetes Fresko der Wurzel Jesse* (1500 datiert).

Nach **Pontigny** (833 Ew, 113 m), 20 km nordöstlich über die Straße N 77, berühmt für seine im Jahr 1114 gegründete Zisterzienserabtei; erhalten hat sich bis heute die strenge *Kirche,* die sich durch mächtige Proportionen und einfache Architekturformen auszeichnet; dreischiffiges Inneres mit Querhaus, Umgangschor und Radialkapellen.

Nach **Villiers-St-Benoît** (447 Ew, 173 m), 32 km Richtung Südwesten über die Straßen D 965 und D 950; in einem alten Haus des Ortes ist das MUSÉE D'ART REGIONAL eingerichtet *(Öffnungszeiten: 10–12 und 14–18 Uhr; Di geschl.; Eintrittsgebühr):* reiche Sammlung an Keramiken aus dem Yonne-Gebiet und aus Auxerre aus dem 18. und 19. Jh.; Möbel und Einrichtungsgegenstände sowie burgundische Plastiken aus dem 12.–16. Jh.

AVALLON (12 D2)

Bourgogne; Yonne, 8.904 Ew, 254 m. – Fremdenverkehrszentrum Burgunds auf einer Felsspitze im Cousin-Tal.

Stadtmauern. – Die Altstadt wird von Mauern aus dem 15. Jh. mit Türmen und Basteien aus dem 16. Jh. umsäumt. Weite Teile des Südwestsektors können gesehen werden, wenn man den Ort bei der Petite-Porte verläßt und rechts der Promenade entlang der Mauern geht: es folgen aufeinander die *Tour Gaujard* von 1438, die *Tour du Chapitre* (1450–1454) und der *Éperon Gally,* eine Bastei aus dem Jahr 1591.

Altstadt. – Von der Place Vauban (Sébastien-Le-Prestre-Denkmal von Bartholdi, 1875) folgt man der Grande Rue A. Briand mit ihren schönen alten Häusern. Links das *Hôtel de Ville* (Rathaus) von 1770–1772 und das *Hôtel de Condé* aus dem Jahr 1641; weiter vorne geht es durch die *Tour de l'Horloge** (Uhrturm) aus den Jahren 1456–1460 (Schindeldach) bis zum Platz vor der Kirche St-Lazaire: seitlich das *Hôtel des Sires de Domecy* aus dem 15. Jh. mit Treppentürmchen.

St-Lazaire. – Romanische Kirche, die 1106 von Papst Paschalis II. geweiht wurde; zwei wunderschöne Portale* im burgundischen Stil mit reichem Statuen- und Reliefschmuck an Gewände und Archivolten; rechts auch Tympanonreliefs; links Glockenturm aus dem 17. Jh. Im dreischiffigen Inneren Statuen aus dem 15. Jh. Rechts lehnt sich an die Fassade die Kapelle *St-Pierre* aus dem 15. Jh., die heute als Ausstellungsraum benutzt wird.

Musée. – *Öffnungszeiten: 10–12 und 15–19 Uhr, im Winter 14.30–18.30 Uhr; im Sommer Di geschl.; Eintrittsgebühr.* Es befindet sich im ehemaligen Kolleg aus dem Jahr 1654 und umfaßt Abteilungen für Geologie, Frühgeschichte, Archäologie (gallo-römische Statuen) und Malerei (Toulouse-Lautrec, Rouault).

UMGEBUNG – Nach **Montréal*** (216 Ew, 206 m), 12 km Richtung Nordosten über die Straße D 957, einem malerischen Dorf in Burgund hoch über dem Serein: umgeben von Stadtmauern mit Türmen aus dem 13. Jh.; innerhalb der Mauern alte Häuser aus dem 15. und 16. Jh. In der frühgotischen *Kirche* (2. Hälfte 12. Jh.) Orgelempore aus der Errichtungszeit und im Chor ein englisches Alabaster-Retabel* aus dem 14. Jh. und ein wunderschönes geschnitztes Chorgestühl* aus dem Jahr 1526 (Szenen aus dem Alten und Neuen Testament); außerdem Werke aus dem 15.–16. Jh.

Nach **Semur-en-Auxois** (290 m), 35 km Richtung Osten über die Straße N 6, dann nach *Cussy-les-Forges,* und schließlich links über die Straße D 954. 15 km, *Savigny-en-Terre-Plaine* (250 m) mit einer romanischen Kirche aus dem 12. Jh. – 22 km, **Époisses** (702 Ew, 275 m) in einem für seinen Käse berühmten Gebiet. Die BURG *(Öffnungszeiten: 8–18 Uhr; Eintrittsgebühr)* stammt aus dem 12. Jh., wurde aber mit doppelter Kurtinenreihe und Burggraben im 16. Jh. erneuert; im Inneren Erinnerungsgegenstände an Mme de Sevigné, Möbel und beachtenswerte Gemälde (Ph. de Champaigne, Largillière, Mignard, Oudry, Snyders). In der romanischen Kapelle Werke aus dem 15.–17. Jh. – 35 km, *Semur-en-Auxois* (290 m), siehe dort.

Nach **Vézelay** (302 m), siehe dort, 15 km Richtung Südwesten über die Straße N 427 durch die *Vallée du Cousin**. Man verläßt den Ort im Süden und folgt dem grünen Tal des Flusses Cousin.

BAYEUX* (3 B2)

Basse Normandie; Calvados, 15.240 Ew, 50 m. – Schönes Kunststädtchen in der Normandie, in einer grünen Ebene, nur wenige Kilometer von der Küste entfernt; die Stadt blieb wie durch ein Wunder von den Zerstörungen während des Kampfes um die Normandie am 8. Juni 1944 verschont.

Kathedrale Notre-Dame*. – Sie erhebt sich im Stadtzentrum und zählt zu den schönsten Kirchen der Normandie. Im Jahre 1077 wurde sie im romanischen Stil begonnen, aber nach einem Brand im Jahr 1105 im 13. und 14. Jh. in gotischen Formen erneuert. Den unteren Fassadenteil gliedern fünf elegante Arkaden, in denen sich drei Portale öffnen (die beiden seitlichen mit Reliefs und Statuen); seitlich romanische, durch Strebepfeiler verstärkte Türme mit steilen gotischen Turmhelmen (75 m hoch). Besonders schön sind das Südportal aus dem 13. Jh. mit Reliefs aus dem Leben des Hl. Thomas von Canterbury und die Apsis. Der spätgotische Vierungsturm stammt aus dem 15. Jh., der obere Abschluß wurde im 19. Jh. hinzugefügt. Prachtvolles dreischiffiges INNERES (102 m lang und 22 m hoch) mit Querhaus und Umgangschor; die romanischen Arkaden des Mittelschiffs zeichnen sich durch eine feingliedrige geometrische Dekoration* aus, die auf nordische Vorbilder zurückgreift; im oberen, gotischen Teil, befinden sich Emporen und große Fenster; der lichtdurchflutete Chor mit dreizonigem Aufbau zeigt reinste gotische Formen. Beachtenswert auch das Chorgestühl aus der Renaissance (1558) und der Hochaltar von 1771 von Filippo Caffieri. Im Chorumgang, der vom Presbyterium durch elegante schmiedeeisene Schranken getrennt ist, Fresken aus dem 15.–16. Jh. Unterhalb des Chores romanische dreischiffige *Krypta* aus dem 11. Jh. mit Fresken aus der Errichtungszeit. Vom linken Seitenschiff Zugang zum spitzbogengewölbten *Kapitelsaal* aus dem 13. Jh., in dem der Domschatz aufbewahrt wird: sakrale Geräte, Kirchengewänder, illuminierte Handschriften, Statuen.

Tapisserie der Königin Mathilde.** – *Öffnungszeiten: 9–12 und 14–18 Uhr; Eintrittsgebühr.* Der berühmte Wandteppich aus Bayeux** wird rechts von der Kathedrale in der Rue de Nesmond aufbewahrt. Die wundervolle Wollstikkerei auf Leinwand ist 70 m lang und 50–55 cm breit und erzählt in 58 numerierten, detailreichen Szenen die Geschichte der Eroberung Englands durch Wilhelm den Eroberer von 1064 bis 1066. Den Schlußpunkt bildet die entscheidende Schlacht bei Hastings vom 14. Oktober 1066. Das Werk, das die Tradition bis ins 19. Jh. der Königin Mathilde selbst zuschrieb, wurde in England um 1077 gefertigt und von der Königin ihrem Schwager, Bischof Eudes von Bayeux, geschenkt.

Musée Baron Gérard. – An der Nordseite der Kathedrale öffnet sich die *Cour des Tribunaux,* ein malerischer Platz mit dem sog. Freiheitsbaum (er wurde 1797 gepflanzt) und umgeben von den Gebäuden des ehemaligen Bischofssitzes (13.–16. Jh.; heute Gericht; im Inneren achteckige Renaissance-Kapelle aus dem Jahr 1516 mit wunderschöner Decke*), des Rathauses und des MUSÉE BARON GÉRARD *(Eintrittskarte der Tapisserie der Königin Mathilde gültig).* Im *Erdgeschoß* Porzellan aus Bayeux, Keramiken aus Rouen und archäologische Funde; im *ersten Stock* Gemäldesammlung mit Werken von Pourbus d. Ält., J. de Momper, Snyders, d'Artois, Cuyp, Ph. de Champaigne (Madonna*), Gros, Gérard und italienischen Meistern der Frührenaissance (15.–16. Jh.). – Außerdem einheimische Möbel, Spitzen aus Bayeux und Tapisserien aus dem 17. Jh.

Musée de la Bataille de Normandie. – *Öffnungszeiten: 9.30–19 Uhr; im Winter nur Sa und So; Eintrittsgebühr.* Es befindet sich in einem modernen Gebäude am Boulevard Fabian Ware und ist der Landung der Alliierten und der Schlacht um die Normandie (6. Juni bis 22. August 1944) gewidmet: Dokumente, Uniformen und andere Erinnerungsgegenstände.

UMGEBUNG – Nach **Arromanches-les-Bains** (355 Ew, 15 m), 10 km Richtung Nordosten über die Straße D 516, einem kleinen Badeort; er gehörte zu den ersten bei der englisch-amerikanischen Invasion am 6. Juni 1944 betroffenen Orte. Das **Musée du Débarquement** *(Öffnungszeiten: 9–12 und 14–18 oder 19 Uhr; Eintrittsgebühr)* schildert mit Photographien, Plastiken und beweglichen Figuren die Einrichtung des künstlichen Hafens Mulberry B, der die Landung der Alliierten erlaubte.

An die Strände der Landung. – Die Fahrt führt 75 km nordwestlich von Bayeux entlang der Strände, die am 6. Juni 1944 (D-Day) von der Landung betroffen waren. – 19 km, **Omaha Beach:** erinnert an die Landung der 1. amerikanischen Division, die 10.000 Opfer forderte. – 75 km, *Utah Beach,* nordöstlich von Carentan und in der Nähe des ersten befreiten Ortes *Ste-Mère-Église.* Am Strand legte die 4. amerikanische Division an. Im MUSÉE DU DÉBARQUEMENT *(Öffnungszeiten: 9–12 und 14–18 oder 19 Uhr)* Dokumentation über die Ereignisse am D-Day.

Nach **Saint-Lô** (25.037 Ew, 14 m), 35 km nordwestlich über die Straße D 572, dem Hauptort des Départements Manche, der 1944 schwere Schäden erlitt. Erhalten haben sich Teile der *Stadtmauern* aus dem 15. Jh. (beispielhaft restauriert), die Kathedrale *Notre-Dame* aus dem 15.–16. Jh. mit einer schönen Außenkanzel und das Rathaus mit dem *Musée des Beaux-Arts,* in dem acht Tapisserien* aus dem späten 16. Jh. und Gemälde von französischen Malern des 19. Jhs. aufbewahrt werden. An der Strecke Bayeux–St-Lô liegt das Schloß von Balleroy*, siehe Route 12.

BEAUNE* (**13** A2)

Bourgogne; Côte d'Or, 20.207 Ew, 218 m. – An Baudenkmälern reiches Städtchen mit Befestigungen aus dem 14. Jh. Bis ins 14. Jh. Residenz der Herzöge von Burgund. Bekanntes burgundisches Zentrum des Weinanbaus.

Stadtmauern. – Einfahrt in die Stadt über die Straße aus Dijon (Rue du Faubourg St-Nicolas); links die gotische Kirche *St-Nicolas* (A2, a. P.) aus dem 13.–14. Jh. mit schönem Tympanon-Relief; anschließend die *Porte St-Nicolas,* ein Triumphbogen (A2) von Lenoir aus den Jahren 1762–1770. Hier biegt man rechts ab und folgt den teilweise zerstörten **Stadtmauern*** aus dem 15.–16. Jh. mit ihren Türmen, Basteien und Gräben. Wieder bei der Porte St-Nicolas folgt man der zentralen Rue de Lorraine (Häuser vom 16.–18. Jh.).

Musée des Beaux-Arts (A2). – *Öffnungszeiten: von Ostern bis Nov. 9–12 und 14–17.30 Uhr; Di geschl.; Eintrittsgebühr.* Sitz im Rathaus, einem ehemaligen Ursulinenkloster aus dem Jahr 1697. ERDGESCHOSS: gallo-römische Archäologie mit Funden aus der Stadt und ihrer Umgebung. Die Gemäldesammlung umfaßt mehrere Werke des in Beaune 1821 geborenen Félix Ziem und des J. Naigeon. Außerdem Bilder und Lithographien von Picasso, Chagall, Léger, Le Corbusier; Plastiken aus Mittelalter und Renaissance. Im ERSTEN STOCK Stadtgeschichte und eine Abteilung, die *Etien-*

BEAUNE 1:10.000 (1 cm=100 m)

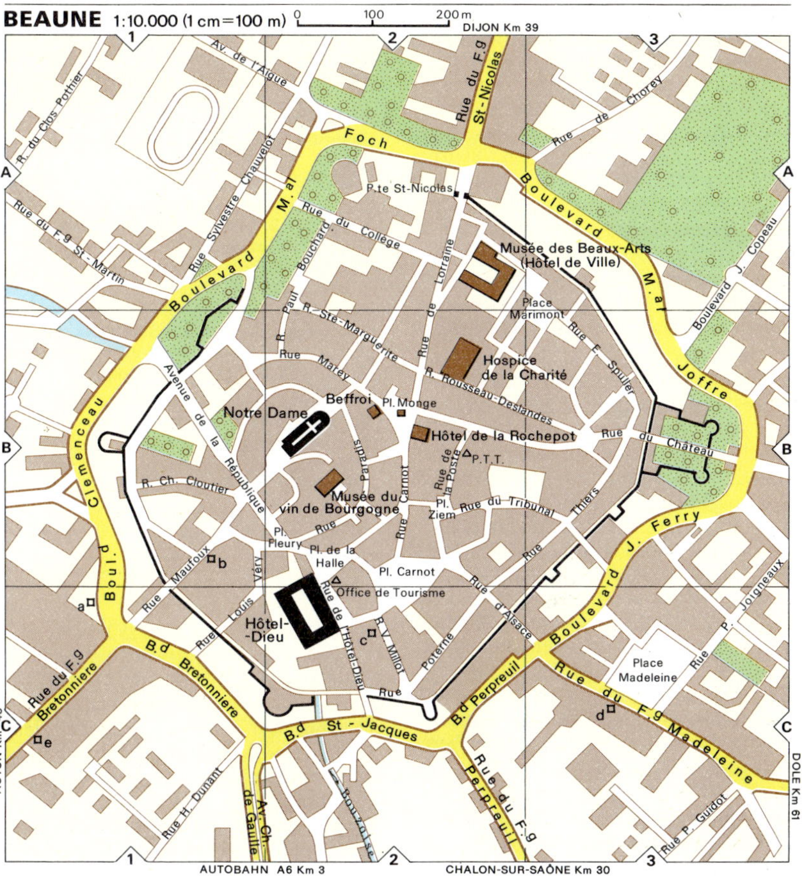

ne-Jules-Marey (geb. in Beaune, 1830–1904), dem Erfinder der Chronophotographie und Pionier des Films (1894) gewidmet ist. Weiter vorne liegt das *Hospice de la Charité* (B2) mit einer Kapelle von 1645 und einem kleinen Museum.

Place Monge (B2). – Hauptplatz mit *Denkmal* des in Beaune geborenen Mathematikers Gaspard Monge (1746–1818). Seitlich der sechsstöckige *Beffroi** (Turm) aus dem 13.–15. Jh. mit gotischen Fialen; auf Nr. 9 das *Hôtel de la Rochepot** von 1552 mit gotischer Fassade und Arkadenhof aus der Renaissance. Im Süden führt die Rue Carnot zum Hôtel-Dieu.

Hôtel-Dieu** (B-C2). – *Öffnungszeiten: 9–11.15 und 14–17 oder 18 Uhr; Eintrittsgebühr; Führung.* Ehemaliges, im Jahre 1443 von Nicolas Rolin, dem Kanzler des Herzogs von Burgund, gegründetes Spital, ein Juwel flämischer Baukunst, Jehan Wiscrère zu verdanken. Strenge lange Fassade mit hohem Dach. Im Eingangsflügel befindet sich der *Große Saal** (Armensaal), 72 m lang, mit Holzwölbung, deren Balken dekoriert und bemalt sind; entlang der Wände 28 Baldachinbetten. Der letzte Teil des Saales dient als Kapelle (neugotisches Mobiliar aus dem vorigen Jahrhundert). Man erreicht nun den wunderschönen rechteckigen *Innenhof**: der Flügel gegenüber und jener links besitzen steile Dächer mit emaillierten bunten Dachziegeln und über dem offenen Erdgeschoßgang einen schönen hölzernen Balkon. Der

Beaune: Hôtel-Dieu

rechte Flügel wurde 1659 erneuert; links zierlicher Brunnen mit schmiedeeisenem Aufsatz. Man besichtigt anschließend die Küche (noch immer in Gebrauch) mit ihrem großen Kamin, die Apotheke mit Behältern aus Nevers und die Salle St-Louis mit Tapisserien aus Tournai (16. Jh.) und Brüssel (17. Jh.). – Im MUSEUM wird neben anderen wertvollen Kunstgegenständen der berühmte **Flügelaltar**** des Rogier van der Weyden (Jüngstes Gericht) aufbewahrt, der im Jahre 1443 von Kanzler Rolin beim flämischen Künstler in Auftrag gegeben wurde.

Notre-Dame* (B2). – Kirche im romanisch-burgundischen Stil aus dem 12. Jh. mit Ergänzungen aus dem 14.–15. Jh. Großer Portikus auf Säulen aus dem 14. Jh., quadratischer überkuppelter Vierungsturm und prachtvoller Ostabschluß* mit Strebepfeilern. Dreischiffiges INNERES auf Pfeilern mit Blendtriforium, Querhaus, achteckigem Vierungsturm und Umgangschor: hinter dem Hochaltar fünf wundervolle Tapisserien* mit Szenen aus dem Leben der Jungfrau aus der ersten Hälfte des 16. Jhs. nach Entwürfen von Pierre Spicre; in der 2. Kapelle links (Chapelle du Cardinal Rolin) Fresken von Pierre Spicre (1474) mit der Auferstehung des Lazarus. An der rechten Seite der Kirche Überreste des Kreuzgangs und Kapitelsaal aus dem 13. Jh.

Musée du Vin de Bourgogne (B2). – *Öffnungszeiten: 9–12.30 und 14–17.45 Uhr; Eintrittsgebühr.* Es befindet sich im ehemaligen Palast der Herzöge von Burgund aus dem 14.–16. Jh. und dokumentiert in 12 Räumen die Geschichte des Weinanbaus und der Weinherstellung in Burgund. Im großen Saal moderne Tapisserie von Lurçat.

UMGEBUNG – Die **Route des Grans Crus.** 54 km über die Straße N 74, die berühmte *Weinstraße Burgunds* am Fuße der Weinberge der Côte d'Or. Sie beginnt im Süden von Beaune, in **Chagny** (216 m), siehe Route 2. – 6,5 km, **Meursault** (1.733 Ew, 243 m), berühmt für seine Weißweine. – 16 km, *Beaune.* – 32 km, **Nuits-St-Georges** (5.072 Ew, 234 m) mit spätromanischer Kirche *St-Symphorien* aus dem 13. Jh. und *archäologischem Museum* (gallo-römische und merowingische Funde). [13 km westlich, an der Straße D 8, liegt die berühmte **Abtei Cîteaux,** die 1098 von Robert de Molesme gegründet wurde und als Wiege des Zisterzienser-Ordens gilt: Von hier zog der Hl. Bernard de Clairvaux aus, um den Orden zu verbreiten. Von der in der Revolution zerstörten Abtei bestehen heute nur mehr einige Gebäude aus dem 15.–16. Jh. und eine moderne Trappisten-Klosteranlage.] – 37 km, **Clos de Vougeot,** ein Renaissance-Schloß, das die Mönche von Cîteaux 1551 auf einem romanischen Vorgängerbau errichteten: heute ist es Sitz der „Confrerie des Chevaliers du Tastevin", die sich für die Naturbelassenheit des französischen Weines einsetzt. – 42 km, **Gevrey-Chambertin** (3.001 Ew, 287 m), bekannt für seine Rotweine. Gotische *Kirche* aus dem 14.–15. Jh. mit romanischem Portal; im oberen Ortsteil Überreste der *Burg* der Äbte von Cluny aus dem Jahr 1257 mit Ergänzungen aus dem 15. Jh. – 44 km, **Fixin** (879 Ew, 292 m); im *Parc Noisot* berühmte Statue „das Erwachen Napoleons" von F. Rude (1846); kleines *Museum* mit Erinnerungen an Napoleon. – 47 km, **Marsannay-la-Côte** (6.590 Ew, 272 m); bekannt für seinen Rosé-Wein. – 51 km, **Chenôve** (21.548 Ew, 375 m), bekannt für die Weine, die einst nur an die Herzöge von Burgund geliefert wurden. In der *grande cuverie* zwei Weinpressen aus dem 13. Jh. – 54 km, *Dijon,* siehe dort.

Zum **Archéodrome,** 6 km südlich, über die Straßen D 18 und D 23. Modernes MUSEUM (bei der Brücke der Autobahn A 6), das der Archäologie in Burgund gewidmet ist *(Öffnungszeiten: 10–18 oder 20 Uhr; Eintrittsgebühr):* eindrucksvolle Rekonstruktionen vom Paläolithikum bis in die gallo-römische Zeit.

BEAUVAIS* (5 B3)

Ile-de-France; Oise, 56.725 Ew, 64 m. – Département-Hauptstadt, betriebsame Stadt vorrömischen Ursprungs, am Zusammenfluß von Avelon und Thérain (Nebenflüsse der Oise), nach dem letzten Krieg wiederaufgebaut; berühmt ist Beauvais für seine wie durch ein Wunder vom Krieg verschont gebliebenen Baudenkmäler und durch die vor allem im 17. und 18. Jh. blühende Tapisserien-Manufaktur. *Ausführliche Beschreibung siehe Kümmerly + Frey Reiseführer Paris und Umgebung.*

Saint-Étienne*. – Beachtenswerter romanisch-gotischer Bau: aus der Romanik stammen Langhaus und Querschiff (12. Jh.); aus der Spätgotik (16. Jh.) der schöne Chor. Das dreischiffige Innere beleuchten hohe Fenster; beachtenswert sind die zu den schönsten der Renaissance zählenden Glasfenster** in den Radialkapellen.

Kathedrale Saint-Pierre.** – Meisterwerk der französischen Gotik, im Jahr 1225 begonnen und nach teilweisem Einsturz des Chores im Jahr 1284 restauriert. Im frühen 16. Jh. ging man daran den Bau zu vollenden, nach Einsturz des Vierungsturmes im Jahr 1573 wurden aber die Arbeiten endgültig eingestellt. Der vollendete Bau wäre die größte gotische Kirche gewesen; so ist sie mit 48,20 m Gewölbehöhe nur der höchste Chor. Das Innere beeindruckt durch seine außergewöhnliche Steilheit. Die extrem hohen Öffnungen schmücken prachtvolle **Glasfenster*** aus dem 13.–14. Jh. und aus dem 16. Jh. (besonders schön sind jene in der Apsiskapelle). Am Beginn des Chores links befindet sich die berühmte *astronomische Uhr** aus den Jahren 1865–1868, die das Jüngste Gericht darstellt.

Galerie Nationale de la Tapisserie*. – *Öffnungszeiten: 9.30–12.30 und 13.30–17.30 Uhr; Mo geschl.; Eintrittsgebühr.* In einem modernen Gebäude hinter der Kathedrale sind abwechselnd Werke ausgestellt, die die Entwicklung der Tapisserie in Frankreich vom 16. Jh. bis heute dokumentieren.

Musée de l'Oise*. – *Öffnungszeiten: 9.30–12.30 und 14–18 Uhr; Di geschl.; Eintrittsgebühr.* Kunst- und heimatgeschichtliche Sammlung im schönen erzbischöflichen Palais aus dem 14. und 16. Jh.

BELFORT (14 C1)

Franche-Comté; Territoire de Belfort, 52.700 Ew, 358 m. – Département-Hauptort und historisch bedeutende Stadt an den Ufern der Savoureuse zwischen Jura und Vogesen; wichtiges Industriezentrum und berühmte, von Vauban ausgebaute Festungsstadt.

Altstadt. – Auf der Place de la République erhebt sich das *Denkmal* der „Trois Sièges" von Bartholdi (1904), das an die drei Belagerungen der Stadt (1813–1814, 1815 und 1870–1871) erinnert. Kurze, parallel verlaufende Straßen verbinden den Platz mit der Place d'Armes: in der Mitte *Statue* der „Quand même" („Trotzdem") von Mercié (1884) und rundherum die wichtigsten Gebäude der Festungsstadt: das *Arsenal* (1726), das *Rathaus* (1784) und die Kirche *St-Christophe* (1727–1750) aus rotem lokalen Stein mit zwei Fassadentürmen.

Zitadelle. – *Öffnungszeiten: 8–12 und 14–18 Uhr; im Winter Di geschl.; Eintrittsgebühr.* Sie wurde am Ende des 17. Jhs. über einem Vorgängerbau aus dem 13. Jh. errichtet und schließt beherrschend die mächtigen Verteidigungsmauern. Durch die *Porte de Brisach* aus dem Jahr 1682 betritt man die Stadt und erreicht durch mehrere Absperrungen den höchsten Teil, wo im Hauptgebäude das MUSÉE HISTORIQUE eingerichtet ist. Im *Untergeschoß* numismatische Sammlung (8.–19. Jh.), Kunstgewerbe und archäologische Funde vom Neolithikum bis ins Hochmittelalter. – Im *ersten Stock* Gemälde (18.–19. Jh.), Plastiken, Kunsthandwerk, Jugendstil-Keramiken, Möbel und Bilder von Guillaumin und Rodin. – Im *zweiten Stock* das reiche Militärmuseum zur Geschichte der Verteidigungsanlagen der Stadt (Modell der Befestigungen von Vauban von 1687) mit reicher Waffen- und Uniformensammlung von 1870 bis zum Ersten Weltkrieg. – Von der Terrasse Aussicht auf die Stadt und die Befestigungen.
Südöstlich vom Zentrum, am Fuße des Museums, befindet sich der berühmte **Löwe von Belfort*** *(Öffnungszeiten: 8–12 und 14–17 oder 19 Uhr; Eintrittsgebühr)* von Bartholdi (1875–1880), eine mächtige rote Steinplastik, die an den Widerstand der Stadt gegen die Deutschen 1870–1871 erinnert.

UMGEBUNG – Nach **Montbéliard** (33.300 Ew, 318 m), 18 km Richtung Südwesten über die Straßen N 19 und N 437, ein Industriezentrum. Erhalten ist das *Schloß* aus dem 17.–18. Jh. mit Türmen aus dem 15. Jh., in dem ein MUSEUM eingerichtet ist *(Öffnungszeiten: 10–12 und 14–18 Uhr; Di geschl.; Eintrittsgebühr):* heimische Naturgeschichte, Archäologie und Malerei. Auf der Place St-Martin liegen das *Rathaus* von 1776, das *Hôtel Beurnier* (1772) mit einer ethnographischen Sammlung, die *Maison des Princes* (1602) und die evangelische Kirche *St-Martin* aus dem Jahr 1607. Beachtenswert die *Hallen* von 1536.

Zum **Ballon d'Alsace*** (1.250 m), 29 km Richtung Norden über die Straße D 465 durch das Savoureuse-Tal (schöner Wasserfall) und dann durch Wälder bergauf bis auf den *Col du Ballon* (1.178 m): modernes Denkmal von L. Deschler und J. Rivière (1952). Von hier in 20 Min. auf den Gipfel des Ballon; Aussicht.

BERNAY (4 D2)

Haute-Normandie; Eure, 10.950 Ew, 108 m. – Kleines Industriezentrum in der Normandie, an der Mündung des Cosnier in die Charentonne.

Im Zentrum liegt die ehemalige *Benediktinerabtei,* die von Judith, der Gemahlin Herzog Richards II. der Normandie, im Jahre 1013 gegründet und von Guglielmo da Volpiano erbaut wurde; während der Religionskriege wurde sie zerstört und im Jahre 1628 wieder aufgebaut. Heute haben hier verschiedene öffentliche Ämter, das Rathaus und das MUSEUM *(Öffnungszeiten: 10–12 und 15–19 Uhr; Di geschl.; Eintrittsgebühr)* ihren Sitz. Im Museum Keramiken* und Gemälde von P. Neets, van Goyen, Wouwermans, C. Cignani (Grablegung), A. Cano und französischen Malern des 18. und 19. Jhs. Die romanische, aus dem 11. Jh. stammende *Abteikirche* wurde mehrmals verändert.
In der Nähe befindet sich die gotische Kirche **Ste-Croix** aus dem 14. Jh. mit spätgotischem Turm aus dem 15. Jh.; im Mittelschiff und im Chor Apostelstatuen aus dem 15. Jh.; von den Grabsteinen ist besonders jener des Bischofs Guillaume d'Auvilars* (1418) im rechten Querhaus zu erwähnen.

UMGEBUNG – Zur **Abtei von Le-Bec-Hellouin*,** 21 km Richtung Nordosten, links von der Straße N 138. *Öffnungszeiten: 9.30–12 und 14.30–18 oder 19 Uhr; Di geschl.; Eintrittsgebühr.* Die Abtei wurde 1034 gegründet. Zu den ersten Mönchen zählten der Hl. Lanfranco aus Pavia, der Hl. Anselm aus Aosta und Anselmo da Baggio, der spätere Papst Alexander II. Am Eingang *Tour St-Nicolas* aus dem Jahr 1457. Von der nach der Revolution zerstörten Abteikirche sind nur einige Fundamentmauern erhalten; besichtigt werden können auch der Kapitelsaal aus dem 12. Jh., der Kreuzgang von 1666 und die neue Kirche aus dem 18. Jh.: der Hochaltar aus grünem Alpenmarmor ist ein Geschenk der Stadt Aosta. – In der Nähe der Abtei befindet sich das Musée des Voitures *(Öffnungszeiten: April–Nov. 9–12 und 14–19 Uhr; Di geschl.; Eintrittsgebühr)*, das den nach 1920 hergestellten Automobilen gewidmet ist.

BESANÇON (14 C2)

Franche-Comté; Doubs, 119.600 Ew, 242 m. – Département-Hauptstadt an einer Schleife des Doubs, umgeben von den waldreichen Bergen des Jura; vorrömische Gründung *(Vesontio)*, einstige Hauptstadt der Franche-Comté und von Vauban befestigt. Heute ist die Stadt Industrie- (Uhren und Präzisionsmechanik), Handels- und Kulturzentrum (Universität). Heimatstadt des Dichters Victor Hugo (1802–1885), des Soziologen Pierre-Joseph Proudhon (1809–1865) und der Erfinder des Films Auguste und Louis Lumière (1862; 1864).

Veranstaltungen – Im September internationales Musikfestival.

Quartier de Battant (B1). – Das Viertel liegt am rechten Doubs-Ufer im Norden der Stadt und wird von Befestigungsmauern von Vauban umgeben: beherrschend das *Fort Griffon* (A1), das einen schönen Blick auf den Fluß und die umliegenden Hügel bietet. Im Norden der Brücke, am rechten Ufer, erhebt sich einsam die *Tour de la Pelote* (A2) aus dem 16. Jh.; am linken Ufer erstreckt sich der *Quai Vauban* (B1) mit seinen gleichförmigen Gebäuden aus dem 17. Jh. Jenseits der Brücke, auf der kleinen Place Jouffroy, liegt die Kirche *Ste-Madeleine* (B1) aus den Jahren 1746–1766, ein Bau von N. Nicole mit Türmen aus dem 19. Jh.; im Inneren Marienkrönung von Nonnotte (1728). – Hier beginnt die *Rue Battant* (A-B1) mit schönen alten Häusern, darunter, auf Nr. 37, das *Hôtel de Champagney* (B1) aus dem Jahr 1565 mit mächtigen Wasserspeihern.

Musée des Beaux-Arts** (B1-2). – *Öffnungszeiten: 9–12 und 14–18 Uhr; Di geschl.; Eintrittsgebühr.* Es befindet sich auf der Place de la Révolution (Marktplatz) in einem Gebäude aus dem Jahr 1840, das jüngst von L. Miquel umstrukturiert wurde. Das Museum ist vor allem der Malerei gewidmet und zeigt zahlreiche Werke aus dem Besitz der Familie Granvelle. – Erdgeschoss: Ausstellungsräume; archäologische Abteilung mit prähistorischen Funden, ägyptischen Objekten, griechischen und römischen Funden (Bronzen, Inschriften); Skulpturen und andere Gegenstände vom Mittelalter bis zur Renaissance. – Obergeschoss. Italiener des 14.–16. Jhs.: Gaudenzio Ferrari, Liberale da Verona, B. Licinio, Giovanni Bellini (der betrunkene Noah), Bronzino (Grablegung*), Tintoretto (Bildnisse), Tizian. – Holländer: Bernard van Orley, Frans II. Francken, J. Jordaens (Selbstbildnis mit Frau*), Lukas Cranach (Ruhende Diana), J. Lievens, A. van Dyck, Rubens (Kopf einer Alten). – B. Strozzi; spanische Schule des 17. Jhs.; Zurbarán. – Philippe de Champaigne, S. Vouet. – N. de Largillière, Carl van Loo (Theseus*), D. Nonnotte (Bildnis der Madame Nonnotte), C. A. Coypel, H. F. Rigaud, H. Robert (Wasserfall in der Villa Conti in Frascati), F. Boucher, J. B. Creuze (Bildnis eines Mädchens*), J. H. Fragonard, F. Guardi (Häuser in der Lagune*), G. B. Tiepolo (Hl. Rochus). – 14 Werke von Courbet**. – Sammlung Besson moderner Kunst (A. Renoir, P. Bonnard, P. Picasso, A. Marquet, S. Valadon, H. Matisse, P. Signac). Erster Stock, rechts, Uhrensammlung (16. bis 20. Jh.) mit beachtenswerter Uhr des Kardinals Granvelle (1564).

Grande-Rue* (B–C1–2). – Charakteristische Straße *(zum Teil Fußgängerzone)*, die vom Pont de Battant bis zur Place Hugo führt und auf der gesamten Länge von schönen Gebäuden gesäumt wird. Auf Nr. 11 das *Hôtel de Chevanney* aus dem Jahr 1582; auf Nr. 15 das *Hôtel d'Ancier*, ein Palais mit gotischer Fassade aus dem 16. Jh.; auf Nr. 44 das strenge *Hôtel d'Anvers* aus dem 17. Jh. Auf der Place du 8-Septembre liegt die Kirche *St-Pierre* (B2) von Bertrand aus den Jahren 1733–1786: im linken Seitenschiff Auferstehung des Lazarus von Marten de Vos; rechts, das *Rathaus*, ein strenger Renaissance-Bau von Richard Maire (1573). – Hinter dem Rathaus liegt der Justizpalast (B-C1-2) mit einer Renaissance-Fassade von Hugues Sambin (1585) und im Inneren dem schönen Audienz-Saal von 1749. – Zurückgekehrt in die Grande-Rue trifft man auf Nr. 68 auf das *Hôtel de Terrier* von Bertrand (1770) und dann auf den *Brunnen der Grands-Carmes* von Claude Lulier (1564); auf Nr. 86–88 die ehemalige Kirche der *Grands-Carmes* aus dem 15. Jh. mit einem Kreuzgang aus dem Jahr 1685. Kurz danach, rechts, das **Palais Granvelle*** (C2), das Nicolas Perrenot, Familienoberhaupt der mächtigen Granvelle, in den Jahren 1534–1547 im Renaissance-Stil errichten ließ; dreistöckige Fassade mit klassischer Ordnung und darüber Mansardendach; Arkadenhof. Im ersten Stock des Palais ist das Musée Historique eingerichtet *(Öffnungszeiten: 9.30–12 und 14–18 Uhr; Di geschl.; Eintrittsgebühr)*: volkskundliche Abteilung (beachtenswert die 7 Tapisserien aus dem 17. Jh. mit Szenen aus dem Leben Karls V.) und historische Sammlung mit Gemäldegalerie und Dokumentation über Proudhon und den Sozialis-

BESANÇON 1:16.000 (1 cm=160 m)

mus in Besançon (Proudhon, Fourier, Considérant). Hinter dem Palais verläuft die schattige *Promenade Granvelle;* beinahe gegenüber, in der Grande-Rue, befindet sich die Kirche *St-Maurice* (C2), im Jesuiten-Baustil, aus dem Jahr 1714. In der angrenzenden Rue de la Bibliothèque beherbergt ein Palais aus dem 18. Jh. die *Bibliothek* mit zahlreichen Handschriften, Inkunabeln und seltenen Büchern. Wieder in der Grande-Rue, auf Nr. 140, erhebt sich das *Victor-Hugo-Haus* (C2), in dem der Dichter am 26. Februar 1802 geboren wurde; gegenüber öffnet sich die Place Victor Hugo mit dem Geburtshaus (Nr. 1) der Brüder Lumière.

Rue de la Convention (C2-3). – Die Straße, die die Fortsetzung der Grande-Rue bildet, führt zunächst zum *Square Castan,* dessen Parkanlage sich an der Stelle eines *römischen Gebäudes,* vermutlich einst ein Nymphäum oder Theater, befindet: zu sehen sind neben einigen Überresten Teile der Kollonaden. Nach dem ehemaligen *erzbischöflichen Palais* (17. Jh.; heute Universität) erreicht man die **Porte Noire** (C2-3), einen eindrucksvollen römischen Triumphbogen aus dem 2. Jh., mit teilweise verstümmelten plastischen Darstellungen (mythologische und militärische Szenen).

Kathedrale St-Jean* (C3). – Romanische Doppelchorkirche aus dem 11.–12. Jh.; im 13. Jh. wurde sie eingewölbt, im 15. und 16. Jh. kamen die

Seitenkapellen hinzu und im 18. Jh. wurden Glockenturm und seitliches Portal erneuert. Im dreischiffigen romanisch-gotischen INNEREN zahlreiche wertvolle Kunstschätze. Im 7. Joch des rechten Seitenschiffs Madonna mit Heiligen* von Fra'Bartolomeo (1512). Im linken Schiff: 1. Kapelle, frühchristlicher Sarkophag aus dem 4. Jh.; 5. Kapelle, Marmor-Pietà von Konrad Meit (1532); in der Taufkapelle die sog. Johannes-Rose, ein runder Marmortisch aus dem 4. Jh., und Relief des Letzten Abendmahls von Lulier (16. Jh.). In der Ostapsis (1756), über dem Altar, Leinwandbild der Auferstehung von C. van Loo; links Marmorgrab des Kanonikus Ferry Carondolet (1543).

An der Seite der Kathedrale Zugang zum Glockenturm mit seiner komplizierten ASTRONOMISCHEN UHR *(Öffnungszeiten: 9.50–11.50 und 14.50–17.50 Uhr; jede Stunde; Eintrittsgebühr)* aus dem Jahr 1860, die jener von Straßburg ähnelt. Durch die Rue de Chambrier kommt man zur schönen **Porte Rivotte** (C3) aus dem Jahr 1546, dem einzigen erhaltenen Stadttor aus dem 16. Jh.: seitlich zwei Rundtürme und am Tor selbst Dekorationen aus der Zeit Ludwigs XIV.

Zitadelle* (D3). – *Öffnungszeiten: 9–17.30 oder 18.30 Uhr; Di geschl.; Eintrittsgebühr.* Von der Kathedrale gelangt man durch die Rue des Fusillés de la Résistence zu der mächtigen Verteidigungsanlage (360 m Höhe), die von Vauban in den Jahren 1668–1674 an der Stelle des römischen Castrums erbaut wurde. Sie bildet einen schönen Aussichtspunkt und beherbergt vier Museen. Eingang durch den *Front St-Étienne* (1675–1711); rechts befindet sich das MUSÉE DE L'AGRICULTURE TRADITIONELLE mit Werkzeugen und Dokumentation über die Landwirtschaft in der Franche-Comté während der letzten Jahrhunderte. Im oberen Teil, nach dem *Front Royal* (1668–1771) mit der *Tour du Roi* links und der *Tour de la Reine* rechts, liegen das MUSÉE POPULAIRE DU FOLCLORE COMTOIS (Volkskundemuseum mit Keramiken, Haushaltsgeräten u. ä.), das MUSÉE DE LA RÉSISTENCE ET DE LA DÉPORTATION und das MUSÉE D'HISTOIRE NATURELLE (Widerstands- und Naturgeschichte-Museum); schließlich erreicht man den Zoo und das Aquarium. Von den Wehrgängen schöne Aussicht auf den Doubs und die Stadt; im mittleren Hof Brunnen mit mächtigem Rad und die *St-Étienne-Kapelle* aus dem Jahr 1683, an der Stelle der einstigen mittelalterlichen Kathedrale.

Musée Lapidaire (B2). – *Die Inschriftensammlung ist auf Anfrage im Musée des Beaux-Arts zu besichtigen.* Eingerichtet in der ehemaligen Abteikirche *St-Paul* aus dem 14.–15. Jh. Sie umfaßt Inschriften aus der Römer- und Merowingerzeit und aus dem Mittelalter; beachtenswert ist auch die Wappensammlung (13.–18. Jh.).

Präfektur (C1-2). – Schönes Palais von N. Nicole aus den Jahren 1771–1779 nach Plänen von Victor Louis: zweigeschossige Fassade mit säulengegliedertem, übergiebeltem Mittelrisalit; an der linken Seite die *Fontaine des Dames* aus dem Jahr 1777. Gegenüber, an der Ecke Rue de la Préfecture und Rue Mégevand, liegt die im 18. Jh. erneuerte Kirche *Notre-Dame* (Portal von 1720); rechts befinden sich der Turm und das Portal (beide gotisch) der ehemaligen Benediktinerabtei St-Vincent. Ebenfalls in der Rue Mégevang das schöne, 1778 von Ledoux errichtete, 1958 nach Brand restaurierte *Theater.*

Hôpital St-Jacques (C1). – *Besichtigung nicht möglich.* Das Spital wurde 1685–1702 errichtet und besitzt ein schönes schmiedeeisernes Tor von 1703; im Inneren Apotheke mit originalen Einrichtungsgegenständen aus dem Jahr 1702 und die Kapelle von N. Nicole (1739–1745); Kuppel mit Majolikafliesen. – In der Rue de l'orme de Chamars 8 befindet sich das *Hôtel de Montmartin* aus den Jahren 1581–1586.

UMGEBUNG – Nach **Ornans** (4.234 Ew, 315 m), 26 km südöstlich über die Straße D 67, einem malerischen Ort an der Loue, in der sich die alten Häuser spiegeln; schöner Blick vom *Grand-Pont.* Große gotische *Kirche* aus dem 16. Jh. und MUSÉE COURBET *(Öffnungszeiten: April–Oktober, 9.30–12 und 14–18 Uhr)* im Geburtshaus des Malers Gustave Courbet (1819–1877).

Nach **Gray** (8.313 Ew, 221 m), 46 km Richtung Nordwesten über die Straße D 67, ein Städtchen an der Saône. In der Altstadt liegen das *Rathaus* aus der Renaissance (1568), die spätgotische Kirche *Notre-Dame* (15.–16. Jh.) und das *Schloß* aus dem 17. Jh. mit dem MUSÉE BARON-MARTIN *(Öffnungszeiten: 9–12 und 13 oder 14–17 oder 18 Uhr; Eintrittsgebühr),* das französischen Malern des 18. und 19. Jhs. gewidmet ist: Boucher, Rigaud, David, Natoire, Zeichnungen von Prud'hon.

BLOIS* (11 B2)

Centre; Loire-et-Cher, 49.422 Ew, 73 m. – Département-Hauptstadt im Loire-Tal, halbkreisförmig am rechten Ufer des Flusses gelegen; Handelszentrum und unerläßliche Etappe bei der Besichtigung der Loire-Schlösser. Während der Renaissance (16. Jh.) war Blois die bevorzugte Residenz der französischen Herrscher; 1462 wurde hier Ludwig XII. geboren.

Schloß**. – *Öffnungszeiten: 9–12 und 14–17 oder 18.30 Uhr; Eintrittsgebühr.* Es erhebt sich auf einem zerklüfteten Berggrat oberhalb der Stadt: Zugang über eine Treppe bis zur Place du Château. Es ist wohl das berühmteste aller Loire-Schlösser und besteht aus mehreren Gebäuden aus verschiedenen Epochen. Der Bau wurde im 13. Jh. begonnen, von Charles d'Orléans ab 1440 vergrößert, von Ludwig XII. in den Jahren 1498–1503 und von Franz I. ab 1519 ausgebaut und verschönert (letzterer berief zahlreiche italienische Künstler an den Hof) und schließlich von Gaston d'Orléans ab 1635 ein letztes Mal vergrößert. Gegen die Place du Château wendet sich der spätgotische *Flügel Ludwigs XII.** mit zweigeschossiger Fensterordnung und Mansardendach; in der Nische über dem Portal befindet sich ein Reiterstandbild Ludwigs XII., eine Kopie (1857) des verlorenen Originals. Die Fassade wurde im vorigen Jahrhundert restauriert. Die Nordfassade* auf der Place Victor Hugo gehört zum *Flügel Franz' I.:* sie ist mit ihren dreigeschossigen Arkaden und der Terrasse der bewegteste Baukörper, dessen Bautypus auf italienische Vorbilder hinweist; Erker und Balkone sind hingegen typisch französisch.

Den INNENHOF säumen Gebäude in verschiedenen Baustilen. Der *Flügel Ludwigs XII.* (Eingang) ruht auf Arkaden. Links erstreckt sich ein Flügel mit Arkaden, der um die Mitte des 15. Jhs. ebenfalls von Ludwig XII. errichtet wurde. Rechts befinden sich das Gebäude mit dem *Ständesaal* aus dem 13. Jh. und der wunderschöne *Flügel Franz' I.**, der von 1515–1524 erbaut wurde und Domenico da Cortona zugeschrieben wird; hier wird der Einfluß der italienischen Renaissance in Frankreich deutlich; besonders beachtenswert ist der polygonale Treppenturm* mit seinen feinen Dekorationen (die Statuen stammen aus dem 19. Jh.); der immer wieder auftauchende Salamander war das Wappentier Franz' I. Der Hof wird geschlossen vom strengen *Flügel des Gaston d'Orléans,* errichtet von François Mansart in den Jahren 1635–1638; im Inneren monumentales, überkuppeltes Treppenhaus. Links befindet sich die gotische *Kapelle St-Calais* aus dem Jahr 1503, von der nur der Chor erhalten ist; links Polyptychon von Marco d'Oggiono* mit den Mailänder Stadtpatronen. Jenseits erstreckt sich eine Terrasse, die einen schönen Blick auf die Stadt und die Loire bietet; rechts erhebt sich die *Tour du Foix* aus dem 13. Jh.

INNENRÄUME. Beachtenswert im Flügel Franz' I.: im *ersten Stock* liegen der Saal Franz' I. und der Gardesaal mit Renaissance-Kaminen und -Türen, die Appartements Katherina von Medicis (sie starb hier im Jahr 1589), darunter das Arbeitszimmer mit vertäfelten Wänden,

Blois: Treppenturm des Schlosses

hinter denen sich vier Geheimkammern verbergen; im *zweiten Stock* die Appartements Heinrichs III., in denen am 23. Dezember 1588 der Herzog von Guise, der Rivale des Königs, ermordet wurde. Zwischen dem Flügel Franz' I. und jenem von Ludwig XII. liegt der *Ständesaal* aus dem 13. Jh.: zweischiffiger Raum auf Säulen mit Schiffskielwölbung und Gobelins aus dem 17. Jh. (Szenen aus dem Leben Konstantins und Ludwigs XIV.). Im *ersten Stock* des Flügels Ludwigs XII. (schöne spätgotische Kamine) ist das MUSÉE DES BEAUX-ARTS eingerichtet: Werke des Manierismus (italienische Schule, Nicolò dell'Abate), französische und flämische Maler aus dem 17. und 18. Jh. (J. Molenaer, J. van Goyen, J. Jordaens, G. ter Borch, J. Fyt, Blumen-Brueghel; P. Mignard, F. Boucher, S. Bourdon, M. Corneille, C. Netscher), französische Meister des 19. Jhs. (David, Ingres, Chassériau). Im *Erdgeschoß* ist das MUSÉE D'ART RELIGIEUX untergebracht: Skulpturen und sakrale Kunst vom 13. bis zum 18. Jh.

St-Nicolas. – Die Kirche (sie liegt südlich vom Schloß) wurde im 12.–13. Jh. im Übergangsstil von Romanik zu Gotik errichtet: strenge Zweiturmfassade und bewegte Apsispartie. Dreischiffiges Inneres mit Querhaus, Vierung und Umgangschor; beachtenswert die schönen Kapitelle.

Kathedrale St-Louis. – Sie wurde im späten 17. Jh. in gotischen Formen erneuert, besitzt aber vom Originalbau aus dem 16. Jh. noch die Fassade und die Apsis; vom romanischen Vorgängerbau aus dem 10.–11. Jh. hat sich die Krypta erhalten. Rechts der das Panorama der Stadt beherrschende Glockenturm. Hinter der Kathedrale befindet sich das *Rathaus* (ehemals Bischofspalast), das von Gabriel im frühen 18. Jh. erbaut wurde; von der Terrasse in den Garten genießt man einen der schönsten Ausblicke auf das Loire-Tal. Von den zahlreichen alten Häusern verdient vor allem das *Hôtel d'Alluye* Aufmerksamkeit (Rue St-Honoré 8): Renaissancebau aus dem frühen 16. Jh. mit medaillons-geschmücktem Arkadenhof.

UMGEBUNG – **Chaumont-sur-Loire** (793 Ew, 65 m), 17 km Richtung Südwesten über die Straße N 152. Das **Schloß*** *(Öffnungszeiten: 9.30–11.45 und 14–16 oder 18 Uhr; Eintrittsgebühr)*, das man über eine Allee durch den Park erreicht, erhebt sich auf einem Hügel am linken Loire-Ufer. Es ist eine mächtige Anlage mit Türmen, deren drei Flügel aus verschiedenen Epochen stammen; der vierte Flügel, gegen die Loire, wurde 1739 zerstört. Der Bau im Westen mit großem rundem Eckturm stammt von 1465–1481; die beiden anderen, schon im Renaissancestil, entstanden im frühen 16. Jh.: zwischen den beiden öffnet sich, gesäumt von wuchtigen Rundtürmen, das befestigte Tor mit der Zugbrücke. Einst gehörte das Schloß der Familie d'Amboise, es kam aber 1560 in den Besitz der Katherina von Medici, die hier ihre Rivalin Diane von Poitiers bis zu deren Tod 1566 festhielt. 1758 wurde hier eine Keramikmanufaktur eingerichtet. Vom Innenhof Zugang zu den verschiedenen Räumen: Möbel, Tapisserien aus Brüssel (16. Jh.), Kunstobjekte aus dem 15. und 16. Jh.; in der Kapelle Skulpturen und flämische Gemälde aus dem 15. Jh. – Sehenswert sind auch die Stallungen.

BOULOGNE-SUR-MER (5 B1)

Nord-Pas de Calais; Pas de Calais, 47.650 Ew. – Stadt am Ärmelkanal, an der Mündung der Liane teilweise in der Ebene und teilweise auf einem Hügel, der den Eingang zum Pas de Calais beherrscht, gelegen; wichtigster französischer Fischereihafen, Güterhafen und Einschiffungsstelle für die Überfahrt nach Großbritannien (Folkstone und Dover).

Zentrum des städtischen Lebens ist der breite moderne *Quai Gambetta*, der entlang des Hafens (1952) bis zum Kasino und zum Strand verläuft.

Am Südrand des Quai Gambetta, auf der Place d'Angleterre, beginnt die Rue de la Lampe, die durch die Grande-Rue fortgesetzt wird. Auf Nr. 34, in einem Gebäude aus dem 18. Jh., ist das **Städtische Museum** eingerichtet *(Öffnungszeiten: 9.30–12 und 14–18 Uhr; Mo und Di geschl.; Eintrittsgebühr)*: schöne Sammlung griechischer Vasen* (beachtenswert jene des Exekias aus dem 5. Jh. v. Chr. mit Darstellung des Selbstmordes des Ajax), ägyptische und mittelalterliche Objekte, Malerei und französische Werke aus dem 19. Jh., und napoleonische Erinnerungsstücke.

Altstadt*. – Die Grande-Rue führt hinauf zur Altstadt, die heute noch von mächtigen **Mauern***, die um 1230 errichtet wurden, umgeben ist: der viereckige Mauerring (400 × 325 m) ist durch niedrige Rundtürme befestigt und besitzt vier Stadttore. An der Nordost-Ecke liegt die *Burg* aus dem Jahr 1231 mit einer im 16. Jh. hinzugefügten Bastei. Zugang in die Altstadt an der Nordseite durch die *Porte des Dunes;* im Zentrum die Place Godefroy-de-Bouillon (Heeresführer aus dem Hause Boulogne während des ersten Kreuzzuges) mit dem mächtigen viereckigen *Beffroi* aus dem 11.–13. Jh. und dem *Rathaus* aus dem Jahr 1734. Die Kirche *Notre-Dame* wurde 1827–1866 über der während der Revolution zerstörten Kathedrale errichtet und ist ein wichtiges Wallfahrtsziel; unterhalb liegt die große *Krypta* mit reichem Domschatz und verschiedenen Räumlichkeiten aus dem 11. Jh.

Colonne de la Grande Armée. – Am Nordrand der Stadt erhebt sich eine 53 m hohe und 4 m dicke Gedächtnissäule aus den Jahren 1804–1841, die von einer Napoleon-Statue beherrscht ist; von der Terrasse sehr weite Aussicht.

BOURGES** (12 C3)

Centre; Cher, 80.379 Ew, 130 m. – Departement-Hauptort und eine der wichtigsten Kunststätten in Zentral-Frankreich, auf einer von der Kathedrale beherrschten Anhöhe an den Flüssen Yère und Auron; wichtiges Handels- und Industriezentrum (Metallverarbeitung, Reifen). Das römische *Avaricum* wurde im Mittelalter Hauptstadt des Herzogtums Berry; im 14. und 15. Jh. erlebte es eine besonders künstlerische und kulturelle Blüte; die Universität erlangte im 16. Jh. durch die Vorlesungen des Mailänder Juristen Andrea Alciato großen Ruf.

Kathedrale St-Étienne** (B-C2-3). – Eines der Hauptwerke französischer Gotik. Sie wurde um 1195 begonnen; der Chor war 1218 und das Langhaus 1260 vollendet. Die mächtige Fassade wird durch Strebepfeiler gegliedert und von zwei wuchtigen Türmen gerahmt; der rechte, niedere, wird von einem Pfeiler aus dem 15. Jh. gestützt; der linke stammt von 1508–1520. Unten öffnen sich fünf Portale, darüber große Fenster und im Zentrum eine prächtige Fensterrose. Die sich voneinander unterscheidenden Trichterportale sind reich mit Statuen und Reliefs geschmückt. Entlang der Sockelzone verläuft ein Bögchenfries mit Szenen aus Genesis und Christusleben. Im Tympanon des ersten Portals rechts (ca. 1260) Reliefs mit Szenen aus dem Leben des Hl. Ursinus; im

Gewände Engel, Heilige und Propheten. Im Tympanon des zweiten Portals (ca. 1240–1245) Szenen aus dem Leben des Hl. Stephanus, im Gewände Engel und Propheten. Das Mittelportal (ca. 1245–1255) ist das prunkvollste; am Mittelpfeiler moderne Christusstatue; im Tympanon, auf drei Zonen, Jüngstes Gericht; im Gewände Engel und Selige. Das vierte Portal stammt aus dem 16. Jh.: im Tympanon Tod, Himmelfahrt und Krönung Mariens. Im Tympanon des letzten Portals, ebenfalls aus dem 16. Jh., Szenen aus dem Leben des Heiligen. An den mächtigen, durch wuchtige Strebepfeiler rhythmisierten Seitenfronten öffnen sich zwei Portale aus dem 13. Jh.; im Tympanon des Nordportals Szenen aus dem Marienleben; am Südportal Christus und die Evangelistensymbole und am Gewände alttestamentarische Gestalten. Hoheitsvolles, fünfschiffiges INNERES ohne Querhaus (124 × 41 × 37 m) auf hohen Bündelpfeilern mit Triforium (Lichtgaden) in allen Schiffen und doppeltem Umgangschor mit Radialkapellen; der umlaufende Lichtgaden schafft wunderschöne Lichteffekte. Die **Glasfenster**** zählen zu den reichsten Zyklen dieser Art. Jene der hohen Fenster mit Apostel-, Propheten- und Heiligengestalten stammen aus dem 13.–16. Jh. Jene in den Seitenkapellen aus dem 15.–16. Jh. (beachtenswert in der 3. Kapelle rechts zwei Gobelins nach Kartons von Raffael). Die wertvollsten Glasfenster sind

Bourges: Kathedrale

jene der 5 Radialkapellen in Medaillenform und jene zwischen erstem und zweitem Chorumgang: sie bestechen durch ihren warmen blauen und roten Farbton und entstanden zwischen 1215 und 1225. In der mittleren Apsiskapelle (Marienkapelle), seitlich des Altars, bemalte Statuen des Herzogs von Berry und seiner Gemahlin Jeanne de Bourgogne (ca. 1425). Beim linken Seiteneingang befindet sich der Abgang zur KRYPTA* *(Eintrittsgebühr)* aus dem späten 12. Jh.: sie liegt unterhalb des Chores und besitzt auch dessen Grundriß; Gliederung durch sechs große Pfeiler und doppelten Chorumgang; Glasfenster aus dem 14. Jh. Unter den Plastiken befindet sich auch die Grabskulptur des Herzogs Jean de Berry von Jean de Cambrai (ca. 1438) und im Chor eine bemalte Grablegung Christi* (1543). Am Anfang des linken Schiffs Aufgang *(Eintrittsgebühr)* auf den nördlichen Fassadenturm: Ausblick auf die Stadt.

An der rechten Seite der Kathedrale, beim *Rathaus,* dem ehemaligen erzbischöflichen Palast aus dem Jahr 1681, liegt der Eingang zum schönen öffentlichen Park *(Jardins de l'Archevêché;* C3), dessen Anlage Le Nôtre zugeschrieben wird (17. Jh.). Wunderschöner Blick auf die eindrucksvolle Chorpartie der Kathedrale.

Palais Jacques Cœur* (B2). – *Öffnungszeiten: 9–11.15 und 14.15–17.15 Uhr; Di geschl.; Besichtigung nur mit Führung; Eintrittsgebühr.* Das Palais, eine der schönsten Schöpfungen profaner gotischer Baukunst, wurde 1443–1451 für Jacques Cœur, einem Bankier Karls VII., der später in Ungnade fiel und fern von der Heimat verstarb, errichtet. Die Rückseite, in der Rue des Arènes, hat mit ihren seitlichen Rundtürmen, die einst zu den römischen Befestigungsmauern gehörten, und den Treppentürmchen den Charakter eines Wehrbaus. Die Hauptfassade, in der Rue Jacques Cœur, zeichnet sich durch einen erhöhten mittleren Teil, ein Türmchen und zwei Flügel mit Maßwerkfenstern und Balustradenbekrönung aus. Oberhalb des Spitzbogenportals befindet sich ein zierlicher Balkon; seitlich zwei Blendfenster mit Darstellung einer Dame und eines Ritters und darüber ein Vierpaßfenster. Arkadenhof, dessen Hauptseite die Gliederung der Fassade wiederholt. Gegenüber die eigentliche Schaufront des Gebäudes mit drei Treppentürmchen, deren mittleres, sechseckiges, mit Reliefs geschmückt ist. Im INNEREN gut erhaltene Originalräume mit Kaminen und hölzernen Balkendekken. Kapelle mit Gewölbefresken aus

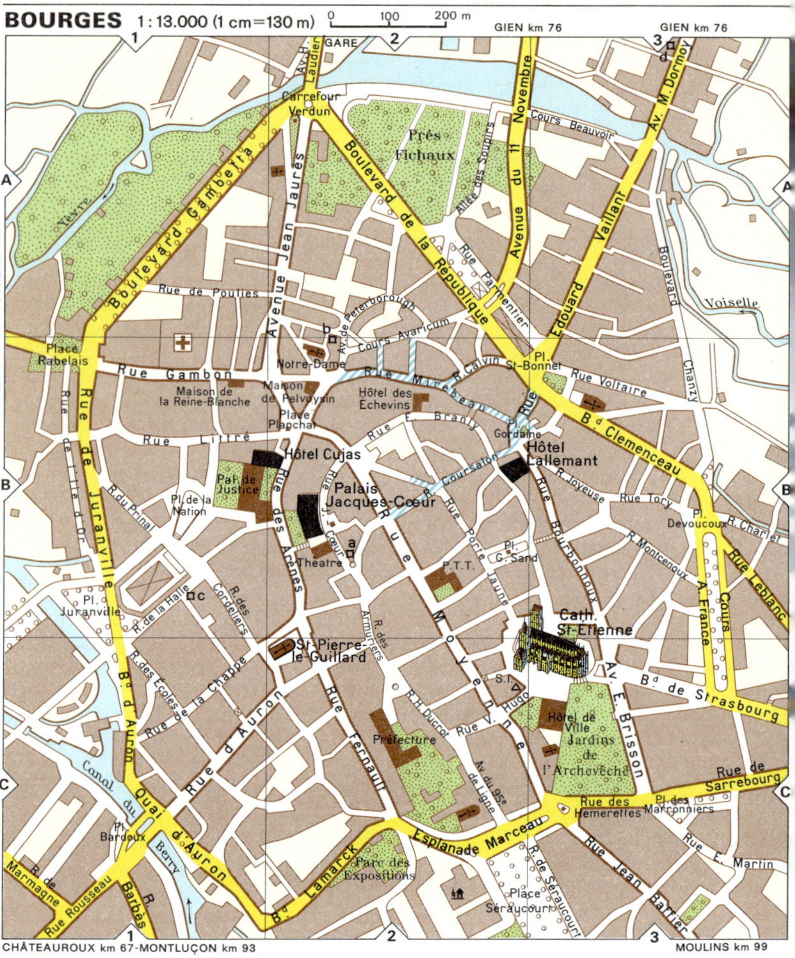

dem Jahr 1448 mit Engelsdarstellungen; man besichtigt außerdem die Schatzkammer und einen Saal mit 10 Statuetten* (ca. 1450), die einst das sich heute teilweise in der Krypta der Kathedrale befindliche Mausoleum des Jean de Berry schmückten.

Hôtel Cujas* (B1-2). – Elegantes Palais in der Rue des Arènes 4, das 1515 für den Florentiner Kaufmann Durante Salvi erbaut wurde und später vom Juristen Jacques Cujas bewohnt wurde. Zwei zierliche vorkragende Türmchen säumen den Zugang zum Hof; in diesem erhebt sich die einfache Fassade des Gebäudes mit Mansardendach. Im Inneren ist das **Musée du Berry** eingerichtet *(Öffnungszeiten: 10–11.30 und 14–17.30 Uhr; Di geschl.; Eintrittsgebühr)*, das archäologische und heimatgeschichtliche Abteilungen umfaßt. *Erdgeschoß:* Frühgeschichte und gallo-römische Archäologie mit Keramiken, Mosaiken, reicher Inschriftensammlung und Konsul-Diptychon aus dem Jahr 438 (Ezius-Diptychon); merowingische Grabstelen (7. Jh.). Im *ersten Stock* Heimatgeschichte und Volkskunst aus dem Berry (18.–19. Jh.).

Altstadt. – Im Viertel zwischen Place Planchat und Place Gordaine befinden sich mehrere alte Fachwerkhäuser mit spitzen Dächern und vorkragenden Geschossen. In der Rue Pelvoysin, links, die *Maison de Pelvoysin* (B2), ein spätgotisches Steinhaus, das dem Architekten der Kathedrale gehörte (15. Jh.). Zahlreiche Fachwerkhäuser befinden sich auch in der Rue Cambournac, in der auch die gotische Kirche *Notre-Dame* (B2) von 1520 mit ihrem dreigeschossigen Fassadenturm steht. In der Rue Gambon die *Maison de la Reine Blanche* (B1), ein Holzhaus mit schönem Skulpturenschmuck aus dem 16. Jh. Durch die Rue Mirebeau (auch sie säumen Häuser aus dem 15.–16. Jh.) gelangt man auf die *Place Gordaine** mit skulpturengeschmückten Fachwerkhäusern, auf der sich die Straßen der Fußgängerzone treffen. In der Rue Branly befindet sich schließlich die *Maison des Echevins* (B2), die aus zwei Baukörpern besteht: der ältere, im Hof, mit achteckigem Treppenturm, stammt aus dem 15. Jh.; links der Gebäudeteil aus dem 17. Jh.

Hôtel Lallemant* (B2-3). – *Öffnungszeiten: 10.15–16.15 oder 17.15 Uhr im Sommer; Mo geschl.; Eintrittsgebühr.* Eingang in der Rue Bourbonnoux 6; schöner Bau im Stil der Frührenaissance, im frühen 16. Jh. errichtet und im 17. Jh. umgestaltet. Die Fassade im Ehrenhof, mit Giebel aus dem 17. Jh. und Terrakotta-Medaillons, bewahrt einen zierlichen, turmähnlichen Erker; in einer Ekke Treppenturm mit schönem Portal und Fenstern und einer Loggien-Bekrönung. Im Inneren sind vor allem der Speisesaal und die Kapelle mit fein gearbeiteter Kassettendecke sehenswert; das MUSEUM umfaßt Möbel vom 16. bis zum 18. Jh., Tapisserien, Keramiken und verschiedene Kunstobjekte aus 18. und 19. Jh.

St-Pierre-le-Guillard (C2). – Gotische Kirche aus dem 13. Jh. mit Fassadenturm, drei romanischen Portalen und schönem Chor; dreischiffiges Inneres mit Umgangschor, dessen Radialkapellen im 15. Jh. hinzugefügt wurden.

UMGEBUNG – Nach **St-Amand-Montrond** (162 m), 44 km Richtung Süden über die Straße N 144. – 25,5 km: rechts Abzweigung der Straße D 14 (7,5 km) nach **Châteauneuf-sur-Cher** (138 m). Das hoch über dem Cher gelegene *Schloß (Öffnungszeiten: 10–12 und 14–17 oder 19 Uhr; Eintrittsgebühr)* besitzt einen U-förmigen Grundriß und wurde im Renaissance-Stil im 16. Jh. über einem Vorgängerbau aus dem 11. Jh. errichtet. In den Innenräumen Einrichtungsgegenstände aus dem 18. Jh. und Gemälde von Mignard und Isabey. – 35,5 km: links Abzweigung (6 km) zum **Schloß von Meillant*** *(Öffnungszeiten: 9–12 und 14–17 oder 18.30 Uhr; Eintrittsgebühr),* einem wunderschönen, von einem Park umgebenen Gebäude. Es wurde im frühen 16. Jh. für Herzog Karl II. von Amboise von italienischen Werkleuten erbaut. Während die Südfront mit den Türmen abweisend wirkt, ist die im Übergangsstil von Gotik zu Renaissance errichtete Nordfassade durch schöne Treppentürmchen belebt, deren am reichsten geschmückte die Tour du Lion ist; schöner oberer Abschluß durch Mansardenfenster mit Fialen. Im Inneren prachtvoll ausgestattete Räume und die Kapelle mit Glasfenstern aus dem 16. Jh. und flämischen und italienischen Gemälden. – Nach 40 km, links, liegt die **Abtei von Noirlac** *(Öffnungszeiten: 10–12 und 14–17 oder 18 Uhr; Di geschl.; Eintrittsgebühr),* eine Gründung der Zisterzienser: besichtigt werden können die große dreischiffige *Kirche* mit Querhaus aus dem Jahr 1170, der Kreuzgang aus dem 13.–14. Jh., der Kapitelsaal (12. Jh.), das Refektorium und die Mönchszellen. – 44 km, **St-Amand-Montrond** (12.720 Ew, 162 m), ein landwirtschaftlicher Ort mit der interessanten romanischen Kirche *St-Amand* aus dem 13. Jh. (schönes Portal).

BREST (1 A2)

Bretagne; Finistère, 160.355 Ew, 43 m. – Stadt an der bretonischen Westküste, in einer schönen Bucht; wichtigster französischer Militärhafen und beachtenswerter Güterumschlagplatz; Universitätsstadt. Die während des letzten Krieges, als sie deutsche U-Boot-Basis war, beinahe völlig zerstörte Stadt, wurde wiederaufgebaut.

Die zentrale Place Leclerc ist im Südosten durch eine breite Allee mit dem **Cours Dajot** verbunden: schöner Spazierweg auf den guterhaltenen Basteien, die Vauban im Jahre 1683 anlegen ließ: wunderschöne Aussicht*. Am Westende des Cours Dajot, an der Einmündung der Penfeld, liegt einsam am Militärhafen das **Schloß:** es wurde über den Überresten des römischen Castrums erbaut und vom 12. bis 17. Jh. ausgebaut. Heute sind hier die *Préfecture Maritime* und das MUSÉE NAVAL *(Öffnungszeiten: 9–11.30 und 14–17.30 Uhr; Di geschl.; Eintrittsgebühr),* das der Geschichte des Hafens gewidmet ist, eingerichtet.
Nördlich des Schlosses überspannt der **Pont de Recouvrance,** eine 87 m lange Brücke aus Metall, die Penfeld; in wenigen Sekunden kann sie auf eine Höhe von 48 m angehoben werden, um den Schiffen die Durchfahrt zu ermöglichen. Jenseits der Brücke die *Tour de la Motte-Tanguy* aus dem 16. Jh., in der das MUSÉE DU VIEUX BREST (heimatgeschichtliches Museum; *Öffnungszeiten: 10–12 und 14–19 Uhr; Eintrittsgebühr)* untergebracht ist.

Arsenal. – *Besichtigung für Ausländer nicht möglich.*

Musée Municipal. – *Öffnungszeiten: 10–11.45 und 14–18.45 Uhr; Di geschl.; Eintrittsgebühr.* Es hat seinen Sitz in einem modernen Gebäude auf der Place Carnot, nur wenige Schritte vom Pont de la Recouvrance entfernt. Im *Erdgeschoß* finden Ausstellungen statt; im *ersten Stock* ist die GEMÄLDESAMMLUNG untergebracht: italienische und französische Meister aus dem 17. und 18. Jh. (L. Giordano, M. Ricci, Casanova, P. Batoni, Bourdon, Coypel, Natoire), Franzosen aus dem 19. Jh. und der Moderne (Sérusier, Utrillo). Außerdem: Heiligenstatuen vom 15. bis zum 18. Jh. und eine Dudelsacksammlung.

UMGEBUNG – Nach **Plougastel-Daoulas,** 11 km Richtung Südwesten über die Straße N 165, die nach 6,5 km über den *Pont Albert-Louppe,* eine 1930 erbaute, 900 m lange und 42 m hohe Brücke über den Elorn, führt. – *Plougastel-Daoulas* (8.223 Ew, 110 m): bei der im Jahre 1950 neu erbauten Kirche befindet sich ein schöner *Kalvarienberg** aus dem Jahr 1604 mit 150 Statuen, dessen Aufbau an jenen von Guimiliau erinnert.

Zur **Pointe de Saint-Mathieu*,** 24 km Richtung Südwesten über die Straße N 789, dem westlichsten Punkt der Bretagne in prachtvoller, aussichtsreicher Lage und beherrscht von einem Leuchtturm *(Besichtigung mit Führung);* Ruinen einer Abteikirche aus dem 13.–16. Jh.

Nach **Le Folgoët*** (2.826 Ew, 75 m), 24 km Richtung Nordosten über die Straße D 788: die gotische Kirche *Notre-Dame** (15. Jh.) ist am 7.–8. September ein beliebtes Wallfahrtsziel. Die Fassade wird von zwei Türmen gesäumt; an der rechten Seitenfront befindet sich eine Kapelle mit relief- und statuengeschmücktem Portikus aus dem 15. Jh.; hinter der Kirche liegt der gotische Salaün-Brunnen aus dem 15. Jh. Im Inneren schöner spätgotischer Lettner*; schön sind auch die große Fensterrose im Chor, die Statuen und die Altäre aus dem 15. Jh. in der Kapelle.

Auf die **Insel Ouessant*** (2stündige Bootsfahrt; tägl.). Interessante Fahrt durch die Enge von Brest, vorbei an der Spitze von Saint-Mathieu, dem Four-Kanal, den Felsen der Pierres Noires und der Pierres Vertes und den Inseln Béniguet und Molène. Die 8 km lange und 3,5 km breite Insel (1.450 Ew) besteht aus einem felsigen Plateau ohne jegliche Vegetation und steil abfallenden, zerklüfteten Felsen; der Hauptort ist *Lampaul;* der schönste Aussichtspunkt ist der Leuchtturm auf der *Pointe du Stiff**.

CAEN* (4 C2)

Basse Normandie; Calvados, 117.120 Ew, 8 m. – Regions- und Département-Hauptstadt; schöne Stadt in der Normandie, am Zusammenfluß von Orne und Odon in einer sanft hügeligen Landschaft. Lieblingsresidenz Wilhelms des Eroberers im späten 11. Jh.; heute ist Caen Kunst- und Universitätsstadt, Forschungszentrum (Physik), Industriezentrum (Metallverarbeitung) und wichtiger Hafen, der mit dem Meer durch einen 14 km langen Kanal verbunden ist. Während der Kämpfe um die Normandie im Juni und Juli 1944 wurde die Stadt beinahe völlig zerstört.

Schloß* (A–B2). – Mächtige, von Wilhelm dem Eroberer nach 1066 begonnene Festung, die in den folgenden Jahrhunderten weiter ausgebaut wurde. Im großen Mauerring mit seinen Türmen aus dem 14.–15. Jh. öffnen sich zwei Tore: im Süden die *Porte sur la Ville* mit vorgelagerten Verteidigungstürmen; diesem ähnlich ist die östliche *Porte des Champs* aus dem 14. Jh. Auf dem großen Platz innerhalb der Mauern befinden sich: die Kapelle *St-George* aus dem 12.–15. Jh., das Gebäude des ehemaligen Obersten Gerichtshofes (*de l'Echiquier,* 12.–14. Jh.), der *Statthalterpalast* (Logis du Gouverneur; 17.–18. Jh.) mit dem Normandie-Museum und an der Nordseite den Überresten des quadratischen *Donjon* mit Ecktürmchen und Graben aus dem 12.–14. Jh., der 1793 zerstört wurde. In einem modernen Gebäude an der Ostseite ist das kunsthistorische Museum eingerichtet.

Musée de Normandie (A-B2). – *Öffnungszeiten: 10–12 und 14–17 oder 18 Uhr; Di geschl.; Eintrittsgebühr.* Es ist volkstümlichen Traditionen und Lebensgewohnheiten des vorigen Jahrhunderts gewidmet. Im *Erdgeschoß* Werkzeuge, Trachten und andere Gegenstände, die häusliches Leben, Landwirtschaft und Kunsthandwerk der Normandie erläutern; im *ersten Stock* eine dem vorindustriellen und sozialen Leben im vorigen Jahrhundert gewidmete Abteilung.

Musée des Beaux-Arts* (A2). – *Öffnungszeiten: 10–12 und 14–17 oder 18 Uhr; Di geschl.; Eintrittsgebühr.* Das Museum, das Meisterwerke der Malerei verschiedenster Epochen und Schulen umfaßt, wurde 1970 in diesem modernen Gebäude eröffnet. *Säle 1–3,* Frührenaissance bis 16. Jh.: Taddeo di Bartolo, Cosimo Tura (Hl. Jakobus), Roger van der Weyden (Madonna mit Kind**), Barnaba di Modena, Elfenbeinmadonna* aus dem 13. Jh., D. Beccafumi (Geburt Christi), Perugino (Verlöbnis Mariä*; Hl. Hieronymus in der Wüste), Cima da Conegliano (Triptychon), P. Bordone (Verkündigung*), Veronese (Judith und Holofernes*; Versuchung des Hl. Antonius), Tintoretto (Kreuzabnahme*); C. van Haarlem (Venus und Adonis), Francken Frans II. d. J., F. Floris, F. Pourbus. – *Saal 4,* Italiener, 17. Jh.: L. Giordano, A. Sacchi, Guercino (Coriolanus von der Mutter beruhigt*), B. Strozzi, P. Liberi, G. B. Castiglione, G. Carpioni; B. Cavallino; P. Novelli. – *Saal 5,* Flamen, 17. Jh.: Rubens (Abraham und Melchisedek*), J. Jordaens (männliches Bildnis), F. Snyders, van Dyck (Kommunion des Hl. Bonaventura), A. Govaert, G. de Laairesse. – *Säle 6–8,* Holländer: F. Bol, A. Cuyp; M. de Hondecoeter, J. van Goyen, A. van Ostade, A. van de Venne (die Ehebrecherin*), J. Asselijn, D. Fetti, I. van Ostade (geschlachtetes Schwein), Rubens (Hl. Sebastian und Georg*). – *Saal 9,* Franzosen, 17. Jh.: Ph. de Champaigne (Gelöbnis Ludwigs III.*; Verkündigung; die Samariterin), S. Bourdon, F. Verdier, N. Poussin. – *Säle 10–11,* dekorative Kunst: flämische Tapisserien (15. Jh.), Emails aus Limoges, Porzellan (18. Jh.), Möbel (18. Jh.). – *Saal 12,* Maler aus dem 18. Jh.: F. Jouvenet, H. Rigaud, R. Tournières, F. Bocher, A. Locatelli, J. Restout, Oudry. – *Säle 13–14,* Maler aus dem späten 18. und 19. Jh.: J. Pillement, E. Vigée-Lebrun, J. M. Vien, J. Restout, S. Julien, César van Loo, R. Lefèvre, P. N. Guérin, T. Chassérieu, E. Delacroix, T. Couture, T. Ribot, E.

Devéria, G. Doré, T. Géricault, F. Granet, G. Courbet (Marina*; Frau mit Schmuck), T. Rousseau, S. Lépine, C. Corot, E. Boudin, A. Vollon, C. Monet (Teich), A. J. Monticelli. – *Untergeschoß:* Keramiken; Stiche und Zeichnungen (Ingres, Tiepolo, Watteau); Maler aus dem 20. Jh.: P. Bonnard, E. Vuillard, S. Valadon, R. Dufy; V. Vasarely.

Am Fuße des Schlosses, in der Rue de Geôle 31, befindet sich die **Maison des Quatrans** (B2), ein großes, originelles zweistöckiges Fachwerkhaus mit geschnitzten Holzdekorationen aus dem 15.–16. Jh.

St-Pierre* (B2). – Gegenüber des Schlosses erhebt sich einsam die im 13. Jh. in gotischen Formen begonnene und in der reifen Renaissance im 16. Jh. vollende Kirche St-Pierre. Die spätgotische Fassade aus dem 15. Jh. wird von einem schönen normannischen Glokkenturm aus dem Jahr 1317 überragt: das 78 m hohe Gebilde wurde im Krieg getroffen und später restauriert. Rechts verläuft die schöne Seitenfront bis zur prachtvollen Apsis*, ein Meisterwerk der Renaissance-Architektur aus den Jahren 1518–1545: reicher Fialen-, Baluster- und Reliefschmuck. Dreischiffiges INNERES aus dem 13–14. Jh. mit überreicher Dekoration; die Kapitelle der Mittelschiffspfeiler stammen aus dem 14. Jh., das Triforium ersetzt eine Blendgalerie; das phantasiereiche Gewölbe in Langhaus und Apsis mit den prachtvollen hängenden Schlußsteinen stammt aus dem 16. Jh. Die vier Arkaden im Chor stützen einen reichen ornamentalen, spätgotischen Fries*; die Radialkapellen des Chorumgangs zeichnen sich an Wölbung und Pfeilern durch spätgotische Dekorationen aus.

Hôtel d'Escoville (B2). – Der schöne Renaissance-Palast rechts von der Kirche entstand in den Jahren 1535–1540 für den reichen Händler Nicolas Le Valois d'Escoville. Besonders schön im Innenhof die Bogenöffnungen zum Stiegenhaus, die Laternen und Mansardenfenster, die das Dach bekrönen, die Reliefs und die klassizierenden Statuen.

Am Boulevard des Aliés erhebt sich die Tour *Guillaume Le Roy* (B2), der einzige Überrest der einst mit dem Schloß verbundenen Mauern.

St-Jean (B2-3). – Spätgotische Kirche aus dem 15. Jh., nach den Beschädigungen aus dem Jahr 1944 restauriert, mit Fassadenturm. Dreischiffiges Inneres mit schönem spätgotischen Vierungsturm mit elliptischer Laterne. Lichtdurchfluteter Chor mit Chorumgang.

Rue St-Pierre (B2). – Belebte, an schönen Gebäuden reiche Straße. Auf Nr. 52–54 zwei *Fachwerkhäuser** aus dem 16. Jh. mit Holzstatuettenschmuck; kurz danach die Kirche *St-Sauveur* aus dem 14.–15. Jh. (auch Notre-Dame de Froide Rue genannt) mit einer spätgotischen und einer Renaissance-Apsis. Im Inneren besitzen auch die beiden Langhausschiffe verschiedene Stilmerkmale; hölzernes Tonnengewölbe.

Place St-Sauveur (B1). – Die Ostseite wird von der im Krieg zerstörten Kirche *Vieux-St-Sauveur* (12.–16. Jh.) geschlossen; auf den anderen Seiten schöne Häuser aus dem 19. Jh. und in der Mitte *Statue* Ludwigs XIV., mit Toga bekleidet.

Place Guillouard (B1). – Wunderschöner Aussichtspunkt auf die prachtvolle Apsis* der Kirche *St-Étienne* (siehe unten). Links, im Hintergrund eines großen Parks, erhebt sich die strenge Fassade der **Abbaye aux Hommes** *(Öffnungszeiten: 9–17 Uhr; Besichtigung nur mit Führung),* eine ehemalige, 1059 gegründete Benediktinerabtei, die im frühen 18. Jh. umgestaltet wurde und heute das Rathaus und ein Naturkundemuseum *(Führungen)* beherbergt. Man besichtigt den *Kapitelsaal,* die Sakristei, das Refektorium mit Einrichtungsgegenständen aus dem 18. Jh. und den Kreuzgang mit Blick auf St-Étienne. – Auf der anderen Seite des Platzes liegt die teilweise im Krieg beschädigte Kirche *Vieux-St-Étienne* aus dem 13.–16. Jh. Etwas weiter, bei der Präfektur, liegt die Kirche *Notre-Dame-de-la-Gloriette* (B1-2), ein Jesuitenbau aus den Jahren 1684–1689, der sich an das Vorbild der römischen Jesuitenkirche anlehnt; das Innere ist eine der schönsten barocken Schöpfungen* der Umgebung mit einem prachtvollen Hochaltar aus dem Jahr 1707. – Die Place Guillouard ist im Norden mit der Place Fontette verbunden: auf dieser erhebt sich der *Justizpalast* aus den Jahren 1781–1787.

St-Étienne** (B1). – Sie ist eine der schönsten romanischen Kirchen in der Normandie. Die Gründung durch Wilhelm den Eroberer reicht ins Jahr 1062 zurück; die Errichtung, vielleicht unter der Leitung des Abtes aus Pavia S. Lanfranco, dauerte nur 15 Jahre; im 12. Jh. wurde die Spitzbogenwölbung eingezogen und im 13. Jh. wurden die Turmabschlüsse erhöht und die Chorpartie gotisiert. Die einfache, durch mächtige Strebepfeiler gestützte Fassade ist durch drei Portale und zwei Fensterreihen zu je fünf Öffnungen gegliedert; hoch und mächtig die beiden dreigeschossigen Glockentürme mit ihren spitzen Helmen. Im hoheitsvollen INNEREN besticht das Langhaus durch weite romanische Arkaden und darüber verlaufende tiefe Laufgänge; Umgangschor mit Radialkapellen; der Hochaltar stammt von 1772, das Chorgestühl aus dem Jahr 1622; eine im Fußboden eingelassene moderne Inschrifttafel deutet den Ort des verschwundenen Grabes von Wilhelm dem Eroberer an.

St-Nicolas-des-Champs (B1). – Die Kirche erhebt sich neben einem alten Friedhof; sie wurde im Jahr 1083 gegründet und hat sich bis heute im romanischen Originalzustand erhalten. Die Fassade öffnet sich in einem Portikus mit drei Arkadenbogen; rechts erhebt sich der Glockenturm mit Turmhaube aus dem 15. Jh.; schöne Chorpartie.

La Trinité** (A3). – Prachtvolle romanische Kirche, die einst zur Abbaye des Dames gehörte und im Jahre 1062 von Königin Mathilde gegründet wurde; im 12. Jh. wurde die halbkreisförmige Apsis geschlossen und das Spitzbogengewölbe eingezogen. Die Fassade, die im 19. Jh. umfassend restauriert wurde, besitzt zwei Türme mit Abschlüssen aus dem späten 17. Jh. und Balustrade aus dem 19. Jh. Dreischiffiges INNERES auf weiten Rundbogenarkaden, über denen Blendbögchen und eine Galerie verlaufen; im Chor öffnen sich schöne Fenster. Im rechten Querhaus dreischiffige, ele-

Caen: St-Etienne

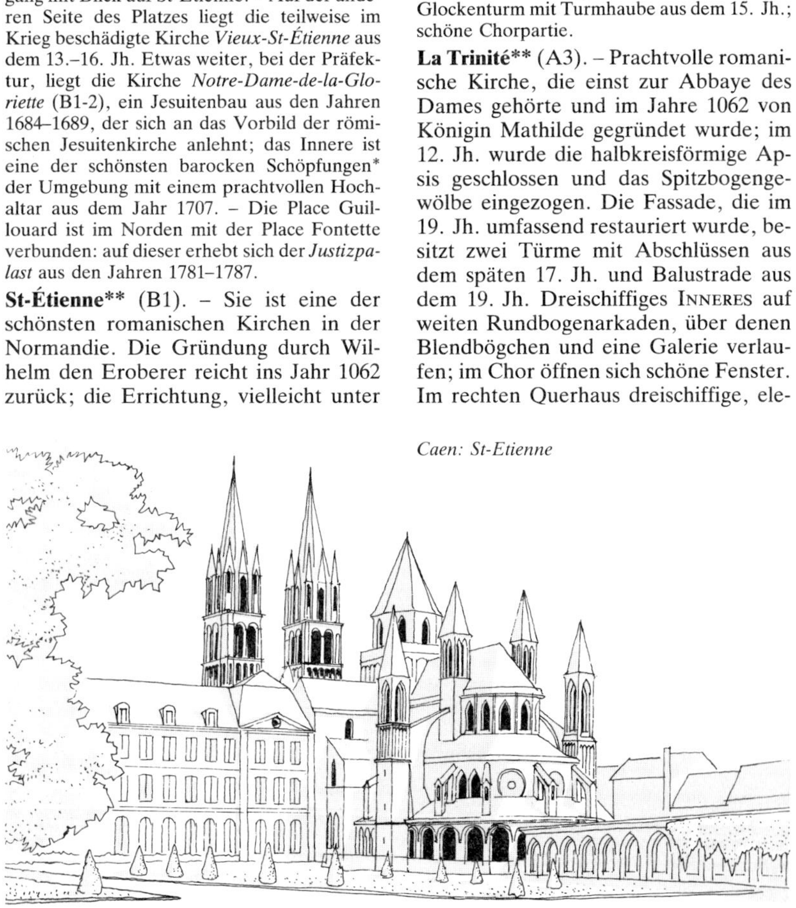

gante frühgotische Kapelle; im Chor schwarze Marmorgrabplatte, die das Grab der Königin Mathilde anzeigt. Oberhalb des Chores öffnen sich tiefe Emporen, zur Apsis öffnen sich auf zwei Zonen fünf Arkadenbogen. Unterhalb des Presbyteriums befindet sich die fünfschiffige Krypta* aus dem 11. Jh. auf gedrückten Säulen. Am Außenbau besitzt der Chor vier Geschosse: in den beiden oberen öffnen sich große Fenster, darunter verlaufen Blendbogen, und die Fenster im Untergeschoß beleuchten die Krypta.

Links von der Kirche erstreckt sich das *Hôtel-Dieu,* die einstige Abbaye aux Dames, die im Jahre 1704 erneuert wurde.

UMGEBUNG – Nach **Ouistreham-Riva-Bella** (6.143 Ew), 14 km Richtung Nordosten über die Straße D 514, einem Fischerhafen und eleganten Badeort an der Mündung der Orne; im Ort Ouistreham eine romanisch-gotische *Kirche* aus dem 11.–12. Jh.: Fassade mit dreizonigen Blendgalerien und Glockenturm aus dem 13. Jh.

Nach **Falaise** (8.820 Ew, 132 m), 34 km Richtung Südosten über die Straße N 158, mit seiner schönen beherrschenden **Burg*** *(Öffnungszeiten: 9–12 und 14–18 Uhr; Di und im Winter Mo geschl.; Eintrittsgebühr)* auf einem Felssporn über dem Ante-Tal. Die Festung aus dem 12. Jh. ist von Mauern mit Türmen aus dem 13. Jh. umgeben; auch die beiden Zugangstore stammen aus dem 13. Jh.; im Inneren der mächtige rechteckige Donjon mit romanischen Fenstern und anschließend der Petit-Donjon und die runde *Tour de Talbot.* Hier wurde im Jahr 1027 Wilhelm der Eroberer geboren und von hier aus begann im Jahre 1066 sein Feldzug zur Bezwingung Englands. Im Städtchen selbst, das einst von Mauern aus dem 13. Jh. umgeben war, von denen heute noch die Porte des Cordeliers und die Porte Philippe-Jean erhalten sind, befinden sich mehrere alte Kirchen; bei der Burg liegt die Kirche *Trinité* aus dem 13.–15. Jh. mit elegantem Renaissance-Portikus, im nördlichen Viertel befindet sich die romanisch-gotische Kirche *St-Gervais* aus dem 11.–15. Jh.: romanisches Langhaus aus dem 11. Jh. und Umgangschor aus dem 16. Jh.

Zu den Calvados-Schlössern*. Man verläßt Caen im Westen über die Straße N 13. Rechts Abzweigung auf die Straße D 170 nach, 10,5 km, *Rots* (1.075 Ew): Kirche aus dem 11.–15. Jh. mit romanischer Fassade. – 13,5 km, *Schloß von Lasson,* ein Renaissance-Bau aus dem 16. Jh. – 16,5 km, *Thaon* (1.028 Ew): außerhalb des Ortes eine eindrucksvolle romanische Kirche* aus dem 11.–12. Jh. – 18,5 km, **Schloß Fontaine-Henry*** *(Öffnungszeiten: 14.30–18.30 Uhr; Di und Fr geschl.; Eintrittsgebühr)* mit schöner, im Renaissance-Stil dekorierter Fassade aus dem Jahr 1537; im Inneren Säle aus dem 16. Jh. und einige gotische Räume aus dem 13. Jh. – Man folgt nun Richtung Westen den Straßen D 141 und dann D 22. – 24,5 km, **Schloß von Creuly** *(Öffnungszeiten: 10–12 und 14–18 Uhr; Eintrittsgebühr),* aus dem 12.–16. Jh. mit gotischen Mauern, Türmen und Donjon und Corps de Logis aus der Renaissance; im Ort romanisch-gotische *Kirche* aus dem 12. Jh. – Von hier erreicht man Richtung Süden über die Straße D 82, 27 km, das **Schloß von Brécy*** *(Öffnungszeiten: 15–18 Uhr; Mi geschl.; Eintrittsgebühr):* Wohnsitz aus dem 17. Jh. mit monumentalem Portal* und terrassenförmig angelegtem Garten, die F. Mansart zugeschrieben werden. – Die D 82 mündet in die N 13, die links wieder nach, 47 km, *Caen* zurückführt.

CALAIS (5 B1)

Nord-Pas de Calais; Pas de Calais, 77.000 Ew. – Moderne Stadt an der engsten Stelle des Ärmelkanals; wichtiger Handelshafen, Anlegestelle der Schiffe von und nach England (Dover und Folkstone) und Industriezentrum.

Altstadt. – Nördlichster Teil der Stadt, umgeben vom Kanal und den Hafenbecken; die „Insel“ ist durch Brücken mit dem Rest der Stadt verbunden. Der Wiederaufbau nach dem Krieg hat das Stadtbild vollkommen verändert: heute bestehen nur mehr auf der zentralen Place d'Armes die *Tour de Guet* aus dem 13. Jh. und in der Nähe die im 13. Jh. begonnene Kirche *Notre-Dame:* sie wurde im 16. Jh. in englischen gotischen Formen vollendet. Am Parc Richelieu liegt das moderne Gebäude des MUSÉE DES BEAUX-ARTS ET DE LA DENTELLE *(Öffnungszeiten: 10–12 und 14–17 oder 18 Uhr; Di geschl.; Eintrittsgebühr).* Im *Erdgeschoß* Skulpturen (Rodin, Bourdelle, Zadkine) und die Abteilung für Spitzen aus Calais. – Der *erste Stock* ist der Malerei gewidmet: Werke flämischer, französischer und italienischer Meister aus dem 16.–19. Jh. Westlich der Altstadt schließt die *Zitadelle* aus dem Jahr 1560 an.

Neue Stadt. – Zentrum der Industriestadt, im Süden des Hafens, ist die Place du Soldat Inconnu, die vom *Rathaus* und seinem mächtigen Beffroi (75 m) aus den Jahren 1910–1922 beherrscht wird. Gegenüber, vor dem Hintergrund des Parc St-Pierre, erhebt sich das **Denkmal der Bürger von Calais*,** ein Meisterwerk, das Auguste Rodin 1895 zur Erinnerung an die Aufopferung der Bürger von Calais während der Einfälle Eduards III. von England schuf. Im Park befindet sich das MUSÉE DE LA GUERRE *(Öffnungszeiten: 10.30–17.30 Uhr, nur im Sommer; Eintrittsgebühr),* das die Geschichte von Calais während des Zweiten Weltkrieges erläutert.

UMGEBUNG – Nach **Dunkerque** *(Dünkirchen),* 40 km Richtung Nordosten über die Straße N 40. 21 km, **Gravelines** (9.330 Ew), ein befestigter Ort mit Basteien, die Vauban 1706 errichten ließ. In der gotischen Kirche *St-Willebrod* aus dem späten 16. Jh. Holzarbeiten aus dem 17. Jh. und das Grab des Claude Berbier* von Girardon (17. Jh.). – 40 km, **Dunkerque** (*Dünkirchen;* 73.120 Ew), Handelshafen und wichtiges Industriezentrum; Passagierhafen nach und von England; im Mai und Juni 1940 war die Stadt im Zentrum des dramatischen Rückzugs der Alliierten nach

England, wobei rund 85% der Stadt zerstört wurden. Beachtenswert sind die schwer beschädigte Kirche *St-Eloi* aus dem 15. Jh. mit dem Grab des berühmten Korsaren Jean Bart aus dem 17. Jh., und der *Beffroi,* ein einsam aufragender quadratischer Turm aus dem Jahr 1440. Im MUSÉE DES BEAUX-ARTS *(Öffnungszeiten: 10–12 und 14–18 Uhr; Di geschl.; Eintrittsgebühr)* Werke von Flamen (Pourbus d. J., van Dyck, Teniers d. J.), Holländern, Franzosen (Largillière, Robert, Corot) und Italienern (Magnasco). – Im Osten der Stadt liegt **Malo-les-Bains,** ein Badeort mit schönem Strand. – 9 km südöstlich, an der Straße D 916, befindet sich **Bergues** (4.490 Ew), ein von *Mauern** aus dem 17. Jh. umschlossener Ort; *Beffroi* (erneuert) aus dem 16. Jh. und reiches MUSEUM *(Öffnungszeiten: 10–12 und 14–17 Uhr; Fr geschl.; Eintrittsgebühr)* für Malerei: van Dyck (Bildnis des Ferdinand von Österreich*), Jordaens, P. Bril, S. de Vos, J. van Oost, Brueghel d. Ä., Rubens, Ph. de Champaigne, Largillière, G. de La Tour.

CARNAC* (1 B3)

Bretagne; Morbihan, 3.964 Ew, 22 m. – Dorf an der Südküste der Bretagne, in einem weltweit für seine prähistorischen Denkmäler bekannten Gebiet; gutbesuchter Badeort ist der Vorort *Carnac-Plage.*

St-Cornély. – Kirche aus dem 17. Jh. im Ortszentrum, links flankiert von einem Baldachin-Portikus aus dem Jahr 1792; dreischiffiges Inneres mit lebhaft bemalter Holzwölbung (1730–1732); Kanzel und Chorschranke sind schöne schmiedeeiserne Arbeiten aus dem späten 18. Jh.

Musée Miln-Le-Rouzic*. – *Öffnungszeiten: 10–12 und 14–17 oder 18 Uhr; Eintrittsgebühr.* Es ist in der Rue des Corrigans untergebracht und ist vor allem lokalen Funden aus Paläolithikum, Mesolithikum und Neolithikum (Hakken*) gewidmet; außerdem Funde aus der Bronze- und Eisenzeit, römische und mittelalterliche Objekte. In einem Bau befinden sich Gipskopien der wichtigsten Zeichnungen auf megalithischen Denkmälern aus der Umgebung.

Tumulus St-Michel. – Ca. 400 m nordöstlich des Ortes liegt dieser künstliche, 12 m hohe und an der Basis 125 m breite Hügel, auf dessen Gipfel sich die Kapelle St-Michel erhebt (weite Aussicht). Im Tumulus *(Öffnungszeiten: 10–12 und 14–18 Uhr; Besichtigung nur mit Führung)* öffnet sich ein künstlicher Gang, der zu den prähistorischen Kammern des Hünengrabes führt; die Funde sind im Museum ausgestellt.

Megalithische Denkmäler.** – In keinem anderen Gebiet der Welt befinden sich so viele Denkmäler dieser Art. Sie wurden von bretonischen Bevölkerungen zwischen 6000 und 2000 v. Chr. errichtet und bestehen aus *Menhiren* und *Dolmen:* erstere sind vertikal aufgestellte, roh behauene Felsen, die vielleicht dem Sonnenkult dienten, und zweitere niedrige, überdeckte Steine, die als Grabkapellen dienten. Der Besichtigungsweg führt über die Straße D 196 Richtung Auray. 1 km, **Ménec*,** die eindrucksvollste Aneinanderreihung von Menhiren: 1.099 Felsen sind in 11 Reihen auf 1.167 m aufgereiht. – 2,5 km, **Kermario,** Dolmen und 1.029 Menhire in 10 Reihen auf 1.120 m. – 3,7 km, 3,5 m hoher *Tumulus von Kercado* über einem künstlichen Raum. – 4,3 km, **Kerlescan,** 594 Menhire in 13 Reihen auf 880 m, und Halbkreis *(Cromlech)* aus 39 Menhiren.

UMGEBUNG – Nach **Locmariaquer*** (1.289 Ew), 13 km Richtung Südosten über die Straße D 781, einem ebenfalls für seine megalithischen Denkmäler berühmten Ort. Vor der Ortseinfahrt, rechts, liegen der *Menhir von Mane Lud* und der **Mener-Hroëc'h*** (Zauberstein) oder *Grand Menhir,* der mit einer Höhe von 20,30 m der höchste bekannte Menhir ist (heute besteht er aus vier großen Fragmenten). Rechts die *Table des Marchands*,* ein mächtiger Dolmen mit Granitplatte und Skulpturenüberresten. Nach dem Ort, rechts, liegen der 12 m hohe *Tumulus von Mané-er-Hroëc'h* (Zauberberg) und der *Dolmen der Pierres-Plates,* dessen Platten innen mit Sgraffiti geschmückt sind.

Carnac: Menhir-Reihen

Nach **Kerzerho,** 8 km Richtung Nordwesten über die Straße D 781. 4 km, rechts, 8 Menhire des *Vieux Moulin.* – 6 km, rechts, **Crucuno:** großer Dolmen in Form einer Kammer, 22 kreisförmig angeordnete Menhire (Cromlech) und *Dolmen von Mané-Groac'h* in Form eines gedeckten Durchgangs. – 8 km, rechts, **Kerzerho*,** 1.129 Menhire auf einer Länge von 2.105 m.

Nach **Quiberon** (4.723 Ew), 18 km Richtung Südwesten über die Straßen D 781 und D 768, einem Badeort an der Spitze der gleichnamigen Halbinsel: 9 km langes und 2–3 km breites Granitplateau mit hohen, zerklüfteten Klippen, das Wind und Meer besonders im Westteil *(Côte Sauvage*)* ausgesetzt ist. – Quiberon ist auch Ausgangspunkt für Ausflüge (15 km südlich; 1 Stunde mit der Autofähre) auf die **Belle-Ile**,** die größte bretonische Insel (17 km lang und 5–9 km breit), die durch besonders mildes Klima begünstigt ist und sich durch üppige Vegetation auszeichnet. Hauptort und -hafen ist *Le Palais* (2.649 Ew) mit einer *Zitadelle* aus dem Jahr 1549.

CHÂLONS-SUR-MARNE (7 A2)

Champagne-Ardenne; Marne, 54.359 Ew, 83 m. – Auf eine römische Gründung *(Catalaunum)* zurückgehende Département-Hauptstadt in der Champagne, am rechten Marne-Ufer im Zentrum eines berühmten Weinbaugebietes.

Notre-Dame-en-Vaux*. – Strenger romanischer Bau aus dem 12. Jh. mit gotischen Abschlüssen. Mächtige Fassade mit seitlichen quadratischen Türmen, die im 16. Jh. mit Aufsätzen und Fialen aus Blei versehen wurden. Dreischiffiges INNERES auf stämmigen romanischen Pfeilern; darüber die gotischen Emporen, das Triforium und große Fenster; auch um Querhaus und Umgangschor ziehen sich Emporen. In den Seitenschiffen schöne Glasfenster* aus dem 16. Jh.

Musée du Cloître de Notre-Dame-en-Vaux. – *Öffnungszeiten: 10–11.30 und 14–17 oder 18 Uhr; Di geschl.; Eintrittsgebühr.* An der linken Seite der Kirche, in der Rue Nicolas-Durand, befindet sich die Stätte des romanischen Kreuzgangs; die Überreste der im Jahr 1759 zerstörten Anlage, einschließlich der plastischen und schmückenden Elemente der Galerien, wurden 1963–1976 ausgegraben. In einem angrenzenden Gebäude sind Statuen und einige rekonstruierte Arkaden mit gekoppelten Säulchen (um 1170–1180 datiert) ausgestellt.

An der Südseite der Place Godard befindet sich das **Musée Municipal** *(Öffnungszeiten: 14–18 Uhr; Di geschl.)* mit Abteilungen für Naturgeschichte, Archäologie, Kunstgewerbe und Malerei: Flamen (de Momper, Wouwermans), Franzosen (Nonotte, Daubigny) und eine Bernardino di Mariotto zugeschriebene Madonna. Sehr interessant ist auch die Sammlung indischer Götterstatuen aus dem 16.–17. Jh.

St-Alpin. – In der Fußgängerzone, bei der Place de la République, liegt diese gotische Kirche aus dem 12.–16. Jh. mit dreischiffigem Inneren und Umgangschor; in den rechten Kapellen beachtenswerte Grisaille-Glasfenster* aus dem Jahr 1530. In der nahe gelegenen Rue Pasteur befinden sich das MUSÉE GARINET (Inneneinrichtung aus dem 19. Jh.) und das MUSÉE GOETHE–SCHILLER mit persönlichen Erinnerungsstücken der beiden Dichter.

Kathedrale St-Étienne*. – Der gotischen Kirche aus der zweiten Hälfte des 13. Jhs. ist eine klassizierende Fassade aus dem Jahr 1634 vorgeblendet. Schöne Seitenfronten mit doppelter Fensterreihe und Strebepfeilern aus dem 13. Jh. An die nördliche Stirnwand des Querhauses lehnt sich der romanische Glokkenturm aus dem 12. Jh., während sich auf der gegenüberliegenden Seite ein gotischer Turm aus dem 13. Jh. erhebt. Lichtdurchfluteter dreischiffiger INNENRAUM auf Pfeilern mit Triforium, Querhaus und Umgangschor; wertvolle Glasfenster aus dem 13.–16. Jh. (man beachte vor allem jene in den Kapellen und im rechten Querhaus); Baldachin-Hochaltar aus dem Jahr 1686. Reicher *Domschatz* mit Emails aus Limoges aus dem 13. Jh. und seltenen Glasfenstern* aus dem 12. Jh.

UMGEBUNG – Nach **L'Épine** (371 Ew, 151 m), 8 km Richtung Nordosten über die Straße N 3, einem Ort, der für seine Basilika **Notre-Dame*** berühmt ist, die aus der eintönigen Ebene aufragt. Die Kirche ist ein spätgotisches Meisterwerk aus den Jahren 1410 bis 1524. Reichgeschmückte Zweiturmfassade (der Aufsatz des linken Turms ist erneuert) mit drei tiefen Trichterportalen, Galerie und großer mittlerer Fensterrose; am Mittelportal Tympanonreliefs (Geburt, Leidensgeschichte und Auferstehung Christi) und großes Kruzifix im Giebelfeld; ein anderes schönes Portal öffnet sich an der rechten Querhausstirnwand. Helles dreischiffiges Inneres mit Triforium; ein Lettner auf Arkaden trennt Langhaus und Chor; der Chor wird von einer marmornen Schranke im Übergangsstil von Gotik zu Renaissance umschlossen; in der rechten Arkade des Lettners befindet sich die verehrte Madonnenstatue der Notre-Dame de l'Épine aus dem 14. Jh.

Nach **Épernay** (28.896 Ew, 72 m), 34 km Richtung Nordwesten über die Straße D 3, einem Städtchen am linken Marne-Ufer, das für seine Weine bekannt ist (Champagner). In der zentralen Avenue de Champagne befindet sich das MUSEUM *(Öffnungszeiten: 9–12 und 14–17 oder 18 Uhr; Eintrittsgebühr),* das dem Wein, der Archäologie und der Urgeschichte des Gebietes gewidmet ist. In derselben Straße befinden sich auch die bekannten Kellereien („Caves“) von *Moët et Chandon* (Nr. 18) und *Mercier* (Nr. 75): die kilometerlangen Gängelabyrinthe mit den „pupitres“, in denen der Flaschenwein nach der Champagner-Methode fermentiert, können besichtigt werden.

CHALON-SUR-SAÔNE (**13** A2)

Bourgogne; Saône-et-Loire, 57.967 Ew, 179 m. – Binnenhafen und lebhaftes Industrie- (Glas, Metallverarbeitung) und Handelszentrum am rechten Saône-Ufer, an der Einmündung des Canal du Centre. In Chalon wurde Joseph Nicéphore Niepce (1765–1833) geboren, der als Erfinder der Photographie gilt.

Place de l'hôtel-de-ville. – Der Platz bildet das städtische Verwaltungszentrum. Im *Rathaus*, einem ehemaligen Karmeliterkloster, befindet sich auch die Bibliothek. Daneben erhebt sich die elegante barocke Kirche *St-Pierre* aus dem Jahr 1713 mit achteckiger Kuppel. Gegenüber liegt das wichtige Musée Denon.

Musée Denon. – *Öffnungszeiten: 9.30–12 und 14–17.30 Uhr; Di geschl.; Eintrittsgebühr.* Die archäologische und kunsthistorische Sammlung ist in den Räumlichkeiten eines Ursulinenklosters aus dem 18. Jh. eingerichtet. *Untergeschoß:* regionale Ausgrabungen mit Funden aus Ur- und Frühgeschichte, Römerzeit (Gladiator mit Löwe aus dem 1. Jh. n. Chr.) und Merowingerzeit. – *Erdgeschoß:* Malerei. Italiener: B. Strozzi, L. Giordano (drei große Gemälde), F. Solimena, S. Rosa, L. Bassano, Guercino-Zuschreibung; Flamen und Holländer: H. de Clerk, D. de Heem; Franzosen: Ch. van Loo, Largillière, J. Parrocel, Géricault (Mohren-Bildnis), Charlet, T. Couture, E. Raffort. Außerdem mittlelalterliche Tafelbilder, Goldschmiedekunst und vor allem halbkreisförmige Glasfenster* aus dem 13. Jh., die einst die Ste. Chapelle in Paris schmückten.

Durch die Rue du Châtelet und die Rue St-Vincent, beide sind Fußgängerzonen, durchquert man das Zentrum mit seinen schönen Fachwerkhäusern und gelangt zur Kirche St-Vincent.

St-Vincent. – Ehemalige Kathedrale im romanisch-burgundischen Stil mit Seitenschiffen und Querhaus aus dem 12. Jh., gotischer Apsis* (13. Jh.) und neugotischer Fassade aus dem vorigen Jahrhundert. Im dreischiffigen Inneren mit Radialkapellen stammen die oberen Teile, wie das Triforium im Langhaus (13. Jh.) und der elegante Chor (13. Jh.), aus der Gotik; Gräber aus dem 15. und 16. Jh. An das rechte Querhaus schließt der *Kreuzgang* aus dem 15. Jh. an: in der Galerie vier Heiligenstatuen.

Hôpital. – Das Spital liegt auf der Saône-Insel und bewahrt noch die Apotheke aus dem 18. Jh. und die elegante Kapelle mit Glasfenstern aus dem 16. Jh. und einer Beweinung Christi aus dem 15. Jh. – Neben dem Spital erhebt sich die hohe gotische *Tour du Doyenné* (15. Jh.), die sich einst bei der Kathedrale befand und erst 1928 hier aufgestellt wurde.

Musée Niepce. – *Öffnungszeiten: 9.30–11.30 und 14.30–17.30 Uhr; Di geschl.; Eintrittsgebühr.* Das Museum am Saône-Ufer, bei der *Statue* des Erfinders der Photographie Nicéphore Niepce (er erfand die Photographie im Mai 1816), erläutert mit alten Photographien, Apparaten und zeitgenössischen Werken die Geschichte der Photographie von ihren Anfängen bis in die Gegenwart.

CHAMBORD** (**11** B2)

Centre; Loire-et-Cher, 206 Ew, 71 m. – Am linken Loire-Ufer, nur wenige Kilometer von Blois entfernt, liegt das größte aller Schlösser des Loire-Tals, das von einem ausgedehnten Park und dem Wald von Boulogne umgeben ist.

Schloß**. – *Öffnungszeiten: 9.30–12 und 14–17, 18 oder 19 Uhr; Eintrittsgebühr.* Es liegt abgeschieden inmitten des 5.500 ha großen *Parks**, einem ehemaligen königlichen Jagdrevier, in dem auf freier Wildbahn Hirsche, Wildschweine und Hirschkälber leben; die Umfassungsmauer hat eine Länge von 32 km. Das Schloß ist das prunkvollste aller Loire-Schlösser und war bevorzugter Aufenthaltsort von zahlreichen französischen Königen. Der Bau wurde im Jahr 1519 von Franz I. begonnen und nach 15jähriger Bauzeit vollendet. Es zeigt vor allem in den Dekorationsformen italienischen Einfluß, kann aber als eines der Hauptwerke französischer Renaissance-Architektur gelten; nur mehr der Grundriß erinnert an mittelalterliche Burgen. Die Anlage besteht aus einem rechteckigen, teilweise von Burggräben umgebenen Baukörper (156 × 117 m) mit runden Ecktürmen. Den inneren Kern bildet ein Quadrat mit weiteren vier zylindrischen Türmen; die Dachzone wird belebt durch einen Wald von Mansardenfenstern, Türmchen, Kaminen und anderen reich dekorierten Aufsätzen. Besonders schön ist die Nordwestfassade mit den wuchtigen vier Rundtürmen und den weißen Seitenflügeln, die sich vom grünen Gras deutlich abheben. Der Eingang liegt an der Südost-Seite und führt durch die *Porte Royale* in den Vorhof, der den Blick auf

Chambord: Schloß

den mächtigen zentralen Baukörper freigibt. INNERES. Im Zentrum befindet sich die prachtvolle Wendeltreppe* mit zwei unabhängigen Läufen, die in die oberen Geschosse führt. In den 365 Räumen des *ersten Stocks* haben sich kaum Erinnerungsgegenstände aus der Geschichte des Schlosses erhalten. Ausnahmen sind die rekonstruierten Appartements von Franz I. und Ludwig XIV. mit Tapisserien, Gemälden und rekonstruierten Originalmöbeln, und einige Objekte, die an Karl X., Herzog von Chambord (gestorben 1836 in Görz), erinnern. Im *zweiten Stock* ist in fünf Räumen ein Jagdmuseum mit Trophäen und Tapisserien eingerichtet. Die Decken tragen die Initialen Franz' I. Darüber liegt die große Terrasse*, mitten im Wald der phantasievollen Dachaufsätze, von denen sich besonders die prunkvoll geschmückte Laterne der Treppe abhebt; in den Medaillons der Salamander, das Symbol Franz' I.; schöner Blick auf den Park.

UMGEBUNG – Zum **Schloß von Cheverny,** 17 km Richtung Südwesten über die Straßen D 112 und D 102, einem eleganten Herrschaftssitz mit großem Park, der in der ersten Hälfte des 17. Jhs. für Henri Hurault de Cheverny erbaut wurde und noch heute im Besitz der Familie ist. In den Innenräumen *(Öffnungszeiten: 9–12 und 14.15–17 oder 19 Uhr; Besichtigung nur mit Führung; Eintrittsgebühr)* Einrichtungsgegenstände aus der Errichtungszeit. Im *Erdgeschoß* unter den Gemälden ein weibliches Bildnis von Mignard; Speisesaal mit Gemälden von J. Mosnier (17. Jh.; Szenen aus dem Don Quijote); flämische Tapisserien aus dem 17. Jh. Über eine schöne Steintreppe gelangt man in den *ersten Stock* zum Waffen- und Königssaal: schöne Decken, Kamine, Möbel und prachtvolle Tapisserien nach Entwürfen von Simon Vouet. Beim Eingang, in den ehemaligen Stallungen, befindet sich der Trophäen-Saal mit mehr als 2.000 Hirschgeweihen.

CHANTILLY** (6 C3)

Ile-de-France; Oise, 10.684 Ew, 57 m. – Malerisches Städtchen am Rande des gleichnamigen Waldes im Nonette-Tal, berühmt für sein Schloß, ein wahrer kunsthistorischer Schrein, seinen Park und die wichtige Pferderennbahn. *Ausführliche Beschreibung siehe Kümmerly + Frey Reiseführer Paris und Umgebung.*

Schloß**. – *Öffnungszeiten: 10.30–18 oder 17 Uhr; Di geschl.; Besichtigung nur mit Führung; Eintrittsgebühr.* Eine der berühmtesten Schloßanlagen von Frankreich, die 1528–1559 von Pierre Chambiges und Jean Bullant für Anne de Montmorency errichtet wurde; im Jahre 1886 kam es in den Besitz des Institut de France. Das *Petit-Château* ist der Gründungsbau aus dem Jahr 1550; das *Grand-Château* im Osten wurde in den Jahren 1876–1882 für den Herzog von Aumale, der die Anlage 1830 erworben hatte, errichtet. In beiden Gebäuden ist das **Musée Condé**** untergebracht. Es umfaßt mehr als 500 Gemälde, 2.500 Zeichnungen und Stiche, mehr als 3.000 Keramiken, Skulpturen und Emails und mehr als 4.000 Münzen. Alle ausgestellten Werke sind von höchstem künstlerischen Wert (so etwa die „Très riches Heures du Duc de Berry", bestehend aus 40 Miniaturen, die Drei Grazien von Raphael oder das Bildnis von Gaston von Frankreich von Van Dyck). Reich und sehenswert ist auch die *Bibliothek.*

Park**. – Sehenswert sind vor allem die in einem von Le Nôtre entworfenen Garten liegende **Maison de Sylvie,** ein zierlicher Pavillon aus dem Jahr 1684, und der sogenannte **Hameau** aus dem

Jahr 1774 mit seinen bäuerlichen Häusern. Das runde Wasserbecken umsäumen Statuen von Persönlichkeiten, die das Schloß besuchten.

Grandes Écuries*. – *Öffnungszeiten: Sa und So 14–18 Uhr; Eintrittsgebühr.* Die Stallungen wurden in den Jahren 1719–1735 erbaut und boten 240 Pferden und 520 Jagdhunden Platz. Die Pferderennbahn wurde 1834 eröffnet.

Im Süden der Stadt erstreckt sich der prachtvolle **Wald von Chantilly****.

CHARLEVILLE-MÉZIÈRES (7 A1)

Champagne-Ardenne; Ardennes, 61.558 Ew, 150 m. – Département-Hauptstadt, beachtenswertes Handels- und Industriezentrum, das sich aus den beiden an der Maas gelegenen Gemeinden *Mézières* und *Charleville* zusammensetzt. Charleville erhielt den Namen bei seiner Gründung im Jahre 1606 durch Herzog Carlo Gonzaga. Hier wurde im Jahr 1854 der Dichter Arthur Rimbaud geboren.

Mézières liegt auf einer Halbinsel. Im Zentrum des Ortes, von dessen *Verteidigungsmauern* aus dem 16. Jh. sich die Tour du Roi und die Tour Milart erhalten haben, erhebt sich die spätgotische Kirche *Notre-Dame-d'Espérance* aus dem 16. Jh. mit schönem Renaissance-Turm aus den Jahren 1586–1626; im fünfschiffigen Inneren mit Netzgewölben mit großen hängenden Schlußsteinen befindet sich die verehrte Statue der Schwarzen Madonna.

Charleville wurde im frühen 17. Jh. von Carlo Gonzaga, dem Herzog von Nevers und Mantua, sowie Statthalter der Champagne, gegründet. Im Stadtzentrum öffnet sich die große rechteckige *Place Ducale** (126 × 90 m), die von gleichförmigen Palais mit Arkaden von Clément Métezeau (1608) umsäumt wird; in der Mitte Denkmal für Carlo Gonzaga von A. Colle (1899). Im Norden des Platzes, an der Maas, liegt der *Vieux-Moulin,* die alte herzogliche Mühle (17. Jh.) in klassizierenden Formen. Hier haben das Musée Rimbaud *(Öffnungszeiten: 9–12 und 14–18 Uhr; Mo geschl.; Eintrittsgebühr),* das dem in Charleville geborenen Dichter (1854–1891) gewidmet ist, und das Musée de l'Ardenne ihren Sitz: in letzterem Heimatgeschichte, lokale Archäologie, Keramiken und Malerei.

Umgebung – Nach **Rocroi** (2.911 Ew, 377 m), 29 km Richtung Nordwesten über die Straßen N 43 und N 51; der Ort wurde berühmt durch die Schlacht, die der Fürst von Condé am 19. Mai 1643 während des Dreißigjährigen Krieges gegen die Spanier gewann. Die Befestigungen (1555 begonnen und 1691 von Vauban vollendet) bilden ein Zehneck mit sternförmigen Basteien und sind ein schönes Beispiel militärischer Architektur. Das Museum *(Öffnungszeiten: im Sommer 14–19 Uhr; Mo und Di geschl.; Eintrittsgebühr)* bietet eine Dokumentation über die Befestigungen und die hier gefochtenen Schlachten.

Nach **Sedan** (24.535 Ew, 157 m), 22 km Richtung Südosten über die Autobahn A 203, einem berühmten Festungsort 14 km von der belgischen Grenze entfernt; am 1. September 1870 wurde hier die Schlacht geschlagen, die zum Sturz Napoleons III. durch Preußen führte. Auf der Place du Château liegen das *Château Bas* aus dem Jahr 1614 und das mächtige **Château-fort*** *(Öffnungszeiten: 10–18 Uhr; Eintrittsgebühr),* das 1430 begonnen und im 16. und 17. Jh. weiter befestigt wurde: es gilt als ein Hauptwerk militärischer Ingenieurskunst. In der südlichen Galerie ist das Museum mit archäologischen Funden und heimatgeschichtlicher Dokumentation eingerichtet. [17 km südöstlich, über die Straße D 964, liegt **Mouzon** (3.240 Ew, 256 m) mit der gotischen Kirche *Notre-Dame* aus dem 13. Jh.: Zweiturmfassade mit drei Portalen, deren mittleres mit Statuen und Reliefs geschmückt ist; elegantes dreischiffiges Inneres auf Rundpfeilern, mit Emporen, Triforium und schmalen Fenstern.]

CHARTRES** (5 B4)

Ile-de-France; Eure-et-Loire, 41.251 Ew, 142 m. – Malerische Stadt gallorömischen Ursprungs *(Autricum)* auf einer Terrasse am linken Eure-Ufer, am Rande des Beauce-Hochplateaus; Umschlagplatz für landwirtschaftliche Güter und dank seiner Kathedrale, die zu den baulichen Meisterwerken Frankreichs zählt, Kunstzentrum ersten Ranges; Bischofssitz. *Ausführliche Beschreibung siehe Kümmerly + Frey Reiseführer Paris und Umgebung.*

Kathedrale Notre-Dame**. – Die Kirche, eines der Hauptwerke der französischen Gotik, wurde in den Jahren 1194–1225 errichtet; auf Grund der kurzen Bauzeit zeichnet sie sich durch eine außergewöhnliche Stileinheit aus. Das sogenannte **Königsportal**** an der Fassade, das ebenso wie der gesamte untere Fassadenkörper noch vom Vorgängerbau aus dem 12. Jh. stammt, ist ein Meisterwerk spätromanischer Plastik (1145–1155). Besonders schön sind die Gewändefiguren mit ihren überlängten Proportionen und im mittleren Tympanon Christus mit den vier Evangelistensymbolen. Schön sind auch die ebenfalls reich mit Plastiken geschmückten **Portale**** an der **Süd-** und **Nordseite** (1220–1225; das erstere ist dem Neuen, das zweite dem Alten Testament gewidmet).

Dreischiffiges Inneres in reinsten gotischen Formen mit dreischiffigem Querhaus und doppeltem Chorumgang. Oberhalb des Triforiums verlaufen die den Raum warm beleuchtenden 176 **Glasfenster**** aus dem 12.–13. Jh., die das wertvollste Ensemble dieser Art bilden. Den Chor umschließt eine wundervolle Steinschranke* mit 200 Statuen aus der Renaissance. Unterhalb der Kirche öffnet sich die größte KRYPTA Frankreichs.

Museum*. – *Öffnungszeiten: 10–12 und 14–17 oder 18 Uhr; Di geschl.; Eintrittsgebühr.* Die interessante Kunstsammlung (Gemälde, Keramiken, Tapisserien, Möbel, Rüstungen) ist im schönen bischöflichen Palais aus dem 16.–18. Jh. eingerichtet.

Sehenswert ist auch die Kirche **Saint-Pierre***, die einst zu einer Benediktinerabtei gehörte, und deren Bauteile aus dem 12. (Apsis), 13. (Langhaus) und 14. Jh. (Chor) stammen; im lichtdurchfluteten Inneren schöne Glasfenster aus dem 14. und 16. Jh.

CHÂTEAUROUX (**11** B3)

Centre; Indre, 53.997 Ew, 154 m. – Département-Hauptstadt und Industriezentrum (Tabak) an der Indre, im Berry.

Musée Bertrand. – *Öffnungszeiten: 9.30–12 und 14–17 oder 18 Uhr; Mo geschl.; Eintrittsgebühr.* Es befindet sich in einem Palais aus dem 18. Jh., das einst dem napoleonischen, in Châteauroux geborenen General Bertrand (1773–1844) gehörte, und ist vor allem Erinnerungen an die Napoleonische Zeit gewidmet; die Räume sind geschmückt mit Kunstgegenständen (Emails aus Limoges), Zeichnungen berühmter Meister aus dem 18. und 19. Jh. und Gemälden verschiedener Epochen (P. Bril, S. Rosa, Diaz de la Pena, Guillaumin, Ziem); außerdem beachtenswerte archäologische gallo-römische Funde (Grabstelen) und mittelalterliche Kunst (Tympanon mit Christus in der Mandorla* aus dem 12. Jh.).

Château Raoul. – Elegantes Gebäude im Übergangsstil von Gotik zu Renaissance aus dem 15. Jh. (heute Präfektur), im Park am Ufer der Indre gelegen; hier befindet sich auch ein Turm aus dem 16. Jh. vom rekonstruierten Château du Parc.

Abtei von Déols. – 2 km nördlich, im Vorort Déols (10.693 Ew) erhebt sich die große romanisch-gotische Kirche *St-Étienne* (12.–15. Jh.); im Inneren das Grab des Hl. Ludre* in einem wunderschönen, mit Reliefs geschmückten römischen Sarkophag aus dem 3. Jh. Beachtenswert sind auch die zinnenbekrönte *Porte de l'Horloge* (15. Jh.) und der romanische Glockenturm* (12. Jh.) der heute verschwundenen Abtei, die von Papst Paschalis II. im Jahre 1106 geweiht wurde.

UMGEBUNG – **Fahrt durch das Land der George Sand,** 82 km, ein Ausflug höchsten künstlerischen und historischen Interesses. – Man verläßt Châteauroux im Süden über die Straße D 990, die den großen *Wald von Châteauroux* durchquert. – 27 km, man folgt der Straße D 927. – 29 km, **Neuvy-Saint-Sépulcre** (1.777 Ew) verdankt den Ortsnamen der wunderschönen romanischen *Kirche** aus dem 12. Jh., einem Zentralbau mit dreizoniger Arkadengliederung; daneben eine *Kapelle* aus dem 11.–12. Jh. [5 km nördlich liegt das Schloß *Lys-Saint-Georges* (15. Jh.), in dem der Herzog von Mailand Ludovico il Moro im Jahre 1500 vor seiner Umsiedlung nach Loches gefangengehalten wurde.] – Man folgt der Straße D 51. – 38 km, *Burg von Sarzay* aus dem 13. Jh., die von George Sand beschrieben wurde. – Weiter auf der Straße D 41A. – 46 km, **La Châtre** (5.142 Ew, 222 m). Im Schloß aus dem 15. Jh. befindet sich das MUSÉE GEORGE SAND ET DE LA VALLÉE NOIRE *(Öffnungszeiten: 9.30–11.30 und 14–17.30 Uhr; Eintrittsgebühr)*, das der berühmten Schriftstellerin und der Heimatgeschichte gewidmet ist. – Man folgt der Straße D 943. – 52 km, **Nohant** (200 m), ein romantisches Dorf, in dem George Sand ihre Kindheit verbrachte und später auch bis zu ihrem Tod im Jahre 1876 wohnte. Das *Schloß (Öffnungszeiten: 9–11.45 und 14–16 oder 18 Uhr; Di geschl.)* aus dem 18. Jh. gehörte einst George Sand und beherbergt heute ein Museum. – 54 km, **Vic** (238 m): in der romanischen Kirche *St-Martin* wichtige Fresken* aus dem 12. Jh. – 82 km, *Châteauroux.*

Nach **Argenton-sur-Creuse** (108 m), 31 km in südlicher Richtung auf der Straße N 20. – Links der Straße, das Tal der Bouzanne beherrschend, die eindrucksvollen mittelalterlichen Türme von *Prunget* und *Mazières* aus dem 14. Jh. – 31 km, **Argenton-sur-Creuse** (6.763 Ew, 108 m), Städtchen mit alten Häusern mit Spitz- und Türmchendächern, die zu beiden Seiten der Creuse stehen; vom *Pont-Vieux* schöner Blick auf den Fluß.

Nach **Vierzon** (122 m) 58 km auf der Straße N 20 Richtung Nordosten. – Man verläßt Châteauroux über den Vorort *Déols* (siehe oben). – 48 km, *Massay* (1.251 Ew, 123 m); die *Kirche** aus dem 12.–16. Jh. war einst Bestandteil einer Benediktinerabtei, von der Überreste aus dem 12.–13. Jh. erhalten sind; sehenswert sind die romanische Kapelle und der Kapitelsaal. – 58 km, **Vierzon** (36.514 Ew, 122 m), eine Industriestadt am Zusammenfluß von Yèvre und Cher.

CHÂTILLON-SUR-SEINE (**13** A1)

Bourgogne; Côte-d'Or, 7.963 Ew, 224 m. – Burgundisches Städtchen an zwei Seine-Armen, im Norden des ausgedehnten Waldes von Châtillon; es ist berühmt für seine archäologischen Schätze.

Musée*. – *Öffnungszeiten: 9–12 und 14–18 Uhr; im Winter 14–17 Uhr; Eintrittsgebühr.* Es befindet sich in der Rue du Bourg 7 in der wunderschönen *Maison Philandrier** aus der Renaissance und ist Kunst und Archäologie gewidmet. ERDGESCHOSS: romanische und gotische Skulpturen (13.–16. Jh.); Grablegung aus dem Jahr 1527. – ERSTER STOCK, klassische Archäologie: griechischer

Bronze-Echinus* aus dem 6. Jh. v. Chr.; **Vase aus Vix**,** ein großer griechischer Bronze-Mischkrug aus dem 6. Jh. v. Chr. (1,64 m hoch und 1,45 m breit) mit Krieger-Fries; griechisches Gold-Diadem*; griechische und gallo-römische Statuetten; gallo-römischer Bacchus aus Bronze aus dem 1. Jh. n. Chr. – ZWEITER STOCK: gallo-römischer Hausrat.

Dem Museum gegenüber befindet sich die romanische Kirche *St-Nicolas* (12. Jh.) mit gotischer Apsis aus dem Jahr 1536; in den Seitenschiffen Glasfenster aus dem 16. Jh. (restauriert).

St-Vorles. – Die Kirche stammt aus dem späten 10. Jh., der Vierungsturm aus dem 12. Jh.; dem Inneren ist ein Narthex vorgelagert; die sehr alte Krypta wird als St. Bernhard-Kapelle bezeichnet; im linken Querhaus Fresken aus dem 15. Jh. – Bei der Kirche liegen die Ruinen der *Burg* der Herzöge von Burgund (14. Jh.) und die *Tour Gissey* aus dem 14. Jh. – Etwas weiter unten, in malerischer Lage*, befinden sich die *Douix-Quellen* (Zufluß der Seine).

UMGEBUNG – Nach **Mussy-sur-Seine** (1.860 Ew, 192 m), 15 km Richtung Nordwesten über die Straße N 71. In der gotischen Kirche *St-Jean-Baptiste* (13.–16. Jh.) burgundische Skulpturen vor allem aus dem 16. Jh.; im linken Querhaus Grab des Guillaume de Mussy (13. Jh.) und Pietà (frühes 16. Jh.).

CHAUMONT (7 B4)

Champagne-Ardenne; Haute-Marne, 29.552 Ew, 314 m. – Département-Hauptort und schönes Städtchen auf einem felsigen Vorgebirge am Zusammenfluß von Suize und Marne, in der Champagne.

St-Jean-Baptiste. – Die Kirche im Ortszentrum ist ein gotisches Bauwerk aus dem 13.–15. Jh. mit Renaissance-Chor aus dem 16. Jh. Einfache Zweiturmfassade und an der rechten Seitenfront, unter einem spätgotischen Portikus, ein Doppelportal mit Szenen aus dem Leben des Hl. Johannes des Täufers (14. Jh.). Dreischiffiges Inneres mit kahlem Mittelschiff aus dem 13. Jh., Querhaus und Umgangschor in elegantem Übergangsstil von Spätgotik zu Renaissance. Links vom Eingang, in einer Kapelle, bemalte Grablegung* von einem unbekannten rheinischen Meister (1471); am Eingang zu dieser Kapelle und zu jenen im Chor mehrere Statuen von Jean-Baptiste und Edme Bouchardon (1698–1762); letzterer wurde in Chaumont geboren; am linken Querhaus Treppenturm aus der Renaissance.

Im Palais des Justice (es befindet sich an der Stelle der alten Burg, von der sich die *Tour Hautefeuille* aus dem 12. Jh. erhalten hat) ist das MUSEUM eingerichtet *(Öffnungszeiten: 14–18 Uhr; Di, Do und Fr geschl.)*: Archäologie und lokale Kunstwerke.

UMGEBUNG – Nach **Saint-Dizier** (146 m), 74 km Richtung Norden über die Straße N 67, die durch das grüne Marne-Tal flußabwärts führt. – 20 km, **Vignory** (437 Ew, 244 m): die Kirche *St-Étienne** aus dem 10.–11. Jh. ist eines der interessantesten Bauwerke Nordfrankreichs; der quadratische Turm mit zweizoniger Bögchengliederung stammt aus dem 12. Jh.; elegante Apsis. Dreischiffiges Inneres auf Pfeilern mit Hängewerk und Blendemporen; in den im 15.–16. Jh. hinzugefügten Seitenkapellen Plastiken aus dem 14.–16. Jh. – 43 km, **Joinville** (5.091 Ew, 188 m), ein Industriezentrum mit der Kirche *Notre-Dame* aus dem 12. Jh. und dem schönen, im Jahre 1546 erbauten CHÂTEAU DU GRAND JARDIN *(Öffnungszeiten des Parks: 9–12 und 14–18 Uhr; Eintrittsgebühr).* – 74 km, **Saint-Dizier,** siehe Route 8.

Nach **Troyes** (113 m), 95 km Richtung Nordwesten über die Straße N 19. 27 km, **Colombey-les-deux-Églises*** (713 Ew, 352 m); im Dorf besitzt die Familie de Gaulle seit 1933 die Villa „La Boisserie“; General Charles de Gaulle verstarb hier am 9. November 1970; sein Grab befindet sich am Ortsfriedhof. Auf einem Hügel im Norden erhebt sich das *Denkmal* für de Gaulle* in Form eines mächtigen Lothringer Kreuzes (1972). – 42 km, **Bar-sur-Aube** (7.146 Ew, 165 m), ein Städtchen am rechten Aube-Ufer mit zwei beachtenswerten Kirchen: *St-Pierre**, ein romanisch-gotisches Bauwerk (spätes 12. Jh.) mit malerischem, im 14. Jh. hinzugefügtem äußerem Holzgang; rechts im Chor eine wundervolle bemalte Steinmadonna* aus der Schule von Troyes (14. Jh.); *St-Maclou* stammt aus dem 12. Jh., mit gotischer Apsis aus dem 14. Jh. und klassizistischer Fassade aus dem 18. Jh. – 80 km, *Lusigny-sur-Barse* (990 Ew, 127 m): rechts Straße zum großen künstlichen See *Lac de la fôret d'Orient* (2.300 ha Fläche) inmitten prächtiger Wälder. – 94 km, *Troyes,* siehe dort.

CHERBOURG (3 B1)

Basse-Normandie; Manche, 38.110 Ew. – Militärstützpunkt und wichtiger Hafen in einer weiten Bucht an der Nordküste des Cotentin.

Am Ende der Bucht, vor dem kleinen Strand, öffnet sich zwischen dem Passagierhafen rechts und dem Militärhafen links die **Place Napoléon.** Gegenüber vom Meer erhebt sich das Reiterstandbild Napoleons von Le Véel (1857). An der Südseite des Platzes liegen die spätgotische Kirche der *Trinité* (15.–16. Jh.) und das *Rathaus,* in dem das **Musée Henry** eingerichtet ist *(Öffnungszeiten: 10–12 und 14–18 Uhr; Di geschl.; Eintrittsgebühr).* Es ist vor allem der Malerei gewidmet. Italiener: Botticelli (Grablegung*), Giovanni di Paolo, Mainardi. Flamen und Holländer: van Dyck, Jordaens, Pourbus d. Ä., Meister der Legende der Hl. Ursula (Madonna mit Kind*), Teniers d. J., Franzosen: Chardin, David, Largillière, H. Rigaud, H. Robert, Vouet, C. van Loo, Clouet und eine einzigartige Portraitsammlung von J.-F. Millet*. In der Rue de l'Abbaye 9 befindet sich der Eingang zum *Parc Emma-*

nuel-Liais (Öffnungszeiten: 8–16 oder 18 Uhr, im Winter nur nachm.), der für seine durch den Golfstrom begünstigte tropische Pflanzenwelt berühmt ist; angeschlossen ist ein naturhistorisches MUSEUM. Im Südosten erhebt sich auf einem 112 m hohen zerklüfteten Hügel, von dem man einen prachtvollen Blick genießt, das **Fort de Roule** aus dem 19. Jh., die letzte deutsche Festung im Juni des Jahres 1944. Heute befindet sich hier das MUSÉE DE LA GUERRE ET DE LA LIBÉRATION *(Öffnungszeiten: 9–12 und 14–18 Uhr; im Winter Di geschl.; Eintrittsgebühr),* das der Schlacht um die Normandie gewidmet ist.

UMGEBUNG – Nach **Bricquebec** (3.186 Ew, 34 m), 22 km Richtung Süden über die Straße D 900. Die **Burg** aus dem 10. Jh. wird von einem polygonalen *Donjon* aus dem 14. Jh. beherrscht. In der Tour de l'horloge ist ein GESCHICHTE- UND HEIMATKUNDEMUSEUM eingerichtet.

CHEVREUSE (5 B4)

Ile-de-France; Yvelines, 3.234 Ew, 85 m. – Alter Ort am linken Ufer der Yvette, beherrscht von den Ruinen seiner Burg, mit einer landschaftlich schönen und historisch interessanten Umgebung. *Ausführliche Beschreibung siehe Kümmerly + Frey Reiseführer Paris und Umgebung.*

Château de la Madeleine*. – *Öffnungszeiten: Sa und So 9–12 und 14–16 Uhr; Eintrittsgebühr.* Die Burg wurde ab dem 11. Jh. errichtet und bewahrt noch den Mauerkranz und zwei der einst acht achteckigen Türme; weite Aussicht auf die Umgebung.

UMGEBUNG – **Fahrt durch die Täler der Mérantaise und des Rhodon*** (über die Straßen N 906, D 938, D 195 und D 91) bis zum, 11,5 km, **Musée National des Granges de Port-Royal*** *(Öffnungszeiten: 10–11.30 Uhr; Mo und Di geschl.; Besichtigung nur mit Führung; Eintrittsgebühr),* das der Bewegung des Jansenismus gewidmet ist. – 1 km südlicher liegen die Überreste der **Abtei Port-Royal** *(Öffnungszeiten: 14.30–18 oder 17 Uhr; So 10–12 Uhr; Besichtigung nur mit Führung; Eintrittsgebühr),* die einst das wichtigste Zentrum des Jansenismus war und im Jahre 1710 zerstört wurde.

Nach **Dampierre-en-Yvelines** (470 Ew, 100 m), 4 km Richtung Westen über die Straße D 58, mit einem prachtvollen, von J. H. Mansart 1675–1683 erbauten **Schloß**** *(Öffnungszeiten: April bis Mitte Oktober 14–18 Uhr; Di geschl.; Besichtigung nur mit Führung; Eintrittsgebühr)* mit prachtvollem, von Le Nôtre entworfenem Garten und prunktvollen Innenräumen mit Gemälden; besonders schön sind der freskengeschmückte *Festsaal*** und das *Speisezimmer**.

Schön ist auch die 30 km lange **Rundfahrt durch das obere Yvette-Tal und den „ru" des Vaux de Cernay*.**

CHINON* (10 C2)

Centre; Indre-et-Loire, 8.873 Ew, 37 m. – Reizendes mittelalterliches Städtchen im Anjou an der Vienne, am Fuße einer Erhebung, von der die mächtige Burg den Ort beherrscht.

Untere Stadt. – Im Zentrum öffnet sich die Place de l'hôtel de Ville: rechts verläuft die Rue J.-J. Rousseau mit der gotischen Kirche *St-Étienne* aus den Jahren 1477–1483 mit schönem gotischen Portal; die Straße führt zur romanisch-gotischen Kirche *St-Mexme* (10. bis 12. Jh.), die im vorigen Jahrhundert teilweise einstürzte und verändert wurde. Links vom Platz führt die Rue Voltaire zum *Grand-Carroi**, einer schönen Gebäudegruppe aus dem 15.–16. Jh.; besonders schön ist die MAISON DES ÉTATS GÉNÉRAUX aus dem 15. Jh., die heute in das MUSÉE DU VIEUX CHINON umgewandelt ist *(Öffnungszeiten: 10–12 und 14–17 oder 15–19 Uhr; Di geschl.; Eintrittsgebühr).* In derselben Straße, links, befindet sich die protogotische Kirche *St-Maurice* aus dem 12. Jh. mit späteren Zusätzen, ein dreischiffiger Raum mit gotischen Gewölben.

Burg*. – *Öffnungszeiten: 9–12 und 14–17 oder 18 Uhr; Eintrittsgebühr.* Die mächtige, den Ort beherrschende Anlage, die lange Zeit königliche Residenz war, besteht aus drei unabhängigen Festungen, die durch tiefe Gräben getrennt und durch Mauern mit Türmen untereinander verbunden sind; die Bauzeit erstreckte sich vom 10. bis zum 15. Jh. Von Ost nach West liegen: die Festung St-Georges aus dem 12. Jh., heute eine Ruine; die mittlere Burg und die Coudray-Burg. Die Zufahrtsstraße führt bis zur 35 m hohen *Tour de l'Horloge* aus dem 12.–15. Jh.; der rechteckige Baukörper ist gegen Süden abgerundet und trägt eine Zinnenbekrönung. Man gelangt in die große *Mittlere Burg,* an deren Südseite die Ruinen der *Logis-Royaux,* der königlichen Wohnräume aus dem 12.–15. Jh., liegen. Besichtigt werden können einige Räume mit Tapisserien und hier gefundenen römischen Inschriften, die von den Zerstörungen des Jahres 1699 verschont geblieben sind. Von hier kommt man zur *Tour de Boissy* aus dem 13. Jh. mit Spitzbogenwölbung. Über eine Brücke gelangt man auf das Areal des *Château de Coudray* aus dem 13. Jh. Rechts erhebt sich der mächtige *Donjon du Coudray,* ein runder Wohnturm, der links mit der Tour de Boissy verbunden ist, in der mehr als ein Monat lang Jeanne d'Arc wohnte. An der Westecke liegt die hohe *Tour du Moulin* aus dem 12. Jh.

UMGEBUNG – Zum **Schloß d'Ussé*,** 13,5 km Richtung Nordosten über die Straßen D 16 und D 7. Das Schloß *(Besichtigung nur mit*

Führung; 9–12 und 14–18 oder 19 Uhr; Eintrittsgebühr) erhebt sich am Höhepunkt eines terrassenförmig angelegten Gartens über der Indre und dem Loire-Tal; Eindruck erweckt vor allem die lebhafte Dachlandschaft mit Türmchen und hohen Kaminen, die sich scharf vom Grün der Landschaft abhebt. Es wurde im 15.–16. Jh. erbaut und besteht heute aus drei den Hof umsäumenden Flügeln; der vierte wurde im 17. Jh. abgerissen. Die strengen äußeren Fassaden mit Ecktürmen und Wehrgängen stehen im Gegensatz zu den zierlichen Fassaden im Übergangsstil von Gotik zu Renaissance gegen den Hof. Reich ausgestattetes Inneres mit schöner Treppe aus dem 17. Jh. und dem Königszimmer mit Möbeln und Gemälden aus dem 18. Jh. Abgeschieden im Park liegt die schöne *Renaissance-Kapelle** aus den Jahren 1520–1538: Chorgestühl aus dem 16. Jh., Keramik-Madonna, Luca della Robbia zugeschrieben, ein Triptychon aus einer Sieneser Schule (15. Jh.) und italienischer Barockaltar (17. Jh.).

Nach **Richelieu** (41 m), 21 km Richtung Südosten über die Straße D 749 oder mit dem *Train 1900,* einer alten Dampfeisenbahn, die Sa und So verkehrt (in 1.15 Std.) – 15 km, **Champigny-sur-Veude,** von dessen Schloß aus dem 16. Jh. (im Jahrhundert darauf zerstört) sich die *Ste-Chapelle** erhalten hat *(Öffnungszeiten: April–Sept. 9–12 und 14–18 Uhr; Eintrittsgebühr):* elegantes Bauwerk aus den Jahren 1508–1543 im Übergangsstil von Gotik zu Renaissance mit klassizierenden Arkaden und wunderschönen Glasfenstern aus der Mitte des 16. Jhs. – 21 km, **Richelieu** (2.496 Ew, 41 m), das im Jahre 1621 dem Kardinal Armand Plessis (1585–1642), dem späteren Herzog von Richelieu, übergeben wurde: der Kardinal wollte hier mit Hilfe des Architekten Jacques Lemercier eine seiner Macht entsprechende Stadtanlage verwirklichen. Die Stadt bildet ein von Mauern umgebenes Viereck (750 × 530 m). Die von 28 gleichförmigen Palais gesäumte Grande-Rue verbindet zwei symmetrische Plätze. Auf der Place du Marché, im Süden, befinden sich die Kirche *Notre-Dame* (1625–1638) von J. Lemercier und das Rathaus, in dem ein historisches MUSEUM zur Stadtgeschichte und zur Familie Richelieu eingerichtet ist *(Öffnungszeiten: 10–12 und 14–16 oder 18 Uhr; Di geschl.; Eintrittsgebühr).* Am Platz bei der Südausfahrt liegen das Richelieu-Denkmal und der Zugang zum *Schloßpark* (475 ha; *freier Eintritt);* von der im frühen 19. Jh. zerstörten Kardinalsresidenz sind nur ein äußerer Pavillon und zwei Pflanzenhäuser (oder Grotten) erhalten.

Nach **Loudun** (88 m), 25 km Richtung Südwesten über die Straße D 759. 6 km, rechts, **La Devinière,** wo um 1494 François Rabelais geboren wurde. Ein kleines *Museum* ist dem berühmten Schriftsteller gewidmet. – 25 km, *Loudun* (8.448 Ew). Hier wurde Urbain Grandier, der von Richelieu teuflischer Künste bezichtigt wurde, lebend verbrannt (1634). Neben mehreren Kirchen (Ste-Croix mit Chor aus dem 11. Jh.; St-Pierre aus dem 13.–15. Jh.; Saint-Hilaire du Martray aus dem 14. Jh.; Kapelle Notre-Dame de Recouvrance aus dem Jahr 1475) sind vor allem die TOUR CARRÉ* *(Öffnungszeiten: 14–18 oder 19 Uhr; Eintrittsgebühr; Aussicht)* und das MUSÉE CHARBONNEAU-LASSAY mit Waffensammlung und archäologischen Funden sehenswert.

CLUNY* (13 A3)

Bourgogne: Saône-et-Loire, 4.734 Ew, 248 m. – Altes Städtchen in der hügeligen, waldreichen Landschaft Burgunds; berühmt für seine Abtei, die im Mittelalter eines der wichtigsten religiösen Zentren war.

VERANSTALTUNGEN – Im August „les grandes heures de Cluny“, musikalische Tage im Kreuzgang der Abtei.

Geschichte. – Die im Jahr 910 vom Abt Bruno gegründete Abtei erarbeitete eine Reform des Benediktinerordens und schuf den Kluniazenser-Orden. Blütezeiten erlebte die Abtei unter den Äbten Odo (927–942) und Petrus Venerabilis (1122–1156); im 13. Jh. bestanden in Europa mehr als 1.000 von Cluny aus reformierte Klöster. In den folgenden Jahrhunderten setzte der Verfall ein; im Jahr 1790 wurde die Abtei aufgehoben und 1798 kam sie in private Hände, die sie binnen 25 Jahre beinahe vollkommen zerstörten.

Abtei*. – *Öffnungszeiten: 9 oder 10–12 und 14–17 oder 18 Uhr; von Okt.–April Di und Mi geschl.; Besichtigung nur mit Führung.* Die Fassade der Abtei (heute Schule) liegt an der zentralen Place de l'Abbaye: dreigeschossiger Aufbau aus dem 13. Jh., im 18. Jh. aber restauriert. Vom Eingang geht es hinunter in den großen Kreuzgang aus dem 18. Jh. und zu den Überresten der Abteikirche **St-Pierre et St-Paul*,** die von 1088–1130 im romanischen Stil erbaut wurde; sie maß einst 187 m Länge und bestand aus einer dreischiffigen Vorhalle, einem fünfschiffigen Langhaus, zwei Querschiffen, einem Presbyterium und fünf Türmen. Erhalten ist nur der südliche Arm des größeren Querhauses, dessen schwindelnde Höhe (32 m) noch heute einen Eindruck der einstigen Ausmaße vermitteln kann; darüber ragt ein 62 m hoher, achteckiger Glockenturm *(Clocher de l'Eau Bénite)* mit zweigeschossiger Blendarkadengliederung empor; daneben ein weiterer kleiner quadratischer Turm *(Tour de l'horloge).* Dahinter, im Arm des kleineren Querhauses, liegt die kleine *Bourbon-Kapelle** aus dem Jahr 1470, ein spätgotischer Bau mit Propheten-Reliefs im Inneren. Im dahinterliegenden Garten, gegen den sich die schöne Klosterfassade aus dem 18. Jh. wendet, befinden sich der *Farinier,* ein zweigeschossiger Getreidespeicher aus dem 13. Jh., und die quadratische *Tour du Moulin* (12. Jh.). Im oberen Geschoß (schöne Holzwölbung) ist ein Museum

Cluny: Abtei

mit Rekonstruktion des Chores und den wertvollen figürlichen Kapitellen* aus der Abteikirche, Meisterwerke romanischer Plastik in Burgund (ca. 1095), eingerichtet; außerdem Modelle von Abtei und Kirche. Darunter liegt der zweischiffige *cellier* mit Spitzbogenwölbung auf sechs Säulen. Angeschlossen ist eine Sammlung mit Materialfunden von der Abtei. Rund um den Garten erstrecken sich Teile der Mauern und Türme, die die Abtei befestigten.

Außerhalb der Abtei, rechts, nimmt die *Rue Conant* die Stelle des Kirchenlanghauses ein; seitlich erkennt man bei Ausgrabungen gefundene Fragmente, darunter das Vorhallenportal. Vorbei am Abtei-Palast (siehe unten) führt die Straße hinauf bis zum monumentalen *romanischen Tor* aus dem 12. Jh. In den angrenzenden Straßen mehrere romanische *Häuser** aus dem 12.–13. Jh.; man beachte die schöne Loggia in der Rue de la République 25 und in der Rue d'Avril 6 das Hôtel de la Monnaie und andere Häuser mit Balkonen.

Logis Abbatial. – Er wurde 1456–1485 vom Abt Jean de Bourbon erbaut und beherbergt heute das Musée Ochier mit Architektur- und Skulpturfragmenten aus der Abtei *(Öffnungszeiten: April–Okt. 9.30–12 und 14–18.30 Uhr; Okt.–März 10–12 und 14–16 Uhr; Eintrittsgebühr)*. Im *Erdgeschoß* Fragmente von Vorhalle und Hauptportal der Abtei; Modelle der auf Cluny folgenden Kirchen und Rekonstruktionen der Bauphasen. – Im *ersten Stock* Kunstobjekte (Möbel, Keramiken, Goldschmiedekunst) und Gemälde (F. Boucher, Coypel und Prud'hon, der 1758 in Cluny geboren wurde). Rechts, im Park, liegt das *Palais d'Amboise* aus dem frühen 16. Jh. mit feinen Fassadendekorationen (heute Rathaus). Im Park die runde *Tour Fabry* aus dem Jahr 1347 und ein Abschnitt der Abteimauern.

Ort. – In der zentralen Rue Mercière erheben sich die *Tour des Fromages* aus dem 11. Jh., Sitz des Fremdenverkehrsamtes, und gegenüber die gotische Kirche *Notre-Dame* aus dem späten 13. Jh.; südlicher, in der Rue Prud'hon, liegt die Kirche *St-Marcel* mit ihrem schönen, achteckigen romanischen Glockenturm* aus dem Jahr 1159; Turmhaube aus dem 15. Jh.

Umgebung – Nach **Cormatin** (575 Ew, 209 m), 13 km Richtung Norden über die Straße D 981; von der Grosne umgeben erhebt sich das Renaissance-Schloss* *(Öffnungszeiten: Ostern bis Okt. 10–12 und 14.30–19 Uhr; Eintrittsgebühr)* aus dem 17. Jh. Beachtenswert die *Salles dorées* mit Gemälden von Claude Lorrain (außerdem Bildnis des spanischen Infanten von Velazquez); in den anderen Räumen Gemälde von Nattier, Le Sueur, Rigaud und Gobelins aus dem 17. Jh. – An der Straße nach Cormatin liegt der Ort **Taizé** mit der berühmten, von Roger Schutz aus Lausanne im Jahre 1940 gegründeten, ökumenischen Gemeinde (Franziskaner, Protestanten und Orthodoxe); die Kirche *de la Réconciliation* stammt aus dem Jahr 1962. Die Gemeinde bemüht sich um die Annäherung sämtlicher christlicher Kirchen.

Nach **Berzé-la-Ville,** 12 km Richtung Südosten über die Straßen D 980 und N 79, einst Sitz eines mit Cluny verbundenen Priorats. In der romanischen *Kapelle** aus dem 12. Jh. wertvolle Fresken* im Kluniazenserstil, darunter die mächtige Darstellung von Christus in der Mandorla.

COLMAR* (8 D4)

Alsace; Haut-Rhin, 63.700 Ew, 193 m. – Département-Hauptort; typische elsässische Stadt in schöner Lage zwischen Rhein und Vogesen, beachtenswertes Industrie- und Weinbauzentrum; erhalten haben sich ein prachtvolles städtebauliches Ensemble und reiche Sammlungen aus dem 15.–16. Jh., als Colmar wichtiges Zentrum der Kunst im Rheinland war.

Martinsmünster* (*Eglise St-Martin;* C2). – Die Kirche erhebt sich auf der zentralen Place de la République, die an der rechten Seite schöne alte Gebäude begrenzen, darunter das *Haus Adolph* aus dem Jahr 1350 (ältestes Bürgerhaus der Stadt) mit Ergänzungen aus 16. und 17. Jh., und die *Gerichtslaube* (Ancien Corps de garde), ein Renaissancebau aus dem Jahr 1575. Das gotische Münster wurde im Jahr 1237 begonnen und im Jahr 1366 mit Chor und Apsis vollendet. Durch Strebepfeiler dreigeteilte Fassade mit Turm aus dem 14. Jh. (der obere Abschluß erst von 1572) und schönem Portal aus dem 13. Jh.: im Tympanon Anbetung der Hirten und Jüngstes Gericht. Am rechten Querhaus öffnet sich das Nikolausportal des Meisters

Humbert mit rahmenden Statuetten und Tympanonreliefs. Dreischiffiges INNERES auf Pfeilern mit Umgangschor und Radialkapellen. In der ersten Kapelle rechts Beweinungs-Polyptychon (18. Jh.) und im Chor hölzernes Kruzifix aus dem 14. Jh.

Rue de Marchands (*Schädelgasse;* C2). – Schönste Straße in der Stadt, teilweise Fußgängerzone. Zugang an der rechten Seite des Münsters durch die Rue Mercière. An der Kreuzung der beiden Straßen liegt links das schöne **Haus Pfister*** aus dem Jahr 1537 mit hölzerner Galerie, Erker und zierlichem Treppentürmchen. Gegenüber befinden sich das *Schongauer-Haus* und das *Schwanen-Haus* (Maison au Cygne), beide aus dem 15. Jh. Auf Nr. 30 liegt das MUSÉE BARTHOLDI *(Öffnungszeiten: 10–12 und 14–18 Uhr; Di geschl.; Eintrittsgebühr),* im Geburtshaus des Bildhauers Auguste Bartholdi (1834–1904), mit Werken des Meisters und einer Abteilung für Stadtgeschichte. Am Ende der Straße, auf der Place de l'Ancienne Douane, Fachwerkhäuser und das *Koifhus* (Ancienne Douane; C2) aus dem Jahr 1480 mit Ergänzungen aus dem 17. Jh., das schönste öffentliche Gebäude von Colmar; den ersten Stock schmückt eine hölzerne Galerie, im Erdgeschoß öffnen sich drei breite Arkaden. Hinter dem Gebäude, auf der großen Place du Marché-aux-Fruits, liegen das *Haus Kern* aus dem 17. Jh., das ehemalige klassizistische *Appellationsgericht* aus dem Jahr 1771 und das alte *Rathaus* aus dem Jahr 1580. Etwas südlicher, in der Rue St-Jean, befindet sich das im Jahr 1608 im venezianischen Stil erbaute *Johanniterhaus* (Maison des Chevaliers de St-Jean) mit zweigeschossiger Loggia.

Grand'Rue (C2-3). – Sie verläuft vom Koifhus parallel zur Johannitergasse und zeichnet sich durch zahlreiche schöne Gebäude aus. Im Norden, auf Nr. 15, der *Neue Bau* (Maison des Arcades) aus dem Jahr 1606 mit dreigeschossigen Erkern, volutengeschmückten Giebeln und Geschäften unter den Lauben. Kurz danach trifft man auf die gotische ehemalige *Franziskanerkirche* (*St-Matthieu;* C3; heute protestantische Kirche) aus dem 13.–15. Jh.: im Inneren schöner Lettner (Bemalung von 1708), Orgelempore aus dem 17. Jh. und schöne Glasfenster aus dem 15. Jh. Hinter der Kirche erhebt sich an der Stelle des Franziskanerklosters das barocke *Alte Spital* (C3), dessen prachtvolle Fassade Ludwig XV. im Jahre 1736 errichten ließ (heute Universität).

Colmar: Haus Pfister

Klein-Venedig (*Petite Venise;* C2-3). – Vom Koifhus führen die Rue des Tanneurs und die Rue de la Poissonerie entlang der Lauch mit ihren malerischen Fachwerkhäusern und Kähnen.

Dominikanerkirche* (B2). – *Öffnungszeiten: 10–18 Uhr; Eintrittsgebühr.* Typische Bettelordenskirche, deren Grundstein im Jahr 1283 von Rudolf von Habsburg gelegt wurde. Dreischiffiges hohes gotisches Inneres aus dem 14.–15. Jh. auf Rundpfeilern. Prachtvolle Glasfenster* aus dem 14. Jh. und schöne Holzarbeiten aus dem 18. Jh. In der schmalen und tiefen Chorkapelle ist heute (früher im Münster) das berühmte Gemälde Martin Schongauers der **Madonna im Rosenhag**** (1473) ausgestellt, das leider im 18. Jh. an allen Seiten um 50 cm beschnitten wurde; an den Außenseiten der Flügel Verkündigung von Martin Feuerstein. Durch die Rue des Boulangers gelangt man zur Rue des Têtes, eine der typischsten Straßen der Stadt; auf Nr. 19 befindet sich das prunkvolle **Kopfhaus*** (*Maison des Têtes;* B2), ein Spätrenaissancebau aus dem Jahr 1609, mit rund hundert Masken an der Fassade, zweigeschossiger verglaster Loggia und einer abschließenden Skulptur von Bartholdi.

Museum Unterlinden** (B2). – *Öffnungszeiten: 9–12 und 14–17 oder 18 Uhr; im Winter Di geschl.; Eintrittsgebühr.* Eingerichtet im ehemaligen Dominikanerinnenkloster „Unter den Linden" aus dem 13. Jh., das im 14. und 15. Jh. besondere Bedeutung genoß und in der Revolution aufgehoben wurde; das Museum ist Kunst und Kunsthandwerk aus dem Elsaß gewidmet, mit besonderem Schwerpunkt auf der Entwicklung der rheinländischen Malerei.

ERDGESCHOSS. – *Saal 3,* Meister aus dem Mittelalter: Kreuzigung (1380–1420); *Passionsaltar** von Caspar Isenmann (1462–1465); *Stauffenberger Altar** von einem rheinländischen Künstler (1430–1530); Geburt Christi von einem unbekannten Meister; Jungfrau Maria (frühes 16. Jh.) von Urban Huter; Tafelbilder und Plastiken aus dem 15. und 16. Jh. – Man erreicht den eleganten Kreuzgang, der

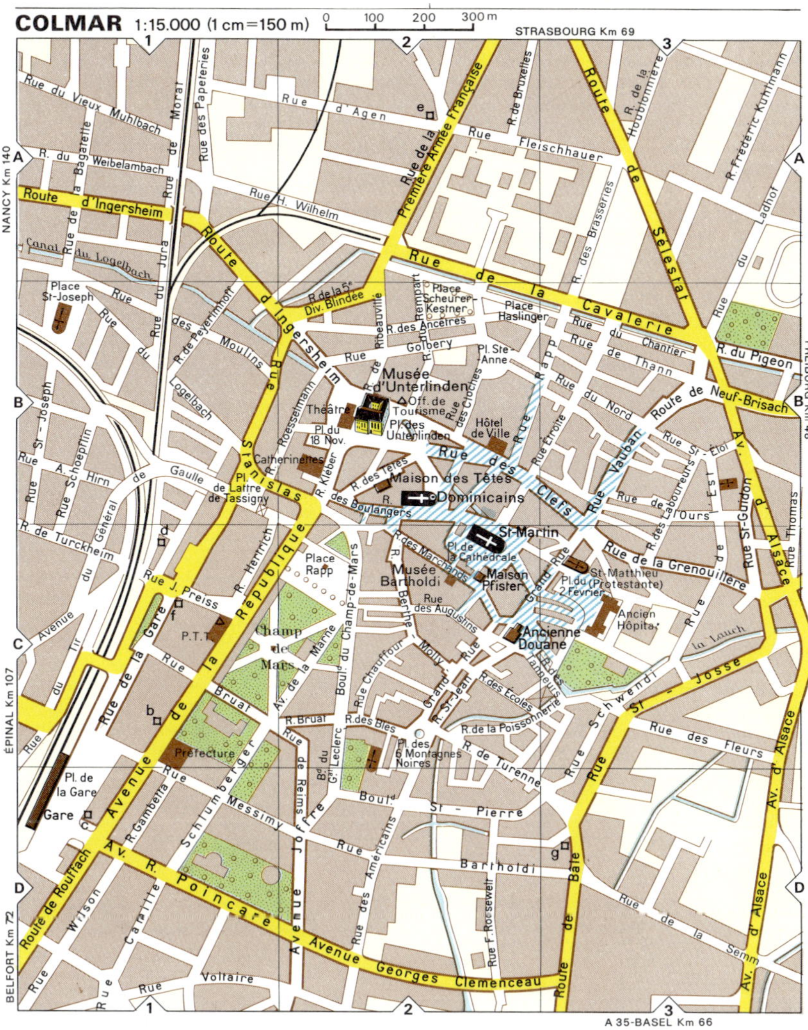

1252–1259 errichtet wurde. – Zugang zur Dominikanerkapelle *(Säle 4 und 5);* schöner gotischer Raum aus den Jahren 1252–1269 mit kurzem Langhaus, großem Chor und zehneckiger Apsis. Hier sind die Meisterwerke aus den Museumsbeständen zu sehen. Im Chor *(Saal 5)* das Hauptwerk von Mathis Gothart Neithart, genannt Mathias Grünewald, der **Isenheimer Altar**,** dessen bemalte Teile der Meister in den Jahren 1512–1516 schuf. Der Flügelaltar setzt sich in seinen drei möglichen Positionen aus folgenden Szenen zusammen. – (1) *vorne:* Kreuzigung mit Hl. Sebastian und Antonius; auf der Predella Grablegung; *hinten:* Auferstehung und Verkündigung. – (2) *vorne:* musizierende Engel und Geburt Christi; *hinten:* Versuchung des Hl. Antonius und Besuch des Hl. Antonius beim Hl. Paulus, Einsiedler in der Wüste. – (3) geschnitzter und vergoldeter Mittelschrein von Nikolaus von Hagenau (ca. 1495) und darunter Predella mit Christus und den Aposteln, Desiderius Beychel zugeschrieben. – Im Langhaus *(Saal 4)* **Dominikaner-Altar*** von Martin Schongauer und Werkstatt (1470–1480) mit Szenen aus dem Marienleben (man beachte die prachtvolle Geburt) und der Passion; **Altar des Jean d'Orlier*** mit Verkündigung, Madonna mit Kind Hl. Antonius und Stifterfigur, Martyrium des Hl. Laurentius und Martyrium der Hl. Katharina, und Predella mit Darstellung des Kampfes zwischen Hl. Georg und dem Drachen; der Altar ist eines der Hauptwerke Martin Schongauers (ca. 1470). – In den anderen Räumen rund um den Kreuzgang befinden sich, im *Saal 12,* Plastiken aus 15. und 16. Jh., der geschnitzte Flügelaltar aus Bergheim aus dem Jahr 1517 und Goldschmiedearbeiten aus dem 12. und 13. Jh.; in den *Sälen 8–11* Plastiken, darunter ein prachtvoller Passionsaltar aus Stein aus dem Jahr 1522 und Grabplatten. Im *Saal 7* Weinpressen aus dem 17. Jh. und vier mächtige geschnitzte Fässer aus dem Elsaß aus dem 18. Jh. – Im Untergeschoss, in den *Sälen 35–36,* reiche archäologische und prähistorische Sammlung mit römischen und merowingischen Objekten (Mosaik); in den *Sälen 37–38* Abteilung für moderne Kunst: Braque, Léger, Picasso, Vasarely, A. Renoir, C. Monet, G. Rouault, G. Matthieu. Der ERSTE STOCK ist dem Kunsthandwerk und Brauchtum gewidmet; außerdem Waffen und Rüstungen und Stadtgeschichte.

UMGEBUNG – Nach **Reichenweier**** *(Riquewihr;* 1.040 Ew, 300 m), 11 km Richtung Nordwesten über die Straßen N 83 und D 4; ein malerischer Ort im Anbaugebiet des Riesling-Weines. Den Ort umgibt ein doppelter Mauerkranz; der erste, innere, stammt aus dem 13. Jh., der zweite, äußere, aus dem 16. Jh. Das Städtchen durchquert die von Fachwerkhäusern gesäumte Rue Général de Gaulle; links erhebt sich das *Schloß* aus dem Jahr 1539, in dem das MUSÉE D'HISTOIRE DES PTT eingerichtet ist *(Öffnungszeiten: 10–12 und 14–18 Uhr; Mi geschl., außer im Sommer; Eintrittsgebühr),* das die Entwicklung des Postwesens im Elsaß von der Römerzeit bis heute dokumentiert. Nicht versäumen sollte man einen Blick in die unzähligen schönen Innenhöfe; am Ende der Hauptstraße erhebt sich der berühmte *Dolder**, der wohl schönste Torturm im Elsaß; er stammt aus dem 13. Jh. und gehört zum inneren Mauerring; im Inneren ein kleines ARCHÄOLOGIE- UND GESCHICHTSMUSEUM; danach erreicht man das äußere Obertor aus dem 16. Jh.

Nach **Schlettstadt** (*Sélestat;* 182 m), 31,5 km Richtung Nordosten über die Straßen N 83, D 4 und D 1/B, durch das Weinbaugebiet. Man folgt im Norden der Straße N 83 und biegt dann links in die Straße D 4 ein. – 11 km, **Reichenweier,** siehe oben. – 15,5 km, **Rappoltsweiler*** (*Ribeauvillé;* 4.600 Ew, 240 m), ein typisches elässisches Städtchen, das einst von Mauern umgeben war, von denen sich nur einige Türme und Tore aus dem 13. und 14. Jh. erhalten haben. Am Hauptplatz liegen: der *Metzgerturm (Tour des Bouchers)* aus dem 13. Jh., der 1536 aufgestockt wurde und einst den oberen vom unteren Stadtteil trennte, das *Rathaus* aus dem 18. Jh., die gotische *Augustinerkirche* (1412) und in der Mitte ein reich skulptierter Renaissancebrunnen. Nördlicher liegt die gotische *Pfarrkirche* aus dem 13.–15. Jh.; von hier führt ein Weg zur *Ulrichsburg* (oder *Großrappoltenstein;* 530 m) aus dem 12.–14. Jh.; besichtigt werden können die Verteidigungsanlagen mit Burgfried, Palas und Kapelle. – 19 km, **Bergheim** (1.703 Ew, 210 m), ein befestigter Ort mit doppeltem Mauerkranz, von dem sich mehrere Türme der Außenmauern und das *Obere Tor* aus dem 14. Jh. erhalten haben. – 22,5 km, *St. Pilt* (*Saint-Hippolyte;* 1.259 Ew, 250 m), ein befestigter Ort mit Türmen aus dem 14. Jh. [7 km nordöstlich geht es hinauf zur **Hochkönigsburg*** *(Haut-Koenigsbourg; 755 m; Öffnungszeiten: 9–12 und 13–17 oder 18 Uhr; Besichtigung nur mit Führung; Eintrittsgebühr),* einer Festung aus dem 12.–15. Jh., die in den Jahren 1901–1908 vom deutschen Kaiser Wilhelm II. wiederaufgebaut wurde; von den Basteien prachtvolle Aussicht*.] – 31,5 km, *Schlettstadt,* siehe unten.

Nach **Schlettstadt*** (*Sélestat;* 15.400 Ew, 182 m), 22 km Richtung Norden über die Straße N 83, an der Ill, berühmt für seine *Humanistenbibliothek* (Stadtbibliothek), in der auch ein kleines aber wertvolles Museum zu sehen ist. Zugang in die Altstadt durch den *Uhrturm (Tour de l'Horloge),* ein befestigtes Tor mit Bekrönung aus dem 17. Jh.; im Zentrum erhebt sich die romanische Kirche *St. Fides* (St-Foy) aus dem 12. Jh., die im vorigen Jahrhundert tiefgreifend restauriert wurde; schöner achteckiger Vierungsturm; unter dem dreischiffigen Inneren Krypta vom Gründungsbau aus dem 11. Jh. In der Nähe befindet sich die Münsterkirche *St. Georg,* die in der Romanik begonnen (1220) und in der Gotik (15. Jh.) vollendet wurde; rechts ein spätgotisches Portal und ein Turm aus dem 14. Jh.; im Inneren Glasfenster aus dem 14.–16. Jh.

Nach **Gérardmer** (665 m), 52 km Richtung Westen über die Straße D 417. 9 km, links oben die Ruinen der *Pflixburg,* einer von den Hohenstaufen erbauten Anlage, von der sich der Burgfried und Teile der Mauern aus dem 12. Jh. erhalten haben. – Man fährt durch das Münstertal entlang der Fecht. – 19 km, **Munster** (5.000 Ew, 381 m), Ausflugsziel mit schönem *Rathaus* aus dem Jahr 1550 am Hauptplatz. – Kurvenreich geht es bergauf bis auf den, 37 km, **Schluchtsattel** (*Col de la Schlucht,* 1.139 m), einem Wintersportgebiet an der Kreuzung der Route des Crêtes. – 52 km, **Gérardmer*** (9.647 Ew, 665 m), elegante Sommerfrische im Herzen der Vogesen, am Ufer eines malerischen *Sees;* Ausgangspunkt für Ausflüge in die Umgebung.

Nach **Saint-Dié** (343 m), 57 km Richtung Nordwesten über die Straße N 415. – 12 km, **Kaysersberg*** (2.710 Ew, 242 m), ein befestigter Ort mit Mauerkranz aus der Mitte des 13. Jhs., der von den Ruinen einer Burg aus dem 13. Jh. mit rundem Burgfried beherrscht wird. Romanisch-gotische Pfarrkirche vom *Heiligen Kreuz* (Ste-Croix; 12.–15. Jh.) mit schönem Portal aus dem 13. Jh.; im Inneren riesige Kreuzigungsgruppe, von einem unbekannten Meister um 1500 geschaffen, und geschnitzter Altaraufsatz* aus der Werkstatt des Hans Bongart von Colmar (um 1518). Die Rue de Gaulle, gesäumt von schönen alten Fachwerkhäusern, führt bis zur befestigten *Weis-Brücke* aus dem Jahr 1524, die malerische Ausblicke bietet. Schließlich erreicht man das Geburtshaus des Friedensnobelpreisträgers Albert Schweitzer (1875–1975). – 31 km, **Diedolshausener Sattel** (*Col du Bonhomme,* 949 m), die ehemalige Grenze zwischen Frankreich und Deutschland. – 57 km, **Saint-Dié** (24.816 Ew, 343 m), ein Städtchen an der Meurthe, das 1944 von den deutschen Truppen in Brand gesteckt wurde. Beachtenswert die *Kathedrale* aus dem 12.–14. Jh. mit Fassade und Türmen aus dem Jahr 1711, die weitgehend wiederaufgebaut wurde. Links öffnet sich der zierliche gotische *Kreuzgang* aus dem 14. Jh.; das rheinländisch-romanische Kirchlein *Notre-Dame* stammt aus dem 12. Jh. In Saint-Dié wurde im Jahre 1507 die „Cosmographiae Introductio" publiziert, in der dem von Kolumbus entdeckten Kontinent die Bezeichnung Amerika gegeben wurde. – 6 km nördlich von Saint-Dié finden Ausgrabungen der keltischen Siedlung Bure statt.

COMPIÈGNE** (6 C3)

Ile-de-France; Oise, 40.720 Ew, 41 m. – Malerisches Städtchen am linken Oise-Ufer, zwischen den Wäldern von Compiègne und Laigne; wichtiges Fremdenverkehrszentrum und Sommerfrische, berühmt für sein Schloß, das seine Blütezeiten unter Ludwig XV., Ludwig XVI., Napoleon I. und Napoleon III. erlebte. Innerhalb der Mauern wurde im Jahre 1430 die Hl. Johanna von Orléans gefangengehalten. Universitätsstadt. *Ausführliche Beschreibung siehe Kümmerly + Frey Reiseführer Paris und Umgebung.*

Hôtel de Ville*. – Beachtenswertes spätgotisches Gebäude aus den Jahren 1502–1510 mit reichdekorierter Fassade, in dessen Mitte sich ein Reiterstandbild von Ludwig XII. befindet. Auf der Turmuhr schlagen die drei sogenannten „Picantins" die Stunden. Im Inneren befindet sich ein schönes englisches Alabaster-Polyptychon aus dem 15. Jh.

Musée Vivenel*. – *Öffnungszeiten: 9–12 und 14–18 Uhr; Di geschl. Eintrittsgebühr.* Die im Hôtel de Songeons eingerichtete Sammlung umfaßt archäologische Funde, darunter eine prachtvolle Kollektion griechischer Vasen*, Kunstgewerbe aus dem Mittelalter und neuzeitliche Gemälde, Zeichnungen und Skulpturen.

Schloß.** – Der heutige Bau wurde um die Mitte des 18. Jhs. von J. A. Gabriel für Ludwig XV. errichtet und von Ludwig XVI. vollendet; Napoleon I. führte eine Restaurierung durch und Napoleon III. erkor es zu seiner Lieblingsresidenz. Das INNERE. – *Öffnungszeiten: 10–12 und 13.30–17 Uhr; Di geschl.; Besichtigung nur mit Führung; Eintrittsgebühr.* Man besichtigt die prunkvoll, vor allem im 18. Jh., ausgestatteten Appartements, die an zahlreiche wichtige historische Ereignisse erinnern.
Sehenswert sind auch das MUSÉE DU SECOND EMPIRE, das die Zeit von 1852–1870 dokumentiert, und das MUSÉE DE LA VOITURE ET DU TOURISME *(Öffnungszeiten wie Schloß)*, das 1927 gegründet wurde.

Park*. – Die Gartenanlagen stammen aus dem 18. Jh., wurden aber von Napoleon I. ziemlich verändert. Besonders eindrucksvoll ist die 4 km lange Sichtachse bis zum Horizont von der Terrasse.

Die **Clairière de l'Armistice*** (7 km östlich über die Straße N 31 und dann 4,5 km über die Straße D 546), im sehenswerten **Wald von Compiègne,** ist jene Lichtung, wo am 11. November 1918 in einem Eisenbahnwaggon der Waffenstillstand zwischen Foch und den deutschen Gesandten unterzeichnet wurde; im selben Waggon ließ Hitler am 22. Juni 1940 die Franzosen die Kapitulierung unterzeichnen.

Lohnend ist auch eine 33,5 km lange **Rundfahrt durch den Wald,** die über die schönen Orte und Sommerfrischen *Pierrefonds** (17 km) mit einem SCHLOSS, und *Saint-Jean-aux-Bois* (23 km) führt.

CONCARNEAU* (1 B3)

Bretagne; Finistère, 18.225 Ew. – Einer der wichtigsten Fischereihäfen Frankreichs (führend im Thunfischfang) an der südlichen Küste der Bretagne. Beeindruckend ist nicht nur das tägliche malerische Treiben im Hafen, sondern auch die prachtvolle befestigte Stadt; besonders mildes Klima.

Ville Close*. – Im Zentrum des Hafens, auf einer natürlichen Insel, befindet sich eine der interessantesten Zitadellen Frankreichs; die kleine Insel (350 × 100 m) wird von einer dicken Mauer aus Granitstein umsäumt. Die in den Jahren 1541–1577 erneuerten Mauern sind von neun Türmen und einer Eingangsbastei, die Vauban im 17. Jh. errichten ließ, begleitet. Durch ein befestigtes Tor gelangt man in die Zitadelle und kann einen Spaziergang auf den Mauern machen *(Eintrittsgebühr)*. Im Ort selbst bieten die engen Gassen mit ihren alten Häusern ein eindrucksvolles Bild. Im Gebäude des ehemaligen Arsenals ist das MUSÉE DE LA PÊCHE *(Öffnungszeiten: in der Saison 9.30–20.30 Uhr, sonst 10–12.30 und 14.30–18 Uhr; Eintrittsgebühr)* eingerichtet: Schiffsmodelle und 35 Aquarien mit verschiedenster Meeresfauna.

UMGEBUNG – Nach **Beg-Meil,** 18 km über die Straßen N 783 und D 45, die rund um die Forêt-Buch führen. 9 km, **La Forêt-Fouesnant** (2.149 Ew, 10 m): *Kirche* und *Kalvarienberg* aus dem 16. Jh. – 13 km, **Fouesnant** (5.430 Ew, 30 m): romanische *Kirche* aus dem 12. Jh. mit Ergänzungen aus dem 18. Jh.; hohes dreischiffiges Inneres mit Blendarkadengliederung im Langhaus. Auf der äußeren Terrasse Kalvarienberg aus dem Jahr 1661. – 18 km, **Beg-Meil,** ein bezaubernder Ort an einer Spitze gegenüber von Concarneau, inmitten von üppiger mediterraner Flora.

Nach **Pont-Aven** (3.295 Ew, 30 m), 14 km Richtung Südosten über die Straße N 78, einem malerischen Ort am Ufer der Aven; in der französischen Kunstgeschichte des 19. Jhs. ist der Ort bekannt für die Aufenthalte zahlreicher Künstler um Paul Gauguin, die die sog. „Schule von Pont-Aven" bildeten. Inschriften erinnern an die berühmtesten Meister. Während der Hochsaison werden Ausstellungen mit Werken aus der berühmten Schule veranstaltet.

COUTANCES* (3 B2)

Basse Normandie; Manche, 13.440 Ew, 92 m. – Städtchen in der Normandie, in der Nähe der Nordküste des Cotentin, auf einem Hügel, der von der schönen Kathedrale bekrönt wird. Von hier stammt die Familie Altavilla, die im 11. Jh. die Grafenwürde von Apulien und die Königswürde von Sizilien innehatte.

Kathedrale Notre-Dame.** – Auf der Place du Parvis im Stadtzentrum erhebt sich dieses prachtvolle gotische Bauwerk aus dem 13. Jh. mit einigen Überresten des romanischen Vorgängerbaus aus dem 11. Jh. und einigen Hinzufügungen aus dem 14. Jh. Zweiturmfassade: die Türme (77 m hoch) stammen aus dem 11. Jh., die Türmchen und Fialen erst aus der Gotik, ebenso wie der zentrale Fassadenteil; einfaches mittleres Doppelportal, darüber ein mächtiges Maßwerkfenster und die sog. Rosengalerie. Der mächtige achteckige Vierungsturm (57 m) stammt aus dem 13.–14. Jh. Elegantes dreischiffiges INNERES mit Seitenkapellen, Querhaus und doppeltem Chorumgang; über den Mittelschiffarkaden verläuft eine Blendgalerie; schöne hohe Vierung (57 m)* mit Laufgang und hohen Fenstern; im Querhaus Glasfenster aus dem 13.–14. Jh.; im Chor hoher Doppelsäulenkranz; in der Apsiskapelle des Chorumgangs befindet sich die verehrte Madonnenstatue aus Marmor aus dem 14. Jh.

Coutances: Kathedrale

St-Pierre. – Etwas südlicher von der Kathedrale führt die Rue de Montbray zur mächtigen gotischen Kirche St-Pierre mit Ergänzungen im Renaissance-Stil aus dem 15.–16. Jh. An der Fassade ein eleganter Turm und über der Vierung ein wuchtiger Turm aus den Jahren 1550–1560, der wie eine Renaissance-Variante des Vierungsturms der Kathedrale wirkt.

UMGEBUNG – Nach **Lessay** (1.339 Ew, 10 m), 21 km Richtung Nordwesten über die Straße D 2, einem malerischen Ort bei einer Bucht im Norden der Heiden. Die nach dem Krieg beinahe völlig erneuerte *Abteikirche* ist ein mächtiges romanisches Bauwerk aus dem 11.–12. Jh.; im Inneren Triforium und Galerie und moderne Glasfenster.

Zur **Abtei von Hambye** (97 m), 26 km Richtung Südosten über die Straßen D 7 und D 13: sie wurde im Jahr 1145 gegründet, heute bestehen aber nur mehr die Ruinen der *Abteikirche* (12.–13. Jh.) und die Klosterräume mit dem Kapitelsaal aus dem 13. Jh.

DEAUVILLE* (4 C2)

Basse Normandie; Calvados, 4.770 Ew. – Berühmter, luxuriöser Badeort internationalen Ranges und Wochenendziel zahlreicher Pariser an der Küste der Normandie, an der Mündung der Touques; gegenüber liegt der ebenso bekannte Badeort *Trouville.*

Zentrum des Treibens ist die am Meer entlangführende *Promenade des Planches.* Am parallel verlaufenden *Boulevard Eugène-Cornuché* mit seinen blühenden Sträuchern liegen die prächtigsten Hotels. Am Meer, an der Touques-Mündung, befindet sich der moderne Hafen, der sog. *Port-Deauville.* Berühmt ist auch die Saison der Pferderennen (Juli und August) in den Hypodromen *Touques* und *Claire-fontaine.*

In **Trouville** (6.012 Ew) konzentriert sich das Leben auf der *Promenade des Planches* und am *Quai de la Touques,* gegenüber vom Hafen. Der Ort verfügt über ein ÖKOLOGISCHES AQUARIUM mit Meeresreptilien und, in der *Villa Montebello,* über ein MUSEUM mit Gemälden und Aquarellen aus dem 19. Jh. *(Öffnungszeiten: in der Saison tägl., im Winter nachm.).*

UMGEBUNG – Nach **Cabourg*,** 18 km Richtung Südwesten über die Straße D 163, entlang der „Côte Fleurie“ (Blühende Küste). 8 km, *Villers-sur-Mer* und, 15 km, *Houlgate,* elegante, durch die Falaises des Vaches Noires getrennte Badeorte. – 18 km, **Cabourg** (3.249 Ew), ein mondäner Badeort, auf den sich Marcel Proust in seinen Romanen bezieht. Entlang des Strandes verläuft der wunderschöne Spazierweg *Promenade des Anglais.* Vorort von Cabourg, am rechten Dives-Ufer, ist **Dives-sur-Mer** (5.732 Ew): auf der zentralen Place de la République erheben sich die hölzernen *Halles* aus dem 15.–16. Jh. und die *Gendarmerie* aus dem 16. Jh.; südlicher, in der Rue Manneville, liegt die Kirche *Notre-Dame* aus dem 14.–15. Jh. Von hier begann im Jahre 1066 der Herzog der Normandie, Wilhelm, seinen Eroberungsfeldzug nach England.

DIEPPE (**4** D1)

Haute-Normandie; Seine-Maritime, 36.490 Ew. – Badeort am Ärmelkanal, vor allem von Parisern und Engländern besucht; Industriezentrum und Hafenstadt (Überfahrt nach Newhaven).

St-Jacques. – Die im Jahr 1195 begonnene und im 14. Jh. in schönen gotischen Formen vollendete Kirche überragt die Altstadt; die Fassade wurde durch Restaurierungen verändert; original ist hingegen der Turm an der rechten Seite aus dem 15. Jh. Im ausgedehnten Inneren beachtenswerte spätgotische Dekorationen in Presbyterium und Apsiskapellen; im rechten Seitenschiff gotische Empore aus dem 15. Jh.

Am Boulevard de Verdun öffnen sich die zwei wuchtigen Rundtürme der *Porte du Port d'Ouest* aus dem 15. Jh., ein Überrest der Befestigungsmauern. Weiter vorne, in der Rue des Bains, liegt die Kirche *St-Rémy* aus den Jahren 1522–1645, die sich durch eine Apsis mit schönen Renaissance-Dekorationen auszeichnet.

Am Rand des westlichen Felsens erhebt sich das **Schloß** aus dem 14.–15. Jh., dessen Umfassungsmauern im 16.–17. Jh. erweitert wurden. Heute hat hier ein reiches MUSEUM* seinen Sitz *(Öffnungszeiten: 10–12 und 14–18 Uhr; im Winter Di geschl.; Eintrittsgebühr)*: archäologische Funde, englische Reliefs aus dem 14.–15. Jh., historische Erinnerungsstükke; Elfenbeine* aus Dieppe vom 16. Jh. bis heute; flämisches Kunsthandwerk; Gemälde aus dem 18. und 19. Jh. (Boudin, Sisley, Pissarro); Erinnerungen an den Komponisten Camille Saint-Saëns (1835–1921), der in der Umgebung geboren wurde. Schöne Aussicht.

UMGEBUNG – Zum **Manoir d'Ango,** 8 km Richtung Südwesten über die Straße D 75, einem Herrschaftssitz in italienischen Renaissanceformen aus den Jahren 1530–1545, der für den Reeder aus Dieppe, Jean Ango, gebaut wurde.

Nach **Eu** (8.712 Ew, 17 m), 31 km Richtung Nordosten über die Straße D 925, einem Städtchen am linken Bresle-Ufer, nur wenige Kilometer vom Meer entfernt. Im Zentrum erhebt sich die schöne Kirche *Notre-Dame et St-Laurent*, die in den Jahren 1136–1280 errichtet und im 15. Jh. mit malerischen Apsiskapellen versehen wurde. Großer dreischiffiger Innenraum mit Blendemporen, die sich um Langhaus, Querhaus und Chor ziehen; im Chorumgang Christi Beweinung aus dem 15. Jh.; in der Apsiskapelle hölzerne Madonnenstatue aus dem 17. Jh. In der Krypta (12. Jh.) Statuen der Grafen d'Artois (14.–15. Jh.) und Hl. Laurentius aus dem 12. Jh. Gegenüber der Kirche liegt das *Schloß*, das 1578 begonnen und im vorigen Jahrhundert von Louis Philippe zur Lieblingsresidenz ausgestaltet wurde. Schöne Parkanlage nach Entwürfen von Le Nôtre aus dem 17. Jh.; im Inneren befindet sich das MUSÉE LOUIS-PHILIPPE *(Öffnungszeiten: April–Okt. 10–12 und 14–18 Uhr; Di geschl.; Eintrittsgebühr)* mit wertvollen Einrichtungsgegenständen und Möbeln. In der Nähe, in der Rue du Collège, liegt das *Jesuitenkolleg* aus dem Jahr 1583, in dessen Kapelle aus dem 17. Jh. sich die Gräber (17. Jh.) der Herzogin und des Herzogs de Guise befinden: der Herzog wurde im Jahr 1588 auf Befehl Heinrichs III. in Blois ermordet. – 4 km entfernt, am Meer, an der Mündung der Bresle, liegt **Le Tréport** (6.555 Ew), ein Fischerhafen und gernbesuchter Badeort.

DIJON** (**13** B2)

Bourgogne; Côte d'Or, 140.942 Ew, 247 m. – Regions- und Département-Hauptstadt; große Kunststadt und lebhaftes Handels-, Industrie- und Kulturzentrum (Universität) am Fuße der Höhen der Côte d'Or und am Rande einer fruchtbaren Ebene.

Geschichte. – Die kleine römische Siedlung *Divio* taucht in der Geschichte erst wieder 1016 auf, als der König von Frankreich, Robert II., der Fromme, sie seinem Sohn Heinrich als Lehen übergab und das Herzogtum gründete. Mit dem Aussterben der Kapetinger-Herzöge im Jahre 1361 mit Philippe de Rouvre kam das Herzogtum wieder an die französische Krone, aber schon Johann der Gute übergab es abermals seinem vierten Sohn, Philipp dem Kühnen, als Lehen. Die vier Herzöge der Dynastie Valois werden aufgrund der außergewöhnlichen Prunk- und Machtentfaltung auch die „Großen Herzöge des Abendlandes" genannt: Philipp der Kühne, Johann ohne Angst, Philipp der Gute und Karl der Kühne. Von 1361 bis 1476 war Dijon Aufenthaltsort berühmter Künstler und schmückte sich mit prachtvollen Baudenkmälern. Als Karl der Kühne in der Schlacht von Nancy (1476) fiel, verheiratete sich seine einzige Tochter, Maria, mit dem späteren Kaiser Maximilian I. von Habsburg (aus dieser Ehe ging Philipp der Schöne, Gemahl Johanna der Wahnsinnigen und Vater Kaiser Karls V., hervor); das Herzogtum kam wieder an Frankreich. Im Jahre 1513, nach der Schlacht von Novara, die Frankreich gegen die Kaiserlichen verlor, drohte auch Dijon habsburgisch zu werden; infolge des Verzichts Frankreichs auf das Herzogtum Mailand blieb Dijon bei Frankreich. Im 18. und 19. Jh. erlebte Dijon eine neue Blüte; im Januar 1871 wurde die Stadt von Garibaldi gegen die Preußen verteidigt. Dijon ist Heimatstadt des berühmten Predigers Bossuet (1627–1704), des Schriftstellers Brosses (1709–1777), des Philosophen Maurice Blondel (1861–1949), des Komponisten Rameau (1683–1764) und des Bildhauers Rude (1784–1855).

VERANSTALTUNGEN – Im September internationales Folklore-Festival und Weinfest; Anfang November internationale Messe.

Die Museen von Dijon. – In den Museen werden Eintrittskarten verkauft, die für folgende Museen gültig sind: Musée des Beaux-Arts, Musée Magnin, Musée Rude, Musée Archéologique, d'Histoire Naturelle, d'Art Sacré, de la Vie Burguignonne.

Palais des Ducs de Bourgogne* (B2-3). – Die Residenz liegt im Stadtzentrum an der schönen *Place de la Liberté*, die 1686 von de Noinville mit halbkreisförmig angelegten Gebäuden umsäumt wurde. Die erste Burg stammte aus dem 12. Jh., wurde aber nach 1366 neu errichtet und schließlich von Jules-Hardouin Mansart in der zweiten Hälfte des 17. Jhs. erweitert und umgestaltet. Gegen den Platz wendet sich die *Ehrenhoffront,* in deren 3 Flügeln vor allem das *Rathaus* eingerichtet ist. Hinter der mittleren Fassade ragt die gotische *Tour de Philippe le Bon* (1460), ein Rest der mittelalterlichen Burg, auf; vom Turm aus *(Öffnungszeiten: 10–12 und 14–16 oder 16.30 Uhr; Eintrittsgebühr; Zugang am Ende des Vestibüls)* prachtvolle Aussicht*. Durch den linken Ehrenhofflügel gelangt man in die *Cour de Flore;* im Südflügel führt eine wunderschöne schmiedeeisene Treppe von J. Gabriel (1733; *man wende sich an den Pförtner*) zur *Salle des États* aus dem Jahr 1700 (Ausstellungen). In diesem Flügel befindet sich auch die *Chapelle des Élus* aus den Jahren 1736–1739, die einst einem ständigen Rat der burgundischen Stände vorbehalten war. Rechts vom Ehrenhof öffnet sich die *Cour de Bar,* in der am deutlichsten die Überreste des gotischen Vorgängerbaus sichtbar sind. In der linken Ecke erhebt sich die *Tour de Bar* aus dem 14. Jh., deren Name sich auf die Gefangenschaft des Herzogs von Bar und Lothringen, René von Anjou, im Jahre 1341 bezieht. An den Turm lehnt sich die zierliche *Bellegarde-Treppe* aus dem Jahr 1614; davor steht das Claus-Sluter-Denkmal von Bouchard. In diesem Teil der Residenz ist heute das Museum der Schönen Künste eingerichtet.

Musée des Beaux-Arts** (B3). – *Öffnungszeiten: 10–18 Uhr; Di geschl.; Eintrittsgebühr.* Es ist eines der wichtigsten Museen Frankreichs, der Eingang befindet sich auf der Place de la Ste-Chapelle.

Das ERDGESCHOSS ist der Plastik gewidmet. In den Räumen links vom Vestibül: französische Bildhauer aus dem 17. und 18. Jh. sowie burgundische Meister aus dem 15. und 16. Jh.; Gipsabgüsse von Werken Claus Sluters. Der letzte Raum ist die ehemalige *Küche* des Herzogspalastes aus dem Jahr 1433; wuchtige Wölbung auf Pfeilern. In den Räumen rechts vom Vestibül französische Bildhauer aus dem 19. Jh., darunter Carpeaux und Pompon. Am Fuße der Treppe, links, im Kapitelsaal der Ste-Chapelle aus dem 14. Jh., sakrale Kunstgegenstände. Auf der Treppe Apollon-Statue, griechische Marmorplastik aus dem 4. Jh. v. Chr. Der ERSTE STOCK ist vor allem der Malerei gewidmet. *Säle 1 und 2,* Italiener aus dem 14. und 15. Jh.: Allegretto Nuzi (Triptychon mit Madonna mit Kind), Bartolo di Fredi, P. Lorenzetti (Triptychon der Madonna mit Kind*), Andrea die Bartolo, Taddeo Gaddi (Anbetung der Hirten*), Meister der Observanz (Grablegung Christi*), Neri di Bicci, Zanobi di Macchiavelli, Cecco di Pietro, Pseudo Pier Francesco Fiorentino (Madonna mit Kind und Heiligen). – *Säle 3 und 4:* Möbel aus der Renaissance, darunter die prachtvollen Türen* des Justizpalastes, Meisterwerke von Hugues Sambin; flämische Tapisserien aus dem 16. Jh.; Goldschmiedekunst, Elfenbeine, Emails. – *Säle 5 und 6,* Italiener aus dem 16., 17. und 18. Jh.: Vasari, Franciabigio (Madonna mit Kind), B. Luini (Madonna mit Kind*), Bachiacca, Nuvolone, Jacopo Bassano, Bronzino (Bildnis der Bianca Cappello), B. Veneto, L. Lotto (weibliches Bildnis*), B. Strozzi, F. Guardi, Batoni, F. Albani, G. B. Tiepolo (Erziehung der Jungfrau*). – *Säle 7 und 8,* Franzosen vom 16.–18. Jh.: Schule von Fontainebleau (Frau bei der Toilette**, vermutlich Bildnis der Diane de Poitiers), Corneille de Lyon, R. Tassel (Bildnis der Catherine de Montholon*), P. de Champaigne, van der Meulen, Mignard, H. Rigaud (Bildnis von Girardon), Nattier (Portraits*), Greuze, Coypel, Vernet, Natoire, Largillière, C. van Loo. – *Saal 9,* französische Malerei, Plastik und Möbel aus dem 18. Jh.: Rude (Hebe und der Adler*); bemalte Decke von Prud'hon (1786). – *Säle 10 und 11:* burgundische Kunst aus dem 18. Jh.; Büste Ludwigs XIV.*, von Coysevox; Pastelle von Rosalba Carriera, Greuze, Zeichnungen und Gemälde von J. B. Lallemand, Largillière, H. Robert, Prud'hon. – *Saal 13,* flämische und burgundische Meister aus dem 15. und 16. Jh.: im Zentrum Anbetung der Hirten** des Meisters von Flémalle. Rundherum, von rechts aus, Werke von Isenbrandt (Hl. Magdalena), Benson, L. Blondell, Mostaert, Patinir, D. Bouts (Ecce Homo*). – *Saal 14* oder GARDESAAL*, aus dem 16. Jh., der einzige noch erhaltene Raum der Herzogsresidenz. In der Mitte zwei Grabdenkmäler aus der Kartause von Champmol; **Grabmal Philipp des Kühnen**** mit der auf einem Sarkophag ruhenden Figur des Verstorbenen, die von 41 wunderschönen Statuetten, den sog. „Pleurants", umgeben ist; das Werk wurde 1389 von Jean de Marville begonnen und im Jahr 1411 von Claus Sluter und Claus de Werve vollendet; das **Grab von Johann ohne Angst und Margarethe von Bayern*,** ähnlich dem vorigen, wurde 1443 vom Aragonesen Juan de la Huerta begonnen und 1469 von Antoine le Moiturier vollendet. An den Wänden zwei Flügelaltäre* (Kreuzigung und Heilige Märtyrer) von Jacques de Baerze (1391) und M. Broederlam; Passionsaltar* aus Antwerpener Schule des späten 15. Jhs.; flämische Tapisserie* mit Darstellung der Belagerung Dijons im Jahre 1513; Bildnis von Philipp dem Guten** von Rogier van der Weyden. – *Saal 15,* Flamen und Italiener aus dem 16. Jh.: Rubens (Madonna mit Hl. Franziskus*, Grab-

legung*), Hondecoeter, C. de Crayer (Grablegung); Tizian (Madonna, Hl. Agnes und Johannes der Täufer*), I. Bassano (Jünger von Emmaus*; Einzug der Tiere in die Arche*), Veronese (der Gerettete Moses**; Verkündigung), A. Carracci (die Kanaanäerin), G. Reni (Adam und Eva). – *Saal 16:* Spanier aus der Frührenaissance. – *Saal 17:* **Sammlung Dard**,** die wertvollste französische Sammlung deutscher und Schweizer Malerei der Spätgotik; Meister mit der Nelke aus Baden (Zwei Heilige*; Passionsaltar*), C. Witz (die Sibylle von Tivoli), M. Schongauer (Verkündigung*). – *Saal 18:* Holzarbeiten aus Mittelalter und Renaissance. – *Säle 19–22,* Flamen und Holländer vom 16.–18. Jh.: Bol, Wouters, Teniers d. Ä. (Vision des Hl. Hieronymus; Dorf im Mondlicht*), J. van Ostade, van de Venne, van Poelemburg, van Huysum, D. Teniers d. J., F. Hals (Kopf eines Kindes*; Bildnis eines Edelmanns*), K. Molenaer, van Ravenstein (weibliches Bildnis*), C. Dusart, P. Wouwerman, C. Netscher.

Zweiter Stock *(teilweise in Neuordnung begriffen). Westflügel.* Waffen und Rüstungen vom 15.–18. Jh. **Keramik-Sammlung**,** angefangen von den Vasen aus Susa (3. Jahrtausend v. Chr.); ägyptische, attische schwarz- und rotfigurige Vasen; spanisch-maurische (15. Jh.), italienische (Urbino, Faenza, Castel Durante, Deruta, 16. Jh.) Keramiken; französische Beispiele aus dem 17. und 18. Jh. Gläser* aus Venedig (16. Jh.), Frankreich, Deutschland, der Schweiz und Holland aus dem 17. und 18. Jh. Dritter Stock. *Westflügel:* Rüstungen, Möbel, Silbergerät, Bronzen (16.–18. Jh.); Zeichnungen und Stiche; Ausstellungen. – Man gelangt wieder in den zweiten Stock. *Ostflügel. Saal 23:* Werke des Malers aus Dijon J. B. Lallemand (1710–1808). – *Säle 24–39;* Franzosen aus dem 19. und 20. Jh.: Prud'hon (Bildnisse*), Boilly, Ingres; Landschaften von Corot, Daubigny, Diaz, Rousseau. Werke von Legros, Despiau, Ziem, Monet, Sisley, Manet (Mery Laurent*; das Mädchen aus den Folies-Bergères*), Bourdelle, Matisse, Rouault (an den Ufern des Jordans*), Maillol, Vuillard. Skulpturen von Houdon und Rodin. – *Saal 35:* zeitgenössische Künstler aus Burgund. – *Saal 36:* Geschichte und Ikonographie der Herzöge von Burgund.

Rue des Forges (B2-3). – Eine der schönsten Straßen der Stadt, an der Rückseite des Herzogspalastes, gesäumt von Adelspalais. Auf Nr. 38 die *Maison Milsand* aus dem Jahr 1561 mit reicher Renaissance-Fassade; auf Nr. 34–36 das *Hôtel Chambellan* aus dem Jahr 1490, ein schönes Beispiel spätgotischer Architektur; auf Nr. 40 das *Hôtel Aubriot* aus dem 13. Jh.; auf Nr. 52 das *Hôtel Morel-Sauvegrain* von 1435 mit schönem Renaissance-Hof.

Notre-Dame** (B3). – Meisterwerk der burgundischen Gotik aus den Jahren 1220–1240. Gerade geschlossene Fassade* mit seitlichen Rundtürmchen und tiefem Portikus mit drei Portalen; darüber verläuft eine zweigeschossige Galerie mit schönen figürlichen Gesimsen. Hoher Vierungsturm mit pyramidenförmigem Abschluß. Beim rechten Türmchen, in einer eisernen Turmhaube, befindet sich der berühmte „Jacquemart“ (vier Figuren, die die Stunden schlagen), der von Philipp dem Kühnen im Jahre 1382 nach dem Sieg in der Schlacht gegen die Flamen aus Courtrai hierhergebracht wurde. Dreischiffiges elegantes INNERES auf Säulen mit Laufgang, hoher Vierung, polygonalem zweizonigem Chor und zwei seitlichen Apsiden. An der Stirnwand des linken Querhauses Fensterrose mit Glasfenster aus dem 13. Jh.; in der rechten Chorkapelle verehrte Madonnenstatue aus dem 11. Jh. –

Dijon: Notre-Dame

An der Rückseite der Kirche, in der Rue de la Chouette 8, befindet sich das *Hôtel de Vogüé** (B3) von 1614, ein Palais im Stil der italienischen Renaissance, dessen Portikus an der Hofseite fein dekoriert ist.

Die Straßen im Zentrum. – Links von der Kirche Notre-Dame verläuft die *Rue de la Préfecture* (A-B3) mit ihren Palais im Stil Louis-XVI; das schönste ist das *Hôtel de Lantenay* (heute Präfektur; A3), aus dem Jahr 1759. In der *Rue Verrerie,* hinter Notre-Dame (B3), liegen mehrere Palais aus dem 17. Jh. und Fachwerkhäuser. Von dieser Straße zweigt rechts die *Rue Chaudronnerie* (B3) mit ihren schönen Renaissance-Palais aus dem frühen 17. Jh. ab: auf Nr. 28 die *Maison des Cariatides* von 1603. In der *Rue de la Vannerie* (A-B3) weitere Häuser aus dem 16., 17. und 18. Jh.

St-Michel* (B3). – Spätgotische Kirche aus den Jahren 1499–1529 mit eindrucksvoller **Renaissance-Fassade****, die 1667 mit den zwei Türmen vollendet wurde. Die drei Portale tragen teilweise gotische und teilweise Renaissance-Dekorationen: am Trumeaupfeiler des Mittelportals Statue des Hl. Michael aus dem 16. Jh., im Tympanon Jüngstes Gericht von Nicolas de la Court (spätes 16. Jh.) und in den Archivolten zierliche Figürchen. Die mächtigen viergeschossigen überkuppelten Türme rahmen den schmalen Mittelteil der Fassade mit seiner eleganten Galerie. Im gotischen dreischiffigen Inneren beachtenswerte hölzerne Vertäfelung des Chores aus dem Jahr 1763. In der ersten Kapelle rechts Fragment einer Grablegung aus dem 15. Jh.

Musée Rude (B3). – *Öffnungszeiten: im Aug. 15–17 Uhr; Di geschl.; von Okt.–März nur So 14–17 Uhr; Eintrittsgebühr.* Das Museum befindet sich in der Rue Vaillant, im Querhaus der ehemaligen Kirche *St-Étienne* (15 bis 17. Jh.), wo sich auch die Handelskammer befindet. Die Sammlung ist ausschließlich dem Schaffen des aus Dijon stammenden Bildhauers gewidmet und zeigt neben originalen Werken auch Gipsabgüsse. – Im Chor der Kirche Überreste des römischen *Castrums* (3. Jh.).

Musée Magnin (B3). – *Öffnungszeiten: 9–12 und 14–18 Uhr; Di geschl.; Eintrittsgebühr.* Es hat seinen Sitz im Hôtel Lantin aus den Jahren 1652–1681 in der Rue des Bons-Enfants 4. In zahlreichen noch original eingerichteten Räumen ist eine sorgsam zusammengestellte Auswahl von Gemälden vom 16.–19. Jh. zu sehen. ERSTER STOCK, französische Maler vom 17.–19. Jh.: P. Mignard, E. Le Sueur, N. Poussin (Landschaft mit Schlange), S. Bourdon, S. Vouet, H. Rigaud, J. B. Jouvenet (Hl. Bruno), J. Restout, L. David, C. J. Natoire, P. Subleyras, P.

P. Prud'hon, J. H. Fragonard, C. van Loo, J. M. Nattier, T. Géricault, Gros, Granet, H. Vernet, G. Courbet, C. Corot. – ERDGESCHOSS, ausländische Schulen. – Italiener: Veronese (Madonna mit Kind), A. Carracci, Palma il Giovane, L. Orsi, G. B. Tiepolo, S. Ricci, P. F. Mazzucchelli, G. B. Crespi, Strozzi, Magnasco. – Schweizer: Liotard (Bildnis Voltaires). – Flamen: Jordaens, J. Bosch (Ecce Homo*), van Dyck, Rubens, F. Pourbus d. Ä. – Englische Maler. – Holländer: A. Mor, S. van Ruysdael, B. van der Helst. – Spanier: Murillo, Zurbarán.

Palais de la Justice (B3). – *Öffnungszeiten: 9–12 und 14–18 Uhr; So geschl.;* man wende sich an die Nr. 8 in der Rue du Palais. Das im Jahre 1572 errichtete Gebäude zeichnet sich durch eine hohe Giebelfassade aus der Renaissance mit elegantem Portikus aus. Im Inneren besichtigt man mehrere Säle, darunter den schön gewölbten Saal der Verlorenen Schritte, den Saal mit prachtvoller Decke aus dem 17. Jh. und die Kapelle St-Ésprit.
Südlich des Justizpalastes, an der Ecke Place des Cordeliers (B2; schöne burgundische Häuser), Rue Dumay und Rue Ste-Anne befindet sich die *Kapelle* des Karmeliterinnenklosters mit einem schönen Barockportal von 1630.

Musée d'Art Sacré (C2). – *Öffnungszeiten: 9–12 und 14–18 Uhr; Di, Sonn- und Feiertag geschl.; Eintrittsgebühr.* Das Museum ist in der barocken Kapelle Ste-Anne aus den Jahren 1699–1709 eingerichtet: Zentralbau mit schönem Marmoraltar (Heimsuchung) von 1675 bis 1678. In der Kapelle und den angrenzenden Räumen sind sakrale Kunstgegenstände, Kirchengewänder, Goldschmiedekunst und Einrichtungsgegenstände vom 14–18. Jh. ausgestellt; außerdem Denkmal des Gründers des St.-Annen-Hospizes von Nicolas Bornier (1812).

Neben dem Museum, in der Rue Ste-Anne 17, im Kreuzgang der Bernhardiner, liegt das MUSÉE DE LA VIE BOURGUIGNONNE (C2; *Öffnungszeiten: 14–17 Uhr; Di geschl.; Eintrittsgebühr*): heimatgeschichtliche Sammlung mit Trachten, Möbeln und Hausrat.

Rue de la Liberté (B2). – Wichtigste Geschäftsstraße der Stadt, die den Herzogspalast mit der Place Darcy (B1-2) verbindet: auf dieser erhebt sich die *Porte Guillaume*, ein Triumphbogen, der 1788 zu Ehren des Statthalters Fürst Guillaume von Condé errichtet wurde; diesem gegenüber öffnet sich die Parkanlage des *Square Darcy* (A-B1): am Eingang die volkstümliche Statue des Weißen Bären von F. Pompon.

Kathedrale St-Bénigne* (B1-2). – Gotisch-burgundisches Bauwerk aus dem 13.–14. Jh., das über einer romanischen Abteikirche errichtet wurde; der im 11. Jh. von Guglielmo da Volpiano gegründete Vorgängerbau gehörte zu den berühmten Pilgerkirchen an der Pilgerstraße nach Santiago di Compostella. An der einfachen Zweiturmfassade öffnet sich ein Portal mit darüberliegender Loggia; der 93 m hohe Vierungsturm wurde 1893 erneuert. Dreischiffiges INNERES mit Triforium, Querhaus und drei polygonalen Apsiden; an den Wänden Grabmäler aus dem 17. Jh. Rechts Zugang zur **Krypta*,** die noch vom romanischen Vorgängerbau aus dem 11. Jh. stammt *(Öffnungszeiten: 8–18 Uhr; Eintrittsgebühr);* sie besteht aus einem runden Hauptraum mit dreifachem Säulenkranz (schöne dekorierte Kapitelle); in der Mitte antiker Sarkophag, das angebliche Grab von St-Bénigne.

Musée Archéologique (B2). – *Öffnungszeiten: 9.30–12 und 14–18 Uhr; im Sommer 9–18 Uhr; Di geschl.; Eintrittsgebühr.* Es befindet sich in der ehemaligen Benediktinerabtei St-Bénigne mit Eingang in der Rue Dr. Maret 5. ERSTER STOCK: prähistorische, gallo-römische (Inschriften, Gläser, Bronzen und Keramiken) und merowingische Objekte. – ERDGESCHOSS: im großen dreischiffigen Refektorium aus dem 13. Jh ist die Plastikensammlung ausgestellt (Christusbüste von Claus Sluter, ca. 1400). – UNTERGESCHOSS: im Kapitelsaal aus dem 11. Jh., auf wuchtigen Pfeilern, sind Plastiken, Inschriften und Architekturfragmente aus gallo-römischer Zeit ausgestellt; außerdem Votivgegenstände aus einem römischen Tempel an den Seine-Quellen, der Göttin Sequana geweiht.

Rechts von der Kathedrale befindet sich die romanisch-gotische Kirche **St-Philibert** (B2) aus dem 12.–16. Jh. mit achteckigem Turm aus dem 16. Jh.; dahinter liegt die Kirche **St-Jean** (B2), ein gotischer Bau aus dem 15. Jh., mit Giebelfassade, großen spätgotischen Fenstern und zwei verstümmelten Türmen an der Apsis.

Hôpital Général (C1). – Das große Gebäude geht auf das St-Ésprit-Hospiz aus dem Jahr 1206 zurück, wurde aber im 17. Jh. weitgehend erneuert. Es umfaßt auch die wertvolle Kapelle *Ste-Croix-de-Jérusalem* aus dem Jahr 1454 mit ihrer Skulpturensammlung aus dem 15.–17. Jh., darunter eine Grablegungsgruppe aus dem 16. Jh.

Kartause von Champmol (B1; a. P.). – *Öffnungszeiten: 8–18 Uhr.* Sie befindet sich am Ende der Avenue Albert Ier, im Inneren der psychiatrischen Klinik. Philipp der Kühne ließ die Kartause im Jahr 1383 als Grabstätte für die burgundischen Herzöge erbauen und berief zu diesem Zweck zahlreiche flämische Künstler. 1793 wurde die Anlage zerstört, heute sind nur mehr wenige Überreste zu sehen. Im Garten befindet sich der berühmte *Moses-Brunnen**, die sechseckige Basis einer Kalvarienberggruppe, die sich im Zentrum des Kreuzgangs erhob; Claus Sluter schuf dieses Meisterwerk in den Jahren 1395–1404; rund um den Sockel erheben sich sechs polychrome

Propheten-Statuen und darüber weinende Engel. In der neuen Kapelle wurde das *Portal** der alten Kirche wiederaufgestellt: die fünf großen Statuen (in der Mitte die Jungfrau, links Philipp der Kühne und Hl. Johannes und rechts Margarethe von Flandern und Hl. Katharina) wurden von Claus Sluter von 1389 bis 1394 gefertigt.

UMGEBUNG – Nach **Saint-Seine-l'Abbaye** (352 Ew, 451 m), 27 km Richtung Norwesten über die Straße N 71; von der einstigen Abtei hat sich die burgundisch-gotische *Kirche* aus dem 13. Jh. mit Turmfassade aus dem frühen 15. Jh. erhalten; im Inneren hölzernes Chorgestühl aus dem 18. Jh. mit bemalten Schranken aus dem 16. Jh.; in der Apsis der ehemalige spätgotische, mit Plastiken geschmückte Lettner.

Nach **Beaune,** 41,5 km Richtung Süden über die Straße N 74 („Route des Grands Crus"), siehe Beaune, Umgebung.

DINAN* (2 C2)

Bretagne; Côtes du Nord, 14.157 Ew, 76 m. – Altes, von mittelalterlichen Stadtmauern umgebenes Städtchen auf einem Vorgebirge am linken Rance-Ufer.

Stadtmauern. – Die Stadt besitzt noch ihre Befestigungsmauern aus dem 13. bis 14. Jh. mit den 15 Türmen und vier Stadttoren beinahe vollkommen. Im nördlichen Abschnitt öffnen sich die *Porte St-Malo* (14.–15. Jh.) und die runde *Porte du Jerzual* (14. Jh.), die in die charakteristische, steile und verwinkelte *Rue du Jerzual* mit Fachwerkhäusern und Kunstgewerbegeschäften führt. Im Süden öffnet sich die *Porte St-Louis* aus dem Jahr 1620 und zwischen zwei halbkreisförmigen Türmen die *Porte du Guichet* (13.–14. Jh.); an der Südseite liegt die mächtige *Tour de Coëtquin,* während im Norden die Mauern mit der Burg verbunden sind.

Burg. – Mächtiger ovaler Turm, auch *Donjon de la Duchesse Anne* genannt, aus dem 14.–15. Jh. mit Zugang über eine Brücke. Im Inneren ist das MUSÉE DE DINAN eingerichtet *(Öffnungszeiten: 9–12 und 14–17 oder 19 Uhr; Eintrittsgebühr):* alte Maßeinheiten, bemalte Holzplastiken, Trachten, Möbel und andere heimatgeschichtliche Objekte.

St-Sauveur. – Im Stadtzentrum, an der höchsten Stelle, erhebt sich diese in der Romanik gegründete, aber im 15.–16. Jh. erneuerte Kirche mit ihrem charakteristischen Vierungsturm (1605–1779); schönes romanisches Portal (12. Jh.) zwischen zwei Blendarkaden. Das zweischiffige Innere trennt sich in einen romanischen (rechten) und in einen gotischen (linken) Teil; im linken Querhaus Kenotaph mit dem Herzen von Bertrand Du Guesclin (gest. 1380). Hinter der Kirche erstreckt sich der *Jardin Anglais* mit einer Terrasse, die einen prachtvollen Blick auf das Rance-Tal ermöglicht.

Altstadt. – Im Westen der Kathedrale erstreckt sich das alte malerische Stadtzentrum; in der Rue de l'Horloge befinden sich das *Hôtel Kératry,* ein Fachwerkhaus aus dem Jahr 1599, und die *Tour de l'Horloge* aus dem 15. Jh.; auf der Place des Merciers schöne Fachwerkhäuser und Lauben. Nördlicher liegt die Kirche *St-Malo* mit spätgotischem Chor aus dem Jahr 1490; daneben das ehemalige Kloster der *Cordeliers* (heute Schule) mit einem Kreuzgang aus dem 15. Jh.

UMGEBUNG – Nach **Combourg** (4.763 Ew, 66 m), 23 km Richtung Südosten über die Straße D 794; BURG* *(Öffnungszeiten: von Ostern bis Sept., 14–18 Uhr; Di geschl.; Eintrittsgebühr)* aus dem 14.–15. Jh. mit mächtigen runden Ecktürmen, die sich im dahinterliegenden Teich spiegelt. Châteaubriand verbrachte hier Abschnitte seiner Kindheit; in den im 19. Jh. erneuerten Innenräumen Erinnerungsgegestände an den berühmten Schriftsteller.

DOLE (13 B2)

Franche-Comté; Jura, 27.950 Ew, 231 m. – Schönes Städtchen am rechten Doubs-Ufer und am Rhein-Rhône-Kanal. Einst Hauptstadt der Region und zunächst vom Herzogtum Burgund und später vom Kaiserreich abhängend, wurde Dole mehrmals von den Franzosen belagert und angegriffen; die endgültige Eroberung durch Frankreich fand im Jahre 1674 statt. Dole ist Heimatstadt des berühmten Wissenschaftlers Louis Pasteur (1822–1895).

Notre-Dame. – Große gotische Kirche aus dem 16. Jh. im Stadtzentrum, mit mächtigem, 74 m hohem Fassadenturm. Im Inneren, seitlich vom Chor, Statuen der Apostel und Madonna eines burgundischen Meisters aus dem 15. Jh. Links von der Kirche, in der Rue Pasteur 43, befindet sich das GEBURTSHAUS des Chemikers und Forschers LOUIS PASTEUR *(Öffnungszeiten: 10–12 und 14–17 oder 18 Uhr; Di geschl.; Eintrittsgebühr).* – Etwas südlicher liegt das *Hôpital Pasteur,* ein großes Renaissance-Gebäude aus dem frühen 17. Jh.

Altstadt. – Rechts vom Spital führt die Rue Bauzonnet ins Zentrum der Altstadt mit ihren engen Gassen mit originellen Häusern aus dem 15.–18. Jh. mit Türmchen, Erkern, Dachaufsätzen und Arkadenhöfen; verstreut liegen alte Brunnen. In der Rue Mont-Roland befindet sich das *Hôtel Froissard** (16.–17. Jh.) mit einem eleganten Arkadenhof. – Etwas weiter, in der Rue du Collège de l'Arc, liegt das von den Jesuiten im Jahr 1582 gegründete *Collège de l'Arc* (heute Schule).

Musée de Dole. – *Öffnungszeiten: 10–12 und 14–18 Uhr; Di geschl.; Eintrittsgebühr.* Es befindet sich in einem Gebäude aus dem 17. Jh. in der Rue des Arènes 85 und umfaßt verschiedene Abteilungen. Erdgeschoss, Ausstellungen. – Untergeschoss, archäologische Abteilung: Paläolithikum, Metallzeiten, Römerzeit (Grabstelen, Bronzebüste) und Mittelalter (Keramiken aus dem 6.–7. Jh.; merowingische Waffen und Krüge). – Erster Stock, Malerei: französiche Maler (C. A. Coypel, S. Vouet) und ausländische Schulen, lokale Meister, Plastiken und mittelalterliche Gemälde (Meister von St-Gilles); außerdem Werke von Courbet*.

DOUAI (6 C2)

Nord – Pas-de-Calais; Nord, 42.580 Ew, 24 m. – Alte Stadt an der Scarpe, einst geistiges Zentrum von Flandern, reich an Baudenkmälern aus dem 16.–18. Jh. und heute beachtenswertes Industriezentrum.

Hôtel de Ville. – *Öffnungszeiten: 10–12 und 14.30–17 Uhr; Eintrittsgebühr.* Das Rathaus liegt gemeinsam mit dem zierlichen Palais der *Maison du Dauphin* aus dem Jahr 1754 an der Place d'Armes, im Zentrum der Altstadt, und gilt als wichtigstes Baudenkmal der Stadt. Eleganter, spätgotischer Bau aus dem 15. Jh. mit zwei Flügeln und in der Mitte aufragendem wuchtigen *Beffroi**, einem Uhrturm aus dem 14.–15. Jh. mit Ecktürmchen und hölzernem Abschluß; er besitzt eines der aufwendigsten *Glockenspiele* Europas. Der rechte originale Flügel (der linke ist eine Rekonstruktion aus dem vorigen Jahrhundert) zeichnet sich durch ein Spitzbogenportal mit zwei seitlichen Toren und Maßwerkfenstern aus. Im Inneren sind die Kapelle St-Michel und der gotische Saal sehenswert.

Das Stadtzentrum wird von breiten Alleen umschlossen. Im Süden öffnet sich zwischen zwei wuchtigen Rundtürmen die *Porte d'Arras* aus dem 14. Jh. und im Westen liegt die *Porte de Valenciennes* aus dem Jahr 1453 mit Ergänzungen aus dem 16. Jh. In der Nähe befindet sich die Kirche *Notre-Dame* aus dem 14.–16. Jh. mit Fassade aus dem 19. Jh. Im Norden liegen die Kirche *St-Pierre* von 1735–1750 mit Glockenturm aus dem 17. Jh. und das *Palais de Justice* aus den Jahren 1784–1789, direkt an der Scarpe.

Musée „La Chartreuse".** – *Öffnungszeiten: 10–12 und 14–17 Uhr; Di geschl.; Eintrittsgebühr.* Das Museum befindet sich nördlich des Zentrums in der Rue des Chartreux, in der ehemaligen Kartause aus dem 17.–18. Jh. und im angrenzenden Hôtel d'Abancourt-Montmorency aus den Jahren 1559–1608. Die Sammlung ist der Malerei und der Archäologie gewidmet.

Erdgeschoss. *Saal 1,* Statue der Madonna mit Kind aus dem 14. Jh. – *Saal 2,* französische Keramiken und Majoliken. – *Säle 3–4,* mittelalterliche Kunst aus den Niederlanden: Meister von Flémalle (Madonna mit Kind), Jan Bellegambe (Dreifaltigkeits-Polyptychon d'Anchin**, Triptychon der Unbefleckten Empfängnis*), Jan Scorel (Polyptychon mit Hl. Stephan und Jakobus**, 1541). – *Saal 5,* italienische Renaissance: Barna da Siena, Veronese (weibliches Bildnis*), L. Carracci (Geißelung*), Cesare d'Arpino; Bronzen und Skulpturen von Giambologna (geboren in Douai im Jahre 1524) und Matteo Civitali (Ecce Homo). – *Säle 6–8,* Renaissance in den nördlichen Ländern: F. Floris; M. van Reymerswaele (Hl. Hieronymus), Jan Massys, H. von Aachen (Paris-Urteil), C. van Haarlem. Erster Stock. *Säle 9–10,* Flamen aus dem 17. Jh.: Rubens, A. van Dyck, Jordaens (Apostelkopf*), D. Teniers d. J., J. de Momper, A. Govaerts. – *Säle 11–12,* Holländer aus dem 17. Jh.: A. van den Tempel, A. Cuyp (Bildnis eines Kindes), E. de Witte, S. de Bray, J. Ruisdael (Wald*), J. B. Weenix. – *Saal 13,* Franzosen aus dem 17. und 18. Jh.: C. Lebrun (Reiterbildnis von Ludwig XIV.*), Largillière, J. B. Monnoyer, J. M. Nattier, J. B. Chardin (Stilleben), außerdem L. Giordano, Pannini. – *Saal 14,* Franzosen aus dem 19. Jh.: L. David, Boilly, Delacroix, Corot, G. Courbet (La Reflexion*), Jongkind, E. Boudin, A. Sisley, C. Pissarro, Guillaumin, A. Renoir, Fantin-Latour. – *Säle 15–16,* moderne Künstler: R. Dufy, O. Friesz. – *Saal 17* (im Erdgeschoß): zeitgenössische Kunst.

Umgebung – Nach **Cambrai** (35.270 Ew, 75 m), 26 km Richtung Südosten über die Straße N 43, einer Industriestadt, die durch die im Jahre 1508 geschlossene Liga der europäischen Staaten gegen die Republik Venedig berühmt wurde; im Jahre 1712 unterzeichnete Spanien hier den Verzicht auf die italienischen Gebiete. Im Stadtzentrum, in der Kirche *St-Géry* aus dem 18. Jh., wird im linken Querhaus eine Grablegung* von P. P. Rubens aufbewahrt. Südlich, auf der Avenue de la Victoire, erhebt sich die *Kathedrale Notre-Dame* aus dem frühen 18. Jh., die mehrmals verändert wurde; im Querhaus acht große monochrome Gemälde des Flamen Marten Geeraerts (1760); in der Apsiskapelle Grabmal (von David d'Angers, 1826) des berühmten Schriftstellers und Bischofs von Cambrai, Fénelon (gest. 1715). Gegenüber der Kathedrale erhebt sich die schöne barocke Fassade der *Chapelle du Grand Séminaire* aus dem Jahr 1692. Von hier führt die Rue du Grand-Séminaire zum **Musée Municipal** *(Öffnungszeiten: 10–12 und 14–17 Uhr; Di geschl.; Eintrittsgebühr):* romanische und gotische Skulpturen sowie burgundische (16.–17. Jh.) und moderne Plastiken (Rodin, Carpeaux, Despiau); Gemälde von alten Meistern (Rubens, Frans II. Francken, Snyders, Teniers d. J., van der Helst, van Mierevelt, Nattier, Ingres, Chassériau) und aus der Moderne (Corot, Matisse, Utrillo, Vuillard). – 24 km südlich, an der Straße N 43, liegt das Städtchen **Le Cateau-Cambrésis** (8.311 Ew, 103 m), berühmt durch die im Jahre 1559 unterzeichneten Friedensverträge zwischen Frankreich und England und Spanien. Im *Pa-*

lais des Archevêques ist das Musée Henri-Matisse eingerichtet *(Öffnungszeiten: 15–17 oder 18 Uhr; in der Zwischensaison Mo und Di geschl.; Eintrittsgebühr)*: der hier geborene berühmte Maler Henri Matisse (1869–1954) schenkte seiner Heimatstadt einige Werke; außerdem andere zeitgenössische Künstler.

DOUARNENEZ (1 A2)

Bretagne; Finistère, 17.813 Ew. – Wichtigster Fischereihafen und bedeutendes Industriezentrum (Fischverarbeitung) auf der Halbinsel Cornwall, an der westlichen Spitze der Bretagne.

Der farbenfrohe *Hafen* ist die belebteste Stelle des sonst sehr ruhigen Städtchens. Es besitzt ein Meeresmuseum und ein Museum der Seefahrt. Eine Brücke über den Port-Rhu führt an den Badestrand von *Tréboul;* diesem vorgelagert ist die *Ile Tristan,* die mit der Tristan- und-Isolde-Legende verbunden ist.

Umgebung – Nach **Locronan*** (704 Ew, 150 m), 10 km Richtung Osten über die Straße D 7; der Platz* ist eines der schönsten bretonischen städtebaulichen Ensembles; an drei Seiten niedere Renaissance-Häuser aus dem 16. und 17. Jh. und an der vierten Seite die gotische Kirche *St-Ronan** aus dem 15. Jh., der ein wuchtiger Glockenturm vorgelagert ist; rechts die spätgotische *Chapelle du Pénity* aus dem 16. Jh., ein Bau aus dem typischen lokalen grauen Granitstein. Im Inneren, in der Apsis, großes Glasfenster aus dem 15. Jh.; in der Kapelle im rechten Schiff bemalte Grablegungsgruppe aus Stein aus dem 16. Jh., Grab des Hl. Ronan aus dem 15. Jh. und Statue des Hl. Michael aus dem 16. Jh. Links von der Kirche kleines Museum *(Öffnungszeiten: Juni–Sept., 10–12 und 14.30 bis 18.30 Uhr; Eintrittsgebühr)* mit Werken zeitgenössischer Künstler, die sich auf die Bretagne beziehen.

An die **Pointe de Raz,** 37 km Richtung Westen über die Straßen D 765 und D 784, durch die eindrucksvolle **Cornwall-Halbinsel*,** die Schauplatz zahlreicher mittelalterlicher Ritterlegenden ist. – 12 km, **Pont-Croix** (1.961 Ew, 30 m), mit alten Häusern und der romanischen Kirche *Notre-Dame-de-Roscudon* aus dem 13. Jh., die im 15. Jh. durch einen schönen Portikus und einen Maßwerkturm erweitert wurde. – 22 km, *Audierne* (3.679 Ew), ein Badeort und Fischereihafen in schöner Lage an der Mündung des Goyen. – 37 km, **Pointe du Raz*** (72 m), eine einsame, malerische felsige Halbinsel, die sich in den Ozean vorschiebt.

Nach **Morgat,** 49 km Richtung Nordwesten über die Straßen D 107, D 63, D 47 und D 887, die durch die Halbinsel von Crozon* mit ihren hohen Felswänden führen: Badeort im nördlichen Teil der Bucht von Douarnenez, berühmt für seine Felsgrotten, die mit dem Boot oder bei Ebbe zu Fuß erreichbar sind. Von Morgat erreicht man über gute Straßen die Aussichtspunkte *Cap de la Chèvre* (8 km südlich), *Pointe de Dinan** (8 km westlich) mit den Grotten von Korringans und *Pointe de Pen-Hir** (15 km nordwestlich), 70 m; einige Kilometer nördlicher, im Ort *Lagat-Jar,* prähistorische Zeugen: 143, in drei Reihen aufgestellte Menhirs.

DOURDAN (5 B4)

Ile-de-France; Essonne, 7.800 Ew, 117 m. – Altes Städtchen an der Orge, umgeben von waldreichen Hügeln; wichtiger landwirtschaftlicher Markt und Ausgangspunkt für Ausflüge in den gleichnamigen Wald. *Ausführliche Beschreibung siehe Kümmerly + Frey Reiseführer Paris und Umgebung.*

Am Hauptplatz erhebt sich die vom König Philipp August im Jahr 1222 errichtete **Burg*** *(Öffnungszeiten: Juni–Sept. 10–12 und 14–18 Uhr; Di geschl.; Okt. bis Mai, Mi, Sa und So 14–18 Uhr; Eintrittsgebühr)* mit Burggraben und Türmen, und gegenüber die schöne gotische Kirche *St-Germain** aus dem 12.–15. Jh. mit malerischer asymmetrischer Fassade.

DREUX (5 B4)

Ile-de-France; Eure-et-Loir, 34.025 Ew, 104 m. – Alte Stadt vorrömischer Gründung im Blaise-Tal; das heutige Handels- und Industriezentrum zeichnet sich durch viele Zeugen aus der Vergangenheit aus. *Ausführliche Beschreibung siehe Kümmerly + Frey Reiseführer Paris und Umgebung.*

Place Métézeau*. – Hauptplatz, auf dem sich der prachtvolle *Beffroi* (Glockenturm) aus den Jahren 1512–1537 und die gotische Kirche *Saint-Pierre* erheben.

Chapelle Royale Saint-Louis*. – *Öffnungszeiten: 8 oder 9–12 und 14–18 oder 18.30 Uhr; Eintrittsgebühr.* Die Kapelle am Gipfel eines Hügels wurde im Jahre 1816 von C.-Ph. Crémail als Grablege für die Familie Orléans errichtet: prunkvolles überkuppeltes Inneres mit Glasfenstern aus Sèvres und Grabdenkmälern.

Umgebung – Nach **Verneuil-sur-Avre** (siehe dort), 34 km Richtung Westen über die Straße N 12, die über (13 km) **Nonancourt** (1.892 Ew, 125 m) führt: zwei schöne *Kirchen* (St-Martin und St-Lubin) und am Platz ein besonders schönes *Fachwerkhaus***.

ÉCOUEN (6 C4)

Ile-de-France; Val d'Oise, 4.550 Ew, 150 m. – Vorort im Norden von Paris, am Fuße eines bewaldeten Hügels, auf dem sich eines der berühmtesten Renaissance-Schlösser des Gebietes erhebt. *Ausführliche Beschreibung siehe Kümmerly + Frey Reiseführer Paris und Umgebung.*

Schloß*. – *Öffnungszeiten: 9.45–12.30 und 14–17.15 Uhr; Di geschl.; Besichtigung nur mit Führung; Eintrittsgebühr. Öffnungszeiten des Parks 10–18.30 oder 17.30 Uhr.* Das wunderschöne Schloß wurde gleichzeitig wie jenes von Chantilly in den Jahren 1538–1555 für Anne de Montmorency errichtet; im Jahre 1962 erwarb es das Kulturministerium und richtete hier das **Musée de la Renaissance**** ein, das sich aus Beständen des Pariser Musée de Cluny zusammensetzt; besonders schön sind einige Tapisserien aus dem 16. Jh. aus Flandern.

ENGHIEN-LES-BAINS (6 C4)

Ile-de-France; Val d'Oise, 12.504 Ew, 50 m. – Eleganter Thermalkurort und Sommerfrische im Norden von Paris, am Fuße der Hügel von Montmorency und am Ufer des gleichnamigen Sees. *Ausführliche Beschreibung siehe Kümmerly + Frey Reiseführer Paris und Umgebung.*

UMGEBUNG – Nach **Montmorency*** (21.000 Ew, 130 m), 3,5 km nordöstlich, einem malerischen Städtchen, das im 18. und 19. Jh. gern von Künstlern besucht wurde. Hoch oben erhebt sich die spätgotische Kirche *St-Martin,* in deren Innerem sich prachtvolle Glasfenster** aus dem 16. Jh. befinden. In der *Maison Mon-louis* lebte von 1757–1762 J. J. Rousseau. Im südlichen Vorort *Deuil-la-Barre* (15.715 Ew) befindet sich eine Kirche mit schönem gotischen Chor* aus dem 13. Jh.

Nach **Taverny** (16.534 Ew, 92 m), 10 km Richtung Nordwesten über die Straße N 328: schöne gotische Kirche *Notre-Dame** aus dem frühen 13. Jh. mit Ergänzungen aus dem 14. und 15. Jh.

ÉPINAL (8 C3-4)

Lorraine; Vosges, 40.954 Ew, 340 m. – Département-Hauptort, Lothringer Industriestädtchen an der Mosel, am Fuße der Vogesen; bekannt für einige kunstgewerbliche Produkte (Drucke, Spitzen, Stickereien).

St-Maurice. – Kirche bei der zentralen Place des Vosges, die teilweise von alten Häuser mit Lauben umsäumt wird. Romanisch-gotisches Bauwerk aus dem 11.–13. Jh.; wuchtiger Turm mit modernem Portal: beachtenswert ist das Portal an der linken Seitenfront aus dem 14. Jh., das sog. *Portail des Bourgeois,* mit moderner Madonnenstatue am Trumeaupfeiler. Im dreischiffigen Inneren mit Blendtriforium bemalte Steinstatuen aus dem 14. bis 15. Jh. (rheinische Schulen).

Musée des Vosges et de l'Imagerie*. – *Öffnungszeiten: 10–12 und 14–17 oder 18 Uhr; Di geschl.; Eintrittsgebühr.* Das Museum hat seinen Sitz in einem modernen Gebäude beim Pont-Carnot an der Mosel. Es besteht aus drei Abteilungen. ERDGESCHOSS. Archäologie: regionale Ur- und Frühgeschichte; gallo-römische Mosaike und Plastiken aus dem 2.–3. Jh.; mittelalterliche Skulpturen aus 12.–16. Jh.; außerdem volkskundliche Sammlung. – Im ZWEITEN STOCK Malerei alter Meister: Rembrandt (Bildnis einer Alten*), G. de La Tour (Hiob*), Claude Lorrain (Landschaft), H. Robert, C. van Loo. – Im ERSTEN STOCK Zeichnungen (Boucher, Guardi, Tiepolo), Kunstgewerbe und zeitgenössische Malerei: Marquet, Segonzac, Léger, Picasso. – Ein Flügel des Stocks ist den *volkstümlichen Drucken** vorbehalten: sie stammen vor allem aus der von Pellerin im späten 18. Jh. eingerichteten Druckerei, die um die Mitte des 19. Jhs. mit ihren Darstellungen historischen, satirischen und volkstümlichen Inhaltes berühmt wurde; außerdem volkstümliche Drucke aus aller Welt.

Imagerie Pellerin. – *Öffnungszeiten: 8–12 und 14–18 oder 19 Uhr.* Die berühmte, im Jahr 1796 eröffnete Druckerei befindet sich am Quai de Dogneville 42; besichtigt werden können die Räume mit den alten Druckmaschinen, in denen auch verschiedene Drucke und Reproduktionen mit den typischen Motiven aus Épinal zu sehen sind.

Auf der *Place Pinau,* zwischen den beiden Mosel-Armen, befindet sich ein *Brunnen,* der die Statue des Kindes mit dem Dorn trägt. Die Statue aus dem Jahr 1762 ist die Nachbildung eines antiken Originals (der Dornauszieher aus dem 5. Jh. v. Chr.); die Legende führt die Stadtgründung auf diese Figur zurück (Épine = Dorn, daher Épinal).

ÉTAMPES (6 C4)

Ile-de-France; Essonne, 19.775 Ew, 90 m. – Altes Städtchen im Becken der Chalouette und der Juine mit interessanten mittelalterlichen Baudenkmälern; Agrar- und Handelszentrum. Im letzten Krieg erlitt der Ort schwere Schäden. *Ausführliche Beschreibung siehe Kümmerly + Frey Reiseführer Paris und Umgebung.*

Im Ortszentrum befindet sich die Kirche **Saint-Basile,** an deren Fassade sich ein schönes normannisches Portal* aus dem 12. Jh. erhalten hat. In der nahen Rue de la République liegt die Kirche **Notre-Dame-du-Fort*** aus dem 12.–13. Jh. mit einem eleganten normannischen romanischen Glockenturm* und schönen Plastiken und Glasfenstern im Inneren.

In der Rue St-Martin, bei der Südausfahrt, erhebt sich die Kirche **Saint-Martin*** aus dem 12.–13. Jh., der ein wuchtiger Turm vorgelagert ist.

ÉVREUX (5 B4)

Haute-Normandie; Eure, 48.744 Ew, 65 m. – Département-Hauptort, altes Städtchen und wichtiger Umschlagplatz landwirtschaftlicher Güter in der westlichen Normandie, im Iton-Tal; nach den Zerstörungen während des letzten Krieges mußte Évreux weitgehend wiederaufgebaut werden.

Kathedrale Notre-Dame*. – Sie erhebt sich alleinstehend im Stadtzentrum und wurde im 13. Jh. über den Überresten eines romanischen Vorgängerbaus aus dem 12. Jh. errichtet; im 14. Jh. wurden die Seitenkapellen angefügt. Die Renaissance-Fassade aus dem späten 16. Jh. wird von zwei Türmen begleitet; an der Nordseite schönes spätgotisches Portal aus dem frühen 16. Jh. Prachtvolles dreischiffiges INNERES mit Querhaus und Umgangschor; beachtenswert die Kuppel, die Glasfenster* aus dem 13.–15. Jh., die Renaissance-Schranken des Kapellenkranzes, die Chorschranken, das Chorgestühl aus dem 14. Jh., die Madonnenstatue (15. Jh.) und die polychrome Pietà in der Apsis aus dem 16. Jh.

Évêché. – Rechts von der Kathedrale liegt der spätgotische ehemalige Bischofspalast aus dem Jahr 1481 mit strenger Fassade, die durch ein Treppentürmchen belebt wird. Heute hat hier das MUSEUM seinen Sitz *(Öffnungszeiten: 10–12 und 14–17 Uhr; So vorm. und Mo geschl.; Eintrittsgebühr)*: römische archäologische Funde (darunter ein Pokal aus dem 4. Jh. und zwei Bronzen*; Apollo und Jupiter aus dem 2. Jh.), Möbel und Keramiken aus dem 17. und 18. Jh. sowie Gemälde aus dem 19. Jh. (Harpignies, Boudin, Jongkind, Guillaumin).
Auf der zentralen Place de Gaulle liegt neben dem Rathaus und dem Theater aus dem 19. Jh. auch der 44 m hohe *Beffroi* aus den Jahren 1490–1497 mit einer großen Glocke von 1406.

St-Taurin. – Im westlichen Stadtviertel liegt diese gotische (14. Jh.) Kirche mit einer Fassade aus dem 18. Jh.; sehenswert im Inneren die Glasfenster im Chor aus dem 16. Jh. und vor allem die *Châsse de St-Taurin**, ein Meisterwerk mittelalterlicher Goldschmiedekunst aus dem 13. Jh. aus vergoldetem Silber und Emails.

UMGEBUNG – Nach **Le Neubourg** (3.692 Ew, 134 m), 25 km Richtung Nordwesten über die Straßen N 13 und D 840, einem landwirtschaftlichen Ort, bei dem das SCHLOSS (4 km nordwestlich) von CHAMP DE BATAILLE liegt *(Öffnungszeiten: 10.30–12 und 14.30–18.30 Uhr; Di und Mi geschl.; Eintrittsgebühr)*: schöne Anlage aus dem 17. Jh. mit im Inneren Einrichtungsgegenständen und Tapisserien aus dem 17. und 18. Jh. sowie Gemälden von Ch. van Loo, Fragonard, P. Mignard und Skulpturen von Pigalle, Lemoyne, Canova und Carpeaux.

FÉCAMP (5 A2)

Haute Normandie; Seine-Maritime, 21.700 Ew, 14 m. – Fischereihafen und gernbesuchter Badeort am Ärmelkanal, umgeben von den weißen, steil abfallenden „Falaises".

La Trinité*. – Die Kirche am Ostrand der Stadt ist der einzige Überrest einer von Wilhelm von Volpiano im Jahre 1003 gegründeten Benediktinerabtei. Ein Neubau fand in den Jahren 1175–1220 statt; Fassade aus dem 18. Jh. und mächtiger Vierungsturm. Großes strenges INNERES; im Mittelschiff Emporen; im rechten Querhaus plastische Gruppe aus Stein des Marientodes aus dem Jahr 1495. Die 11 Kapellen des Umgangschores sind von Steinschranken aus der Renaissance (1505–1519) geschlossen; in der 3. Kapelle rechts Reliefs mit Szenen aus dem Leben Christi aus dem 12. Jh.; 4. und 5. Kapelle, Gräber aus dem 14. Jh.; spätgotische Apsiskapelle (15. Jh.) mit Glasfenstern aus dem 13.–16. Jh.; gegenüber Marmortabernakel des Italieners Girolamo Viscardo (1507); die 7. Kapelle (Zugang zur Krypta aus dem 13. Jh.) und die 8. Kapelle (Grabmal aus dem 13. Jh.) stammen aus der Romanik (11. Jh.); in der 10. Kapelle Grabmal aus dem Jahr 1681 des Abtes Wilhelm von Volpiano (gest. 1031); die 11. Kapelle auf Mittelpfeiler stammt aus dem 14. Jh.

Westlich von der Kirche, in der Rue A.-Legros 21, befindet sich in einem Palais das **Musée Municipal** *(Öffnungszeiten: 10–12 und 14–18 Uhr; im Winter nur nachm.; Eintrittsgebühr)*: die reiche Sammlung umfaßt Keramiken, französische Zeichnungen, flämische Tafelbilder, prähistorische und gallo-römische Ausgrabungsfunde und Dokumente zur Stadtgeschichte.
In der Rue Alexandre le Grand 110 befindet sich die **Distillerie de la Bénédictine** mit einer phantasievollen Fassade aus dem Jahr 1892 *(Öffnungszeiten: 9–11.30 und 14–17.30; Sa und So geschl.; Eintrittsgebühr)*. Besichtigt werden können die Räume, in denen der berühmte Likör „Bénédictine" hergestellt wird, und die KUNSTSAMMLUNG mit Werken aus der ehemaligen Benediktinerabtei: Gemälde aus dem 15. Jh., Elfenbeine aus Spanien (14. Jh.) und Italien (15. Jh.); bemalte deutsche Holzplastiken aus dem 16. Jh.; französische Antiphonare und Stundenbücher aus dem 13. und 14. Jh.; Sammlung alter Türschlösser.

UMGEBUNG – Nach **Étretat** (1.577 Ew), 17 km Richtung Südwesten über die Straße D 940, einem Badeort, der für seine weißen Felsen berühmt ist. Im Ort, an der Straße nach Fécamp, liegt die romanische Kirche *Notre-Dame* aus dem 11.–12. Jh. An der Nordküste, auf der *Falaise d'Amont,* erheben sich eine moderne Kapelle und ein Denkmal, das an das tragische Ende des ersten Fluges über den Atlantik (1927) erinnert. An der Südküste liegt die *Falaise d'Aval*,* an deren Felswand sich ein natürlicher Bogen, die sog. *Porte d'Aval,* lehnt; davor erhebt sich ein mächtiger, 70 m hoher Pfeiler, die sog. *Aiguille d'Étretat;* etwas südlicher öffnet sich die prachtvolle *Manneporte,* ein natürlicher, 90 m hoher Felsbogen.

Zum **Schloß von Bailleul*,** 10 km Richtung Südosten über die Straße D 73. *Öffnungszeiten: Ostern bis Allerheiligen, 9–12 und 14–18 Uhr; Eintrittsgebühr.* Ein Meisterwerk aus der Renaissance (1543), in einem großen Park; sehenswert sind auch die Innenräume mit Gemälden von P. Mignard, F. Hals, Rembrandt, Hobbema und Memling (Triptychon*).

FONTAINEBLEAU** (12 C1)

Ile-de-France; Seine-et-Marne, 19.595 Ew, 77 m. – Fremdenverkehrszentrum und Luftkurort ersten Ranges, in der Nähe der Seine inmitten des berühmten gleichnamigen Waldes gelegen; berühmt für sein Schloß, das zu den größten königlichen Residenzen in Frankreich zählt und von höchstem historischen und künstlerischen Wert ist. *Ausführliche Beschreibung siehe Kümmerly + Frey Reiseführer Paris und Umgebung.*

Schloß.** – Die Anlage hat eine recht komplizierte Baugeschichte, die am besten bei einem Rundgang abgelesen werden kann. Vom Haupteingang gelangt man in die COUR DU CHEVAL BLANC (152×112 m): in der Mitte erstreckt sich der unter Franz I. erbaute Flügel mit der *Freitreppe* von J. Ducerceau (1634); rechts schließt der *Flügel Ludwigs XV.* an (1738) und links der *Ministertrakt* (16. Jh.).

Ein Durchgang führt in die COUR DE LA FONTAINE, in der sich auf der Terrasse die Galerie Franz' I. befindet. Der östliche Flügel mit Treppe wurde 1568 von Primaticcio erbaut. Im Westflügel befinden sich die Appartements der Königsmütter und von Papst Pius VII. Von diesem Hof gelangt man wieder durch einen Durchgang zwischen den beiden Treppenläufen auf eine Terrasse, wo sich links die wunderschöne *Porte Dorée** von Gilles le Breton öffnet. Das Tor führt in den ovalen Hof mit den königlichen Gemächern rechts und dem Ballsaal. Im Norden des Schlosses erstreckt sich der DIANA-PARK und im Südwesten liegt der im 19. Jh. angelegte *Englische Garten.*

INNERES – *Öffnungszeiten: 10–12.30 und 14–18 Uhr; Di geschl.; Eintrittsgebühr.* Die prachtvoll ausgestatteten Appartements und Repräsentationsräume entstanden im 16. Jh. im Stil der sogenannten 1. Schule von Fontainebleau, deren Hauptvertreter die italienischen Maler und Dekorateure F. Primaticcio, Rosso Fiorentino und Nicolò dell'Abate sind. Sehenswert sind in erster Linie die Galerie Franz' I., das Hauptwerk von Rosso Fiorentino, die Galerie Heinrichs II., der Ballsaal, die Königstreppe und die Appartements von Katharina von Medici (1540–1550). Die großen Appartements Napoleons I. zeigen eine prunkvolle Empire-Einrichtung. Sehenswert sind auch das Chinesische Museum und die ausgedehnten **Gartenanlagen**.**

Wald von Fontainebleau*. – Ein zumindest kurzer Ausflug in den 17.000 ha großen, aus Buchen, Eichen, Kiefern und Birken bestehenden Wald, der sich hinter Schloß und Gärten erstreckt, kann in jedem Fall empfohlen werden. Straßen und Wege führen zu den interessantesten Stellen.

UMGEBUNG – Erwähnt werden muß vor allem das am Westrand des Waldes gelegene Städtchen **Barbizon*** (1.189 Ew, 80 m), in dem sich um die Mitte des 19. Jhs. eine für die Entwicklung des Impressionismus wichtige Malerschule ansiedelte.

FOUGÈRES (3 B3)

Bretagne; Ille-et-Vilaine, 23.131 Ew, 134 m. – Industriestädtchen (Schuherzeugung) in der oberen Bretagne, mit einer im Westen an einer Schleife des Flusses Nançon liegenden Altstadt, die von den Burgmauern beherrscht wird.

Altstadt. – Westlicher Teil der Stadt, durchzogen von der Rue Nationale: rechts erhebt sich die *Tour du Beffroi,* ein achteckiger Turm aus dem 14.–15. Jh.; auf Nr. 51, in einem Haus aus dem 16. Jh., befindet sich das MUSÉE DE LA VILLÉON *(Öffnungszeiten: 14–19 Uhr; Eintrittsgebühr),* das dem im Jahre 1858 in Fougères geborenen impressionistischen Maler Emmanuel de la Villéon gewidmet ist. Am Ende erheben sich die spätgotische Kirche *St-Léonard* aus dem 15.–16. Jh. und das *Rathaus* aus dem 16. Jh.; seitlich öffnet sich die Parkanlage der *Place-aux-Arbres,* die einen schönen Blick auf den Nançon bietet.

Die Stadtmauern. – Die Altstadt wird teilweise noch von Mauern und Türmen aus dem 14. Jh. umgeben: im Norden, durch die Ruelle des Vaux, Blick auf die Mauern und die Türme Desnos und Montfromery; im Westen mündet ein weiter Kurtinenbogen bei der *Porte Notre-Dame* auf die *Place-aux-Arbres;* seitlich, links, die Tour de Plesguen (14. Jh.) und rechts die Tour de la Trémoïlle (15. Jh.).

Die Burg*. – *Öffnungszeiten: 9–11 und 14.15–18 Uhr; Besichtigung stündlich nur mit Führung; Eintrittsgebühr.* Sie erhebt sich auf einem Felssporn an der Nordwestecke der Stadtmauern; der erste Bau wurde im Jahr 1166 von den Engländern zerstört; der Wiederaufbau ab 1173 dauerte bis ins 15. Jh. Die Umfassungsmauern mit den 13 Türmen sind 163 m lang. Der Eingang besteht aus der kubischen *Porte de la Haye St-Hilaire,* die von zwei Rundtürmen aus dem 15. Jh. flankiert ist. Nach dem zweiten Burggraben und der teilweise zerstörten *Tour de Coëtlogon* betritt man den Kern der Anlage; links die Ruinen des „logis seigneural" (14. Jh.). Die Wehrgänge führen im Süden zur *Tour Raul* und zur *Tour Surienne* aus dem 15. Jh. Im oberen Teil der Burg liegen die Fundamente des 1166 zerstörten ursprünglichen Donjons, die mächtige runde *Tour Mélusine** aus dem 14. Jh. und die *Tour du Gobelin* (12.–14. Jh.); am Gipfel die *Poterne d'Amboise* aus dem 15. Jh.

St-Sulpice. – Man verläßt die Burg durch die Porte Notre-Dame und folgt entlang den äußeren Mauern von der Tour Raul bis zur Tour Surienne der Rue Le-Bouteiller. Links erhebt sich die spätgotische Kirche *St-Sulpice* aus dem 15.–18. Jh.: im Inneren die verehrte Statue der Notre-Dame des Marais aus dem 12. Jh.

GISORS (**5** B3)

Ile-de-France; Eure, 8.255 Ew, 58 m. – Malerisches Städtchen in schöner Lage am Zusammenfluß von Troesne, Réveillon und Epte, berühmt für sein Schloß und die Kirche St-Gervais. *Ausführliche Beschreibung siehe Kümmerly + Frey Reiseführer Paris und Umgebung.*

Saint-Gervais*. – Prachtvolle Kirche mit Stilelementen aus Gotik und Renaissance, die beispielhaft restauriert wurde. Den Außenbau kennzeichnen üppiges spätgotisches Ornament und ein Portal aus der Renaissance; das Innere beeindruckt durch seine Helle und die eleganten Bauformen.

Burg*. – Schönes Beispiel normannischer Militärarchitektur, das im Jahr 1097 begonnen und im 12. und 13. Jh. weiter ausgebaut wurde, mit halbkreisförmigen Umfassungsmauern mit zwölf Türmen und einem Hauptturm (Keep) aus dem 11. Jh.

HONFLEUR* (**4** C2)

Basse Normandie; Calvados, 8.530 Ew. – Reizendes Städtchen und Fischereihafen an der Küste der Normandie, am Südufer der Seine-Mündung. Die außergewöhnliche Schönheit des Ortes lockte im vorigen Jahrhundert zahlreiche Komponisten, impressionistische Maler und Schriftsteller an.

Vieux Bassin*. – Malerischster Teil des Städtchens, der mit den Namen großer Künstler verbunden ist. Das Becken wurde in der zweiten Hälfte des 17. Jhs. von Duquesne ausgehoben; rundherum erheben sich die typischen engen hohen Häuser, deren Fassaden mit Schiefer verkleidet sind. An einer äußeren Ecke liegt die alte *Lieutenance,* ein Palais aus dem 16. Jh. mit einigen Überresten der alten Befestigungen. An der inneren Ecke, in der kleinen gotischen Kirche *St-Étienne* (14.–15. Jh.), ist das MUSÉE DU VIEUX HONFLEUR eingerichtet *(Öffnungszeiten: 10–12 und 15–18 Uhr; Besichtigung nur mit Führung; Eintrittsgebühr):* Kunstobjekte aus der alten Kirche, Rekonstruktionen normandischer Innenräume und Dokumentation über die lokale Schiffahrt. – Zurückversetzt, auf einem kleinen Platz, erhebt sich die originelle gotische Kirche *Ste-Chaterine** (16. Jh.), ein Holzbau mit eigenartigem Glockenturm*, der über dem Glöcknerhaus errichtet wurde; heute ist er eine Dependance des Musée Boudin.

Musée Eugène-Boudin. – *Öffnungszeiten: Ostern bis Mitte Okt. 10–12 und 14–18 Uhr; Di geschl.; Eintrittsgebühr.* Das Museum, das den impressionistischen Malern der sogenannten Schule von Honfleur gewidmet ist, umfaßt Werke des hier geborenen Eugène Boudin (1825–1898; *Säle 1–3)* sowie Aquarelle und Leinwandbilder von Monet, Jongkind, Marquet, Friesz, Dufy, Gromaire, Signac. – *Säle 4–6:* Werke zeitgenössischer Künstler. – *Saal 7:* Werke aus dem 17. und 18. Jh.: P. Mignard, Bourdon, d'Hondecoeter, F. Boucher. – *Säle 8–9:* regionale Trachten und Hausrat aus dem 18. und 19. Jh.

1 km westlich vom Stadtzentrum bietet der schattige Gipfel der **Côte de Grâce** (90 m) einen wunderschönen Blick auf die Seine-Mündung*; die Chapelle de *Notre-Dame de Grâce* stammt aus dem Jahr 1615.

LAGNY-SUR-MARNE (**6** C4)

Ile-de-France; Seine-et-Marne, 14.930 Ew, 44 m. – Städtchen in der Umgebung von Paris, am linken Marne-Ufer gegenüber von *Thorigny-sur-Marne* (7.161 Ew). *Ausführliche Beschreibung siehe Kümmerly + Frey Reiseführer Paris und Umgebung.*

Saint-Pierre*. – Die Abteikirche wurde im 13. Jh. begonnen, blieb aber unvollendet. Der mächtige, 49 m lange fünfschiffige Chor vermag die Großartigkeit der ursprünglich geplanten Kirche zu vermitteln.

UMGEBUNG – Zum **Schloß von Guermantes*** (4 km Richtung Süden über die Straße D 35; *Öffnungszeiten: Mitte März bis Mitte Nov. Sa und So 14–17.45 Uhr; Besichtigung nur mit Führung; Eintrittsgebühr*). Schöner, im frühen 17. Jh. errichteter Bau, der am Ende des 17. Jhs. von Robert de Cotte, Mansart und Le Nôtre umgestaltet wurde; im Inneren prunkvolle Ausstattung und Gemälde aus der Mitte des 17. Jhs.

Nach **Champs-sur-Marne** (5.000 Ew, 75 m), 10 km Richtung Südwesten über die Straßen D 404 und D 217 B. Berühmt ist der Ort für sein von J. B. Bullet errichtetes **Schloß*** (1703–1707), dessen Innenausstattung auf Mme de Pompadour zurückgeht (1757); schön ist auch der 1759 angelegte PARK *(Öffnungszeiten: 9.30 bis Sonnenuntergang; Di geschl.)*. Heute ist das Schloß Sommersitz des Premierministers.

LANGRES (7 B4)

Champagne-Ardenne; Haute-Marne, 11.359 Ew, 466 m. – Noch heute von Stadtmauern umgebenes historisches Städtchen in der Champagne mit gallo-römischem Ursprung; wunderschön auf einem Hügel am linken Marne-Ufer gelegen. Heimatstadt des Philosophen Denis Diderot (1713–1784).

Stadtmauern. – Rund um den Hügel ziehen sich mächtige Mauern mit Türmen aus dem 14.–16. Jh. Im Osten öffnet sich die Porte Henri IV; im Norden die Longe-Porte (1604); im Westen liegen die Porte de l'hôtel de ville (1592), die Porte Boulière (14. Jh.) und die Porte Neuve (19. Jh.). Die Porte des Moulins (1674), im Süden, wird rechts von der runden Tour St-Ferjeux (1472) und links von der mächtigen, ebenfalls runden *Tour de Navarre* (1517) gerahmt, der die kleinere Tour d'Orval (1521) zur Seite gestellt ist.

Römisches Tor. – Bei der Porte de l'hôtel de ville, die in die äußeren Basteien eingemauert ist, befindet sich das elegante, durch Pilaster gegliederte gallo-römische Stadttor aus dem 2. Jh. n. Chr. mit zwei Bogenöffnungen. Gleich beim Eintreten in die Stadt erblickt man am gleichnamigen Platz das *Hôtel de Ville* aus den Jahren 1774–1778.

Musée du Breuil de St-Germain. – *Öffnungszeiten: 10–12 und 14–17 oder 18 Uhr; Di geschl.; Eintrittsgebühr.* Das Museum befindet sich nördlich von der Place de l'hôtel de ville auf der Place de Verdun, in einem Renaissance-Palais aus dem 16.–18. Jh., das mit einem schönen skulptierten Portal geschmückt ist; im Garten Statue Ludwigs XV. von J. B. Bouchardon. Das Museum ist vor allem Diderot gewidmet: Büste von Houdon und Portraits von C. van Loo; außerdem Keramiken aus dem 18. Jh. und eine Dokumentation über die traditionelle Messererzeugung.

Kathedrale St-Mammès. – Sie wurde in der zweiten Hälfte des 12. Jhs. im burgundisch-romanischen Stil errichtet, zeigt aber schon einzelne gotische Elemente; am interessantesten ist der Chor mit den Radialkapellen und Strebepfeilern; die klassizistische Zweiturmfassade entstand erst im Jahre 1768. Strenges dreischiffiges Inneres mit Triforium. Links die Heiligenkreuz-Kapelle aus den Jahren 1547–1549 mit der Alabasterstatue der Madonna mit Kind* von Evrard d'Orléans (1341). An den Stirnwänden des Querhauses hölzerne Verkleidung aus dem 18. Jh. und Tapisserien aus dem Jahr 1545. Im romanischen Umgangschor mit Radialkapellen elegantes Triforium mit Doppelbögchen; rechts vom Chorumgang schönes romanisches Portal zum Kapitelsaal.

Musée St-Didier. – *Öffnungszeiten: 10–12 und 14–17 oder 18 Uhr; Di geschl.; Eintrittsgebühr.* Das Museum liegt auf der Place St-Didier, beinahe genau gegenüber der Kathedrale. Es umfaßt eine Abteilung für römische und mittelalterliche Archäologie, naturgeschichtliche Objekte und eine Gemäldegalerie: Gemälde von Jordaens, Le Brun, Courbet und lokalen Künstlern.

LAON* (6 D3)

Picardie; Aisne, 29.074 Ew, 181 m. – Département-Hauptort, altes Städtchen in schöner Lage auf einem Hügel über einer Ebene; sehenswertes Kunstzentrum, berühmt vor allem für seine Kathedrale. In der Spätzeit der Karolinger (9.–10. Jh.) war Laon königliche Residenz.

Stadtmauern. – Der Stadthügel wird von langen Mauern mit Türmen aus dem 13. Jh., die im 15.–16. Jh. verändert wurden, umschlossen; es sind drei Sektoren erkennbar: im Westen der *Bourg*, im Osten die *Cité* und am Rande die *Zitadelle* aus dem Jahr 1594. An der Südseite öffnet sich die *Porte d'Ardon* aus dem 13. Jh. mit Ecktürmchen; am Westrand des Bourg, am Ende der Rue de la Libération, liegt die *Porte de Soisson*, ebenfalls aus dem 13. Jh., die durch einen Wehrgang mit der Tour penchée, einem eigenartigen schiefen Turm, verbunden ist.

Kathedrale Notre-Dame**. – Sie zählt zu den französischen Königskathedralen und ist wohl eine der schönsten Schöpfungen hochgotischer Architektur. Der Baubeginn ist um 1155 anzusetzen; im Jahre 1225 war die Kirche bis auf die Seitenkapellen, die erst Ende des 13., Anfang des 14. Jhs. hinzugefügt wurden, vollendet. Prachtvolle Fassade, die sich durch scharfe Hell-Dunkel-Kontraste auszeichnet, mit drei Trichterportalen (die Plastiken stammen vor allem aus dem vorigen Jahrhundert), denen darüber die drei Bogen mit zwei großen seitlichen Fenstern und der mittleren Fensterrose entsprechen; den oberen Abschluß bildet die übliche Galerie; flankierend die beiden Türme mit den durch eigenartige Stierplastiken betonten Ecken. Bei einem Rundgang

Laon: Kathedrale

fällt der Blick auf die Türme des Querhauses und auf den mächtigen Vierungsturm; Apsis mit drei hohen Fenstern und Rosenfenster mit abschließender Galerie. Schönes, lichtdurchflutetes dreischiffiges INNERES (118 m lang) auf niedrigen Rundpfeilern, mit Emporen, Triforium und Lichtgaden. Die Seitenkapellen sind mit einer durchlaufenden Renaissance-Schranke abgeschlossen. Eine schmiedeeiserne Schranke aus dem 17. Jh. trennt den Umgangschor vom Querhaus. Glasfenster* aus dem 13. Jh. schmücken Fensterrosen, Chorfenster und die Öffnungen im linken Querhaus.

An der Südseite der Kathedrale liegen ein Flügel des *Kreuzgangs* aus dem 13. Jh. und, auf der Place du Parvis, das alte *Hôtel Dieu* aus dem Jahr 1209 mit drei zugemauerten Arkaden. An der Nordseite, auf der Place du Palais, befindet sich der ehemalige *Bischofspalast* (heute Justizpalast) mit einer Fassade aus dem 13. Jh., die durch gotische Fenster gegliedert ist; im Hof, neben dem Flügel aus dem 17. Jh., liegt eine *Kapelle* aus der zweiten Hälfte des 12. Jhs., bestehend aus zwei niederen Geschossen. Vom Platz weiter Blick auf die Ebene.

Museum. – *Öffnungszeiten: 10–12 und 14–17 oder 18 Uhr; Di geschl.; Eintrittsgebühr.* Es befindet sich in der Rue Georges-Ermant, im Süden der Kathedrale. Im *Erdgeschoß* des Museums eine reiche Sammlung ägyptischer Objekte sowie regionale Archäologie von der Prähistorie bis zu den Merowingern; im *ersten Stock* Gemäldegalerie mit Werken von den Brüdern Mathieu und Louis Le Nain*, die in Laon geboren wurden (16. Jh.), D. Teniers d. J., Philippe de Champaigne, van der Werff, A. van Ostade, Civetta, J. Parrocel, J. B. Greuze, Quentin de la Tour (Bildnis), R. Carriera (weibliches Bildnis), A. Coypel; außerdem ein wertvolles Diptychon* des Meisters des Stundenbuches aus Rohan (ca. 1420). Im Museumsgarten befindet sich die achteckige **Templer-Kapelle*** aus dem 12. Jh., der im 14.–15. Jh. ein Spitzbogenportikus vorgelagert wurde; im Inneren Inschriften, Plastiken und in der Mitte eine realistische Grabesstatue aus dem 14. Jh.

St-Martin. – Die Kirche liegt im Bourg, dem Westviertel der Stadt, und ist ein gotischer Zisterzienserbau aus dem 12.–13. Jh.; dreizonige Fassade mit seitlichen Baldachintürmchen und im oberen Tympanon einem Relief des Hl. Martin. Im einfachen dreischiffigen Inneren, seitlich vom Portal, zwei Grabstatuen aus dem 13. Jh.; rechte Kapelle mit Renaissance-Schranke aus dem Jahr 1540 und Ecce-Homo-Darstellung aus dem 16. Jh.

UMGEBUNG – Nach **Saint-Quentin,** 46 km Richtung Nordwesten über die Straße N 44. 21 km, **La Fère** (3.825 Ew, 51 m). Das MUSÉE JEANNE D'ABOVILLE* *(Öffnungszeiten: 14–18 Uhr; Eintrittsgebühr)* besitzt eine Gemäldegalerie mit Werken von Malern aus Italien (Bellotto, Carracci, Reni), Flandern und Holland (E. de Witte, M. de Vos, Metsys, J. van Ruisdael), Spanien (Murillo, Velázquez, Ribera) und Frankreich (J. Vernet, H. Robert, Vigée-Lebrun, J. B. Lallement). – 46 km, **Saint-Quentin** (65.067 Ew, 74 m), ein beachtenswertes Industriezentrum an der Somme. Der Sieg Philipps II. von Spanien in der Schlacht von Saint-Quentin am Laurentiustag des Jahres 1557 (10. August) gab den Anstoß zur Errichtung des Escorials bei Madrid. Am Hauptplatz erhebt sich das *Hôtel de Ville* aus dem 14.–16. Jh. mit reicher spätgotischer Fassade. In der Nähe liegt die Basilika *St-Quentin**, ein großer gotischer Bau aus dem 13.–15. Jh. mit zwei Querschiffen und Turmfassade; dreischiffiges Inneres mit Triforium und doppeltem Chorumgang; schöne Glasfenster aus dem 13.–14. Jh. Das **Musée Lécuyer** *(Öffnungszeiten: 10–12 und 14–17 Uhr; Mo geschl.; Eintrittsgebühr)* besitzt 90 Pastell-Porträts* von Maurice Quentin de la Tour (1704–1788, in St-Quentin geboren); außerdem Gemälde von Coypel, Daubigny, Corot, Renoir, Matisse; flämische und italienische Werke.

LAVAL (9 B1)

Pays de la Loire; Mayenne, 53.766 Ew, 70 m. – Département-Hauptort und Industriezentrum des Nordwestens an der Mayenne; am linken Ufer befindet sich die Altstadt, am rechten die modernen Viertel. Laval ist Heimatstadt des Malers Henri Rousseau, genannt „der Zöllner" (1844–1910).

Das Schloß. – Das wichtigste Bauwerk der Stadt liegt auf der Place de la Trémoille und entstand in mehreren Bauphasen. Dem Platz zu wendet sich die Renaissance-Fassade des Nouveau-Château (1540), auch „Galerie des Comtes de Laval" genannt, mit Ergänzungen aus dem 19. Jh. (heute Justizpalast). An der Seite liegt der Eingang zum *Vieux-Château,* das im 11. Jh. begonnen und in der

Renaissance mit eleganten Dekorationsmotiven verschönert wurde. Es besteht aus zwei L-förmigen Flügeln, die sich an den mächtigen runden Eckdonjon* aus dem 13. Jh. anlehnen. Im ersten Stock befindet sich das kleine MUSÉE D'ART NAÏF *(Öffnungszeiten: 10–12 und 14–18 Uhr; Eintrittsgebühr)* mit Werken von französischen und ausländischen Künstlern sowie einem Leinwandbild von Henri Rousseau. In den anderen Räumen des Schlosses ist das MUSÉE D'ART ET D'ARCHÉOLOGIE eingerichtet; besonders schön ist die *grande salle** im ersten Stock; besichtigt werden kann auch die dreischiffige romanische Krypta* aus dem 12. Jh. – Unterhalb des Schlosses spannt sich der *Pont-Vieux** aus dem 13. Jh. über den Fluß.

Kathedrale. – Sie liegt am oberen Teil des Platzes und ist der Dreifaltigkeit geweiht. Überreste der romanischen Struktur (12. Jh.) haben sich unter dem heutigen gotischen Bau (15.–16. Jh.) erhalten. Im Mittelschiff sechs Tapisserien* aus Aubusson aus dem 17. Jh., im linken Querschiff Triptychon mit Johannes dem Täufer vom holländischen Maler P. Aertsen (16. Jh.) und Hochaltar aus der Mitte des 17. Jhs.

Notre-Dame d'Avénières. – Im Süden der Altstadt, am rechten Mayenne-Ufer, liegt diese schöne romanische Kirche aus dem 12. Jh., die im vorigen Jahrhundert etwas verändert wurde; bewegter Chorschluß mit fünf Radialkapellen. Im strengen dreischiffigen Inneren, an der inneren Eingangswand, zwei riesige Holzstatuen (Christus, 15. Jh.; Hl. Christophorus, 16. Jh.); Chorumgang auf Säulen mit schönen Kapitellen; links Beweinungs-Triptychon (um 1540) und im rechten Querhaus Tapisserie aus Aubusson (17. Jh.).

Notre-Dame de Pritz. – Ebenfalls am rechten Mayenne-Ufer gelegene Kirche, 2 km nördlich der Stadt. Sie stammt großteils aus karolingischer Zeit (9.–10. Jh.), wurde aber in der Romanik (12. Jh.) vollkommen erneuert; an den Wänden (Heiligenleben) und am Triumphbogen (Kalender) protoromanische und romanische Fresken* (11.–15. Jh.), die allerdings sehr schlecht erhalten sind. An der rechten Wand zwei Grabplatten mit Liegefiguren aus dem 13. Jh. Holzlettner aus dem 16.–17. Jh., darüber eine Kreuzigungsgruppe (15. Jh.). *Schlüssel zur Kirche im benachbarten Bauernhaus.*

UMGEBUNG – Zur **Abtei von Clermont,** 12 km Richtung Nordwesten über die Straße N 157 und dann rechts über die Straße D 115; *Öffnungszeiten: im Sommer 9–12 und 14–19 Uhr; im Winter 10–12 und 13.30–17 Uhr; Eintrittsgebühr.* Die Zisterzienserabtei wurde vom Hl. Bernhard von Clairvaux im Jahre 1150 gegründet. Die *Kirche** ist ein strenger romanischer Bau ohne ornamentale Zutaten aus dem 12. Jh.; lichtdurchflutetes Inneres mit 53 Fensteröffnungen; in jedem Querhausarm befinden sich drei Kapellen; im geradegeschlossenen Chor öffnen sich auf drei Zonen sechs Fenster. Eindrucksvoll sind auch die aus der gleichen Bauzeit stammenden *Klostergebäude.*

Nach **Château-Gontier** (8.352 Ew, 43 m), 29 km Richtung Süden über die Straße N 162, ein malerisches, von der Mayenne durchflossenes Städtchen und wichtiger Viehmarkt. In der Grande Rue befindet sich das MUSEUM *(Öffnungszeiten: 10–12 und 14–19 Uhr; Di geschl.; Eintrittsgebühr)* mit archäologischen Funden, mittelalterlichen Plastiken und flämischen Gemälden vom 15.–17. Jh. (A. van Ostade, Molenaer, Teniers d. J., Frans II Francken). Die Kirche *St-Jean* ist ein wuchtiges romanisches Bauwerk aus dem 11. Jh.; Restaurierungen nach dem Krieg konnten wertvolle Fresken* (biblische Szenen) aus dem späten 11. Jh. freilegen; erhalten ist auch die dreischiffige Krypta.

LE HAVRE (4 C1)

Haute-Normandie; Seine Maritime, 198.760 Ew. – Wichtigste Stadt am Ärmelkanal, am nördlichen Ufer der Seine-Mündung; Wiederaufbau nach dem letzten Weltkrieg; zweitwichtigster Handels- und Industriehafen Frankreichs und Passagierhafen nach Großbritannien und Irland. Le Havre ist Heimatstadt der Maler Othon Friesz (1879–1949) und Raul Dufy (1877–1953) und des Präsidenten der Republik René Coty (1882–1962).

Hafen. – Seine Fläche beträgt 10.000 ha, im Jahre 1980 benutzten ihn 945.000 Passagiere (vor allem auf die Britischen Inseln), ca. 88 Millionen Tonnen Handelsware (davon 80% Erdöl) wurden hier verschifft; für die großen Öldampfer wurde der moderne Hafen Le Havre-Antifer, 22 km nördlich, angelegt. Besichtigungen des Hafens organisiert das Office du Tourisme.

Die moderne Stadt. – Die Hauptverkehrsader ist die *Avenue Foch* mit ihrer Verlängerung, dem *Boulevard de Strasbourg.* Inmitten der modernen Gebäude öffnet sich einer der größten Plätze Europas, die *Place de l'Hôtel de ville* (C3; 243 × 192 m), die vom Architekten Auguste Perret entworfen wurde. – Am *Boulevard François Ier*, der die Avenue Foch mit dem Hafen verbindet, befindet sich die moderne Kirche **St-Joseph** (C2) aus den Jahren 1951–1957, ein im Inneren rohbelassener Stahlbetonbau; im Inneren stützen mächtige Pfeiler den 106 m hohen Turm.

Musée de l'Ancien Havre (C-D3). – *Öffnungszeiten: 10–12 und 14–18 Uhr; Mo und Di geschl.; freier Eintritt.* Das Museum liegt in einem Palais aus dem 17. Jh. in der Rue Bellarmato 1, in der von den inneren Hafenbekken umschlossenen Altstadt; es umfaßt archäologische gallo-römische und merowingische Funde sowie eine Dokumentation über die Stadtgeschichte von ihrer Gründung (1517) bis ins vorige Jahrhundert; außerdem Erinnerungen an ihre bedeutendsten Bürger.

LE HAVRE 1:20.000 (1 cm = 200 m)

Musée des Beaux-Arts André Malraux* (D2). – *Öffnungszeiten: 10–12 und 14–18 Uhr; Di geschl.; Eintrittsgebühr.* Es befindet sich in einem modernen Gebäude aus dem Jahr 1961 am Hafeneingang; davor erhebt sich eine monumentale Plastik von G. H. Adam (1961); die Kunstsammlung ist Alter und Moderner Malerei gewidmet. ERDGESCHOSS, moderne und zeitgenösssiche Gemälde. *Impressionisten:* Jongkind (Landschaften), Monet (Seerosen*; Westminster), Pissarro (Landschaften), Renoir (Der Ausflügler). – Die *Fauves:* O. Friesz, Marquet, van Dongen, de Vlaminck, Derain, Léger (Frauen vor schwarzem Hintergrund), Vuillard (Am Fenster), Fautrier, Manessier, Lurçat, Villon, Beauchamp, **Dufy*** (70 Werke von 1902 bis 1962). – ERSTER STOCK, Gemälde vom 16. bis zum 19. Jh., nach Schulen zusammengefaßt. *Italiener:* G. B. Tiepolo (Maria Himmelfahrt), L. Giordano, Solimena, Bildnis eines Goldschmieds*, Bronzino zugeschrieben. – *Flamen:* Maler aus dem 17. und 18. Jh. – *Holländer:* N. Maes, van der Poel, Molenaer (Eisläufer), de Keyzer, E. de Witte (Kircheninterieur), d'Hondecoeter, Cuyp, ter Brugghen (Berufung des Hl. Matthäus), W. van de Velde d. J., G. Backhuisen, R. Menggs (Bildnis). – *Spanier:* Ribera (Martyrium des Hl. Sebastian). – *Franzosen:* anonyme Manieristen; S. Vouet (Grablegung), Valentin, L. David, Fragonard (Bildnis eines Jünglings), Desportes, Géricault, Natoire, H. Robert (Brand von Rom), Delacroix, Chassériau, Harpignies, C. F. Daubigny, Troyon, Millet, Courbet (Landschaf-

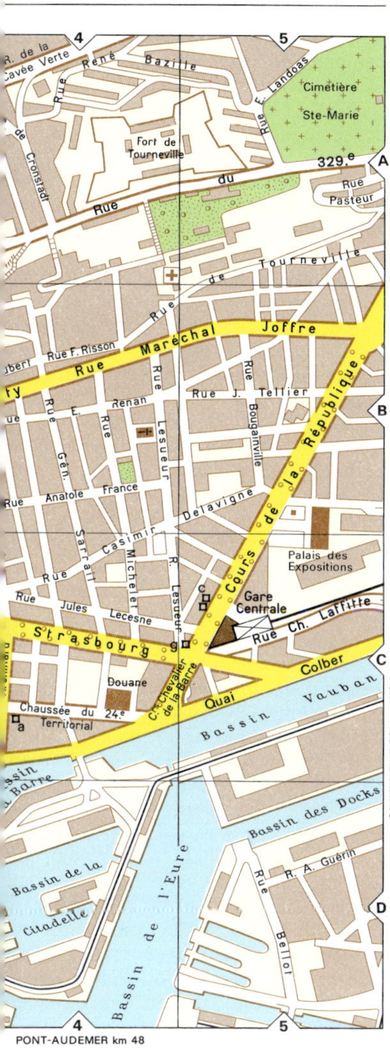

ten), Corot (Lesendes Kind), Monticelli (Faust und Gretchen*), Manet, Degas (die Wäscherinnen*), **Boudin**** (Sammlung mit 226 Gemälden und 70 Zeichnungen).

Prieuré de Graville (B5; a. P.). – Am Ostrand der Stadt, auf einem Hügel links von der Rue de Verdun, erhebt sich die ehemalige Abteikirche **St-Honorine;** romanischer Bau aus dem 11. Jh., in den sechziger Jahren restauriert, mit schönen Kapitellen aus dem Zeitraum 1090–1120 im Inneren. In den Abteigebäuden das MUSÉE DU PRIEURÉ *(Öffnungszeiten: 10–12 und 14–18 Uhr; Mo und Di geschl.; freier Eintritt)*, das die Geschichte des Priorats erläutert; außerdem Inschriften von der Romanik bis zur Gotik.

Im Norden der Stadt erstreckt sich der Bade- und Wohnort **Ste-Adresse** (A1), schön an den Felsen gelegen. Schöne Blicke auf die normannische Küste genießt man von der Terrasse des *Fort de Ste-Adresse,* wo sich auch ein eigenartiges Grabdenkmal erhebt (der sog. *Pain de Sucre* aus dem Jahr 1822), und vom *Cap de la Hève* (105 m), etwas weiter am Nordrand des Ortes.

UMGEBUNG – Nach **Montvilliers** (10.715 Ew, 8 m), 11 km Richtung Nordosten über die Straße D 32, einem nördlichen Vorort von Le Havre mit der romanischen Kirche *St-Sauveur* aus dem 11.–12. Jh., die im 15. Jh. erweitert und im 19. Jh. restauriert wurde. Fassade mit spätgotischem Portikus und romanischem Portal; mächtiger Vierungsturm. Im Inneren, im rechten Querhausarm, Tafelbilder aus der Schule von Fontainebleau (16.–17. Jh.); im Chor links englische Alabaster-Reliefs aus dem 15. Jh.

LE MANS** (4 C4)

Pays de la Loire; Sarthe, 150.331 Ew, 51 m. – Département-Hauptort, Kunststadt und großes Industriezentrum (Renault-Werke) an der Mündung der Huisne in die Sarthe. Die Stadt ist eine gallorömische Gründung und genoß im Mittelalter große Bedeutung. Sitz einer Universität. Seit 1923 findet im Juni das berühmte 24-Stunden-Autorennen statt.

Place de la République (B2). – Großer viereckiger Platz im Zentrum, auf dem sich das *Palais de Justice* befindet (in einem ehemaligen Kloster aus dem 17. Jh.). In der *Église de la Visitation* aus dem Jahr 1730 schöne Plastiken und ein Leinwandbild von Restout (1754).

Notre-Dame-de-la-Couture* (C2-3). – Die Kirche gehörte zu einer Benediktinerabtei, die 1770 erneuert wurde und in der heute die *Präfektur* untergebracht ist. Sie wurde im 11. Jh. begonnen und im romanisch-gotischen Stil vom 12.–16. Jh. mehrmals verändert. Fassade aus dem 13. Jh. mit zwei unvollendeten wuchtigen Türmen und großem mittleren Fenster aus dem 14. Jh.; am Gewände des Mittelportals schöne Apostelstatuen, am Architrav Jüngstes Gericht und im Tympanon Christus zwischen Maria und Johannes. Einschiffiges INNERES mit Querhaus und Umgangschor, das noch Spuren des romanischen Baus aus dem 12. Jh. zeigt; rechts Madonnenstatue* von Germain Pilon (1571); an den Wänden Gemälde und Tapisserien vom 16.–18. Jh.; im Querhaus vier Leinwandbilder von P. Parrocel (18. Jh.). Der erhöhte Chor wird von romanischen Arkaden aus dem 11. Jh. abgeschlossen; die Gewölberippen aus dem späten 12. Jh. ruhen auf Statuen; unter dem Chor Krypta aus dem 11. Jh. mit dem Renaissance-Grab des Hl. Bertrand und seinem Schweißtuch aus orientalischem Stoff aus dem 7. Jh.

Die gallo-römischen Stadtmauern* (A-B2). – Der Mauerkranz aus dem 3.–4. Jh. erstreckt sich mit einem Umfang von 500 × 200 m rund um die Altstadt und am linken Sarthe-Ufer. Einige der einst dreißig Türme haben sich erhalten. Den schönsten Blick genießt man an der Westseite von der Rue St-Hilaire und Rue Ste-Anne; die wuchtigen halbkreisförmigen Türme wurden im Mittelalter umgestaltet: man beachte die Tour Madeleine, die Grande Poterne und die Tour St-Hilaire. An der Ostseite Mauerreste mit Türmen in der Rue des fossées St-Pierre und in der Rue des Filles Dieu.

Altstadt* (A-B2). – Das Viertel im Inneren der Mauern wird von malerischen engen und verwinkelten Gassen mit alten Häusern durchzogen. Beachtenswert in der zentralen Grande Rue mit ihren Fachwerkhäusern: auf Nr. 69 die *Maison d'Adam et Ève* (B2) aus der Renaissance (1525) mit plastischem Schmuck; auf Nr. 86 die *Cour d'Asse* mit Häusern aus dem 15.–16. Jh. Auf der Place St-Pierre liegt das *Hôtel de Ville* aus dem 18. Jh. (B2); dahinter befinden sich die *Tour du gros Pilier* aus dem 16. Jh. und links die Kirche *St-Pierre-de-la-Cour* (B2) aus dem 12.–16. Jh. mit wuchtigen Strebepfeilern. Im Nordteil der oberen Stadt liegt die *Maison de la Reine Bérengère* (A2) auf Nr. 13 der gleichnamigen Straße; Gebäude aus dem 15. Jh. mit Holzschnitzereien, in dem das MUSÉE D'HISTOIRE ET D'ETNOGRAPHIE untergebracht ist *(Öffnungszeiten: 10–12 und 14–18 Uhr; Mo und Di geschl.; Eintrittsgebühr):* Archäologie, Kunsthandwerk und Brauchtum. Gegenüber, auf Nr. 18–20, befindet sich die *Maison des Deux-Amis* (15. Jh.) und in der Rue des Chanoines 26 die *Maison canonicale* aus der Renaissance (1560). Am Rande, gegenüber der Kathedrale, ist im *Hôtel du Grabatoire* aus der Renaissance (1542) die Bischofsresidenz eingerichtet; gegenüber des rechten Querhauses der Kathedrale mehrere Häuser aus dem 16. Jh., darunter die *Maison de Scarrou,* die dem Dichter aus dem 17. Jh. gehörte.

Kathedrale St-Julien** (A2). – Prachtvolle romanisch-gotische Kirche, die 1060 begonnen und schnell zu Ende gebracht wurde; im Jahre 1158 wurde die Wölbung eingezogen und 1217 begann man mit der Errichtung des Chores. Die Fassade besitzt noch den strengen, ursprünglichen romanischen Charakter; an der rechten Seite öffnet sich ein wundervolles Portal* aus dem 12. Jh. mit plastischem Schmuck: im Tympanon Christus und die Evangelistensymbole; in den Archivolten Szenen aus dem Christusleben und am Gewände Heiligenstatuen. Die Stirnwand des Querhauses wird von einem unten romanischen und oben gotischen (15. Jh.) Turm abgeschlossen. Ein Meisterwerk hochgotischer Architektur ist der Chor** mit seinen Radialkapellen, hohen Fenstern und weitausladenden Strebepfeilern. Lichtdurchflutetes, dreischiffiges INNERES mit Querhaus und weitläufigem Chor mit doppeltem Umgang und Radialkapellen. Romanisches Langhaus aus dem 11. Jh. mit schönen Kapitellen und Emporen; die Wölbung ist gotisch. Die wertvollen **Glasfenster*** an Fassadenwand und Seitenschiffen stammen aus dem 12. Jh. und gehören zu den ältesten in Frankreich. Im rechten Querhaus Orgelempore aus dem 16. Jh. Im linken Querhaus wundervolle Glasfenster aus dem Jahr 1430 (Fenster und Rose). In der Taufkapelle, an der linken Seite, befindet sich das Grab von Karl IV. von Anjou* (gest. 1472), ein Meisterwerk von Francesco Laurana; gegenüber das Grab von Guillaume du Bellay* (gest. 1543) mit der Liegefigur des Verstorbenen. Der Chor (1217–1254) ist mit seinen hohen eleganten Proportionen wohl der schönste Teil der Kirche; wundervolle **Glasfenster**** aus dem 13. Jh., die sich durch schöne Rot- und Blautöne auszeichnen. Rund um das Chorgestühl schöne Tapisserien* mit Szenen aus den Leben der

Le Mans: Kathedrale

LE MANS 1:14.000 (1 cm=140 m)

Hl. Gervasius und Protasius (1509). In der Apsiskapelle Gewölbefresken mit musizierenden Engeln aus dem Jahr 1380; Glasfenster aus dem 13. Jh. Rechts vom Chor die gotische Sakristei auf einem einzigen Mittelpfeiler (14. Jh.) mit Holzverkleidung aus dem Jahr 1576.

Musée de Tessé (A3). – *Öffnungszeiten: 9–12 und 14–18 Uhr; Eintrittsgebühr.* Es ist vor allem der Malerei gewidmet, umfaßt aber auch mittelalterliche Skulpturen, Kleinplastiken und vor allem das Portrait in Email des Herzogs Geoffrey Plantagenet (1151). MALEREI. In der Eingangshalle: G. de La Tour (Ekstase des Hl. Franziskus*), Kalff (Stilleben mit Waffen). – *Säle 1–3,* Italiener: Jacopo del Sellaio, Francesco Pesellino, Lippo Memmi, Giovanni della Robbia (emaillierte Terrakotta mit Hl. Antonius), P. Lorenzetti (Heiliger*), Antoniazzo Romano (Madonna mit Kind), Tintoretto (der Doge Mocenigo*), Cosimo Roselli (männliches Bildnis), Cagnacci, M. Preti, Pietro da Cortona. – *Saal 4,* Franzosen: Jouvenet, Ph. de Champaigne (Eitelkeit), S. Vouet, Le Sueur (Jagd der Diana). – Im Stiegenhaus Gemälde von Jouvenet. – ERSTER STOCK, Franzosen: Coypel, Delacroix, Chassériau, David (Bildnis einer Familie*), Corot, Géricault, P. Parrocel, C. van Loo, Le Brun. – ZWEITER STOCK: Keramiken und Majoliken.

Notre-Dame-du-Pré* (A1). – Romanische Kirche aus dem 11.–12. Jh. mit Fassade aus dem 19. Jh. und eindrucksvollem Chorschluß. Strenges Inneres* auf wuchtigen Pfeilern mit reliefierten Kapitellen und Spitzbogenwölbung.

Ste-Jeanne-d'Arc* (D3). – Elegante romanisch-gotische Kirche aus dem späten 12. Jh., die erst 1951 zur Kirche umgestaltet wurde; zuvor war sie das von König Heinrich II. von England gegründete *Spital Coëffort.* Dreischiffige Halle mit Kreuzrippengewölbe; die Rippen „wachsen“ aus den Pfeilern heraus.

UMGEBUNG – Zur **Abtei Epau,** 4 km Richtung Osten über die Straße D 152 *(Öffnungszeiten: 9.30–12 und 14–18 Uhr; Eintrittsgebühr),* die im Jahre 1229 von der Königin Berengard von Navarra, der Witwe von König Richard Löwenherz, gegründet wurde und heute noch weitgehend im Originalzustand erhalten ist. Beachtenswert sind der Kapitelsaal, die Klosterräume und die *Abteikirche* aus dem 13.–14. Jh.; im Inneren Grab* der Gründerin mit Liegefigur der Verstorbenen aus dem 13. Jh.

Zur **24-Stunden-Rennstrecke,** 8 km Richtung Süden über die Straße N 138, auf deren 13.626 m Länge seit 1923 das 24-Stunden-Rennen ausgetragen wird. Im MUSÉE DE L'AUTOMOBILE *(Öffnungszeiten: 9–12 und 14–18 oder 19 Uhr; Eintrittsgebühr)* sind 150 Rennwagen ausgestellt, die von dem De Dion Bouton von 1884 bis zu den Sportwagen bis 1949 und den modernen Modellen reichen.

Nach **La Flèche** (16.352 Ew, 30 m), 42 km Richtung Südwesten über die Straße N 23, zum PRYTANÉE MILITAIRE *(Besichtigung möglich),* einem bekannten vormilitärischen Internat aus der ersten Hälfte des 17. Jhs.; beachtenswert sind auch der Hof und die reich ausgestaltete Kapelle (1607–1637), in der die Herzurnen von Heinrich IV. und Maria von Medici aufbewahrt werden.

Nach **Le Lude** (4.120 Ew, 48 m), 44 km Richtung Süden über die Straße D 307; mächtiges viereckiges SCHLOSS *(Öffnungszeiten: 14–18 Uhr; Eintrittsgebühr)* aus dem 15. Jh. mit wunderschöner Renaissancefassade (1530); gegenüberliegender Flügel mit noch gotischer Struktur.

Zur **Abtei von Solesmes,** 48 km Richtung Südwesten über die Straße D 309, einer berühmten Benediktinerabtei, die im neugotischen Stil im vorigen Jahrhundert erneuert wurde und das Sarthe-Tal beherrscht. Die Kirche bewahrt noch Langhaus und Querhaus aus dem 11.–15. Jh.; im Querhaus die sog. Heiligen aus Solesmes*, beachtenswerte Plastiken aus dem 15.–16. Jh.; links Grablegung Mariens aus dem Jahr 1556. Die Abtei ist auch für die perfekte Ausführung Gregorianischer Gesänge bekannt.

LE MONT-SAINT-MICHEL** (3 B3)

Basse Normandie; Manche, 80 Ew, 78 m. – Berühmte Klosteranlage und historisches Wallfahrtsziel auf einer kleinen Felsinsel an der normandischen Küste; eines der am meisten besuchten Fremdenverkehrsziele Frankreichs.

VERANSTALTUNGEN – Wallfahrten und Kirchenfeste Anfang Mai und Ende September; im Juli und August Festival des heures musicales.

Geschichte. – Die kegelförmige Insel ist mit dem Festland durch einen 1.800 m langen Damm verbunden, der auch bei Flut zugänglich ist (das Meer zieht sich bei Ebbe 17 km von der Küste zurück); die Straße entlang des Couesnon bildet die Zufahrt von Pontorson aus. Die Insel ist von Basteien (13.–14. Jh.) umgeben; im Inneren liegen das halbkreisförmig angelegte Dorf und am Gipfel die malerische Abtei. Der Ursprung der Klosteranlage geht aller Wahrscheinlichkeit nach auf eine Erscheinung des Erzengels Michael im 8. Jh. zurück; der Hl. Obert errichtete zum Gedenken an dieses Ereignis eine Wallfahrtskapelle am Mont-Tombe (alter Name der Insel). Im 10. Jh. wurde diese durch eine karolingische Kirche ersetzt und vom 11.–13. Jh. entstand, vor allem dank der Initiative des Abtes Robert de Torigni (1154–1186), die heutige Anlage; ihre höchste Blüte erlebte die Abtei im 15. Jh.; in der Revolution begann ihr Verfall und bis 1863 war sie Gefängnis.

Das Dorf. – Vom Parkplatz am Ende des Damms gelangt man durch die *Porte de l'Avancée,* dem einzigen Zugangstor, auf die Insel; links der Wachturm und rechts zwei von den Engländern im Jahr 1434 während des 100jährigen Krieges zurückgelassene Bombarden. Man durchquert die Kurtine durch die *Porte du Boulevard* und erreicht die zinnenbekrönte *Porte du Roi* (15. Jh.) mit den Wappen der Abtei und der Stadt; kurz danach, rechts, die *Maison de l'Arcade,* ein Fachwerkhaus mit Wachtürmchen; links führt eine lange Treppe zur Abtei. Man folgt der einzigen Straße des Dorfes, der **Grande-Rue*,** die steil bergauf führt und von Häusern aus dem 15. und 16. Jh. mit Souvenirgeschäften gesäumt wird. Rechts liegt das MUSÉE DU MONT *(Öffnungszeiten: März–Nov. 8–12 und 13–18.30; Juli und Aug. 8–18.30 Uhr; Eintrittskarte auch für das Musée Historique gültig)* mit Diorama von der Abtei und Wachsfiguren; links die Kirche *St-Pierre* aus dem 11.–15. Jh., eine (trotz des Namens) dem Hl. Michael geweihte Wallfahrtskirche. In der rechten Kapelle verehrte Michael-Statue aus Silber; an den Wänden Pilgerfahnen. Von hier führt eine Treppe *(Grand-Degré)* bis zur zinnenbekrönten Mauer aus dem 14. Jh. gegenüber dem Eingang zur Abtei. Am Fuße des Eingangs das MUSÉE HISTORIQUE *(Öffnungszeiten wie oben; Eintrittsgebühr):* von den Mönchen gefertigte Kupfermalerei und Alabaster (15.–18. Jh.), alte Waffen, mittelalterliche Feuerräder, die sog. „coqs de montres“.

Abtei**. – *Öffnungszeiten: 9–11.30 und 13.30–16 oder 18 Uhr; Besichtigung nur mit Führung.* Der Eingang besteht aus

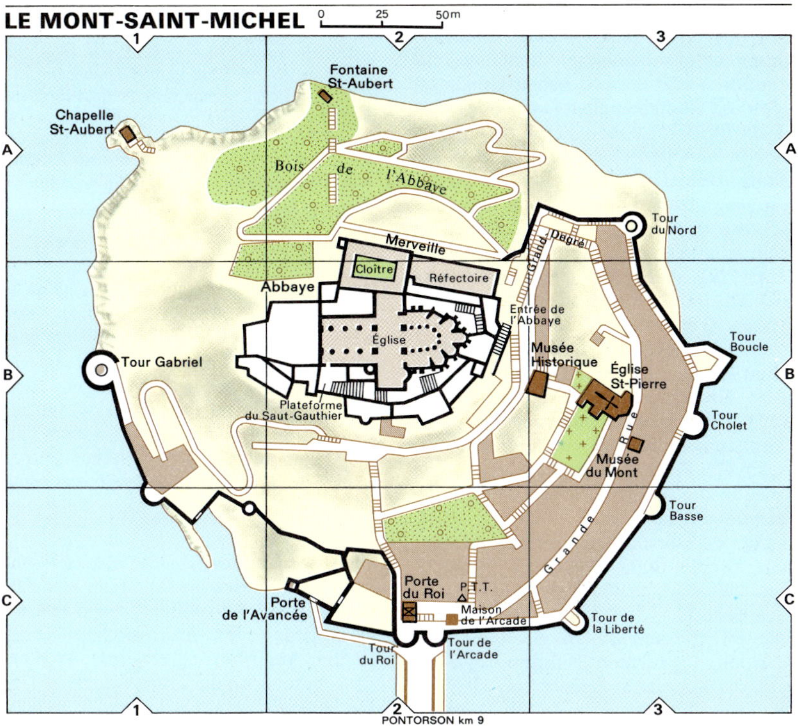

einer Treppe *(Escalier du Gouffre)* unterhalb des befestigten *Châtelets* mit zwei Türmen aus dem 14. Jh.; am Ende der Treppe öffnet sich der *Gardesaal* aus dem 13. Jh. und nach diesem die zweischiffige *Aumônerie* mit mächtigem Kreuzgewölbe und archäologischen Funden. Links führt eine Treppe (innerer *Grand-Degré*) zwischen der Seitenfront der Kirche und den Abteiappartements (1250 begonnen und im 15. Jh. vollendet) empor; zwei Brücken, die erste aus Stein, die zweite aus Holz, verbinden Kirche und Abtei; im Hintergrund rechts erblickt man die zierliche *Zisterne der Aumônerie* aus dem 16. Jh.; die Treppe endet auf der *Plateforme du Saut-Gauthier* an der rechten Seite der Kirche; wunderschöner Blick auf den mächtigen Vierungsturm (74 m hoch), der 1897 nach Originalplänen errichtet wurde; Bekrönung durch einen Hl. Michael von Frémiet. Ein Portal aus dem 12. Jh. führt in die **Kirche*,** die 1022 begonnen und 1135 vollendet wurde; nicht sehr harmonische Fassade aus dem

Le-Mont-Saint-Michel

Jahr 1776; vom großen Vorplatz weite Aussicht*. Im Inneren Gegensatz zwischen dem romanischen Langhaus mit Emporen und dem gotischen Umgangschor mit Radialkapellen (1450–1521) mit Triforium und hohen Fenstern; in zwei linken Kapellen Reliefs aus dem 16. Jh. Man erreicht die Nordseite der Abtei, die sog. **Merveille****, deren drei Geschosse in mächtige Pfeiler gehauen zu sein scheinen. Sie wurde 1203 begonnen und 1228 vollendet. Die Besichtigung beginnt im oberen Geschoß im wundervollen *Kreuzgang** (1228); Arkaden auf schlanken, eleganten rosa Granitsäulchen mit feinen Dekorationen. Neben dem Kreuzgang liegt das *Refektorium* (1217), ein großer Raum mit hölzerner Tonnenwölbung, der von 59 hohen und schmalen Fenstern beleuchtet wird. Am Weg in die unteren Räumlichkeiten liegen der *Promenoir des moines* (Wandelgang der Mönche) aus dem 11.–12. Jh., ein zweischiffiger Raum auf Pfeilern, und tiefer unten die *Salle de l'Aquilon* aus dem 11.–12. Jh. und einige Zellen, die im 18. und 19. Jh. als Gefängnis dienten. Im rechten Teil der Abtei liegen die Kapelle *St-Étienne* von 1163 mit Kreuzgewölbe aus dem 13. Jh., und die mächtigen Gebäude der Südseite unterhalb der Plateforme du Saut-Gauthier. Man beachte das große Holzrad, mit dem im vorigen Jahrhundert die Lebensmittel für die Gefangenen befördert wurden. Im unterirdischen Teil der Kirche befinden sich die Kapelle *St-Martin* aus dem 11. Jh. und die *Krypta der Gros Piliers* aus dem 15. Jh. mit acht mächtigen Pfeilern, die die entsprechenden Stützen im darüberliegenden Chor tragen. Die Kapelle *Notre-Dame-des-Trente-Sièges* aus dem 11.–13. Jh. kann nicht besichtigt werden. Man kehrt durch die Kapelle *Ste-Madeleine* aus dem 13. Jh. in das mittlere Geschoß der Merveille zurück durch den lichtdurchfluteten zweischiffigen *Gäste-Saal* auf sechs schlanken Säulen mit zwei großen Kaminen und den vierschiffigen *Rittersaal* (1. Viertel des 13. Jhs.) mit schönen Blattkapitellen. Man kehrt ins untere Geschoß zurück und gelangt in den *cellier* (Speisekammer), der durch quadratische Pfeiler in drei Schiffe geteilt ist; durch die Aumônerie (siehe oben) erreicht man den Ausgang.

Die Mauern. – Unterhalb der Strebemauer am Eingang führt links eine kleine Treppe zu den Befestigungen aus dem 13.–15. Jh. hinunter; eindrucksvoller Spaziergang auf den Wehrgängen mit Aussicht* auf Meer und Küste; die Mauern werden bis zur Porte de l'Avancée von acht Türmen begleitet. Bei Ebbe kann man in 30 Min. zu Fuß um die Insel gehen; bei Flut in 20 Min. mit dem Boot. Von der Porte de l'Avancée geht man nach links und erreicht: die runde *Tour Gabriel* von 1534, die später als Windmühle verwendet wurde; die auf einem Fels liegende Kapelle *St-Aubert* aus dem 13.–14. Jh.; den befestigten Brunnen von *St-Aubert,* der einst die einzige Süßwasserquelle auf der Insel war; hoch oben erblickt man die unvergleichliche Merveille.

LES ANDELYS (5 B3)

Ile-de-France; Eure, 8.293 Ew, 23 m. – Historisches Städtchen an einer der schönsten Stellen im Seine-Tal, das aus zwei Ortsteilen besteht: *Le Petit-Andely* am rechten Ufer, beherrscht von den Ruinen der prachtvollen Burg Gaillard; *Le Grand-Andely,* im Gambon-Tal, nach dem letzten Krieg wieder aufgebaut. *Ausführliche Beschreibung siehe Kümmerly + Frey Reiseführer Paris und Umgebung.*

Château Gaillard*. – Wunderschöner Festungsbau, der im Jahr 1196 von König Richard Löwenherz zur Verteidigung gegen den französischen König Philipp August errichtet wurde; 1204 errangen dennoch die Franzosen den Sieg. Die Anlage besteht aus einem ÄUSSEREN und einem INNEREN MAUERRING *(Öffnungszeiten: Mitte März bis Mitte Nov. 9–12 und 14–18.30 Uhr; Besichtigung nur mit Führung; Eintrittsgebühr),* in dessen Zentrum der *Hauptturm* mit seinen 5 m dicken Mauern aufragt; prachtvolle Aussicht* auf das Seine-Tal.

LE TOUQUET–PARIS–PLAGE* (5 B1)

Nord-Pas de Calais; Pas-de-Calais, 5.425 Ew. – Moderner, eleganter Bade- und Kurort am Ärmelkanal, schönster Ort an der sogenannten *Opal-Küste* an der Mündung der Canche und am Rande eines großen Waldes.

Der typische Badeort besitzt zahlreiche luxuriöse Läden und einen schönen, zwei Kilometer langen *Strand* mit allen *Freizeiteinrichtungen* und einem kleinen Hafen.

LILLE (6 C1)

Nord-Pas de Calais; Nord, 168.420 Ew, 21 m. – Regions- und Département-Hauptstadt, wichtiges Handels- und Industriezentrum und Sitz einer Universität; Lille liegt in der Ebene, am Rande einer großen Kohlengrube und im Zentrum eines dicht besiedelten Gebietes; mit den nahen Orten *Roubaix* und *Tourcoing* erreicht die Einwohnerzahl eine Million. Lille war einst Hauptstadt des französischen Flandern und zwei Jahrhunderte lang von Spanien beherrscht; die Altstadt zeichnet sich noch heute durch die städtebaulichen Eingriffe des 17. und 18. Jhs. aus. In Lille wurde General Charles de Gaulle geboren (1890–1970).

VERANSTALTUNGEN – Von Oktober bis Dezember wird ein Musikfestival abgehalten.

Place de Gaulle (B3). – Der ehemalige mittelalterliche Marktplatz ist heute noch belebtes Stadtzentrum. Rundherum liegen sowohl alte als auch moderne Gebäude; in der Mitte ein *Denkmal* von 1815, das an die österreichische Belagerung des Jahres 1792 erinnert. An der Nordostseite erhebt sich die **Ancienne Bourse*** aus dem Jahr 1652, ein schönes Beispiel flämischer Architektur mit vier symmetrischen, skulpturengeschmückten Seiten; innerer Arkadenhof mit schönen Reliefs. An der Südseite des Platzes liegt die *Grand-Garde* aus dem Jahr 1717 mit Dekorationsmotiven im Stil Louis-XIV. – Hinter der Ancienne Bourse öffnet sich die Place du Théâtre: links das *Palais de la Bourse,* vom Anfang dieses Jahrhunderts, beherrscht von einem neugotischen Turm.

St-Maurice (C3). – Die wichtigste Kirche der Stadt ist ein großes gotisches Bauwerk, das im 14. Jh. begonnen, aber erst im 19. Jh. vollendet wurde. Inneres in Form einer fünfschiffigen Halle auf hohen Pfeilern; Gemälde von J. van Oost d. J. und J. van der Borch.

Palais Rihour (C3). – Das Palais wurde 1453–1467 von Philipp dem Guten errichtet, aber im 19. Jh. teilweise zerstört. Erhalten sind die zweischiffige gotische Salle des Gardes und im oberen Stockwerk die Kapelle mit dem Herzogsoratorium.

Hospice Comtesse (A B3). – *Öffnungszeiten: 10–12.30 und 14–17 Uhr; Di geschl.; Eintrittsgebühr.* Ehemaliges Hospiz in der Rue de la Monnaie 32 aus dem Jahr 1236, aber mehrmals verändert; das heutige Aussehen wird durch den flämischen Renaissancestil geprägt. Man besichtigt den großen Krankensaal aus dem 15. Jh., der bei der Kapelle aus dem 17. Jh. endet, und die ehemaligen Räume der Gemeinschaft, in denen heute ein Geschichts- und Kunstgewerbemuseum eingerichtet ist.

Ste-Catherine (B2). – Kirche aus dem Jahr 1538, im Jahr 1727 vergrößert; im Inneren, im linken Seitenschiff, Darstellung des Martyriums der Hl. Katharina* von Rubens.

St-André (A2). – Im Norden der geradeverlaufenden *Rue Royale,* die im späten 17. Jh. zur Verbindung der Zitadelle mit der Stadt angelegt wurde, befindet sich die ehemalige Karmeliterkapelle aus den Jahren 1701–1758 mit monumentaler Fassade im Jesuitenbaustil; im barocken Inneren zahlreiche Gemälde von J. van Oost und O. Venius und am Hochaltar Gemälde von D. G. Descamps und Marmorbüsten von A. Quellin.

Zitadelle (A-B1). – Prachtvolle Anlage mit Basteien, die von Vauban und Simon Vollant in den Jahren 1667–1670 entworfen und ausgeführt wurde; die zehneckige Festung mit fünf Eckbasteien ist die am besten erhaltene dieser Art in Frankreich. Der Zugang von der Stadt führt durch die triumphbogenähnliche *Porte Royale* (B1); umschlossen wird sie vom Bois de Boulogne und vom Deûle-Kanal.

Musée des Beaux-Arts** (D3). – *Öffnungszeiten: 10–12.30 und 14–17 Uhr; Di geschl.; Eintrittsgebühr.* Es gehört zu den wichtigsten französischen Provinzmuseen.

ERDGESCHOSS. Kunstobjekte vom Mittelalter bis ins 18. Jh.: Emails aus Limoges, romanische und gotische Elfenbeine; Flügelaltäre und Holzplastiken aus dem 14. Jh.; flämische Tapisserien aus dem 16. Jh.; Keramiken aus dem 17.–18. Jh.; Zeichnungen und Medaillen. Archäologische Funde vom antiken Ägypten bis in die gallo-römische Zeit; Skulpturen, darunter: Gastmahl des Herodes*, ein Relief von Donatello; der sogenannte „Wachskopf", ein Florentiner Renaissancewerk; Christus-Torso aus Nordfrankreich, 12. Jh. – ERSTER STOCK, der Malerei gewidmet. *Nördliches Europa vom 15.–16. Jh.:* flämische und deutsche Primitive, D. Bouts (das Irdische Paradies*; Engelssturz*), J. Bellegambe (der Mystische Brunnen*; Dreifaltigkeit). – *Italienische Schule:* Bartolomeo di Gentile da Urbino (Madonna mit Kind), Bartolomeo di Giovanni; B. Mainardi, F. Guardi, P. Veronese (Martyrium des Hl. Georg*), L. Bassano, Tintoretto (männliches Bildnis). – *Spanische Schule:* J. Ribera, El Greco (Christus am Ölberg*; Hl. Franziskus*), F. Goya (die Jungen*; die Alten*). – *Französische Schule, 17. Jh.:* Philippe de Champaigne (Geburt Christi), S. Bourdon, Bon de Boullongue, Largillière, N. Mignard, P. Mignard, N. Coypel. – *Holländer, 17. Jh.:* P. van der Weerf, van Dyck, de Witte, I. van Ostade, Jan van Goyen (Eisläufer), J. Lievens, B. Cuyp; B. van der Helst, Frans Hals (die Hexe*). – *Flämische Meister:* Jordaens (12 Gemälde*), Rubens (Grablegung*; die Madonna erscheint dem Hl. Franziskus*), A. van Dyck (Kreuzigung*; Wunder des Hl. Antonius von Padua*). – *Französische Schule, 18. Jh.:* François Watteau, Louis Watteau, J. Raoux. – *Französische Schule, 19. Jh.:* L. Boilly, L. David, J. B. Greuze, N. Lépicié, E. Delacroix (Medea*), T. Rousseau, G. Courbet (Nachmittag in Ornans*), Fantin-Latour, A. Monticelli, C. Corot (Engelsburg*), T. Géricault, T. Chassériau, P. Prud'hon. – *Zeitgenössische Malerei:* S. Lépine, A. Sisley, C. Monet (das Londoner Parlament**); Statuen von Rodin; F. Ziem, E. Vuillard, A. Renoir, H. Toulouse-Lautrec, van Gogh, Vallotton, B. Buffet, Picasso (Wandteppich; Jacqueline), Da Silva (die vereiste Schleuse), F. Léger, R. Dufy, Matisse (Tafeln aus dem Buch Jazz).

Porte de Paris (D4). – Monumentaler Triumphbogen, errichtet zu Ehren Ludwigs XIV. von S. Vollant in den Jahren 1682–1695 an der Stelle eines schon bestehenden Tores in den Stadtbefestigungen. Neben dem Tor liegt das *Rathaus* (1924–1927) mit einem 105 m hohen **Turm** (1932): Aussicht auf die Stadt und die Ebene. – Rund um den **Square Desrousseaux** befinden sich die Überreste des Kreuzgangs (1730) vom Hospiz St-Sauveur, die moderne Kirche St-Sauveur und die *Noble Tour* aus dem 15. Jh.

LILLE 1:16.000 (1 cm=160 m)

LISIEUX	(**4** C2)

Basse Normandie; Calvados, 25.820 Ew, 49 m. – Altes Städtchen der Normandie im grünen Touques-Tal, Industrie- und Handelszentrum und Wallfahrtsziel zum Grab der Hl. Theresa vom Kinde Jesus; schwere Zerstörungen während des letzten Krieges.

St-Pierre*. – Die Kathedrale liegt im Zentrum des Ortes an der Spitze einer hohen Treppe. Sie wurde Ende des 12. – Anfang des 13. Jhs. im gotischen Stil erbaut; mächtige Fassade mit drei Porta-

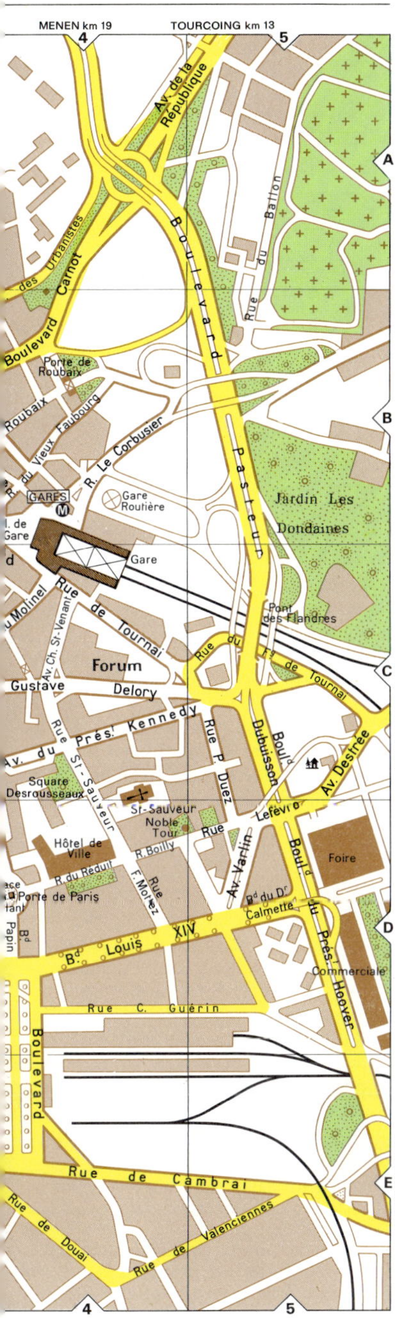

len, der Türme zur Seite gestellt sind (der links aus dem 13. Jh., der rechte mit spitzem Abschluß aus dem 16. Jh.); Paradiesportal aus dem 12. Jh. am südlichen Querhaus und wuchtiger Vierungsturm mit Aufsatz aus dem Jahr 1452. Strenges dreischiffiges INNERES auf mächtigen Rundpfeilern mit Blendtriforium und Umgangschor; in den Radialkapellen Gemälde aus dem 17. und 18. Jh.; im linken Querhaus Engelsfiguren aus Stein, Grabplastik aus dem 12. Jh. und Glasfenster aus dem 13. Jh.; die gotische Apsiskapelle stammt aus dem 15. Jh.

Palais de Justice. – *Öffnungszeiten: 9–12 und 14–18 Uhr.* Es befindet sich im ehemaligen Bischofspalast aus dem 17. Jh., links von der Kathedrale; im Inneren die *Chambre Dorée* aus dem 17. Jh. mit Le Sueur zugeschriebenem Deckenbild und einem Leinwandbild von Jacques Stella.
Westlich von der Kathedrale, am Boulevard Pasteur 38, liegt das MUSÉE DU VIEUX LISIEUX *(Öffnungszeiten: 14–18 Uhr; Di geschl.; Eintrittsgebühr)* in einem alten Fachwerkhaus; archäologische Funde und Dokumentationen zur Heimatgeschichte. – Im Westen liegt die spätgotische Kirche *St-Jacques,* ein mächtiges Bauwerk aus den Jahre 1495–1501.

Basilique Ste-Thérèse. – Im Süden, am Ende der Avenue Ste-Thérèse, erhebt sich die große Basilika aus weißem Stein, die 1929 begonnen und 1954 geweiht wurde; sie besteht aus einer großen Krypta und einer überkuppelten (95 m) Oberkirche. Der Wallfahrtsort wurde 1980 von Papst Johannes-Paul II. besucht *(von 25. Mai bis 30. Sept. tägl. um 21.30 Uhr „Son-et-Laser"-Vorführung).* In der Nähe befindet sich das im Jahre 1838 gegründete Karmeliterinnenkloster; Thérèse Martin aus Alençon trat im Jahre 1873 hier ein und erhielt 1889 mit dem Namen Theresa vom Kinde Jesus den Schleier; im Kloster verfaßte sie ihre berühmte „Geschichte einer Seele" und verstarb im Alter von 24 Jahren; 1925 wurde sie heiliggesprochen. In der angrenzenden *Chapelle du Carmel* werden die Reliquien der Heiligen aufbewahrt. – Im Nordosten der Stadt befindet sich die Maison des Buissonets, wo Thérèse ihre Kindheit verbrachte.

UMGEBUNG – Nach **Saint-Pierre-sur-Dives** (4.312 Ew, 32 m), 25 km Richtung Südwesten über die Straße D 511. – Am rechten Ufer liegt die große gotische *Abteikirche* aus dem 12.–13. Jh.; der rechts angrenzende Kapitelsaal aus dem 13. Jh. besitzt einen Keramikboden aus der Errichtungszeit. Bei der Kirche liegen auch die dreischiffigen *Halles* aus dem 13. Jh., die nach ihrer Zerstörung im Jahr 1944 originalgetreu wiederaufgebaut wurden.

LOCHES* (**10** D2)

Centre; Indre-et-Loire, 7.019 Ew, 72 m. – Malerisches Städtchen der Tourraine mit teilweise mittelalterlichem Stadtbild am linken Indre-Ufer; der Hügel wird von den mächtigen Befestigungsmauern der mittelalterlichen Zitadelle beherrscht.

Die untere Stadt. – Am Fuße der Burg liegen mehrere alte Gebäude, die einst ebenfalls von Befestigungen umgeben waren. Man folgt von der Place de la Marne (Denkmal des hier geborenen Dichters Alfred de Vigny,

1797–1863) der Rue des Moulins; links die **Porte des Cordeliers,** ein quadratischer Turm mit Ecktürmchen aus dem 15. Jh. Links erhebt sich die *Tour St-Antoine* aus dem 16. Jh. Durch die Grande-Rue gelangt man zum **Hôtel de Ville** aus der Renaissance (1543), an das sich die *Porte Picoys* aus dem 15. Jh. lehnt.

Die Burg. – Die Zitadelle erstreckt sich am Gipfel des Hügels und bewahrt bis heute ihre Befestigungen aus dem 12. Jh. Zugang über die steile Rue du Château, an der schöne Renaissancepalais liegen; auf Nr. 10 die *Chancellerie* aus der Zeit Heinrichs II. (1551). Eingang durch die **Porte Royale,** die aus einem Baukörper aus dem 15. Jh. besteht, dem zwei halbkreisförmige Türme aus dem 13. Jh. zur Seite gestellt sind (die Zugbrücke ist nicht mehr erhalten). Links Eingang zum Musée Lansyer *(Öffnungszeiten: 9–11.45 und 14–17 oder 18 Uhr; Fr geschl.; Eintrittsgebühr),* das vor allem dem Landschaftsmaler Emmanuel Lansyer (1835–1893) gewidmet ist; außerdem Skizzen von seinem Freund E. Delacroix, Landschaften von Harpignies und Th. Rousseau, Aquarelle von G. Doré und Jongkind und japanische Kunstobjekte. Die Rue Lansyer führt zur Kirche St-Ours.

St-Ours*. – Originelle romanische Kirche aus dem 11.–12. Jh. mit Fassadenturm und einem weiteren Turm über der Apsis; über dem Langhaus zwei kleine achteckige, pyramidenähnliche Kuppeln. Schönes romanisches Portal* mit Reliefs. Im Inneren dem Bautypus des Poitou entsprechendes überkuppeltes Langhaus; in dieser Kirche wurde Ludovico il Moro beigesetzt.

Logis Royal*. – *Öffnungszeiten: 9–12 und 14–17 oder 18 Uhr; Eintrittsgebühr.* Am Nordrand des Vorgebirges erhebt sich die aus zwei Epochen stammende Burg: das *Vieux Logis* mit Zinnen- und Türmchenbekrönung stammt aus dem 14. Jh., das *Nouveau Logis* mit Mansardendächern aus dem 16. Jh. Die Räume sind eingerichtet mit Möbeln aus dem 15. Jh. und Tapisserien aus dem 16. und 17. Jh. In den vier Sälen, die besichtigt werden können, befindet sich auch das Grab von Agnes Sorel (gest. 1450), der Geliebten und Ratgeberin von Karl VII., mit der Liegefigur der Verstorbenen (Jacques Morel zugeschrieben); außerdem verschiedene Kunstschätze, darunter das wundervolle Kreuzigungs-Triptychon* aus der Schule des J. Fouquet (1485) und ein flämischer Wandteppich mit Allegorie der Musik aus dem 16. Jh. Im ersten Stock liegt das feindekorierte Oratorium von Anne de Bretagne.

Loches: Burg

Donjon*. – *Öffnungszeiten: 9.30–12.30 und 14.30–17 oder 18.30 Uhr; Eintrittsgebühr.* Die Verteidigungsanlage, die lange als Staatsgefängnis diente, liegt am Südrand der Befestigungsmauern. Sie besteht aus einem mächtigen rechteckigen *Turm** (25 × 14 m, 37 m hoch) aus dem 11. Jh., der von kräftigen Strebepfeilern gestützt wird; im Verlauf des 13. Jhs. wurde er durch drei weitere wuchtige Türme verstärkt. Im 15. Jh. wurden an die Befestigungen hinzugefügt: an der Nordwest-Ecke die *Tour ronde,* in der bekannte Persönlichkeiten, darunter der Kardinal La Balue, Ratgeber Ludwigs XI., gefangengehalten wurden; an der Südwest-Ecke der sog. Martelet mit eindrucksvollen, in den Fels gehauenen Zellen. In einer der engen Zellen war Ludovico il Moro, Herzog von Mailand, der im Jahr 1500 von Ludwig XII. in Novara gefangengenommen wurde, eingesperrt; im Inneren sind die Wandmalereien, die der Herzog selbst anfertigte, erhalten; er starb nach achtjähriger Gefangenschaft am Tag seiner Befreiung, am 27. Mai 1508.

Rundgang um die Mauern. – Nach der Porte Royale folgt man rechts der Rue de la Poterie entlang der Mauern, der Tour Ronde und des Martelet bis zum künstlichen Graben am Südrand der Befestigungen, die durch mächtige vorkragende Türme* rhythmisiert sind. Weiter entlang der Mauern gelangt man über den Boulevard Philippe-Auguste und die Rue Quintefol auf die Place de la Marne.

Beaulieu-lès-Loches. – Ehemalige Abteikirche aus dem frühen 11. Jh., die in der Gotik erneuert wurde, am unmittelbaren östlichen Vorort des Städtchens; aus romanischer Zeit hat sich der prachtvolle Glockenturm* aus dem 12. Jh. erhalten.

Umgebung – Nach **Montrésor** (465 Ew, 98 m), 17 km Richtung Osten über die Straße D 760; ein freundlicher Ort am Indrois, der von einer **Burg*** beherrscht wird *(Öffnungszei-*

ten: Ostern bis Okt. 9–12 und 14–18.45 Uhr; Eintrittsgebühr): sie besteht aus einem doppelten mittelalterlichen Mauerkranz und einem Renaissance-Palais mit Ecktürmen (16. Jh.); in den Innenräumen verschiedene Gemälde und Kunstobjekte aus dem 15. Jh. Beim Schloß befindet sich eine *Kirche* (1522) mit schönem Renaissance-Portal; im Chor Glasfenster und Chorgestühl aus dem 16. Jh.; am Eingang die Grablege der Bastarnay*, Herren von Montrésor (16. Jh.).

LONS-LE-SAUNIER (**13** B3)

Franche-Comté; Jura, 21.800 Ew, 255 m. – Département-Hauptort und Thermalkurort in einem Becken am Fuße der ersten mit Wein bepflanzten Hügel des Jura.

Die zentrale *Rue du Commerce* wird von Arkadenhäusern aus dem 16. und 17. Jh. gesäumt; auf Nr. 24 das *Geburtshaus* von Rouget de Lisle (1760–1836), dem Schöpfer der „Marseillaise". Im *Rathaus* ist ein MUSEUM eingerichtet *(Öffnungszeiten: 10–12 und 14–18 Uhr; Di geschl.):* prähistorische und archäologische Funde aus der Umgebung sowie Gemälde (P. Brueghel d. Ä., S. Bourdon, Courbet).

UMGEBUNG – Nach **Baume-les-Messieurs** (320 m), 17,5 km Richtung Nordosten über die Straßen D 471 und D 70E, einem Dorf im Zentrum des malerischen Teiles des Jura. *Abteikirche* aus dem 12.–15. Jh. mit mehreren Kunstschätzen: geschnitzter und bemalter Flügelaltar einer flämischen Schule aus dem frühen 16. Jh.; verschiedene Statuen, darunter ein Claus Sluter zugeschriebener Hl. Paulus (15. Jh.); Gräber aus dem 14. und 15. Jh. – 3,5 km südlich erheben sich am Ende eines Tales die **Roches de Baume****, prachtvolle Felsen (eindrucksvoller Blick vom Belvedere des Crancot), in denen sich die **Grottes de Baume*** öffnen *(Öffnungszeiten: Mitte März bis Mitte Okt. 9–12 und 14–18.30 Uhr; Eintrittsgebühr):* geschaffen wurden die Höhlen mit ihren engen hohen Räumen mit Konkretionen vom unterirdisch verlaufenden Dard.

MÂCON (**13** A3)

Bourgogne; Saône-et-Loire, 39.866 Ew, 175 m. – Département-Hauptort, lebhafte Industriestadt und Binnenhafen am rechten Saône-Ufer, im südlichen Burgund. Mâcon ist eines der Zentren des berühmten Weines Beaujolais. Heimatstadt des Schriftstellers Alphonse de Lamartine (1790–1869).

VERANSTALTUNGEN – Im Mai nationale Messe der französischen Weine.

Musée des Beaux-Arts*. – *Öffnungszeiten: 10–12 und 14–18 Uhr; So vorm. und Mo geschl.; freier Eintritt.* Die reichhaltige Sammlung ist in einem ehemaligen Ursulinenkloster aus den Jahren 1675–1680 eingerichtet. – ERDGESCHOSS: Archäologie. *Saal 1:* Ur- und Frühgeschichte aus der Umgebung und dem Solutré. – *Saal 2:* römische Funde (Mosaike, Keramiken und Bronzen aus dem römischen Oppidum Matisco/Mâcon). – *Saal 3:* Mittelalter (Plastik, 10.–17. Jh.; Glasfenster, 13.–18. Jh.). – ERSTER STOCK: Volkskunde (Hausrat, Trachten, Keramiken) und Ausstellungen. – ZWEITER STOCK: Keramiken*, Majoliken und Emails aus Limoges. *Gemäldegalerie:* C. Le Brun, P. de Champaigne, S. Bourdon, E. Jeaurat; P. Codde, P. Van Mol, P. Hackert; Todeschini. *Malerei aus dem 19. und 20. Jh.:* C. Monet, G. Braque, Vasarely, J. Adler. – DRITTER STOCK: lokale Künstler.

St-Vincent. – Von der während der Revolution im Jahre 1799 zerstörten Kathedrale haben sich nur wenige Teile erhalten: Säulen der romanischen Vorhalle (12. Jh.) und die nackte Fassadenwand mit den beiden seitlichen achteckigen Türmen (14.–15. Jh.); im Inneren *(Öffnungszeiten: 10–17.30 Uhr)* Inschriften aus der Kathedrale und ein schönes Portal* mit Reliefs im Tympanon.

Hôtel Senecé. – *Öffnungszeiten: 14–17 Uhr; Di geschl.; freier Eintritt.* Schönes Palais im Regence-Stil aus dem 18. Jh. (Sitz der lokalen Akademie) mit Möblierung aus der Errichtungszeit. Im ersten Stock das MUSÉE LAMARTINE, das dem großen in Mâcon geborenen Schriftsteller gewidmet ist.

Hôtel Dieu. – Überkuppeltes Spital, das 1761–1770 von Munet nach Plänen Soufflots erbaut wurde. Im Inneren die originale wunderschöne Apotheke* mit Keramiken.

UMGEBUNG – Nach **Solutré** (374 Ew, 325 m), 9 km Richtung Westen über die Straße D 54; ein kleiner Ort am Fuße der berühmten *Roche de Solutré;* bei seit 1866 betriebenen Ausgrabungen konnten Funde aus vier prähistorischen Epochen gemacht werden; die bedeutendsten stammen aus der Altsteinzeit (datiert 15.000–12.000 v. Chr.); ein prähistorisches *Museum* befindet sich an Ort und Stelle.

Nach **Cluny** (248 m), 21 km Richtung Nordwesten über die Straße N 79, siehe dort.

MAISONS-LAFFITTE (**5** B4)

Ile-de-France; Yvelines, 24.335 Ew, 40 m. – Fremdenverkehrszentrum mit wichtiger Pferderennbahn am rechten Seine-Ufer und am Rand des Waldes von St-Germain in der Umgebung von Paris. Heimatstadt des Schriftstellers Jean Cocteau (1889–1963). *Ausführliche Beschreibung siehe Kümmerly + Frey Reiseführer Paris und Umgebung.*

Schloß*. – *Öffnungszeiten: 9–12 und 14–18 Uhr; Di geschl.; Eintrittsgebühr.* Das wunderschöne Gebäude wurde in den Jahren 1642–1651 von F. Mansart für den Parlamentspräsidenten René de

Longueil errichtet. Die Anlage gilt als frühes Protobeispiel für den französischen Schloßbau des Absolutismus. Im Inneren sind die Treppe und das Vestibül sowie die mit Gemälden und Tapisserien ausgestatteten Appartements besonders schön.

MANTES-LA-JOLIE (**5** B4)

Ile-de-France; Yvelines, 42.564 Ew, 34 m. – Agrar- und Industriezentrum in schöner Lage am linken Seine-Ufer, das nach dem letzten Krieg teilweise wiederaufgebaut werden mußte. *Ausführliche Beschreibung siehe Kümmerly + Frey Reiseführer Paris und Umgebung.*

Notre-Dame*. – Die um 1170 begonnene und am Ende des 13. Jhs. vollendete Kirche besitzt eine Fassade mit drei ungleichen skulpturengeschmückten Portalen, die stark mit der Fassade von Notre-Dame in Paris verwandt ist. An der Südseite schließt die schöne Kapelle von Navarra aus dem 14. Jh. an. Hoher dreizoniger Innenraum mit Stützenwechsel (Säulen und Pfeiler mit Vorlagen); bis auf die Fensterrose sind alle Glasfenster modern.

MARLY-LE-ROI (**5** B4)

Ile-de-France,; Yvelines, 11.812 Ew, 150 m. – Freundliches Städtchen auf einer Anhöhe am linken Seine-Ufer, einst berühmt für sein vom Sonnenkönig errichtetes Schloß, von dem sich bis heute nur der prachtvolle Park erhalten hat. *Ausführliche Beschreibung siehe Kümmerly + Frey Reiseführer Paris und Umgebung.*

Der Park*. – Die von J. H. Mansart in den Jahren 1679–1688 für Ludwig XIV. errichtete Schloßanlage bestand aus einem Palais für den König und 12 davor gereihten Pavillons; all dies wurde unter Napoleon I. zerstört. Der für seine Wasserspiele berühmte Park wurde in seinem alten Glanz wiederhergestellt.

MEAUX* (**6** C4)

Ile-de-France; Seine-et-Marne, 43.110 Ew, 53 m. – Alte Stadt an einer Biegung der Marne, wichtiges Agrar- (Käsesorte Brie) und Handelszentrum; Bischofssitz, den einst Bossuet innehatte (1682–1704). Hier begann die Marne-Schlacht, die 1914 den deutschen Vorstoß aufhielt. *Ausführliche Beschreibung siehe Kümmerly + Frey Reiseführer Paris und Umgebung.*

Kathedrale Saint-Étienne*. – Die Bauzeit der im 12. Jh. begonnenen Kirche erstreckte sich bis ins 16. Jh. Die Portale der spätgotischen Fassade sind stark restauriert. Im harmonischen fünfschiffigen Inneren verdient vor allem das mittlere Chorfenster aus dem 13. Jh. Beachtung.

Links von der Kathedrale befindet sich der **ehemalige Bischofspalast,** in dem das Musée Bossuet *(Öffnungszeiten: 14–18 Uhr; Di geschl.; Eintrittsgebühr)* eingerichtet ist.

MELUN (**6** C4)

Ile-de-France; Seine-et-Marne, 43.000 Ew, 54 m. – Alte Stadt, Hauptort der französischen Brie und wichtiges Handelszentrum, wie Paris, auf einer Insel und an beiden Ufern der Seine, am Nordrand des Waldes von Fontainebleau gelegen. Das antike *Melodunum* des keltischen Volksstammes der Senoner wurde im Jahr 53 v. Chr. von den Römern erobert. Im letzten Krieg erlitt die Stadt schwere Schäden. *Ausführliche Beschreibung siehe Kümmerly + Frey Reiseführer Paris und Umgebung.*

Umgebung – Zum **Schloß Vaux-le-Vicomte**** (6 km Richtung Nordosten über die Straßen N 36 und D 125), *Öffnungszeiten: März–Okt. 10–18 Uhr; Eintrittsgebühr,* das 1657–1661 von L. Le Vau für den berühmten Finanzminister Nicolas Fouquet errichtet wurde. Die prachtvolle Anlage mit dem von Le Nôtre entworfenen Garten rief den Unmut König Ludwigs XIV. hervor, der Fouquet einsperren, das Schloß konfiszieren und die Künstler nach Versailles verpflichten ließ. Die prunkvoll ausgestatteten Innenräume wurden 1968 dem Publikum zugänglich gemacht.

METZ* (**8** C2)

Lorraine; Moselle, 118.502 Ew, 173 m. – Département-Hauptort, historische Stadt, die zu den wichtigsten und schönsten in Lothringen zählt, in schöner Lage am rechten Mosel-Ufer; Verkehrsknotenpunkt und Sitz einer Universität.

Geschichte. – Das einst wichtige gallo-römische Zentrum wurde im Jahr 511 Hauptstadt des merowingischen Austrasien *(Mettis).* Im Vertrag von Verdun (843) erhielt der Sohn Karls d. Großen, Lothar, das nach ihm benannte Lothringen, mit der Stadt Metz. Während des Mittelalters genoß Metz kommunale Autonomie, wurde aber 1552 von den Truppen Heinrichs II. eingenommen und kam schließlich endgültig durch den Westfälischen Frieden (1648) an Frankreich. Von 1871 bis 1918 gehörte die Stadt zu Deutschland; auch in den Jahren 1940–1944 besetzten sie deutsche Truppen. In Metz wurde der Dichter Paul Verlaine (1844–1896) geboren.

METZ 1:18.000 (1 cm=180 m)

Veranstaltungen – Ende August das Mirabellen-Fest; Anfang Oktober Internationale Messe und im November internationale Zusammenkünfte zeitgenössischer Musik.

Esplanade (B1). Wunderschöner Spazierweg mit Blick auf die Mosel und ihre Inseln. Er beginnt im Norden mit dem *Jardin Boufflers,* der 1768 angelegt wurde, und dem klassizistischen *Palais de Justice* (B1; 1778–1791). Gegenüber Denkmal des *Poilu libérateur* von Bouchard. Rechts, in der Rue Haute-Pierre 2, befindet sich das *Geburtshaus* des Dichters Paul Verlaine (1844–1896). Im Süden der Esplanade, im Inneren einer Kaserne, liegt die Kirche **St-Pierre-aux-Nonnais*** (B1), deren Mauern auf ein römisches Gebäude aus dem 4. Jh. zurückgehen; später wurde dieses zur Kapelle eines Benediktinerinnenklosters umgestaltet; romanisches dreischiffiges Inneres auf mächtigen Pfeilern aus dem 10. Jh.; die Wölbung stammt aus dem 15. Jh. Etwas südlicher, in der Rue de la Citadelle, erhebt sich die *Chapelle des Templiers* (B-C1), ein gotischer achteckiger Bau aus dem 12. Jh. mit Fresken vom Anfang des Jahrhunderts. Es geht wieder hinunter durch die Rue Schuman; rechts die *Porte Serpenoise* (C1), eine Rekonstruktion mit Ergänzungen der römischen *Porte Scarponisis* aus dem Jahr 1902.

Place d'Armes (A-B2). – Der schöne Platz in der Altstadt wurde im 18. Jh. von Blondell an der Stelle des Kreuzgangs der Kathedrale angelegt; im Süden die Kathedrale (siehe unten) und gegenüber das klassizistische *Hôtel de Ville* aus den Jahren 1776–1781; in der Mitte Statue des Maréchal Fabert (1840) und zwei Trophäen von Le Roy (1768).

Kathedrale St-Étienne** (A-B2). – Eine der schönsten gotischen Kathedralen Frankreichs, um 1250 begonnen und im Jahr 1522 vollendet; beim Neubau wurden die ersten drei Joche des romanischen Vorgängerbaus miteinbezogen; die Fassade wurde 1903 erneuert. Der Eingang liegt an der Südseite beim Jungfrauen-Portal aus den Jahren 1880–1885 (Tympanon aus dem 13. Jh.); daneben die schöne, 85 m hohe *Tour de Mutte* mit der Glocke „Mutte" aus dem Jahr 1605. Beachtenswert die Strebepfeiler, die hohen Fensteröffnungen und die spätgotischen Dekorationen an Querhaus und Apsis aus dem 16. Jh.; an der Nordseite erhebt sich die *Tour du Chapitre* mit einem Portal aus dem 13. Jh. Hohes dreischiffiges Inneres (123 m lang und 42 m hoch) auf Pfeilern mit großem Querhaus und erhöhtem Chor mit Chorumgang; über den Mittelschiffsarkaden Triforium und hohe Fenster. Schöne und wertvolle Glasfenster** schmücken den gesamten Innenraum: Fensterrose aus dem 14. Jh. von Hermann von Münster; an den Querhausstirnwänden große Glasfenster* aus dem 16. Jh. von Theobald von Lixheim und Valentin Bousch; im linken Querhaus und links vom Chorumgang Glasfenster (1960–1971) von Marc Chagall; rechts in der Chapelle du Sacré Cœur, Glasfenster (1957) von Jacques Villon. Im Chor Bischofsthron, der sog. „Siège de St-Clément", aus merowingischer Zeit. In der KRYPTA unter dem Chor *(Eintrittsgebühr)* Grablegungsgruppe (16. Jh.), Plastiken, Reliquiare und Goldschmiedekunst aus dem 11.–18. Jh. sowie der sog. Mantel Karls des Großen, ein besticktes byzantinisches Pluviale aus dem 11.–12. Jh., das in Palermo gefertigt wurde.

Musée d'Art et d'Histoire* (A2). – *Öffnungszeiten: 10–12 und 14–17 oder 18 Uhr; Di geschl.; freier Eintritt.* Eingerichtet in einem modernen Gebäude in der Rue du Haut-Poirier 2; angeschlossen sind auch das Kloster der Petits-Carmes (17. Jh.), der Grenier de Chèvremont (15. Jh.) und im Untergeschoß die römischen Thermen. Die eigenartig, aber eindrucksvoll aufgestellten Objekte illustrieren Kunst, Geschichte und Architektur der Stadt und ihrer Umgebung von der gallo-römischen Zeit bis in die Renaissance. ERD- UND UNTERGESCHOSS. – *Gallo-römische Kultur:* Grabstelen und Urnen; Siegesstatue; Votivstatuetten gallischer Gottheiten; Säule aus Merten, Mitra-Altar* aus Sarrebourg, Keramiken, Gläser, Metalle. – *Frühchristentum und Frühmittelalter:* merowingische und karolingische Goldschmiedekunst, Waffen und Skulpturen; Flechtwerk* aus St-Pierre-aux-Nonnais (7.–8. Jh.). – *Architektur:* Fragmente aus Gotik und Renaissance von städtischen Baudenkmälern; bemalte Decke des Hôtel de Voué (1225); Gesamtansicht des Grenier de Chèvremont (1457); Büsten von der Maison des Têtes (1529). – ERSTER STOCK. *Musée des Beaux-Arts.* Französische Malerei aus dem 15.–19. Jh.: Ph. de Champaigne, S. Vouet, H. Rigaud, C. J. Vernet, Largillière, H. Robert, Nattier, Greuze, Delacroix (Leidensweg Christi*), Chassériau, Corot. – ZWEITER STOCK. *Moderne und zeitgenössische Malerei:* G. Moreau, Vuillard, R. Dufy, Bazaine. – Im Museum befinden sich außerdem die Sammlung JOB mit Uniformen und Waffen vor allem aus dem Premier Empire und eine reiche naturgeschichtliche Sammlung.

Place St-Louis (B2). – Charakteristischer Platz im Herzen der Altstadt, an der Westseite von Laubenhäusern aus dem 14.–16. Jh. mit unregelmäßigen Arkaden gesäumt. Nordöstlich erstreckt sich die Fußgängerzone, die im Norden

Metz: Porte des Allemands

bis zur Place St-Jacques (Marktplatz) und zum modernen *Centre commercial St-Jacques* reicht: hier die rekonstruierte *Maison des Têtes* aus dem Jahr 1529 mit fünf Renaissance-Büsten (die Originale im Museum). In der Rue des Murs, rechts, erstreckt sich das renovierte Viertel der Tanneurs und im Hintergrund liegt der *Récollets-Kreuzgang* (B2) aus dem 14. Jh., der zum Franziskanerkloster gehörte, in dem heute das europäische Institut für Ökologie untergebracht ist.

Porte des Allemands* (B3). – Im Osten der Stadt spannt sich diese befestigte Toranlage über die Scille; an der Stadtseite zwei halbkreisförmige Türme aus dem Jahr 1230 und an der Außenseite zwei mächtige Rundtürme mit im vorigen Jahrhundert erneuerten Abschlüssen; auf der Brücke selbst Portikus auf Säulen aus dem Jahr 1480. Nördlich vom Tor haben sich weite Abschnitte der *Befestigungsmauern* mit Türmen aus dem 13.–16. Jh. erhalten. – In der nahen Rue des Allemands liegt die romanisch-gotische Kirche *St-Eucaire* (B3) aus dem 13.–16. Jh. mit Vierungsturm aus dem 13. Jh.; dreischiffiges kurzes Inneres auf Rundpfeilern aus dem 14. Jh.; in den Seitenkapellen Statuen aus dem 16. Jh. und Fresken.

St-Martin (B-C2). – Gotische Kirche aus dem 13.–16. Jh. mit dreischiffigem Inneren mit Triforium, dem eine Vorhalle vorgelagert ist; im Querhaus Fresken und Glasfenster aus dem 16. Jh. und im linken Querhaus Grabdenkmal aus dem 14. Jh. mit Reliefs der Geburt und Auferstehung Christi.

Place de la Comédie (A1-2). – Mit der angrenzenden Place de la Préfecture bildet sie eine schöne barocke Anlage auf einer kleinen Mosel-Insel; im Hintergrund der beiden Plätze das *Theater* aus den Jahren 1738–1758 und die *Präfektur* von 1739–1743; an der Südseite die neuromanische protestantische *Kirche* aus dem frühen 20. Jh.; gegenüber schöner Blick auf die Nordseite der Kathedrale und auf das erneuerte Quartier des Roches an der Mosel, das man über eine Fußgängerbrücke erreicht. – Im Norden der Place de la Comédie, auf der Chambière-Insel, liegt die Kirche **St-Vincent** (A1-2) von 1248 mit klassizierender Fassade aus dem 18. Jh., die nach dem Vorbild von St-Gervais in Paris errichtet wurde.

Umgebung – Nach **Gorze,** 16 km Richtung Südwesten über die Straße N 57. 9,5 km, **Jouy-aux-Arches,** mit 17 mächtigen Arkadenbögen*, die von einem römischen Aquädukt, vielleicht aus dem 1. Jh. stammen. – Man überquert die Mosel und folgt rechts der Straße D 12. – 16 km, **Gorze** (1.204 Ew, 240 m), einst Sitz einer im 8. Jh. gegründeten Abtei, von der heute noch die romanisch-gotische Kirche aus dem 12.–13. Jh. erhalten ist; daneben Abteigebäude aus dem 17. Jh.

Nach **Thionville** (41.448 Ew, 155 m), 27 km Richtung Norden über die Autobahn A31, einem alten befestigten Ort im Zentrum des (heute krisengeschüttelten) Eisenhüttengebietes. Von den einst mächtigen Befestigungen (1596–1752), die 1902 abgerissen wurden, bestehen noch einige Überreste an der Mosel und am rechten Ufer Richtung Yutz. Am linken Ufer liegen die Kirche *St-Maximin* (1756–1760) mit klassizistischer Zweiturmfassade, der *Beffroi* aus dem 16. Jh., das *Rathaus* mit Arkaden aus dem 17. Jh. und die polygonale *Tour aux Puces* aus dem 11. Jh., in der das Musée d'Archéologie et d'Histoire eingerichtet ist *(Öffnungszeiten: 10–12 und 14–18 Uhr; im Winter nur nachm.; Mo geschl.; Eintrittsgebühr):* gallo-römische und merowingische Keramiken, Plastiken aus Mittelalter und Renaissance und Geschichte der städtischen Befestigungen.

MORET-SUR-LOING* (12 C1)

Ile-de-France; Seine-et-Oise, 3.147 Ew, 70 m. – Malerisches altes Städtchen am Loing, am Ostrand des Waldes von Fontainebleau. Der Ort gehörte einst zu den Lieblingszielen der Impressionisten. *Ausführliche Beschreibung siehe Kümmerly + Frey Reiseführer Paris und Umgebung.*

Die **Brücke****. – Der malerische Blick von der Brücke auf das Städtchen mit seiner Kirche, den Stadtmauern und den Fachwerkhäusern macht verständlich, warum die Impressionisten von diesem Ort so sehr angezogen waren. Die Rue de l'Église führt zur Kirche

Notre-Dame*. – Sie wurde im 12. Jh. begonnen, der Chor stammt aus dem 13. Jh., die Fassade und die Stirnwände der Querhäuser aus dem 15. Jh.; im Inneren schöne und zu den ältesten Frankreichs zählende Orgelempore (15. Jh.).

MORLAIX (1 B2)

Bretagne; Finistère, 19.541 Ew., 61 m. – Kleiner Hafen und wichtiges Zentrum der Tabakindustrie im tiefen Dossen-Tal, an der nördlichen Küste der Bretagne; Ausgangspunkt für Ausflüge zu den berühmten bretonischen Kalvarienbergen und Pfarrensembles.

Die große zentrale Place des Otages wird von der mächtigen *Eisenbahnbrücke* aus dem Jahr 1861 (59 m hoch und 284 m lang) beherrscht; an ihrem Fuß liegt die spätgotische Kirche *St-Melaine* aus dem Jahr 1489.

Von der Südseite des Platzes strahlen malerische Gassen mit alten Schiefer- und Holzhäusern aus; in der Rue du Mûr befindet sich die **Maison de la Duchesse Anne,** ein Fachwerkhaus aus dem späten 15. Jh. mit Holzschnitzereien an der Fassade und einer interessanten Holztreppe mit Statuen im Hof.

Parallel zur Rue du Mûr verläuft die **Grande-Rue,** die eines der schönsten Ensembles alter bretonischer Häuser mit Holzschnitzereien an den Fassaden bietet.

Auf der großen Place des Jacobins befindet sich in der ehemaligen Dominikanerkirche (13. Jh., im 14. und 15. Jh. verändert) das Museum *(Öffnungszeiten: 9–12 und 14–18 Uhr; Di geschl.; Eintrittsgebühr):* ein großer Saal ist regionaler Kunst gewidmet; außerdem Gemäldesammlung mit Werken von Géricault, Delacroix, Monet, Courbet, Boudin.

Umgebung – Nach **Plougonven*** (3.112 Ew), 11,5 km Richtung Südosten über die Straße D 9, mit einem schönen Pfarrensemble: achteckiger Kalvarienberg* aus dem Jahr 1554; spätgotische Kirche aus dem 15.–16. Jh.; Renaissance-Karner aus dem Jahr 1532 und Kapelle aus dem 18. Jh.

Nach **Saint-Jean-du-Doigt*** (688 Ew, 15 m), 18 km Richtung Nordosten über die Straße D 46, das sich eines schönen architektonischen Ensembles rühmt; Zugang durch einen spätgotischen Torbogen. Im Inneren: Brunnen aus dem Jahr 1691; Grabeskapelle von 1577; spätgotische Kirche aus dem 15.–16. Jh. mit reichem Kirchenschatz, zwei Karner: einer aus der Gotik (15. Jh.) und der andere aus der Renaissance (1618).

Nach **Huelgoat** (2.090 Ew, 175 m), 29 km Richtung Südosten über die Straßen D 769 und D 14; eine Sommerfrische am Rande eines Waldes, in dem verstreut Felsen (berühmt ist die Roche-Tremblante) und Höhlen liegen (das Gebiet gehört zum Naturpark Armonique). – 7 km südwestlich, an der Straße D 14, liegt die spätgotische Kirche **St-Herbot*** aus dem 15.–16. Jh.: quadratischer Turm und Portal mit Apostelstatuen; im Inneren schöne hölzerne Chorschranke aus dem 16. Jh. Am Kirchplatz kreuzförmiger Kalvarienberg* mit Figuren aus dem Jahr 1571.

Nach **Saint-Pol-de-Léon*** (8.750 Ew, 52 m), 23 km Richtung Nordwesten über die Straße D 58; ein landwirtschaftlicher Ort mit zwei schönen Baudenkmälern. Auf der Place Colombe befindet sich die spätgotische *Chapelle du Kreisker* aus dem 14.–15. Jh. mit einem 77 m hohen Glockenturm* mit vier Eckfialen. Etwas nördlicher liegt die ehemalige gotische *Kathedrale** aus dem 13.–16. Jh. mit Portikusfassade und zwei seitlichen Türmen; an der rechten Seite ein Portal aus dem 13. Jh. Der

Innenraum ist mit einer eleganten Galerie geschmückt; im Chor geschnitztes Chorgestühl* mit 69 Sitzen aus dem Jahr 1512 und im Chorumgang Grabdenkmäler der Bischöfe von Léon vom 16.–18. Jh. – 5 km nördlicher liegt **Roscoff** (3.787 Ew), ein freundlicher Badeort und Anlegestelle der direkten Fähren nach Plymouth (Großbritannien) und Cork (Irland). Die Kirche *Notre-Dame-de-Kroaz-Bar* aus der Spätgotik besitzt einen schönen Glokkenturm aus der Renaissance (1550). Im nahen AQUARIUM *(Öffnungszeiten: 14–18 oder 19 Uhr; im Sommer auch 10–12 Uhr; Eintrittsgebühr)* sind die wichtigsten Exemplare der Meeresfauna im Ärmelkanal zu sehen.

Zu den bretonischen Pfarrensembles:** 42,5 km lange Fahrt durch die westliche Bretagne zu den schönsten typischen Pfarrensembles, die im allgemeinen aus einem triumphbogen-artigen Eingang, der Kirche, einem Karner und einem der variationsreichen Kalvarienbergen bestehen. – Man verläßt Morlaix im Südwesten über die Straße N 12. – 13 km, **Saint-Thégonnec*** (2.133 Ew, 112 m) mit einem der schönsten Pfarrensembles des Gebietes, dem ein *Triumphbogen* aus dem Jahr 1587 vorgelagert ist. Links der *Karner** aus dem Jahr 1677 mit (im Inneren) einer bemalten hölzernen Grablegungsgruppe (1699–1702); in der Mitte des Kirchplatzes der *Kalvarienberg* von 1610 mit Statuetten und figurenreicher Kreuzigung; gegenüber erhebt sich die *Kirche** aus dem 16.–17. Jh., der rechts ein Glockenturm von 1610 zur Seite gestellt ist; im Inneren beachtenswerte Holzarbeiten aus dem 17. und 18. Jh.; geschnitzte Kanzel aus dem Jahr 1683 und polychrome Altäre. – 20,5 km, **Guimiliau*** (700 Ew, 111 m) mit einem Pfarrensemble, bestehend aus: einem monumentalen Torbogen; dem *Kalvarienberg*** von 1581–1588, einem der schönsten und berühmtesten der Bretagne, mit mehr als 200 Figuren und einem mittleren Kreuz; dem Karner aus dem Jahr 1648 und der nahen Sakristei von 1683; der *Kirche* aus dem 17. Jh. mit einem wunderschönen Portal (1606) mit Apostelstatuen an der rechten Seite: im vierschiffigen Inneren geschnitztes Taufbecken von 1675, Orgelkasten mit Reliefs, Kanzel von 1677 und polychrome Altäre aus dem 17. Jh. – 23,5 km, **Lampaul-Guimiliau*** (1.550 Ew): Pfarrensemble bestehend aus *Torbogen* mit Kreuzigungsgruppe aus dem Jahr 1669, Karner aus der Renaissance (1667), *Kalvarienberg* aus dem 17. Jh. mit Kreuzigung, gotischer *Kirche** mit Glockenturm von 1573 und rechtem Seitenportal von 1533 mit Apostelstatuen; im dreischiffigen Inneren Transenne mit Kreuzigung* und zahlreiche andere polychrome Holzschnitzereien: links Grablegung* (1676) und Pietà (1530), rechts Baldachin-Taufbecken (1650) und sechs Altäre, darunter, seitlich des Chores, Passionsaltar und Altar Johannes d. Täufers (17. Jh.). – 27,5 km, **Landivisiau** (8.057 Ew, 76 m): an der modernen *Kirche* ein schönes spätgotisches Portal von 1554 und Glockenturm aus dem Jahr 1590. In der Nähe der *St-Thivisiau-Brunnen* aus dem 15. Jh. – 42,5 km, **Sizun** (1.811 Ew, 113 m): Zugang zum Pfarrkomplex durch ein wunderschönes dreibogiges *Tor* aus den Jahren 1588–1590 (als Aufsatz der Kalvarienberg); angeschlossen der *Karner* (1585–1588) mit seinem kleinen Museum sakraler Kunst; *Kirche* (16.–18. Jh.) mit Fassadenturm aus dem 18. Jh.: im Inneren polychrome Altäre aus dem 17. Jh.

MÜLHAUSEN (Mulhouse) (**14** D1)

Alsace; Haut-Rhin, 113.700 Ew, 240 m. – Wichtiges Industriezentrum (Textilien, Metallverarbeitung, Kaliumabbau) im Elsaß, in der Ebene zwischen Rhein und Vogesen; wichtiger Binnenhafen am Rhône-Rhein-Kanal und an der Ill; Universität.

Place de la Réunion. – Der Name des Hauptplatzes erinnert an die französische Machtübernahme nach 2 Jahrhunderten Abhängigkeit von den Schweizer Kantonen. Die *Ste-*

Guimiliau: Pfarrensemble

phanskirche (Eglise St-Étienne) stammt aus dem Jahr 1866, bewahrt aber prachtvolle Glasfenster* aus dem 14. Jh. vom Vorgängerbau. Im *Rathaus* aus dem Jahr 1552 mit mehrfach erneuerter Fassadenmalerei (1698) ist das **Historische Museum** eingerichtet *(Öffnungszeiten: 10–12 und 14–17 oder 18 Uhr; Di geschl.; Eintrittsgebühr).* Das *Erdgeschoß* ist vorgeschichtlichen Funden und der elsässischen Kunst (Plastik und Malerei) aus dem 15. Jh. gewidmet; im *ersten Stock* ist der Ratssaal* mit Kassettendecke und Glasfenstern aus dem 16. und 17. Jh. zu sehen; der *zweite Stock* ist der Stadtgeschichte und Volkskunde vorbehalten; im *Obergeschoß* Abteilung für Archäologie von den Römern bis ins Frühmittelalter.

Musée des Beaux-Arts. – Eingerichtet in einem Palais auf der Place Guillaume Tell 4 *(derzeit in Neuordnung begriffen);* es umfaßt Werke von Malern aus Flandern (Brueghel d. J., Van Dyck, J. Steen), Frankreich (Robert, Courbet, Jongkind) und aus dem Elsaß vom 18.–20. Jh. (M. Drolling, J. G. Heilmann, J. J. Henner, L. Lehmann).

Musée de l'Impression sur étoffes. – *Öffnungszeiten: 10–12 und 14–18 Uhr; Di geschl.; Eintrittsgebühr.* Eingerichtet in der Rue des Bonnes Gens 3; das Museum illustriert die Kunst des Stoffdrucks (typisch für Mülhausen) anhand von Techniken, Stoffsammlungen aus aller Welt und 8 Millionen Stoffmustern vom 18. Jh. bis heute.

Johanneskapelle (Chapelle St-Jean). – *Öffnungszeiten: 10–12 und 14–17 Uhr; Di geschl.; Eintrittsgebühr.* Ehemalige Kapelle des Malteser-Ritterordens aus dem Jahr 1269, geschmückt mit wertvollen Fresken* aus dem 16. Jh., die Szenen aus der Passion und dem Leben Johannes des Täufers zeigen; außerdem Museum mit Skulpturen, Grabplatten und einem Taufbecken aus dem 8. Jh.

Musée National de l'Automobile*. – *Öffnungszeiten: 11–18 Uhr; Di geschl.; Eintrittsgebühr.* Untergebracht in einem großen Gebäude in der Avenue de Colmar 192, nördlich vom Zentrum; das Museum umfaßt die wertvolle Sammlung der Brüder Schlumpf (heute in Staatsbesitz). Ausgestellt sind mehr als 400 Autos: von den ersten Fahrzeugen Panhard et Levassor und De Dion-Bouton aus dem späten 19. Jh. bis zu den Mercedes-Benz, Rolls-Royce, Isotta-Fraschini, Hispano Suiza der dreißiger Jahre und zu den Formel-1-Rennwagen Lotus und Ferrari aus den sechziger und siebziger Jahren. Einzigartig auf der Welt ist die Bugatti-Sammlung* mit 121 Stücken, darunter zwei Beispiele des Bugatti Royale (1928).

Musée français du Chemin de fer. – *Öffnungszeiten: 9–18 oder 10–17 Uhr; Eintrittsgebühr.* Wichtige Sammlung in der Rue Alfred de Glehn 2, im Westen der Stadt, bei der Autobahn, mit Lokomotiven und Eisenbahnwagen, die in Frankreich vom 19. Jh. bis heute verwendet wurden; darunter die alte Dampflokomotive St-Pierre aus dem Jahr 1844 und die Schlafwagen des Train Bleu aus dem Jahr 1929. Im gleichen Gebäude ist das *Musée du Sapeur-Pompier,* ein Feuerwehrmuseum, eingerichtet.

UMGEBUNG – Nach **Rixheim,** 2 km Richtung Osten; in der Commanderie aus dem 18. Jh. befindet sich das MUSÉE DU PAPIER PEINT *(Öffnungszeiten: 10–12 und 14–18 Uhr; Di geschl.; im Winter nur an Wochenenden; Eintrittsgebühr)* zur Geschichte und Verarbeitung von Tapeten.

Nach **Ottmarsheim** (1.848 Ew, 220 m), 14 km Richtung Nordosten über die Straßen N 66 und D 108, durch den Harthwald. Der Ort in der Nähe des Rheins besitzt eine prachtvolle romanische *Kapelle** aus dem 11. Jh., eine ziemlich getreue Nachbildung der Aachener Pfalzkapelle; die an den achteckigen Zentralbau mit Umgang angefügte Taufkapelle und die Quirinuskapelle sind spätere Zubauten.

Nach **Thann** (7.788 Ew, 340 m), 21 km Richtung Nordwesten über die Straße N 66; Industriestädtchen an der Thur. Die Münsterkirche **St. Theobald*** aus den Jahren 1380–1516 ist das schönste spätgotische Bauwerk des Gebietes. Fassade mit reichem Skulpturenportal; besonders schön ist die Madonna am Trumeaupfeiler. Das Portal an der linken Seite trägt Statuen des Hl. Johannes (1446) und des Hl. Theobald; eleganter Turm mit Maßwerkhaube. Dreischiffiges Inneres mit Sterngewölbe; im Chor Chorgestühl und Glasfenster aus dem 15. Jh. In der *alten Kornhalle* ist ein historisches, archäologisches und volkskundliches MUSEUM eingerichtet *(Öffnungszeiten: 10–12 und 14.30–18.30 Uhr).*

Nach **Lautenbach,** 31 km Richtung Nordwesten über die Straße D 430 durch das Gebweilertal. 23 km, **Gebweiler** (*Guebwiller;* 11.080 Ew, 288 m), ein von Weinbergen umgebenes Industriezentrum. An der Rue de la République liegen: links die *Liebfrauenkirche* aus den Jahren 1760–1785, ein prachtvolles barockes Werk der Vorarlberger Barockschule; im Inneren* Himmelfahrtsgruppe von F. Sporrer; rechts liegt die ehemalige Dominikanerkirche aus dem 15. Jh., in der ein MUSEUM eingerichtet ist: Fresken* und Plastiken aus dem 14.–15. Jh.; links das *Rathaus* aus dem Jahr 1514. Auf einem Platz, rechts, erhebt sich die wertvolle Kirche **St. Leodegar*** (St-Léger) aus dem 12. Jh.: Westbau mit zwei Türmen, Portikus, Blendarkaden und schönem skulptiertem Portal; im fünfschiffigen Inneren stammen gotischer Chor und Apsis erst aus dem 14. Jh. [5,5 km nordwestlich, an der Straße D 40, liegt **Murbach** (340 m), das rund um eine im Jahr 727 gegründete Abtei entstand. *Abteikirche** aus dem Jahr 1175, von deren romanischem Originalbau sich Teile des Langhauses, das Querhaus, zwei wuchtige Türme und die Apsis erhalten haben; im Inneren Grabdenkmal aus dem 14. Jh.] – 31 km, **Lautenbach** (1.372 Ew, 396 m): romanische, aber im 19. Jh. überarbeitete *Stiftskirche** zum Hl. Johannes (im frühen 12. Jh. begonnen) mit Westwerk, dreischiffigem Inneren, Querhaus und geradegeschlossenem Chor; beachtenswert im Inneren die Glasmalereien, das Chorgestühl, das Triumphbogenkreuz, der Rosenkranzaltar und die barocke Kanzel* aus dem 18. Jh.

NANCY* (8 C3)

Lorraine; Meurthe-et-Moselle, 99.307 Ew, 212 m. – Regions- und Département-Hauptstadt; alte Hauptstadt des Herzogtums Lothringen am linken Meurthe-Ufer, am Rande waldreicher Hügel; Baudenkmäler aus dem Mittelalter und ein in Frankreich einzigartiges städtebauliches Ensemble aus dem 18. Jh.; reges Industrie-, Handels- und Studienzentrum (Universität).

Geschichte. – Nancy wurde im Jahr 1153 Hauptstadt des Herzogtums Lothringen. Im Jahr 1736 vermählte sich Franz III. Stephan mit Kaiserin Maria Theresia von Habsburg und verzichtete auf das Herzogtum; dieses wurde bereits 1735 (endgültig 1738) dem entthronten polnischen König Stanislaus Leszczyński, dem Schwiegervater Ludwigs XV., übergeben; ihm verdankt Nancy seine Blütezeit und die schönsten Baudenkmäler. Nach dem Tod von Stanislaus wurde das Herzogtum dem französischen Reich eingegliedert (1766).

VERANSTALTUNGEN – In der ersten Juni-Hälfte Internationale Messe.

Place Stanislas** (B-C2). – Einer der schönsten Plätze in Frankreich, ein Meisterwerk der Architektur des 18. Jhs., angelegt in den Jahren 1752–1760 von Emmanuel Héré auf Wunsch König Stanislaus'. Er mißt 124 × 106 m und besteht aus symmetrisch angelegten Gebäuden, die durch **Gitter*** aus Schmiedeeisen und Messing von Jean Lamour miteinander verbunden sind; an den Nordecken die *Amphitrite-* und *Neptun-Brunnen* von Barthélemy Guibal. In der Mitte *Denkmal* des Königs von Jacquot (1831). Die Südseite schließt das **Hôtel de Ville** (C2) aus dem Jahr 1775; im mittleren Tympanon Wappen des Königs Stanislaus; im Inneren Ehrentreppe von Joly de Saint-Nicolas mit schmiedeeiserner Balustrade von Jean Lamour und Repräsentationsräume mit Fresken von Girardet und anderen. An der Nordseite erhebt sich der **Triumphbogen** von E. Héré aus dem Jahr 1752, den König Stanislaus zu Ehren Ludwigs XV. errichten ließ; die Plastiken stellen die Taten des französischen Königs dar.

Musée des Beaux-Arts* (C2). – *Öffnungszeiten: 10–12 und 14–18 Uhr; Mo vorm. und Di geschl.; Eintrittsgebühr.* Es befindet sich in einem der Gebäude an der Westseite der Place Stanislas. ERDGESCHOSS. In der Halle Skulpturen von Adam; Sammlung H. Galilée; moderne französische Malerei: C. Dufresne, de Vlaminck, O. Friesz, R. Dufy, L. Lurçat, Signac, E. Manet, E. Vuillard, H. Matisse, 2 Gemälde von Modigliani*, Utrillo, S. Valadon, A. Derain, P. Bonnard, E. Delacroix. – MEZZANIN. Rubens (Verklärung*). – ERSTER STOCK. Maler aus dem 14.–15. Jh. – Meister aus dem 16. Jh.: Cigoli, Tintoretto (Grablegung*), Barocci, J. Bassano, G. Vasari, F. Pourbus, J. Lievens d. Ä. – Schulen aus dem 17. Jh.: F. Francken II., G. de Crayer (die Pest in Mailand), D. Teniers d. J., J. Jordaens, Rubens. – Italiener und Spanier: S. Cantarini, Pietro da Cortona, D. Feti, Caravaggio (Verkündigung), G. Ribera. – Franzosen aus 16.–18. Jh.: Ph. de Champaigne, S. Vouet, Coypel; N. Poussin; Magnasco; F. Bibiena; F. Lemoyne; Largillière, J. Restout, C. van Loo, F. Boucher, J. B. van Loo.

Place de la Carrière (B2). – Rechteckiger Platz (293 × 56 m) mit Bäumen jenseits des Triumphbogens; er wurde im 16. Jh. angelegt und war höfischen Festen vorbehalten; unter den letzten Herzögen erlangte er seine heutige Form. Die klassizistischen Gebäude an der rechten Seite wurden von Boffrand im Jahr 1715 angelegt, jene der linken im Jahr 1753. Der elegante ovale Abschluß durch Kolonnaden bildet den Vorplatz zum schönen **Palais du Gouvernement,** das 1751–1753 nach Plänen von Héré erbaut wurde. Rechts erstreckt sich der Parc de la Pépinière.

La Pépinière (A-B2). – Wundervoller 23 ha großer Park mit Pappeln, Ulmen und Eschen aus dem Jahr 1765, der von regelmäßigen Wegen durchzogen wird. Verstreut liegen mehrere Statuen, darunter das Claude-Lorrain-Denkmal von Rodin (1892), ein kleiner Zoo und ein Freilichttheater.

Links vom Palais du Gouvernement öffnet sich die Place Malval mit der neugotischen Kirche *St-Epvre* aus den Jahren 1865–1871.

Palais Ducal*. – Der Herzogspalast stammt aus dem 13. Jh. wurde aber ab 1502 von René II. vollkommen umgestaltet. Von diesem Bau besteht nur mehr ein einziger der strengen Fassadenflügel, 1871 teilweise erneuert, mit mächtigen Regentraufen; Gliederung durch Maßwerkfenster, Balkone und schönes spätgotisches Portal* mit phantasievollen Plastiken (vielleicht von Mansuy Gauvain); in der Nische über dem Portal ein Reiterstandbild des Herzogs Anton von Lothringen, 1851 erneuert. Die Residenz ist Sitz des **Musée Historique Lorrain*** *(Öffnungszeiten: 10–12 und 14–17 oder 18 Uhr; Di geschl.; Eintrittsgebühr).* Im Gartenpavillon befinden sich archäologische Funde von der Prähistorie bis zum Mittelalter; im *ersten Stock* des Palastes, in der Hirschen-Galerie, Tapisserien aus Tournai von 1510 und historische Erinnerungs-

NANCY 1:14.000 (1 cm=140 m) 0 100 200 m

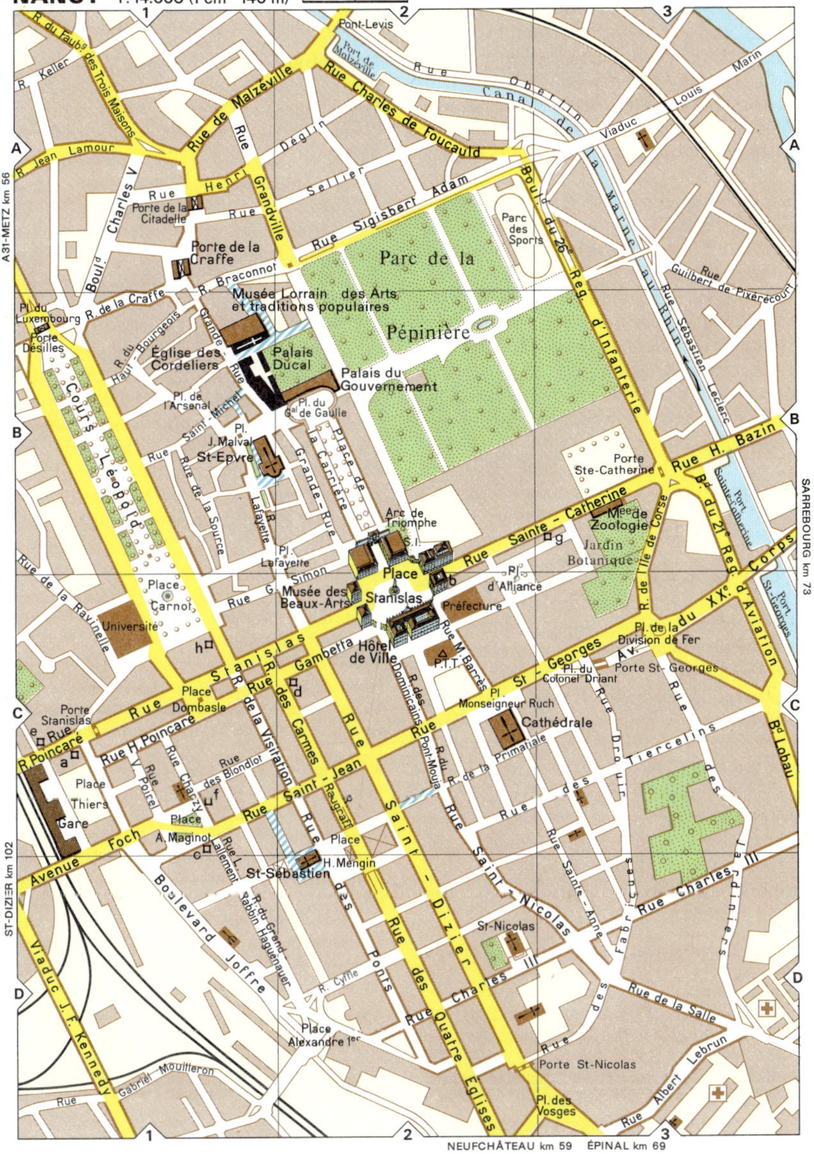

stücke. In den anderen Räumen: sakrale Kunst vom 13.–17. Jh.; Möbel vom 15.–16. Jh.; Werke des Kupferstechers aus Nancy, Jacques Callot (1592–1635), mit Stichen und Aquarellen*; Lothringen und Nancy im 18. Jh.; Künstler aus Lothringen (Georges de La Tour, C. Deruet, J. Lamour); Keramiken; Terrakotten von Adam und Clodion. – Im *zweiten Stock:* die Geschichte Lothringens nach der Revolution.

Église des Cordeliers (B1). – *Öffnungszeiten: 10–12 und 14–17 oder 18 Uhr; Di geschl.; Eintrittsgebühr.* Die Franziskanerkirche wurde in den Jahren 1482–1486 von Herzog René II. errichtet und zur Grablege der lothringischen Herzöge bestimmt. Der einschiffige INNENRAUM ist ein wahres Museum für Grabplastik. Rechte Kapellen: Magdalenen-Statue aus der Champagne (16. Jh.); Gräber aus dem 16. Jh. von der Familie Vaudémont. Linke Kapellen: Grab der Filippa di Gueldre* (gest. 1547), der zweiten Gemahlin von René II., ein Meisterwerk von Ligier Richier; Grab von Jacques Callot (gest. 1635), darüber Gemälde der Rosenkranzmadonna von Jean de Wayembourg (1595). Presbyterium: links, Letztes Abendmahl von F. Drouin (16. Jh.); rechts Grab von René II. (gest. 1508) von Mansuy Gauvain (1509–1511). Hinter dem Hochaltar Grabmal des Kardinals Vaudémont (gest. 1587) von F. Drouin; Steinplastik aus dem 12. Jh.; Chorgestühl von 1691. Links Eingang zur achteckigen *Herzöglichen Kapelle,* die 1607 von S. Drouin nach dem Vorbild der Florentiner Medici-Kapelle begonnen wurde; im 18. Jh. vollendet und im vorigen Jahrhundert erneuert. Vom Chor Zugang zur Sakristei, in der historische Erinnerungen an die Herzöge von Lothringen ausgestellt sind. Links von der Kirche befindet sich das **Musée Lorrain des Arts et traditions populaires** *(Öffnungszeiten: 10–12 und 14–17 oder 18 Uhr; Mo geschl.; Eintrittsgebühr)* mit Eingang in der Grande-Rue 66: Kunsthandwerk, Möbel und Heimatkunde des Gebietes.

Porte de la Craffe* (A1). – Mächtiges Tor am Ende der Grande-Rue, das 1336 im gotischen Stil begonnen und im Jahre 1463 mit zwei Rundtürmen versehen wurde; im Jahre 1861 restauriert. Es beherbergt das MUSÉE DE LA SCULPTURE RELIGIEUSE *(Öffnungszeiten: im Sommer 10–12 und 14–18 Uhr; Di geschl.)* mit religiöser Bildhauerei. Kurz danach erreicht man die *Porte de la Citadelle* (A1), errichtet im Jahr 1598 vom Italiener Orfeo Galiani und mit allegorischen Plastiken von Florent Drouin d. J. geschmückt; seitlich befanden sich einst zwei Basteien.

Cours Leopold (B1). – Schöner großer Spazierweg (467 × 121 m), der im Jahr 1785 eröffnet wurde. Im Zentrum Statue des Generals Drouot von David d'Angers (1853). Die klassizistische *Porte Désilles* (B1) mit ionischer Säulenordnung, an der Nordseite, wurde 1785 anläßlich der Geburt des Dauphins Ludwigs XVII. errichtet: allegorische Plastiken von Soentgen. Im Süden geht der Cours in die große *Place Carnot* (C1) über: Brunnen aus dem 19. Jh. und rechts das Universitätsgebäude aus den Jahren 1858–1870. Etwas südlicher liegt die Rue Stanislas, die im Westen von der *Porte Stanislas* (C1) aus dem Jahr 1764, mit dorischer Ordnung, abgeschlossen wird.

Place d'Alliance (B-C2). – Bildet mit der Place Stanislas und der Place de la Carrière ein einziges, im 18. Jh. entworfenes, städtebauliches Gebilde. Rundherum klassizierende gleichförmige Palais von Héré; der große Brunnen von Cyfflé im Zentrum erinnert an die im Jahre 1756 geschlossene Allianz zwischen Maria Theresia und Ludwig XV. Im Osten liegen der im Jahre 1752 gegründete *botanische Garten* und das MUSÉE DE ZOOLOGIE *(Öffnungszeiten: 14–18 Uhr; Eintrittsgebühr)* mit einem reichen tropischen Aquarium; die *Porte Ste-Catherine* (B3), dorischer Ordnung (aus dem Jahr 1752), schließt die geradeverlaufende Rue Ste-Catherine.

Kathedrale (C2). – Mächtiges Gebäude, das 1703 nach Plänen des Italieners G. Betto begonnen wurde; Veränderungen durch J. Hardouin Mansart und von Boffrand im Jahr 1742 vollendet. Die schöne Fassade begleiten zwei 80-m-Türme. Weites, dreischiffiges INNERES: die Seitenkapellen schließen schmiedeeiserne Schranken von J. Lamour und J. Maire (1756–1759); aus dem 18. Jh. stammen auch die Kuppelfresken (1723–1727) und das Chorgestühl; in der Apsis Madonnenstatue von César Bagard (1670). In der Sakristei reicher DOMSCHATZ: mittelalterliche Emails, sakrale Kunstobjekte und Evangeliar des Hl. Gauzelin aus dem 9. Jh. – Die Rue St-Georges, rechts, führt zur *Porte St-Georges* aus den Jahren 1606–1619; Statuen und Karyatiden von F. Drouin und Jean Richier.

St-Sébastien (C-D2). – Kirche aus den Jahren 1720–1731 im Zentrum der Fußgängerzone mit schöner, konkav geschwungener Fassade und zwei Apsistürmen; im Inneren Grab des Künstlers Jean Girardet (gest. 1778).

Notre-Dame de Bon-Secours (D3; a. P.). – Renaissancekirche mit Fassadenturm am Ende der Avenue de Strasbourg. Sie wurde von Héré in den Jahren 1738–1741 als Grablege für König Stanislas errichtet. Im einschiffigen Inneren trennt eine niedrige, Lamour zugeschriebene, Schranke den Kirchenraum vom Chor: in diesem, rechts, das Grab des Königs Stanislas (gest. 1766) von L. C. Vassé; links das Grab der Gemahlin des Königs, Katherina Opalinska (gest. 1757), ein Meisterwerk von Nicolas Adam; im Hintergrund Statue der Notre-Dame de Bon-Secours von Mansuy Gauvain (1505); an den Fenstern des Langhauses Grisaille-Glasfenster aus dem 18. Jh.

Musée de l'École de Nancy* (D1; a. P.). – *Öffnungszeiten: 10–12 und 14–17 oder 18 Uhr; Di geschl.; Eintrittsgebühr.* Es befindet sich in einem Haus aus dem frühen 20. Jh. in der Rue Sergent-Blandan 46 und umfaßt eine einzigartige Sammlung an Einrichtungsgegenständen und dekorativen Kunstobjekten aus der sog. Schule von Nancy, die am Ende des 19. und im frühen 20. Jh. den sog. Art Nouveau einleitete. Zu sehen sind Gemälde, Plastiken, Keramiken und vor allem Gläser* und Möbel, unter denen die Werke von Emile Gallé, Antonin Daum und Hector Guimard besonders hervorstechen.

UMGEBUNG – Zur **Chartreuse de Bosserville,** 6 km Richtung Südosten über die Straße D 2; eine schöne klassizistische Kartause, die 1666–1721 vom Italiener Giovanni Betto errichtet wurde. Restaurierungsarbeiten sind im Gang.

Zum **Château de Fléville,** 9 km Richtung Südosten über die Straße D 71. 4 km, Musée de l'histoire du Fer *(Öffnungszeiten: 14–17 oder 18 Uhr; Di geschl.; Eintrittsgebühr)* in einem großen modernen Gebäude in der Avenue de Gaulle 1 in Jarville: die Sammlung ist der Geschichte der Eisengewinnung gewidmet. – **Château de Fléville** *(Öffnungszeiten: Mai–Okt. Sa und So 13.30–19 Uhr; Eintrittsgebühr),* ein schöner Renaissancebau aus dem Jahr 1533; vom Vorgängerbau hat sich der rechteckige Donjon aus dem 12. Jh. erhalten. Besichtigt werden können die einst vom König Stanislaus bewohnten Appartements aus dem 18. Jh.

Nach **St-Nicolas-de-Port** (7.357 Ew, 232 m), 12 km Richtung Südosten über die Straße N 4, am linken Meurthe-Ufer; im Ortszentrum die gotische Basilika *St-Nicolas* aus den Jahren 1495–1545. Der Fassade sind zwei überkuppelte Türme zur Seite gestellt; am Mittelportal Statue des Hl. Nikolaus aus dem 16. Jh. Lichtdurchflutetes, aus der Achse verschobenes Inneres mit weiten Arkaden; an den Pfeilern Fresken aus dem 16. Jh.; die Glasfenster in der Apsis stammen ebenfalls aus dem 16. Jh.

Nach **Toul** (17.752 Ew, 220 m), 19 km Richtung Westen über die Autobahn A 33; ein Städtchen am linken Mosel-Ufer, das noch heute von den im 17. Jh. von Vauban angelegten Befestigungen umschlossen ist. Im Zentrum die gotische Kathedrale *St-Étienne* aus dem 13.–15. Jh.; schöne spätgotische Zweiturmfassade aus den Jahren 1460–1496. Dreischiffiges hohes Inneres; vor dem Querhaus zwei Renaissancekapellen aus der Mitte des 16. Jhs. An der rechten Seite gotischer *Kreuzgang* aus dem 14. Jh. Beachtenswert ist auch die gotische Kirche *St-Gengoult* aus dem 13.–14. Jh. mit Turmfassade und zierlichem *Kreuzgang** aus dem 16. Jh. an der linken Seite. – 43 km südwestlich von Toul, über die Straßen D 960 und D 964, liegt **Domrémy-la-Pucelle** (267 Ew, 240 m), der Heimatort der Hl. Johanna von Orleans. Besichtigt werden kann das Haus, in dem die Heldin am 6. Jänner 1412 geboren wurde *(Öffnungszeiten: 9–12 und 14–18 Uhr; Eintrittsgebühr).* 1,5 km südlich liegt die mächtige, der Hl. Johanna geweihte Basilika aus den Jahren 1881–1926.

Nach **Pont-à-Mousson** (15.748 Ew, 181 m), 28 km Richtung Norden über die Straße N 57, am rechten Mosel-Ufer. Auf der zentralen *Place Duroc,* die von Gebäuden aus dem 16.–18. Jh. umsäumt ist, liegen das *Hôtel de Ville* aus dem Jahr 1788 und die *Maison des Sept Péchés Capitaux* aus dem 16. Jh., deren Name („Haus der sieben Todsünden") auf die Karyatiden an der Fassade zurückgeht. Hinter dem Rathaus befindet sich die gotische Kirche *St-Laurent* aus dem 15.–16. Jh., im 18. Jh. verändert; Inneres in Form einer breiten dreischiffigen Halle: rechts Triptychon (Szenen aus dem Leben Christi) aus dem 16. Jh. aus einer Antwerpener Werkstatt; links kreuztragender Christus von Ligier Richier (16. Jh.) und polychrome Pietà aus dem 16. Jh. Am anderen Mosel-Ufer erhebt sich die gotische Kirche *St-Martin* aus dem 15. Jh. mit eleganter Turmfassade; im rechten Schiff des Innenraumes eine Pietà aus dem späten 15. Jh.

Nach **Lunéville** (23.231 Ew, 230 m), 30 km Richtung Südosten über die Straße N 4; von 1702–1714 Residenz des vorvorletzten Herzogs von Lothringen, Leopold von Vaudémont, dem auch die Errichtung des Schlosses zu verdanken ist; hier wurde im Jahr 1729 der letzte lothringische Herzog, Franz Stephan, geboren, der später Maria Theresia von Habsburg heiratete; der entthronte polnische König Stanislaus Leszczyński residierte hier von 1736–1766. Das *Schloß,* von Boffrand ab 1703 errichtet, erhebt sich im Stadtzentrum; davor erstreckt sich ein Ehrenhof, dahinter öffnet sich der *Parc des Bosquets,* der 1711–1718 angelegt und 1725 erweitert wurde. Im Inneren ist ein Museum eingerichtet *(Öffnungszeiten: 9–12 und 14–17 oder 18 Uhr; Di geschl.; Eintrittsgebühr):* archäologische Funde, historische Erinnerungsstücke und vor allem feine Keramiken aus Lunéville aus dem 18. Jh. Südlicher liegt die Kirche *St-Jacques,* ein großes Rokoko-Gebäude mit zwei Türmen, die in den Jahren 1730–1745 von Boffrand und Héré errichtet wurde; letzterem verdanken wir auch die Entwürfe für die prachtvolle Ausgestaltung des Inneren.

NANTES* (2 D4)

Pays de la Loire; Atlantique, 247.227 Ew, 8 m. – Regions- und Département-Hauptstadt in der Bretagne, an der Loire, 50 km von ihrer Mündung ins Meer entfernt; großes Industrie- und Handelszentrum, Binnenhafen und Universitätsstadt. Man unterscheidet drei Stadtteile: die mittelalterliche Altstadt, die von den Boulevards umschlossen wird, die die Stelle der ehemaligen Basteien einnehmen; die Viertel aus dem 18. und 19. Jh., die sich von Osten nach Westen erstrecken; die moderne Stadt, die im Süden auf den Inseln und am linken Loire-Ufer entstand. Die Stadt ist eine gallo-römische Gründung und war im Mittelalter Hauptstadt des Herzogtums Bretagne. Sie gab einem Edikt den Namen, mit dem Heinrich IV. im Jahre 1598 den Protestanten die freie Religionsausübung zusagte. Nantes war Heimatstadt von Anne de Bretagne (1477–1514) und des Schriftstellers Jules Verne (1828–1905).

Veranstaltungen – Internationale Messe in der ersten April-Hälfte.

Herzögliche Burg** (B4). – Sie liegt an der Stelle des römischen Castrum. Ein erster Bau entstand in den ersten Jahren des 13. Jhs.; im selben Jahrhundert verlegten die Herzöge der Bretagne ihre Residenz hierher. Der heutige Baubestand geht auf das Jahr 1466 zurück, obwohl mehrere Veränderungen durchgeführt wurden. Der mächtige, von einem Wassergraben umgebene Baukörper hat die Form eines unregelmäßigen

Zehnecks; niedrige Rundtürme verstärken die wuchtigen Kurtinen; im Osten ragt die *Tour du Fer-à-Cheval* empor. Zwei kleinere Türme flankieren den Eingang an der Westseite, der einst über eine Zugbrücke führte. – Man betritt den Hof, um den sich profane und militärische Bauten aus verschiedenen Epochen reihen. Rechts der *Grand-Logis,* ein strenges Renaissance-Palais mit schöner Fassade und Mansardendach; seitlich die *Tour de la Couronne d'Or**, ein Treppenturm mit feindekoriertem Abschluß, und davor ein zierlicher schmiedeeiserner *Brunnen.* Rechts vom Grand-Logis, oberhalb vom Eingang, befindet sich der Baukörper des *Grand Gouvernement* aus dem 17. Jh., in der Mitte des Hofes der polygonale Turm *Vieux Donjon* und darunter die Ausgrabungen der ersten Befestigung aus dem 13.–14. Jh. Im Inneren des Grand Gouvernement befindet sich das MUSÉE D'ART POPULAIRE RÉGIONAL *(Öffnungszeiten: 10–12 und 14–18 Uhr; Di geschl.; Eintrittsgebühr),* eine der Volkskunde der Bretagne gewidmete Sammlung. – Im Gebäude des *Harnachement* aus dem Jahr 1784 ist das MUSÉE DES SALORGES eingerichtet, das die Seefahrt und den Fischfang vom 18. Jh. bis ins frühe 20. Jh. dokumentiert. Außerdem befindet sich hier das MUSÉE DES ARTS DÉCORATIFS mit Möbeln, Keramiken und anderer angewandter Kunst.

Kathedrale St-Pierre* (A4). – Prachtvoller spätgotischer Bau, der 1434 begonnen, im 16. und 17. Jh. erweitert (Schiffe) und erst 1893 vollendet wurde. Zweiturmfassade mit Skulpturenportal mit modernen Eingriffen.
Dreischiffiges INNERES (102 × 38 × 37 m) auf hohen Bündelpfeilern mit Querhaus und Umgangschor, das durch seine klaren, eleganten und durch den weißen Stein betonten Linien besticht. Man beachte an der inneren Eingangswand die Stützpfeiler der Türme mit Nischen mit Statuen (15. Jh.) und die Wendeltreppe aus dem 15. Jh., die auf die Empore führt. Im rechten Querhaus Renaissancegrab* des Herzogs der Bretagne Franz II. (gest. 1488) und seiner Gemahlin Margherite de Foix, ein Meisterwerk von Michel Colombe (1502–1507), mit den Liegefiguren der beiden Verstorbenen, 32 Statuetten in Nischen und an den Ecken den Kardinaltugenden. Im linken Querhaus das Grab des Generals Lamorcière von P. Dubois (1879).

Rechts von der Kathedrale, bei der Sakristei, erhebt sich die sog. **Psalette** (A-B4), ein gotisches Gebäude aus dem 15. Jh., in dem einst das Kapitel seinen Sitz hatte.
Links von der Kathedrale liegt die **Porte St-Pierre** (A4) aus dem späten 15. Jh., die einst zu den Stadtbefestigungen gehörte. Die große Place Foch wurde 1789 angelegt; im Zentrum eine Säule mit Statue Ludwigs XVI. Im Süden verläuft der Cours St-Pierre mit Abschnitten der gallo-römischen Mauern.

Musée des Beaux-Arts* (A5). – *Öffnungszeiten: 9.15–12 und 13–18 Uhr; Di geschl.; So von 11–17 Uhr freier Eintritt; Eintrittsgebühr.* Es befindet sich in einem Gebäude aus dem Jahr 1893 in der Rue Clémenceau 10 und ist eines der wichtigsten Museen der französischen Provinz. – *Italienische Malerei:* Perugino (David und Isaias; Hl. Sebastian und Hl. Bernhardinus*), Mariotto di Nardo, Bergognone (Leben des Hl. Benedikt*), Neri di Bicci, Andrea Solario, Jacopo

del Sellaio, G. Genga, Tintoretto (Bildnis), J. Bassano, G. B. Moroni (die Gräfin Vertova), Paris Bordone (Portraits), L. Bassano, F. Guardi (Karneval in Venedig*; Versammlung der Adeligen im Dogenpalast*). – *Holländer und Flamen:* P. P. Rubens (Triumph des Judas Makkabäus*), J. van Cleve, Blumen-Brueghel, Pourbus d. J., Crayer, P. Claesz, G. Flink, van der Meulen, Frans II. Francken, P. Mulier. – *Franzosen:* Georges de La Tour (Lautenspieler*; der Engel erscheint dem Hl. Joseph*; Verleumdung des Hl. Petrus*); S. Vouet, J. B. Greuze (Bildnisse), N. Lancret (Camargue), A. Coypel, H. Vernet, G. Courbet (die Kornsieberinnen*), Ingres (Madame de Sénnonces), J. C. Rémond, C. Corot, E. Delacroix, Géricault, T. Rousseau, Daubigny, Chassériau. – *Impressionisten und Maler aus dem 20. Jh.:* A. Sisley, C. Monet (Seerosen*; Gondeln in Venedig), P. Signac, Van Dongen, S. Valadon, M. de Vlaminck, P. Boy. – *Zeitgenössische Malerei:* R. Dufy, Vasarely, F. Léger, Kandinsky.

St-Croix (B3-4). – Im Zentrum der Altstadt liegt diese Kirche aus dem 17. Jh.; der Turm stammt vom im Jahre 1843 zerstörten Schloß von Bouffay. – Rund um die Kirche erstrecken sich die engen Gassen des mittelalterlichen Viertels (teilweise Fußgängerzone) mit schönen Fachwerkhäusern aus dem 15. 16. Jh.

Das Stadtviertel Graslin (C2-3). – Es erstreckt sich westlich der Altstadt; das Zentrum ist die *Place Royale* (B3), die von M. Crucy im Jahr 1790 angelegt wurde und nach den Kriegszerstörungen getreu wiederaufgebaut wurde; in der Mitte der große *Brunnen der Loire* und ihrer Nebenflüsse aus dem Jahr 1865. Die Rue

Crébillon wird von zahlreichen Geschäften gesäumt; links öffnet sich der eindrucksvolle *Passage Pommeraye** (C3), ein glasgedeckter Durchgang mit Galerie aus dem Jahr 1843, mit vielen Geschäften. Die Rue Crébillon führt zur *Place Graslin* (C2), die das *Grand-Théâtre* aus dem Jahr 1788 beherrscht. Links Verbindung zum *Cours Cambronne* (C2), ebenfalls von Crucy angelegt, mit gleichförmigen Palais aus dem frühen 19. Jh. und im Zentrum dem Cambronne-Denkmal (1770–1842) von Debay (1848). – In der Rue Voltaire 12 befindet sich das MUSÉE D'HISTOIRE NATURELLE (C1-2; *Öffnungszeiten: 14–18 Uhr; Mo und Fr geschl.; Eintrittsgebühr*); es umfaßt u. a. ein großes Vivarium mit Reptilien und eine bedeutende geologische Sammlung.

Musée Dobrée* (C1). – *Öffnungszeiten: 10–12 und 14–18 Uhr; Di geschl.; Eintrittsgebühr.* Es ist im Palais Dobrée aus dem 19. Jh. und im sog. *Manoir de Jean V,* der ehemaligen Landvilla der Bischöfe von Nantes, aus dem 15. Jh. eingerichtet. *Erdgeschoß:* Waffensammlung; Kunstobjekte aus dem Mittelalter; Skulpturen vom 11.–16. Jh.; Emails aus Limoges aus dem 12. Jh.; Reliquiar mit dem Herz der Anna von Bretagne; illuminierte Handschriften; flämische Gemälde aus dem Spätmittelalter (15. Jh.); ein Tafelbild von Marco Basaiti; sakrale Goldschmiedekunst. – Im *ersten Stock* Stiche und Drucke, Keramiken aus Nantes, Tapisserien aus Aubusson und Gobelins; Möbel aus dem 17. Jh. und Silbergerät aus dem 18. Jh.

Musée d'Archéologie régionale (C1). – *Öffnungszeiten wie oben.* Es befindet sich in einem modernen Gebäude (1975) in der Rue Voltaire und zeigt im *ersten Stock* Funde aus der Prähistorie vom Paläolithikum bis zur Eisenzeit; im *zweiten Stock* gallo-römische und merowingische Funde aus der Umgebung von Nantes.

Musée Jules Verne (D1; a. P.). – *Öffnungszeiten: 10–12.30 und 14–17 Uhr; Di geschl.; Eintrittsgebühr.* Das Museum liegt im Westen der Stadt in der Rue de l'Hermitage 3 und wurde 1978 eröffnet; es umfaßt Manuskripte, Bücher und Dokumente, die das Schaffen des aus Nantes stammenden Schriftstellers Jules Verne dokumentieren. In der Nähe das PLANETARIUM.

Île Feydeau (C2-3). – Zwischen dem herzöglichen Schloß und der Place de la Bourse liegt, umschlossen von modernen Alleen, die ehemalige Insel Feydeau, die sich einst mitten in der Loire befand; der Flußlauf wurde während der großen städtebaulichen Umwälzungen in den Jahren 1920–1940 umgeleitet. Das aus den Jahren 1727–1770 stammende Stadtbild mit breiten, geradeverlaufenden Straßen und schönen monumentalen Gebäuden, die für die reichen Reeder errichtet wurden, hat sich hingegen erhalten. Beachtenswert vor allem die Gebäude in der Rue Kervégan, auf der Place de la Petite Hollande und in der Allée Tourenne.

UMGEBUNG – Zum **Schloß von Goulaine,** 13 km Richtung Osten über die Straße D 119. Das Schloß *(Öffnungszeiten: 14–18 Uhr; Di geschl.; Besichtigung nur mit Führung)* ist ein spätgotischer Bau aus dem 15. Jh., mit schöner Hoffassade und reicher Innenausstattung im Stil Ludwigs XIII.

NEVERS* (12 C3)

Bourgogne; Nièvre, 44.700 Ew, 186 m. – Département-Hauptort und historische Stadt auf einem Hügel am rechten Loire-Ufer, an der Einmündung der Nièvre. Einst römische Kolonie *(Noviodunum)* und im Mittelalter Herzogtum; 1565 kam die Stadt an die Gonzaga aus Mantua und im Jahr 1661 an Kardinal Mazarin. Berühmt ist Nevers auch für seine Majoliken, deren Herstellungstechniken im 16. Jh. von den Gonzaga aus Italien eingeführt wurden.

Herzögliches Schloß*. – Die Residenz, heute Sitz des Gerichtes, erhebt sich auf der Place Ducale, auf der sich auch, links, die Kathedrale befindet. Sie wurde 1745 begonnen und ein Jahrhundert später von den Gonzaga vollendet. Die einfache Renaissancefassade rahmen zwei Ecktürmchen, denen an der Rückseite zwei Rundtürme entsprechen. In der Mitte ein eleganter achteckiger Treppenturm; Mansardendach mit Fenstern.

Kathedrale St-Cyr et Ste-Juliette*. – Romanisch-gotische Doppelchoranlage: im Westen romanisches Querhaus, Apsis und Krypta aus dem 11. Jh.; gotisch-burgundisches Langhaus aus dem 13. Jh.; im Osten spätgotischer Umgangschor mit Strebepfeilern und Fialen aus dem 14.–15. Jh. Im Süden erhebt sich der Glockenturm aus dem 14.–16. Jh. mit Statuen und Regentraufen. Dreischiffiges INNERES mit Triforium. Im Westen der romanische, über der Krypta erhöhte Chor mit einem Christusfresko aus dem 12. Jh. in der Apsiskalotte; in der Krypta aus dem Jahr 1208 polychrome Grablegungsgruppe (16. Jh.). Sehr breites und helles gotisches Inneres; im rechten Querhaus gotisches Portal und Wendeltreppe aus dem frühen 16. Jh. Unter dem gotischen Chor konnten Ausgrabungen die Überreste des achteckigen Baptisteriums aus dem 6. Jh. freilegen.

Musée Municipal de Nevers. – *Öffnungszeiten: 10–12 und 14–18 Uhr; Di und Jan. geschl.; Eintrittsgebühr.* Es befindet sich in der Rue St-Genest 16, der ehemaligen Straße der Töpfereiwerkstätten, und ist ausschließlich Keramiken* und Glas aus Nevers gewidmet, deren Produktion im 16. Jh. von den Gonzaga hier eingeführt wurde und im 17. und 18. Jh. die große Blüte erlebte. Die Sammlung umfaßt Majoliken (17.–18. Jh.) und Emails aus Limoges (17. Jh.).

Porte du Croux. – Sie liegt nordwestlich des Museums. Wuchtiger, quadratischer Turm mit Konsolengesims und vorkragenden Ecktürmchen, der 1393–1398 an den alten Stadtmauern aus dem 13. Jh. errichtet wurde; von den Stadtmauern hat sich im Süden, Richtung Loire, ein Abschnitt erhalten, der bei der runden *Tour Goguin* aus dem 13. Jh. endet. Im Inneren des Tors ist das MUSÉE ARCHÉOLOGIQUE eingerichtet *(Öffnungszeiten: im Winter nur Mi, Sa und So, sonst tägl. 14–18 Uhr; Eintrittsgebühr):* griechische und römische Plastiken und mittelalterliche Skulpturen.

Place Carnot. – Auf der zentralen Place Carnot (im Norden erstreckt sich der öffentliche Park) liegt die Kapelle *Ste-Marie* aus den Jahren 1639–1649, deren Fassade einen italienisch beeinflußten barocken Dekorationsstil zeigt. Etwas weiter, in der belebten Rue du Commerce (Fußgängerzone), erhebt sich der *Beffroi* aus dem Jahr 1456.

Nevers: Porte du Croux

St-Étienne*. – Die Kirche liegt in der gleichnamigen Straße im Ostteil der Stadt. Sie ist ein beachtenswerter romanischer Bau aus den Jahren 1063–1097 mit einfacher Fassade, schönem Chor, hohem Querhaus und Vierungsturm. Eindrucksvolles Inneres mit hohem Mittelschiff, Emporen und Blendemporen im Querhaus. Den Umgangschor umsäumt eine Bögchenreihe.

Kloster St-Gildard. – Im Norden des Parks liegt das Kloster, in dem ab 1866 Bernadette Soubirous, der in Lourdes mehrmals die Madonna erschienen war, bis zu ihrem Tod 1879 lebte. Ihr Körper wird in der Kapelle verehrt.

UMGEBUNG – Nach **La Charité-sur-Loire** (6.432 Ew, 175 m), 24 km Richtung Nordwesten über die Straße N 7, einem Städtchen am rechten Loire-Ufer. Die ehemals von Cluny abhängige Kirche *Notre-Dame** wurde bei einem Brand im 17. Jh. beschädigt. Erhalten hat sich von der romanisch-burgundischen Grundstruktur aus dem 12. Jh. der schöne Fassadenturm mit hohem spitzem Abschluß, das Tympanon des Portals mit Reliefs, das Querhaus (im rechten Querhaus, innen, Portaltympanon von einem anderen Fassadenportal), der Vierungsturm und der elegante Umgangschor.

NIORT (**10** C3)

Poitou-Charentes; Deux-Sèvres, 60.230 Ew, 29 m. – Département-Hauptort und ruhiges Städtchen im Poitou, teilweise in der Ebene und teilweise auf zwei Hügeln an der Sèvre Niortaise gelegen; wichtiges Industriezentrum für Lederbearbeitung.

Donjon*. – Am Flußufer erhebt sich ein mächtiger Turm aus dem 12.–15. Jh., der einst zur Burg der Grafen von Poitiers gehörte. Befestigt ist er durch zwei wuchtige Türme und Rundtürmchen an den Ecken. Im Inneren befindet sich das MUSÉE D'ETNOGRAFIE RÉGIONALE *(Öffnungszeiten: 9–12 und 14–17 oder 18 Uhr; Di geschl.; Eintrittsgebühr),* das die Volkskunde im westlichen Frankreich illustriert; von oben schöner Blick auf die Stadt.

Musée des Beaux-Arts. – *Öffnungszeiten wie oben.* Es liegt südlich vom Donjon, in der Rue du Musée 1. Im *ersten Stock* Tapisserien aus Aubusson (17. Jh.), Keramiken, Emails aus Limoges (13.–16. Jh.), Goldschmiedekunst und orientalische Kunstobjekte; im *zweiten Stock* Gemälde vom 17. bis zum 19. Jh.: C. A. Coypel, Nattier, L. M. van Loo, Louis de Boullogne, Corot.

Notre-Dame. – Spätgotische Kirche aus den Jahren 1491–1540 mit schönem gotischen Glockenturm von 1500. Im dreischiffigen Inneren Tapisserien aus Aubusson (17. Jh.) mit Szenen aus dem Neuen und Alten Testament.

Musée du Pilori. – *Öffnungszeiten wie Donjon.* Es ist im ehemaligen Rathaus in der Rue Berthomé, einem eigenartigen Renaissance-

Niort: Donjon

bau mit Türmen und Zinnenbekrönung (14.–16. Jh.) eingerichtet, und ist der Archäologie gewidmet: prähistorische und gallo-römische Funde; außerdem Lapidarium (7. bis 17. Jh.) und eine Marmorstatue des Kardinals Richelieu vom Italiener Francesco Mochi.

Umgebung – Nach **Maillezais** (939 Ew), 28 km Richtung Nordwesten über die Straßen N 148 und D 15. Romanische, aber stark veränderte Kirche *St-Nicolas* aus dem 12. Jh. mit schönem Portal. 1 km nördlich des Ortes liegen die eindrucksvollen Ruinen der *Abtei St-Pierre* (Öffnungszeiten: 9–12.45 und 14–19 Uhr; Eintrittsgebühr),* die im 11. Jh. gegründet wurde; im Jahr 1791 wurde sie vom Staat konfisziert, verkauft und in der Folge zerstört. Erhalten haben sich Teile der Abteikirche: Vorhalle und Langhaus aus der Romanik (11. Jh.) und das gotische Querhaus aus dem 14. Jh. Rundherum liegen die Überreste der Abteigebäude aus dem 14. Jh. – Von der Abtei aus können Bootsausflüge durch die Kanäle des **Marais poitevin*** gemacht werden. Das Marais ist ein 70.000 ha großes sumpfiges Gebiet, das sich rund um die Sèvre Niortaise von Niort bis zum Atlantik erstreckt und auch *Venise Verte* („Grünes Venedig") genannt wird; die Kanäle führen durch eine üppiggrüne Landschaft.

Nach **Fontenay-le-Comte** (16.650 Ew, 24 m), 31 km Richtung Nordwesten über die Straße N 148, am Ufer der Vandée. Gotische Kirche *Notre-Dame* aus dem Jahr 1420, aber mit Ergänzungen aus dem 16. Jh.: rechts ein Glokkenturm (82 m hoch), der 1696 erneuert wurde; im Inneren zeugt die Krypta (11. Jh.) von einem romanischen Vorgängerbau. Gegenüber der Kirche befindet sich das Musée Vandéen *(Eintrittsgebühr):* archäologische Funde, Heimat- und Volkskunde. Nördlicher liegt der *Brunnen der Quatre-Tias* aus dem Jahr 1542. Im *Château de Terre Neuve* schöne Kunstsammlung *(Öffnungszeiten: 9–12 und 14–17 Uhr).* – 12 km nördlich, nach dem großen *Kastanien- und Eichenwald von Mervent-Vouvant,* befindet sich **Vouvant*** (852 Ew, 90 m), ein befestigter Ort an der Mère, der von der mächtigen *Tour Mélusine* aus dem 12. Jh. beherrscht wird. Im Ortszentrum die romanische *Kirche** aus dem 11.–12. Jh. mit Reliefs an der Stirnwand des linken Querhauses (Samson und Dalila, Letztes Abendmahl, Himmelfahrt). – Östlich vom Wald (8 km) liegt der Ort **Foussais** (1.310 Ew): romanische *Kirche* mit schöner Fassade* mit Portal zwischen zwei Blendbogen; reicher Relief- und Skulpturenschmuck aus dem 11.–12. Jh.

NOYON (**6** C3)

Ile-de-France; Oise, 14.053 Ew, 52 m. – Alte Stadt an der Verse im Norden der Ile-de-France, im Mittelalter sehr bedeutend und während beider Weltkriege schwer beschädigt. Heimatstadt des großen Reformators Calvin (1509–1564). *Ausführliche Beschreibung siehe Kümmerly + Frey Reiseführer Paris und Umgebung.*

Notre-Dame*. – Mächtige frühgotische Kathedrale aus dem 12. und 13. Jh. mit strenger Fassade, an der sich tiefe Portale und große Fenster öffnen; die zwei Türme stammen aus dem 13. und 14. Jh. Harmonisches dreischiffiges Inneres mit Vorhalle, Querhaus und Umgangschor mit Radialkapellen. Links von der Kirche befindet sich ein schönes Holzgebäude aus dem 16. Jh., in dem die *Bibliothek* untergebracht ist.

Umgebung – 5,5 km südöstlich (Straße D 165) liegen die Ruinen der **Zisterzienserabtei von Ourscamp,** und 14 km südöstlich (Straße D 934) befindet sich das schöne Schloß von **Blérancourt** aus dem 17. Jh.

ORLÉANS (**11** B1)

Centre; Loiret, 105.589 Ew, 110 m. – Regions- und Département-Hauptstadt; historische Siedlung am rechten Loire-Ufer, Industrie- und Handelszentrum. Das römische *Aurelianis* wurde im Mittelalter ein bedeutender Ort, der vor allem durch die Hl. Johanna von Orléans, die die Stadt im Jahre 1429 von den Engländern befreite, bekannt ist. Schwere Zerstörungen im letzten Krieg.

Veranstaltungen – Am 7. und 8. Mai Festtage der Hl. Johanna von Orléans.

Kathedrale Ste-Croix* (A2). – Ihr mächtiger Baukörper beherrscht das Stadtzentrum. Sie ist ein großes, im Jahre 1287 begonnenes, 1568 weitgehend zerstörtes und 1601–1829 wiedererrichtetes Gebäude mit reichgegliederter Zweiturmfassade aus dem 18. Jh., die von J. Gabriel entworfen und von Trouard ausgeführt wurde; die Stirnwände des Querschiffs stammen aus dem 17. Jh.; der Vierungsturm (114 m hoch) entstand 1858; die neun Chorkapellen stammen aus dem 13. Jh. Das fünfschiffige Innere (135 × 53 × 32 m) mit Querhaus und doppeltem Chorumgang beeindruckt durch seine Ausmaße. Im Chor (das Gewölbe wurde 1905 erneuert) wunderschöne Holzverkleidung aus dem 18. Jh. In der Krypta Überreste von drei Kirchen aus dem 4., 8. und 10. Jh.

Place Ste-Croix. – Links von der Kathedrale erhebt sich das *Hôtel de Ville* (Rathaus; A2) aus der Renaissance (1549–1555), allerdings später stark verändert. Neben dem linken Querhaus, am Platz, haben Ausgrabungen Teile der befestigten *gallo-römischen Stadtmauern* freigelegt; weitere Fragmente können im Garten des Erzbischöflichen Palais gesehen werden. Der Bischofssitz aus dem 17. Jh. ist heute Städtische *Bibliothek* (A2-3) mit einer reichen Doku-

ORLÉANS 1:20.000 (1 cm = 200 m)

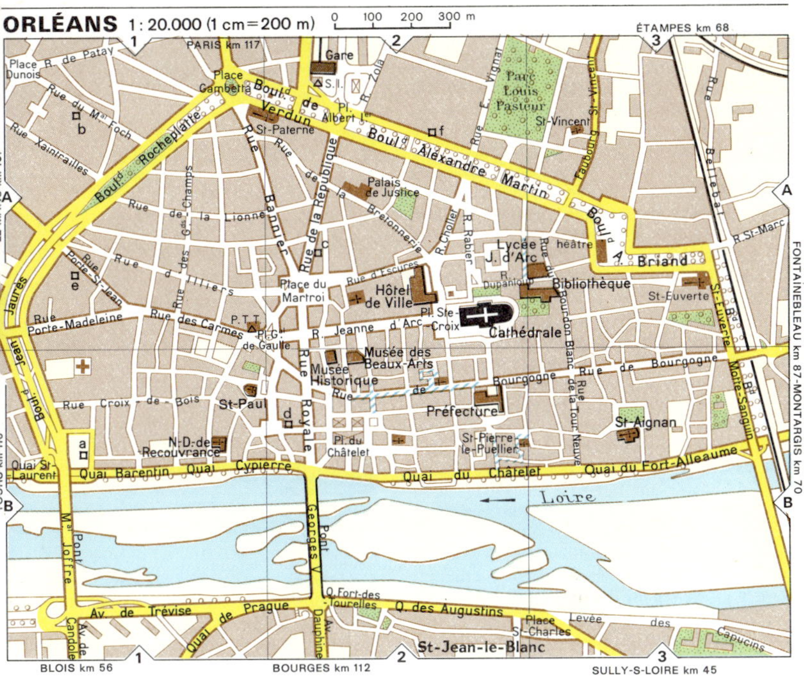

mentation über die französische Nationalheldin; gegenüber liegt das *Lycée Jeanne d'Arc* (im ehemaligen Priesterseminar aus dem frühen 18. Jh.) mit der Krypta St-Avit aus dem 11. Jh. Westlicher öffnet sich die *Place du Martroi* (A2), nach dem Krieg teilweise wiederaufgebaut, mit dem Reiterstandbild der Johanna von Orléans von Dubray und Foyatier (1855).

Musée des Beaux-Arts* (B2). – *Öffnungszeiten: 10–12 und 14–18 Uhr; Di geschl.; Eintrittsgebühr.* Eingerichtet im *Hôtel de Créneaux* aus der Renaissance (1513) auf der Place de la République 1. Im Hof der hohe Beffroi aus dem Jahr 1448; das Renaissance-Portal stammt vom ehemaligen Hôtel-Dieu. Das Museum umfaßt eine außergewöhnliche Sammlung französischer Portraits vom 17.–19. Jh.: Largillière, Drouais, Drolling, J. Duplessis, Van Loo, Natoire, Nattier, Nonnotte, Perronneau, Restout, Tocqué, David, Gros. Außerdem Werke von: Ph. de Champaigne, G. de La Tour (Hl. Sebastian*), C. Lorrain, F. Boucher, H. Robert, P. Prud'hon, Th. Géricault, Chassériau, Courbet, Jongkind, Renoir, Gauguin, Rouault, Soutine. Ausländische Meister: Matteo di Giovanni, Crivelli, Costa (Madonna*), Correggio (Hl. Familie*), Tintoretto (Bildnisse*), Velazquez (Hl. Thomas*), A. Carracci sowie deutsche, flämische und holländische Meister. Skulpturen von Pradier, Carpeaux, Rodin (der Schatten*), Bourdelle, Maillol und Büsten von Houdon (Voltaire, Rousseau, Molière, La Fontaine), Pigalle und Germain Pilon.

Musée Historique* (B2). – *Öffnungszeiten: 10–12 und 14–17 oder 18 Uhr; Di geschl.; Eintrittsgebühr.* Es befindet sich im zierlichen Hôtel Cabu aus der Renaissance (1548), in der Rue Ste-Catherine. Im *Erdgeschoß* römische Ausgrabungsfunde mit dem prachtvollen Schatz aus Neuvy-en-Sullias*, bestehend aus Bronzeobjekten, darunter ein schönes, der gallischen Gottheit Rudiobus geweihtes Pferd. – Im *ersten Stock* Skulpturen und Kunsthandwerk, Elfenbeine, ein Diptychon aus dem 6. Jh., Emails (12.–15. Jh.) von der Romanik bis zur Renaissance; außerdem Keramiken aus Orléans aus 18. und 19. Jh. Einige Räume sind der Hl. Johanna von Orléans gewidmet.

Pont George-V (B2). – Zufahrt durch die schöne Rue Royale; rechts die Fassade der Kirche *St-Paul* (B1) aus dem 15. Jh. Die 355 m lange Brücke wurde 1751–1761 erbaut; von der Mitte schöner Blick auf die Stadt.

Notre-Dame de Recouvrance (B1). – Kirche aus der Renaissance (1513–1519) mit starken, noch gotischen Stileinflüssen; die drei Schiffe werden durch das Apsisfenster* (Kindheit Christi) beleuchtet (spätes 16. Jh.).

Saint-Aignan (B3). – Gotische Kirche aus dem 15. Jh., von der nur Querhaus und Chor mit

Strebepfeilern erhalten sind; die Krypta ist der einzige Zeuge des von König Robert in den Jahren 989–1029 errichteten Vorgängerbaus.

UMGEBUNG – Nach **Gien** (161 m), 65 km Richtung Südosten über die Straße N 60 bis nach Châteauneuf und dann über die Straße D 60, durch das an Kunstschätzen reiche Loire-Tal. 35 km, **Saint-Benoit-sur-Loire** (1.925 Ew, 100 m), ein Ort am rechten Loire-Ufer, der für seine Benediktinerabtei berühmt ist. Die Basilika **St-Benoit**** ist eines der bedeutendsten romanischen Baudenkmäler. Sie wurde 1065 begonnen und im Jahre 1131 geweiht. Vorgelagert ist ein mächtiges dreischiffiges Westwerk auf wuchtigen Pfeilern mit schönen figürlichen Kapitellen. Das in den Jahren 1150–1218 entstandene Langhaus ist gotisch; romanisch sind hingegen das Querhaus und der wunderschöne dreischiffige Chor auf Säulen, mit Blendbogengalerie unter der Fensterzone, halbkreisförmiger Apsis und Chorumgang. Im linken Querhaus Madonna* aus Alabaster aus dem 14. Jh. Hinter dem Altar Grab Philipps I. (gest. 1108); im Chor Fußbodenmosaik aus dem 5.–6. Jh., 1531 aus Italien geholt. Unter dem Chor die *Krypta**, in der die im 7. Jh. aus Montecassino hierhergebrachten Reliquien des Hl. Benedikt aufbewahrt sind. Es ist lohnend, einer Darbietung der gregorianischen Chorgesänge zu lauschen (12 und 18.15 Uhr). – 43 km, **Sully-sur-Loire** (5.825 Ew, 119 m), ein Ort am linken Loire-Ufer, bei dem sich ein mächtiges **Schloß*** erhebt, das einst dem berühmten Minister Heinrichs IV., Sully, gehörte *(Öffnungszeiten: März–Nov. 9–11.45 und 14–18 Uhr; Eintrittsgebühr)*. Es ist von einem Wassergraben umgeben und besteht aus einem rechteckigen Baukörper mit runden Ecktürmen und Wehrgängen aus dem 14. Jh. und einem Wohntrakt, ebenfalls mit Türmen, aus dem 17. Jh. Im Inneren besichtigt man die Appartements von Sully und die großen Säle aus dem 14. Jh.; vom Wehrgang Blick auf die Loire. – 65 km, **Gien** (16.784 Ew, 161 m), ein Städtchen am rechten Loire-Ufer, das nach dem Krieg teilweise wiederaufgebaut wurde. Beherrschend eine strenge *Burg* (restauriert) aus dem Jahr 1484 mit einer rautenförmigen Verkleidung aus roten und schwarzen Ziegeln. Im Inneren das MUSÉE INTERNATIONAL DE LA CHASSE *(Öffnungszeiten: 9–12 und 14.15–18.30 Uhr; Eintrittsgebühr)*, das die Geschichte der Jagd quer durch die Jahrhunderte dokumentiert. Neben dem Schloß die moderne Kirche *Ste-Jeanne d'Arc* (1954).

Nach **Beaugency*** (7.839 Ew, 106 m), 25 km Richtung Südwesten über die Straße N 152; ein mittelalterliches Städtchen am rechten Loire-Ufer. Auf der zentralen Place St-Firmin erhebt sich die *Tour St-Firmin* (1530), der einzige Überrest einer in der Revolution zerstörten Kirche. Auf der angrenzenden Place Dunois liegen die wichtigsten Sehenswürdigkeiten: die *Tour de César**, ein wuchtiger rechteckiger Turm mit Strebepfeilern, der wohl eines der ältesten Beispiele französischer Militärarchitektur ist (11. Jh.); daneben das *Schloß* aus dem 15. Jh., Sitz des MUSÉE REGIONAL *(Öffnungszeiten: 9–12 und 14–18 Uhr; Eintrittsgebühr):* Volkskunde und Kunst, sowie Erinnerungsstücke an die Schriftsteller aus

Sully-sur-Loire: Schloß

Orléans E. Sue und G. Conté. Gegenüber befindet sich die romanische Abteikirche *Notre-Dame* aus dem 13. Jh.: dreischiffiges schönes Inneres auf Säulen mit Holzdecke aus dem 17. Jh. Von der linken Seite der Kirche (links die *Tour du Diable* kommt man zur Loire-Brücke, von der man einen schönen Blick auf das Städtchen genießt. Am Weg zurück ins Zentrum, in der Rue du Change, liegt das *Hôtel de Ville,* ein zierliches Renaissance-Palais aus dem Jahr 1526, und auf der Place du Martroi die Kirche *St-Étienne* aus dem 11. Jh.

Nach **Châteaudun*** (16.000 Ew, 140 m), 48 km Richtung Nordwesten über die Straße N 155; ein Städtchen, das für sein **Schloß***, das sich auf einem Felssporn über dem Fluß Loir erhebt, berühmt ist. Im Hof liegen *(Öffnungszeiten: 9.30–11.45 und 14–18 Uhr; Besichtigung nur mit Führung):* links der mächtige runde Donjon aus dem 12. Jh. und die zierliche spätgotische *Ste-Chapelle* (1486) mit Heiligenstatuen aus dem 15. Jh. Der anschließende Westflügel, ebenfalls aus dem 15. Jh., besitzt einen Wehrgang und an der rechten Ecke einen gotischen offenen Treppenturm. Im rechten Winkel schließt der Nordflügel aus

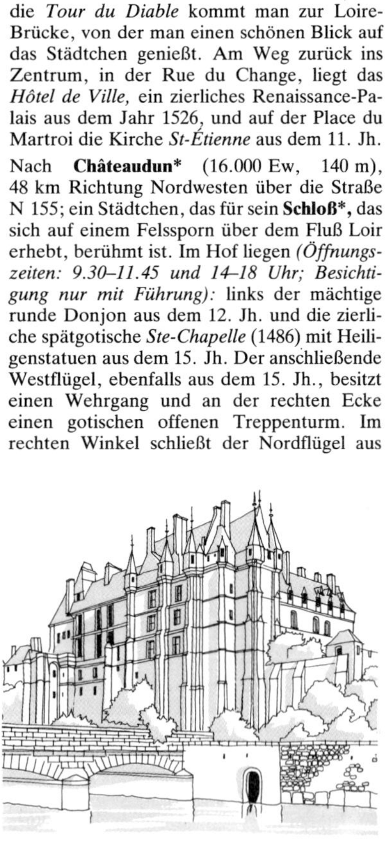

Châteaudun: Schloß

dem Jahr 1532 an: die äußere Dekoration verrät noch spätgotische Stilmerkmale, während die Ehrentreppe schon auf die Renaissance weist. Besichtigt werden können auch die Innenräume mit Tapisserien aus dem 16.–17. Jh. In der Stadt liegt das MUSEUM *(Eintrittsgebühr)* mit archäologischen Funden und Keramiken aus dem antiken Ägypten.

PARAY-LE-MONIAL (13 A3)

Bourgogne; Saône-et-Loire, 11.312 Ew, 245 m. – Lebendiges Städtchen in Burgund, zwischen der Bourbince und dem Canal du Centre; eines der größten religiösen Zentren Frankreichs, Wiege der Sacré-Cœur-Verehrung (Herz-Jesu).

Basilika Sacré Cœur*. – Die Kirche erhebt sich am Ufer der Bourbince und stammt aus dem 12. Jh. (im vorigen Jahrhundert restauriert). Ihr romanisch-burgundischer Baustil leitet sich von Cluny ab. Die strenge Fassade, der eine große Vorhalle vorgelagert ist, ist zwischen zwei Türme eingespannt; achtekkiger Vierungsturm mit zweigeschossiger Gliederung und spitzem Abschluß. Schöner, bewegter Chorschluß mit stark ausgeprägtem Querhaus, Chorumgang und Radialkapellen. An der Stirnwand des linken Querhauses schönes romanisches Portal mit dekorativen plastischen Motiven.
Dreischiffiges INNERES (das Mittelschiff ist 27 m hoch) mit Blendtriforium, Vierungsturm und großem Querschiff; Chor mit hohen Säulen (man beachte die schönen Kapitelle) und darüberliegendem Laufgang: der Chorumgang, gegliedert durch Arkaden mit zierlichem Würfeldekor, wurde im Mittelalter aufgrund seiner Schönheit auch „Engelsspaziergang" genannt. In der Apsiskalotte Christusfresko aus dem 15. Jh.

Hinter der Apsis liegt die *Reliquienkammer* (Spende), wo die Zelle der Hl. Margarethe Maria Alacoque (1647–1690) wiederaufgebaut wurde; durch die mystische Klosterschwester wurde die Herz-Jesu-Verehrung verbreitet. Rechts von der Kirche öffnet sich der *Parc des Chapelains,* der den Veranstaltungen der Pilger vorbehalten ist; ein Diorama illustriert das Leben der Hl. Margarethe. In der nahen *Chapelle de la Visitation* wird der Körper der Heiligen aufbewahrt.

Im Nordteil des Städtchens, auf der Place Guignaud, liegt das schöne **Hôtel de Ville** aus der Renaissance (1528), dessen Fassade mit Türmchen, Friesen und Medaillons geschmückt ist; gegenüber der *Glockenturm* aus dem 16. Jh. der ehemaligen Kirche St-Nicolas. In der Rue de la Paix befindet sich das **Musée du Hiéron** *(Öffnungszeiten: April–Okt. 14–19 Uhr, im Winter bis 16 Uhr; Eintrittsgebühr),* das ausschließlich Gemälde, Skulpturen und sakrale Kunstobjekte umfaßt. Italienische

Paray-le-Monial: Blick auf die Basilika

Meister: Dolci, Scarsellino, Giaquinto, Barocci; sakrale Goldschmiedekunst und prachtvolles Portal mit romanischem Tympanon* (12. Jh.) von der Kirche in Ancy-le-Duc.

PARIS** (6 C4)

Ile-de-France, 2,176.143 Ew (10,073.059 Ew in der ganzen Ile-de-France), 23–170 m. – Hauptstadt Frankreichs, politische und kulturelle Metropole des Landes, eine der bedeutendsten Städte Europas an beiden Ufern der Seine. *Ausführliche Beschreibung siehe Kümmerly + Frey Reiseführer Paris und Umgebung.*

1 ILE DE LA CITÉ

La Cité* (Ost, D2), die Seine-Insel, ist die eigentliche Wiege des alten Paris und war schon in vorrömischer Zeit besiedelt. Seit dem Mittelalter ist hier das religiöse Zentrum der Stadt. Durch die städtebaulichen Eingriffe unter Louis Philippe und Napoleon III. verschwand endgültig das alte Stadtbild; dennoch befinden sich hier einige der Hauptsehenswürdigkeiten von Paris. Zahlreiche Brücken verbinden die Insel mit der Ile St-Louis und mit den malerischen Quais an den Seine-Ufern.

Place du Parvis Notre-Dame* (Ost, D1-2). – Großer, rechteckiger Platz, dessen heutige Gestalt auf die Veränderungen durch Haussmann im Auftrag Napoleons III. zurückgeht. Antike Überreste sind in der CRYPTA ARCHÉOLOGIQUE neben der Parkgarage zu sehen *(Öffnungszeiten: 10–18 Uhr; Eintrittsgebühr).* Gegenüber der den Platz beherrschenden Kathedrale Notre-Dame, siehe unten, erhebt sich die neugotische *Préfecture de Police* und links von der Kathedrale befindet sich das mächtige *Hôtel-Dieu* aus den Jahren 1868–1878.

0
500
1000 m
NANTERRE
Préfecture
COURBEVOIE
la Défense
PUTEAUX
Suresnes
Mont-Valérien
NEUILLY-SUR-SEINE
Bois de Boulogne
Parc de Bagatelle
Pré Catelan
Hippodrome de Longchamp
Hippodrome d'Auteuil
Jardin Fleuriste
Musée Nat. des Arts et Traditions Populaires
PORTE DAUPHINE
PORTE DE LA MUETTE
PORTE DE PASSY
PORTE D'AUTEUIL
PORT DE ST-CLOUD
PORTE DE SÈVRES
16E
Maison de Radio-France
Fondation Le Corbusier
Musée P.Landowski
Parc des Princes
ST-CLOUD
Parc de St-Cloud
Manufacture Nat. de Sèvres
BOULOGNE-BILLANCOURT
Ile Seguin
Ile St-Germain
Héliport de Paris
Issy-les-Moulineaux
SÈVRES
Bellevue
MEUDON
Musée Rodin
Seine
Pont de Neuilly
Pont de Puteaux
Pont de Suresnes
Pont de St-Cloud
Pont de Sèvres
Pont de Billancourt
Pont d'Issy
Pont du Garigliano
Pont Mirabeau
Boulevard Circulaire
Avenue G. Clemenceau
Avenue Charles De Gaulle
Route de la Reine
Allée de Longchamp
Quai de Stalingrad
Boulevard Périphérique
ROUEN
VERSAILLES
1
2
3
A
B
C
D
E
F

ROUEN
CLICHY
PORTE DE GLIGNANCOURT
Marché aux Puces
PORTE DE ST-OUEN
PORTE DE CLICHY
Boulevard Périphérique
PORTE D'ASNIÈRES
PORTE DE CHAMPERRET
18E
17E
Musée d'Art Juif
Musée de Montmartre
Sacré-Cœur
Montmartre
Cimetière de Montmartre
Pigalle
9E
Parc de Monceau
Gare St.-Lazare
Arc de Triomphe
Pl. Ch. de Gaulle
Palais des Congrès
Av. de la Grande Armée
Av. de Friedland
Boulevard Haussmann
8E
Opéra
Boulevards
2E
la Madeleine
Place Vendôme
Palais de l'Elysée
Avenue des Champs Elysées
Bibliothèque Nationale
Palais Royal
Place de la Concorde
Jardin des Tuileries
Cours Albert 1er
Cours la Reine
Seine
Quai d'Orsay
Louvre
Rue de Rivoli
St-Eustache
Forum Centre G. Pompidou
1E
Pal. de Chaillot
Tour Eiffel
Parc du Champ de Mars
Hôtel des Invalides
Musée d'Orsay
Quai A. France
Q. du Louvre
Î. de la Cité
Hôtel de Ville
Notre-Dame
7E
Ecole Militaire
U.N.E.S.C.O.
St-Germain-des-Prés
St-Sulpice
Th. de l'Odéon
Pal. du Luxembourg
6E
Quartier Latin
Sorbonne
Panthéon
5E
15E
Montparnasse
Tour Montparnasse
Gare Montparnasse
Institut Pasteur
Cimetière de Montparnasse
Boulevard du Montparnasse
Bd. de Port Royal
St-Médard
Observatoire
Place Denfert-Rochereau
Manufacture des Gobelins
Parc des Expositions
Palais des Sports
PORTE DE LA PLAINE
PORTE BRANCION
PORTE DE VANVES
Vanves
14E
Malakoff
PORTE DE CHATILLON
PORTE D'ORLEANS
Parc de Montsouris
Cité Internationale Universitaire
PORTE DE GENTILLY
MONTROUGE
Gentilly
AÉROPORT D'ORLY

PARIS / OST 1:50.000 (1 cm=500 m)

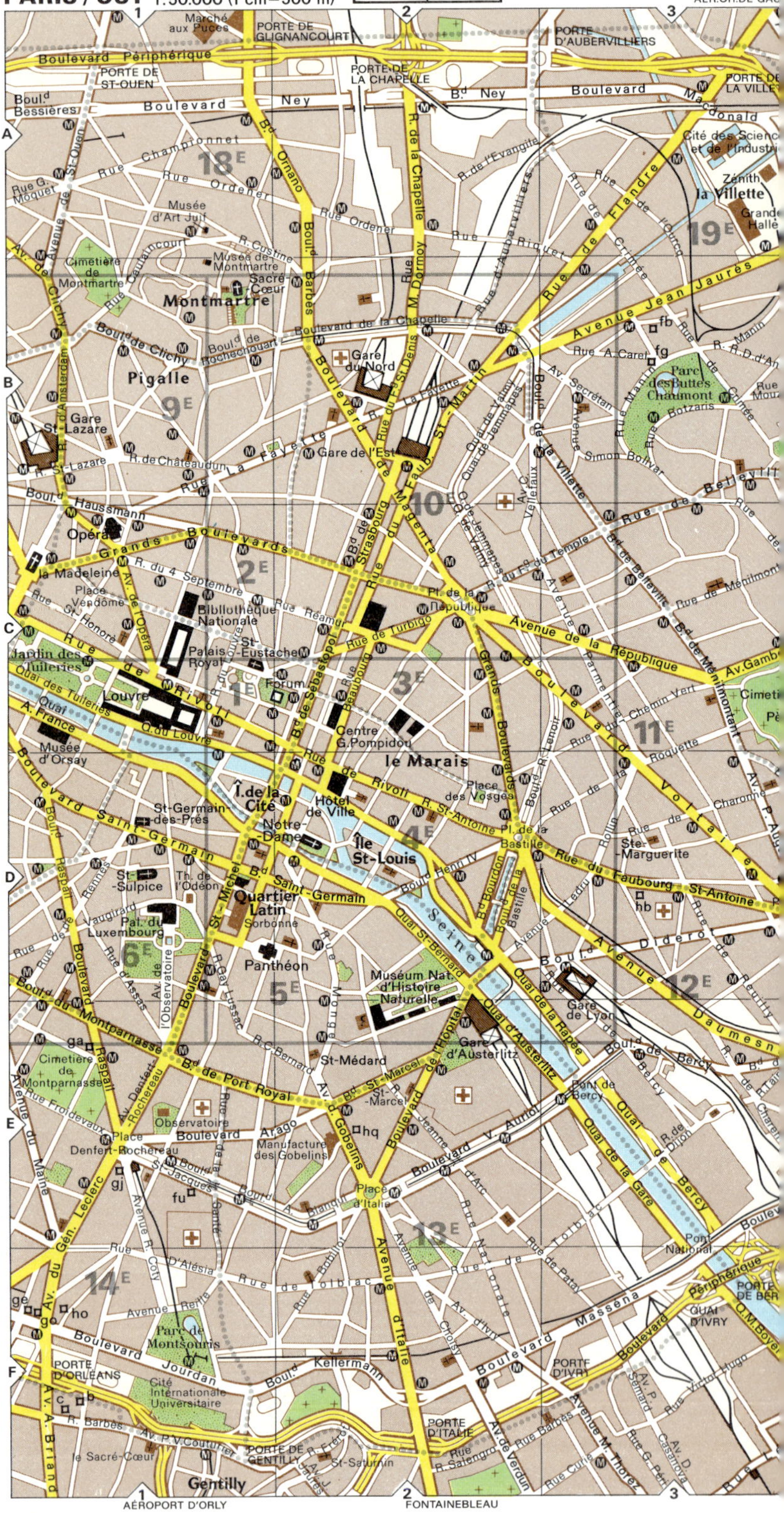

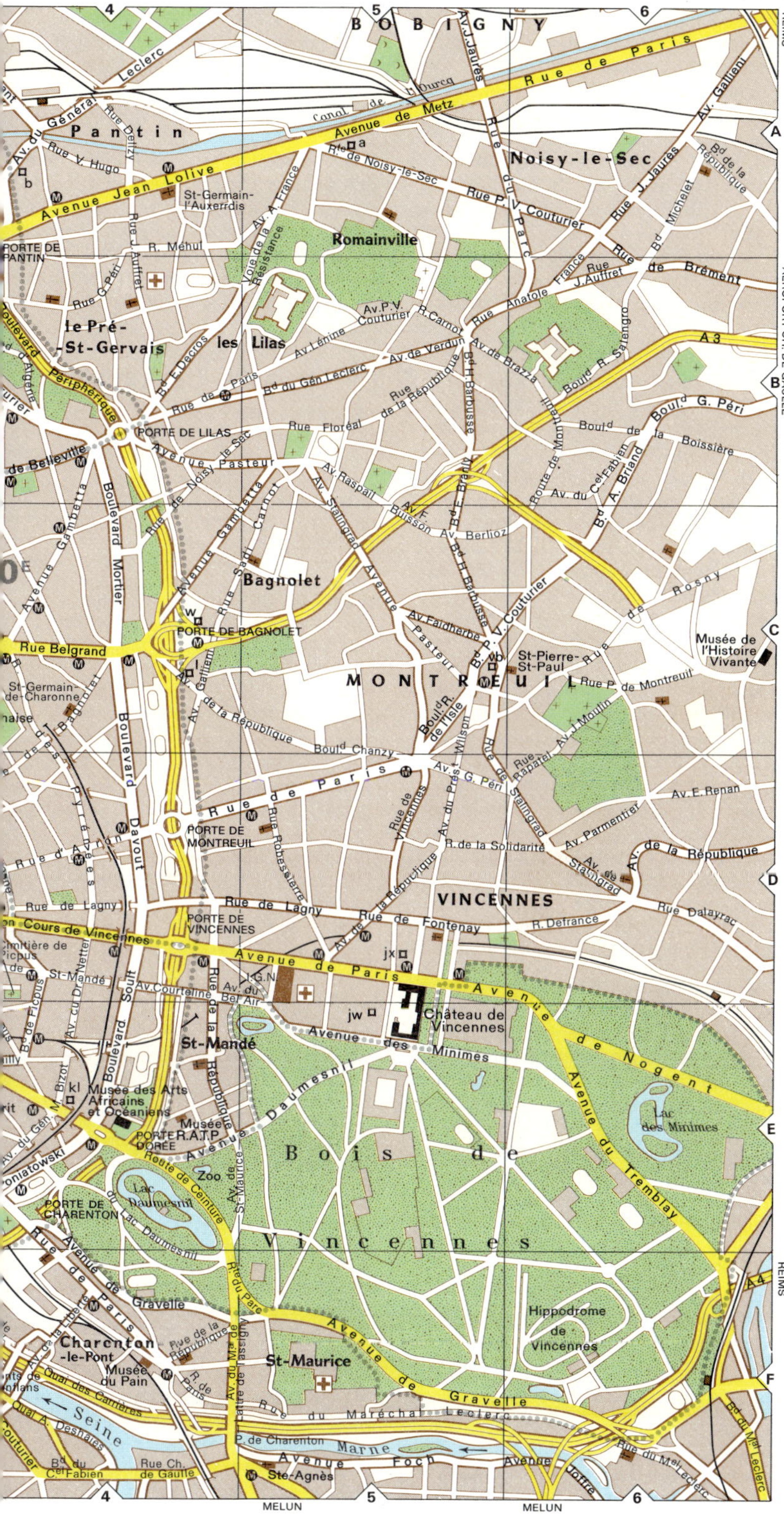
4
5
6
B O B I G N Y
REIMS
Rue de Paris
Av. J. Jaurès
Canal de l'Ourcq
Avenue de Metz
Av. Galliéni
A
Leclerc
Av. du Général
Pantin
Rue Delizy
Rue V. Hugo
Rte de Noisy-le-Sec
Noisy-le-Sec
Bd de la République
Avenue Jean Lolive
St-Germain-l'Auxerrois
Av. A. France
Rue du Parc
Rue P. V. Couturier
Rue J. Jaurès
Bd Michelet
PORTE DE PANTIN
R. Méhul
Rue J. Auffret
Voie de la Résistance
Romainville
Rue J. Auffret
Rue de Brément
AÉROPORT CH. DE GAULLE
Rue G. Péri
le Pré-St-Gervais
Bd F. Decros
les Lilas
Av. Lénine
Av. P.V. Couturier
R. Carnot
Rue Anatole France
Boulevard Périphérique
Av. de Verdun
Av. de Brazza
Boul. R. Salengro
A 3
B
Rue de Paris
Bd du Gén. Leclerc
Rue de la République
Bd H. Barbusse
Rue de Belleville
PORTE DE LILAS
Rue Floréal
Boul. G. Péri
Boul. de la Boissière
Avenue Pasteur
Rue de Noisy le Sec
Av. Raspail
Av. du Cel Fabien
Bd A. Briand
Av. F. Buisson
Av. Berlioz
Bd H. Barbusse
Av. Gambetta
Boulevard Mortier
Avenue Gambetta
Rue Sadi Carnot
Av. Stalingrad
Bagnolet
Rosny
W
PORTE DE BAGNOLET
Av. Faidherbe
Rue de Rosny
Avenue Pasteur
Rue P. V. Couturier
Rue Belgrand
Musée de l'Histoire Vivante
C
St-Pierre-St-Paul
Rue P. de Montreuil
M O N T R E U I L
St-Germain-de-Charonne
Av. Galliéni
Boul. R. de l'Isle
Av. J. Moulin
Av. de la République
Boul. Chanzy
Rue Rapatel
Rue de Paris
Av. G. Péri
Rue de Stalingrad
Av. E. Renan
Rue de Vincennes
Av. du Prés. Wilson
PORTE DE MONTREUIL
Rue Robespierre
R. de la Solidarité
Av. Parmentier
Av. de la République
Boulevard Davout
Rue d'Avron
Av. de Stalingrad
Rue de Lagny
Rue de Lagny
Av. de la République
VINCENNES
D
Rue Dalayrac
PORTE DE VINCENNES
Rue de Fontenay
R. Defrance
Cours de Vincennes
Cimitière de Picpus
jx
Avenue de Paris
St-Mandé
Av. du Dr. Netter
Av. Courteline
Av. du Bel Air
I.G.N.
Avenue de Nogent
Bd de Picpus
Boulevard Soult
Rue de la République
jw
Château de Vincennes
Avenue des Minimes
St-Mandé
Av. Daumesnil
Avenue du Tremblay
Musée des Arts Africains et Océaniens
kl
M. Bizot
Av. du Gén. M. Bizot
Musée R.A.T.P.
PORTE DORÉE
Lac des Minimes
E
Avenue Daumesnil
Bois de Vincennes
Poniatowski
Route de Ceinture
Zoo
Av. de St-Maurice
Lac Daumesnil
PORTE DE CHARENTON
Rte du Lac Daumesnil
Rue de Paris
Avenue de Gravelle
Rte du Parc
REIMS
A 4
Hippodrome de Vincennes
Charenton-le-Pont
Rue de la République
Av. du Mal de Lattre de Tassigny
Avenue de Gravelle
Musée du Pain
R. de Paris
St-Maurice
F
Quai des Carrières
Rue du Maréchal Leclerc
Seine
Quai A. Deshaies
P. de Charenton
Marne
Avenue Foch
Avenue Joffre
Rue du Mal Leclerc
Bd du Mal Leclerc
Bd du Cel Fabien
Rue Ch. de Gaulle
Ste-Agnès
MELUN
MELUN

Kathedrale Notre-Dame** (Ost, D2). – Die sogenannte „Pfarre der Geschichte Frankreichs", ein Meisterwerk gotischer Architektur, wurde im Jahr 1163 vom Bischof Maurice de Sully begonnen. Der älteste Bauteil ist der Chor (1163–1182). Um 1250 war der gesamte Bau vollendet, einige Veränderungen wurden aber noch bis ins frühe 14. Jh. durchgeführt; im 19. Jh. fand eine Restaurierung durch Viollet-le-Duc statt. Die Kathedrale war Schauplatz zahlreicher bedeutender historischer Ereignisse; wir erinnern hier nur an die Krönung Napoleons zum Kaiser der Franzosen im Jahr 1804 in Anwesenheit des Papstes Pius VII.

Die FASSADE*. Zwischen den beiden Türmen verläuft die Königsgalerie, deren 28 Statuen im 19. Jh. erneuert werden mußten, und öffnet sich die prachtvolle Fensterrose, unter der die drei tiefen Trichterportale liegen. Original ist noch das der Madonna gewidmete *linke Portal* aus den Jahren 1210–1220, dessen Tympanonrelief (Tod und Krönung Mariens) zu den bekanntesten mittelalterlichen Plastiken zählt.
Das fünfschiffige, 130 m lange, 48 m breite und 35 m hohe INNERE beeindruckt durch seine gewaltigen Ausmaße und durch die Eleganz der architektonischen Glieder. Wunderschöne Glasfenster (13. Jh.) schmücken nur mehr die Fensterrosen der Fassade und des Querhauses. Im CHOR befindet sich ein wunderschönes *Chorgestühl* aus dem frühen 17. Jh. In der Sakristei (Zugang durch die 4. Chorumgangskapelle rechts) ist der **Domschatz** ausgestellt. Die Seitenkapellen sind vor allem mit Gemälden aus dem 17. und 18. Jh. ausgestattet.

Palais de Justice* (Ost, D1). – Sehenswert sind in dem sich aus mehreren Gebäuden aus verschiedenen Epochen zusammensetzenden mächtigen Justizpalast die *Tour de l'Horloge* aus dem 14. Jh. (mit Reliefs von Germain Pilon, 1585), die an die Ereignisse der Revolution erinnernde *Concièrgerie* und vor allem die **Sainte-Chapelle**** *(Öffnungszeiten: 10–18 Uhr; Eintrittsgebühr).* Die Kapelle wurde in den Jahren 1246–1248 vom Hl. König Ludwig IX. errichtet und ist ein Juwel gotischer Baukunst. Besonders schön ist der obere, an einen Schrein erinnernde Raum mit seinen berühmten Glasfenstern aus dem 13.–14. Jh.

Pont Neuf* (Ost, D1). – Berühmteste, älteste und schönste Brücke von Paris, die 1578 von Ducerceau begonnen wurde. Schöner Blick auf die Seine-Ufer mit dem Gebäude des Louvre rechts.

Ile Saint-Louis* (Ost, D2). – Durch eine moderne Brücke mit der Ile de la Cité verbunden, bildet sie eine Oase der Ruhe im Zentrum von Paris. Im Süden verläuft der *Quai d'Orléans:* auf Nr. 6 die polnische Bibliothek und das MUSÉE ADAM MICKIEWICZ mit Handschriften von Chopin. Die schönsten Palais befinden sich am *Quai d'Anjou:* auf Nr. 1–3 das *Hôtel Lambert* von Le Vau und auf Nr. 17 das *Hôtel de Lauzun**, ebenfalls von Le Vau und im 19. Jh. von Baudelaire bewohnt. Beinahe im Zentrum der Insel liegt die Kirche **Saint-Louis-en-l'Ile** (1664–1726).

2 VOM CHÂTELET ZUR ETOILE

Place du Châtelet (Ost, D2). – Eine der wichtigsten Straßenkreuzungen an der „Rive droite" (dem rechten Seine-Ufer), deren heutiges Aussehen auf Napoleon III. zurückgeht. Rechts befindet sich das *Théatre de la Ville* und links das *Théatre du Châtelet,* eines der größten Theater von Paris.
Über den **Quai de la Mégisserie** mit seinen berühmten *„bouquinistes"* und den **Quai du Louvre,** die einen schönen Blick auf die Seine und das gegenüberliegende Ufer mit der Monnaie und dem Institut de France bieten, gelangt man zur **Place du Louvre,** die sich vor der mächtigen Ostfassade des Louvre öffnet.

Saint-Germain-l'Auxerrois* (Ost, C1). – Beachtenswerte gotische Kirche aus dem 12.–16. Jh. mit schöner spätgotischer Fassade aus dem 15. Jh., an der sich drei Portale öffnen (besonders schön ist das mittlere aus dem 13. Jh.). Im fünfschiffigen Inneren mit doppeltem Umgangschor zahlreiche Kunstschätze, darunter das wunderschöne geschnitzte königliche Gestühl aus dem Jahr 1684.

Louvre** (Ost, C1). – Er war einst eine mittelalterliche Festung, die ab 1546, während der Regierungszeit Franz'I., zum Schloß umgestaltet wurde.

Den Kern bildet die *Cour Carrée**, deren ältester Teil, die Südwest-Ecke, von Pierre Lescot und Jean Goujon geschaffen wurde. Vor diesem Baukörper erstrecken sich die berühmten **Kolonnaden*,** die von Perrault für Ludwig XIV. entworfen wurden. Von der Cour Carrée gelangt man zu den beiden Flügeln des *Nouveau Louvre,* die zwar um 1600 für Heinrich IV. und Katharina von Medici begonnen, aber erst im vorigen Jahrhundert vollendet wurden. Zu der Anlage des Louvre gehörten auch die heute nicht mehr bestehenden, ebenfalls für Katharina von Medici erbauten, Tuileries, von denen sich nur der große Park, siehe unten, erhalten hat. Heute ist der Louvre vor allem für sein reiches Museum berühmt.

Musée National du Louvre.** – *Öffnungszeiten: 9.45–18.30 Uhr; Di geschl.; Eintrittsgebühr; So freier Eintritt; Führungen werden täglich, außer Di und So veranstaltet.* Das zu den wichtigsten

Sammlungen der Welt zählende Museum umfaßt mehr als 200.000 Ausstellungsobjekte, die sich auf folgende Abteilungen verteilen: *griechische und römische Altertümer* im Erdgeschoß und im ersten Stock; *Skulpturen aus Mittelalter, Renaissance und Neuzeit* im Erdgeschoß; *Kunstgewerbe* im ersten Stock; *ägyptische Altertümer* im Erdgeschoß und im ersten Stock; *orientalische Kunst* im Erdgeschoß; *mittelalterliche und neuzeitliche Malerei* im ersten und zweiten Stock. Da selbst eine reduzierte Aufzählung der bedeutendsten Werke den Rahmen dieses Führers sprengen würde, beschränken wir uns hier auf die Erwähnung hervorragender Einzelwerke, die man selbst bei einem kurzen Besuch nicht versäumen sollte.

Griechische und römische Altertümer – Zu sehen sind neben Mosaiken, Fresken, Grab- und Votivreliefs, Sarkophagen, Bronzen und Vasen vor allem: die berühmte **Venus von Milo**** (2. Jh. v. Chr.), Fragmente vom Parthenonfries (5. Jh. v. Chr.), Fragmente vom Zeus-Tempel in Olympia (5. Jh. v. Chr.), Kopie der Apollo-Statue von Praxiteles, Kopie der berühmten Athena-Statue des Phidias (5. Jh. v. Chr.) und weitere griechische Originale oder römische Kopien nach verlorenen griechischen Originalen; sehenswert sind auch der **Schatz von Boscoreale**,** bestehend aus Silbergeräten, der beim Vesuvausbruch verschüttet wurde, und die prachtvollen **Fayyum-Bildnisse**** aus dem römischen Ägypten.

Ägyptische Altertümer – Objekte aus der Thinistischen Zeit (4. Jt. v. Chr.), dem Alten, dem Mittleren und dem Neuen Reich und aus der Spätzeit; besonders schön sind die Kolossalstatue einer *Sphinx*** aus rosa Granit, ein **Mastaba**** (Grabeskammer) aus der 5. Dynastie (2564–2423 v. Chr.), die berühmte *Stele des Schlangenkönigs** (Ende 4. Jt. v. Chr.), prachtvolle Säulen, die **Figur eines hockenden Schreibers**** und Kleinplastiken; den Abschluß bilden koptische Objekte (Portraits*).

Orientalische Altertümer – Funde aus Mesopotamien, Kleinasien, Zypern, Syrien, aus dem sumerischen und semitischen Raum, sowie aus den Randgebieten des Mittelmeerraumes wie Phönizien. Besonders sehenswert sind der berühmte **Codex Hammurabi**** aus Babylonien, ein mächtiges *Kapitell mit Stierkopf*** vom Darius-Palast, emaillierte Keramiktafeln, ebenfalls vom Darius-Palast, die Funde aus dem römischen Dura-Europos (3. Jh. v. Chr. bis 3. Jh. n. Chr.).

Kunsthandwerk – Neben den französischen **Kronjuwelen**** (Diamant mit 137 Karat usw.) sind wertvolle Tapisserien (die Jagden Maximilians**, 1535), Möbel, Emails, Goldschmiedekunst und andere sakrale und profane Gegenstände vom Mittelalter bis ins 19. Jh. zu sehen.

Skulpturen – Neben wundervollen Meisterwerken aus dem Mittelalter sind vor allem die französischen Bildhauer aus der Renaissance gut vertreten (M. Colombe, J. Cousin, G. Pilon, P. Bontemps). Zu sehen sind aber auch Hauptwerke der italienischen Renaissance (Donatello, F. Laurana, D. da Settignano, della Robbia usw.) und des französischen 17. Jh. Am berühmtesten sind wohl die prachtvollen **Sklaven**** Michelangelos für das Grabmal Julius' II.

Malerei – Vom Mittelalter bis ins 19. Jh. sind sämtliche europäische Schulen vertreten, das Hauptgewicht liegt jedoch bei Franzosen und Italienern. Den Kern der Sammlung bildet die *Grande Galerie,* in der französische Maler aus dem 17. Jh. ausgestellt sind (G. de la Tour, C. Lorrain, N. Poussin); in einem Nebensaal (XI) sind die Prunkstücke des Museums zu sehen (Leonardos **Mona Lisa**,** Felsgrottenmadonna und Anna Selbdritt; Tizians **Junge Frau bei der Toilette** und sein Bildnis Franz' I.; Raphaels Baldassare Castiglione und Johanna von Aragon; außerdem Werke von Tintoretto, Veronese, Correggio u. a.). Die italienische Sammlung setzt sich in der Verlängerung der *Grande Galerie* fort; vertreten sind alle „Großen" vom 13.–15. Jh. (Cimabue, Giotto, S. Martini, A. Lorenzetti, Pisanellos Bildnis einer Este-Fürstin, P. Uccellos Schlacht von S. Romano, F. Lippis Madonna mit dem Granatapfel, Botticelli, Mantegna, A. da Messina, G. Bellini, Ghirlandaio). In den parallel zur Grande Galerie verlaufenden Räumen sind französische Meister aus dem 18. und 19. Jh. ausgestellt (Boucher, Fragonard, berühmte historische Gemälde von David, Ingres, Delacroix, Courbet, Géricault). An die Grande Galerie schließen die Abteilungen für italienische Malerei des 17. und 18. Jhs., flämische und holländische Malerei und spanische Malerei an. Hervorzuheben sind: Caravaggio, F. Guardi, Tiepolo; J. van Eyck (Madonna des Kanzlers Rolin), A. van Dyck, J. Jordaens, P. P. Rubens (der Zyklus mit Szenen aus dem Leben Maria de'Medicis in der Medici-Galerie), P. Brueghel, Rembrandt, Vermeer, Holbein, Cranach, F. Hals und A. Dürer; El Greco, Zurbaràn, Murillo, Velazquez und Goya (Bildnis der Marchese von Santa Cruz). Im zweiten Stock (rund um die Cour Carré) sind französische Werke aus dem 19. Jh. zu sehen (Delacroix, Millet, Corot, Daumier, Courbet u. a.).

Zwischen den beiden Flügeln des Louvre öffnet sich die **Place du Carrousel** mit dem **Arc de Triomphe du Carrousel*** (1806): prachtvolle Sicht auf die Achse Tuileries, Place de la Concorde, Champs-Elysées und Arc de Triomphe. Im Norden verläuft die **Rue de Rivoli,** in der sich auf Nr. 107 das Musée d'Arts Décoratifs* befindet *(Öffnungszeiten: 12.30–18.30 Uhr; So 11–17 Uhr).* Anschließend verläuft die Straße neben dem **Jardin des Tuileries**,** der im 16. und 17. Jh. angelegt wurde. Im Westen, jenseits des großen achteckigen Bekkens, verbreitern sich die beiden seitlichen Terrassen; auf jeder befindet sich ein Museum. Im Süden liegt das Musée de l'Orangerie *(Öffnungszeiten: 9.45–17.15 Uhr; Di geschl.; Eintrittsge-*

bühr), in dem die Sammlung Walter Guillaume (Malerei vom Impressionismus bis 1930) ausgestellt ist, und auf der nördlichen Terrasse das MUSÉE DU JEU DE PAUME *(Öffnungszeiten wie oben),* in dem zahlreiche Meisterwerke des Impressionismus, darunter die berühmten Seerosen von Monet, sowie Werke von Renoir, Manet, Toulouse-Lautrec, Cézanne, Van Gogh, Gauguin und anderen, zu sehen sind.

Place de la Concorde** (West, C5). – Großer (360×210 m), berühmter Platz, der von Gabriel im Jahr 1753 für Ludwig XV., dessen Reiterstandbild sich ursprünglich in der Mitte befand, angelegt wurde. Während der Revolution erlitten hier sämtliche Persönlichkeiten wie Ludwig XVI. und Maria Antoinette den Tod durch die Guillotine. Heute erhebt sich im Zentrum ein prachtvoller ägyptischer Obelisk, der 1833 aufgestellt wurde.

Champs-Élysées* (West, C4-5). – Die 1.910 m lange Avenue des Champs-Élysées erhielt ihr heutiges Aussehen während des Second Empire im 19. Jh., als sie elegantes Wohnviertel wurde. Von der *Place Clemenceau* (Bronzestatue des berühmten Staatsmannes), die einen wunderschönen Blick auf den Pont Alexandre III und die Invalides freigibt, zweigt man in die *Avenue Churchill* ab, an der einander gegenüber das Petit Palais und das Grand Palais liegen.

Petit Palais (West, C5). – Es wurde im Jahr 1900 für die Weltausstellung erbaut und beherbergt heute die KUNSTSAMMLUNGEN DER STADT PARIS, die sich vor allem aus den reichen *Schenkungen Dutuit und Tuck* zusammensetzen (archäologische Funde, mittelalterliche Kunst und Kunsthandwerk, Keramiken, neuzeitliche Malerei aus Italien, Frankreich, Flandern und Holland). *Öffnungszeiten: 10–17.40 Uhr; Mo geschl.; Eintrittsgebühr.*

Grand Palais (West, C5). – Das durch seine Ausmaße beeindruckende Bauwerk entstand ebenfalls im Jahr 1900 und dient heute als wichtiger Ausstellungsort. Im Westteil ist das PALAIS DE LA DÉCOUVERTE *(Öffnungszeiten: 10–18 Uhr; Mo geschl.; Eintrittsgebühr),* das modernen wissenschaftlichen Erkenntnissen gewidmet ist, eingerichtet.

L'Étoile, Place Charles-de-Gaulle* (West, B-C4). – Der mächtige **Triumphbogen****, eines der Wahrzeichen der Stadt, wurde im Jahr 1806 für Napoleon begonnen und von 1825–1836 vollendet.

3 DIE GRANDS-BOULEVARDS

Rue du Faubour St-Honoré* (West, B-C4-5-6). – Eine der elegantesten und vornehmsten Straßen der Stadt, gesäumt von teuren Geschäften. Rechts, auf Nr. 69 liegt der **Palais de l'Élysée** (West C5), seit 1873 Sitz des Präsidenten der Republik. Es folgen weitere schöne Palais aus dem 18. Jh.

Rue Royale (West, C5). – Kurze elegante Straße, zu Ehren Ludwigs XV. angelegt und die Place de la Concorde mit der Madeleine verbindend.

La Madeleine* (West, C5). – Die große Kirche in Form eines griechischen Tempels entstand zunächst unter Napoleon als Denkmal für die Soldaten der Grande-Armée und wurde erst 1814 zur Kirche umgewidmet. Das elegante, aber ziemlich finstere einschiffige Innere beeindruckt durch seine Ausmaße.

Grands-Boulevards*. – Von der Place de la Madeleine bis zur Place de la Bastille verlaufen bogenförmig die mehr als 4 km langen großen Boulevards, die schon unter Ludwig XIV. angelegt wurden. Bis zur Place de la République sind sie elegant, danach eher volkstümlich.

Am **Boulevard des Capucines** (West, C6), der vor allem durch Erinnerungen an die Belle Epoque bestimmt wird, liegt das MUSÉE COGNACQ-JAY*; *(Öffnungszeiten: 10–17.40 Uhr; Mo geschl.; Eintrittsgebühr),* das eine wertvolle Sammlung mit Gemälden, Möbeln und Plastiken aus dem 18. Jh. umfaßt.

Opéra* (West, C6). – Die Place de l'Opera öffnet sich an der Kreuzung der Grands-Boulevards und der Avenue de l'Opera; an der linken Ecke befindet sich das berühmte *Café de la Paix.* Das Opernhaus wurde in den Jahren 1861–1875 von Charles Garnier errichtet. Das Innere besticht durch seine prunkvolle Ausstattung (2.158 Plätze); die Decke schmückt ein großes *Fresko** von Chagall (1964). Links liegt das MUSÉE DE L'OPÉRA *(Öffnungszeiten: 10–17 Uhr; So geschl.; Eintrittsgebühr).*

Es folgt der **Boulevard des Italiens** (West, C6), einst Zentrum des mondänen städtischen Lebens, der bis zum Boulevard Haussmann, wo sich die großen Kaufhäuser befinden, führt. Von hier erreicht man die *Rue Lafayette,* eine der längsten und belebtesten Straßen von Paris. Von der Place de Valenciennes folgt man dem Boulevard Magenta. Östlich von diesem, auf der Place A. Fournier, befindet sich das im Jahr 1607 gegründete **Hôpital St-Louis*;** der nahe *Canal St-Martin* bietet ein malerisches, beinahe holländisches Ensemble.

Place de la République* (Ost, C2). – Von hier führen der *Boulevard St-Martin* mit der **Porte St-Martin*,** der *Boulevard St-Denis* mit der **Porte St-Denis*** und der *Boulevard de Montmartre* wieder zurück zur Kreuzung Boulevard des Italiens-Boulevard Haussmann.

4 VOM PALAIS ROYAL ZUR PLACE VENDÔME

Der Rundgang beginnt bei dem ursprünglich für Richelieu erbauten **Palais**

Royal*, mit seinem bezaubernden Garten, führt dann vorbei an der *Banque de France* bis zur *Place des Victoires* mit der Kirche **Notre-Dame-des-Victoires*** aus dem 17.–18. Jh., und schließlich bis zur, zu den reichsten Bibliotheken der Welt zählenden, **Bibliothèque Nationale*.** Durch die *Avenue de l'Opéra* und die *Rue de la Paix* gelangt man zur wunderschönen **Place Vendôme****, die unter Ludwig XIV. von Jules-Hardouin Mansart angelegt wurde (1687–17720): die Säule in der Mitte wurde 1810 zu Ehren Napoleons aufgestellt. Durch die *Rue St-Honoré*, an der die Kirche **St-Roch*** liegt (1653 von Le Mercier begonnen und 1736 von Robert de Cotte vollendet; die Chorkapelle stammt von J. H. Mansart; im Inneren Grabmäler für Corneille, Diderot u. a. und Kunstwerke aus dem 17.–18. Jh.), gelangt man zurück zum Palais Royal und zur **Comédie Française**, dem berühmten Pariser Theater.

5 DAS VIERTEL DER HALLES

Square St-Jacques*. – Den großen Platz beherrscht die spätgotische **Tour St-Jacques*** aus den Jahren 1508–1522. Auf dem Weg zum Centre Georges-Pompidou liegt im Herzen eines malerischen Viertels die spätgotische Kirche **Saint-Merri***, die im 18. und 19. Jh. verändert wurde.

Centre Georges-Pompidou** (Ost, C2). – *Öffnungszeiten: 12–22 Uhr; Sa und So 1–22 Uhr; Di geschl.; Eintrittsgebühr.* Das moderne, im Jahr 1977 eröffnete Kulturzentrum umfaßt u. a. auch das **Musée National d'Art Moderne**, das eine außergewöhnlich reiche Auswahl moderner Kunst vom Beginn dieses Jahrhunderts bis heute zeigt.

Bevor man die Halles erreicht, lohnt sich ein Blick auf die schöne **Fontaine des Innocents*** von Jean Goujon (1549). Nachdem ab 1971 die großen und legendären Halles abgerissen wurden entstand an ihrer Stelle das **Forum de commerce**** (oder *Forum des Halles*), ein großes unterirdisches Verkaufszentrum und Bahnhof.

Saint-Eustache** (Ost, C1). – Die nach Plänen Le-Merciers erbaute, 1637 vollendete Kirche, gilt nach Notre-Dame als schonste Kirche in Paris. Die Fassade stammt erst aus dem 18. Jh. Im Inneren zahlreiche Kunstwerke wie etwa das Grabmal Colberts (1619–1683) von Le Brun in der 9. Chorumgangskapelle, und die Jünger von Emmaus* von Rubens in der 10. Kapelle.

Durch die **Rue de Turbigo** gelangt man zum **Conservatoire des Arts et Metiers*** (prachtvolles Refektorium aus dem 13. Jh.), in dem das MUSÉE NATIONAL DES TECHNIQUES* eingerichtet ist, und abschließend wieder zur Place de la République.

6 MARAIS, BASTILLE UND HÔTEL DE VILLE

Der Rundgang beginnt beim **Hôtel de Ville***, das ab 1874 entstand, und führt durch den *„Marais"*, der im 16. und 17. Jh. vor allem von der Pariser Aristokratie bewohnt war. Durch die Rue des Archives erreicht man das **Hôtel Soubise**** (oder *Palais des Archives*), das ab 1705 von Delamair errichtet wurde. Die prachtvolle Innenausstattung von Boffrand kann bei der Besichtigung des **Musée de l'Histoire de France*** *(Öffnungszeiten: 14–17 Uhr; Di geschl.; Eintrittsgebühr)* gesehen werden. In der anschließenden *Rue des Francs-Bourgeois* befinden sich zahlreiche weitere Palais aus dem 16. und 17. Jh., von denen besonders das **Hôtel Lamoignon***, im Jahr 1580 für Anne de Bretagne erbaut, erwähnenswert ist. In derselben Straße, auf Nr. 14–16, liegt das **Hôtel Carnavalet***, das ab 1544 von P. Lescot und J. Goujon im Renaissance-Stil errichtet und im 17. Jh. von F. Mansart vergrößert wurde, und heute das sehenswerte MUSÉE HISTORIQUE DE LA VILLE DE PARIS beherbergt *(Öffnungszeiten: 10–17.40 Uhr; Mo geschl.; Eintrittsgebühr).*

Place des Vosges** (Ost, D2). – Großer quadratischer Platz, der im Jahre 1605 auf Wunsch Heinrichs IV. begonnen wurde und zwei Jahre nach dem Tod des Königs vollendet war. Die regelmäßige, beinahe eintönige Anordnung der Gebäude gilt als beispielhafte städtebauliche Lösung des französischen 17. Jhs.

In der **Rue Saint-Antoine**, der Fortsetzung der Rue de Rivoli, befinden sich die Kirche **St-Paul-St-Louis** aus den Jahren 1627–1641 und das restaurierte **Hôtel de Sully***, das 1624 von Jean Androuet du Cerceau errichtet wurde. Am Ende der Straße öffnet sich die große **Place de la Bastille***, auf der sich einst das berühmte, während der Revolution zerstörte, Gefängnis befand. Über den *Boulevard Henry IV* erreicht man die BIBLIOTHÈQUE DE L'ARSENAL und von dieser folgt man dem *Quai des Célestins* bis zum **Hôtel de Sens***, das eines der wenigen noch erhaltenen Beispiele spätgotischer Profanarchitektur in Paris bildet (errichtet 1474–1519). In der *Rue de Joy*, die wieder zur Rue de Rivoli zurückführt, liegen weitere schöne Palais. Erwähnenswert sind vor allem das **Hôtel de Beauvais** aus der Mitte des 17. Jhs. und das **Hôtel de Châlons-Luxembourg** aus dem Jahr 1610.

7 DIE VIERTEL MONCEAU UND MONTMARTRE

Unser Rundgang beginnt bei der *Place de la Madeleine,* führt zur **Chapelle expiatoire,** die 1815–1826 zum Angedenken an die Opfer der Revolution errichtet wurde, zur Kirche **Saint-Augustin** (1860–1871) und über den *Boulevard Haussmann* zum **Musée Jacquemart-André*** (West, B5; *Öffnungszeiten: 13.30–17.30 Uhr; Mo und Di geschl.; Eintrittsgebühr*), das in erster Linie italienische Werke aus der Renaissance und französische Malerei des 18. Jhs. zeigt. Anschließend erreicht man den romantischen, im Jahre 1778 angelegten **Parc Monceau,** das der chinesischen Kunst gewidmete **Musée Cernuschi*** *(Öffnungszeiten: 10–17.40 Uhr; Mo geschl.; Eintrittsgebühr)* und das **Musée Nissim de Camondo*** *(Öffnungszeiten: 10–12 und 14–17 Uhr; Mo und Di geschl.; Eintrittsgebühr),* in dem prunkvoll ausgestattete Wohnräume aus dem 18. Jh. rekonstruiert wurden.

Durch die *Rue de Léningrad* gelangt man zur *Place de Clichy* und zum **Friedhof von Montmartre,** auf dem zahlreiche berühmte Persönlichkeiten ruhen (z. B. Stendhal, Zola, Heine, Berlioz, Offenbach, Degas, Fragonard, Giraudoux).

Montmartre**. – Eines der malerischsten und für sein Nachtleben berühmtes Viertel von Paris auf einem 130 m hohen Hügel im Norden der Stadt, der von der Basilique du **Sacré-Cœur**** bekrönt wird: die 100 m lange und von einer 83 m hohen Kuppel überwölbte Kirche wurde ab 1876 nach Plänen von Abadie in einem römisch-byzantinischen Mischstil errichtet. Von der Kuppel bietet sich eine prachtvolle Aussicht** auf Paris und Umgebung.

Die nahe **Place du Tertre*,** einst Dorfhauptplatz, bewahrt trotz des Fremdenverkehrs noch teilweise ihren ursprünglichen Charakter.

8 VON DER PLACE DU TROCADERO ZUM EIFFELTURM UND ZU DEN INVALIDES

Bei der **Place du Trocadéro** (West, C4) befindet sich der Friedhof *Cimetière de Passy,* auf dem mehrere Berühmtheiten begraben sind (Manet, Berthe Morisot, Debussy). Eine Seite des Platzes begrenzt das im Jahre 1937 errichtete **Palais de Chaillot*** (von der mittleren großen Terrasse schöner Blick* auf das rechte Seine-Ufer), in dem vier Museen untergebracht sind (MUSÉE DE LA MARINE; MUSÉE DE L'HOMME; MUSÉE DES MONUMENTS FRANÇAIS; MUSÉE DU CINÉMA). Über den Pont d'Iéna erreicht man am linken Ufer den

Eiffelturm** (West, C-D4). – Er wurde in zwei Jahren vom Ingenieur gleichen Namens für die Weltausstellung des Jahres 1889 errichtet; lange Zeit war die Eisenkonstruktion umstritten, heute gilt sie als Wahrzeichen von Paris. Die oberste Terrasse (300 m; der gesamte Bau ist 320 m hoch) erreicht man mit einem Aufzug oder über 1.652 Stufen *(Öffnungszeiten: 10 oder 10.30 im Winter bis 23 Uhr; Eintrittsgebühr):* atemberaubende Aussicht*.

Durch den *Champ de Mars,* einen 1 km langen Park, erreicht man die schöne Fassade der **École Militaire*** von Gabriel (1752–1760), die ein prachtvolles Beispiel klassizistischer Architektur bildet. Hinter dem Gebäude liegt die *Maison de l'UNESCO* (1955–1958), ein Gemeinschaftswerk von Breuer, Nervi und Zehrfuss.

Invalides** (4, B-C2). – Die Anlage besteht aus mehreren Einheiten. Man erreicht zunächst den prachtvollen **Dôme des Invalides**** *(Öffnungszeiten: 10–18 oder 19 Uhr; Eintrittsgebühr),* der von 1679–1706 von J. H. Mansart erbaut wurde. Den mächtigen überkuppelten Hauptraum beherrscht die Krypta mit dem Grabmal Napoleons (1840); in den Seitenkapellen zahlreiche weitere Grabmäler von französischen Heeresführern. Hinter dem Dôme schließt das **Hôtel des Invalides*** an, das auf Wunsch Ludwigs XIV. ab 1671 von L. Bruand errichtet wurde. Zu diesem gehört auch die an den Chor des Dômes anschließende, mit Fahnen ausgeschmückte, Kirche **St-Louis,** auch *Soldatenkirche* genannt. Im Hôtel sind mehrere Museen eingerichtet: das MUSÉE DE L'ARMÉE, das größte dieser Art auf der Welt, das MUSÉE DES PLANS RELIEFS und das MUSÉE DES DEUX GUERRES *(Öffnungszeiten: 10–18 Uhr; Eintrittsgebühr).* In der Achse der Invalides spannt sich der im Jahre 1900 eröffnete **Pont Alexandre III** über die Seine.

In der Nähe der Invalides, in der *Rue de Varenne,* befindet sich im wunderschönen *Hôtel Biron* (1728–1731) von Gabriel, das sehenswerte **Musée Rodin**** *(Öffnungszeiten: 10–17 Uhr; Di geschl.; Eintrittsgebühr),* in dem ca. 500 Werke, darunter die Bürger von Calais und der Denker, des berühmten Bildhauers ausgestellt sind.

9 DER FAUBOURG ST-GERMAIN

Der **Faubourg St-Germain*** war im 18. Jh. das Nobelviertel von Paris. Im 19. Jh. kam er zu Gunsten der Champs-Elysées aus der Mode, dennoch zeugen noch heute zahlreiche Palais in der *Rue* *de l'Université,* der *Rue St-Dominique,* der *Rue de Grenelle,* der *Rue de Lille* und der *Rue de Varenne* von der ruhmreichen Vergangenheit.

Erwähnenswert sind vor allem das **Palais Bourbon*** aus den Jahren 1722–1728, das schon erwähnte Hôtel Biron (Musée Rodin, siehe oben), das **Hôtel de Matignon*** in der Rue de Varenne 57 aus dem Jahr 1721, das **Hôtel de Beauharnais** von Boffrand (1714) in der Rue de Lille 78 und das *Palais de la Légion d'Honneur* aus dem Jahr 1782.

10 ST-GERMAIN-DES-PRÉS, LUXEMBOURG UND MONTPARNASSE

Man beginnt den Rundgang am besten am **Quai de Conti** (West, C-D6) bei der **Monnaie*,** dem Münzamt, das 1771–1777 von Antoine errichtet wurde. Es folgt das **Palais de l'Institut*,** durch den Pont des Arts mit dem gegenüberliegenden Louvre verbunden, das in den Jahren 1661–1674 von Louis Le Vau und François Dorbay aus Mitteln des Nachlasses von Kardinal Mazarin errichtet wurde. Heute ist es Sitz der Académie Française. Über den *Quai Malaquais (École des Beaux-Arts)* und durch die *Rue des Saints-Pères* gelangt man zur malerisch belebten **Place St-Germain-des-Prés** (West, D6), die mit den berühmten *Cafés Flore* und *Deux Magots* lange Zeit im Zentrum des intellektuellen Lebens von Paris stand. Auch heute noch bildet der Platz ein wichtiges Zentrum des kulturellen Lebens an der „Rive gauche".

Saint-Germain-des-Prés* (West, D6). – Sie ist die älteste Kirche von Paris und konnte ihre romanischen Bauformen aus dem 11.–12. Jh. noch weitgehend bewahren; die Weihe wurde im Jahre 1163 durch Papst Alexander III. durchgeführt. Die Wölbungen des dreischiffigen Langhauses und des Querhauses stammen aus dem 17. Jh., während jene im tiefen Umgangschor noch original sind; der Freskenschmuck stammt erst aus dem 19. Jh.; in der 2. Chorkapelle rechts erinnert eine Inschrift an das Grabmal von Descartes.

Links von der *Rue de Rennes* befindet sich auf der *Place St-Sulpice* die barocke Kirche **Saint-Sulpice*** (West, D6) aus den Jahren 1646–1736, die nach Notre-Dame die größte Pariser Kirche ist. Sehenswert sind vor allem im Inneren die wunderschönen Fresken in der ersten Kapelle rechts von Eugène Delacroix (1849–1869).

Palais du Luxembourg** (West, D6). – Das Schloß ist mit seinem Park eine der Hauptsehenswürdigkeiten an der „rive gauche", dem linken Seine-Ufer.

Die Entstehung der Anlage geht auf Maria von Medici zurück; im Jahr 1615 begann Salomon de Brosse mit der Errichtung; als Napoleon den Senat hierher übersiedelte, wurden die Innenräume umgestaltet; eine Erweiterung fand auch im Jahr 1836 statt. Im INNEREN *(Öffnungszeiten: So 9.30–11 und 14–16 Uhr; Eintrittsgebühr)* ist besonders die Bibliothek mit prachtvollen Gemälden** von E. Delacroix (1847) sehenswert. Im schönen angrenzenden öffentlichen Park befindet sich der vielleicht auch von S. de Brosse entworfene Medici-Brunnen*.

Durch die *Avenue de l'Observatoire* gelangt man zu dem im Jahre 1669 von Colbert gegründeten **Observatoire*,** mit dessen Errichtung im Jahre 1672 begonnen wurde; das MUSEUM im Inneren zeigt wertvolle astronomische Geräte.

Am *Boulevard Raspail* befindet sich der Eingang zum **Cimetière Montparnasse,** auf dem zahlreiche berühmte Persönlichkeiten ruhen (Baudelaire, Maupassant, Citroën). Anschließend geht man zurück zum *Carrefour Raspail* an der Kreuzung Boulevard Raspail und Boulevard Montparnasse (West, E5), das Zentrum des einst für sein kulturelles Leben berühmten Viertels **Montparnasse,** das heute von der **Tour Maine-Montparnasse*** beherrscht wird; das 210 m hohe Gebäude mit 58 Stockwerken ist das höchste bewohnte Gebäude in Europa. Im 56. Stock befindet sich eine *Aussichtsterrasse* (Öffnungszeiten: April–Sept. 9.30–23.30 Uhr; Okt. bis März 10–22 Uhr; Eintrittsgebühr).*

11 QUARTIER LATIN

Traditionsreiches Universitätsviertel, dessen Hauptachse der belebte **Boulevard St-Michel*** (West, D6) bildet.

Saint-Séverin*. – Kirche im malerischen gleichnamigen Viertel, Juwel der gotischen Baukunst in Paris: die ersten drei Joche stammen aus dem 13. Jh., alle anderen Bauteile aus dem 15.–16. Jh. Hinter der Kirche befindet sich die kleine Kirche **St-Julien-le-Pauvre*,** ein malerisches Gotteshaus aus der zweiten Hälfte des 12. Jhs., in dem seit 1889 der griechisch-melkitische Ritus praktiziert wird.

Hôtel de Cluny* (West, D6). – Das Palais wurde im späten 15. Jh. für den Abt von Cluny, Jacques d'Amboise errichtet und bildet heute das schönste Beispiel gotischer Profanarchitektur in Paris. Im Inneren sind die wertvollen Sammlungen des **Musée de Cluny**** ausgestellt *(Öffnungszeiten: 9.45–12.30 und 14–17.15 Uhr; Di geschl.; Eintrittsgebühr):* sehenswert sind vor allem der goldene Altarvorsatz aus der Baseler Kathedrale (um 1018), die Emails aus dem Maasgebiet (12. Jh.), mehrere französische und flämische Tapisserien, sowie mehrere Flügelaltäre aus dem 15.–16. Jh.

Sorbonne* (West, D6). – Die Anlage (1885–1900) umschließt, als einzigen Überrest der Universität aus dem 17. Jh., die **Église de la Sorbonne***, die 1635–1642 von J. Lemercier errichtet wurde; im wohlausgewogenen Inneren befindet sich das Grabmal des Kardinals Richelieu von Girardon (1694). Durch die *Rue Soufflot* gelangt man zum

Panthéon* (West, D6). – Es erhebt sich am Gipfel der sogenannten „Montagne Sainte-Geneviève" und entstand in der zweiten Hälfte des 18. Jhs. nach Entwürfen von Soufflot. Das mächtige Bauwerk krönt eine 83 m hohe Kuppel. In der Krypta ruhen u. a. Victor Hugo, Zola, J. Jaurès *(Öffnungszeiten: 10 bis 17.40 Uhr; Di geschl.; Eintrittsgebühr).*

Saint-Étienne-du-Mont** (West, D6). – Die Kirche ist dem Kult der Pariser Stadtpatronin, der Hl. Genofeva, gewidmet. Der Bau wurde 1492 begonnen und 1622 mit der Fassade vollendet; im Inneren ist vor allem der prachtvolle *Lettner* aus der Renaissance, der einzige erhaltene in Paris, sehenswert.

Val-de-Grâce* (West, E6). – Die Gründung der Benediktinerabtei im 17. Jh. geht auf Anna von Habsburg, Gemahlin Ludwigs XIII., zurück. Die Kirche (1645–1665), ein Meisterwerk von F. Mansart, krönt eine wunderschöne Kuppel, die im Inneren eine große Komposition von P. Mignard schmückt.

12 JARDIN DES PLANTES UND GOBELINS

Jardin des Plantes** (Ost, D2). – Großer, prachtvoller Park (28 ha), der einen BOTANISCHEN GARTEN, ein wichtiges NATURGESCHICHTE-MUSEUM und einen Zoo umfaßt. Die Gründung geht auf zwei Ärzte Ludwigs XIII. zurück. Schon 1650 wurde der Park öffentlich zugänglich gemacht. Von 1739–1788 war der berühmte Naturforscher Buffon Direktor. Gegenüber vom Jardin des Plantes befindet sich die **Gare d'Austerlitz** (1869) und etwas weiter am Boulevard de l'Hôpital liegt die *Salpêtrière,* die unter Ludwig XIV. von L. Bruand erbaut wurde und durchaus mit den Invalides vergleichbar ist. Der Boulevard führt zur *Place d'Italie* und von dieser gelangt man über die *Avenue des Gobelins* zur berühmten

Manufacture de Tapisserie des Gobelins* (Ost, E2; *Öffnungszeiten: Mi, Do und Fr 14–16 Uhr*), die im Jahr 1601 gegründet wurde und noch heute die Gobelinkunst pflegt. Man erreicht schließlich die malerische spätgotische Kirche **St-Médard,** die allerdings im 18. Jh. verändert wurde, und dann die malerische enge *Rue Mouffetard* mit ihren alten Häusern und zahlreichen Restaurants. Abschließend führt die *Rue Monge* zu den **Arènes de Lutèce** (Ost, D2), dem römischen Amphitheater aus dem 2. oder 3. Jh. n. Chr., und dann zur barocken (1656–1709) Kirche **Saint-Nicolas-du-Chardonnet** mit ihrer modernen Fassade.

13 DER FRIEDHOF PÈRE LACHAISE UND VINCENNES

Cimetière du Père Lachaise* (Ost, C-D3-4). – Der 47 ha große Friedhof (er ist der größte von Paris) wurde im Jahr 1804 von Napoleon angelegt. Die Aufzählung aller hier begrabenen Persönlichkeiten würde Seiten in Anspruch nehmen. Von der Kapelle am Gipfel des Hügels bietet sich ein schöner Blick auf Paris. Von der *Place de la Nation* gelangt man über den Cours de Vincennes und die *Avenue de Paris* nach

Vincennes (Ost, D5-6; 44.467 Ew), einem Vorort von Paris, der sich eines berühmten Schlosses mit Park rühmt.

Château de Vincennes** (Ost, D-E5). – Die einst als modernste Festung Europas geltende Anlage entstand im 14. Jh. vor allem unter Karl V. Die Kapelle wurde erst im 16. Jh. fertiggestellt und Maria von Medici ließ die Anlage umgestalten; Pavillon du Roi und Pavillon de la Reine wurden im 17. Jh. von L. Le Vau errichtet. Napoleon ließ die neun Türme abtragen, bis schließlich durch die Restaurierungen von Viollet-le-Duc im 19. Jh. dem Verfall ein Ende gesetzt wurde. Sehenswert sind in erster Linie der prachtvolle **Donjon**** aus dem 14. Jh., ein Meisterwerk militärischer Architektur, und die **Sainte-Chapelle****.

Der **Bois de Vincennes***, im Jahre 1860 von Napoleon III. für die Öffentlichkeit zugänglich gemacht, ist der größte Park von Paris und verfügt neben ausgedehnten Spazierwegen auch über Sportanlagen und einen der schönsten Tiergärten von Europa.

14 DER BOIS DE BOULOGNE

Bois de Boulogne* (West, B-C-D1-2-3). – Prachtvoller, 863 ha großer Park im Westen der Stadt, beinahe gegenüber vom Bois de Vincennes. Der Name geht auf eine Wallfahrtskapelle zurück. Später war der große Wald königliches Jagdrevier, bis er 1852 von Napoleon

III. den Bürgern von Paris geschenkt wurde; damals wurden nach Plänen von Alphand die noch heute sein Aussehen prägenden Alleen, Wege, Straßen, Pferderennbahnen, Teiche, Restaurants usw. angelegt, die den Wald zu einem beliebten Sonntagsausflugsziel der Pariser machten. An seiner Grenze befinden sich einige bedeutende Museen:

Musée des Arts et Traditions Populaires* (West, B3; *Öffnungszeiten: 10–17.15 Uhr; Di geschl.; Eintrittsgebühr*). – Die interessante Sammlung, eingerichtet in einem modernen Stahlbetongebäude aus dem Jahr 1966, dokumentiert die Entwicklung des menschlichen sozialen Zusammenlebens in seinen vielfältigsten Ausdrucksformen.

Musée Marmottan** (West, C-D3; *Öffnungszeiten: 10–17.30 Uhr; Mo geschl.; Eintrittsgebühr*). – Das sich aus wichtigen Schenkungen zusammensetzende Museum zeigt neben Werken aus der Renaissance und der Zeit Napoleons I. eine Reihe von Meisterwerken des Impressionismus, darunter die berühmten Bilder von Claude Monet Impression-Soleil-levant** (1872), dem die Bezeichnung Impressionismus zu verdanken ist, die Gare Saint-Lazare** (1877), das Parlament von London** und eine prachtvolle Seereosen-Serie**.

15 DIE BANLIEUE

Saint-Denis* (**6** C4; 31.278 Ew, 33 m). – Wichtiges Industriezentrum im Norden von Paris, am rechten Ufer der Seine, das jüngst auch Universitätsstadt (Paris-Nord oder Paris XIII) wurde; Bischofssitz. Der Ort entwickelte sich rund um die im 7. Jh. von König Dagobert I. gegründete Abteikirche, die die Grablege der französischen Könige wurde.

Basilique Saint-Denis**. – In einem ersten Bauabschnitt wurde vom berühmten Abt Suger die Zweiturmfassade errichtet, deren Kapellen 1140 geweiht wurden. Anschließend ging der Abt an die Errichtung des Umgangschors mit Kapellenkranz (Weihe 1144): diese beiden Baukörper sollten für die Entwicklung der gotischen Architektur beispielgebend werden. Langhaus und Querhaus wurden nach Zerstörung des karolingischen Vorgängerbaus erst im 13. Jh. hinzugefügt; die Gesamtweihe erfolgte 1281. Nach den Revolutionswirren, während denen große Teile der Ausstattung verloren gingen, führte Viollet-le-Duc eine erste gewissenhafte Restaurierung durch.

Die Königlichen Grabdenkmäler. – Sie bieten einen ausgezeichneten Überblick über die Entwicklung der französischen Grabplastik vom Mittelalter bis zur Renaissance. Zu den schönsten Werken zählen: Herzurne für Franz I.* von P. Bontemps (1556); Grabmal von Franz I. und seine Gemahlin Claudia mit den knieenden Figuren der Verstorbenen (1548); Grabmal von Karl V. und seiner Gemahlin Johanna von Bourbon (1364); Grabmal von Heinrich II. und Katharina von Medici von Primaticcio und G. Pilon (1570); das wundervolle Denkmal für Ludwig XII. und Anna von Bretagne (1516–1522), um nur einige zu nennen.

Sceaux (**6** C4; 18.625 Ew, 100 m). – Malerisches Städtchen im Süden von Paris, das vor allem für seinen prachtvollen Park, eines der wichtigsten Ausflugsziele in der Nähe von Paris, besucht wird.

Der Park**. – *Öffnungszeiten: 7 oder 8 Uhr bis Sonnenuntergang.* Der prachtvolle Park wurde von Le Nôtre rund um das im Jahr 1670 errichtete und in der Revolution zerstörte Schloß angelegt. In der 200 ha großen Anlage befinden sich neben Brunnen, Wasserbecken und Pavillons auch die von J. H. Mansart erbaute Orangerie (1684), die Intendance und die Stallungen. Im heutigen Schloß, 1856 vom Herzog von Treviso errichtet, ist das interessante **Musée de l'Ile de France**** *(Öffnungszeiten: 10–12 und 14–17.30 Uhr; Mo und Fr 14–17 Uhr; Di geschl.; Eintrittsgebühr),* das sich die Rekonstruktion der Geschichte der Ile de France zur Aufgabe gestellt hat, eingerichtet.

Südlich vom Schloß führt die schöne Allee de la Duchesse zur **Großen Kaskade;** sehenswert sind auch der *Pavillon de Hanovre* (1760) und der *Pavillon de l'Aurore,* C. Perrault zugeschrieben.

Sèvres (**6** C4; 20.255 Ew, 95 m). – Vorort im Südwesten von Paris, in einem Becken am linken Seine-Ufer, umgeben vom Wald von Meudon im Süden und vom Park von St-Cloud im Norden; berühmt ist Sèvres für die im 18. Jh. hier angesiedelte Porzellanmanufaktur.

Musée National de Céramiques**. – *Öffnungszeiten: 9.30–12 und 13.30 bis 17.15 Uhr; Di geschl.; Eintrittsgebühr.* Die im Jahre 1812 gegründete Sammlung umfaßt nicht nur Produkte aus der berühmten, im Jahr 1738 in Vincennes gegründeten und 1756 nach Sèvres verlegten einheimischen Manufaktur, sondern auch wunderschöne Objekte aus anderen europäischen Fabriken; reichhaltig ist auch die Sammlung von Keramiken aus dem Nahen Osten und aus China.

PLOMBIÈRES-LES-BAINS (8 C4)

Lorraine; Vosges, 2.298 Ew, 456 m. – Bekannter Thermalkurort in den schönen Wäldern der Vogesen.

In der Rue Stanislas liegen die Kuranlagen: das *Bain Stanislas* (1735), das *Bain Romain* mit Überresten eines römischen Beckens und das im Jahre 1935 erneuerte *Bain National.* Im Süden befindet sich das MUSÉE LOUIS-FRANÇAIS *(Öffnungszeiten: 14–18 Uhr; Di geschl.; Eintrittsgebühr)* mit Werken des einheimischen Malers (1814–1897) und von Künstlern der Schule von Barbizon.

UMGEBUNG – Nach **Remiremont** (10.860 Ew, 400 m), 12 km Richtung Nordosten über die Straße N 57; ein Zentrum der Textilindustrie an der Mosel, inmitten schöner Berge. Am Hauptplatz liegt die ehemalige Abteikirche *St-Pierre* aus dem 14. Jh., die im 18. Jh. barockisiert wurde; Krypta aus dem 11. Jh. In den MUSÉES CHARLES-DE-BRUYÈRES und CHARLES FRIRY *(Öffnungszeiten: 10–12 und 14–17 oder 18 Uhr; Di geschl.; Eintrittsgebühr)* mittelalterliche und barocke Plastiken; Gemälde von Dolci, Greuze, Ziem, Courbet.

Nach **Luxeuil-les-Bains*** (10.530 Ew, 306 m), 20 km Richtung Süden über die Straße N 57, einem Thermalkurort. Luxeuil verdankt seine Gründung dem irischen Mönch Kolomban, der hier im Jahr 585 eine Benediktinerabtei gründete, die während des gesamten Mittelalters als erstrangiges Kunst- und Kulturzentrum galt. In der zentralen Rue du Président Jeanneney liegen: rechts das *Hôtel du cardinal Jouffrey** aus der Spätgotik (15. Jh.), das wohl das schönste Profangebäude der Stadt ist; gegenüber das HÔTEL DES ECHEVINS* *(Öffnungszeiten: 14–17.30 Uhr; Di geschl.; Eintrittsgebühr),* ein zinnenbekröntes Gebäude aus dem 15. Jh., in dem eine archäologische Sammlung (gallo-römische Grabstelen*) und das *Musée Adler* mit Werken von Vuillard, Courbet u. a. untergebracht sind; dahinter liegt die *Maison du Bailli* aus dem Jahr 1473. Weiter vorne links erhebt sich die Basilika *St-Pierre* aus den Jahren 1328–1340, die 1860 von Viollet-le-Duc restauriert wurde; beachtenswert das Chorgestühl aus dem Jahr 1545, die Plastiken und Gräber aus dem 13.–16. Jh. und der schöne gotische Kreuzgang* (14.–15. Jh.).

POISSY (5 B4)

Ile-de-France; Yvelines, 37.703 Ew, 27 m. – Städtchen in der Umgebung von Paris am linken Seine-Ufer, am Nordrand des Waldes von St-Germain; heute ist hier ein Ausbau der Industrie zu verzeichnen (Talbot-Werke). *Ausführliche Beschreibung siehe Kümmerly + Frey Reiseführer Paris und Umgebung.*

Notre-Dame*. – Schöne, im Ursprung romanische Kirche aus dem 12. Jh., die aber später verändert und von Viollet-le-Duc restauriert wurde; im Inneren mehrere schöne Plastiken und in der ersten Kapelle, rechts vom Chor, das Becken, in dem angeblich König Ludwig IX., der Heilige, getauft wurde.

PONTOISE (5 B3)

Ile-de-France; Val-d'Oise, 21.159 Ew, 27 m. – Alte Stadt am rechten Oise-Ufer, nach dem letzten Krieg teilweise wiederaufgebaut; seit 1966 Bischofssitz. Die urbanistische Ausdehnung der letzten Jahre schuf die neue Stadt **Cergy-Pontoise,** Hauptort des Départements Val-d'Oise. *Ausführliche Beschreibung siehe Kümmerly + Frey Reiseführer Paris und Umgebung.*

Kathedrale Saint-Maclou*. – Die im 12. Jh. gegründete Kirche setzt sich aus mehreren Stileinheiten zusammen: Fassade mit Portal, Fensterrose und Glokkenturm stammen aus der Spätgotik (15. Jh.); die Seitenschiffe wurden im 16. Jh. angefügt; Querhaus, Chor und Chorumgang zeigen frühgotische Formen aus dem Jahr 1140.

1 km vom Vorort *Saint-Ouen-l'Aumone* entfernt liegen die malerischen Überreste der **Abtei von Maubuisson*,** in der heute die Rothschild-Stiftung eingerichtet ist.

Cergy-Pontoise*. – Die noch immer im Ausbau begriffene moderne Stadt, deren Planung 1966 in Angriff genommen wurde, soll 100.000 Menschen Wohnraum bieten. Das Zentrum stellt der alte Ort **Cergy** (2.507 Ew) dar: hier erhebt sich die schöne Kirche *Saint-Christophe** aus dem 13. und 14. Jh. mit beachtenswerten Skulpturenportalen.

PROVINS* (6 D4)

Ile-de-France; Seine-et-Marne, 13.100 Ew, 92 m. – Malerische mittelalterliche, von Mauern umschlossene und an Baudenkmälern reiche Stadt an den Flüssen Voulzie und Durteint, die aus einem oberen und einem unteren Ortsteil besteht; im Mittelalter war der Ort für seine Messen berühmt, heute ist er ein wichtiges Agrar- und Handelszentrum. *Ausführliche Beschreibung siehe Kümmerly + Frey Reiseführer Paris und Umgebung.*

In der UNTEREN STADT ist vor allem die ehemalige Abteikirche **Saint-Ayoul*** aus dem 11.–12. Jh., aber im 14. und 16. Jh. verändert, sehenswert.

In der OBEREN STADT befinden sich zahlreiche schöne *alte Häuser,* die interessante **Grange aux Dîmes*** *(Öffnungszeiten: März–Sept. 10–12 und 14–18 Uhr; Okt.–Feb. 14–16.30 Uhr; Eintrittsge-*

bühr) aus dem 12. Jh., in der die Zehntelerträge gelagert wurden, und die schöne **Porte St-Jean*** aus dem 12.–13. Jh. In den gut erhaltenen **Stadtmauern**** öffnen sich zahlreiche weitere Stadttore. Beachtenswert sind auch die 44 m hohe **Tour de César*** aus dem 13.–16. Jh. und die Kirche **Saint-Quiriace*** *(Öffnungszeiten: 10–18 Uhr),* die im 12.–13. Jh. errichtet wurde aber unvollendet blieb.

QUIMPER* (1 A2-3)

Bretagne; Finistère, 60.162 Ew, 8 m. – Département-Hauptort in der Bretagne, einst Hauptstadt der Grafschaft Cornouaille, malerisch an der langen und engen Mündung der Odet am Beginn der Halbinsel Cornouaille gelegen; berühmt sind die von hier stammenden Majoliken.

Kathedrale St-Corentin*. – Sie wurde im gotischen Stil im Jahre 1240 begonnen und im späten 15. Jh. vollendet. Fassade aus dem 15. Jh. mit tiefem, großem Trichterportal und zwei seitlichen Türmen mit Galerien und Helmen aus dem Jahr 1856; schöne linke Seitenfront mit Portalen, großen Fenstern und Laufgang. Großartiges INNERES, dessen Mittelachse nicht gerade verläuft; das Langhaus stammt aus dem 15. Jh., der Chor aus dem 14. Jh.; Triforium und Laufgang ziehen sich um Langhaus, Querhaus und Chor; im Langhaus zehn prachtvolle Glasfenster* aus dem späten 15. Jh.; in den Radialkapellen des Chores Gräber vom 13.–15. Jh.; in der Chapelle des fonts (unter dem Nordturm) Alabasterstatue des Hl. Johannes aus dem 15. Jh.

Musée Départemental Breton. – *1986 wegen Umbaus geschl.* Eingerichtet im ehemaligen Bischofspalast, rechts von der Kathedrale, einem Gebäude mit Fassade aus dem 17. Jh. und im Hof einem spätgotischen Flügel aus dem frühen 16. Jh. Das Museum ist Archäologie, Geschichte und Volkskunde des Gebietes gewidmet; Menhir von Kernuz aus dem 2. Jh. n. Chr., mit heidnischen Symbolen; gallo-römische Inschriften und Keramiken; mittelalterliche Gräber, Reliefs und Statuen; Glasfenster aus dem 16. Jh. Eine Maßwerktreppe aus dem Jahr 1530 führt ins Obergeschoß, das dem bretonischen Kunsthandwerk gewidmet ist: Trachten der Cornouaille und Majoliken-Sammlung.

Musée des Beaux-Arts*. – *Öffnungszeiten: 9.30–12 und 14–18 oder 18.30 Uhr; Di geschl.; Eintrittsgebühr.* Es befindet sich in einem Gebäude aus dem 19. Jh. links von der Kathedrale und umfaßt eine beachtenswerte Gemäldesammlung vom 16. Jh. bis heute. – *Saal 1:* Brueghel (Dorfhochzeit), J. Gossaert gen. Mabuse, Cornelis van Haarlem, Paul Bril, Bartolo di Fredi (Hl. Paulus). – *Saal 2:* F. Francken d. Ä. (Anbetung der Könige), Rubens (Martyrium der Hl. Lucia), Jordaens (Mater Dolorosa*), A. Carracci (Hl. Sebastian), G. Reni, P. Mignard, Le Sueur. – *Saal 3:* van Musscher, Huysmans (Landschaften), Hanneman, van Goyen, van Mierevelt (Bildnisse), Maes (Bildnisse), Coypel (Flora und Zephir). – *Saal 4:* Italiener aus dem 18. Jh. – *Säle 5–7,* Franzosen: Vernet, H. Robert, Lancret, F. Boucher, J. H. Fragonard (Deckenentwurf), Corot, Chassériau (Bildnisse), Sérusier, Marquet, M. Jacob.

Notre-Dame-de-Locmaria. – Im südlichen Viertel Locmaria, am linken Odet-Ufer, befinden sich seit dem 17. Jh. die berühmten Keramikfabriken *(Besichtigung möglich).* Die schöne romanische Kirche Notre-Dame-de-Locmaria stammt aus dem 11.–12. Jh.; wuchtiger Vierungsturm und reliefgeschmücktes Portal mit geometrischen, für die bretonische Romanik typischen Mustern. Dreischiffiges Inneres auf Pfeilern mit Querhaus; an den Wänden mehrere Grabsteine aus dem 14–16. Jh. An der rechten Seite schließt der Kreuzgang aus dem 12. Jh. an.

UMGEBUNG – Zur **Kapelle von Kerdévot*,** 12 km Richtung Osten über die Straße D 15, in schöner ländlicher Umgebung. Sie ist ein strenges rechteckiges Gebäude und zählt zu den schönsten gotischen Kirchen in der Bretagne (15. Jh.); rechts eine im 17. Jh. angefügte Sakristei; am Kirchenplatz Kalvarienberg aus dem 16. Jh. Im Inneren der Kirche mehrere Plastiken und Altäre aus dem 16. Jh., darunter ein prachtvoller geschnitzter und bemalter Flügelaltar aus dem späten 15. Jh. aus einer Antwerpener Werkstatt.

Nach **Bénodet** (2.087 Ew), 15 km Richtung Süden über die Straße D 34 oder 1,30 Std. mit dem Boot durch die Odet-Mündung, an deren Ende der Ort liegt; Bénodet ist mit seinen Sandstränden der bedeutendste Badeort der Cornouaille.

Nach **Pleyben*** (3.897 Ew, 100 m), 34 km Richtung Nordosten über die Straße D 785; berühmt für das *Pfarrensemble** im Ortszentrum. Zugang durch ein monumentales Tor aus dem Jahr 1725; rechts spätgotischer *Karner* aus der Mitte des 16. Jhs. Der *Kalvarienberg***, einer der monumentalsten in der Bretagne, stammt aus dem Jahr 1555, wurde aber erst im 18. Jh. mit der vierbogigen Basis in die heutige Form gebracht. Die Fassade der monumentalen *Kirche** aus dem Jahr 1564 besitzt einen Turm, der durch einen Verbindungsgang mit einem achteckigen Türmchen verbunden ist; an der rechten Seite erhebt sich der wuchtige Glockenturm aus dem 16.–17. Jh. mit kuppelartiger Bekrönung und vier kleinen Eckkuppeln. Von hier betritt man durch ein Portal mit Heiligenstatuen das dreischiffige Innere. Die bemalte hölzerne Tonnenwölbung rhythmisieren geschnitzte Querbalken* mit mythologischen und sakralen Szenen; im Chor helle Glasfenster aus dem 17. Jh.; seitlich Altäre und zahlreiche polychrome Statuen aus dem 18.–19. Jh.

Fahrt in das Pays Bigouden, 81 km Richtung Südwesten über die Straßen D 785, D 2 und D 53, an die Südspitze der Cornouaille, die durch ihre Landschaft und das Brauchtum (man beachte die typischen Spitzenkopftücher der Frauen) interessant ist. – 20 km, **Pont-l'Abbé** (7.729 Ew, 4 m), an der Mündung des gleichnamigen Flusses. Zweischiffige Kirche *Notre-Dame-des-Carmes* mit einem schönen Glasfenster aus dem 16. Jh. in der Apsis; im *Schloß* aus dem 15. Jh., das im 18. Jh. verändert wurde (derzeit Rathaus) befindet sich das MUSÉE BIGOUDEN *(Öffnungszeiten: Mitte Juni bis Mitte Sept. 9–12 und 14–18.30 Uhr; So geschl.; Eintrittsgebühr)* mit heimatgeschichtlichen Objekten und regionalen Trachten. – 24 km, **Kerazan,** ein Schloß aus dem 16.–18. Jh. *(Öffnungszeiten: Mitte Juni bis Mitte Sept. 10–12 und 14–18 Uhr; Di geschl.; Eintrittsgebühr);* möblierte Innenräume, Gemäldegalerie und graphische Sammlung mit Werken von französischen Künstlern und Modernen. – 26 km, **Loctudy** (3.560 Ew), ein kleiner Badeort mit romanischer dreischiffiger Kirche mit Umgangschor aus dem 12. Jh. – Es geht weiter entlang der Straße D 53. – 39 km, **Penmarc'h** (6.980 Ew, 10 m): gotische Kirche *St-Nonna* aus dem Jahr 1508 mit wuchtigem Fassadenturm und Skulpturenportal mit Seefahrermotiven; Dachreiter mit spitzem Abschluß. – 42 km, *Pointe de Penmarc'h,* umgeben von gefährlichen Felsen und bewacht vom Leuchtturm von Eckmühl, von dem man eine weite Aussicht genießt. [2 km nördlich liegt **St-Guénolé,** ein kleiner Badeort und Fischereihafen, bekannt für seine eindrucksvollen Felsen. Außerhalb des Ortes befindet sich das MUSÉE PRÉHISTORIQUE *(Öffnungszeiten: 10–12 und 14–18 Uhr; Eintrittsgebühr):* bretonische Megalithe und Gegenstände aus Neolithikum und Bronzezeit aus dem Finistère.] – 50 km: rechts Straße zur, 4 km, abgeschieden gelegenen gotischen Kapelle **Notre-Dame-de-Tronoën** aus dem 15.–16. Jh. mit spätgotischem Turm und zwei schönen linken Seitenportalen; der Kalvarienberg*, einer der ältesten in der Bretagne, stammt aus der Mitte des 15. Jhs. – 61 km, rechts, *Schloß Kernuz* aus dem 16. Jh., umschlossen von mächtigen Befestigungsmauern. – 81 km, *Quimper.*

QUIMPERLÉ (1 B3)

Bretagne; Finistère, 11.697 Ew, 35 m. – Malerisches bretonisches Städtchen am Zusammenfluß (kemper) von Ellé und Isole, der die sogenannte Laita (kleiner Hafen) bildet, am Beginn der Halbinsel Cornouaille.

Sainte-Croix. – Die im unteren Ortsteil liegende Kirche gehört trotz der in den Jahren 1861–1868 durchgeführten Veränderungen nach dem Einsturz des Glockenturms zu den interessantesten romanischen Kirchen in der Bretagne. Der Zentralbau mit zwei Nebenapsiden und einer erhöhten Hauptapsis stammt aus dem 11. Jh.; das Hauptportal zeichnet sich im Inneren durch eine wunderschöne Rahmung* aus der Renaissance (1541) aus; original ist auch die dreischiffige Krypta (11. Jh.) auf Säulen mit schönen skulptierten Kapitellen. In der Mitte zwei Gräber mit Liegefiguren aus dem 15. Jh.

Rue Dom Morice. – Enge Gasse in der Altstadt, im unteren Ortsteil, gesäumt von Fachwerkhäusern aus dem 15.–16. Jh., darunter die *Maison des Archers* mit einem kleinen Museum. In der Rue Brémond-d'Ars befinden sich die Ruinen der Kirche St-Colomban.

Notre-Dame et St-Michel *(Notre-Dame de l'Assomption).* – Die Kirche liegt im oberen Stadtteil. Sie ist ein gotisches Gebäude aus dem 13.–15. Jh. mit Apsis und einem schönen spätgotischen Portal* aus dem 15. Jh. an der linken Seitenfront; im Inneren hölzerne Tonnenwölbung, Taufbecken aus dem 15. Jh. und an den Pfeilern im Chor volkstümliche Statuen aus dem 16. Jh.

UMGEBUNG – Nach **Le Pouldu,** 13 km Richtung Süden über die Straße D 49, die durch den romantischen *Wald von Carnoët* führt; kleiner, zauberhafter Badeort, wo sich in den Jahren 1889–1894 eine Malergruppe der Schule von Pont-Aven (siehe Concarneau, Umgebung) unter der Führung Paul Gauguins ansiedelte. Die Kapelle *Notre-Dame-de-la-Paix* (15.–17. Jh.) stammt aus Pont-Aven und wurde im Jahr 1959 hier wiederaufgebaut (Glasfenster von Manessier, 1960). Wohnhaus des Philosophen Alain (1858–1951).

Nach **Lorient** (64.675 Ew, 16 m), 20 km Richtung Südosten über die Straße D 765; wichtiger Militär-, Handels- und Fischereihafen in der durch die Flüsse Scorff und Blavet gebildeten Bucht; nach den Zerstörungen während des letzten Krieges wiederaufgebaut. Im August findet jedes Jahr das Dudelpfeifer-Festival, die größte kulturelle Veranstaltung der Bretagne, statt. Am Hafeneingang liegt der *U-Boot-Stützpunkt (Besichtigung für Ausländer verboten),* den der deutsche General Ing. Stosskopf 1941 anlegen hatte lassen; er besteht aus drei mächtigen Stahlbetonblöcken und konnte bis zu 40 U-Boote fassen. Im Inneren des Arsenals befindet sich das MUSÉE NAVAL, eingerichtet in einer Schießpulverfabrik aus dem 17. Jh. Daneben ragt die hohe *Tour de la Découverte* aus den Jahren 1744–1786 empor.

Nach **Larmor-Plage** (5.408 Ew), 26 km Richtung Süden über die Straßen D 765 und D 29; Badeort im Süden von Lorient. In der schönen gotischen *Kirche* aus dem 15.–16. Jh. wunderschöner Kreuzigungsaltar* aus dem 16. Jh. von einem flämischen Meister und mehrere Plastiken aus dem 17. Jh.

RAMBOUILLET (5 B4)

Ile-de-France; Yvelines, 20.056 Ew, 160 m. – Fremdenverkehrszentrum und

Sommerfrische im Herzen des gleichnamigen Waldes auf der Hochebene im Südwesten von Versailles; bekannt ist der Ort für sein, von einem Park umgebenes Schloß, das die Sommerresidenz des Präsidenten der Republik ist. *Ausführliche Beschreibung siehe Kümmerly + Frey Reiseführer Paris und Umgebung.*

Schloß*. – *Öffnungszeiten: 10–12 und 14–18 Uhr; Di und Mi geschl.; Eintrittsgebühr; die Besichtigung ist nur bei Abwesenheit des Präsidenten möglich.* Die heutige Anlage stammt vor allem aus dem 18. Jh. und geht auf den Grafen von Toulouse, Sohn Ludwigs XIV., zurück. Napoleon I. führte eine umgreifende Restaurierung durch. Besichtigt werden kann auch der von Wald umgebene FRANZÖSISCHE GARTEN*, das sogenannte Parterre.

Reims: Kathedrale

REIMS** (**6** D3)

Champagne-Ardenne; Marne, 181.985 Ew, 86 m. – Wichtige Kunststadt am linken Vesle-Ufer, in der trockenen Ebene der Champagne; beachtenswertes Industrie- (Webereien) und Handelszentrum und vor allem berühmt für die Herstellung des Champagner. Die Stadt ist eine vorrömische Gründung und war vor allem im Mittelalter und während des Hundertjährigen Krieges Schauplatz bedeutender historischer Ereignisse; im Ersten Weltkrieg lag Reims vier Jahre lang unter ständigem Artilleriebeschuß. Am 7. Mai 1945 wurde hier die deutsche Kapitulation unterzeichnet.

Kathedrale Notre-Dame** (B2). – Sie erhebt sich auf der großen zentralen Place du Cardinal Luçon; links, gegenüber dem Justizpalast, *Reiterstandbild* der Heiligen Johanna von Orléans von P. Dubois (1896). An der rechten Seite liegen die Überreste der *Schatzkammer* aus dem 12. Jh. Die Kathedrale, ein Hauptwerk der französischen Hochgotik, entstand ab dem Jahr 1211 in einem Jahrhundert; die wunderbare Stileinheit geht darauf zurück, daß die Originalpläne des Baumeisters Jean d'Orbais während der gesamten Bauzeit gültig blieben. Im Jahre 1241 war der Chor vollendet; am Ende des 13. Jhs. das Langhaus; im frühen 14. Jh. wurde die Fassade aufgeführt. Die Kathedrale erlitt während des Ersten Weltkrieges schwere Schäden, die durch gewissenhafte Restaurierungen aber beseitigt werden konnten (Neuweihe im Jahr 1938). Zum Gedenken an die Taufe Chlodwigs in der Weihnachtsnacht des Jahres 496 durch den Hl. Remigius wurden 13 Jahrhunderte lang die französischen Könige hier gekrönt. Die FASSADE** zählt zu den schönsten der Gotik und zeichnet sich durch einen außergewöhnlich reichen Schmuck durch Fialen, Baldachine, Maßwerkfenster und vor allem Skulpturen aus; in der unteren Zone öffnen sich die drei tiefen Trichterportale mit Giebelbekrönungen; in der mittleren Zone flankieren hohe Zweipaßfenster die zentrale Fensterrose; abschließend die Statuengalerie (teilweise erneuert) und die beiden 83 m hohen durchfensterten Türme. Beachtenswert sind in erster Linie die prachtvollen **Plastiken**** aus dem 13. Jh., die die Portale schmücken. *Mittelportal:* am Trumeaupfeiler Madonna mit Kind (restauriert); am Gewände, rechts, Verkündigung und Heimsuchung**, deren Figuren antike Vorbilder ahnen lassen, am vorderen Pfeiler König Salomon, und links Darbringung im Tempel und die Königin von Saba; in den Archivolten Szenen aus dem Marienleben (restauriert); im Giebel Krönung Mariens (erneuert). *Rechtes Portal:* am Gewände Propheten und Heilige; im Giebelfeld Jüngstes Gericht (erneuert). *Linkes Portal:* im Gewände wundervolle Engels- und Heiligengestalten (man beachte vor allem links den Lächelnden Engel**, der als Symbol der Kathedrale gilt); im Giebelfeld Kreuzigung. Von der rechten Seite schöner Blick auf die eindrucksvollen Türme und auf die rhythmisierten Strebepfeiler. An der Stirnwand des rechten Querhauses eine Galerie mit Prophetengestalten.

Schöner Chorabschluß (restauriert) mit Dachreiter (modern) und zwischen den Strebepfeilern vorspringenden Radialkapellen; unter den Baldachinen der Strebepfeiler Engelsstatuen und über den Kapellen fabelhafte Tierwesen. An der Stirnwand des nördlichen Querhauses öffnen sich drei Portale, deren plastischer Schmuck** jenem der Fassade um nichts nachsteht. – *Mittelportal:* am Trumeaupfeiler Bischofsstatue; am Gewände, im Tympanon und in den Archivolten Szenen aus den Leben der Hl. Nikasius und Remigius. *Rechtes Portal:* im Tympanon spätromanische Madonna mit Kind. *Linkes Portal,* Portal des Jüngsten Gerichts: am Mittelpfeiler Christus; am Gewände Apostel; im Tympanon Jüngstes Gericht.

Dreischiffiges INNERES mit Querhaus und Umgangschor mit Radialkapellen (139 m lang, 38 m hoch; Breite des Querhauses 49,50 m). Oberhalb der enggestellten Pfeiler des Langhauses (man beachte vor allem das Weinlese-Kapitel* am 6. Pfeiler rechts) verläuft das Triforium und darüber hohe Fenster. An der inneren Eingangswand, in Nischen gestellt, Statuen, die durch mit Blattwerk verzierte Tafeln voneinander getrennt sind; Fenster und Rose aus kräftig gefärbtem Glas aus dem 13.–14. Jh. In den Seitenschiffen sind von Mai bis September 17 flämische Tapisserien (Szenen aus dem Marienleben) aus dem frühen 16. Jh. ausgestellt. An den Stirnwänden des Querschiffs große moderne Glasfenster; im linken Querhaus Fensterrose mit Darstellung der Schöpfung* aus dem 13. Jh.; aus der gleichen Zeit stammen auch die Glasfenster im Chor. In der ersten Radialkapelle rechts römisches Mosaik, das unter der Kathedrale gefunden wurde; in der mittleren Kapelle Glasfenster von Marc Chagall (1974).

Palais de Tau* (B2). – *Öffnungszeiten: 10–12 und 14–17 oder 18 Uhr; Di geschl.; Eintrittsgebühr.* Rechts von der Kathedrale liegt das ehemalige erzbischöfliche Palais aus dem 17. Jh., in dem der Domschatz aufbewahrt wird. Im Treppenhaus die originalen Plastiken des Mittelportals der Kathedrale mit der Krönung Mariens*; in den anderen Räumen Plastiken, Tapisserien (17.–19. Jh.), königliche Krönungsgewänder (Mantel König Karls X. von der Krönung im Jahr 1825); in der *königlichen Kapelle,* einem kleinen zweigeschossigen Bau aus dem 13. Jh., der an die Pariser Sainte-Chapelle erinnert, und in den angrenzenden Räumen sind Reliquiare, sakrale Goldschmiedekunst und der Domschatz mit sakralen Objekten vom 12.–19. Jh. (Kelch von St-Remi, 13. Jh.) ausgestellt.

Musée St-Denis* (B1-2). – *Öffnungszeiten: 10–11.55 und 14–17.55 Uhr; Di geschl.; Eintrittsgebühr.* Eingerichtet in der ehemaligen Abtei St-Denis in der Rue Chanzy 8. Das Museum ist mittelalterlicher, neuzeitlicher und moderner Malerei gewidmet.

ERDGESCHOSS: Werke von lokalen Malern und Keramiken. – ERSTER STOCK. *Saal 1:* 16. Jh., Grisaille-Leinwandbilder religiösen Inhaltes, die von unbekannten Meistern zwischen 1450 und 1520 ausgeführt wurden; 14 Zeichnungen auf Pergament von Bruyn, Cranach d. J. und Cranach d. Ä.; Emails aus Limoges. – *Saal 2:* 10 flämische Tapisserien aus dem frühen 16. Jh.; 5 Statuen von Musizierenden* aus dem 13. Jh. von einem nicht mehr bestehenden Gebäude; Gemälde von anonymen Flamen und Bildnisse* von S. del Piombo und G. B. Moroni. – *Saal 3,* Maler aus dem 17. Jh., Flamen und Holländer: R. Savéry, Teniers d. J., A. van Ostade (die Schenke), van Dyck, Flinck, Wouwermans, Hals, Jordaens (Satyr*), van der Helst, van Honthorst (Christus vor Pilatus*), N. Maes. Italiener: Lanfranco, P. F. Mola, B. Manfredi. Franzosen: Ph. de Champaigne, P. Mignard, S. Vouet (Himmelfahrt Mariens), Louis und Mathieu Le Nain (die Schmiede*), S. Bourdon, N. Poussin (Landschaft*). – *Saal 4,* Maler aus dem 18. Jh.: L.-L. Boilly, L. M. van Loo, J. H. Fragonard, L. David (der ermordete Marat**), Coypel, F. Desportes, L. Watteau und Einrichtungsgegenstände. – *Saal 5,* Maler aus dem 19. Jh.: Chassériau, **Corot** (30 Werke, darunter der berühmte Coup de Vent**), Delacroix (5 Werke*). – *Saal 6,* Schule von Barbizon: Th. Rousseau, Diaz de la Pena, Herpignies, Troyon, Daubigny (7 Landschaften), Millet, Daumier (Gemälde und Zeichnungen), Courbet (Landschaften), Monticelli, Ziem, Lépine. – *Saal 7:* Jongkind (5 Landschaften), Boudin (6 Landschaften). – *Saal 8,* Impressionisten: Pissarro, Sisley, Maillol, Fantin-Latour, Monet, Renoir, Gauguin, Bonnard, Puvis de Chavannes, Marquet, Statuen von Rodin, Vasen von Gallé, Lalique und Daum. – *Saal 9,* Zeitgenossen: Matisse, R. Dufy, E. Vuillard, A. Lhote, L. Foujita.

Place Royale (B2). – Harmonischer, nach dem Krieg wiederaufgebauter Platz aus dem 18. Jh.; in der Mitte *Statue* Ludwigs XV. von Cartellier (1818) und zwei Gestalten auf Sokkel von Pigalle (1765).

Eine kurze Straße verbindet den Platz mit der **Place du Forum** (B2), wo sich die Ausgrabungen eines römischen Krypto-Portikus aus dem 3. Jh. befinden. An der Nordost-Ecke, auf Nr. 36, im *Hôtel Le Vergeur* aus dem 16. Jh., ist das **Musée Le Vergeur** eingerichtet (A2; *Öffnungszeiten: 14–18 Uhr; Mo geschl.; Eintrittsgebühr*); es ist lokaler Archäologie, Geschichte und Volkskunde gewidmet. In der Nähe, im Norden, befindet sich am gleichnamigen Platz das *Hôtel de Ville* (A2) aus dem 17. Jh., dessen schöne Fassade mit einem Reiterstandbild Ludwigs XIII. geschmückt ist.

REIMS 1:18.000 (1 cm=180 m)

Porte Mars (A1-2). – Der prachtvolle römische Triumphbogen ragt auf der Place de la République empor; er entstand vor dem 3. Jh. und besteht aus drei Torbogen, denen Säulenpaare zur Seite gestellt sind; Fragmente von Reliefs (Romulus-und-Remus-Legende); seine Breite beträgt 33 m, die Höhe 13,50 m. Rechts vom Tor verläuft die Rue du Champ-de-Mars; auf Nr. 35 liegt die Chapelle de la Paix (A2; a. P.; *Öffnungszeiten: 9.30–12 und 14–17.30 Uhr; Mi geschl.; Eintrittsgebühr*), die 1966 eröffnet wurde; ausgeschmückt mit Fresken und Glasfenstern (Szenen aus Altem und Neuem Testament) des japanischen Malers L. Foujita.

Saint-Rémi* (D3). – Ehemalige Abteikirche, die im 11. Jh. über dem Grab des Hl. Remigius errichtet wurde; im 12. Jh. wurden im Stil der Frühgotik die Apsis und die Fassade erneuert; im Ersten Weltkrieg erlitt die Kirche schwere Schäden. Original sind an der Fassade die untere Zone mit den fünf Bogenöffnungen und den darüberliegenden Fensteröffnungen und der romanische rechte Turm; die spätgotische Stirnwand des südlichen Querhauses stammt aus dem 16. Jh. Strenges dreischiffiges Inneres (121 m lang) mit Querhaus und Umgangschor; über den Mittelschiffarkaden Emporen und Kreuzgewölbe; Chor mit

Laufgang und Triforium (1162–1190, das älteste Beispiel gotischer Architektur in der Champagne), der von einer marmornen Schranke mit Säulen (1656–1667) abgeschlossen ist; lichtdurchfluteter Chorumgang. Hinter dem Hochaltar Grabmal des Hl. Remigius aus dem 19. Jh. mit Statuen aus dem 16. Jh. Reicher Kirchenschatz: karolingische Skulpturen (9. Jh.); Lothar-Kopf (12. Jh.); Grab des Abtes Odo (12. Jh.); Emails.

Musée Saint-Remi (D3). – *Öffnungszeiten: 9.30–12 und 14–18 Uhr; Sa und So 14–19 Uhr; Di vorm. geschl.; Eintrittsgebühr.* Neben der Kirche liegen die Gebäude aus dem 18. Jh. von der ehemaligen Abtei Saint-Remi (Eingang in der Rue Simon 53); erhalten hat sich der sehenswerte Kapitelsaal aus dem 13. Jh. In einem nach modernen Kriterien geordneten Museum sind archäologische Funde ausgestellt, die die Geschichte der Stadt von der Ur- und Frühgeschichte bis ins Mittelalter erläutern (man beachte den großen Sarkophag* aus dem 4. Jh.); außerdem Waffensammlung vom 16.–19. Jh. und Wandteppiche aus dem 16. Jh. mit der Geschichte des Hl. Remigius.

Caves de Champagne. – Östlich von der Kirche St-Remi (D3; a. P.) liegen die wichtigsten Keller der berühmten Champagner-Hersteller: *Pommery, Taittinger, Piper-Heidsiek* und *Ruinart.* Im Norden der Stadt, bei der Place de la République (A1; a. P.) liegen die Keller *Mumm, Jacquart* und *Monopole.* Die Besichtigung ist möglich. Auskünfte erteilt das Fremdenverkehrsamt (Syndicat d'Initiative).

RENNES (2 D2)

Bretagne; Ille-et-Vilaine, 200.390 Ew, 30 m. – Regions- und Département-Hauptstadt, wichtiges Industriezentrum (Elektronik und Kraftfahrzeuge) und Universitätsstadt, am Zusammenfluß von Ille und Vilaine; die Stadt wurde nach einem Brand im Jahre 1720 im klassizistischen Stil wiederaufgebaut. Von 992 bis 1532 war sie Hauptstadt des unabhängigen Herzogtums Bretagne.

VERANSTALTUNGEN – Ende April internationale Messe.

Place de la Mairie (B2). – Harmonisch angelegter Platz im Stadtzentrum, im Westen von der konkaven Fassade des *Hôtel de Ville* von J. A. Gabriel (1734–1762) und im Osten von der vorspringenden Fassade des *Theaters* aus dem Jahr 1856 geschlossen. Östlich vom Platz liegt die spätgotische Kirche *St-Germain* (B2) aus dem 15.–16. Jh. mit Turm aus dem Jahr 1551.

Kathedrale St-Pierre (B1). – Sie wurde von 1787 bis 1844 an der Stelle eines Vorgängerbaus, von dem sich die beiden 1703 vollendeten Fassadentürme erhalten haben, erbaut. Eindrucksvolles dreischiffiges Inneres auf mächtigen Säulen; in der letzten Kapelle rechts geschnitzter und vergoldeter Flügelaltar*, Meisterwerk eines flämischen Künstlers aus dem 15. Jh. – Hinter der Kirche, am gleichnamigen Platz, liegt die Kirche *St-Sauveur* (B1), ein klassizistischer Bau aus den Jahren 1703–1730; im Inneren die verehrte Notre-Dame des Miracles.

Palais de Justice* (B2). – Der Justizpalast liegt an der schönen, von Gabriel im 18. Jh. angelegten *Place du Palais,* die von Gebäuden aus dem Jahr 1725 umsäumt ist. Das Palais selbst wurde nach Plänen von Salomon de Brosse in den Jahren 1618–1654 als Sitz des bretonischen Parlaments errichtet; strenge, nach 1720 etwas veränderte Fassade mit hohem Dach und zwei kurzen seitlichen Flügeln. Vom Hof führt eine monumentale Treppe von J. A. Gabriel (1726) in die Innenräume *(man wende sich an den Pförtner),* die ein wertvolles Ensemble im Stil Ludwigs XIV. bilden. Man besichtigt: die Salle des Pas-Perdus mit Holzdecke; die Salle des Assises mit prachtvollen Holzarbeiten im Stil Louis-XIV; das Cabinet du Premier Ministre mit Gemälden von Errard (1670) und einem Christus von Jouvenet; die 2e Chambre Civile von L.-F. Elle (1706); die 1ère Chambre Civile mit Holzarbeiten (1669) und Malereien von Jouvenet (1694); die Grand' Chambre du Gouvernement* mit bemalten und vergoldeten Holzarbeiten (1660), einer Holzdecke (1656–1660) mit Malereien von N. Coypel und Gobelins aus dem Jahr 1901 (Szenen aus der Geschichte der Bretagne).

Jardin du Thabor (A-B3). – Großer öffentlicher Park, der teilweise aus den Abteigärten (17. Jh.) von St-Melaine besteht. Am Eingang liegt die Kirche *Notre-Dame* aus dem 14.–15. Jh., die ehemalige Abteikirche, mit klassizierender Fassade aus dem Jahr 1672; links die Arkaden des Kreuzgangs aus dem Jahr 1683 mit barocken Dekorationen. Nicht weit, in der Rue Victor-Hugo, ein keramikverziertes *Schwimmbad* im französischen Jugendstil (E. Le Ray, 1926).

Palais de Musées* (B2-3). – *Öffnungszeiten: 10–12 und 14–18 Uhr; Di geschl.; Eintrittsgebühr.* Im ERDGESCHOSS befindet sich das **Musée de Bretagne,** das der Geschichte der Bretagne vom Neolithikum bis in die heutige Zeit gewidmet ist und auch eine volkskundliche Sammlung mit Trachten und Möbeln aus der Region umfaßt. Im ERSTEN STOCK liegt das **Musée des Beaux-Arts** mit einer Gemäldegalerie. *Saal 1,* Malerei bis zum 16. Jh.: Veronese (Perseus und Andromeda*), van Heemskerck (Hl. Lucia und die Madonna). – *Saal 2,* 17. Jh.: Georges de la Tour (der Neugeborene*), van Honthorst (die Verleugnung des Petrus), de Crayer (Kreuzigung), M. Stomer (Hl. Johannes Evangelist),

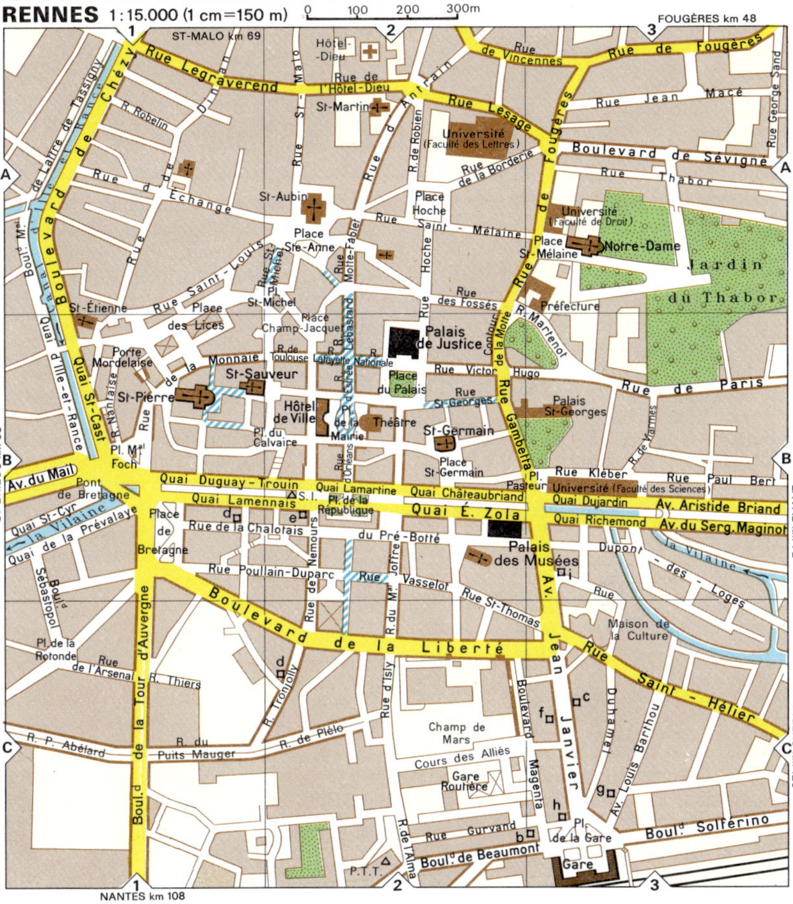

Guercino, Pietro da Cortona, D. Feti, A. Carracci, Solimena, L. Giordano (Darbringung im Tempel), N. Poussin, Louis Le Nain, Le Sueur, Ph. de Champaigne, van der Meulen, A. Coypel, Wouwermans, N. Maes, Teniers d. J., van Mieris d. Ä., Rubens (Tigerjagd*), Blumen-Brueghel. – *Saal 3,* Maler aus dem 18. Jh.: Casanova, Tiepolo, Guardi, J. B. Greuze, Chardin (Stilleben*), C. van Loo. – *Saal 4,* Maler aus dem 19. und 20. Jh.: Landschaften von Jongkind, Boudin, Sisley; Werke von Gauguin (Blumenvase), Utrilo, M. de Vlaminck, Picasso, Dufy, Rouault. Skulpturen von L. Bartolini (Bildnis des E. Baciocchi), A. Rodin, G. Richier. – *Saal 5:* regionale Künstler.

Die **Vororte** besitzen einige sehenswerte Beispiele moderner Architektur, wie die elliptischen Türme von Bourg L'Evêque *(Horizons)* mit mehr als 100 m Höhe im Westen, die Kirche *Saint-Marc* in Villejean, im Nordwesten, die sich aus elf sechseckigen Zellen zusammensetzt, und schließlich das Viertel *Barre Saint-Just* im Nordosten.

UMGEBUNG – Nach **Vitré** (13.491 Ew, 90 m), 35 km Richtung Osten über die Straße N 157 und D 857; mittelalterliches Städtchen in erhöhter Lage am linken Vilaine-Ufer, noch teilweise von den *Stadtmauern* mit Türmen aus den Jahren 1220–1240 umgeben; an der Nordwestecke erhebt sich die **Burg*** aus dem späten 11. Jh., die im 14. und 15. Jh. erweitert wurde. Die dreieckige Anlage ist mit runden Ecktürmen, Kurtinen, Türmen und einem Graben befestigt. In der Mitte der Ostfassade ragt der von zwei wuchtigen Türmen flankierte Donjon empor. Im Hof, in der Südwestecke, beherbergt die Tour St-Laurent das MUSEUM *(Öffnungszeiten: 10–12 und 13.30–18 oder 14–17.30 Uhr; Di geschl., Eintrittsgebühr);* Porzellan, Tapisserien aus Flandern und Aubusson (16.–18. Jh.); heimisches Kunsthandwerk und Brauchtum. Die Gassen der Altstadt, im Osten der Burg, bewahren noch weitgehend ihr Aussehen aus dem 16.–17. Jh.; am schönsten ist die *Rue Beaudrairie* mit ihren Giebelhäusern. Die Kirche *Notre-Dame* ist ein schönes spätgotisches Bauwerk aus dem 15.–16. Jh.; an der rechten Seite eine Kanzel aus dem 15. Jh.; in der Sakristei ein Triptychon* aus dem Jahr 1544, aus 32 Emailtäfelchen aus Limoges bestehend. – 9 km nordwestlich, an der Straße D 29, liegt das Dorf **Champeaux** (311 Ew, 86 m); am schönen Platz erhebt sich die kleine gotische *Kirche* aus dem 14.–16. Jh.: im Inneren Glasfenster aus der Renaissance, Chorgestühl und Gräber mit Liegefiguren aus dem 16. Jh.

Nach **Châteaubriant** (14.415 Ew, 70 m), 55 km Richtung Südosten über die Straße D 163; ein Städtchen, in dessen Ortszentrum sich ein aus zwei Bauphasen stammendes interessantes **Schloß** *(Öffnungszeiten: im Sommer 9–12 und 14–19 Uhr; Mo geschl.)* befindet: das *Château-neuf,* ein Renaissancebau aus dem Jahr 1538, besteht aus einem Flügel mit Arkaden auf Säulen, der mit dem Ostflügel verbunden ist; links das *Vieux-château* aus dem 11.–13. Jh. mit Eingangstor aus dem 13. Jh., dem zwei Rundtürme zur Seite gestellt sind, und rechts dem quadratischen Donjon.

ROUEN** (4 D2)

Haute-Normandie; Seine-Maritime; 105.080 Ew, 10 m. – Regions- und Département-Hauptstadt; wichtige und blühende Stadt an der Seine, die der Fluß in zwei Teile trennt: die Altstadt am rechten Ufer und die modernen Industrieviertel mit Binnenhafen am linken Ufer. Zahlreiche Baudenkmäler machen aus Rouen ein Fremdenverkehrszentrum ersten Ranges und brachten ihm die Bezeichnungen „gotische Stadt“ und „Museumsstadt“ ein.

Geschichte. – Die schon in der Römerzeit blühende Stadt *(Rotamagus)* war von 911 bis 1204 Hauptstadt des unabhängigen Herzogtums Normandie. Im Jahre 1419 fiel Rouen nach 7monatiger Belagerung in englische Hände und 1430 wurde hier die Heilige Johanna von Orléans festgenommen und in der städtischen Burg eingesperrt; am 30. Mai wurde sie nach einem Scheinprozeß auf der Place du Vieux Marché durch Verbrennung hingerich-

ROUEN 1:15.000 (1 cm=150 m)

tet. Erst 1449 kam Rouen wieder an die französische Krone. Die Stadt erlitt während des Zweiten Weltkrieges schwere Zerstörungen. Rouen ist Heimatstadt des Dichters Corneille (1606–1684) und des Schriftstellers Gustave Flaubert (1821–1880).

1 DIE KATHEDRALE UND DIE ÖSTLICHEN VIERTEL

Place de la Cathédrale (C2). – Sie ist das Herz der Stadt; im Osten beherrschend die Kathedrale mit der berühmten Tour de Beurre und gegenüber das *Bureau des Finances,* ein Renaissance-Palais aus den Jahren 1509–1540 mit zierlichem ornamentalen Schmuck mit Putti und Medaillons. Im geschlossenen Innenhof runder Treppenturm und Wände mit Fachwerkgliederung.

Kathedrale Notre-Dame** (C3). – Eine der schönsten Kirchen Frankreichs und eines der eindrucksvollsten Beispiele der Entwicklung gotischer Kunst vom 13. bis zum 16. Jh. Der erste, im Jahre 1063 geweihte Kirchenbau wurde 1200 bei einem Brand zerstört; der Wiederaufbau wurde Jean d'Andely anvertraut und am Ende des 13. Jhs. war die neue Kirche vollendet; in den Jahren 1485–1507 wurde die Tour de Beurre aufgeführt und im 16. Jh. erneuerte man das Hauptportal. An der prachtvollen, 56 m breiten FASSADE, können sämtliche Stilelemente der Gotik abgelesen werden: die feinskulptierten Seitenportale stammen aus dem späten 12. Jh. und verraten noch romanische Stileinflüsse; im Tympanon des rechten Portals Steinigung des Hl. Stephanus und am linken Portal Szenen von der Enthauptung Johannes des Täufers. Das Mittelportal aus den Jahren 1509–1514 ist zwischen zwei Pfeilern eingespannt und von einem spitzen Giebelaufsatz und einer Galerie bekrönt; Pierre des Aubeaux verdanken wir die 356 Statuetten in den Archivolten und am Gewände und die Wurzel Jesse im Tympanon. Der gesamte obere Fassadenteil mit großem Rosenfenster, hohen seitlichen Bogenöffnungen, Statuenschmuck, Aufsätzen und abschließender Galerie entstand in den Jahren 1370–1420. Links erhebt sich die *Tour St-Romain;* sie ist romanisch an der Basis (frühes 12. Jh.), gotisch in der mittleren Zone (1160–1165) und spätgotisch am oberen Abschluß (1477). Der rechte, höhere Turm, die sog. *Tour de Beurre** (Butterturm; man erzählt, er sei mit dem Geld, das die Gläubigen für das Privileg, während der Fastenzeit Butter genießen zu können, zahlten, errichtet worden), ist ein spätgotisches Werk aus den Jahren 1485–1507. Von der rechten Seitenfront, deren dekorative Details erneuert wurden, erblickt man den mächtigen Vierungsturm, der im 13. Jh. begonnen wurde und dessen 151 m hoher Aufsatz im Jahre 1876 geschaffen wurde. An der Stirnwand des rechten Querhauses öffnet sich das prachtvolle *Portail de la Calende**, das 1280 begonnen wurde und sich durch schöne Plastiken auszeichnet: Szenen aus dem Leben Christi im Tympanon; Heiligenleben und große (moderne) Statuen im Gewände. Der Chorschluß und die elegante Apsiskapelle sind baulich in das *erzbischöfliche Palais* aus dem 15. Jh. einbezogen. An der Nordseite liegt die *Cour des Libraires,* ein Durchgang mit gotischen Arkaden aus den Jahren 1464–1484, in dessen Hintergrund sich das prachtvolle *Portail des Libraires** aus dem späten 13. Jh. öffnet; im Tympanon Darstellung des Jüngsten Gerichtes.

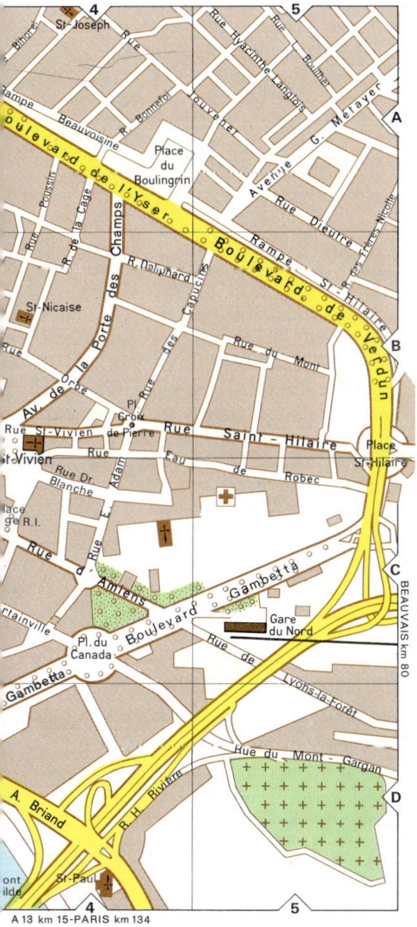

Wundervolles (135 m langes) dreischiffiges INNERES mit breitem Querhaus und Umgangschor. Im Langhaus vierzoniger

Aufbau mit weiten Arkaden auf Bündelpfeilern, Blendemporen, Blendgalerie und abschließendem Lichtgaden; über der Vierung der bis zu 50 m hohe Vierungsturm mit Biphorengliederung. Im rechten Querhaus Glasfenster aus dem 16. Jh. und Ecce-Homo-Statue aus dem 14. Jh. Im linken Querhaus, am Altar, Pietà von E. Desplanches (1591); an der gegenüberliegenden Wand die berühmte spätgotische *Bibliothekstreppe** aus dem Jahr 1480. Den Chor umsäumen Rundpfeiler mit floralen Kapitellen, über denen ein elegantes Triforium verläuft; Chorgestühl aus dem Jahr 1469 und Glasfenster aus dem 15. Jh. Im Chorumgang, rechts beginnend: an der Chorschranke Grabstatuen von Rollon (gest. 933), dem ersten Herzog der Normandie, und von Richard Löwenherz (gest. 1199), dem König von England und Herzog der Normandie (hier wird auch sein Herz aufbewahrt); in der Bartholomäus-Kapelle und zwischen dieser und der Apsiskapelle Glasfenster* aus dem 13. Jh.; nach der Apsiskapelle weitere Grabdenkmäler und Glasfenster* aus dem 13. Jh. Die *Apsiskapelle (Marienkapelle; Eintrittsgebühr)* aus dem frühen 14. Jh. schmücken Glasfenster aus dem 15. Jh.; am großen hölzernen Altar aus dem 17. Jh. Gemälde der Geburt Christi von Philippe de Champaigne (1629). An der rechten Wand befindet sich das Renaissance-**Grab der Kardinäle von Amboise***, das von 1518–1525 von Pierre d'Aubeaux und Werkstatt geschaffen wurde; gegenüber das *Grabdenkmal von Louis de Brézé**, entstanden von 1536–1544. Unter dem Chor die kreisförmige Krypta des romanischen Vorgängerbaus aus dem 11. Jh.

Rue St-Romain (C3). – Man verläßt die Kathedrale durch die Cour des Libraires und befindet sich im Herzen des alten Rouen, in der Rue St-Romain mit ihren Fachwerkhäusern* aus dem 15.–17. Jh. und dem strengen gotischen Gebäude der erzbischöflichen Residenz.

St-Maclou* (C3). – Die Kirche erhebt sich auf einem zauberhaften, von Fachwerkhäusern umsäumten kleinen Platz. Sie ist ein spätgotisches Gebäude, das 1437 begonnen und 1517 vollendet wurde. Über der Vierung ein Turm aus dem vorigen Jahrhundert und vorgelagert ein wunderschöner konvexer Portikus* mit feindekorierten Giebelaufsätzen über den fünf Arkadenbögen, unter denen sich drei Portale öffnen; zwei davon zeichnen sich durch schöne Renaissancetüren aus. Im Inneren wunderschöne Orgelempore von J. Goujon (1521); aus der gleichen Zeit stammt auch, links von der Orgel, die spätgotische Wendeltreppe von P. Gringoire.

Aître St-Maclou* (C3). – Hinter dem Chor von St-Maclou verläuft die typische *Rue Martainville* mit einer außergewöhnlichen Abfolge von Fachwerkhäusern aus dem 17. und 18. Jh. Links öffnet sich der *Aître St-Maclou* (Aître vom Lateinischen Atrium = Hof): er ist ein seltenes Beispiel für einen mittelalterlichen Karner mit Arkadengängen, der in den Pestjahren 1526–1533 für die nahe Kirche angelegt wurde. Der große Hof ist an vier Seiten mit vier Fachwerkflügeln auf Holzstützen umsäumt und zeigt mit der Idee des Todes verbundenen dekorativen Schmuck. Heute ist er Sitz der künstlerischen Schule. – Durch die Rue Damiette, auch in ihr liegen alte Fachwerkhäuser, gelangt man zur Kirche St-Ouen.

St-Ouen** (B3). – Die Kirche schließt gemeinsam mit der Fassade aus dem 18. Jh. der ehemaligen Abtei (heute *Rathaus)* im Osten die große Place de Gaulle, auf der sich auch ein *Reiterstandbild* von Napoleon (1865) erhebt. Die schöne, im Jahr 1318 begonnene und im 16. Jh. vollendete Kirche gilt als ein Meisterwerk spätgotischer Architektur; die Fassade stammt aus dem 19. Jh. Man betritt rechts von der Fassade den großen öffentlichen Park, einst Abteigarten; an der Stirnwand des Querhauses öffnet sich in einer Vorhalle aus dem 15. Jh. das *Portail des Marmousets* (Grotesken) aus dem 14. Jh.; schön ist auch der spätgotische Vierungsturm; eleganter Chorabschluß mit Radialkapellen. Großes (134 × 33 × 26 m), dreischiffiges Inneres mit Triforium, Glasfenstern aus dem 15. Jh. und spätgotischem Ornament; im Chor Gestühl aus dem 17. Jh. und schmiedeeisene Schranke aus dem 18. Jh.; in den Radialkapellen Glasfenster aus dem 14. Jh. und Gemälde aus dem 18. Jh. Im linken Querhaus öffnen sich Arkaden, die noch vom gotischen Kreuzgang der Abtei stammen.

Beim öffentlichen Park, bei der Place St-Vivien (B4; gotische Kirche *St-Vivien* aus dem 15. Jh. mit Marmoraltar aus dem 18. Jh.) beginnt die *Rue Eau-de-Robec* (B-C4-5), eine der charakteristischsten Straßen der Altstadt, die leider in keinem sehr guten Erhaltungszustand ist. Einst floß hier ein Bach und die Bewohner waren Färber und Weber; die Häuser aus dem 16. und 17. Jh. zeichnen sich durch Dachabschlüsse aus, die zum Aufhängen der Stoffe dienten.

La Fierté (C3). – Zweigeschossige Ädikula mit klassizierenden Formen, die 1542 für die jährliche Ausstellung der Reliquien des Hl. Romanus, des Stadtpatrons, erbaut wurde. Dahinter erstreckt sich die lange Fassade der Halles aus dem 16. Jh. mit einem hohen, steilen Schieferdach.

Musée d'Antiquités (A3). – *Öffnungszeiten: 10–12 und 14–17.30 Uhr; Do geschl.; Eintrittsgebühr.* Das Museum befindet sich in der Rue Beauvoisine 198 rund um den Kreuzgang des Klosters Ste-Marie aus dem 17. Jh. und umfaßt eine reiche Sammlung archäologischer Funde und kunstgewerblicher Gegenstände aus Mittelalter und Renaissance. – Byzantinische Goldschmiedekunst aus dem 9.–10. Jh.; romanische und gotische Elfenbeine aus dem 11.–15. Jh.; merowingische Goldschmiedekunst. – Romanische und gotische Holzplastiken sowie Ornamente von Fachwerkhäusern. – Vorhellenistische und griechische Keramiken; italienische, französische und spanisch-maurische Keramiken. – Tapisserien* mit fliegenden Hirschen und Versammlung der Götter aus dem 15. Jh.; Jean Goujon zugeschriebene Holzskulpturen. – Großes spätromanisches Mosaik mit Daphne und Apollon* aus Lillebonne und gallo-römisches Orpheus-Mosaik; außerdem lokale archäologische Funde aus gallo-römischer, merowingischer und karolingischer Zeit. – Im angrenzenden Gebäude hat das **Musée d'Histoire Naturelle** seinen Sitz *(Öffnungszeiten: 10–12 und 14–18 Uhr; Mo und Di geschl.; Eintrittsgebühr);* reiche Sammlungen, die vor allem Etnographie und Prähistorie betreffen.

Musée des Beaux-Arts** (B2-3). – *Öffnungszeiten: 10–12 und 14–18 Uhr; Di und Mi vorm. geschl.; Eintrittsgebühr.* Es ist vor allem der Malerei gewidmet, besitzt aber auch eine wertvolle Keramiksammlung, die im Hôtel de Hocqueville ausgestellt ist.

ERDGESCHOSS, *rechts:* Zeitgenossen; Portraitsammlung von J. E. Blanche; Gemälde von J. Villon. – Außerdem Jade, Schmuck, Tapisserien aus Brüssel und Aubusson aus dem 17. Jh. *Links:* Wechselausstellungen. – ERSTER STOCK. *Saal 1:* Gérard David (die Jungfrau unter den Jungfrauen*). – *Saal 2,* Italiener: Matteo Balducci, Perugino (Predella** mit Anbetung der Könige, Auferstehung und Taufe Christi), Florentiner Werkstatt aus dem 15. Jh. – *Saal 3,* spanische Schule aus dem 15. Jh.: Jean II van Conninxloo. – *Saal 4,* Italiener: Guercino (Heimsuchung), B. Strozzi, Lavinia Fontana, Veronese (Christus zwischen Hl. Sebastian und Rochus wehrt die Pest ab*; Hl. Barnaba heilt die Kranken*), J. Palma il Giovane (Dornenkrönung), C. Marratta, I. Bassano (Bauernhof), G. B. Castiglione. – *Saal 5,* Flamen: Paul de Vos, L. Zutman, Martin de Vos (Legende von Elieser und Rebekka*, 1562), Rubens (Anbetung der Hirten*). – *Saal 6,* Schulen aus dem 17. Jh.: N. Regnier, José de Ribéra, M. Preti, Velázquez (Mann mit Weltkarte*), F. da Herrera d. Ä., Georges de La Tour (Hl. Sebastian wird von der Hl. Irene gepflegt*), Caravaggio (Geißelung**), Luca Giordano. – *Säle 7–8,* Holländer: J. W. de Wet, O. van Veen, N. Berghem (Platzkonzert), G. van Tilborg (Bäuerliche Gesellschaft). – *Saal 9,* Stilleben: D. Teniers d. J., M. Cerquozzi-Zuschreibung. – *Saal 10,* Landschaftsmaler: A. de Gryef, W. van de Velde d. J., J. van Goyen, J. Lievens. – *Saal 11:* Bildnisse aus französischen und flämischen Werkstätten. – *Saal 12,* Franzosen: F. Clouet (das Bad der Diana), J. Blanchard, J. Parrocel, N. Poussin, C. de la Fosse, J. Jouvenet. – *Säle 13–14:* J. Restout, N. de Largillière, J. M. Nattier. – *Saal 15:* J. H. Fragonard (der Traum des Plutarch; die Wäscherinnen*), C. J. Natoire, N. Lancret, G. P. Pannini, J. Pillement. – *Saal 16:* F. Guardi, C. J. Vernet, H. Robert (Wasserfall in Tivoli). – *Saal 17:* G. Traversi (Konzert), J. M. Vien. – *Saal 18:* geschlossen. – *Säle 19–20:* J. Valadier, L. L. Boilly, Ingres (die schöne Zélie*), David (Bildnisse). – *Säle 21–22:* J. D. Court, Vigée-Lebrun. – *Saal 23:* 15 Gemälde, Zeichnungen und Plastiken von Théodore Géricault. – *Saal 24:* J. B. Corot, F. Daubigny, E. Boudin, G. Doré, F. Ziem, G. Canella. – *Saal 25:* C. Monet, S. Lépine, J. L. Lemaître, P. A. Renoir (Frauen vor dem Spiegel*). – *Saal 26:* A. Sisley, R. Dufy, A. Lebourg, C. Monet (die Rue St-Denis während des Festes am 30. Juni 1878*), P. A. Renoir. – *Saal 27:* A. Sisley (Überschwemmung in Pont-Marly), C. Monet (die Kathedrale von Rouen, Portal, 1894*), J. Delettre. – *Säle 28–29:* A. Lebourg, J. Delattre, O. Friesz, R. Ubac, R. Dufy (Le Havre; das Seine-Tal). – *Saal 33:* T. Ribot, T. Couture, E. Devéria, E. Delacroix, A. Vollon, T. Chassériau.

Musée de la Faïence. – Wenige Schritte vom Musée des Beaux-Arts entfernt *(selbe Öffnungszeiten)* wurde kürzlich im Hôtel d'Hocqueville (aus dem 17. Jh.), in der Rue Faucon 1, dieses Museum mit mehr als 6.000 Exponaten, darunter lokale Gläser aus dem 18. Jh. sowie Keramiken aus Frankreich und dem Ausland, untergebracht.

Musée Le Secq des Tournelles (B3). – *Es gilt die Eintrittskarte aus dem Musée des Beaux-Arts.* Das Museum ist in der ehemaligen Kirche *St-Laurent,* einem spätgotischen Bau aus den Jahren 1444–1554 mit schönem Glockenturm von 1501, eingerichtet. Es umfaßt 14.000 schmiedeeisene Objekte von der gallo-römischen Zeit bis ins vorige Jahrhundert; besonders interessant sind die Geschäftsschilder und die chirurgischen Geräte aus dem 16. Jh. – Links vom Museum liegt die gotische Kirche **St-Godard** (B3) aus dem 15.–16. Jh.; dreischiffiges großes Inneres mit Glasfenstern aus dem 16. Jh. an der rechten Seite und in der Apsis; in der schönen hölzernen Gewölbezone Statuen, die im vorigen Jahrhundert erneuert wurden.

Tour Jeanne d'Arc (A3). – *Öffnungszeiten: 10–12 und 14–17 Uhr; Do geschl.; freier Eintritt.* Runder, mächtiger Turm (der hölzerne obere Abschluß stammt aus dem 19. Jh.), der einzige Überrest der vom französischen König Philippe Auguste um 1205 errichteten Burg. Hier wurde die Heilige Johanna von Orléans während des Prozesses im Jahre 1430 und vor ihrer Hinrichtung festgehalten.

St-Patrice (A2). – Schöne spätgotische Kirche aus dem Jahr 1535; die Glasfenster im Inneren entstanden in den Jahren 1538–1625.

St-Romain (A3). – In der Nähe des Bahnhofs liegt die Karmeliterinnenkirche aus den Jahren 1676–1730; im Inneren schöne Glasfenster aus der Renaissance und unter dem Hochaltar das Grab des Hl. Romanus (gest. 638), der Stadtpatron von Rouen wurde.

3 DIE NÖRDLICHEN VIERTEL

Hôtel Dieu (A1). – Das Spital der Stadt wurde um die Mitte des 18. Jhs. von Fontaine erbaut. In einem Pavillon ist das MUSÉE FLAUBERT ET D'HISTOIRE DE LA MÉDICINE eingerichtet *(Öffnungszeiten: 10–12 und 14–18 Uhr; So und Mo geschl.)*; im Inneren das Zimmer, in dem der Schriftsteller Gustave Flaubert am 12. Dez. 1821 geboren wurde. Zum Spital gehört auch die schöne Kirche *Ste-Madeleine* aus den Jahren 1758–1780.

Place du Vieux-Marché* (B2). – Der Platz wurde in den siebziger Jahren vollkommen erneuert. Neben den modernen Halles befindet sich die vom Architekten L. Arretche entworfene Kirche *St-Jeanne d'Arc,* die 1979 geweiht wurde: gewagter Stahlbetonbau mit Schieferdächern und hellen Glasfenstern*, von denen einige aus der zerstörten Kirche St-Vincent (16. Jh.) stammen. In der Mitte des Platzes erhebt sich ein 20 m hohes Kreuz an jener Stelle, an der die Hl. Johanna bei lebendigem Leib am 30. Mai 1431 verbrannt wurde; in einer Gartenanlage befinden sich die Überreste der während der Revolution zerstörten Kirche St-Sauveur. In einem Gebäude an der Südseite ist das MUSÉE JEANNE D'ARC eingerichtet *(Öffnungszeiten: 9–19 Uhr; Eintrittsgebühr),* das dem Wirken der Heiligen aus Orléans gewidmet ist. – An der Südwestecke, in der Rue de la Pie 4, befindet sich das MUSÉE CORNEILLE *(Öffnungszeiten: 10–12 und 14–18 Uhr; Do und Fr vorm. geschl.; Eintrittsgebühr),* im Haus, in dem der große Dichter am 16. Juni 1606 geboren wurde und 56 Jahre lang lebte; in der Bibliothek sind seine gesamten Werke vertreten.

Hôtel de Bourgtherould (B2). – Es liegt auf der kleinen Place de la Pucelle 15 mit Häusern aus dem 17. und 18. Jh. Das Palais ist ein zierlicher Bau im Übergangsstil von Gotik zu Renaissance, der im Jahre 1532 vollendet wurde. Im Innenhof ein Ecktürmchen und ein kurzer Flügel mit zwei schönen Mansardendächern; die Wände sind mit ornamentalen Motiven und allegorischen Reliefs überzogen.

Palais de Justice* (B2). – Eines der schönsten Beispiele spätgotischer Profanarchitektur; im letzten Krieg teilweise zerstört. Das Gebäude besteht aus einem Hauptflügel, an den zwei Seitentrakte anschließen: der linke stammt aus den Jahren 1499–1508, der rechte wurde um die Mitte des vorigen Jahrhunderts erneuert. Die Hoffassade stammt aus den Jahren 1508–1526; Gliederung und

Rouen: Gros-Horloge

Schmuck durch einen mittleren, niederen sechseckigen Turm, Maßwerkfenster und einen bewegten Abschluß mit Bögchen, Fialen, Giebelaufsätzen, Statuen und Regentraufen; die linke Treppe führt zum Prokuratoren-Saal.

Rue du Gros-Horloge* (B-C2). – Eine der charakteristischsten und belebtesten Straßen des alten Rouen, heute Fußgängerzone. In ihrer Mitte liegt die mit einem Bogen die Straße überspannende *Gros-Horloge,* ein Renaissancebau (1527) mit einer Uhr aus dem Jahr 1389, die als älteste der Welt gilt. Die Bogenwölbung ist mit Reliefs des Guten Hirten geschmückt. Seitlich erhebt sich der gotische *Beffroi* aus dem Jahr 1390 mit einer Uhr aus der Errichtungszeit *(Öffnungszeiten: 10–12.15 und 14.30–17.30 Uhr; Di geschl.; es gilt die Eintrittskarte des Musée des Beaux-Arts);* alte Möbel, Schmiedeeisen, Glocken aus dem 13. Jh. und das Uhrwerk. Am Fuße des Beffroi liegen eine Renaissance-Loggia und ein Brunnen aus dem Jahr 1732.

4 DIE SÜDLICHEN VIERTEL

Centre St-Sever (D2; a. P.). – Man überquert die Seine über den Pont de Corneille und erreicht rechts die neuen Gebäude der *Préfecture* (1966) und des *Centre Administratif,* die von einem hohen Turm (88 m) überragt werden; etwas weiter, rund um die neugotische Kirche St-Sever, entstand das moderne *Centre commercial Rouen-St-Sever* mit Geschäften und einem angeschlossenen Kulturzentrum.

St-Julien (C1; a. P.). – Am Boulevard de Gaulle, beim Parc des Chartreux, im südwestlichen Viertel Petit-Quevilly, liegt die Kapelle *St-Julien,* die der englische König Heinrich II. im Jahre 1160 in einem Übergangsstil von Romanik zu Gotik errichten ließ; im Inneren wertvolle romanische anglosächsische Fresken* aus dem späten 12. Jh., die Szenen aus der Kindheit Christi darstellen.

UMGEBUNG – Zum **Schloß Vascœuil,** 22 km Richtung Osten über die Straße N 31; einfaches Gebäude aus dem 14.–16. Jh., in dem Michelet wohnte und seine berühmte „Geschichte Frankreichs" verfaßte; heute sind hier ein Kulturzentrum und Ausstellungsräume für zeitgenössische Kunst eingerichtet.

Nach **Clères** (1.091 Ew, 113 m), 25 km Richtung Norden über die Straßen N 27 und D 6; rund um die Burg aus dem 15. Jh. erstreckt sich ein großer *Zoo (Öffnungszeiten: 9 Uhr bis Sonnenuntergang; Eintrittsgebühr).* Am Dorfplatz befindet sich das MUSÉE D'AUTOMOBILES DE NORMANDIE *(Öffnungszeiten: 8–20 Uhr; Eintrittsgebühr):* Autos von 1895 bis 1968 und Vierzylinder-Motorräder.

Routes des Abbayes** (VON ROUEN NACH LE HAVRE), 97 km; außergewöhnlich schöne Fahrt entlang des rechten Seine-Ufers durch prachtvolle Landschaft mit zahlreichen Kunstdenkmälern. – Man verläßt Rouen im Nordwesten und folgt der Straße D 982. 6 km, **Croisset,** am Gipfel eines Hügels; wunderschöner Blick auf Rouen. Von hier führt eine kleine Straße zum PAVILLON FLAUBERT *(Öffnungszeiten: 10–12 und 14–18 Uhr; Do und Fr vorm. geschl.; Eintrittsgebühr),* dem einzigen Überrest des Wohnsitzes des großen Schriftstellers, in dem er zahlreiche seiner Hauptwerke schrieb und auch im Jahre 1880 verstarb. – 11 km, **Saint-Martin-de-Boscherville** (1.191 Ew, 15 m), mit den Überresten der Abtei *St-Georges:* Kirche aus den Jahren 1080–1125 mit schöner romanischer Fassade, der zwei gotische Türmchen zur Seite gestellt sind, und mächtigem Vierungsturm; Kapitelsaal aus dem Jahr 1170 auf Bündelpfeilern mit figürlichen Kapitellen. – 20 km, **Duclair** (3.487 Ew, 8 m), ein kleiner Seine-Hafen mit romanisch-gotischer Kirche *St-Denis* aus dem 11.–16. Jh. – 28 km, **Jumièges*** (1.634 Ew, 10 m), berühmt für die eindrucksvollen Ruinen der ABTEI** *(Öffnungszeiten: 9–12 und 14–18 Uhr; Eintrittsgebühr),* die 654 gegründet und im 11. Jh. erneuert wurde. Von der Kirche *Notre-Dame* (1040–1067), einer wichtigen Vorstufe der gotischen Architektur, haben sich die Zweiturmfassade, das Langhaus mit dem harmonischen Stützenwechsel (Säulen-Pfeiler) und der mächtige Triumphbogen des Chores erhalten. An der Südseite liegen die Ruinen der Kirche *St-Pierre* (teilweise aus dem 10. Jh., im 13. und 14. Jh. vergrößert). In den Abteigebäuden aus dem 17. Jh. Lapidarium. – 39,5 km, *Caudebecquet:* 1 km entfernt, rechts, liegt die Abtei **St-Wandrille*** *(Öffnungszeiten: 10.30–17 Uhr; Besichtigung nur mit Führung),* die im 7. Jh. gegründet und im 10. Jh. erneuert wurde. In den Gärten der heutigen Abtei aus dem 18. Jh. befinden sich die Ruinen der gotischen Kirche (1255–1342) und der schöne Kreuzgang aus dem 14.–16. Jh. – 43 km, rechts am Felsen, *Denkmal* für die französischen und dänischen Flieger, die im Jahre 1928 zu einer Suchexpedition zum Nordpol aufbrachen, um das verschollene Luftschiff „Italia" zu suchen. – 44 km, **Caudebec-en-Caux** (2.477 Ew, 6 m): im Zentrum die spätgotische Kirche *Notre-Dame* (1416–1515) mit reichen Dekorationen an der Fassade und am rechten Turm (erneuert); im harmonischen Inneren mit dreieckiger Apsis Orgelempore aus dem Jahr 1559 und Glasfenster aus dem 15. Jh. In der MAISON DES TEMPLIERS aus dem 13. Jh. ist ein kleines Heimatmuseum eingerichtet. – 60 km, **Lillebonne** (9.675 Ew, 32 m), mit den Ruinen eines *römischen Theaters* aus dem 1.–2. Jh. n. Chr.; im Rathaus befindet sich das MUSEUM *(Öffnungszeiten: 10–12 und 14–18 Uhr; Eintrittsgebühr)* mit römischen archäologischen Funden und verschiedenen Kunstobjekten; von der Burg hat sich der runde *Donjon* aus dem 13. Jh. erhalten. – 67,5 km, **Burg Tancarville,** auf einem Felssporn am Beginn der Seine-Mündung, im 10. Jh. erbaut und mehrmals verändert; erhalten haben sich vier Türme aus dem 14. Jh. und die Ruinen des Originalbaus. – 69 km, **Pont de Tancarville** (Maut), eine 1.400 m lange Brücke (die mittlere Spannweite beträgt 608 m), zwischen zwei mächtigen, 125 m hohen Pfeilern, die 1959 eröffnet wurde. – 97 km, *Le Havre,* siehe dort.

SAINT-BRIEUC (2 C2)

Bretagne; Côtes-du-Nord, 51.399 Ew, 99 m. – Département-Hauptort und moderne bretonische Stadt, nur 3 km von der Nordküste entfernt; Industriezentrum.

Kathedrale St-Étienne. – Im Stadtzentrum befindet sich nur dieses einzige interessante Baudenkmal. Die gotische Kathedrale entstand im 14.–15. Jh. und zeichnet sich durch eine Zweiturmfassade mit Befestigungscharakter aus; im Inneren, mit mehreren Liegefiguren und Grabplatten (darunter jene des St-Guillaume Pinchon aus dem 15. Jh.), ist der schönste Teil der vom anglo-normannischen Baustil beeinflußte Chor mit Triforium; in der Apsiskapelle Madonnenstatue aus Alabaster aus dem 15. Jh.

Im *Hôtel de ville* ist eine Holzstatue aus dem 15. Jh. des Gilles de Bretagne zu sehen. – Die *Präfektur* und der ehemalige *Bischofspalast* wurden im bretonischen Renaissance-Stil erbaut.

UMGEBUNG – Nach **Lamballe** (4.867 Ew, 55 m), 20 km Richtung Südosten über die Straße N 12; ein altes Städtchen am Fuße eines Hügels, der mit der gotischen Kollegiatskirche *Notre-Dame* aus dem 12.–15. Jh. bekrönt ist. Sehenswert sind auch die romanisch-gotische Kirche *St-Martin* aus dem 11.–16. Jh. und die gotische Kirche *St-Jean* aus dem 15. Jh. In den HARAS *(Öffnungszeiten: 14–17 Uhr)* werden 125 bretonische Rassehengste gezüchtet.

Nach **Tréguier,** 61 km Richtung Nordwesten über die Straße N 786, die entlang der Küste durch kleine Badeorte führt. 14 km, **Binic** (7.691 Ew), ein Jachthafen. – 22 km, **Saint-Quai-Portrieux** (3.399 Ew), der bekannteste Ort des Gebietes mit familiärem Charakter. –

29 km, *Plouha* (4.280 Ew, 95 m). [3,5 km westlich, an der Straße D 21, liegt die wertvolle Kapelle *Kermaria-an-Iskuit** (Haus der Heilenden Maria) aus dem 13. Jh., die mehrmals vergrößert wurde und für ihre besonders interessanten Totentanzfresken** aus dem 15. Jh. berühmt ist.] 43 km, **Abtei Beauport** *(Öffnungszeiten: Mitte Juni bis Mitte Sept. 9–12 und 14–19 Uhr; Eintrittsgebühr),* im Jahre 1202 von dem Prämonstratensern gegründet: heute sind nur mehr die romanischen Ruinen, die normannische Stileinflüsse ahnen lassen, zu sehen. – 46 km, **Paimpol** (8.367 Ew, 12 m), ein Zentrum der Austernkultur, das durch den Roman von Pierre Loti „Islandfischer" bekannt wurde. [6 km nordöstlich liegt die aussichtsreiche *Pointe de l'Arcouest,* von der man mit dem Boot in 10 Minuten die berühmte **Insel Bréhat** (3,5 × 1,5 km) erreicht. Die geographische Lage der Insel begünstigt ein extrem mildes Klima, dem die üppige Vegetation zu verdanken ist; die zerklüftete Küste mit rötlich gefärbten Kalkfelsen bietet schöne Blickpunkte. Eine Inselrundfahrt mit dem Boot (in einer Stunde) ist möglich.] – Man überquert die Mündung des Jaudy und erreicht, 61 km, das gegenüberliegende *Tréguier,* siehe dort.

SAINT-CLAUDE (13 B3)

Franche-Comté; Jura, 14.100 Ew, 434 m. – Wichtige Sommerfrische und Ausgangspunkt für Ausflüge in den oberen Jura, in schöner Lage am Fluß Bienne am Fuße des Mont-Bayard (907 m). Bekannt für seine Pfeifenherstellung *(Ausstellung links von der Kathedrale, in der Saison 9–11.30 und 14–18.30 Uhr).*

St-Pierre*. – Die Kathedrale ist der einzige Überrest einer berühmten, im 5. Jh. gegründeten Abtei. Sie wurde in der Gotik (1340) begonnen und im 18. Jh. vollendet (Fassade und Glokkenturm); die befestigten Wachtürmchen am Chorschluß wurden zum Schutz gegen die häufigen Angriffe der Protestanten errichtet. Dreischiffiges INNERES auf oktogonalen Pfeilern mit geschnitztem Chorgestühl* mit 38 Sitzen, ein Werk des Genfer Künstlers Jehan de Vitry (15. Jh.); im linken Schiff Flügelaltar aus der Renaissance aus einer Florentiner Werkstatt aus dem frühen 16. Jh. mit Szenen aus dem Leben des Hl. Petrus.

Schöne Blicke auf die Täler der Bienne und des Tacon genießt man von der Place Louis-XI, von der Brücke über den Tacon am Ende der Rue de la Poyat und von der Place du 9 Avril hinter dem Gefallenen-Denkmal.

SAINT-GERMAIN-EN-LAYE* (5 B4)

Ile-de-France; Yvelines, 40.471 Ew, 78 m. – Historische Stadt und wichtiges Fremdenverkehrszentrum in der Umgebung von Paris, wunderschön auf einer, eine Seine-Schleife beherrschenden Terrasse am Rand des gleichnamigen berühmten Waldes gelegen. Heimatstadt des Komponisten Claude Debussy (1862–1918). *Ausführliche Beschreibung siehe Kümmerly + Frey Reiseführer Paris und Umgebung.*

Am 10. September 1919 wurde hier der Friedensvertrag zwischen Österreich und den Alliierten unterzeichnet.

Schloß*. – Die heutige Anlage geht in ihren großen Zügen auf Franz I. (1539) zurück. Die von Napoleon III. durchgeführten Restaurierungen haben den ursprünglichen Charakter aber weitgehend verändert. Im Inneren ist heute das wertvolle **Musée des Antiquités Nationales**** eingerichtet *(Öffnungszeiten: 9.45–12 und 13.30–17.15 Uhr; Di geschl.; Eintrittsgebühr).* Das Prunkstück der Anlage bildet die noch 10 Jahre vor der Pariser Sainte-Chapelle vom Hl. König Ludwig IX. errichtete **Sainte-Chapelle**** (1230–1238), ein Juwel gotischer Baukunst. Sehenswert sind auch die noch auf die Zeit Ludwigs XIV. zurückgehenden, von A. Le Nôtre angelegten *Gärten*,* von deren berühmter Terrasse man einen prachtvollen Ausblick genießt.

SAINT-MALO (3 A3)

Bretagne; Ille-et-Vilaine, 47.324 Ew, 8 m. – Hafen und gernbesuchter Badeort an der bretonischen Nordküste, gemeinsam mit den Orten *Saint-Servan* im Süden und *Paramé* im Norden. Die wunderschön auf einer kleinen Felsinsel an der Mündung der Rance gelegene Stadt bewahrt die alten Stadtmauern, während der Ort selbst nach dem letzten Krieg wiederaufgebaut wurde. Saint-Malo ist Heimatstadt des Schriftstellers Châteaubriand (1768–1848).

Stadtmauern*. – Die beispielhaft erhaltenen Verteidigungskurtinen stammen aus dem 13.–14. Jh. und wurden im 17.–18. Jh. von Siméon Garanjeau, einem Schüler Vaubans, erneuert. Von der Esplanade gelangt man durch die *Porte St-Vincent* in die Stadt; hier beginnt der wunderschöne Rundgang auf den breiten Wehrgängen, die prachtvolle Aussichtsmöglichkeiten freigeben. Nach der, zwischen zwei starke Rundtürme eingespannten *Grande-Porte* aus dem Jahr 1582 erreicht man die Südseite der Mauern, die mit den Eckbasteien St-Louis (1719) und St-Philippe (1716) befestigt ist. Von der *Batterie de Hollande* (1674) schöner Blick auf die Küste und auf den Felsen Grand-Bé, auf dem sich das Grab von Châteaubriand (gest. 1848) befindet. An der Nordseite liegen die Tour Bidouane aus dem Jahr 1652 und die Bastei Fort de la Reine (1698–1758); von diesem Blick auf das sich auf einem Felsen erhebende *Fort National,* das Vauban im Jahr 1689 errichten ließ. Unter den Mauern ein *Aquarium* und ein *Exotarium.*

Burg. – Sie befindet sich beim Haupteingang zur befestigten Stadt. Die mächtige viereckige Anlage mit vier runden Ecktürmen stammt aus dem 15. Jh., wurde aber teilweise von Garanjeau am Ende des 17. Jhs. verändert. Im Grand-Donjon, dem Hauptturm aus dem Jahr 1424, ist das MUSÉE MUNICIPAL eingerichtet *(Öffnungszeiten: Juni–Sept. 10–12 und 14–18.30 Uhr; Eintrittsgebühr),* das der Geschichte der Stadt und ihren berühmten Bürgern gewidmet ist. In der *Tour Quic-en-Groigne* aus der Mitte des 15. Jhs., im Hof links, ist ein Wachsfigurenkabinett untergebracht.

Ville-Close. – Im Inneren der Mauern liegt das Stadtzentrum mit einigen Vierteln, die nach den Zerstörungen durch den letzten Krieg getreu wiederaufgebaut wurden. In der Rue Châteaubriand, in einem Hotelbetrieb, befindet sich das *Geburtshaus* von René Châteaubriand (Originalbau), während das Geburtshaus des Philosophen La Mennais (1782–1854) in der Rue St-Vincent wiederaufgebaut wurde. Am Hauptplatz erhebt sich die Kirche **St-Vincent,** deren Baukörper aus dem 12.–18. Jh. nach den im Jahre 1944 erlittenen Beschädigungen wiederhergestellt wurde (Neuweihe 1972). Die gotische Kirche besitzt einen im Jahr 1972 erneuerten Vierungsturm mit spitzem Abschluß und ein dreischiffiges Inneres; in einer Kapelle des Chorumgangs befindet sich das Grabmal von Jacques Cartier (gest. 1557), dem Entdecker Kanadas; den Chorumgang beleuchten schöne bunte moderne Glasfenster*.

SAINT-SERVAN

Großer Vorort, einen Kilometer südlich vom Hafen, mit einem kleinen Strand und bewacht vom *Fort de la Cité* aus dem Jahr 1759, in dessen uneinnehmbaren Befestigungen die Deutschen im August 1944 einen verzweifelten Widerstand leisteten. Rund um das Vorgebirge der Festung verläuft die *Corniche d'Aleth,* die zu einem aussichtsreichen Spazierweg* umgestaltet wurde; im Süden, auf einem Felsen im Meer, erhebt sich die *Tour Solidor* aus dem Jahr 1382, die aus drei dreieckförmig angelegten Rundtürmen besteht. Hier ist seit 1970 das MUSÉE INTERNATIONAL DU LONG-CORPS CAP HORNIER eingerichtet *(Öffnungszeiten: mit Führung 10–12 und 14–18 Uhr; Eintrittsgebühr),* das der Geschichte der Schiffahrt rund um das Cap Horn gewidmet ist. Am Südrand der Stadt, an der Rance-Mündung, ist das weltweit erste GEZEITEN-KRAFTWERK in Betrieb *(Besichtigung möglich);* es wurde 1961–1966 erbaut und nützt mit Hilfe eines 22 km^2 großen Beckens an der Mündung die Meeresgezeiten; die Leistungskraft beträgt 500 Millionen kWh im Jahr.

UMGEBUNG – Nach **Rothéneuf,** 6 km Richtung Nordosten über die Straße D 201; ein Badeort, in dem sich die BEHAUENEN FELSEN befinden *(Eintrittsgebühr);* die rohbehauenen Felsen zeigen Szenen, die sich an den Taten des Seefahrers Jacques Cartier inspirieren, und wurden zu Beginn dieses Jahrhunderts vom Abt Fouré geschaffen.

Nach **Cancale** (4.693 Ew, 50 m), 14 km Richtung Nordosten über die Straße D 355; Badeort, der einen schönen Blick auf die Bucht von Mont-Saint-Michel und auf die Ebene der „Marais" von Dol bietet.

Nach **Dol-de-Bretagne** (4.974 Ew, 16 m), 24 km Richtung Südosten über die Straße D 4: der Ort war im Mittelalter das religiöse Zentrum der Bretagne. Die Fassade der mächtigen gotischen Kathedrale *St-Samson** aus dem 13. Jh. rahmen wuchtige Türme; ein dritter Turm erhebt sich über der Vierung; an der rechten Seitenfront zwei Portale aus dem 14. Jh., deren größeres an der Stirnwand des Querhauses mit spätgotischen Fialen, Fenstern und Reliefs geschmückt ist. Prachtvolles Inneres (100 m lang und 20,5 m hoch) mit Blendemporen im Mittelschiff; im linken Querhaus Grabmal des Bischofs Thomas James (gest. 1504), ein Werk der Florentiner Giovanni und Antonio Giusto (Juste); Chorgestühl* mit 80 Sitzen aus dem 15. Jh. mit zierlichen Grotesken; in der Apsis großes Glasfenster aus dem 14. Jh. – Rechts von der Kathedrale liegt das MUSÉE DE LA TRÉSORERIE *(Öffnungszeiten: von Ostern bis Sept. 9–12 und 14–18 Uhr; Eintrittsgebühr),* eingerichtet in einem Haus aus dem 16. Jh.: es ist der Heimatgeschichte gewidmet und umfaßt auch eine reiche Sammlung bretonischer „Santons" aus Holz (13.–18. Jh.). Die zentrale Grande-Rue-des-Stuarts säumen zahlreiche schöne alte Häuser (12.–17. Jh.). – 3 km nordwestlich erhebt sich inmitten des Marais de Dol der 65 m hohe **Mont-Dol,** ein Granitblock, der einst vom Meer umgeben war; auf ihm befinden sich ein Kalvarienberg, eine Kapelle, ein Turm und zwei Windmühlen.

Zum **Cap Fréhel,** 65 km Richtung Nordwesten über die Straßen D 168 und D 786 entlang der **côte d'Émeraude*.** 12 km, **Dinard*** (10.016 Ew) gegenüber von Saint-Malo an der Rance-Mündung, ein eleganter vielbesuchter Badeort. Im Zentrum, gegenüber vom Kasino, öffnet sich die schöne Place de l'Ecluse; Richtung Süden führt die romantische, auf Felsen angelegte Promenade du Clair de Lune mit prachtvollen Blicken auf die Rance bis zur Plage du Prieuré und zur Pointe de la Vicomté. – 16,5 km, **Saint-Lunaire** (1.585 Ew), ein Badeort mit prachtvoller Aussicht Richtung Norden auf die Pointe du Decollé. – Man überquert den Frémur, fährt durch mehrere Badeorte und erreicht nach 29 km das malerische Dorf *Le Guildo* an der Arguenon-Mündung. – 42 km, **St-Cast*** (3.846 Ew), ein Badeort mit schöner Aussicht auf die Pointe de la Garde im Süden und auf die Pointe de St-Cast im Norden. Man kehrt in *Matignon* auf die D 786 zurück und fährt rund um die Frênaye-Bucht. – 61 km, **Fort la Latte*** *(Öffnungszeiten: im Sommer 10–12.30 und 14.30–17.30 Uhr; Eintrittsgebühr),* eine große eindrucksvolle Festung aus dem 14.–17. Jh., die an einer steilen Felswand liegt; der Zugang zu den mächtigen rötlichen Kurtinen führt über eine Zugbrücke; im Zentrum erhebt sich beherrschend der runde Donjon. – 65 km, **Cap Fréhel*** an der Spitze einer kleinen Granithalbinsel: einer der eindrucksvollsten Plätze in der Bretagne, der eine weite Aussicht bietet und von einem Leuchtturm überragt wird. Richtung Süden folgt man der Straße D 34A durch Pinienwälder und karge Landschaft, die abwechslungsreiche Blicke auf die Felsen und die Strände freigibt, bis nach, 8 km, *Sables-d'Or-les-Pins.*

SAINT-NAZAIRE (2 C4)

Pays de la Loire; Loire-Atlantique, 68.947 Ew, 6 m. – Wichtiger Hafen und großes Schiffsbauzentrum an der atlantischen Küste, bei der Mündung der Loire.

Die Stadt entwickelte sich zunächst im vorigen Jahrhundert rund um den Hafen und wurde in den letzten dreißig Jahren vollkommen erneuert, nachdem sie während des letzten Krieges, als sie wichtige U-Boot-Basis der Deutschen war, zerstört wurde. Im Hafenbecken sind noch die mächtigen bombensicheren Stahlbetonblöcke mit 14 Einfahrten der **U-Boot-Basis** zu sehen (300 × 125 m); gegenüber liegt der gedeckte Ausgang gegen die Loire, der während der Bombenangriffe nicht zerstört wurde. Nördlicher liegt die gewagte, 2.626 m lange Loire-*Brücke* nach St-Brevin.

Umgebung – Nach **Guérande*** (9.475 Ew, 52 m), 10 km über die Straße D 99; ein befestigter Ort im Norden des Marais salant. Die **Befestigungsmauern*** wurden von Jean de Montfort im Jahre 1343 errichtet und im darauffolgenden Jahrhundert verbessert; den Mauerkreis mit Wehrgängen säumen sieben halbkreisförmige Türme und ein Graben; den Zugang ins Innere sichern vier Tore. Die *Porte St-Michel,* mit zwei seitlichen wuchtigen Rundtürmen das größte Tor, beherbergt das Musée du Vieux Guérande *(Öffnungszeiten: Ostern bis Sept. 9–12 und 14–19 Uhr; Eintrittsgebühr),* eine heimatgeschichtliche Sammlung mit Möbeln, Keramiken und Trachten. Im Ortszentrum erhebt sich die gotische Kirche *St-Aubin* aus dem 12.–16. Jh. mit einer Außenkanzel aus dem 15. Jh. am Fassadenstrebepfeiler. Im dreischiffigen Inneren figürliche romanische Kapitelle und großer Chor; in der rechten Kapelle Krypta mit merowingischen Gräbern und Grabmälern aus dem 16. Jh. mit Liegefiguren *(im Sommer Fr Orgelkonzerte).*

Nach **La Baule** (14.688 Ew), 17 km Richtung Osten über die Straße D 92; Badeort an der sogenannten Côte d'Amour, die zu den berühmtesten und elegantesten am Atlantik gehört; der wunderschöne, 8 km lange Sandstrand erstreckt sich vom östlichen Vorort *Pornichet* bis zum westlichen *Le Pouliguen* und ist von Pinienhainen gesäumt.

Nach **Le Croisic,** 27 km Richtung Westen über die Straßen D 92 und D 45. 17 km, *La Baule,* siehe oben. – 24 km, **Batz-sur-Mer** (2.591 Ew), das rund um die gotische Kirche *St-Guénolé* (15.–16. Jh.) angelegt ist; 60 m hoher Glockenturm aus dem Jahr 1677 (Aussicht). Seitlich liegen die Ruinen der gotischen Kapelle *Notre-Dame-du-Mûrier.* – Entlang der Grande Côte geht es rund um die Pointe du Croisic. – 27 km, **Le Croisic** (4.365 Ew), ein Fischereihafen und Badeort mit einem kleinen *Schiffahrtsmuseum* im Hôtel de ville aus dem 17. Jh.

SAINT-OMER (6 C1)

Nord-Pas de Calais; Pas-de-Calais, 17.988 Ew, 21 m. – Industriestädtchen im Artois, an der Aa, im Zentrum eines fruchtbaren Landwirtschaftsgebietes; das Stadtbild zeichnet sich durch flämischen Charakter aus.

Notre-Dame*. – Die ehemalige Kathedrale ist ein großer gotischer Bau aus dem 13.–15. Jh. mit einem eindrucksvollen quadratischen Fassadenturm aus dem Jahr 1499 und einem schönen Portal aus dem 13. Jh. an der rechten Seitenfront; am Trumeaupfeiler Madonnenstatue und im Tympanon Jüngstes Gericht. Das dreischiffige Innere mit elegantem Triforium, Querhaus und Umgangschor mit Radialkapellen beeindruckt durch seine mächtigen Ausmaße (100 × 53 m); die Seitenschiffe sind von den Seitenkapellen durch eine Schranke aus polychromem Marmor aus dem 17. Jh. abgetrennt. Im dritten Joch des Mittelschiffs, rechts, Marmorgrabmal von Eustache de Croy* (gest. 1538), Bischof von Arras, von Jacques Dubrœucq, und links Grabmal von St-Omer aus dem 13. Jh.; am Beginn des rechten Schiffs polychromer Grabstein aus dem 15. Jh. und Grablegung* von P. P. Rubens (1612); im linken Querhaus der sogenannte Grand Dieu de Kérouanne, eine Plastik aus dem 13. Jh. (Christus zwischen Maria und Hl. Johannes); an der Chorschranke Ex-voto von Sidrach de Lalaing (1533) und von Jean de Limbourg (15. Jh.).

Von der Kathedrale führt die Rue H. Dupuis zum Musée Henri Dupuis *(Öffnungzeiten: 10–12 und 14–18 Uhr; Mo und Di geschl.; Eintrittsgebühr),* das Naturgeschichte und flämischer Volkskunde gewidmet ist, und dann weiter bis auf die Place Victor Hugo im Stadtzentrum. Östlich, in der Rue Carnot 14, in einem schönen Gebäude aus dem Jahr 1776, ist das **Musée Sandelin** untergebracht *(Öffnungszeiten: 10–12 und 14–17 oder 18 Uhr; Mo und Di geschl.; Eintrittsgebühr):* im Erdgeschoß archäologische Funde, Plastiken und mittelalterliches Kunstgewerbe (Kreuzfuß von St-Bertin aus dem 12. Jh.), flämische und holländische Gemälde vom 15. bis 17. Jh. und französische Meister aus dem 18. Jh.: Nattier, Greuze, Fragonard; im ersten und zweiten Stock Heimatgeschichte und Keramiksammlung. – Rechts trifft man auf die gotische Kirche *St-Denis* mit einem Chor aus dem 15. Jh. und im 18. Jh. erneuertem Langhaus; im linken Schiff ein Letztes Abendmahl aus der Schule der Della Robbia und ein Christus aus Alabaster von J. Dubrœucq (16. Jh.). Links von der Kirche befindet sich die schöne barokke (1615–1629) *Kapelle des ehemaligen Jesuitenkollegs* (heute Schule). Die lange Rue St-Bertin führt Richtung Norden zu den Ruinen der Abteikirche *St-Bertin* aus dem 14.–16. Jh.

UMGEBUNG – Nach **Aire** (10.012 Ew, 22 m), 18 km Richtung Südosten über die Straße N 43, einem Städtchen an der Lys. Auf der zentralen Grand-Place befinden sich das *Hôtel de ville* aus dem 18. Jh. und der *Bailiage**, ein Renaissance-Palais aus den Jahren 1599–1603 mit flämischen ornamentalen Plastiken. In der Nähe erhebt sich die gotische Kirche *St-Pierre* aus dem 15.–16. Jh., die im 18. Jh. verändert wurde; der beherrschende wuchtige Turm stammt aus dem 16.–18. Jh. – 12 km südlich von Aire, ebenfalls an der Straße N 43, liegt **Lillers** (9.498 Ew, 29 m) mit der romanischen Kirche *St-Omer* aus dem 12. Jh.; in der Apsiskapelle Kruzifix aus dem 12. Jh.

Zum **Wald von Eperlecques,** 15 km Richtung Nordwesten, wo die deutschen Truppen 1943–1944 das größte *Blockhaus* der Welt errichteten, das als Abschußbasis für die V2-Raketen gegen England geplant war; infolge von Angriffen und Sabotage konnte die Basis nie in Betrieb gehen *(Besichtigung im Sommer tägl.; Eintrittsgebühr).*

Nach **Cassel** (2.220 Ew, 175 m), 23 km Richtung Nordosten über die Straße D 933; ein Ort am Gipfel eines Hügels, der die liebliche Ebene des Nordens beherrscht. Das flämische Stadtbild bestimmen Palais aus dem 17. bis 18. Jh., die aus bunt bemalten Ziegeln errichtet wurden, und einige barocke Kirchen. Auf der Grande-Place liegen die gotische Kollegiatskirche *Notre-Dame* aus dem 14. Jh. und das schöne *Hôtel de la Noble Cour** aus dem 16.–17. Jh., Sitz des MUSEUMS *(Öffnungszeiten: Juni–Sept. 14–18 Uhr; Eintrittsgebühr),* das vor allem wegen der mit flämischen Möbeln ausgestatteten Innenräume interessant ist.

SAUMUR (**10** C2)

Pays de la Loire; Maine-et-Loire, 33.953 Ew, 30 m. – Bezaubernde Stadt im Anjou, am linken Ufer der Loire, die hier eine Insel bildet; auf einem Hügel erhebt sich beherrschend das Schloß. Saumur ist berühmt für seine Schaumweine, die Zucht-Champignons und seine Kavallerie-Schule.

Schloß*. – *Öffnungszeiten: 9–11.30 und 14–17 oder 19 Uhr; im Winter Di geschl.; Besichtigung nur mit Führung.* Es erhebt sich hoch über der Loire auf einem Hügel und ist von Basteien und Gräben aus dem 16. Jh. umschlossen. Das Hauptgebäude entstand im späten 14. Jh. über einem älteren Vorgängerbau und wurde im Inneren im 15. Jh. verändert. Im 17. Jh. stürzte der Westflügel der trapezförmigen Anlage ein. An den Ecken und am Eingang erheben sich polygonale Türme. Man betritt den Arkadenhof mit Blick auf die Loire. Die Räume im *ersten Stock* beherbergen das MUSÉE DES ARTS DÉCORATIFS: Kunstgewerbe aus Mittelalter und Renaissance, Emails aus Limoges aus dem 12.–13. Jh., französische Keramiken aus dem 17. und 18. Jh. (Nevers, Rouen), Plastiken, Möbel, französische Tapisserien aus dem 16.–18. Jh. – Im *zweiten Stock* ist das MUSÉE DU CHEVAL eingerichtet; die einzigartige Sammlung umfaßt Sättel, Zaumzeug, Hufbeschläge und andere Gegenstände der Pferdezucht. Von der Bausubstanz des Schlosses sind ferner die Ehrentreppe aus dem 14. Jh. am Nordrand des Nordostflügels, der 65 m tiefe Brunnen und eine zweite Treppe, die von König René erbaut wurde (15. Jh.), sehenswert.

Saumur: Schloß

Notre-Dame-de-Nantilly. – Die Kirche, die sich im Süden vom Schloß beim Spital erhebt, bewahrt aus der Romanik noch die Apsis, während gotisches Langhaus und Querschiff aus dem 15. Jh. stammen. Im Inneren prachtvolle **Tapisserien**** aus dem 16. und 17. Jh. (aus dem Loire-Tal, Tournai, Flandern, Brüssel, Aubusson).

Hôtel de ville. – Das Rathaus auf der Place de la République ist ein schönes Gebäude aus dem frühen 16. Jh., im Übergangsstil von Gotik zu Renaissance, mit Ecktürmchen und Zinnenbekrönung. Der Platz öffnet sich zur Loire, über die, weiter flußaufwärts, der lange *Pont Cessart* aus dem Jahr 1768 gespannt ist. Hinter dem Hôtel de ville liegt die frühgotische Kirche **St-Pierre** aus dem 12. Jh. mit einer Fassade aus dem 17. Jh. Im einschiffigen Inneren Tapisserien* aus der ersten Hälfte des 16. Jhs.

In der École nationale d'équitation (1768 gegründet), auf der Place du Chardonnet, befindet sich das Musée de la Cavalerie *(Besichtigung auf Anfrage)*, ein Museum der Reiterei. Etwas weiter beherbergt das **Musée des Blindés** rund 150 gepanzerte Fahrzeuge aus den Jahren 1918–1945 *(Öffnungszeiten: 9–11.30 und 14–17.30 Uhr)*.

Umgebung – Nach **Cunault**, 12,5 km Richtung Nordwesten über die Straße D 751; ein Dorf am linken Loire-Ufer mit der beachtenswerten romanischen Kirche *Notre-Dame** aus dem 12. Jh. (nur die ersten drei Langhausjoche stammen aus dem 13. Jh.). Teilweise befestigte Fassade mit schönem Portal (im Tympanon Madonna mit Kind) und schönem quadratischem Glockenturm an der linken Seite. Im dreischiffigen Inneren mit Umgangschor Bündelpfeiler mit 223 wundervollen Kapitellen** (12. Jh.), die teilweise noch die originale Färbelung besitzen, und Freskenfragmente aus dem 13. Jh. in den Schiffen und in den Chorumgangskapellen. Links vom Chorumgang polychrome Steinpietà aus dem 16. Jh. und rechts hölzerne Reliquientruhe des St-Maxenceul aus dem 13. Jh.

Nach **Montreuil-Bellay*** (4.321 Ew, 54 m), 16 km Richtung Südwesten über die Straße N 147, einem Ort am Thouet, an dessen Ufer sich beherrschend die **Burg** *(Öffnungszeiten: 9–12 und 14–18 oder 19 Uhr; Di geschl.; Eintrittsgebühr; Besichtigung nur mit Führung)* mit Burggraben und Befestigungsmauern mit halbkreisförmigen Türmen erhebt. Die Anlage besteht aus drei Baukörpern: dem *Châtelet* (13.–15. Jh.), das den Eingangsflügel bildet; dem *Château-Neuf* (15. Jh.), flankiert von zwei Rundtürmen, mit schönen Innenräumen und einer freskierten Kapelle; dem *Petit-Château* (15. Jh.), bestehend aus vier unabhängigen Wohneinheiten, von denen jede einen Treppenturm und eine große Küche besitzt. Der Mauerring umschließt auch die Kirche *Notre-Dame* aus dem 15. Jh., die einst als Burgkapelle diente. Im Ort liegt zwischen zwei Quadertürmen die *Porte St-Jean*, die zu den Befestigungsmauern der Siedlung gehörte. – 7,5 km nordwestlich, rechts von der Straße D 761, liegen die malerischen Ruinen von der im Jahre 1129 gegründeten **Abtei von Asnières.** Von der Kirche haben sich das Querhaus (12. Jh.) und der wunderschöne gotische Chor* (1220), ein Meisterwerk gotischer Baukunst aus dem Anjou, gut erhalten. – 7,5 km westlich, an der Straße D 77, liegt der Ort **Le Puy-Notre-Dame** (1.516 Ew, 76 m): Kirche *Notre-Dame* aus dem 13. Jh., ein Hauptwerk gotischer Architektur im Anjou, mit einem Glockenturm aus dem 16. Jh. und am Maria-Himmelfahrts-Altar von F. Boucher (1620) Reliquie des Gürtels der Madonna, in Wirklichkeit ein orientalischer Stoff aus dem 12. Jh.

Nach **Fontevraud-l'Abbaye*** (80 m), 15,5 km Richtung Südosten über die Straße D 147. – 11 km, **Montsoreau** (454 Ew, 36 m), ein Dorf an der Loire, dessen **Schloß*** aus dem 15. Jh. sich im Fluß spiegelt *(Öffnungszeiten: 10–12 und 14–18 Uhr; Eintrittsgebühr)*. Im Inneren ist das Musée des Goums eingerichtet, das der Eroberung Marokkos gewidmet ist. – 15,5 km, **Fontevraud** (1.850 Ew, 80 m), bekannt für seine im Jahr 1099 gegründete **Abtei*** *(Öffnungszeiten: 9 oder 10–12 und 14–16 oder 18 Uhr; Eintrittsgebühr; Besichtigung nur mit Führung)*. Besichtigt werden kann die schöne romanische (1119) Abteikirche *Ste-Marie**, die zu Beginn dieses Jahrhunderts restauriert wurde. Den einschiffigen Raum auf wuchtigen Pfeilern mit skulptierten Kapitellen überwölben vier Pendentivkuppeln; entlang der Wände verlaufen Arkaden, der Chor ist von seinem Umgang durch hohe Säulen getrennt. Im rechten Querschiff befinden sich die vier *Grabdenkmäler** mit polychromen Liegefiguren von den englischen Plantagenets: Isabelle von Angoulême (gest. 1245 in Fontevraud), Richard Löwenherz (gest. 1199), Eleonora von Aquitanien (gest. 1204 in Fontevraud) und Heinrich II. (gest. 1189). Rund um den *Renaissance-Kreuzgang* (16. Jh.) liegen der zweischiffige *Kapitelsaal* mit Fresken von Thomas Pot aus dem Jahr 1570 und das große einschiffige *Refektorium.* Die *Küche**, auch Tour d'Evraud genannt, aus dem 12. Jh., ist ein einzigartiges Kulturdenkmal: sie hat achteckigen Grundriß und besitzt fünf Feuerstellen und Kamine mit spitzen Abschlüssen. Außerhalb der Abteianlage befindet sich die von Holzgängen umsäumte Kirche *St-Michel* aus dem 13.–15. Jh., die mehrere Kunstschätze aus dem 15. und 16. Jh. birgt.

Nach **Thouars** (11.913 Ew, 87 m), 38 km Richtung Süden über die Straße N 147; ein Städtchen auf einem Felssporn am Thouet. Im Ortszentrum liegt die Kirche *St-Médard* aus dem 12.–15. Jh., deren Fassade aus dem 12. Jh. mit feindekorierten Arkaden und schönem Relief-Portal (Christus und Engel) an jene der Kirche von Poitiers erinnert. Im Südteil des Städtchens, in beherrschender Lage über dem Fluß, liegt das *Schloß* aus dem 17. Jh., dem die spätgotische *Ste-Chapelle* aus dem 16. Jh. vorgelagert ist; schöne Fassade mit oberer Galerie im Renaissance-Stil. – 13 km südöstlich, über die Straßen D 759 und D 162, liegt **Oiron** (800 Ew, 85 m) mit einem Schloß *(Öffnungszeiten: 9 oder 10–12 und 14–16 oder 18 Uhr; Di geschl.; Eintrittsgebühr)* aus dem 16.–18. Jh., das einst der Familie Gouffier gehörte. Schön ist der Renaissance-Flügel mit Arkaden, in dessen erstem Stock eine prachtvolle Galerie mit 14 Fresken von Noël Jallier, einem Vertreter der Schule von Fontainebleau (1594), liegt. In der nahen *Kirche*, der ehemaligen Schloßkapelle, befinden sich die Grabdenkmäler der Familie Gouffier aus dem 16. Jh.

SEMUR-EN-AUXOIS* (13 A1)

Bourgogne; Côte d'Or, 4.619 Ew, 290 m. – Malerisches Städtchen in Burgund, an einer Schleife des Armançon, dessen befestigte Altstadt auf einem Felssporn liegt.

Veranstaltungen – Am 31. Mai jeden Jahres findet das älteste französische Pferderennen, die *Course de la Bague*, statt.

Notre-Dame*. – Im Zentrum des Ortes erhebt sich diese schöne gotisch-burgundische Kirche aus dem 13. Jh., die von Viollet-le-Duc in den Jahren 1844–1864 restauriert wurde. Zweiturmfassade aus dem 14. Jh. mit Portikus aus dem 15. Jh.; der Statuenschmuck der Portale ist weitgehend verlorengegangen; am Portal des linken Querhauses haben sich Reliefs aus dem 13. Jh. erhalten (Szenen aus dem Leben des Hl. Thomas); wunderschöner eleganter Chorschluß* mit drei polygonalen Kapellen mit konischen Dächern. Dreischiffiges schmales INNERES, dessen Umgangschor mit Emporen ein Beispiel reinster frühgotischer Architektur darstellt; besonders schön ist der mittlere Schlußstein der Wölbung, der die Krönung Mariens darstellt. In der Apsis Glasfenster aus dem 13. Jh.; links vom Altar Polyptychon aus dem Jahr 1554 mit Wurzel Jesse; am Ende des linken Schiffs Ziborium aus dem 15. Jh.; in der fünften Kapelle links Holzstatue der Hl. Anna (16. Jh.) und in der zweiten Kapelle bemalte Grablegungsgruppe aus dem späten 15. Jh. aus der Werkstatt von Claude le Moiturier.

Befestigungen. – Der Felssporn, auf dem die Altstadt liegt, war einst von mächtigen Mauern aus dem 13.–15. Jh. umgeben; erhalten haben sich Abschnitte der Befestigungen mit Türmen am Westrand, die auf einem wunderschönen Spazierweg besichtigt werden können. An der Ostseite ging der Mauerring verloren; zu sehen ist nur noch das Stadttor, die *Porte de Sauvigny,* aus dem 14. Jh. mit ihren zwei Ecktürmchen. Im Zentrum der Befestigungsanlage erhob sich das *Château* aus dem 12.–14. Jh., das im Jahre 1602 weitgehend zerstört wurde; erhalten haben sich die vier mächtigen runden Ecktürme, deren größter, die *Tour de l'Orle d'Or* (die Zinnen waren einst mit Blei überzogen), das archäologische und volkskundliche MUSEUM *(Eintrittsgebühr)* beherbergt. Vom *Pont Joly* schöner Blick* auf die Mauern und Türme der Stadt.

Musée. – *Öffnungszeiten: Juli und Aug. Mi und Fr 14.30–18.30 Uhr; Eintrittsgebühr.* Das Museum liegt in der Rue J. J. Collenot und umfaßt Abteilungen für Geologie, Naturgeschichte, Archäologie, Malerei (drei Bildnisse von C. Corot), gotisch-burgundische Plastik (13.–15. Jh.) und Arbeiten von Dumont (Originale und Kopien).

SENLIS* (6 C3)

Ile-de-France; Oise, 14.387 Ew, 76 m. – Altes malerisches Städtchen mit mittelalterlichem Ortsbild, am rechten Nonette-Ufer inmitten prachtvoller Wälder gelegen und vor allem für seine Kathedrale berühmt. Die von den Römern gegründete Stadt *(Rotomagus)* war seit Chlodwig Residenz der Karolinger und im Jahr 987 wurde hier Hugue Capet zum König gekrönt. Die Stadt erlitt während beider Weltkriege schwere Schäden. *Ausführliche Beschreibung siehe Kümmerly + Frey Reiseführer Paris und Umgebung.*

Notre-Dame.** – Prachtvolle gotische Kirche aus dem 12.–13. Jh. mit einigen Ergänzungen aus dem 16. Jh. Besonders schönes *Mittelportal**, dessen plastischer Schmuck der Madonna gewidmet ist (spätes 12. Jh.). Die Stirnwände der Querhäuser stammen aus dem 16. Jh. Elegantes dreischiffiges INNERES mit Querhaus und tiefem Umgangschor mit Radialkapellen. Die Emporenzone gehört zu den schönsten Frankreichs.

Sehenswert sind in der Straße außerdem: die Kirche **Saint-Pierre*** aus dem 11. und 16. Jh., das **Château Royal*,** einst königliche Residenz, die guterhaltenen gallo-römischen **Stadtmauern*,** das in einem malerischen Gebäude aus dem 16. Jh. eingerichtete MUSÉE DU HAUBERGIER, die *Abtei Saint-Vincent* aus dem 18. Jh. und das *Amphitheater.*

UMGEBUNG – Lohnend ist der Ausflug (8,5 km über die Straße D 330) zur **Abtei von Châalis*:** heute besteht sie aus den malerischen Ruinen der Abteikirche, einem Park und einem sehenswerten Museum.

SENS (12 D1)

Bourgogne; Yonne, 27.900 Ew, 69 m. – Historische burgundische Stadt am rechten Ufer der Yonne; die von Alleen, die die Stelle der einstigen Befestigungsanlagen einnehmen, umsäumte Altstadt wird städtebaulich von der Kathedrale beherrscht. Sens war im Mittelalter ein wichtiges religiöses Kunst- und Kulturzentrum.

Kathedrale St-Étienne.** – Sie ist die älteste gotische Kathedrale im Norden Frankreichs, wurde im Jahre 1130 begonnen und 1160 vollendet; im Jahre 1490 wurde das Querhaus angefügt. Die Fassade gliedern wuchtige Strebepfeiler; über den drei Portalen öffnen sich große Fenster, den oberen Abschluß bildet eine zweizonige Galerie (die Statuen in der oberen sind eine moderne Zutat). Von den beiden Türmen wurde nur der rechte im Jahr 1535 vollendet. Plastiken aus dem späten 12. Jh. (teilweise verstümmelt) schmücken das große mittlere Doppelportal (seitlich die Klugen und die Törichten Jungfrauen; in den Archivolten Engel und Heilige; im Tympanon Szenen aus dem Leben des Hl. Stephanus) und das linke Portal (Szenen aus dem Leben Johannes des Täufers im Tympanon); die Plastiken am rechten Portal (Propheten in den Archivolten; Madonna im Tympanon) stammen erst aus dem frühen 14. Jh. An den Stirnwänden des Querhauses öffnen sich zwei prachtvolle spätgotische Portale*, die von Martin Chambiges im späten 15. Jh. entworfen wurden.

Großes dreischiffiges INNERES (113,5 m lang und 24,40 m hoch) auf Pfeilern und gekoppelten Säulen mit Querhaus und Umgangschor; über den Langhausarkaden verläuft ein Triforium. Im Mittelschiff, das ein sechsteiliges Gewölbe überspannt, am 3. Pfeiler links *Denkmal und Altar der Salazar** aus Stein aus dem Jahre 1515. Im rechten Schiff hölzernes Kruzifix aus dem 13. Jh.; im dritten Joch schönes Glasfenster aus dem Jahr 1530. An den Stirnwänden des Querhauses Glasfenster von 1500–1516. Den Chor grenzt eine schöne schmiedeeisene Schranke aus dem Jahr 1678 ab; den Hochaltar schuf Servandoni (1742); in der Apsis wunderschöne Glasfenster* aus dem 13. Jh. Im Umgangschor, von rechts beginnend: 1. Kapelle, Marmor-Madonna eines burgundischen Meisters aus dem Jahr 1334; 4. Kapelle, Glasfenster von 1530; 5. Kapelle, Glasfenster aus dem 13. Jh.; 6. Kapelle, Grabmal des Dauphins, des Sohnes von Ludwig XV. und Vaters von Ludwig XVI., von G. Coustou d. J. (1777). Die Öffnungen im linken Arm des Chorumgangs schmücken wertvolle Glasfenster* aus dem 12. Jh. – Rechts im Chorumgang Zugang zum **Kirchenschatz*** *(Öffnungszeiten: 10–12 und 14–17 Uhr; Di geschl.; Eintrittsgebühr). Saal 1:* Anbetung der Könige, Seiden- und Goldtapisserien aus dem späten 15. Jh.; Kirchengewänder des Hl. Thomas von Canterbury (12. Jh.); kultische Gegenstände und Kirchengewänder ab dem 8. Jh.; Notre-Dame-de-Piété, Tapisserie aus dem 16. Jh. – *Saal 2:* Tapisserie der Drei Krönungen* aus dem späten 15. Jh.; Silberziborium aus dem 12. Jh.; Stoffe vom 5.–14. Jh.; Ste-Châsse, Elfenbeinarbeit aus dem 10. Jh.

Officialité. – *Öffnungszeiten: 9–12 und 14–18 Uhr im Sommer; 10–12 und 14–16 Uhr im Winter; Di geschl.; Eintrittsgebühr.* Das schöne gotische Gebäude rechts von der Kathedrale stammt aus dem 13. Jh. Den Außenbau gliedern Strebepfeiler, Baldachine mit Statuen, prachtvolle gekoppelte Biforenfenster und Oculi. Im ersten Stock befindet sich die Salle Synodale, ein spitzbogengewölbter Raum, der heute für Ausstellungszwecke dient.

Dahinter, am Garten gegenüber der Südfront der Kathedrale, liegt das *erzbischöfliche Palais* aus dem 16. Jh.

Musée Municipal. – *Öffnungszeiten: 9–12 und 14–17 oder 18 Uhr; Di geschl.; Eintrittsgebühr.* Eingerichtet im Hôtel Vezou aus dem 16. Jh., in der Rue Rigault 5. *Erdgeschoß:* prähistorische Sammlung und reiches gallo-römisches Lapidarium (Inschriften, Relief- und Mosaikfragmente). – *Erster Stock:* Gemälde aus dem 17. und 18. Jh.: Teniers d. J., G. Reni, S. Rosa, Canaletto, Monticelli, Murillo; außerdem Erinnerungsstücke an Napoleon und seine Zeit. – Links vom Museum liegt die gotische Kirche *St-Pierre-le-Rond* aus dem 12.–16. Jh.; im Inneren Schranken und Hochaltar aus dem 17. Jh.

UMGEBUNG – Zur **Burg von Fleurigny,** 15 km Richtung Nordosten über die Straße D 939 *(Öffnungszeiten: von Ostern bis Okt. 14–18 Uhr; Eintrittsgebühr);* eine mächtige Festung aus dem 14. Jh. mit Burggraben und runden Ecktürmen, die im 16. Jh. verändert wurde: aus jener Zeit stammen der elegante Bau im Inneren und die Kapelle mit großen Glasfenstern* von Jean Cousin und zwei Tafelbildern aus dessen Werkstatt.

Nach **Troyes** (113 m), 65 km Richtung Nordosten über die Straße N 60. 24 km, **Villeneuve l'Archevêque** (1.320 Ew, 111 m): gotische *Kirche* mit prachtvollem Skulpturenportal* aus dem 13. Jh. und schiefergedecktem Glockenturm; im Inneren, rechts, Grablegungsgruppe aus dem Jahr 1528. – 37 km, **Villemaur-sur-Vanne** (442 Ew): in der *Kirche* aus dem 13.–16. Jh. hat sich ein wunderschöner geschnitzter Lettner* (Passions- und Marienlebensszenen) von Thomas und Jacques Guyon aus Troyes (1521) erhalten. – 65 km, *Troyes,* siehe dort.

SOISSONS* (6 D3)

Ile-de-France; Aisne, 32.112 Ew, 55 m. – Alte Stadt in der Picardie am linken Aisne-Ufer, in einem landwirtschaftlich genutzten hügeligen Gebiet; die an Baudenkmälern reiche Stadt war vor allem in römischer Zeit *(Augusta Suessionum)* und im Hochmittelalter bedeutend; im Ersten Weltkrieg erlitt sie schwerste Zerstörungen. *Ausführliche Beschreibung siehe Kümmerly + Frey Reiseführer Paris und Umgebung.*

Kathedrale*. – Prachtvolles Beispiel französischer Gotik, im 12. Jh. begonnen (rechtes Querhaus), im 13. Jh. in Chor und Langhaus vollendet; im 14. Jh. entstanden noch die Fassade und die linke Stirnwand des Querhauses. Dreischiffiges harmonisches Inneres auf Rundpfeilern mit Querhaus und tiefem Umgangschor mit Radialkapellen. Im Chor schöne *Glasfenster** aus dem 13.–14. Jh. Aus dem 14. Jh. stammt auch die Fensterrose an der Fassade.

Saint-Jean-des-Vignes*. – *Öffnungszeiten: 10–12 und 14–17 Uhr; Di geschl.; Besichtigung nur mit Führung; Eintrittsgebühr.* Die Kirche gehörte zu einer im Jahre 1805 zerstörten Johanniterabtei. Von der Kirche aus dem 13.–14. Jh. hat sich nur die schöne Fassade erhalten. –

Sehenswert sind auch die beiden *Kreuzgänge* und vor allem das **Refektorium*** aus dem 13. Jh.

STRASSBURG** (Strasbourg) (8 D3)

Alsace; Bas-Rhin, 252.200 Ew, 139 m. – Regions- und Département-Hauptstadt; lebendige schöne Stadt im Elsaß, in schöner Lage in der fruchtbaren Ebene am Zusammenfluß von Ill und Rhein, reich an Kunstschätzen und kulturellen Traditionen (Universität); wichtiges Handels- und Industriezentrum und wichtigster Binnenhafen in Frankreich. Die seit jeher als Mittlerin zwischen Ost und West und zwischen Süd und Nord verstandene Stadt wurde aus dieser historischen Bedeutung heraus zum Sitz des Europarates erwählt.

VERANSTALTUNGEN – Anfang September Internationale Messe und im Juni Musik-Festival.

Geschichte. – Die römische Festung *(Argentorata)* wurde von den Barbaren zerstört und entstand im 7. Jh. unter der Bezeichnung *Stratzeburc* aufs neue. Bei der Teilung des Heiligen Römischen Kaiserreiches zwischen Karl dem Kahlen und Ludwig dem Deutschen (842), die in Straßburg entschieden wurde, kam die Stadt an das deutsche Kaiserreich, bei dem sie auch beinahe ein Jahrtausend lang bleiben sollte. Die zugestandenen Freiheiten führten im Jahre 1334 zur Gründung einer freien demokratischen Republik. Straßburg war eine der ersten Städte, die dem Protestantismus die Tore öffnete. Im Jahre 1681 nahm Ludwig XIV. die Stadt ein. Von 1870 bis 1918 gehörte sie wieder zu Deutschland und am 23. November 1944 wurde sie nach vierjähriger deutscher Besetzung endgültig von den Franzosen befreit. Seit 1949 ist Straßburg Sitz des Europarates und seit 1979 des Europäischen Parlaments.

1 DIE ALTSTADT

Place Kléber (C2). – Der große Platz öffnet sich im Herzen der Stadt. In der Mitte erhebt sich eine *Bronze-Statue* (1840) des napoleonischen Generals Kléber (1753–1800). An der Nordseite liegt die sogenannte *Aubette*, ein rötlicher Gebäudekomplex von Blondel (1765–1771), der bis 1918 Hauptwache war.

Place Gutenberg (D3). – Der Platz öffnet sich an der Kreuzung der beiden wichtigsten Verkehrsadern aus der Römerzeit; beherrschend das *Gutenberg-Denkmal* von David d'Angers (1840), zur Erinnerung an die erste, im Jahre 1440 hier eröffnete Druckerei. Rechts liegt die heutige **Chambre de Commerce** (Handelskammer), ein schöner zweigeschossiger Renaissancebau mit Erdgeschoßarkaden und hohem Mansardendach; im Inneren eine Auskunftsstelle des Syndicat d'Initiative (Fremdenverkehrsamt). Gegenüber der Fußgängerzone, der *Rue Mercière*, an deren Ecke zur Rue du Vieux-Marché-aux-Poissons schöne

Straßburg: Kammerzellsches Haus

Häuser aus dem 16. Jh. liegen, prachtvoller Blick* auf die Fassade des Münsters.

Place de la Cathédrale* (D3). – Herz des alten Straßburg, umsäumt von schönen alten Häusern und beherrscht von der Kathedrale. Auf Nr. 16 liegt das **Kammerzellsche Haus*** (Maison Kammerzell) aus dem 15.–16. Jh., das schönste Wohnhaus der Stadt, dessen dreistöckige Fachwerkfassade über und über mit prächtigen Schnitzereien geschmückt ist.

Münster Unserer Lieben Frau** (C-D3; *Cathédrale Notre-Dame*). – Eines der wertvollsten Beispiele gotischer Baukunst. Über einem mächtigen romanischen Vorgängerbau wurde ab 1176–1190 der gotische Neubau begonnen; in den Jahren 1240–1275 führte man das Langhaus auf; Erwin von Steinbach errichtete in den Jahren 1275–1318 die Fassade; der weitere Bauvorgang war schleppend, und erst im Jahre 1778 schritt man zur Vollendung. Die elegante Zweiturmfassade mit reichem Maß- und Stabwerkschmuck zeichnet sich durch drei Portale, eine mittlere Fensterrose und eine abschließende Galerie mit (modernen) Prophetenstatuen aus; der 142 m hohe linke Turm mit achteckigem Mittelbau wurde 1419 vollendet, der spiralförmige Maßwerkabschluß stammt aus dem Jahr 1439. Die drei tiefen Trichterportale zeigen prachtvollen Skulpturenschmuck. Am mittleren Doppelportal* im Tympanon vier Relieffelder aus dem 13. Jh. (die obere Zone ist erneuert) mit Szenen aus Passion,

STRASSBURG 1 : 15 000 (1cm=150m)

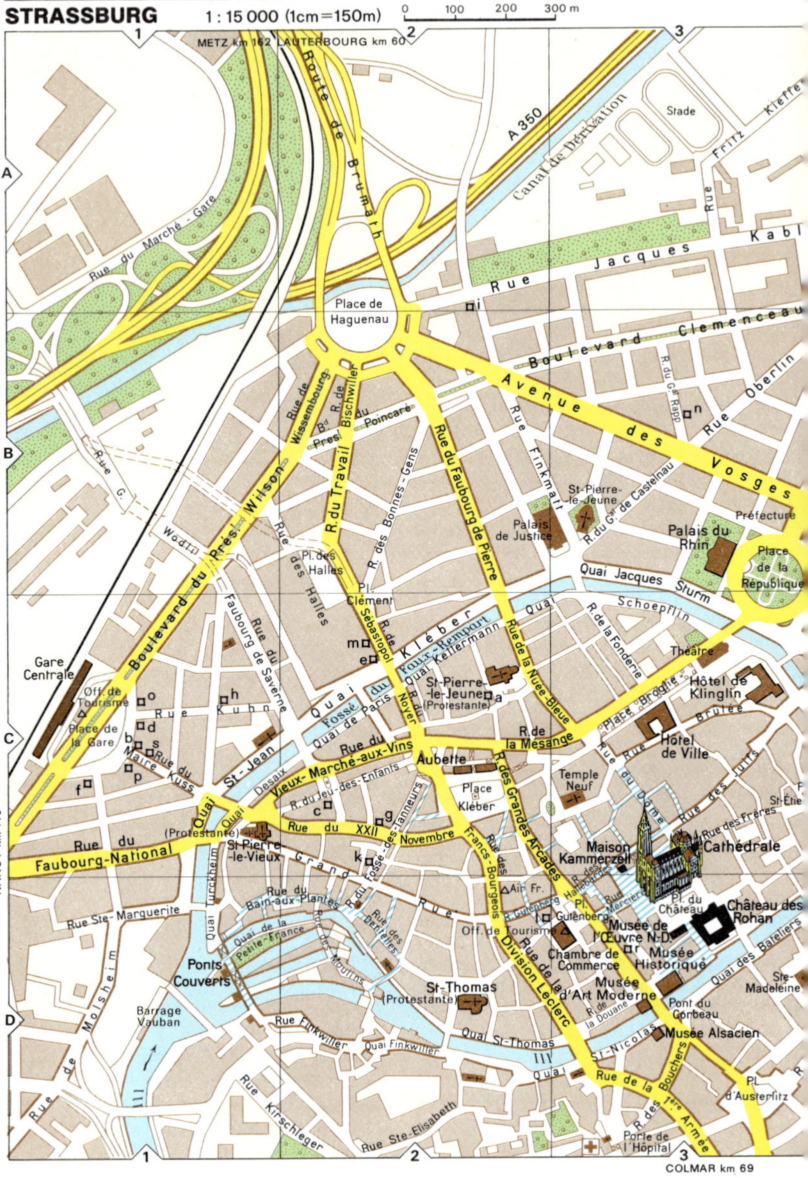

Auferstehung und Himmelfahrt Christi; in den Archivolten (erneuert) Szenen und Personen aus der Heilsgeschichte; am Gewände ausdrucksvolle Prophetengestalten aus dem 13.–14. Jh.; im Giebelfeld 14 Löwen, die den Thron Salomons besteigen, und darüber Marienstatue (die Originale befinden sich in der Schatzkammer, siehe unten). Am rechten Portal erneuertes Tympanon und am Gewände die Klugen und die Törichten Jungfrauen*; am linken Portal ebenfalls erneuertes Tympanon und am Gewände prachtvolle Tugendstatuen aus dem 14. Jh. Die Stirnwand des südlichen Querhauses (rechts) gehört noch der romanischen Bauphase an; den oberen Abschluß bildet eine spätgotische Balustrade aus dem Jahr 1493; der plastische Schmuck* des Doppelportals gehört zu den schönsten Werken, die das 13. Jh. hervorbrachte: im Tympanon links Tod und rechts Krönung Mariens; am Gewände die Kopien der wundervollen Statuen von Ecclesia und Synagoge (die Originale in der Schatzkammer, siehe unten). Der Stirnwand des nördlichen Querhauses ist die spätgotische St.-

Laurentius-Kapelle (1505) vorgelagert; die Portalplastiken sind Kopien.
Strenges, dreischiffiges INNERES (103 × 16,5 × 32 m) mit Querhaus und halbkreisförmiger Apsis; der Chor ist über der romanischen Krypta erhöht. Im Mittelschiff Triforium und prachtvolle Glasfenster aus dem 13.–14. Jh.; links Orgelempore aus dem Jahr 1385; in der Mitte, am 4. Pfeiler links, spätgotische Kanzel aus dem Jahr 1485 von Hans Hammer. Bei besonderen Anlässen und im Mai und Juni schmücken die Pfeilerzwischenräume **14 Tapisserien*** (Szenen aus dem Marienleben), die von Kardinal Richelieu für die Kathedrale Notre-Dame in Paris in Auftrag gegeben worden waren; die Kartons schufen Simon Vouet und Philippe de Champaigne (1636). Am Ende des rechten Seitenschiffs (Glasfenster aus dem 14. Jh.) öffnet sich die Katherinenkapelle aus den Jahren 1331–1349 mit dem Epitaph des Stättmeisters Konrad Bock und seiner Frau (1480). Die beiden seitlichen Fenster der Apsis schmücken Glasfenster aus dem frühen 13. Jh.; das mittlere schuf Max Ingrand (1956), es ist ein Geschenk des

Europarates; an der Chortreppe befinden sich zwei Altäre aus dem 16. Jh.; am rechten Pfeiler geschnitzter und bemalter Flügelaltar* aus dem Jahr 1522. Im linken Querhaus spätgotisches Taufbekken aus dem Jahr 1453 und Ölberg-Gruppe von 1498. In der Johanneskapelle befinden sich das Wandgrab des Bischofs von Lichtenberg, das Epitaph des Konrad von Busang, Brustbilder der gekrönten Maria und eines Domherrn, signiert Nikolaus Gerhaert von Leyden. Die Glasfenster* im Querhaus und im linken Seitenschiff (Könige und Kaiser des Hl. Römischen Reiches) stammen aus dem 12.–13. Jh. Die Gewölbe des rechten Querhauses stützt der berühmte Engelspfeiler*, eine außergewöhnliche Weltgerichtsdarstellung, die der Ecclesiameister um 1225 schuf. Gegenüber befindet sich die **astronomische Uhr*** *(Öffnungszeiten: 12.15–12.30 Uhr; Eintrittsgebühr; Zugang von der Place du Château)* aus der zweiten Hälfte des 16. Jhs. und im Jahre 1842 perfektioniert; jeweils zur Mittagsstunde erscheinen vor dem segnenden Christus die zwölf Apostel, während links ein flügelschwingender Hahn dreimal kräht.

Place du Château (D3). – Der von beachtenswerten Gebäuden umsäumte Platz öffnet sich rechts des Münsters: von links nach rechts liegen: das ehemalige Jesuitenkolleg aus dem Jahr 1757, das Schloß und das Frauenhaus.

Münsterbauhaus und Frauenhausmuseum* (D3; *Musée de l'Œuvre Notre-Dame*). – *Öffnungszeiten: 10–12 und 14–18 Uhr; im Winter 14–18 Uhr und Di geschl.* Eingerichtet in zwei Giebelhäusern, einem gotischen aus dem Jahr 1347 und einem aus der Renaissance (1579–1585), sowie im angrenzenden *Hôtel du Cerf* aus dem 14. Jh. und mehreren kleinen Häusern aus dem 17. Jh. Die Sammlung ist der elsässischen Kunst vom Mittelalter bis zum Barock gewidmet.

ERDGESCHOSS. *Saal 2,* romanische Kunst: teilweise Rekonstruktion des kleinen Klosters Eschau aus dem 12. Jh.; Glasfenster aus Wissemburg* (Christuskopf), ca. 1070, zu den ältesten Frankreichs zählend. – *Saal 3:* Glasfenster aus dem 12.–14. Jh. – *Saal 5:* Astronomen-Statue* von Conrad Sifer (1493); Portalstatuen von St. Laurentius (frühes 16. Jh.) von Hans von Aachen. – *Saal 7,* Gotik: Statuen* aus dem 13. Jh. von den Portalen des Münsters. – *Saal 10:* Zeichnungen und Entwürfe aus der Dombauhütte vom 13.–14. Jh. – *Saal 11:* Plastiken aus dem Elsaß aus dem 14. Jh. – *Saal 13:* mittelalterliche Funde aus der Kathedrale. – Vom kleinen Garten des Hôtel du Cerf gelangt man in den ZWEITEN STOCK des gotischen Gebäudes. *Saal 14:* weitere Zeichnungen vom 15.–16. Jh., darunter auch ein Entwurf für den Mailänder Dom (1481). – *Säle 17–18:* Goldschmiedekunst, Elfenbeine, Tapisserien. – *Saal 20:* Glasfenster aus dem 15. Jh. – *Saal 21:* Tafelbild von Conrad Witz (Hl. Katharina und Hl. Magdalena*, ca. 1445); Tafelbilder von unbekannten Meistern aus dem Rheinland. – *Säle 22–23:* elsässische Plastik aus dem 15.–16. Jh. – *Saal 24:* elsässische Tafelbilder und Skulpturen aus dem 15. Jh. – *Saal 25:* Tafelbilder von Martin Schongauer (Verkündigung*) und Mathias Grünewald (vier Werke**); Skulpturen* von Nikolaus Gerhaert van Leyden. – Über eine schöne Treppe* von Ulberger (1580) gelangt man in den ERSTEN STOCK, der Kunst und Kunsthandwerk vom 15.–18. Jh. gewidmet ist. – *Saal 29:* Stiche aus dem 15.–16. Jh. – *Saal 30:* schöne Tafelbilder von Hans Baldung Grien und Bildnis* von Lukas Cranach. – *Säle 31–34:* Inneneinrichtungen vom 16.–18. Jh. – *Saal 35:* Werke von elsässischen Künstlern aus 17. und 18. Jh. – *Säle 36–38:* Kunsthandwerk aus dem Elsaß. – *Säle 39–42:* Keramiken und Glas von der Antike bis ins vorige Jahrhundert.

Rohan-Schloß* (D3; *Château des Rohan*). – *Öffnungszeiten wie oben; Eintrittsgebühr.* Die große harmonische Anlage wurde 1731–1742 von Massol nach Entwürfen von Robert de Cotte errichtet; der Auftraggeber, Kardinal Rohan-Soubise, Fürsterzbischof von Straßburg, schuf den Bau als Residenz für seine Nachfolger (alle aus derselben Familie), die ihn auch bis 1790 bewohnten. Am schönsten ist die der Ill zugewandte Südfront. – *Beginn der Besichtigung im Hof rechts.* Im Erdgeschoß befinden sich die Kardinalsappartements, die an Prunk königlichen Residenzen um nichts nachstehen. Die Ausstattung wurde Robert de Cotte anvertraut. Ausführende Kräfte waren Nahl und Paulé; beachtenswert sind vor allem der Bischofssaal, das Baldachin-Zimmer (Gobelins aus dem 17. Jh. und Gemälde von C. Parrocel) und der Sitzungssal. Die Bibliothek, ganz aus Marmor und Bronze, schuf Bernard Kocke (1741). In den anderen Räumlichkeiten sind drei Museen untergebracht: die *Gemäldegalerie,* das *Archäologische Museum* und das *Kunstgewerbemuseum.* Die **Gemäldesammlung**** (Musées des Beaux-Arts; derzeit in provisorischer Aufstellung) liegt im ersten und zweiten Stock. – Italiener und Spanier: Fragmente von Allegretto Nuzi und Simone Martini; Giotto (Kreuzigung**), Cesare da Sesto, Boltraffio, Veronese; G. G. Savoldo, Cariani, Marco Basaiti, Lorenzo di Credi, Piero di Cosimo (Madonna mit Kind und Hl. Johannes*; Prometeus*), Carlo Crivelli (Geburt Christi), Antonio Vivarini, F. Lippi, Botticelli (Madonna mit Kind und Engeln*), L. Lotto, Cima da Conegliano, Marco d'Oggiono, Sodoma, Genga, Palma il Vecchio; Correggio (Judith*), Paris Bordone, Bronzino, J. Bassano,

Tintoretto (Grablegung*), Magnasco, G. B. Tiepolo, A. Carracci, D. Tiepolo (die Madonna erscheint den Hl. Laurentius und Francesco di Paola*), L. Bassano, Guercino, Veronese, Guardi, El Greco (Mater Dolorosa*), Zurbarán, Murillo. – Flamen: Schüler des Rogier van der Weyden und des Hans Memling, Marmion (Christus*; Schmerzensmuttergottes), Meister der Halbfiguren (Geburt Christi*), G. David, van Heemskerk, Savery, Bruyn, van Ravenstein, van Cleve, Lukas van Leyden (die Verliebten*; Fortuna), Rubens (fünf Werke), Jordaens, van Dyck (Hl. Johannes; weibliches Bildnis*), Blumen-Brueghel, Kalff, van Huysum, J. Cuyp, Josse de Momper, S. van Ruisdael, E. de Witte, A. van Ostade, Molenaer, Berchem, Wouwermans, J. van Ruisdael, C. Netscher, Teniers d. J. (Spieler*), Boursse, Doomer, Pieter de Hooch (Spaziergang), van Goyen, van der Neer. – Franzosen und Spanier aus dem 17. und 18. Jh.: S. Vouet, Lorrain, Watteau, H. Robert, Lancret, Largillière, F. Boucher, Greuze, Vernet, Fragonard*, Oudry, Chardin, Goya (Bildnis*). – Moderne und Zeitgenossen: Delacroix, Chassériau*, C. Corot, Rousseau, Daubigny, G. Courbet, Degas, Pissarro, Sisley, De Segonzac, Manet, Renoir, Gauguin, Signac, Marquet, Vuillard, Dufy, de Vlaminck, Derain, Braque.

Das ARCHÄOLOGISCHE MUSEUM (Musée Archéologique) ist im Untergeschoß eingerichtet; in 22 Räumen sind keltische, römische (Skulpturen des Mitratempels in Königshofen), merowingische (Helm aus Baldenheim, 7. Jh.) und karolingische Funde ausgestellt, die die historische Entwicklung im Elsaß erläutern.

Das KUNSTGEWERBEMUSEUM (Musée des Arts Décoratifs) ist in den ehemaligen Stallungen eingerichtet und zeigt in 17 Sälen eine wichtige Keramiksammlung* von der Vorgeschichte bis zum 18. Jh. und vor allem mit Stücken aus der Straßburger Manufaktur Hannong (1721–1782); Elsässer Möbel und Straßburger Goldschmiedekunst des 18. Jhs.

2 DIE SÜDWESTLICHEN VIERTEL UND DIE AUSSENBEZIRKE

Pont du Corbeau (D3; *Rabenbrücke**). – Von hier wurden einst Verbrecher in die Ill geworfen, daher auch die Bezeichnung „Schindbrücke". Ganz in der Nähe, am linken Ufer, befindet sich der **Große Metzig** *(Grande Boucherie)*, der ehemalige Schlachthof, den Hans Schoch im Jahre 1587 entwarf. Heute ist in dem beachtenswerten Nutzbau aus der Renaissance das **Historische Museum** eingerichtet *(Öffnungszeiten: 10 bis 12 und 14–18 Uhr; Eintrittsgebühr)*, dessen 20 Räume die Entwicklung der Stadt vor allem ab der Mitte des 16. Jhs. dokumentieren: großes Modell der Stadt aus dem Jahre 1725, auf dem sämtliche Häuser genau nachgebildet sind; Waffen und Rüstungen; Uniformen; Fahnen; Stiche; Münzen und Dokumente. Gegenüber erhebt sich das Alte Zollhaus (Ancienne Douane), das aus dem Jahre 1358 stammt, aber mehrmals umgebaut wurde und heute das **Musée d'Art Moderne** *(Museum für moderne Kunst)* beherbergt *(Öffnungszeiten: 10–12 und 14–18 Uhr; Eintrittsgebühr):* Zeichnungen, Gemälde und Plastiken vom Impressionismus bis heute (Monet, Sisley, Degas, Renoir, Gauguin, Vuillard, Rodin, Klimt*, Dufy, Braque, Chagall, Utrillo, Klee, Arp*). Jenseits der Brükke, am Quai des Bateliers 1, befindet sich der *Gasthof zum Raben* (Hôtellerie du Corbeau) mit malerischem Innenhof, der bereits im Jahre 1528 als Herberge erwähnt wird und zahlreichen berühmten Persönlichkeiten Unterkunft bot. Rechts, am Quai St-Nicolas 23, in einem schönen Renaissancehaus, ist das **Elsässische Museum** zu sehen *(Musée Alsacien; Öffnungszeiten: 10–12 und 14–18 Uhr; Eintrittsgebühr)*, dessen 21 Räume dem Brauchtum und Kunsthandwerk im Elsaß gewidmet sind: Trachten, Spielzeug, Votivbilder, Inneneinrichtungen, Landwirtschaft und Weinbau.

St-Thomas (D2). – Mächtige gotische Kirche aus dem 13.–14. Jh., die heute als protestantisches Gotteshaus dient. Dem strengen Außenbau mit noch teilweise romanischen Reminiszenzen entspricht ein helles, dreischiffiges Inneres in Form einer Hallenkirche. Im Chor, an der Stelle des Hochaltars, Grabdenkmal des Marschalls Moritz von Sachsen* von Jean Baptiste Pigalle (1756–1777), das Ludwig XV. in Auftrag gab. An der Stirnwand des rechten Querhauses Portallunette aus dem 13. Jh. und Grabmal des Bischofs Adeloch aus dem 12. Jh. sowie an den Wänden mehrere Grabinschriften; außerdem die einbalsamierten Körper von Herzog Gustav Adolph von Nassau-Brunswick (gest. 1677) und seiner zwölfjährigen Tochter. Auf der Orgel aus dem 18. Jh. spielte Albert Schweitzer häufig.

Quartier Finkwiller* (D2). – Von der Kirche St-Thomas führen die Rue de la Monnaie und die Rue des Dentelles zur Place Benjamin-Zix am Eingang zum alten Handwerkerviertel „Klein-Frankreich" (Petite France), das heute weitgehend Fußgängerzone ist und sich durch gut erhaltene Fachwerkhäuser auszeichnet. Vom Platz folgt man der *Rue du Bain-aux-Plantes* (D1-2) mit ihren schönen alten, phantasievollen Gebäuden; kurz nach ihrem Beginn zweigt links die *Rue de la Petite-France* ab, deren Häuser sich im Kanal widerspiegeln. Der Kai endet bei den sogenannten **Gedeckten Brücken** *(Ponts couverts)*, die eigentlich nur eine einzige mehrbogige Brücke bilden und auch nicht überdacht sind, wie der Name vermuten ließe. „Deckung" bezieht sich vielmehr auf die ursprüngliche defensive Funktion, die heute noch an den Wachtürmen aus dem 14. Jh., die zu den städtischen Befestigungen gehörten, abgelesen werden kann. Am Quai Turkheim erhebt sich die *Tour du Burreau* aus dem 13.–14. Jh., die ebenfalls zu den Befestigungen gehörte. Südlicher liegt der *Barrage Vauban* (D1) aus dem 17. Jh.: schöner Gesamtblick auf die Brücke mit ihren Türmen vor dem Hintergrund des Münsters.

Alt-St. Peter (*St-Pierre-le-Vieux;* C1). – Die Kirche stammt aus dem 15. Jh.; im Jahre 1681 wurde sie zwischen Protestanten und Katholiken geteilt; erstere erhielten das Langhaus mit seinem einfachen Turm; der gotische, katholische Chor, wurde 1869 abgetragen und an seiner Stelle wurde eine neue Kirche erbaut. Im Chor werden 10 Tafelbilder* mit Passionsszenen aus der Schule Martin Schongauers aufbewahrt und im linken Schiff vier geschnitzte Relieftafeln mit Heiligenleben, die Veit Wagner zugeschrieben werden (1501). Rechts von der Kirche verläuft die *Grand'Rue* (C–D1–2), in der einander Fachwerkhäuser und klassizierende Palais aus dem 16.–18. Jh. abwechseln.

Jung-St. Peter (*St-Pierre-le-Jeune;* C2). – *Öffnungszeiten: 9.30–11.30 und 14.30–18 Uhr.* Die heute protestantische Kirche stammt aus dem 13.–14. Jh. Im Inneren schöner Lettner aus dem 14. Jh. mit fünf Arkadenbögen, Gemälden aus dem frühen 16. Jh. und darüber eine Orgel aus dem 18. Jh. Rechts Taufbecken aus dem Jahr 1491; am Altar Polyptychon mit Grablegungsdarstellung (1518). In der Krypta merowingische Gräber (7. Jh.); links *Kreuzgang** mit drei romanischen (11. Jh.) und einem gotischen (14. Jh.) Arkadengang.

Place Broglie (C3). – Großer rechteckiger Platz mit Bäumen, umsäumt von strengen Gebäuden: das monumentale *Rathaus* von Massol aus den Jahren 1730–1736; das *Alte Arsenal* aus dem 18. Jh. und an der Schmalseite der klassizistische Säulenportikus der *Oper* aus dem frühen 19. Jh.

Rue Brûlée (C3). – Im 18. Jh. Wohnviertel des Adels und der reichen Bürger mit klassizierenden Palais. Am Beginn, rechts, auf Nr. 19 das *Hôtel de Kinglin* aus dem Jahr 1736 mit prachtvoller Fassade gegen den Quai Lezay; rechts, auf Nr. 13, das *Hôtel de Deux-Ponts* aus dem Jahr 1754, in dem 1788 König Ludwig I. von Bayern geboren wurde; an der Kreuzung zur Rue du Dôme, links auf Nr. 2, das *Hôtel de Marmoutier* aus dem Jahr 1757.

Place St-Étienne (C3). – Der Platz öffnet sich, umsäumt von Fachwerkhäusern aus dem 16.–18. Jh., am Nordrand der Altstadt; auf Nr. 17 das *Boecklin-Haus* aus der Renaissance (1598; heute katholisches Universitätskolleg). In der gleichnamigen Straße, links, erhebt sich die Kirche *St-Étienne* mit romanischen Bauteilen aus dem Jahr 1172.

St. Wilhelm (*St-Guillaume;* C4). – Einschiffige gotische Kirche aus dem 14.–16. Jh.; in der Apsis die übereinandergestaffelten Grablegen der Brüder Werd, ein beachtenswertes Werk von Wölflin von Ruffach (14. Jh.).

Place de la République (B-C3). – Platz an der Ill, der in Form eines runden Parks angelegt ist. Im Westen erhebt sich das *Palais du Rhin,* die ehemalige kaiserliche Residenz aus dem späten 19. Jh.; im Osten liegen die *Nationalbibliothek* und das *Musikkonservatorium,* beide aus dem 19. Jh. Im Norden verbindet die Rue Lamey den Platz mit dem schönen *Parc de Contades* (B4) aus den Jahren 1746–1799.

Orangerie (A-B6). – Großer, bezaubernder Park im Nordosten, der 1804 angelegt wurde; er umfaßt Gewächshäuser, botanische Gärten, einen Zoo, einen künstlichen See und den Pavillon Joséphine aus dem Jahr 1805.

Palais d'Europe* (A6). – *Öffnungszeiten: 9–12 und 14.30–17 Uhr.* Am Nordwestrand der Orangerie, an der Stelle eines Gebäudes aus dem Jahr 1950, das den Europarat beherbergte. Der moderne Glas-, Beton- und Aluminiumbau von M. Henry Bernard aus den Jahren 1972–1977 bietet sowohl dem Europäischen Parlament als auch dem Europarat Platz.

Der Hafen*. – *Besichtigung mit Motorbooten von Juni bis August; Information und Reservierung im Fremdenverkehrsamt.* Der Binnenhafen am Rhein, einer der größten Europas, ist der wichtigste Frachthafen im Osten von Frankreich. Der Wasserfläche von 215 ha entsprechen 14 Becken, 2 Vorhäfen, 37 km Kais, 145 km Eisenbahnschienen und 32 km Straßen. Den Hafen können Schiffe bis 2.000 Tonnen anlaufen.

UMGEBUNG – Nach **Zabern** *(Saverne),* 39 km Richtung Nordwesten über die Straße N 4. 33 km, **Mauersmünster** *(Marmoutier;* 2.024 Ew, 230 m), einst Sitz einer Abtei, von der sich die romanisch-gotische **Kirche*** erhalten hat. Romanisches Westwerk (Mitte des 12. Jhs.) mit wuchtigem Mittelturm und zwei Seitentürmen, das Lisenen und Rundbogenfriese gliedern. Das Innere betritt man durch die Vorhalle mit reich geschmücktem Portal und dem Narthex. Das gotische dreischiffige Langhaus stammt aus den Jahren 1230–1240; barockisierter Chor mit hölzernem Chorgestühl aus dem Jahr 1770. – 39 km, **Zabern** (*Saverne;* 10.480 Ew, 210 m), eine bezaubernde Sommerfrische und Ausflugsziel. Im Ortszentrum liegt das **Neue Schloß***, die einstige Residenz der Straßburger Bischöfe, das im Jahre 1779 von Salins erneuert und mit einer prachtvollen klassizistischen Gartenfassade versehen wurde. Im Inneren MUSEUM *(Öffnungszeiten: von Mai–Sept. So 10–12 und 15–17 Uhr; im Juli und Aug. auch Mo bis Sa 14.30–18 Uhr; Di geschl.; Eintrittsgebühr):* Heimatgeschichte und Kunst aus dem Rheinland. Die Hauptstraße (Grand'Rue) säumen schöne Fachwerkhäuser, darunter auf Nr. 80

das Haus des Landschreibers Katz. Die gotische *Pfarrkirche* stammt aus dem 15. Jh., der fünfgeschossige Westturm ist ein Überrest des romanischen Vorgängerbaus aus dem 12. Jh.; im Inneren, in einer Kapelle links vier Tafelbilder mit Passionsszenen, die Hans Wohlgemut (15. Jh.) zugeschrieben werden, und rechts Himmelfahrtsaltar aus dem 16. Jh. [4,5 km südwestlich liegen die Ruinen der *Burg Hohbarr (Haut-Barr)* aus dem 12. Jh.; es bietet sich eine der schönsten Aussichten* im Elsaß. – 9,5 km nördlich liegt der Ort **Neuweiler** *(Neuwiller-lès-Saverne)* mit der romanischen ehemaligen Stiftskirche *St. Peter und Paul* aus dem 11.–12. Jh.; Fassade und Turm wurden im 17.–18. Jh. hinzugefügt. Vom Originalbau haben sich der Vierungsturm und die beiden schönen Portale an der linken Seite erhalten. Dreischiffiges Inneres mit Spitzbogenwölbung aus dem 13. Jh.: Taufbecken aus dem 12. Jh.; Grab des Hl. Adelphi aus dem 14. Jh.; Heiliges Grab aus dem Jahr 1478; an den Chor schließen zwei übereinanderliegende Kapellen (Mitte 11. Jh.): hier werden vier prachtvolle Tapisserien* aus dem 15. Jh. ausgestellt.]

Nach **Hagenau** (*Haguenau;* 38.000 Ew, 130 m), 28 km Richtung Norden über die Straße N 63, einem Handelszentrum am Südrand eines großen Waldes. Der Ort zeichnet sich durch zwei beachtenswerte Kirchen aus: *St. Georg* ist ein romanisch-gotischer Bau aus dem 12.–13. Jh. mit achteckigem Vierungsturm und *St. Nikolaus* eine gotische Kirche aus dem 14.–15. Jh. mit sehenswerter Ausstattung aus dem Rokoko (18. Jh.). Das kleine Musée Alsacien *(Öffnungszeiten: 9–12 und 14–18 Uhr; Mo geschl., Eintrittsgebühr)* in der Rue Foch und ein weiteres in der städtischen Bibliothek besitzen archäologische Funde, Münzen, Möbel und lokales Kunsthandwerk. [32 km nordöstlich, an der Straße D 263, liegt, an der Grenze zu Deutschland, **Weißenburg** (*Wissembourg;* 7.340 Ew, 160 m), einst Sitz einer berühmten Abtei. Entlang der Lauter malerische alte Häuser und im Ortszentrum beachtenswerte Baudenkmäler: *Rathaus* aus den Jahren 1741–1752; das *Salzhaus,* das 1448 als Spital gegründet wurde; das *Kaufhaus (Douane,* heute Unterpräfektur) aus dem 18. Jh.; das *Haus Vogelsberger* aus dem Jahr 1540, die gotische Kirche *St. Peter und Paul* aus dem 13. Jh. mit romanischem Turm und zwei Flügeln eines Kreuzgangs aus dem 14. Jh.; im *Haus Westercamp* ist das heimatgeschichtliche Museum untergebracht *(Öffnungszeiten: 10–12 und 14–17 Uhr; Mi und feiertags geschl.; Eintrittsgebühr)*.

Nach **Hohwald** *(Le Hohwald),* 43 km Richtung Südwesten durch landschaftlich prachtvolles Gebiet. Man folgt im Südwesten den Straßen D 392 und N 422. – 30 km, **Barr** (4.615 Ew, 201 m), ein altes Städtchen mit einem zauberhaften Platzensemble*: *Rathaus* aus dem 17. Jh. und in der Nähe die Folie Marco *(Öffnungszeiten: 10–12.30 und 14.30–18 Uhr; Di geschl.; Eintrittsgebühr),* ein Palais aus dem Jahr 1763 mit Einrichtungsgegenständen aus dem 17.–19. Jh. [Von Barr führt die Straße D 854 11 km bis auf den *Odilienberg** (*Mont-Ste-Odile;* 761 m), eines der wichtigsten Fremdenverkehrsziele im Elsaß. Das Frauenkloster wurde schon im 7. Jh. gegründet, aber im 17. Jh. erneuert. Aus älteren Bauphasen haben sich die Heiligkreuzkapelle aus dem 11. Jh. und die Odilienkapelle aus dem 12. Jh. mit den Reliquien der Heiligen erhalten. Von der großen Klosterterrasse prachtvoller Ausblick** auf die Vogesen und den Schwarzwald.] – 35 km, **Andlau** (1.760 Ew, 246 m) mit einer Abtei aus dem 9. Jh., von der sich die *Kirche* aus dem 12. Jh. erhalten hat (im 17. Jh. wurde sie umgestaltet); romanische Fassade mit prachtvollem Figurenportal; dreischiffiges Inneres mit geräumigen Emporen und Krypta aus dem 11.–12. Jh. – 43 km, **Le Hohwald** (407 Ew, 575 m), ein Sommerfrische- und Wintersportort im Herzen der Vogesen.

Nach **Oberehnheim*** (*Obernai;* 9.440 Ew, 181 m), 27 km Richtung Südwesten über die Straßen D 392 und N 422, einem malerischen Ort am Fuße der Vogesen. Den *Marktplatz* (Place du Marché)* umsäumen typische Häuser mit hohen Giebeldächern und Erkern; auf ihm befinden sich auch die wichtigsten Baudenkmäler: die *Kornhalle (Halle aux Blés),* ein einfacher Nutzbau aus der Renaissance (1554; am Dach ein Storchennest), mit wertvollen Glasfenstern aus dem 15. und 16. Jh.; das *Rathaus* mit Fassade und Ratssaal aus dem Jahre 1525; vom hohen *Turm* der abgebrochenen *Kapellkirche (Tour de la Chapelle)* aus dem Jahr 1474 schöner Blick auf den Ort und die Vogesen. [6 km nordöstlich liegt **Rosheim** (3.766 Ew, 194 m) mit der romanischen Kirche *St. Peter und Paul** aus dem 11. Jh.: Gliederung durch Lisenen und Bögchenfriese; über der Vierung ein mächtiger viereckiger Turm. Besonders beachtenswert unter den alten Häusern ist das sog. *Heidenhaus* aus dem 12. Jh., das möglicherweise das älteste Wohnhaus im Elsaß ist.]

Nach **Molsheim** (6.998 Ew, 200 m), 23 km Richtung Südwesten über die Straßen D 392 und N 420, berühmt für seine Weine (Riesling) und die Industrie (Bugatti). Erhalten haben sich die städtischen Befestigungen aus dem 14. Jh. Am Hauptplatz erhebt sich die *Metzig,* das ehemalige Zunftgebäude der Metzger aus dem Jahr 1525: elegantes Gebäude mit steiler Volutenfassade, doppelläufiger Außentreppe und Eckbalkon; im Inneren ist heute ein kleines archäologisches und historisches *Museum* eingerichtet. Die *Jesuitenkirche* aus den Jahren 1615–1617 zeichnet sich durch einen eigenartigen Mischstil von Gotik und Renaissance aus.

TOURNUS* (13 A-B3)

Bourgogne; Saône-et-Loire, 7.338 Ew, 193 m. – Altes Städtchen in Burgund am linken Saône-Ufer, im Zentrum eines Weinbaugebietes; Tournus war einst Sitz einer bedeutenden Abtei.

St-Philibert*. – Die ehemalige Abteikirche erhebt sich am Nordrand des Ortes und zählt zu den schönsten Werken romanisch-burgundischer Baukunst; der vom 11.–12. Jh. entstandene Bau wurde im Jahr 1120 von Papst Kallixt II. ge-

Tournus: Saint-Philibert

weiht. Durch Lisenen und Bögchenfriese gegliederter Westbau mit zwei Türmen, deren linker mit einem spitzen Helm abgeschlossen ist; zweigeschossiger Vierungsturm aus dem 12. Jh. Dem INNEREN ist eine dreischiffige Vorhalle vorgelagert; Langhaus mit hohem Mittelschiff auf mächtigen Rundpfeilern, die das Tonnengewölbe tragen, und zwei Seitenschiffen. Schöner Chorschluß mit Apsis auf sechs Säulen und Chorumgang mit Radialkapellen; in der Apsiskapelle werden die Reliquien des Hl. Philibert aufbewahrt. Von der Vorhalle führt eine Treppe in die hohe obere, dreischiffige Kapelle *St-Michel* aus dem 11. Jh. Am Altar aus dem 15. Jh. im rechten Seitenschiff kleine hölzerne Madonna mit Kind aus dem 12. Jh., die sog. Notre-Dame la Brune. Vom linken Querhaus Zugang zur Krypta *St-Valérien* aus dem 11. Jh., deren drei Schiffe schlanke Säulen mit schönen Kapitellen trennen; in der rechten Umgangskapelle Fresken aus dem 12. Jh. – Rechts von der Kirche liegen die Überreste des *Kreuzgangs St-Ardian* aus dem 11. Jh.; in diesem öffnet sich der dreischiffige Kapitelsaal aus dem Jahr 1239 auf Säulen, die ein Spitzbogengewölbe tragen.

Rund um die Kirche erheben sich noch vier *Türme* der Befestigungsmauern, die die im 10. Jh. errichtete Abtei schützten. Links von der Kirche, in der Maison du Trésorier aus dem 17. Jh., ist das MUSÉE BOURGUIGNON-PERRIN DE PUYCOUSIN *(Öffnungszeiten: April–Okt. 9–12 und 14–18 Uhr; Di geschl.; Eintrittsgebühr),* eine heimatgeschichtliche Sammlung, eingerichtet. – Lohnend ist ein Blick auf den schönen Chorschluß mit seinen Radialkapellen und auf den Vierungsturm. Hinter der Kirche liegt das spätgotische *Abteigebäude* aus den Jahren 1471–1498. Rechts von der Fassade der Kirche sind Speicher und *Refektorium* aus dem 12. Jh. zu sehen.

Musée Greuze. – *Öffnungszeiten: April–Nov. 9.30–12 und 14–18.30 Uhr; Di und So vorm. geschl.; Eintrittsgebühr.* Eingerichtet in der Rue du Collège 3. Das Museum umfaßt prähistorische und archäologische Funde aus Römerzeit und Mittelalter; außerdem Zeichnungen und Gemälde des in Tournus geborenen J.-B. Greuze (1725–1805).

Place de l'hôtel de ville. – Den Platz umsäumen Palais aus dem 15.–17. Jh.; vor dem beherrschenden Rathaus aus dem Jahr 1777 erhebt sich das *Denkmal* für J.-B. Greuze von Rougelet. – Einige Schritte entfernt liegt das *Hôtel-Dieu,* ein Spital aus dem 17. Jh., mit einer schönen originalen Apotheke* (spanisch-maurische Vasen). Südlich vom Platz, am Fluß, liegt die romanische Kirche *de la Madeleine* aus dem 12. Jh., die im 14. und 15. Jh. gotisch verändert wurde; aus der Romanik stammen noch das Portal und der Vierungsturm.

UMGEBUNG – Nach **Chapaize** (311 m), 19 km Richtung Westen über die Straße D 14, über die malerischen Hügel des Weinbaugebietes des Mâconnais. – 12,5 km, *Col de Brancion* (354 m): rechts geht es zum befestigten Ort **Brancion** mit Stadttoren und -mauern aus dem 14. Jh. und im Inneren des Ortes Häusern und den prachtvollen Halles* aus dem 15. Jh. In der romanischen Kirche *St-Pierre* aus dem 12. Jh., mit schönem Chorschluß und Vierungsturm, beachtenswerte Fresken aus den Jahren 1325–1330 und Liegefigur von Jocerand IV. de Branci (13. Jh.). Oberhalb des Ortes liegen die ausgedehnten romanischen Ruinen der *Burg**, die vom 10.–11. Jh. erbaut und im 14. Jh. von den Herzögen von Burgund verschönert wurde. – 19 km, **Chapaize** (134 Ew, 311 m), ein kleines Dorf mit der romanischen Kirche *St-Martin* aus dem 10.–11. Jh. Schöner Chorschluß und Vierungsturm* mit Bögchenfries und Biforen; strenger dreischiffiger Innenraum auf wuchtigen Rundpfeilern. [5 km entfernt liegt *Cormatin,* siehe Cluny, Umgebung.]

TOURS* (**11** A2)

Centre; Indre-et-Loire, 145.441 Ew, 48 m. – Département-Hauptstadt und Hauptort der Tourenne, auf einer Landzunge zwischen der Loire im Norden und dem Cher im Süden; großes Fremdenverkehrszentrum, wichtigster Ausgangspunkt für die Besichtigung der Loire-Schlösser, Handels- und Industriezentrum sowie Universitätsstadt. Die gallo-römische Gründung erlangte im Hochmittelalter höchste kulturelle Blüte und war einige Zeit lang Residenz der französischen Könige.

Kathedrale St-Gatien* (B3). – Sie ist

TOURS 1:16.000 (1 cm=160 m) 0 100 200 300 m

eine der gewagtesten Schöpfungen gotischer Baukunst; Baubeginn im Jahr 1246 mit dem Chor und Vollendung im 16. Jh. mit der Aufführung der beiden Fassadentürme und deren Renaissancehelmen. An der schmalen und hohen spätgotischen Fassade (1426–1547) öffnen sich drei reiche Portale (der plastische Schmuck erlitt schwere Verluste) und ein mächtiges Mittelfenster. Die Stirnwände des Querhauses schmücken große Fensterrosen, den Chor zeichnet eine bewegte Rhythmisierung durch Strebepfeiler aus. Dreischiffiges INNERES auf Bündelpfeilern mit Querhaus und Umgangschor mit Radialkapellen, um den sich ein Triforium und ein Kranz hoher Fenster ziehen. Im rechten Querhaus das Renaissancegrab der beiden Söhne Karls VIII. (16. Jh.) mit den von Engeln bewachten Liegefiguren der Verstorbenen aus der Werkstatt von M. Colombe und dem Girolamo da Fiesole zugeschriebenem Sarkophag. Die Fensterrose der Fassade stammt aus dem 15. Jh., die beiden Fensterrosen des Querhauses aus dem 14. Jh.; die prächtigen, sich durch lebhafte Farben auszeichnenden Glasfenster im Chor und in den Radialkapellen wurden um 1270 geschaffen.

Links von der Kathedrale öffnet sich der **Psallette-Kreuzgang** (B3; *Öffnungszeiten: 9–12 und 14–16 oder 18 Uhr; Di geschl.; Eintrittsge-*

bühr), im spätgotischen Stil im 15.–16. Jh. errichtet, mit einem Treppentürmchen und einer Renaissance-Kapelle.

Tour de Guise (B3). – Am Ufer der Loire liegen die Überreste der königlichen Burg aus dem 12.–13. Jh., von der sich die einsam aufragende *Tour de Guise* mit Kragsteinen und Schießscharten aus dem 12. Jh. und der *Logis des Gouverneurs* (15. Jh.) erhalten haben; daneben erhebt sich ein weiterer Turm und rundherum erstrecken sich, heute inmitten einer Parkanlage, die Grundmauern der Burg. Der restaurierte Komplex beherbergt das HISTORIAL DE TOURAINE, ein Wachsfigurenkabinett *(Öffnungszeiten: 9–12.30 und 14–18 oder 19 Uhr; in der Saison 9–19 Uhr).*

Musée des Beaux-Arts* (B3). – *Öffnungszeiten: 9–12 und 14–17 oder 18 Uhr; Di geschl.; Eintrittsgebühr.* Das Museum hat seinen Sitz im ehemaligen Bischofspalast, der im 17.–18. Jh. auf den Überresten der römischen Stadtmauern, deren Fragmente übrigens im Garten noch sichtbar sind, errichtet wurde. Die Sammlung ist in den reich mit Möbeln und Tapisserien aus dem 17. und 18. Jh. ausgestatteten Innenräumen ausgestellt.

ERDGESCHOSS, *Saal 1.* Italiener aus dem 14.–15. Jh.: Pisaner und Florentiner Werkstätten. – *Saal 2.* Niederländer und Franzosen aus dem 15.–16. Jh.: Q. Metsys (Madonna mit Kind*). – *Saal 3.* Italiener aus dem 15.–16. Jh.: A. Mantegna (Auferstehung Christi** und Christus am Ölberg**, beide vom Polyptychon aus S. Zeno in Verona), A. del Sarto (Verkündigung*), G. B. Moroni (Bildnis). – *Saal 4.* Manierismus: F. Clouet, F. Francken II. – *Saal 5.* Sammlung griechischer Vasen. ERSTER STOCK. *Säle 6–9.* Französische Malerei aus dem 17. Jh.: Le Sueur, Ph. de Champaigne, A. Coypel, J. Jouvenet, J. Restout, C. Lamy, N. B. Lépicié. – *Saal 10.* Italienische Malerei des 17. Jhs.: Monsu Bernardo, M. Preti, F. del Cairo, B. Strozzi. – *Saal 11.* Holländer und Flamen aus dem 17. Jh.: Rubens (Madonna mit Kind und zwei Stifterfiguren*), G. Seghers. – *Saal 12.* Holländer aus dem 17. Jh.: D. Teniers d. J., G. ter Borch, Rembrandt (Flucht nach Ägypten*), van Goyen, A. Boschaert. – *Saal 13.* Deutsche aus dem 18. Jh. – *Saal 14.* Italiener aus dem 18. Jh.: G. Piazzetta, G. Pittoni, F. Fontebasso, G. Giaquinto, A. Magnasco. – *Säle 15–23,* reich im Stil des 18. Jhs. ausgestattet; Werke von: J. M. Nattier, J. B. Restout, J. Parrocel, Largillière, Bon Boulogne, Lancret, Lemoyne, F. Boucher, H. Robert, A. Vestier. ZWEITER STOCK. *Säle 14–26:* Geschichte von Tours im 17. und 18. Jh. – *Säle 27–30:* Einrichtung aus dem 19. Jh.; Werke von: A. E. Fragonard, E. Delacroix, G. Descamps, Chassériau, Legros. – *Säle 31–34.* Landschaftsmaler und Impressionisten aus dem 19. Jh.: S. Lépine, L. Bonnat, J. C. Cazin, E. Debat-Ponsan, E. Degas, C. Monet, E. Vuillard. – *Saal 35.* Zeitgenössische Malerei: A. Calder.

St-Julien (B2). – Die Kirche liegt in der Rue Nationale, deren Abschnitt bis zur Place A. France beim *Pont Wilson* aus dem Jahr 1779 (A-B2; schöner Blick auf den Fluß und die beiden Inseln) in den letzten Jahren vollkommen erneuert wurde. Die ehemalige Abteikirche entstand im 13. Jh., der Westbau mit Turm stammt noch aus dem 11. Jh.; dreischiffiges gotisches Inneres mit geradegeschlossenem, ebenfalls dreischiffigem Chor. An der linken Seite schließt der *Kreuzgang* an; in der Mitte eine große Leuchte aus dem 16. Jh.; zweischiffiger *Kapitelsaal* und *Vorratskammer* auf drei Pfeilern mit schönen Kapitellen und Spitzbogenwölbung, beide aus dem 12. Jh.; heute hat hier das MUSÉE DES VINS DE TOURAINE, das dem Weinbau des Gebietes gewidmet ist, seinen Sitz *(Öffnungszeiten: 9–12 und 14–18 Uhr; Di geschl.; Eintrittsgebühr).* Über dem Kapitelsaal, mit Eingang in der Rue Nationale 8, befindet sich in einem großen Saal* (38 × 11 m) das MUSÉE DU COMPAGNONNAGE *(Öffnungszeiten: 9–12 und 14–18 Uhr; Di geschl.; Eintrittsgebühr),* das die Geschichte der Handwerkerzünfte ab dem 16. Jh. dokumentiert.

Musée Archéologique (B2). – *Öffnungszeiten: 9–12 und 14–17 oder 18 Uhr; von Nov.–März Fr, Dez. und Jänner geschl.; Eintrittsgebühr.* Eingerichtet im *Hôtel Goüin** mit schöner Renaissance-Fassade (1520) mit Loggia über der Eingangstreppe. Die Sammlung umfaßt Funde aus der Touraine. *Untergeschoß:* Prähistorie, gallo-römische und merowingische Archäologie. – Erdgeschoß: mittelalterliche romanische und gotische Kunst (Plastiken) sowie Objekte aus der Renaissance. – *Erster Stock:* Stadtgeschichte, Gemälde, Möbel, Keramiken aus dem 17.–18. Jh. und lokales Kunsthandwerk.

St-Martin (B-C2). – Die Basilika wurde in den Jahren 1887–1924 von Laloux in einem historistischen, romanisch-maurischen Mischstil errichtet. Unter dem Altar in der Krypta befindet sich das Grab des Hl. Martin, der zunächst römischer Legionär (man erinnere sich an die Mantel-Legende) und später Bischof von Tours war. Der Vorgängerbau aus dem 11.–13. Jh. wurde 1562 von den Hugenotten geplündert und 1802 abgerissen. Erhalten haben sich nur: die *Tour Charlemagne* (B2) aus dem 11.–13. Jh., die die Place du Châteauneuf beherrscht und einst der Stirnwand des linken Querhauses zur Seite aufgestellt war, und die schöne *Tour de l'Horloge* (C1) in der Rue des Halles, ebenfalls aus dem 11.–13. Jh., die zum Fassadenaufbau gehörte. Ein Flügel des *Kreuzgangs* aus dem 16. Jh. befindet sich in der Rue Descartes 3.

Die Altstadt* (B1-2). – Zwischen der Basilika St-Martin und der Loire erstrecken sich die engen verwinkelten Gassen der Altstadt (teilweise Fußgängerzone) mit ihren malerischen alten, heute meist restaurierten Häusern. Von der Tour de Charlemagne folgt man der Rue du Châteauneuf und biegt gleich rechts in die Rue du Change ein, die auf die im Zentrum gelegene *Place Plumereau* (B1) mit ihren Fachwerkhäusern aus dem 15. Jh. führt. Es geht weiter durch die Rue Briçonnet, in der rechts die Überreste der Kirche und des Kreuzgangs von *St-Pierre le Puellier* liegen; links, in der Rue du Mûrier 7, befindet sich das MUSÉE DU GEMMAIL (B1; *Öffnungszeiten: April–Okt. 10–12 und 14.30–18 Uhr; Mo geschl.; Eintrittsgebühr*), eingerichtet im Hôtel Raimbault, in dem Werke, die in der besonderen Mosaiktechnik geschaffen wurden, ausgestellt sind. In der Rue Briçonnet 16 liegt die *Maison de Tristan* (B1), ein Ziegel- und Steinbau mit schönem Innenhof aus dem 15. Jh. In der Rue des Tanneurs biegt man rechts ein und, an der Ecke zur Kirche *St-Saturnin* (B2) aus dem Jahr 1473, nochmals rechts in die Rue P.-L. Courier, die Häuser aus dem 15. Jh. (Nr. 10) und aus dem 17. Jh. (Nr. 15 und 17) säumen, bis man schließlich auf die Rue du Commerce stößt.

Schloß von Plessis-lès-Tours (D1; a. P.). – *Öffnungszeiten: 10–12 und 14–17 Uhr; Di geschl.; Eintrittsgebühr.* Das im 15. Jh. erbaute Schloß war die Lieblingsresidenz von Ludwig XI. (der König verstarb hier im Jahre 1483). Erhalten hat sich nur ein Teil mit Einrichtungsgegenständen und Erinnerungen an Ludwig XI.

Priorat von St-Cosme (B1; a. P.) – *Öffnungszeiten: 9–12 und 14–17.30 oder 19 Uhr; Mi geschl.; Eintrittsgebühr.* Ruinen eines im Jahre 1092 gegründeten Priorats mit Teilen der romanischen Kirche (11.–12. Jh.), in der sich das Grab des berühmten Dichters Pierre de Ronsard befindet, der im Jahre 1585 als Abt von St-Cosme verstarb; weiters Ruinen des Klosters (11.–13. Jh.) und des Prioratshauses (15. Jh.), in dem Ronsard wohnte.

Abtei von Marmoutier (A3; a. P.). – *Öffnungszeiten: 14–17.30 Uhr; Eintrittsgebühr.* Die einst mächtige Benediktinerabtei wurde im Jahre 372 vom Hl. Martin gegründet und im 11. Jh. erneuert; im Jahre 1818 wurde sie zerstört. Heute sind nur wenige Überreste zu sehen, darunter die prachtvolle Porte de la Crosse* aus dem Jahr 1220 und die in den Fels gehauenen eindrucksvollen Mönchszellen.

UMGEBUNG – Nach **Villandry***, 17 km Richtung Südwesten über die Straße D 7. 14 km, *Savonnières* (1.461 Ew, 45 m), wo an der Straße nach Villandry die CAVES-GOUTTIÈRES, Höhlen mit Konkretionen, liegen *(Eintrittsgebühr)*. – 17 km, **Villandry** (742 Ew, 94 m). Das **Schloß von Villandry*** *(Öffnungszeiten: 9–18.30 Uhr; Besichtigung nur mit Führung)* ist ein Renaissancebau, der im Jahre 1532 für Jean le Breton, Minister von Franz I., errichtet wurde. Er besteht aus drei von einem Graben umschlossenen Flügeln mit Mansardendach und schönen Fenstern an der Hofseite; an der Südwestecke, gegen den Garten zu, hat sich von einer älteren Festung ein rechteckiger Turm mit Zinnenbekrönung aus dem 14. Jh. erhalten. Im Inneren sind eine beachtenswerte Gemäldegalerie mit spanischen und italienischen Werken und Einrichtungsgegenstände aus dem 17.–19. Jh. zu sehen. Die prachtvollen, auf drei Terrassen angelegten **Gärten*** mit Wasserbecken, Kanälen, Brunnen und geometrisch angelegten Blumenbeeten und Hecken entsprechen der ursprünglichen Anlage.

Nach **Azay-le-Rideau*** (2.915 Ew, 44 m), 22 km Richtung Südwesten über die Straße D 751; Ort an der Indre mit der Kirche *St-Symphorien* aus dem 12.–15. Jh., die sich vor allem durch die karolingischen Reliefs* an der Fassade aus dem 9. Jh. auszeichnet. An der Indre erhebt sich das prachtvolle **Schloß**** *(Öffnungszeiten: 9.15–12 und 14–16.45 oder 17 oder 18.30 Uhr; Besichtigung nur mit Führung)*, eine Anlage aus der Frührenaissance (1518–1529), die für den Geschäftsmann Gilles Berthelot errichtet wurde. Das Schloß besteht aus zwei L-förmig angelegten Baukörpern mit zierlichen, vorkragenden Ecktürmchen (das linke im Hof wurde im vorigen Jahrhundert erneuert), zweigeschossiger Fen-

Azay-le-Rideau: Schloß

stergliederung, ornamentalen Wehrgängen und Mansardendach mit Giebelfenstern. Im Zentrum der Hauptfassade liegt die Haupttreppe mit geraden Läufen, deren Loggia mit an italienische Vorbilder erinnernden Motiven geschmückt ist. Das Innere ist mit Gemälden, Möbeln, Tapisserien und verschiedenen Kunstobjekten aus dem 16.–17. Jh. eingerichtet. – 2 km westlich, an der Straße D 57, liegt das *Islette-Schloß** aus den Jahren 1526–1531, umgeben von der Indre und in vielem an die Anlage von Azay-le-Rideau erinnernd. – 6,5 km südöstlich, an der Straße D 17, befindet sich das **Schloß von Saché** *(Öffnungszeiten: 9–12 und 14–17 oder 18 Uhr; Mi, Dez. und Jan. geschl.; Eintrittsgebühr)*, ein einfaches Gebäude aus dem 16.–18. Jh. inmitten eines ausgedehnten Parks. Das Schloß beherbergt heute ein H. Balzac, der hier wohnte, gewidmetes *Museum;* in seinem Arbeitszimmer sind Handschriften und Erstausgaben der Werke des berühmten Schriftstellers ausgestellt.

Nach **Langeais*** (53 m), 23 km Richtung Westen über die Straße N 152. 17 km, **Cinq-Mars-la-Pile** (2.141 Ew, 44 m), beherrscht von den Ruinen einer Burg *(Öffnungszeiten: 10–12 und 14–18 oder 19 Uhr; Mo geschl.; Eintrittsgebühr)* aus dem 12.–13. Jh., die Richelieu zerstören ließ. Erhalten haben sich auf der befestigten Terrasse zwei Rundtürme. – 23 km, **Langeais** (4.142 Ew, 53 m), ein Ort am rechten Loire-Ufer mit einem eindrucksvollen **Schloß*** *(Öffnungszeiten: 9–12 und 14–16.30 oder 18.30 Uhr; Mo geschl.; Besichtigung nur mit Führung; Eintrittsgebühr)*, das im Jahre 1465 von Ludwig XI. an Stelle einer älteren Festung aus dem 10. Jh. errichtet wurde. Den Festungscharakter des Schlosses unterstreichen die wuchtigen Rundtürme entlang der beiden Baukörper, der vorkragende Wehrgang und die Zugbrücke. Die Fassade gegen den Garten gliedern Treppentürmchen; im Garten selbst sind die Ruinen der Vorgängerfestung zu sehen. Das dreigeschossige Innere ist reich an Kaminen, alten Möbeln, Tapisserien, Gemälden und Skulpturen; in einem Saal wurde im Jahre 1491 die Hochzeit von Karl VIII. mit Anne de Bretagne gefeiert. Besonders erwähnenswert unter den Gemälden ein abgenommenes Fresko von Bernardino Luini aus dem Jahr 1522 (Geburt Christi*). Vom Wehrgang schöner Blick auf den Ort, dessen Kirche einen romanischen Glockenturm mit Helm aus dem 15. Jh. besitzt.

TRÉGUIER* (1 B1)

Bretagne; Côtes-du-Nord, 3.400 Ew, 46 m. – Altes, typisches Städtchen in der nördlichen Bretagne, an der engen Mündung des Jaudy, mit einer schönen Kathedrale.

Kathedrale St-Tugdual*. – Sie ist wohl die schönste spätgotische Kirche in der Bretagne und entstand vom 13.–15. Jh. Über dem Querhaus erheben sich drei Türme: links der romanische Glockenturm, im Zentrum der quadratische Vierungsturm und rechts der spätgotische Turm mit hohem Helm aus dem 18. Jh.; rechts öffnen sich zwei Torbögen aus dem 14.–15. Jh. Dreischiffiges INNERES mit Triforium, Emporen und Umgangschor; in den Seitenschiffen Grabdenkmäler mit Liegefiguren (14.–15. Jh.); im Chor geschnitztes Chorgestühl mit 46 Sitzen aus der Renaissance (1509). In der Sakramentskapelle, links vom Langhaus, die modernen Grabmäler für Johann V., Herzog der Bretagne (1389–1442), und für den Hl. Ivo (1253–1303), Bischof der Stadt und Patron der Rechtsanwälte; in der dritten Kapelle links, im Chorumgang, Kruzifix aus dem 13. Jh. Vom linken Querhaus Zugang zum DOMSCHATZ *(Eintrittsgebühr)*, eingerichtet in der Sakristei unter dem romanischen Turm (Reliquie des Hl. Ivo und Kirchengewand), und zum eleganten spätgotischen Kreuzgang aus der Mitte des 15. Jhs., der einen schönen Blick auf Chor und Querhaus ermöglicht. In der Mitte ein Granitkreuz und rundherum Grabplatten mit Liegefiguren aus dem 16. Jh.

Hinter der Kirche, in der Rue Renan, befindet sich das *Geburtshaus* des Schriftstellers und Philosophen Ernest Renan (1823–1893), in dem heute ein *Museum* mit Handschriften und Erinnerungsstücken eingerichtet ist *(Öffnungszeiten: Ostern bis Okt. 9–12 und 14–19 Uhr; Eintrittsgebühr)*.

UMGEBUNG – Zur **Kapelle von St-Gonéry,** 7 km Richtung Norden über die Straße D 8, einem Kirchlein aus dem 15.–16 .Jh. mit einem eigenartigen schiefen Glockenturm aus dem 11. Jh.; im Inneren Holzplastiken und Gemälde aus dem 15. Jh. sowie das prunkvolle Mausoleum des Bischofs Wilhelm von Halgouët aus dem Jahr 1599.

Nach **Lannion** (17.228 Ew, 23 m), 18 km Richtung Südwesten über die Straße D 786, einem Hafen an der Mündung des Léguer, der ein wichtiges Forschungszentrum für Fernmeldetechnik und Sitz des C.N.E.T. wurde. – Rund um die Place Leclerc erheben sich Häuser aus dem 16. und 17. Jh. und die Kirche *St-Jean-du-Baly* aus dem 16.–17. Jh. mit einem unvollendeten Glockenturm aus dem Jahr 1519. Auf einem Hügel, mit Zugang über eine lange Treppe, liegt die romanische Kirche von *Brélévenez* aus dem 12. Jh. mit gotischen Erweiterungen aus dem 15. Jh., wie dem hohen Glockenturm und dem Karner an der Südseite; in der Krypta Grablegungsgruppe aus dem 18. Jh. – 9 km südöstlich, erreichbar über die Straßen D 11 und D 31 B [7 km, links, die *Chapelle de Kerfons* aus dem 15.–16. Jh. mit einem schönen spätgotischen, hölzernen Lettner* aus dem Jahr 1520], zum **Schloß von Tonquédec** *(Eintrittsgebühr)*, aus dem 15. Jh. (1622 abgebrochen), von dem nur die eindrucksvollen Ruinen der Eingangstürme, Teile der Kurtinen und der große runde Donjon erhalten sind.

Fahrt entlang der Rosa-Granit-Küste*, 65 km Richtung Westen mit prachtvollen Aussichtsmöglichkeiten auf den Atlantik. Man folgt den Straßen D 786 und D 6, nach 20 km, **Perros-Guirec** (7.497 Ew, 70 m), einem wichtigen Badeort mit einer, allerdings stark veränderten *Kirche* aus dem 12. Jh. mit einfacher Fassade und romanischen Kapitellen im Langhaus. Man verläßt den Ort im Westen über die Straße D 788. – 22 km, *Chapelle de la Clarté* aus dem Jahr 1445 aus rosa Granit (Aussicht). – 24,5 km, **Ploumanac'h,** ein Badeort, der für seine eigenartig geformten rosa Granitfelsen berühmt ist. – 27 km, **Trégastel-Plage** (2.083 Ew), ein Badeort, umgeben von mächtigen Granitblöcken. – Man folgt der Straße D 788 entlang der Corniche Bretonne. [Links Abzweigung zum *Menhir St-Duzec* mit aufgesetztem Kreuz und Bemalung und eingeritzten Zeichen christlicher Symbolik. Links liegen die mächtigen Anlagen der ERDEFUNKSTELLE PLENMEUR-BODOU *(Besichtigung mit Führung; Eintrittsgebühr),* über die Satellitenübertragungen von Ferngesprächen und Fernsehsendungen abgewickelt werden.] – 38 km, **Trébeurden** (3.228 Ew, 80 m), ein Badeort: von der Halbinsel von Castel ausgedehnter Blick auf die Küste. – 47 km, *Lannion,* siehe oben. – Über die Straße D 786 kehrt man nach, 65 km, *Tréguier* zurück.

TROYES** (12 D1)

Champagne-Ardenne; Aube, 64.769 Ew, 113 m. – Département-Hauptort und alte Hauptstadt der Champagne, am linken Ufer der Seine, die hier zahlreiche Arme bildet; eines der wichtigsten französischen Kunstzentren vom 15.–17. Jh. und heute ein blühendes Zentrum der Strickwarenindustrie. Das Stadtzentrum zeichnet sich durch die eigenartige Form eines Champagnerkorkens aus.

Geschichte. – Das römische *Augustobona* erlangte erstmals historische Bedeutung im Jahr 451, als der berühmte Bischof St-Loup die Horden des Hunnenführers Attila hier aufhielt; im Jahr 878 hielt Papst Johannes VIII. hier ein Konzil ab. Im Jahre 1420 wurde in Troyes ein Vertrag unterzeichnet, der dem englischen König Heinrich V. die Hand von Katharina von Frankreich und die Königskrone sicherte. Im 15. und 16. Jh. blühten berühmte Schulen (auf den Gebieten Malerei, Glasmalerei und Skulptur); der größte Künstler aus Troyes ist der anonyme sogenannte Meister der Hl. Martha. Troyes ist Heimat-

TROYES 1:17.000 (1 cm = 170 m)

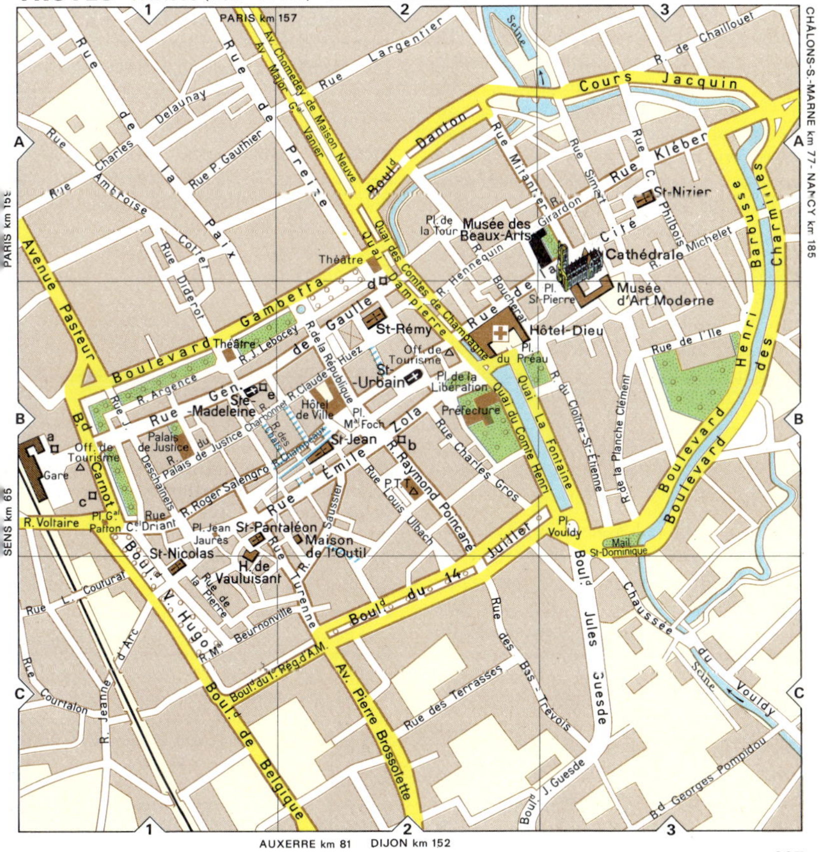

stadt von Chrestien de Troyes (1135–1183), dem Verfasser des berühmten „Tristan und Isolde"; des Politikers Edouard Herriot (1872–1957); des Bildhauers François Girardon (1628–1715) und der Maler Nicolas (1606–1668) und Pierre Mignard (1612–1695).

VERANSTALTUNGEN – Im Juni findet das volkstümliche mittelalterliche Fest der Champagne statt.

Kathedrale St-Pierre et St-Paul** (A-B3). – Sie beherrscht die Place St-Pierre, das monumentale Stadtzentrum. Die an plastischem Schmuck reiche, prachtvolle gotische Kirche entstand bei schleppendem Baufortschritt vom Jahr 1208 bis ins Jahr 1640. Die spätgotische Fassade (15. Jh.) ist ein Meisterwerk von Martin Chambiges, dem Erbauer der Kathedrale von Beauvais; die reichen Giebelportale haben ihren Statuenschmuck eingebüßt; von den beiden Türmen wurde nur der linke im Jahre 1640 vollendet (67 m hoch); in der Mitte öffnet sich die große spätgotische Fensterrose. An der Stirnwand des nördlichen Querhauses ein schönes Portal aus dem 14. Jh. und eine riesige Fensterrose (15. Jh.) mit 10 m Durchmesser.

Fünfschiffiges, ausgedehntes INNERES (114 × 51 × 29 m) mit Querhaus und Umgangschor; um Mittelschiff und Chor verläuft ein elegantes Triforium mit Biforen. Schön sind sämtliche **Glasfenster****, die alle in verschiedenen Zeiten in Troyes gearbeitet wurden: jene an der Fassadenrose stammen aus dem Jahr 1546; jene im Langhaus stammen aus 15. und 16. Jh.; jene im Chor*, die wertvollsten in der Kirche, zeichnen sich durch kräftige Rot- und Blautöne aus und wurden im 13. Jh. geschaffen. In der ersten Kapelle rechts bemalte Steingruppe der Taufe des Hl. Augustinus (1549), eine Kopie des Letzten Abendmahles von Leonardo da Vinci und ein Triptychon aus dem 16. Jh.

Der KIRCHENSCHATZ *(Öffnungszeiten: 9–12 und 14–18 Uhr; von Okt.–März geschl.; Eintrittsgebühr)* umfaßt wertvolle Elfenbeine, Emails** und illuminierte Handschriften.

Musée des Beaux-Arts** (A2-3). – *Öffnungszeiten: 10–12 und 14–18 Uhr; Di geschl.; Eintrittsgebühr.* Es hat seinen Sitz in der Abtei St-Loup aus dem 17. Jh., die im vorigen Jahrhundert umgestaltet wurde. Im Hof Dolmen und Menhir aus der Umgebung. Das Museum setzt sich aus fünf Abteilungen zusammen. UNTERGESCHOß: Prähistorie und regionale Archäologie. Vom Paläolithikum bis zur Eisenzeit; gallo-römische Zeit: Glas, Keramik, Bronzestatue (2. Jh. n. Chr.), Stierkopf (1. Jh. n. Chr.); Merowingerzeit: Schatz aus Pouan* (Waffen und Gegenstände aus Gold mit Gemmen und Emails aus dem 5. Jh.). – ERDGESCHOß: Zoologie und Naturgeschichte. – Skulpturen aus dem 17. und 18. Jh.: Werke von François Girardon, seiner Werkstatt und von Vassé; monumentaler Kamin* aus dem 16. Jh. – Monumentalplastik. Meisterwerke aus der Schule von Troyes: Krönung Mariens* in einem Tympanon (13. Jh.) und Propheten* (spätes 13. Jh.); figürliche Kapitelle und Grabplatten (12.–15. Jh.); hölzerner Christus aus dem 13. Jh.; Renaissance-Keramiken aus dem Jahr 1451. – HALBSTOCK: graphische Sammlung. – ERSTER STOCK, Malerei. Sieneser und Venezianer aus dem 15. Jh., F. Albani (3 Werke*), Civetta, Blumen-Brueghel, A. Van Dyck; C. Le Brun, P. P. Rubens (der Mann mit der Laute*), Ph. de Champaigne; P. Mignard (mehrere Werke), Pourbus d. Ä., L. Le Nain, G. B. Crespi, Vasari. – C. Natoire* (17 Werke), Greuze, A. Watteau (der Zauberer*; die Abenteuerin*), E. Vigée-Lebrun, L. de Boullogne, J. Vernet, H. Robert, F. Boucher, P. Prud'hon, L. David, A. Coypel, J. H. Fragonard, N. B. Lépicié, N. Mignard. – Außerdem Emails aus Limoges, Elfenbeine, Möbel, Kunsthandwerk und Stoffe. Im selben Gebäude befindet sich der große *Bibliothekssaal* aus dem 18. Jh. mit 50.000 Bänden.

Musée d'Art Moderne* (A-B3). – *Öffnungszeiten: 10–12 und 14–18 Uhr; Di geschl.; Eintrittsgebühr.* Rechts von der Kathedrale, im ehemaligen Bischofspalast aus dem 16.–17. Jh., ist seit 1982 die Sammlung Pierre et Denise Levy untergebracht, die Gemälde und Plastiken von 1850 bis 1950 umfaßt. Die im Erdgeschoß und im ersten Stock eingerichtete Sammlung zeigt Gemälde aus dem 19. Jh. (Courbet, Millet, Daumier, Degas, Seurat), aus dem frühen 20. Jh. (Derain, Vlaminck, Braque, Dufy, Van Dongen) und aus den dreißiger Jahren (La Fresnaye, Dufresne, de Segonzac); in der Abteilung für angewandte Kunst sind Gläser von Maurice Marinot zu sehen, die Skulptur ist durch Werke von Maillol, Rodin, Picasso, Zadkin und Derain vertreten.

St-Nizier (A3). – Kirche im Übergangsstil von Gotik zu Renaissance aus den Jahren 1510–1518 mit Glockenturm links von der Fassade (17. Jh.) und mit, durch polychrome Fliesen gedecktem Dach. Im großen und lichtdurchfluteten Inneren, links vom Eingang, polychrome Pietà und rechts Grablegung, beide aus dem 16. Jh.; im Querhaus und im Umgangschor Glasfenster aus dem 16. Jh.

Hôtel-Dieu (B2). – An der Seine, an der Ecke Rue de la Cité und Quai des Comtes de Champagne, erhebt sich das im 12. Jh. gegründete Spital, dessen heutiger Bau auf das 18. Jh. zurückgeht; schönes schmiedeeisenes Tor aus dem Jahre 1759. Im Inneren können die PHARMACIE-MUSÉE *(Öffnungszeiten: 10–12 und 14–18 Uhr; Di geschl.; Eintrittsgebühr)* mit Apothekervasen aus dem 16. Jh. und die *Kapelle* aus dem Jahr 1760 besichtigt werden.

St-Urbain* (B2). – Die Kirche wurde im Jahr 1262 von Papst Urban IV., dem Sohn eines Flickschusters aus Troyes, begründet und ein Jahrhundert später vollendet; sie ist ein Meisterwerk gotischer Baukunst in der Champagne. Die Hauptfassade stammt erst aus dem 19. Jh., nur das Portal (Jüngstes Gericht) geht auf das 13. Jh. zurück. Bei einem Rundgang fällt der Blick auf die prachtvolle Struktur der Strebepfeiler, die Fialen, Dachtraufen und den schönen Chorschluß. Nicht sehr großes INNERES mit wunderschönen, großen **Glasfenstern***, vor allem in der Apsis, aus der zweiten Hälfte des 13. Jhs. (Propheten*). In der rechten Chorkapelle befindet sich die zauberhafte Statue der Weintrauben-Madonna* aus dem 16. Jh.; links vom Chor das moderne Grab Papst Urbans IV. (gest. 1264).

St-Rémy (B2). – Gotische Doppelchoranlage aus dem 14.–16. Jh. mit Turm aus dem 14. Jh., der durch unsachgemäße Restaurierungen verstümmelt wurde; im Inneren, im linken Querhaus, mehrere Grisaille-Malereien mit überraschenden optischen Effekten; am Hochaltar Christus aus Bronze von F. Girardon (1687).

Ste-Madeleine* (B1). – Im 12. Jh. errichtete Kirche, die im frühen 16. Jh. im Stil der Spätgotik verändert wurde; in den Jahren 1531–1560 wurde der Renaissance-Glockenturm hinzugefügt. Helles fünfschiffiges INNERES mit prachtvollem spätgotischem Lettner*, ein Meisterwerk, das Jean Gailde in den Jahren 1508–1517 schuf; im rechten Querhaus Statue der Hl. Martha*, ein schönes Beispiel der Bildhauerkunst in der Champagne im 16. Jh.; in der Apsis Glasfenster* aus dem 16. Jh., die zu den schönsten in Troyes gehören.

Place Foch (B2). – Belebtes Stadtzentrum mit, im Norden, dem klassizierenden *Rathaus* aus den Jahren 1624–1670 mit einer Minerva-Statue in der Nische in der Fassadenmitte; im Südwesten erstreckt sich das typische Viertel des alten Troyes (teilweise Fußgängerzone).

St-Jean (B2). – Historisch bedeutende Kirche, in der die Hochzeit von Heinrich V. von England mit Katharina von Frankreich stattfand; das gotische Langhaus stammt aus dem 14. Jh., das Querhaus und die Apsis aus der Spätgotik und Renaissance (16. Jh.); das ursprüngliche Aussehen wurde nach einem

Troyes: Rue Champeaux

Brand von 1593 nicht getreu wiederhergestellt. In den rechten Seitenkapellen des dreischiffigen INNEREN Glasfenster aus dem 16. Jh. und in einer rechten Chorkapelle Heimsuchungsdarstellung aus Marmor (ca. 1520). Hochaltar von Girardon aus dem Jahr 1667 mit Gemälde der Taufe Christi von Pierre Mignard; in der Apsiskapelle Passionsreliefs, Domenico Fiorentino zugeschrieben, und Glasfenster aus dem 17. Jh. von den Gontier.

Rue Champeaux (B2). – Fußgängerzone in der Altstadt, gesäumt von Fachwerkhäusern mit Giebeln und Erkern. Auf Nr. 9 die *Maison de l'Orfèvre,* ein Fachwerkhaus aus dem 17. Jh. mit Ecktürmchen; auf Nr. 26 das *Hôtel des Ursins* aus dem Jahr 1520 mit Renaissance-Hof. – Kurz darauf, rechts, öffnet sich die **Ruelle des Chats*** (B1-2), die so malerisch ist, daß sie zum Wahrzeichen der Stadt wurde; in der engen Gasse scheinen sich die hohen Giebel der Fachwerkhäuser beinahe zu berühren. – Südlicher, in der Rue de la Trinité 7, liegt die MAISON DE L'OUTIL (B2; *Öffnungszeiten: 9–12 und 14–18 Uhr; Di geschl.; Eintrittsgebühr*) mit einer Sammlung originaler Werkzeuge zur Bearbeitung von Holz, Eisen, Leder und Stein, in einem Haus aus dem 16. Jh.

St-Pantaléon (B1-2). – Gotische Kirche aus dem frühen 16. Jh. mit Renaissance-Fassade aus dem späten 16. Jh.; im mit einem Tonnengewölbe aus dem 17. Jh. gedeckten Inneren zahlreiche Plastiken aus dem 16. Jh. Am ersten Pfeiler rechts: Hl. Jakob von Domenico Fiorentino; in der ersten Kapelle rechts Renaissanceempore und marmorne Darstellung der Goldenen Pforte; in der zweiten Kapelle links Madonna aus der Schule von Troyes, in einem Altar von D. Fiorentino; an den Pfeilern neben dem Hochaltar Glaube und Barmherzigkeit von D. Fiorentino. Schöne Grisaille-Glasfenster aus der Mitte des 16. Jhs.

Hôtel de Vauluisant* (B-C1). – Schönes Renaissance-Palais, erbaut im Jahre 1550 für Antoine Rennequin und im 17. und 18. Jh. erweitert. Es beherbergt das

Musée historique de Troyes et de la Champagne *(Öffnungszeiten: 10–12 und 14–18 Uhr; Di geschl.; Eintrittsgebühr),* das vor allem der lokalen Skulptur des 16. Jhs. gewidmet ist. Erdgeschoß. *Saal 1:* bemalter monumentaler Steinkamin; Madonna; geschnitzte Türen. – *Saal 2:* Dreifaltigkeitsgruppe aus Holz (14. Jh.). – *Säle 7 und 8:* Gemälde und Glasfenster: Himmelfahrtsaltar* (1552); Madonna mit Kind* (spätes 16. Jh.). – Erster Stock: prachtvoller monumentaler Kamin*; Fensterumrahmungen; Bruderschaftsstäbe, Keramiken. – In einem Flügel des Palais ist das Musée de la Bonneterie eingerichtet, das der Geschichte der lokalen Wirkwarenherstellung gewidmet ist: Werkzeuge und Bekleidung aus dem vorigen Jahrhundert.

St-Nicolas (B-C1). – Renaissance-Kirche aus dem 16. Jh. mit elegantem Portal* an der rechten Seite: die Prophetenstatuen stammen von François Gentil (1553). Im Inneren, über dem Eingang, emporenförmige Kalvarienbergkapelle mit geschmückter Wölbung und Statue aus dem 16. Jh. des Christus an der Säule. Im Mittelschiff Grisaille-Glasfenster aus dem 16. Jh.

Umgebung – Nach **St-André-les-Vergers,** 2,5 km Richtung Südwesten; Renaissance-Kirche mit einem schönen Marmorportal* aus dem Jahr 1549; im Inneren Statuen aus dem 16. Jh. und am Hochaltar großer spätgotischer Tabernakel aus dem 16. Jh.; in der rechten Chorkapelle Altar aus dem Jahr 1451.

Nach **Sainte-Savine** (10.660 Ew), 2 km Richtung Nordwesten, jenseits des Bahnhofs, einem Industrievorort. In der gotischen Kirche *Ste-Savine* Glasfenster und Kunstwerke aus dem 15. und 16. Jh.; in der linken Chorkapelle Sebastiansaltar* aus dem 16. Jh. – In der Nähe liegt die Renaissance-Kirche *St-Martin-lès-Vignes* aus dem Jahr 1592, die beachtenswerte Glasfenster aus dem 17. Jh. und Statuen* aus dem 16. Jh. besitzt.

Nach **Chaource** (956 Ew, 149 m), 29 km Richtung Süden über die Straße D 444, die durch die Wälder von Aumont und Chaource führt. Die Gotisch-Renaissance-Kirche *St-Jean-Baptiste* aus dem 13.–16. Jh. beherbergt Werke aus der Schule von Troyes; im linken Seitenschiff berühmte polychrome Grablegungsdarstellung* (1515); im rechten Querhausarm Totentanzfresken aus dem 16. Jh. und großer Kreuzigungsaltar aus Stein.

Nach **Bar-sur-Seine** (152 m), 33 km Richtung Südosten über die Straße N 71. 8 km, Denkmal für die 67 Einwohner von *Buchères,* die von den deutschen Truppen im letzten Krieg ermordet wurden. – 19 km, *St-Parres-les-Vaudes:* rechts Abzweigung nach, 3 km, **Rumilly-les-Vaudes** (496 Ew, 136 m) mit einem schönen *Schloß* aus dem 16. Jh. und der Kirche *St-Martin* (1627–1549) mit sehenswerten Glasfenstern und einem bemalten Steinaltar aus dem Jahr 1533. – 31 km, *Fouchères:* Kirche aus dem 12. Jh. – 33 km, **Bar-sur-Seine** (3.851 Ew, 152 m) ein Ort mit alten Fachwerkhäusern; in der Gotisch-Renaissance-Kirche *St-Étienne* Glasfenster* aus der Schule von Troyes aus dem 16. Jh., die vor allem im Chor und in der Apsiskapelle schön sind; im rechten Querhaus vier Reliefs von Domenico Fiorentino; links Reliefs von Primaticcio*.

VALENCIENNES (6 D2)

Nord-Pas de Calais; Nord, 40.275 Ew, 22 m. – Alte flämische Festungsstadt am Escaut, im ausgedehnten Kohlenbecken des Anzin, heute ein wichtiges Industriezentrum; die Stadt hatte unter den Auswirkungen des letzten Krieges besonders schwer zu leiden.

Geschichte. – Die Stadt römischer Gründung *(Valentiana)* gehörte im Mittelalter zum Herzogtum Burgund und war von 1567 bis 1677 unter spanischer Herrschaft. Vier Jahre lang besetzten sie deutsche Truppen im Ersten und Zweiten Weltkrieg. Zu den bedeutenden in Valenciennes geborenen Persönlichkeiten zählen: Baldovin IX. (1171–1204), Kaiser des Ostreiches; Heinrich (1174–1216), Kaiser des Ostreiches; Heinrich VII. von Luxemburg (1272–1313), römischer Kaiser; die Maler Antoine (1684–1721), Louis (1731–1798) und François (1753–1823) Watteau, J. B. Pater (1695–1736); der Bildhauer Carpeaux (1827–1875).

St-Géry. – Die gotische, nicht sehr große Kirche (13. Jh.) mit Fassade und Turm aus dem 19. Jh. wurde nach Kriegsschäden und Brand mit viel Sorgfalt restauriert. Erhalten haben sich die drei Schiffe auf Rundpfeilern; der Lichteinfluß geht auf jüngst durchgeführte Arbeiten und die modernen Glasfenster zurück.

St-Nicolas. – Ehemalige Jesuitenkapelle aus dem Jahr 1775 mit schönem Marmor-Lettner aus der Renaissance. Daneben, im ehemaligen Kolleg, ist die *Bibliothek* eingerichtet; in der Grande Salle sind Möbel aus dem 18. Jh. und wertvolle Bücher ausgestellt.

Musée Municipal des Beaux-Arts*. – *Öffnungszeiten: 10–12 und 14–17 Uhr; Di geschl.; Eintrittsgebühr.* Es befindet sich im Osten der Stadt am Boulevard Watteau und ist vor allem der großen Malerei aus dem Norden gewidmet. *Saal 1,* 15. und 16. Jh.: H. Bosch (Hl. Jakob und der Zauberer*), J. van Cleve (Anbetung der Könige), Provost, P. Coecke van Aelst, Meister des Verlorenen Sohnes (die Werke der Barmherzigkeit*), van Reymerswaele, Palma il Giovane. – *Säle 2–6:* Marten de Vos, van Dyck, Jordaens (Junge und Alte), Cornelis van Haarlem (die Barmherzigkeit), Hans von Aachen (Parisurteil), Rubens (7 Gemälde und Landschaft mit Regenbogen**), Cuyp, Snyders, Pourbus d. J., Lukas van Leyden, Blumen-Brueghel, Janssens, Teniers d. J., Guercino (die mystische Hochzeit der Hl. Katharina),

Pietro da Cortona. – *Säle 7–8,* 18. Jh.: Antoine Watteau (Fest im Park; Bildnis des Bildhauers Pater; Zeichnungen und Skizzen), J. B. Pater, Nattier, Louis Watteau, H. Robert, F. Boucher. – *Säle 10–12,* 19. Jh.: Chassériau, Boudin, Pissarro, Harpignies, Carpeaux (Gemälde, Zeichnungen, Skulpturen*).

Carmel. – *Öffnungszeiten: 10–11.30 und 13–16.30 Uhr.* Das Kloster befindet sich im Viertel St-Saulve im Nordosten der Stadt, an der Straße N 30. Die Anlage wurde 1966 nach Plänen des Bildhauers Szekely und des Architekten Guislain vollendet und setzt sich aus asymmetrischen Baukörpern aus einfachen Materialien zusammen, die durch weißen Kalk verbunden sind. Besichtigt werden kann die Kapelle.

UMGEBUNG – Nach **Saint-Amand-les-Eaux** (16.384 Ew, 17 m), 13 km Richtung Nordwesten über die Straße N 49; ein Thermalkurort. Am Hauptplatz liegen einige Überreste der im Jahr 1789 zerstörten Benediktinerabtei. Erhalten haben sich die Fassade der Kirche und der an spanische Vorbilder erinnernde **Turm** aus dem Jahr 1640 *(Öffnungszeiten: Ostern bis Mitte Nov. 10–12 und 15–18 Uhr; Di geschl.; Eintrittsgebühr);* im Inneren ein kleines *Museum* und ein Glockenspiel mit 49 Glocken; schöne Aussicht. Zu sehen ist außerdem noch die **Échevinage** *(Öffnungszeiten: 10–12 und 15–18 Uhr; Eintrittsgebühr),* ein zierlicher flämischer Renaissancebau, der einst der Eingangspavillon der Abtei war; im Inneren, in einem Saal, sind acht Gemälde mit sakralen und allegorischen Szenen von Louis Watteau (1782) ausgestellt.

VANNES (2 C3)

Bretagne; Morbihan, 45.397 Ew, 22 m. – Département-Hauptort, malerisches mittelalterliches Städtchen und kleiner Hafen an der südlichen Küste der Bretagne, am Nordrand des Golfes von Morbihan.

Stadtmauern. – Erhalten haben sich im Osten, bei der Promenade de la Garenne, weite Abschnitte der Befestigungsmauern aus dem 14.–16. Jh.; sie reichen von der im Jahre 1704 erneuerten *Porte St-Vincent* im Süden bis zur *Porte Prison* aus dem 15. Jh. im Norden. Die Mauern begleiten Rundtürme, der Stadtgraben wurde zu einer Parkanlage umgestaltet; in Richtung Rue Deker, im Rohan, der den Graben bildet, spiegeln sich malerisch alte Waschplätze* und Fachwerkhäuser mit Schieferdächern.

Kathedrale St-Pierre. – Sie erhebt sich auf der malerischen zentralen Place Henri IV, die Giebelhäuser aus dem 16. Jh. umgeben. Die ursprünglich gotische Kirche (13.–18. Jh.) bewahrt vom Originalbau den Fassadenturm (der Helm erst von 1825) und an der linken Seite ein spätgotisches Portal aus dem Jahr 1514. Im einschiffigen INNEREN aus dem 15. Jh. befindet sich in der vierten Kapelle links (eine Renaissance-Kapelle auf rundem Grundriß) das Grab des Hl. Vinzenz Ferrer, eines berühmten spanischen Predigers, der 1419 in Vannes verstarb, und Tapisserien aus Aubusson aus dem Jahr 1615. Im Kapitelsaal ist der DOMSCHATZ *(Eintrittsgebühr)* mit sakraler Goldschmiedekunst (12.–16. Jh.) und einem Köfferchen aus dem 12. Jh. eingerichtet. – Links von der Kathedrale, in einem Garten, liegen die Überreste des Kreuzgangs aus der Renaissance; gegenüber der Fassade liegt die sogenannte **Cohue,** ein überdeckter Markt aus dem 12.–14. Jh.

Musée Archéologique. – *Öffnungszeiten: 9.30–12 und 14–18 Uhr; So geschl.; Eintrittsgebühr.* Es hat seinen Sitz in der Rue Noé 2, im Château Gaillard aus dem 15. Jh. Die Sammlung umfaßt Funde aus Paläolithikum, Neolithikum (geschliffene Hacken*), Bronzezeit (Funde aus Lagonnet*) und aus der Eisenzeit; außerdem gallo-römisches Material, Keramik und Goldschmiedekunst aus Mittelalter und Renaissance (13.–18. Jh.).

UMGEBUNG – **Ausflug in den Golf von Morbihan*,** mit dem Boot, und zu den verstreut gelegenen eindrucksvollen Inseln. Man erreicht: 7 km, die 3 km lange *Insel Arz* mit einem romanisch-gotischen Kirchlein; 12,5 km, die **Ile aux Moines,** 6 km lang, waldreich und mit schönen Stränden und megalithischen Denkmälern; 19 km, *Larmor-Baden,* in schöner Lage an der Küste; 20 km, die **Insel Gavrinis** mit einem megalithischen *Tumulus*,* bestehend aus überdeckten Menhirs und einem 13 km langen Dolmen mit geometrischen Ritzmustern; 27 km, *Port-Navalo,* ein Badeort am Eingang zum Golf.

Nach **Sarzeau** (4.443 Ew, 21 m), 22 km Richtung Süden über die Straße D 780, die im Osten entlang der Küste des Golfes von Morbihan führt; der Ort liegt im Zentrum der einsamen, eindrucksvollen *Halbinsel Rhuys,* die zwar arm an Vegetation, aber reich an interessanten Baudenkmälern ist. – 4 km südöstlich, an der Straße D 198, liegen die Ruinen der **Burg von Suscinio** *(Öffnungszeiten: April–Sept. 8.30–12.30 und 13.30–18.30 Uhr; Okt.–März 8.30–13 und 14–17 Uhr; Eintrittsgebühr),* die einst Residenz der Herzöge der Bretagne war und vom 12.–14. Jh. entstanden ist; erhalten haben sich sechs mächtige Rundtürme mit Zinnen, die durch Kurtinen verbunden und von einem Graben umgeben sind; von den Wehrgängen weite Aussicht. – 6,5 km südwestlich von Sarzeau liegt **Saint-Gildas-de-Rhuys** (351 m). Die ehemalige, im 15. Jh. erneuerte *Abteikirche* besitzt noch das Querhaus und den Chor aus der Romanik; im Chor (man beachte die Kapitelle aus dem 12. Jh., von denen einige als Weihwasserbecken dienen) mehrere Grabdenkmäler aus dem 11.–18. Jh.; im Kirchenschatz Goldschmiedekunst aus dem 14.–18. Jh.

Josselin: Schloß

Nach **Josselin** (59 m), 58 km Richtung Nordosten über die Straßen N 166 und N 24. 16 km, **Château de Largoët,** die sogenannten *Türme von Elven;* die Burg wurde im Jahr 1488 zerstört; erhalten haben sich zwei befestigte Tore, ein Turm aus dem 15. Jh. und der prachtvolle achteckige, 57 m hohe Donjon aus dem 14. Jh. – 46 km, **Ploërmel** (7.258 Ew, 76 m); im Ortszentrum spätgotische Kirche *St-Armel* aus dem späten 16. Jh.; an der Nordseite öffnet sich ein schönes reliefgeschmücktes Doppelportal; im Inneren schöne Glasfenster aus 16. und 17. Jh. sowie Grabdenkmäler mit Liegefiguren aus dem 14. und 16. Jh. – 58 km, **Josselin** (2.995 Ew, 59 m), berühmt für sein im Jahre 1173 begonnenes SCHLOß am Oust; im Jahre 1407 kam es an die Familie Rohan, in deren Besitz es heute noch ist *(Öffnungszeiten: im Sommer 10–12 und 14–18 Uhr).* Der Außenbau hat mit seinen drei Rundtürmen aus dem späten 14. Jh. und dem mächtigen Unterbau vorwiegend Festungscharakter; die innere Fassade ist hingegen mit ihren eleganten Mansardenfenstern und Laufgängen ein Meisterwerk spätgotischer Profanarchitektur (1490–1505). Gegenüber erhebt sich ein mächtiger Turm aus dem 14. Jh. Im Ortszentrum liegt die Basilika *Notre-Dame-du-Roncier* aus dem 12. Jh., aber vom 14.–16. Jh. in spätgotischen Formen verändert; in der rechten Chorkapelle Marmorkenotaph von Oliviero de Clisson (gest. 1407), der das Schloß vor den Rohan besaß.

VENDÔME (10 D1)

Centre; Loir-et-Cher, 18.218 Ew, 82 m. – Altes Städtchen im Gebiet von Orléans, in der Nähe der Loire-Schlösser, an einem Abhang an mehreren Armen des Loir.

La Trinité*. – Sie erhebt sich auf der zentralen Place St-Martin, die der spätgotische Turm aus dem 15.–16. Jh. der verschwundenen Kirche St-Martin beherrscht. Die Trinité ist eine gotische Kirche aus dem 12.–16. Jh. mit einem prachtvollen romanischen Glockenturm (12. Jh.), den eine achteckige Kuppel mit spitzem Helm abschließt; die reich dekorierte spätgotische Fassade stammt aus dem 16. Jh. Im hellen, dreischiffigen INNEREN mit Querhaus und Umgangschor (14. Jh.) beachte man die romanischen (11. Jh.) Kapitelle im Querhaus, die zierlichen Steinschranken des Renaissance-Chores (16. Jh.), das Chorgestühl aus dem 15. Jh., die Glasfenster im Chor (14. Jh.) und im Chorumgang (16. Jh.; jene in der Kapelle hinter der Apsis mit der Madonna mit Kind* im Zentrum stammen aus dem 12. Jh.) und verschiedene Statuen aus dem 13. Jh. Rechts von der Kirche befinden sich die Überreste des *Kreuzgangs* aus dem 14. Jh. mit Kapitelsaal und den Abteigebäuden aus dem 18. Jh.

Musée de Vendôme. – *Öffnungszeiten: 9 oder 10–11.30 und 14–17.30 Uhr; Eintrittsgebühr.* Es ist in den Abteigebäuden der Trinité eingerichtet. Im *Erdgeschoß* Reproduktionen der Wandmalereien aus der Umgebung und sakrale Kunst aus dem 16. Jh.; im *ersten Stock* prähistorische, gallo-römische und merowingische Ausgrabungsfunde; im *zweiten Stock* Volkskunde und regionales Kunsthandwerk; Gemäldesammlung mit flämischen, französischen und spanischen Werken aus dem 17. Jh. und einer Seelandschaft von Boudin; im *dritten Stock* Werke von Dunoyer de Segonzac; im *vierten Stock* Naturgeschichte.

Altstadt. – Die Altstadt zeichnet sich noch heute durch ein malerisches städtebauliches Ensemble aus. Die interessantesten Gebäude sind das *Collège des Oratoriens* (heute Lycée Ronsard) mit der prachtvollen spätgotischen Kapelle St-Jacques aus dem 16. Jh. und der Kirche der *Madeleine* aus dem Jahr 1474; im Süden, beim Fluß, öffnet sich zwischen wuchtigen Türmen (14. Jh.) die eindrucksvolle *Porte St-Georges.*

Burg. – *Öffnungszeiten: 9–12 und 14–18 Uhr; Di geschl.; Eintrittsgebühr.* Sie wurde vom 12.–14. Jh. von den Grafen der Vendôme errichtet und beherrscht von oben die Stadt. Heute bestehen nur noch die äußeren Erdwälle, der Mauerkranz mit Türmen und der Hauptturm aus dem 15. Jh.

UMGEBUNG – Nach **Areines** (779 m), 3 km Richtung Osten, links von der Straße D 917; romanische *Kirche* aus dem 12. Jh. mit wertvollem romanischen Freskenzyklus* in der Apsiskalotte; die streng nach byzantinischem Schema aufgebauten Darstellungen zeigen im Zentrum Christus in der Mandorla umgeben von den Evangelistensymbolen und darunter die Heiligentheorie.

VERDUN* (7 B2)

Lorraine; Meuse, 24.120 Ew, 199 m. – Berühmte Festungsstadt in Lothringen, an beiden Ufern der Maas, teilweise in der Ebene und teilweise auf Hügeln; die Stadt wurde im Ersten Weltkrieg zum tragischen Symbol des französischen Widerstandes.

Geschichte. – Schon das römische *Virdunum* war ein wichtiges Militärlager an der Straße von Germanien nach Gallien. Seit 843 gehörte Verdun zu Lothringen und zum Kaiserreich; zu Frankreich kam die Stadt im Jahre 1552, dann wurde sie wieder dem Kaiserreich angeschlossen, und erst durch den Westfälischen Frieden 1648 kam sie endgültig an Frankreich; Vauban stattete sie mit mächtigen Befestigungsanlagen aus. Am 21. Februar 1916 begannen die Deutschen mit dem entscheidenden Vorstoß gegen die Stadt, der das Verteidigungssystem der Ardennen stören und den Weg nach Paris öffnen sollte; in den Kämpfen um Verdun fielen insgesamt 1,8 Millionen Mann.

Die untere Stadt. – Sie erstreckt sich am rechten Maas-Ufer und ist zum Großteil modern; im Zentrum liegt die *Place Chevert* und in deren Südosten das *Hôtel de ville* aus dem Jahr 1623.

Die obere Stadt. – Von der Place Chevert folgt man dem Quai de la République entlang der Maas vom Pont Neuf bis zum Pont-Chaussée; bei dieser zweiten Brücke öffnet sich zwischen zwei zinnenbekrönten Rundtürmen die mächtige **Porte Chaussée** aus dem 14. Jh. Geradeaus erreicht man die *Rue Mazel:* rechts geht es zur zweibogigen *Porte St-Paul* (1877) und zum *Monument de la Défense* von Rodin; links führt die Straße zum *Monument de la Victoire* (1929), eine große Treppenanlage mit Pyramide und der Statue eines Kriegers; in einem in der Krypta aufbewahrten „Goldenen Buch" sind die Namen der Gefallenen und Überlebenden von Verdun verzeichnet.

Hinter dem großen Denkmal befindet sich das *Hôtel de Princerie,* ein Renaissancebau aus dem Jahr 1525, in dem das **Musée de la Princerie** eingerichtet ist *(Öffnungszeiten: Mai–Sept. 10–12 und 14–18 Uhr; Di geschl.; Eintrittsgebühr):* prähistorische und gallo-römische Ausgrabungsfunde, Skulpturen aus Mittelalter und Renaissance, Möbel und Keramiken aus Lothringen. Die Rue de la Belle-Vièrge führt zur Kathedrale.

Kathedrale*. – Sie krönt den oberen Stadtteil und bestimmt mit ihren Türmen sein Aussehen. Die Kirche ist eine romanische Doppelchoranlage; die westliche, an rheinländische Vorbilder erinnernde Apsis stammt aus dem 11. Jh.; die östliche, burgundische, mit mächtigen Strebepfeilern stammt, so wie auch das Löwenportal* mit Reliefs im Tympanon, aus dem 12. Jh.; die Kreuzwölbung der Schiffe wurde im 14. Jh. erneuert, die beiden Apsistürme im 18. Jh. Dreischiffiges INNERES auf Pfeilern mit Seitenkapellen aus dem 15.–16. Jh. Von der Seite des Ostchores gelangt man in die dreischiffige *Krypta* aus dem 12. Jh., die nach dem Ersten Weltkrieg erneuert wurde. An die Südseite lehnt sich der spätgotische *Kreuzgang* aus dem 15.–16. Jh.; an einer Mauer Relief mit Adam und Eva aus dem 12. Jh. Rechts von der Kirche erhebt sich der klassizierende *Bischofspalast* von Robert de Cotte (18. Jh.).

Am Fuße der oberen Stadt liegt die von Vauban im 17. Jh. errichtete **Zitadelle;** die Kellergeschosse *(Öffnungszeiten: 9–12 und 14–17 oder 18 Uhr; Eintrittsgebühr)* hatten große Bedeutung während des Kampfes im Jahr 1916; hier wurde 1920 der Leichnam ausgewählt, der unter dem Triumphbogen in Paris (im Grab des Unbekannten Soldaten) ruhen sollte. Im Inneren der Zitadelle ist das *Musée de la Guerre* eingerichtet, das der Schlacht von 1916 gewidmet ist.

UMGEBUNG – Zu den **Schlachtfeldern (Vaux und Douaumont),** 30,5 km. Man folgt im Nordosten von Verdun der Straße N 3 und zweigt nach 5,5 km links in die Straße D 913 ab, die zum, 9,5 km, **Fort de Vaux** *(Öffnungszeiten: 9–16.30 oder 18 Uhr; Eintrittsgebühr)* führt, dem südlichen Pfeiler des Verteidigungssystems. Man fährt wieder zurück und biegt rechts ab. – 13,5 km, *Fort de Souville* und Denkmal für den Ort Fleury, der in der Schlacht zerstört wurde. – 16,5 km, **Grand Ossuaire de Douaumont,** eine 137 m lange Galerie mit bekrönendem, 46 m hohem, Turm, in der die unbekannten Gefallenen ruhen; am Friedhof ruhen 15.000 Tote. – 17,5 km, **Fort de Douaumont** (388 m; *Besichtigung wie Fort de Vaux*), Zentrum der Schlacht und strategisches Observatorium. Es geht nun entlang des *Ravin de la Mort* (Todesgraben) und der *Tranchée des Baionnettes.* – 24 km, *Bras,* an der Maas. Man folgt im Süden der Straße D 964. – 30,5 km, *Verdun.*

Nach **Bar-le-Duc** (20.516 Ew, 184 m), 56 km Richtung Süden über die Straße N 35, die sog. *Voie Sacrée;* altes Städtchen in den Vogesen im Ornain-Tal, einst Hauptort des unabhängigen Herzogtums Bar. Das Zentrum der unteren Stadt bildet die Place Reggio; in der Mitte erhebt sich ein Denkmal für Marschall Oudinot, Herzog von Reggio (1767–1847). Nördlich vom Platz, hinter der Präfektur, verläuft die Rue du Bourg mit zahlreichen Häusern aus dem 17. Jh. Die Rue Gilles-de-Trèves führt in den recht malerischen oberen Stadtteil. Am Beginn der Straße, links, liegt das *Collège Gilles-de-Trèves,* ein Renaissancebau aus dem Jahr 1574 mit Arkadenhof. Weiter bergauf durch die mit schönen Palais gesäumte Straße gelangt man zur großen Place St-Pierre im Herzen der Altstadt, die die dreischiffige gotische Hallenkirche *St-Étienne* aus dem 15. Jh. beherrscht. Im rechten Querhaus Mausoleum von René de Châlon (gest. 1544) mit der Statue eines Skeletts*, ein eindrucksvolles realistisches Werk von Ligier Richier (16. Jh.). Im

Château-Neuf (1573 begonnen und im 17. Jh. vollendet) ist ein Museum eingerichtet, das u. a. dem Ersten Weltkrieg gewidmet ist.

Nach **Saint-Mihiel** (5.555 Ew, 226 m), 35 km Richtung Südosten über die Straße D 964; ein Ort an der Maas, der für seine im 8. Jh. gegründete Abtei und die im 16. und 17. Jh. blühende Bildhauerschule berühmt ist. Im Ortszentrum erhebt sich die ehemalige Abteikirche *St-Michel,* die im 17. Jh. erneuert wurde; sie beherbergt beachtenswerte Plastiken: rechts, in der Taufkapelle Kind mit zwei Köpfen, Jean Richier zugeschrieben (1608); in der ersten Kapelle rechts Madonna mit Hl. Johannes* von Ligier Richier (1531); im Chor Gestühl und Lesepult aus dem 18. Jh. Rechts von der Kirche liegen die großen *Abteigebäude* aus dem 17. Jh. Hinter der Abtei befindet sich die gotische Kirche *St-Étienne* aus dem 13.–15. Jh., in der die berühmte Pietà* von Ligier Richier (1540) und makabre Plastiken von Jean Richier aufbewahrt werden.

VERNEUIL-SUR-AVRE (5 A4)

Ile-de-France; Eure, 6.857 Ew, 175 m. – Malerisches Städtchen in der Normandie, in der Avre-Ebene, einst mächtige Festung und heute durch seine alten Fachwerkhäuser und Baudenkmäler beeindruckend. *Ausführliche Beschreibung siehe Kümmerly + Frey Reiseführer Paris und Umgebung.*

La Madeleine*. – Die Kirche beherrscht mit ihrem einsam aufragenden, 56 m hohen spätgotischen *Turm** das Stadtbild. Langhaus und Querhaus stammen aus der Frühgotik (12. Jh.), der Chor aus der Spätgotik (16. Jh.). Im Inneren schöne Glasfenster und einige Plastiken.

Notre-Dame*. – Im Ursprung romanisch-normannische Abteikirche aus dem 12. Jh., die sich durch schöne Plastiken aus dem späten 15. und frühen 16. Jh. im Inneren auszeichnet.

VERNON (5 B3)

Ile-de-France; Eure, 23.559 Ew, 16 m. – Altes Städtchen an der Seine, in der Normandie, umgeben von Wäldern; Ausflugsziel. Das Ortszentrum wurde im letzten Krieg schwer getroffen. *Ausführliche Beschreibung siehe Kümmerly + Frey Reiseführer Paris und Umgebung.*

Notre-Dame*. – Schöne und interessante Kirche aus dem 12. Jh. mit Ergänzungen aus dem 14. und 15. Jh.

UMGEBUNG – Nach **Giverny*** (363 Ew), 4 km Richtung Südosten über die Straße D 5, das durch die Aufenthalte des impressionistischen Malers Claude Monet berühmt wurde. Das MUSÉE MONET *(Öffnungszeiten: 10–12 und 14–18 Uhr; Mo und von Nov.–März geschl.; Eintrittsgebühr)* umfaßt auch den wiederhergestellten **Garten**** mit den berühmten Seerosen, die dem Maler für die 46 Leinwandbilder (heute im Musée Marmottan in Paris) als Modell dienten.

VERSAILLES** (5 B4)

Ile-de-France; Yvelines, 95.149 Ew, 132 m. – Berühmte Stadt im Südwesten von Paris, schön inmitten waldreicher Hügel gelegen und berühmt für ihr Schloß, das ein Jahrhundert lang Residenz der französischen Könige war und noch heute die Prunk- und Machtentfaltung des Hofes wiederspiegelt; es ist eines der am meisten besuchten Fremdenverkehrsziele in Europa und wichtiger Militärstützpunkt; Bischofssitz. *Ausführliche Beschreibung siehe Kümmerly + Frey Reiseführer Paris und Umgebung.*

Geschichte. – Der Ursprung der Schloßanlage geht auf Ludwig XIII. zurück, der im frühen 17. Jh. ein erstes Jagdschloß errichten ließ. Ein Neu- und Umbau mächtiger Ausmaße wurde von Ludwig XIV. im Jahre 1661 beschlossen. Die ausführenden Architekten waren Le Vau und J. H. Mansart für die Architektur und A. Le Nôtre für die Gartenanlagen. 1682 wurden alle Regierungsgeschäfte hierher verlegt. Kleinere Ergänzungen wurden unter Ludwig XV. hinzugefügt. Nach Plünderung und Verfall während der Revolutionszeit beschloß schließlich im Jahre 1837 Louis-Philippe die Einrichtung eines Museums. Restaurierungen wurden nach dem Ersten Weltkrieg und ab 1950 durchgeführt und sind auch heute noch im Gang.

Das Schloß.** – *Öffnungszeiten: 9.45–17 Uhr; Mo geschl.; Eintrittsgebühr; eine Besichtigung mit Führung ist möglich.* Die große Ehrenhoffront besteht aus drei Hofeinheiten: zunächst die *Cour des Ministres,* dann die *Cour Royale* und schließlich die das erste Schloß von Ludwig XIII. umschließende *Cour de Marbre**. Besonders prunkvoll erscheint die 580 m lange WESTFASSADE gegen den Garten: sie besteht aus einem zentralen Fassadenteil von Le Vau (1678–1680) und zwei Seitenflügeln von J. H. Mansart.

DAS INNERE – Ein Rundgang führt durch folgende sehenswerte Räume: die im Jahre 1689 begonnene **Schloßkapelle*** von J. H. Mansart mit der königlichen Empore im ersten Stock; der *Salon d'Hercule,* in dem der Übergang von Barock zu Rokoko abgelesen werden kann; die lange Zimmerflucht der *Grands Appartements* im Nordflügel, bestehend aus mehreren prunkvoll ausgestatteten Salons, deren ikonographisches Programm König Ludwig XIV. als

Sonnengott (Apollo–Helios) definiert; die berühmte **Spiegelgalerie****, ein Meisterwerk barocker Ausstattungskunst von Le Vau und Le Brun, mit 17 großen Fenstern, denen ebenso viele Spiegel entsprechen; an den beiden Enden des Spiegelsaals befinden sich der *Salon de la Guerre* und der *Salon de la Paix;* das **Appartement du Roi*** mit dem Schlafzimmer des Sonnenkönigs; das *Grand Appartement de la Reine.* Sehenswert ist auch die **Opéra Royal***, ein Meisterwerk von Gabriel Baud aus dem Jahr 1770. Im Erdgeschoß befindet sich auch das HISTORISCHE MUSEUM.

Der Park. – Die Gartenanlagen wurden in den Jahren 1664–1668 von Le Nôtre entworfen; sie bilden mit ihren Skulpturen, Wasserspielen, Blumenparterren, Wäldern und Hecken eine würdige Ergänzung der prunkvollen Innenräume. Von der obersten Terrasse genießt man einen prachtvollen Blick, die sogenannte „Sonnenachse" bis zum Bassin d'Apollon und zum Großen Kanal. Zu beiden Seiten dieser Mittelachse liegen teilweise von Hecken versteckt für sich abgeschlossene Gartenanlagen, deren Erforschung lohnend ist.

Grand Trianon. – *Öffnungszeiten: 9.45–17 Uhr; Sa geschl.; Eintrittsgebühr.* Lustschloß, das Ludwig XIV. in den Jahren 1687–1688 von J. H. Mansart für Mme de Maintenon errichten ließ. Heute dient das einstöckige, prachtvoll ausgestattete und beispielhaft restaurierte Gebäude für offizielle Staatsbesuche.

Petit Trianon*. – *Öffnungszeiten: 14–17 Uhr; Sa und So geschl.; Eintrittsgebühr.* Von Gabriel in den Jahren 1762–1768 für Ludwig XV. errichtet; hier verstarb Mme de Pompadour; besonders gerne wurde der Pavillon von Marie Antoinette benützt, auf die auch die Innenausstattung zurückgeht.

Hameau**. – Malerisches, für Marie Antoinette angelegtes Bauerndorf mit Teich, Fischerhaus, Bauernhof, Taubenhaus.

VÉZELAY* (12 D2)

Bourgogne; Yonne, 562 Ew, 302 m. – Dorf in Burgund, in schöner Lage auf einem einsam aufragenden Hügel, berühmt für seine Abteikirche, Wallfahrtsziel und eines der schönsten französischen romanischen Baudenkmäler; im Jahre 1146 predigte hier der Hl. Bernhard von Clairvaux den Zweiten Kreuzzug.

St-Madeleine**. – Die Kirche gehörte einst zu einer im 9. Jh. gegründeten Abtei und wurde im Mittelalter durch die hier aufbewahrten angeblichen Reliquien der Hl. Maria Magdalena ein bedeutendes Wallfahrtsziel. Der Baubeginn des romanisch-burgundischen Neubaus ist ins Jahr 1120 zu datieren, die Vollendung des Chores im gotischen Stil ist für 1215 gesichert. Die nach der Revolution in Verfall geratene Kirche wurde in den Jahren 1840–1861 von Viollet-le-Duc restauriert. Die Fassade geht auf diese Restaurierungsarbeiten zurück (1856): die drei Portale wurden erneuert und bewahren nur mehr einige originale Friese: hingegen stammen der obere Giebel, der seitliche Turm und der Turm an der rechten Seite aus dem 13. Jh. Dem Innenraum ist eine große dreischiffige VORHALLE auf Pfeilern vorgelagert, in der sich drei reliefgeschmückte Portale öffnen. Das **mittlere Doppelportal**** ist ein Haupt- und Meisterwerk burgundischer Bildhauerkunst (ca. 1125): am Trumeaupfeiler Johannes der Täufer und seitlich die Apostel; im Tympanon Christus in der Mandorla umgeben von den Aposteln; am inneren Bogen und am Architrav die Evangelisierung der Völker der Erde: im äußeren Bogen Darstellungen der Sternzeichen und der Monate. Am rechten Portal die Erscheinung des Auferstandenen Christus. Großes, helles, dreischiffiges INNERES (63 m lang) mit kurzem Querhaus und Umgangschor. Die **Kapitelle**** der Pfeiler im Langhaus zeigen Szenen aus Altem und Neuem Testament und allegorische Gestalten. Schön ist auch der gotische Chor (1185–1215) auf Säulen mit Triforium und Chorumgang mit Radialkapellen. In der dreischiffigen *Krypta* aus dem 9. Jh. (im 13. Jh. erneuert) werden die Reliquien der Hl. Maria Magdalena aufbewahrt. Vom rechten Seitenschiff Zugang in einen Arkadengang des von Viollet-le-Duc wiederaufgebauten *Kreuzgangs,* in den sich der *Kapitelsaal* aus dem 12. Jh. öffnet. Im ehemaligen Schlafsaal der Mönche ein LAPIDARIUM *(Öffnungszeiten: 15. Juni bis 15. Sept. 10–12.30 und 15–19 Uhr; Mo geschl.).*

Eine schattige Terrasse hinter der Kirche bietet einen wunderschönen Blick auf das Cure-Tal und auf das nördliche Gebiet des Morvan.

Befestigungsmauern. – Die Abteizitadelle war von Mauern aus dem 12.–14. Jh. umgeben: erhalten haben sich weite Abschnitte der Befestigungen, auf denen ein Rundgang möglich ist; man verläßt das Innere im Norden durch die *Porte Ste-Croix* und folgt links der Promenade des Fosses, wo man auf die schöne, von zwei Rundtürmen flankierte *Porte-Neuve* aus dem 15.–16. Jh. trifft.

UMGEBUNG – Nach **Saint-Père** (348 Ew, 148 m), 2 km Richtung Süden, wo die schöne gotisch-burgundische Kirche *Notre-Dame** aus dem 13. Jh. liegt; Giebelfassade mit Statuenschmuck (Jüngstes Gericht) und elegantem Turm, der eine große Vorhalle aus dem 14. Jh. vorgelagert ist; in dieser öffnen sich drei Portale, deren mittleres Reliefschmuck trägt. Dreischiffiges Inneres auf niederen Rundpfeilern mit Laufgang unter dem Lichtgaden; Umgangschor mit Kapellen aus dem 15. Jh. Neben der Kirche befindet sich das MUSÉE ARCHÉOLOGIQUE RÉGIONAL DES FONTAINES SALÉES *(Öffnungszeiten: 9.30–12.30 und 14.30–18.30 Uhr; im Winter Di geschl.; Eintrittsgebühr),* das vor allem prähistorische und gallo-römische Funde aus der Umgebung umfaßt (man beachte besonders die keltischen Bronze-Objekte aus dem 10. Jh. v. Chr.): außerdem frühchristliche, romanische und gotische Plastiken. – 1 km südlich, an der Straße D 958 (links liegen die Ruinen der romanischen Kirche *St-Pierre),* erreicht man die Ausgrabungsstätte von **Fontaines-Salées** *(Besichtigung wie Museum),* wo die Arbeiten 1934 begannen und noch immer im Gang sind. Es handelt sich um eine Thermalanlage aus dem 1. Jh. n. Chr., die bei einem älteren gallischen Heiligtum errichtet wurde. Bis ins 17. Jh. sprudelte hier eine Quelle, deren hoher Mineralgehalt die hölzernen Verkleidungen der Quellen perfekt konservierte (sie sind im Museum zu sehen).

VITTEL* (7 B3)

Lorraine; Vosges, 6.440 Ew, 324 m. – Elegantester und bekanntester Thermalkurort in den Vogesen, der zu den am meisten besuchten in Frankreich zählt; er liegt in schöner wald- und hügelreicher Umgebung.

KURBETRIEB. – Das kalte, sulfat-, kalk- und magnesiumhaltige Wasser wird bei Nieren-, Darm- und Arthritisbeschwerden verwendet. Täglich werden hier 3,5 Millionen l Mineralwasser abgefüllt.

UMGEBUNG – Nach **Contrexéville** (4.582 Ew, 337 m), 5 km Richtung Südwesten über die Straße D 429; Thermalkurort mit kalten, sulfat-, bikarbonat-, kalk- und magnesiumhaltigen Quellen, die auch zur Flaschenabfüllung dienen.

Zur **Abtei von Morimond,** 38 km Richtung Südwesten über die Straße D 429 bis nach, 35 km, *Fresnoy-en-Bassigny* (430 m) und dann rechts über die Straße D 139. Sie war einst eine der wichtigsten Zisterzienserabteien in Frankreich; die Gründung im Jahr 1115 geht auf den Hl. Stephan Harding zurück. Von der in der Revolution zerstörten Anlage hat sich nur wenig erhalten; einige Gegenstände aus der Abtei, darunter ein silbernes Reliquiar der Hl. Ursula aus dem 15. Jh., werden in der Kirche von Fresnoy aufbewahrt.

HOTELVERZEICHNIS

Ortsname

Postleitzahl

Telefonvorwahl

AMBOISE ✉ 37400, ✆ 47

Telefonvorwahl/Durchwahl aus dem Ausland:

Das französische Telefonsystem wurde in jüngster Zeit umgestellt.
Den – meist sechsstelligen – Teilnehmernummern wurde die Nummer der Ortsvorwahl vorangestellt, d. h., nicht nur im Fernverkehr, sondern auch im Ortsverkehr muß die Ortsvorwahl gewählt werden.
Aus Gründen der Übersichtlichkeit haben wir bei der nachfolgenden Auflistung jedoch die Ortsvorwahl – wie auch bei uns üblich – als Kennzahl beim Ort angeführt.
Landeskennzahl im Fernverkehr: 0033
(z. B. Amboise: 0033 47/+ Teilnehmeranschluß für Anrufe aus dem Ausland, innerhalb von Amboise: 47/+ Teilnehmeranschluß)
Bitte informieren Sie sich über Sonderregelungen bei Anrufen aus der Provinz nach Paris bei den Postämtern.

Angaben über den Betrieb:

Vor dem Namen eines Beherbergungsbetriebes finden Sie ein Symbol der entsprechenden Kategorie – Sie können aus dieser Einstufung den ungefähren Preisrahmen ableiten. Diese Kategorisierung entspricht der offiziellen Einstufung (z. B.: Luxus-Kategorie = ***** usw.). Es folgen die Betriebszeiten (falls nicht ganzjährig geöffnet), die Adresse (in größeren Städten), die Telefon- und eventuell die Telex-Nummer und die Angabe der Bettenanzahl.

Bei Orten mit Stadtplan:

Nach den Informationen über den Betrieb folgt die Angabe der Lage im Plan, z. B. (A3, **c**): Betrieb liegt im Planquadrat A3 und ist mit dem Buchstaben „**c**" eingetragen. Die Angabe a. P. bedeutet, daß der Betrieb außerhalb des Planes liegt, aber in der Richtung des angegebenen Planquadrates.

Zeichenerklärung:

- Informationsstelle
- Luxuskategorie
- hervorragend (1. Kat.)
- sehr gut (2. Kat.)
- gut (3. Kat.)
- zufriedenstellend (4. Kat.)
- Telefonnummer
- Telexanschluß
- Saisonbetrieb
- Hotel Garni
- Motel
- Bungalowanlage
- J Jugendherberge
- △ Campingplatz
- *** Kategorisierung Campingplatz

ABBEVILLE ⊠ 80100 ⌕ 22

- i 26, Pl. de la Libération, ☎ 242792
- **France,** Jan.-Dez., 19 Pl. du Pilori, ☎ 240042, Tx 150871, 77 Zi(58 mB/mD)
- **Ibis,** Jan.-Dez., nach 2 km auf der D925 in Richtung Lille, ☎ 248080, Tx 145045, 45 Zi mB/mD
- **Relais Vauban,** Jan.-Dez., 2 Bd. Vauban, ☎ 240285, 22 Zi(16 mB/mD)

ALENÇON ⊠ 61000 ⌕ 33

- i 60 Grande-Rue, ☎ 261136
- **Du Grand Cerf,** Jan.-Dez., 21 Rue St-Blaise, ☎ 260051, Tx 170296, 32 Zi(25 mB/mD)
- **Alentel,** Jan.-Dez., 3 Rue de la Pyramide, ☎ 291597, 41 Zi(38 mB/mD)
- **Campanile,** Jan.-Dez., 2 Av. de Londeau, an der Straße nach Paris, ☎ 295385, Tx 171908, 35 Zi mB/mD
- **Chapeau Rouge,** Jan.-Dez., 117 Rue de Bretagne, ☎ 262023, 16 Zi(9 mB/mD)
- **Gare,** Jan.-Dez., 50 Av. Wilson, ☎ 290393, 22 Zi(16 mB/mD)
- J **La Croisette,** Jan.-Dez., 1 Rue de la Paix, ☎ 290048, 50 Be.
- △ **Le Stade,** ⋆⋆, Jan.-Dez., an der Straße nach Paris, ☎ 292329

AMBOISE ⊠ 37400 ⌕ 47

- i Quai Général de Gaulle, ☎ 570928
- **Le Choiseul,** ◪, Quai Charles Guinot, ☎ 572383, Tx 725068, 20 Zi mB/mD
- **Chanteloup,** ⊸, 1,5 km südl. an der D31, ☎ 571090, 25 Zi mB/mD
- **Novotel,** Jan.-Dez., 2 km südl. an der Straße nach Chenonceaux, ☎ 574207, Tx 751203, 82 Zi mB/mD
- **Belle Vue,** ◪, 12 Quai Charles Guinot, ☎ 570226, 32 Zi mB/mD
- **Lion d'Or,** ◪, 17 Quai Charles Guinot, ☎ 570023, 23 Zi(15 mB/mD)
- **Parc,** ◪, 8 Rue Léonard-de-Vinci, ☎ 570693, 19 Zi(18 mB/mD)
- **Renaudière,** ◪, ☎ 239004, 12 Zi mB/mD
- △ **Municipal de l'Ile d'Or,** ⋆⋆, Jan.-Dez., an der Loire bei St.Jean, ☎ 572327

AMIENS ⊠ 80000 ⌕ 22

- i Rue J. Catelas, ☎ 917828, (*B2*)
- **De l'Univers,** ⊸, Jan.-Dez., 2 Rue de Noyon, ☎ 915251, Tx 750409, 41 Zi mB/mD, (*C3*, **c**)
- **Novotel,** Jan.-Dez., 6,5 km südl. an der N29, ☎ 462222, Tx 140731, 92 Zi mB/mD, (*C3 a.P.*)
- **Carlton-Belfort,** Jan.-Dez., 42 Rue de Noyon, ☎ 922644, Tx 140754, 41 Zi(28 mB/mD), (*C3*, **a**)
- **Ibis,** Jan.-Dez., Rue du Maréchal de Lattre de Tassigny, ☎ 925733, Tx 140765, 94 Zi mB/mD, (*C1*, **e**)
- **Le Normandie,** ⊸, Jan.-Dez., 1 bis Rue Lamartine, ☎ 917499, 26 Zi(15 mB/mD), (*C3*, **f**)
- **Nord-Sud,** Jan.-Dez., 11 Rue Gresset, ☎ 915903, 26 Zi(20 mB/mD), (*B2*, **b**)
- **De La Paix,** ⊸, Jan.-Dez., 8 Rue de la République, ☎ 913921, 26 Zi(11 mB/mD), (*C2*, **d**)
- J **Terrain de Camping municipal,** Jan.-Dez., ☎ 913596, 66 Stellplätze, (*C3 a.P.*)
- △ **Étang de St-Pierre,** ⋆⋆, Jan.-Dez., Rue Massey, ☎ 913596, (*C3 a.P.*)

ANGERS ⊠ 49000 ⌕ 41

- i Pl. Gare St-Laud, ☎ 877250, Tx 720930, (*D3*)
- **Mercure,** Jan.-Dez., Pl. Mendès France, ☎ 603481, Tx 722139, 86 Zi mB/mD, (*B3*, **h**)
- **Concorde,** Jan.-Dez., 18 Bd. Foch, ☎ 873720, Tx 720923, 75 Zi mB/mD, (*C2-3*, **a**)
- **D'Anjou,** Jan.-Dez., 1 Bd. Foch, ☎ 882482, Tx 720521, 51 Zi mB/mD, (*C3*, **b**)
- **Champagne,** ⊸, Jan.-Dez., 34 Rue Denis-Papin, ☎ 887806, 30 Zi mB/mD, (*D1*, **i**)
- **De France,** Jan.-Dez., 8 Pl. de la Gare, ☎ 884942, Tx 720895, 62 Zi(35 mB/mD), (*D1*, **f**)
- **Du Progrès,** ⊸, Jan.-Dez., 26 Rue Denis-Papin, ☎ 881014, Tx 720930, 41 Zi mB/mD, (*D1*, **c**)
- **Europe,** ⊸, Jan.-Dez., 3 Rue Châteaugontier, ☎ 88745, 29 Zi mB/mD, (*D3*, **j**)
- **De la Boule d'Or,** Jan.-Dez., 27 Bd. Carnot, ☎ 437656, Tx 720930, 33 Zi(25 mB/mD), (*B3*, **d**)
- **De la Croix de Guerre,** Jan.-Dez., 23 Rue Châteaugontier, ☎ 8866592, Tx 720930, 28 Zi(15 mB/mD), (*D2*, **e**)
- **Roi René,** ⊸, Jan.-Dez., 6 Rue Marceau, ☎ 888862, 23 Zi(7 mB/mD), (*D1*, **g**)
- △ **Parc de la Haye,** ⋆⋆, Jan.-Dez., 4,5 km nordwestl., ☎ 483508, (*A1 a.P.*)

ARRAS ⊠ 62000 ⌕ 21

- i 7 Pl. du Maréchal Foch, ☎ 512695
- **De L'Univers,** Jan.-Dez., 3 Pl. Croix Rouge, ☎ 213401, 38 Zi(25 mB/mD)
- **Astoria,** Jan.-Dez., 10 Pl. Foch, ☎ 210814, Tx 160768, 35 Zi(7 mB/mD)
- **Moderne,** ⊸, Jan.-Dez., 1 Av. Faidherbe, ☎ 233957, 56 Zi(51 mB/mD)
- J Jan.-Dez., 59 Grande Plage, 1. Stock, ☎ 210783, 45 Be.

AUDIERNE ⊠ 29113 ⌕ 98

- i Pl. de la Liberté, ☎ 701220
- **Du Goyen,** Jan.-Dez., am Hafen, ☎ 700888, 37 Zi(31 mB/mD)
- **Roi Gradlon,** Jan.-Dez., 10 Rue M. Brusq, am Strand, ☎ 700451, 20 Zi mB/mD
- **Cornouaille,** ⊸, 6 Pl. de la Liberté, ☎ 700913, 10 Zi(7 mB/mD)
- **De la Plage,** ◪, am Strand, ☎ 700107, 30 Zi(17 mB/mD)

AUTUN ⊠ 71400 ⌕ 85

- i 3 Av. Charles de Gaulle, ☎ 522034
- **Hostellerie du Vieux Moulin,** ◪, Porte Arroux, ☎ 521090, 18 Zi(13 mB/mD)
- **St-Louis,** Jan.-Dez., 6 Rue de l'Arbalète, ☎ 522103, 52 Zi(39 mB/mD)
- **France,** ⊸, Jan.-Dez., 18 Av. République, ☎ 521790, 23 Zi(11 mB/mD)
- **Les Arcades,** ⊸, Jan.-Dez., 23 Rue de la République, ☎ 523003, 38 Zi(18 mB/mD)
- **Moderne et de la Tête Noire,** Jan.-Dez., 3 Rue Arquebuse, ☎ 522529, 20 Zi(14 mB/mD)
- △ **Municipal Pont d'Arroux,** ⋆⋆⋆, Jan.-Dez., Faubourg d'Arroux, ☎ 521082

AUXERRE ⊠ 89000 ⌕ 86

- i 1-2 Quai de la République, ☎ 520619
- **Le Maxime,** Jan.-Dez., 2 Quai de la Marine, ☎ 521419, 25 Zi mB/mD
- **De Seignelay,** Jan.-Dez., 2 Rue du Pont, ☎ 520348, 24 Zi(12 mB/mD)
- **Du Cygne,** ⊸, Jan.-Dez., 14 Rue du 24 Août, ☎ 522651, 24 Zi mB/mD

Les Clairions, Jan.-Dez., Av. de Worms, ☎ 468564, Tx 800039, 42 Zi mB/mD

Normandie, ⟞, Jan.-Dez., 41 Bd. Vauban, ☎ 525780, 47 Zi(45 mB/mD)

Parc des Maréchaux, ⟞, Jan.-Dez., 6 Av. Foch, ☎ 514377, 22 Zi mB/mD

Du Commerce, Jan.-Dez., Rue René-Schaefer, ☎ 520316, 20 Zi(11 mB/mD)

△ **Municipal,** ★★★, Jan.-Dez., an der Straße nach Vaux, ☎ 521115

AVALLON ✉ 89200 ⌕ 86

i 24 Pl. Vauban, ☎ 341419

Hostellerie de la Poste, Feb.-Nov., 13 Pl. Vauban, ☎ 340612, 24 Zi(22 mB/mD)

Moulin des Ruats, ◪, 4,5 km westl. an der D427, Vallée du Cousin, ☎ 340714, 21 Zi(13 mB/mD)

Relais Fleuri, Jan.-Dez., nach 5 km auf der Straße nach Saulieu, ☎ 340285, Tx 800084, 48 Zi mB/mD

Le Manoir de Morvan, ⟞, Jan.-Dez., an der Straße nach Paris, ☎ 341820, 16 Zi(7 mB/mD)

Vauban, ⟞, Jan.-Dez., 53 Rue Paris, ☎ 343699, 26 Zi mB/mD

△ **Sour Roche,** ★★★, Jan.-Dez., nach 2 km an der D944, ☎ 341039

AVESNES-SUR-HELPE ✉ 59440 ⌕ 27

Terminus, Jan.-Dez., 15 Av. de la Gare, ☎ 611779, 20 Zi(8 mB/mD)

AZAY-LE-RIDEAU ✉ 37190 ⌕ 47

i 26 Rue Gambetta, ☎ 433440

De Biencourt, ◪, 7 Rue Balzac, ☎ 452075, 8 Zi(5 mB/mD)

Le Grand Monarque, ◪, Pl. de la République, ☎ 433008, 30 Zi(17 mB/mD)

Balzac, Jan.-Dez., Rue A. Riché, ☎ 454208, 11 Zi mB/mD

△ **Parc du Sabot,** ★★, Jan.-Dez., östl. an der D84, ☎ 433272

BAGNOLES-DE-L'ORNE ✉ 61140 ⌕ 33

i Pl. de la Gare, ☎ 378566

Capricorne, ⟞, Allée Montjoie, ☎ 379699, 24 Zi mB/mD

Lutetia-Reine Astrid, ◪, Bd. Paul-Chalvet, ☎ 349477, 34 Zi(21 mB/mD)

Beaumont, ◪, 26-18 Bd. Lemeunier de la Raillère, ☎ 379177, 38 Zi(21 mB/mD)

Bois Joli, ◪, Av. Philipe-du-Rozier, ☎ 379277, 20 Zi(17 mB/mD)

Camélias, ◪, Av. du Château de Couterne, ☎ 379311, 35 Zi(20 mB/mD)

Ermitage, ⟞, Bd. Paul Chalvet, ☎ 379622, 39 Zi(14 mB/mD)

△ **Intercommunal du Stade,** ★★★, Jan.-Dez., 13 km. südwestl., ☎ 372536

BATZ-SUR-MER ✉ 44500 ⌕ 40

Le Lichen, ◪, 2 km östl. an der D45, ☎ 239192, 28 Zi(26 mB/mD)

BAYEUX ✉ 14100 ⌕ 31

i 1 Rue des Cuisiniers, ☎ 921626

Château d'Audrieu, Jan.-Dez., in Audrieu, 13 km südöstl., ☎ 802152, Tx 171777, 24 Zi mB/mD

Château de Molay, Jan.-Dez., Le Molay-Littry, 14 km östl. an der D5, ☎ 229082, Tx 171912, 43 Zi(43 mB/mD)

Lion d'Or, Jan.-Dez., 71 Rue St-Jean, ☎ 920690, 31 Zi(21 mB/mD)

Argouges, ⟞, Jan.-Dez., 21 Rue St-Patrice, ☎ 928886, 25 Zi mB/mD

Luxembourg, Jan.-Dez., 25 Rue des Bouchers, ☎ 920004, 25 Zi(22 mB/mD)

Pacary, Jan.-Dez., 117 Rue St-Patrice, ☎ 921611, Tx 170176, 65 Zi mB/mD

J Jan.-Dez., Rue des Cordeliers, 60 Be.

△ **Municipal,** ★★, Jan.-Dez., Bd. d'Eindhoven, ☎ 920843

BEAUGENCY ✉ 45190 ⌕ 38

i 28 Pl. Martroi, ☎ 445442

De La Maille d'Or, Jan.-Dez., 3 Av. de Blois, ☎ 445343, 12 Zi(4 mB/mD)

L'Abbaye, Jan.-Dez., Quai Abbaye, ☎ 446735, Tx 780038, 18 Zi mB/mD

L'Écu de Bretagne, Jan.-Dez., Pl. Martroi, ☎ 446760, 26 Zi(16 mB/mD)

La Tonnellerie, ◪, in Tavers, nach 3 km in Richtung Romorantin, ☎ 446815, 30 Zi mB/mD

BEAUNE ✉ 21200 ⌕ 80

i Rue de l'Hôtel Dieu, ☎ 222451, (*B2*)

De la Poste, ◪, 5 Bd. G. Clemenceau, ☎ 220811, 25 Zi(22 mB/mD), (*C1*, **a**)

Le Cep, Feb.-Nov., 27 Rue Maufoux, ☎ 223548, 21 Zi(20 mB/mD), (*B1*, **b**)

Central, ◪, 2 Rue V. Millot, ☎ 222423, 22 Zi(17 mB/mD), (*C2*, **c**)

Closerie, ⟞, Jan.-Dez., 61 Route de Pommard, ☎ 221507, 30 Zi mB/mD, (*C1 a.P.*)

PLM Motel Relais de Beaune, Jan.-Dez., 7 km südl. an der A6, ☎ 221612, Tx 350627, 120 Zi mB/mD, (*C3 a.P.*)

Bourgogne, ◪, Av. Charles de Gaulle, ☎ 222220, Tx 350666, 120 Zi mB/mD, (*C2 a.P.*)

Bretonnière, ⟞, Jan.-Dez., 43 Faubourg Bretonnière, ☎ 221577, 20 Zi(17 mB/mD), (*C1*, **e**)

Campanile, Jan.-Dez., in Montagny-les-Bains, 3 km südöstl., ☎ 226550, 42 Zi mB/mD, (*C2 a.P.*)

Climat de France, Jan.-Dez., Rue de la Chartreuse, ☎ 227410, Tx 612241, 38 Zi mB/mD, (*C3 a.P.*)

La Cloche, Jan.-Dez., 42 Faubourg de la Madeleine, ☎ 222275, 16 Zi(13 mB/mD), (*C3*, **d**)

Samotel, Jan.-Dez., Richtung Autun, ☎ 223555, Tx 350596, 66 Zi mB/mD

△ **Les Cent Vignes,** ★★★★, Jan.-Dez., nördl. an der Straße nach Dijon, ☎ 220391, (*A2 a.P.*)

BELFORT ✉ 90000 ⌕ 84

i Pl. Dr-Corbis, ☎ 280030

Grand Hôtel du Lion, Jan.-Dez., 2 Rue G. Clemenceau, ☎ 211700, Tx 360914, 82 Zi mB/mD

Hostellerie du Château Servin, Jan.-Dez., 9 Rue Général Négrier, ☎ 214185, 10 Zi mB/mD

Mercure, Jan.-Dez., in Danjoutin, Rue du Dr-Jacquot, ☎ 215501, Tx 360801, 80 Zi mB/mD

Americain, ⟞, Jan.-Dez., 2 Rue du Pont-Neuf, ☎ 215701, 43 Zi(24 mB/mD)

Moderne, ⟞, Jan.-Dez., 9 Av. Wilson, ☎ 215945, 47 Zi(34 mB/mD)

🏨 **Campanile,** Jan.-Dez., in Bessancourt, 7 km südöstl., ☎ 221256, 46 Zi mB/mD

BELLE-ILE-EN-MER ✉ 56000 ⌕ 97

Castel Clara, ◪, in Bangor, ☎ 318421, Tx 730750, 41 Zi mB/mD

Le Cardinal, ◪, in Sauzon, ☎ 318704, 80 Zi(67 mB/mD)

De Bretagne, Jan.-Dez., in Le Palais, Quai Macé, ☎ 318014, 29 Zi(22 mB/mD)

Manoir du Goulphar, ◪, in Bangor, ☎ 318395, 55 Zi(45 mB/mD)

△ **Rosbossère,** ★★, Jan.-Dez., in Le Palais, 1 km südwestl., ☎ 318386

BÉNODET ✉ 29118 ⌕ 98

i 51 Av. de la Plage, ☎ 570014

Gwell Kaër, Jan.-Dez., Av. de la Plage, ☎ 570438, 24 Zi mB/mD

Kastel Moor, ◪, Av. de la Plage, ☎ 570501, 66 Zi mB/mD

Menez Frost, ◪, 4 Rue J.Charcot, ☎ 570309, 51 Zi mB/mD

Le Minaret Corniche-Estuaire, ◪, ☎ 570313, 12 Zi(10 mB/mD)

△ **De la Pointe Saint-Gilles,** ★★★, Jan.-Dez., am Meeresufer, ☎ 570537

BESANÇON ✉ 25000 ⌕ 81

i Pl. de la 1. Armée-Française, ☎ 809255, Tx 360242, (*B2*)

Frantel, Jan.-Dez., Av. Eduard Droz, ☎ 801444, Tx 360268, 96 Zi mB/mD, (*B3*, **a**)

Mercure, Jan.-Dez., 159 Rue de Dôle, ☎ 880400, Tx 360167, 59 Zi mB/mD, (*C1 a.P.*)

Novotel-Besançon, Jan.-Dez., 22 Rue de Trey, ☎ 501466, Tx 360000, 107 Zi mB/mD, (*A2 a.P.*)

Gambetta, ⟞, Jan.-Dez., 13 Rue Gambetta, ☎ 820233, 26 Zi(17 mB/mD), (*B2*, **b**)

Ibis, Jan.-Dez., 4 Av. Carnot, ☎ 803311, 80 Zi mB/mD, (*A2*, **c**)

Nord, ⟞, Jan.-Dez., 8 Rue Moncey, ☎ 813456, 44 Zi(38 mB/mD), (*B-C2*, **d**)

Terrass'Hôtel, Jan.-Dez., 38 Av. Carnot, ☎ 880303, 38 Zi(28 mB/mD), (*A2*, **e**)

△ **Camp de la Plage,** ★★★★, Jan.-Dez., in Chalezeule, 7 km nordöstl., ☎ 880426, (*A3 a.P.*)

BLOIS ✉ 41000 ⌕ 54

i 3 Av. Jean-Laigret, ☎ 740649, Tx 750135

Novotel, Jan.-Dez., Rue des Pontières, ☎ 783357, Tx 750232, 100 Zi mB/mD

Relais de Landes, ◪, in Ouchamps-les-Montils, 14 km südl., ☎ 443303, Tx 751454, 18 Zi mB/mD

Au Grand Cerf, ◪, 42 Av. Wilson, ☎ 780216, 11 Zi(10 mB/mD)

Campanile, Jan.-Dez., Rue de la Vallée Maillard, ☎ 744466, 42 Zi mB/mD

Ibis, Jan.-Dez., Rue de Guignières, ☎ 746060, 40 Zi mB/mD

Le Monarque, Jan.-Dez., 61 Rue Porte-Chartraine, ☎ 780235, 22 Zi(12 mB/mD)

J **Les Grouets,** Jan.-Dez., ☎ 782721, 48 Be.

△ **Base du Lac de Loire,** ★★★, Jan.-Dez., in Vineuil am Loireufer, 4 km nordöstl., ☎ 788205

BOULOGNE-SUR-MER ✉ 62200 ⌕ 21

i Quai Chanzy, ☎ 316838

Faidherbe, ⟞, Jan.-Dez., 10 Rue Faidherbe, ☎ 316093, 34 Zi(17 mB/mD)

Ibis, Jan.-Dez., Bd. Diderot, ☎ 301240, Tx 160485, 79 Zi mB/mD

Métropole, ⟞, Jan.-Dez., 51 Rue Thiers, ☎ 315430, 29 Zi(22 mB/mD)

J Jan.-Dez., 36 Porte Gayole, ☎ 314822, 50 Be.

△ **Le Phare,** ★★★, Jan.-Dez., in Portel, Quai de la Violette, ☎ 314593

BOURBON-LANCY ✉ 71140 ⌕ 85

i nur nachmittags, Pl. Aligre, ☎ 891827

Grand Hôtel, ◪, Parc Thermal, ☎ 890887, 22 Zi(17 mB/mD)

Raymond, Jan.-Dez., 8 Rue d'Autun, ☎ 891739, 20 Zi(13 mB/mD)

La Roseraie, ⟞, Jan.-Dez., 14 Rue des Martyrs de la Libération, ☎ 890796

△ **Municipal de St-Prix,** ★★★, Jan.-Dez., südl. an der D979A, ☎ 891485

BOURGES ✉ 18000 ⌕ 48

i 21 Rue V. Hugo, ☎ 247533

D'Angleterre, Jan.-Dez., 1 Pl. des 4 Piliers, ☎ 246851, 32 Zi mB/mD, (*B2*, **a**)

D'Artagnan, Jan.-Dez., 19 Pl. Séraucourt, ☎ 246751, 70 Zi mB/mD, (*C3 a.P.*)

Hostellerie du Grand Argentier, Feb.-Dez., 9 Rue Parerie, ☎ 248431, 14 Zi(12 mB/mD), (*A2*, **b**)

Inter-Hôtel Monitel, Jan.-Dez., 73 Rue Barbès, ☎ 502362, 48 Zi mB/mD, (*C1 a.P.*)

Le Christina, ⟞, Jan.-Dez., 5 Rue de la Halle, ☎ 705650, 76 Zi(71 mB/mD), (*B1*, **c**)

Les Tilleuls, ⟞, Jan.-Dez., 7 Pl. de la Pyrotechnie, ☎ 204904, 29 Zi mB/mD, (*C3 a.P.*)

St-Jean, ⟞, Jan.-Dez., 23 Av. M. Dormoy, ☎ 241348, 24 Zi(20 mB/mD), (*A3*, **d**)

J Jan.-Dez., 22 Rue Henry-Sellier, ☎ 245809, 80 Be., (*C2*)

△ **Acceuil de Bourges,** ★★, Jan.-Dez., 26 Bd. de l'Industrie, ☎ 201685, (*C2 a.P.*)

BRANCION ✉ 71700 ⌕ 85

Montagne de Brancion, ⟞, Jan.-Dez., beim Col de Brancion, ☎ 511240, 20 Zi mB/mD

BREST ✉ 29100 ⌕ 98

i Pl. de la Liberté, ☎ 442496

Novotel, Jan.-Dez., Zac de Kergaradec, 6 km nördl. an der D126, ☎ 023283, Tx 940470, 85 Zi mB/mD

Oceania, Jan.-Dez., 82 Rue de Siam, ☎ 806666, Tx 940951, 82 Zi mB/mD

Continental, Jan.-Dez., Square La Tour-d'Auvergne, ☎ 805040, Tx 940575, 75 Zi(65 mB/mD)

Voyageurs, Jan.-Dez., Av. Clemenceau, ☎ 802573, Tx 940118, 39 Zi(35 mB/mD)

Bretagne, ⟞, Jan.-Dez., 24 Rue de l'Harteloire, ☎ 804118, 21 Zi mB/mD

Vauban, Jan.-Dez., Av. Clemenceau, ☎ 460688, 52 Zi(22 mB/mD)

Bellevue, ⟞, Jan.-Dez., 53 Rue V. Hugo, ☎ 805178, 26 Zi(23 mB/mD)

J **Quéliverzan,** Jan.-Dez., Rue Gaston Romon, ☎ 450760, 80 Be.

BRICQUEBEC ✉ 50100 ⌕ 33

Du Vieux Château, Jan.-Dez., 4 Cours du Château, ☎ 522449, 20 Zi(15 mB/mD)

CAEN ✉ 14000 ⌕ 31

Pl. St-Pierre, ☎ 862765, Tx 170353, (*B2*)

Le Relais des Gourmets, Jan.-Dez., 15 Rue de Geôle, ☎ 860601, Tx 170353, 26 Zi mB/mD, (*B2*, **a**)

Le Dauphin, Jan.-Dez., 29 Rue Gemare, ☎ 762226, Tx 170353, 21 Zi(17 mB/mD), (*B2*, **b**)

Malherbe, Jan.-Dez., Pl. Foch, ☎ 844006, Tx 170555, 45 Zi(18 mB/mD), (*C2*, **c**)

Moderne, Jan.-Dez., 116 Bd. du Général Leclerc, ☎ 860423, Tx 171106, 57 Zi(55 mB/mD), (*B2*, **d**)

Novotel, Jan.-Dez., Av. Côte-de-Nacre, ☎ 930588, Tx 170563, 127 Zi mB/mD, (*A2 a.P.*)

Bristol, Jan.-Dez., 31 Rue du 11 Novembre, ☎ 845976, 24 Zi(16 mB/mD), (*C3*, **e**)

Campanile, Jan.-Dez., in Herouville St-Clair, Bd. du Bois, ☎ 957790, 22 Zi mB/mD, (*A3 a.P.*)

De France, Jan.-Dez., 10 Rue de la Gare, ☎ 821699, 41 Zi mB/mD, (*C3*, **f**)

Du Château, Jan.-Dez., 5 Av. du 6-Juin, ☎ 761537, 20 Zi(11 mB/mD), (*B2*, **g**)

Ibis, Jan.-Dez., in Herouville St-Clair, Quartier Savary, ☎ 935446, Tx 170755, 89 Zi mB/mD, (*A3 a.P.*)

Métropol, Jan.-Dez., 16 Pl. de la Gare, ☎ 822676, 70 Zi mB/mD, (*C3*, **h**)

Royal, Jan.-Dez., Pl. de la République, ☎ 865534, 45 Zi(25 mB/mD), (*B2*, **i**)

△ **Camp Municipal,** ★★, Jan.-Dez., südl. an der Straße nach Lauvigny, ☎ 736092, (*C2 a.P.*)

△ **De la Praire,** ★★, Jan.-Dez., an der Straße nach Lauvigny, ☎ 736092, (*C2 a.P.*)

CALAIS ✉ 62100 ⌕ 21

12 Bd. Clemenceau, ☎ 966240, Tx 130886

Meurice, Jan.-Dez., 5 Rue E. Roche, ☎ 345703, 40 Zi mB/mD

Bellevue, Jan.-Dez., 23 Pl. d'Armes, ☎ 345375, 40 Zi(16 mB/mD)

Du Sauvage, Jan.-Dez., 46 Rue Royale, ☎ 346006, Tx 130764, 37 Zi(15 mB/mD)

George V, Jan.-Dez., 36 Rue Royale, ☎ 976800, 45 Zi mB/mD

Ibis, Jan.-Dez., 2 Rue Greuze, ☎ 966969, 52 Zi mB/mD

Richelieu, Jan.-Dez., 17 Rue Richelieu, ☎ 346160, 18 Zi(6 mB/mD)

Windsor, Jan.-Dez., 2 Rue Bonningue, ☎ 345940, 15 Zi(9 mB/mD)

CAMBRAI ✉ 59400 ⌕ 27

48 Rue de Noyon, ☎ 782690

Beatus, Jan.-Dez., 38 Av. de Paris, ☎ 814570, Tx 820211, 26 Zi mB/mD

Château de la Motte Fénelon, Jan.-Dez., Square du Château, ☎ 836138, Tx 120285, 33 Zi(27 mB/mD)

Ibis, Jan.-Dez., 2 km westl. an der Straße nach Bapaume, ☎ 835454, 27 Zi mB/mD

Le Mouton Blanc, Jan.-Dez., 33 Rue d'Alsace-Lorraine, ☎ 813016, Tx 133365, 36 Zi(25 mB/mD)

Poste, Jan.-Dez., 58 Av. Victoire, ☎ 813469, 33 Zi(31 mB/mD)

CARNAC ✉ 56340 ⌕ 97

Av. des Druides, ☎ 521352

Château Keraveon, in Erdeven, 8 km östl., ☎ 523414, 20 Zi mB/mD

Le Diana, Bd. de la Plage, ☎ 520538, 33 Zi mB/mD

Novotel Tal Armor, Jan.-Dez., Av. de l'Atlantique, ☎ 521666, Tx 950324, 106 Zi mB/mD

Armoric, 53 Av. de la Poste, ☎ 521347, 25 Zi(15 mB/mD)

Birvideaux, in Richtung Lorient, ☎ 523535, 20 Zi mB/mD

Celtique, Av. Ker-Mario, ☎ 521149, 33 Zi(20 mB/mD)

De la Marine, 4 Pl. de la Chapelle, ☎ 520733, 36 Zi(21 mB/mD)

Lanne Roz, Jan.-Dez., Av. de la Poste, ☎ 521048, 14 Zi mB/mD

Le Narbon, in Erdeven, Route de la Plage, ☎ 556755, 22 Zi mB/mD

Les Alignements, 45 Rue Saint-Cornely, ☎ 520630, 27 Zi mB/mD

△ **Du Moulin de Kermaux,** ★★★, Jan.-Dez., 2,5 km nordöstl., M. Pennec, ☎ 521590

△ **La Grande Métaire,** ★★★★, Jan.-Dez., 2 km nordöstl. in Richtung Alignements de Kermario, ☎ 557147

△ **Les Bruyères,** ★★★, Jan.-Dez., 3 km nördl., ☎ 529405

△ **Rosnual,** ★★★★, Jan.-Dez., 2,5 km nordöstl., ☎ 521457

CAUDEBEC-EN-CAUX ✉ 76490 ⌕ 35

Rue de la Boucherie, ☎ 961112

De la Marine, Jan.-Dez., 18 Quai Guilbaud, ☎ 962011, Tx 770404, 34 Zi(30 mB/mD)

Manoir de Retival, Feb.-Dez., ☎ 961122, 13 Zi mB/mD

Normandie, Jan.-Dez., Quai Guilbaud, ☎ 962511, 15 Zi mB/mD

CHAGNY ✉ 71150 ⌕ 85

2 Rue des Halles, ☎ 872595

Lameloise, Jan.-Dez., 35 Pl. d'Armes, ☎ 870885, 29 Zi mB/mD

Hostellerie du Château, an der N6, ☎ 871386, 13 Zi(11 mB/mD)

La Ferté, Jan.-Dez., 11 Bd. de la Liberté, ☎ 870747, 14 Zi(9 mB/mD)

△ **Municipal du Pâquier Fané,** ★★★, Jan.-Dez., am Ufer der Dheune, ☎ 872142

CHALON-SUR-SAÔNE ✉ 71100 ⌕ 85

Bd. de la République, ☎ 483797

Royal Hôtel, Jan.-Dez., 8 Rue Port-Villiers, ☎ 481586, Tx 801610, 50 Zi(48 mB/mD)

Mercure, Jan.-Dez., Av. de l'Europe, ☎ 465189, Tx 800132, 87 Zi mB/mD

St-Georges, Jan.-Dez., 32 Av. Jean Jaurès, ☎ 482705, Tx 800330, 48 Zi mB/mD

Ibis, Jan.-Dez., Carrefour des Moirots, ☎ 466462, 41 Zi mB/mD

St-Hubert, Jan.-Dez., 35 Pl. Béaune, ☎ 462281, Tx 801127, 51 Zi mB/mD

St-Jean, Jan.-Dez., Quai Gambetta, ☎ 484565, 25 Zi(18 mB/mD)

St-Regis, Jan.-Dez., 22 Bd. République, ☎ 480728, Tx 801624, 40 Zi mB/mD

Nouvel Hôtel, Jan.-Dez., 7 Av. Boucicaut, ☎ 480731, 27 Zi(10 mB/mD)

J Jan.-Dez., Rue d'Amsterdam, ☎ 466277, 94 Be.

△ **Municipal de la Butte,** ★★, Jan.-Dez., am Ufer der Saône, ☎ 462686

CHÂLONS-SUR-MARNE ✉ 51000 ☏ 26

- [i] 3 Quai des Arts, ☎ 651789
- **Aux Armes de Champagne,** Jan.-Dez., in l'Épine, nach 8,5 km auf der Straße nach Metz, ☎ 681043, Tx 830998, 40 Zi mB/mD
- **D'Angleterre,** Jan.-Dez., 19 Pl. Monseigneur Tissier, ☎ 682151, 18 Zi(14 mB/mD)
- **Bristol,** 🛏, Jan.-Dez., 77 Av. Sémard, ☎ 682463, 24 Zi mB/mD
- **Du Pot d'Étain,** 🛏, Jan.-Dez., 18 Pl. de la République, ☎ 680909, 24 Zi(9 mB/mD)
- **Pasteur,** Jan.-Dez., 46 Rue Pasteur, ☎ 681000, 26 Zi(17 mB/mD)
- △ **Camp Municipal,** ★★★★, Jan.-Dez., Rue Plaisance, ☎ 683800

CHAMPAGNOLE ✉ 39300 ☏ 84

- [i] Rue Balonne Delort, ☎ 521456
- **De la Vouivre,** 🛏, Jan.-Dez., 39 bis Rue Gédéon David, 2 km westl. an der D5, ☎ 521044, 20 Zi mB/mD
- **Parc,** Jan.-Dez., 13 Rue P. Cretin, ☎ 521320, 20 Zi mB/mD
- **Ripotot,** ◪, 54 Rue du Maréchal Foch, ☎ 521545, 60 Zi(40 mB/mD)
- △ **Municipal de Boyse,** ★★★, Jan.-Dez., nordwestl. an der D5, ☎ 520032

CHARLEVILLE-MÉZIÈRES ✉ 08000 ☏ 24

- [i] 2 Rue de Mantoue, ☎ 330017
- **Le Clèves,** Jan.-Dez., 37 Rue de Clèves, ☎ 331075, Tx 840016, 49 Zi(34 mB/mD)
- **Le Nord,** Jan.-Dez., 10 Av. Georges Corneau, ☎ 561455, 96 Zi(91 mB/mD)
- **Mercure,** Jan.-Dez., in Villers Semeuse, Rue Louise Michel, ☎ 570529, Tx 840076, 67 Zi mB/mD
- **De Paris,** 🛏, Jan.-Dez., 24 Av. Georges Corneau, ☎ 333438, 28 Zi(13 mB/mD)
- **Relais du Square,** Jan.-Dez., 3 Pl. de la Gare, ☎ 333876, 50 Zi(43 mB/mD)
- J Jan.-Dez., Rue des Tambours, ☎ 574436, 90 Be.
- △ **Municipal du Mont Olympe,** ★★, Jan.-Dez., in Charleville, am Ufer der Meuse, ☎ 332360

CHÂTEAU-GONTIER ✉ 53200 ☏ 43

- [i] im Rathaus, ☎ 070710
- **Park Hôtel,** 🛏, Jan.-Dez., 46 Av. du Maréchal Joffre, ☎ 072841, 23 Zi mB/mD
- **Hostellerie Mirvault,** Jan.-Dez., 2 km nördl. an der Rue Basse du Rocher, ☎ 071317, 10 Zi(3 mB/mD)
- **Cerf,** 🛏, Jan.-Dez., 31 Rue Garnier, ☎ 072513, 22 Zi mB/mD
- △ **Municipal,** ★, Jan.-Dez., nördl. an der Straße nach Laval

CHÂTEAUBOURG ✉ 35220 ☏ 99

- **Ar Milin,** ◪, 30 Rue de Paris, ☎ 003091, Tx 740083, 33 Zi(26 mB/mD)

CHÂTEAUBRIANT ✉ 44110 ☏ 40

- [i] 40 Rue du Château, ☎ 810453
- **Hostellerie de la Ferrière,** Jan.-Dez., 1,5 km südl. an der D178, der Straße nach Nantes, ☎ 280028, 25 Zi(22 mB/mD)
- **Armor,** Jan.-Dez., Pl. de la Motte, ☎ 811119, 20 Zi(13 mB/mD)
- **Châteaubriant,** 🛏, Jan.-Dez., Rue 11 Novembre, ☎ 281414, 35 Zi mB/mD
- **Armor,** Jan.-Dez., Pl. de la Motte, ☎ 811119, 20 Zi(13 mB/mD)

CHÂTEAUDUN ✉ 28200 ☏ 37

- [i] 3 Rue Toufaire, ☎ 452246
- **De Beauce,** Jan.-Dez., 50 Rue de Jallans, ☎ 451475, 24 Zi(16 mB/mD)
- **St-Michel,** 🛏, Jan.-Dez., 5 Rue Péan, ☎ 451570, 19 Zi(13 mB/mD)
- △ **Moulin a Tan,** ★★, Jan.-Dez., Rue de Chollet, ☎ 450534

CHÂTEAUNEUF-DU-PAPE ✉ 28170 ☏ 90

- [i] Pl.Portail, ☎ 837108
- **Hostellerie du Château,** Jan.-Dez., 3 km südl. an der D17, ☎ 837023, 7 Zi mB/mD
- **Le Logis d'Arnavel,** Jan.-Dez., 3 km östl., ☎ 837322, 15 Zi mB/mD

CHÂTEAUROUX ✉ 36000 ☏ 54

- [i] Pl. de la Gare, ☎ 341074
- **Auberge de l'Arc en Ciel,** Jan.-Dez., in La Forge de l'isle, 6 km östl. an der N143, ☎ 340983, 28 Zi(18 mB/mD)
- **Christina,** 🛏, Jan.-Dez., 250 Av. La Châtre, ☎ 340177, 33 Zi(26 mB/mD)
- **Du Parc,** Jan.-Dez., 148 Av. de Paris, ☎ 343683, 27 Zi(6 mB/mD)
- **Elysée,** 🛏, Jan.-Dez., Bd République, ☎ 223366, 17 Zi mB/mD
- **Relais St-Jaques,** Jan.-Dez., nach 5 km auf der Straße nach Paris, ☎ 343269, Tx 751176, 46 Zi mB/mD
- **St-Hubert,** Jan.-Dez., 25 Rue de la Poste, ☎ 340674, 12 Zi mB/mD
- **Voltaire,** Jan.-Dez., 42 Pl. Voltaire, ☎ 341744, Tx 750091, 37 Zi mB/mD
- △ **Municipal du Rochat,** ★★★, Jan.-Dez., bei der Av. de Paris, ☎ 342656

CHÂTILLON-SUR-SEINE ✉ 21400 ☏ 80

- [i] Pl. Marmont, ☎ 911319
- **De la Côte d'Or,** ◪, Rue Charles-Ronot, ☎ 911329, 11 Zi mB/mD
- **Du Jura,** 🛏, Jan.-Dez., 19-21 Rue du Dr. Robert, ☎ 912696, 10 Zi(6 mB/mD)
- **Sylvia Hôtel,** 🛏, Jan.-Dez., 9 Av. de la Gare, ☎ 910244, 21 Zi(14 mB/mD)
- △ **Municipal,** ★★, Jan.-Dez., Esplanade St-Vorles, bei der Straße nach Langres, ☎ 910305

CHAUMONT ✉ 52000 ☏ 25

- [i] 18 Bd. Thiers, ☎ 030210
- **Le Grand Val,** Jan.-Dez., 2,5 km südl. an der Straße nach Langres, ☎ 039035, 64 Zi(18 mB/mD)
- **Mapotel Terminus Reine,** Jan.-Dez., Pl. de la Gare, ☎ 036666, Tx 840920, 63 Zi(48 mB/mD)
- J Jan.-Dez., Rue Decres, 44 Be.

CHAUMONT-SUR-LOIRE ✉ 41000 ☏ 54

- **Hostellerie du Château,** ◪, Rue du Maréchal de Lattre de Tassigny, ☎ 469804, 20 Zi mB/mD

CHÊNEHUTTE-LES-TUFFEAUX ✉ 49400 Ø 41

Hostellerie du Prieuré, ◪, ☎ 501531, Tx 720379, 36 Zi mB/mD

CHENONCEAUX ✉ 37150 Ø 47

Bon Laboureur et du Château, ◪, an der N76, ☎ 299002, 27 Zi mB/mD

CHERBOURG ✉ 50100 Ø 33

i 2 Quai Alexandre III, ☎ 435202

Mercure, Jan.-Dez., Gare Maritime, ☎ 440111, Tx 170613, 81 Zi mB/mD

Beauséjour, Jan.-Dez., 26 Rue Grande Vallée, ☎ 531030, 27 Zi(18 mB/mD)

Du Louvre, Jan.-Dez., 28 Rue de la Paix, ☎ 530228, 42 Zi(23 mB/mD)

J Jan.-Dez., 109 Av. de Paris, ☎ 442631, 80 Be.

CHINON ✉ 37500 Ø 47

i 12 Rue Voltaire, ☎ 931785

Château de Marçai, Jan.-Dez., in Marçai, 7 km südl. an der D116, ☎ 930347, Tx 750806, 23 Zi mB/mD

Chris'Hotel, Jan.-Dez., 12 Pl. Jeanne d'Arc, ☎ 933692, 30 Zi mB/mD

De France, Jan.-Dez., 47 Pl. de l'hôtel de ville, ☎ 933391, 25 Zi(16 mB/mD)

La Girandière, Jan.-Dez., nach 5 km auf der Straße nach Savigny, ☎ 584036, 25 Zi mB/mD

△ **Municipal,** ★★, Jan.-Dez., Quai Danton, ☎ 930835

CLUNY ✉ 71250 Ø 85

i 6 Rue Mercière, ☎ 590534

De Bourgogne, Feb.-Nov., Pl. de l'Abbaye, ☎ 590058, 17 Zi(13 mB/mD)

Moderne, ◪, 1 km südl. des Pont de l'Étang, ☎ 590565, 15 Zi(8 mB/mD)

Abbaye, Jan.-Dez., Av. de la Gare, ☎ 591114, 18 Zi(9 mB/mD)

△ **St-Vital,** ★★★, Jan.-Dez., am Ufer der Grosne, ☎ 590834

COLMAR ✉ 68000 Ø 89

i 4 Rue des Unterlinden, ☎ 410229, (*B2*)

Novotel, Jan.-Dez., 49 Route de Strasbourg, ☎ 414914, Tx 880915, 66 Zi mB/mD, (*A2-3 a.P.*)

Park, Jan.-Dez., 52-54 Av. de la République, ☎ 413480, Tx 880200, 46 Zi(34 mB/mD), (*C1*, **b**)

Terminus-Bristol, Jan.-Dez., 7 Pl. de la Gare, ☎ 235959, Tx 880248, 85 Zi(65 mB/mD), (*D1*, **c**)

Campanile, Jan.-Dez., Rue des Frères Lumière-Zi Nord, ☎ 241818, Tx 880911, 42 Zi mB/mD, (*A3 a.P.*)

Colbert, Jan.-Dez., 2 Rue des Trois Epis, ☎ 413105, 31 Zi(30 mB/mD), (*C1*, **d**)

Fecht, Jan.-Dez., 1 Rue Fecht, ☎ 413408, Tx 880650, 39 Zi mB/mD, (*A2*, **e**)

Inter Hôtel des Romains, Jan.-Dez., in Horbourg Wihr, 13 Route Neuf-Brisach, ☎ 234646, Tx 880880, 69 Zi mB/mD, (*B3 a.P.*)

Kuehn, Jan.-Dez., in Ingersheim, nach 4 km in Richtung Kayserberg, ☎ 273838, 28 Zi mB/mD, (*A1 a.P.*)

Majestic, Jan.-Dez., 1 Rue de la Gare, ☎ 414519, 40 Zi(27 mB/mD), (*C1*, **f**)

Turenne, Jan.-Dez., 10 Route de Bâle, ☎ 411226, 60 Zi(58 mB/mD), (*D3*, **g**)

J Jan.-Dez., 7 Rue St-Niklaas, ☎ 413308, 100 Be., (*D1 a.P.*)

△ **Camping de l'Ill,** ★★★, Jan.-Dez., in Horbourg, 3,5 km östl., ☎ 411594, (*B3 a.P.*)

CONCARNEAU ✉ 29110 Ø 98

i Quai d'Aiguillon, ☎ 970144

La Belle Étoile, ◪, in Cabellou Plage, 5,5 km östl., ☎ 950573, 32 Zi mB/mD

Ty Chupen Gwenn, Jan.-Dez., Plage des Sables Blancs, ☎ 970143, 18 Zi mB/mD

Des Sables Blancs, Feb.-Nov., Plage des Sables-Blancs, ☎ 970139, 47 Zi(40 mB/mD)

Grand Hôtel, Jan.-Dez., 1 Av. P. Guéguen, ☎ 970028, 33 Zi(21 mB/mD)

Jockey, Jan.-Dez., 11 Av. P. Guéguen, ☎ 973152, 14 Zi mB/mD

Les Halles, Jan.-Dez., Enclos de Servigny, ☎ 971141, 24 Zi(3 mB/mD)

J Jan.-Dez., Pl. de la Croix, ☎ 970347, 48 Be.

△ **Lanadan,** ★★, Jan.-Dez., 2,5 km nordwestl. an der Straße am Meeresufer, ☎ 971778

△ **Les Prés Verts,** ★★★, Jan.-Dez., 3 km nordwestl., ☎ 970974

CONTREXÉVILLE ✉ 88140 Ø 29

i Galeries du Parc Thermal, ☎ 080868

Cosmos, ◪, Rue de Metz, ☎ 081590, 81 Zi mB/mD

De la Souveraine, ◪, ☎ 081379, 31 Zi mB/mD

Établissement des Thermes, Jan.-Dez., ☎ 080131, 29 Zi mB/mD

De France, Jan.-Dez., Av. du Roi-Stanislas, ☎ 080413, 40 Zi(25 mB/mD)

△ **Municipal Tir aux Pigeons,** ★★★, Jan.-Dez., 1 km südwestl., ☎ 081506

COUTANCES ✉ 50200 Ø 33

i 27 Bd. Alsace-Lorraine, ☎ 451779

Château de la Salle, ◪, in Montpichon, 13 km südöstl., ☎ 469519, 10 Zi mB/mD

Verte Champagne, Jan.-Dez., in Trelly, nach 10 km an der D235, ☎ 476533, 8 Zi mB/mD

Moderne, Jan.-Dez., 25 Bd. Alsace Lorraine, ☎ 451377, 17 Zi(2 mB/mD)

DEAUVILLE ✉ 14800 Ø 31

i Pl. Mairie, ☎ 882143, Tx 170220

Le Normandy, Jan.-Dez., Rue J. Mermoz, ☎ 880921, Tx 170617, 326 Zi mB/mD

Royal, ◪, Bd. Cornuché, ☎ 881641, Tx 170549, 320 Zi(300 mB/mD)

Du Golf, ◪, im Zentrum des New Golf, ☎ 881901, Tx 170448, 175 Zi mB/mD

L'Amirauté, Jan.-Dez., in Touques, nach 2,5 km in Richtung Pont-l'Eveque, ☎ 889062, Tx 171665, 114 Zi mB/mD

La Fresnaye, Jan.-Dez., 81 Av. de la République, ☎ 880971, 14 Zi(11 mB/mD)

P.L.M. Port Deauville, Jan.-Dez., Bd. Cornuché, ☎ 886262, Tx 170364, 73 Zi mB/mD

Continental, Jan.-Dez., 1 Rue D. Le-Hoc, ☎ 882106

Marie Anne, Jan.-Dez., 142 Av. de la République, ☎ 883532, 25 Zi(18 mB/mD)

Résidence, Jan.-Dez., 55 Av. de la République, ☎ 880750, 17 Zi(16 mB/mD)

△ **La Vallée,** ★★★★, Jan.-Dez., in St-Arnoult, 3 km südl., ☎ 885817

DIEPPE ✉ 76200 ⌕ 35

- i Bd. Général de Gaulle, ☎ 841177
- **La Présidence,** Jan.-Dez., Bd. de Verdun, ☎ 843131, Tx 180865, 89 Zi(80 mB/mD)
- **Aguado,** ⟞, Jan.-Dez., 30 Bd. de Verdun, ☎ 842700, 53 Zi mB/mD
- **De l'Univers,** Jan.-Dez., 10 Bd. de Verdun, ☎ 841255, Tx 770741, 30 Zi(28 mB/mD)
- **Ibis,** Jan.-Dez., Val Druel, ☎ 826530, 43 Zi mB/mD
- **Plage,** ⟞, Jan.-Dez., 20 Bd. de Verdun, ☎ 841828, 40 Zi(37 mB/mD)
- **Relais Gambetta,** Jan.-Dez., 95 Av. Gambetta, ☎ 841291, 18 Zi(6 mB/mD)
- J Jan.-Dez., in St-Aubin-sur-Scie, Rue L. Fromager, ☎ 848573, 45 Be.
- △ **Municipal Pré St-Nicolas,** ★, Jan.-Dez., 2 km westl. an der D75, ☎ 841139

DIJON ✉ 21000 ⌕ 80

- i Pl. Darcy, ☎ 434212, Tx 350912, (*B1*)
- **Chapeau Rouge,** Jan.-Dez., 5 Rue Michelet, ☎ 302810, Tx 350535, 33 Zi mB/mD, (*B2*, **a**)
- **Frantel,** Jan.-Dez., 22 Bd. de la Marne, ☎ 723113, Tx 350293, 124 Zi mB/mD, (*A3 a.P.*)
- **La Cloche,** Jan.-Dez., 14 Pl. Darcy, ☎ 301232, Tx 350498, 76 Zi mB/mD, (*A-B1*, **e**)
- **La Flambée,** Jan.-Dez., in Sennecey-lès-Dijon, nach 5 km in Richtung Dole, ☎ 473535, Tx 350273, 23 Zi mB/mD, (*C3 a.P.*)
- **Central Ibis,** Jan.-Dez., 3 Pl. Grangier, ☎ 304400, Tx 350606, 90 Zi(70 mB/mD), (*B2*, **b**)
- **De l'Europe,** ⟞, Jan.-Dez., 4 Rue Audra, ☎ 327808, Tx 350690, 28 Zi mB/mD, (*A2*, **c**)
- **Gresill'Hôtel,** Jan.-Dez., 16 Av. R. Poincaré, ☎ 711056, Tx 250912, 49 Zi(39 mB/mD), (*A3 a.P.*)
- **Jura,** ⟞, Jan.-Dez., 14 Av. du Maréchal Foch, ☎ 416112, Tx 350485, 72 Zi(58 mB/mD), (*B1*, **d**)
- **Novotel,** Jan.-Dez., in Marsannay-la-Côte, 8 km südöstl., ☎ 521422, Tx 350728, 124 Zi mB/mD, (*C1 a.P.*)
- **Climat de France,** Jan.-Dez., Av. de Bourgogne, ☎ 663608, Tx 612241, 38 Zi mB/mD, (*C3 a.P.*)
- **De la Poste,** Jan.-Dez., 5 Rue du Château, ☎ 305164, 62 Zi(44 mB/mD), (*B2*, **f**)
- **Ibis,** Jan.-Dez., in Perrigny-lès-Dijons, 9 km südwestl. an der N74, ☎ 528645, 49 Zi mB/mD, (*C1 a.P.*)
- **Jacquemart,** ⟞, Jan.-Dez., 32 Rue Verrerie, ☎ 733974, 32 Zi(27 mB/mD), (*B3*, **g**)
- **Nord,** Jan.-Dez., 2 Rue Liberté, ☎ 305858, Tx 350912, 24 Zi(12 mB/mD), (*B2*, **h**)
- **Villages Hôtel,** Jan.-Dez., 15 Av. Albert 1er, ☎ 430112, Tx 350515, 128 Zi mB/mD, (*B1 a.P.*)
- **Allées,** ⟞, Jan.-Dez., 27 Cours Général de Gaulle, ☎ 665750, 37 Zi(26 mB/mD), (*C3*, **i**)
- J **Centre de Rencontres,** Jan.-Dez., 1 Bd. Champollion, ☎ 713212, 280 Be., (*A3 a.P.*)
- △ **Camp du Lac,** ★★, Jan.-Dez., 1,5 km westl., ☎ 435472, (*B1 a.P.*)

DINAN ✉ 22100 ⌕ 96

- i 6 Rue de l'Horloge, ☎ 397540
- **D'Avaugour,** Jan.-Dez., Pl. Duguesclin, ☎ 390749, 27 Zi mB/mD
- **De Bretagne,** ⟞, Jan.-Dez., 1 Pl. Duclos, ☎ 394615, 46 Zi mB/mD
- **Les Allaux,** Jan.-Dez., Route Ploubalay, ☎ 851610, 36 Zi mB/mD
- **Les Remparts,** ⟞, Jan.-Dez., 4-6 Rue du Château, ☎ 391016, 31 Zi(29 mB/mD)
- J **Moulin de Méen,** Jan.-Dez., ☎ 391083, 70 Be.
- △ **Châteaubriand,** ★★, Jan.-Dez., südwestl. der Stadt, ☎ 391196
- △ **De la Hallerais,** ★★★★, Jan.-Dez., südwestl. der Stadt, ☎ 391593

DINARD ✉ 35800 ⌕ 99

- i 2 Bd. Feart, ☎ 469412, Tx 950470
- **Grand Hôtel,** ◪, 46 Av. Georges V, ☎ 461028, Tx 740802, 100 Zi(90 mB/mD)
- **Reine Hortense,** ⟞, Feb.-Nov., 19 Rue de la Malouine, ☎ 465431, Tx 740802, 10 Zi mB/mD
- **Crystal,** ⟞, Jan.-Dez., 15 Rue de la Malouine, ☎ 466671, 22 Zi mB/mD
- **Balmoral,** Jan.-Dez., 26 Rue du Maréchal Leclerc, ☎ 461697, 31 Zi mB/mD
- **Des Bains,** Jan.-Dez., 38 Av. Georges V, ☎ 461371, 39 Zi(37 mB/mD)
- **Émeraude Plage,** ◪, 1 Bd. Albert 1er, ☎ 461579, 49 Zi(21 mB/mD)
- **Printania,** ◪, 5 Av. Georges V, ☎ 461307, 77 Zi(45 mB/mD)
- **Vieux Manoir,** ⟞, Jan.-Dez., 21 Rue Gardiner, ☎ 461469, 26 Zi mB/mD
- J **Ker Charles,** Jan.-Dez., 8 Bd. Lhotelier, ☎ 464002, 30 Be.
- △ **Le Prieuré,** ★★★★, Jan.-Dez., Av. de la Vicomté, ☎ 462004
- △ **Port Blanc,** ★★★, Jan.-Dez., Port Blanc, 1,5 km westl. an der D786, ☎ 461074

DOLE ✉ 39100 ⌕ 84

- i Pl. Grévy, ☎ 721122
- **Mapotel Grand Hôtel Chandioux,** Jan.-Dez., Pl. Grévy, ☎ 790066, Tx 360498, 40 Zi(33 mB/mD)
- **La Chaumière,** Jan.-Dez., 3 km südl. an der D405, 346 Av. de Genève, ☎ 790345, 18 Zi mB/mD
- **Le Nouvel Hôtel,** Jan.-Dez., 2 Pl. Grévy, ☎ 722066, 29 Zi(22 mB/mD)

DOUAI ✉ 59500 ⌕ 27

- i 70 Pl. d'Armes, ☎ 872663
- **La Terrasse,** Jan.-Dez., 8 Terrasses St-Pierre, ☎ 887004, 32 Zi mB/mD
- **De Paris,** ⟞, Jan.-Dez., 53 Pl. d'Armes, ☎ 889563, 24 Zi(23 mB/mD)
- **Grand Cerf,** Jan.-Dez., 46 Rue St-Jacques, ☎ 887960, 38 Zi(27 mB/mD)

DOUARNENEZ ✉ 29100 ⌕ 98

- i 2 Rue Dr. Mével, ☎ 921335
- **Auberge de Kerveoc'h,** ◪, an der Straße nach Kerveoc'h, ☎ 920758, 14 Zi mB/mD
- **Bretagne,** Jan.-Dez., 23 Rue Duguay-Trouin, ☎ 923044, 27 Zi(23 mB/mD)
- **Clos de Vollombreuse,** Jan.-Dez., 7 Rue E. D'Orves, ☎ 926364, 21 Zi mB/mD
- △ **Trézulien,** ★★, Jan.-Dez., in Tréboul, 3,5 km westl., ☎ 921346

DÜNKIRCHEN (DUNKERQUE) ✉ 59140 ⌕ 28

- i Rue Clemenceau, ☎ 667921

Europ, Jan.-Dez., 13 Rue Lenghenaer, ☎ 662907, Tx 120084, 128 Zi mB/mD

Frantel, ⟞, Jan.-Dez., 2 Av. Jean Jaurès, ☎ 659722, Tx 110587, 126 Zi mB/mD

Borel, ⟞, Jan.-Dez., 6 Rue l'Hermitte, ☎ 665180, Tx 820050, 30 Zi mB/mD

Des Arcades, ⟞, Jan.-Dez., 49 Pl. J. Bart, ☎ 665015, Tx 820093, 32 Zi(23 mB/mD)

Métropole, Jan.-Dez., 28 Rue Thiers, ☎ 668418, 18 Zi(14 mB/mD)

Hirondelle, Jan.-Dez., in Malo-les-Bains, 46 Av. Faidherbe, ☎ 631765, 33 Zi(20 mB/mD)

Trianon, ⟞, Jan.-Dez., in Malo-les-Bains, 20 Rue de la Colline, ☎ 693915, 13 Zi mB/mD

△ **Camp Municipal,** ★★★, Jan.-Dez., in Malo-les-Bains, Bd. de l'Europe, ☎ 692668

ENGLOS ✉ 59000 ⌕ 20

Mercure Lille-Ouest, Jan.-Dez., Autobahn Lille-Dunkerque, ☎ 923015, Tx 830302, 95 Zi mB/mD

Novotel Lille Lomme, Jan.-Dez., ☎ 070999, Tx 130120, 116 Zi mB/mD

ÉPERNAY ✉ 51200 ⌕ 26

i Pl. Thiers, ☎ 553300

Berceaux, Jan.-Dez., 13 Rue des Berceaux, ☎ 512884, 34 Zi mB/mD

Champagne, ⟞, Jan.-Dez., 30 Rue E. Mercier, ☎ 513022, 30 Zi mB/mD

De l'Europe, Jan.-Dez., 18 Rue Porte-Lucas, ☎ 518028, 26 Zi(15 mB/mD)

△ **Municipal,** ★★, Jan.-Dez., 1,5 km nördl. an der Straße nach Cumières, ☎ 515071

ÉPINAL ✉ 88000 ⌕ 29

i 13 Rue de la Comédie, ☎ 825332, Tx 960536

Relais Ducs Lorraine, Jan.-Dez., 16 Quai Colonel Sérot, ☎ 343987, Tx 960573, 10 Zi mB/mD

Le Colombier, ⟞, Jan.-Dez., 104 Faubourg Ambrail, ☎ 355005, 32 Zi mB/mD

Mercure, Jan.-Dez., 13 Pl. E. Stein, ☎ 351868, Tx 960277, 45 Zi mB/mD

△ **Lac de Bouzey,** ★★★, Jan.-Dez., in Sanchey, 8 km westl., 50 vom See, ☎ 824941

ÉTRETAT ✉ 76790 ⌕ 35

i Pl. de l'hôtel de Ville, ☎ 270521

Dormy House Golf Hôtel, ◪, an der D940 nach Le Havre, ☎ 270788, 28 Zi(23 mB/mD)

Des Falaises, ⟞, Jan.-Dez., Bd. R. Coty, ☎ 270277, 24 Zi(19 mB/mD)

Welcome, Jan.-Dez., 10 Av. de Verdun, ☎ 270089, 10 Zi mB/mD

△ **Les Tilleuls,** ★, Jan.-Dez., 3 km südl. an der D940, ☎ 271161

△ **Municipal,** ★★★, Jan.-Dez., Rue Guy de Maupassant, 1 km südl. an der D39, ☎ 270767

ÉVREUX ✉ 27000 ⌕ 32

i 35 Rue Dr-Oursel, ☎ 382161, Tx 770581

Normandy, Jan.-Dez., 37 Rue E. Feray, ☎ 331441, 26 Zi(15 mB/mD)

De Grenoble, ⟞, Jan.-Dez., 17 Rue St-Pierre, ☎ 330731, 19 Zi(8 mB/mD)

De l'Orme, ⟞, Jan.-Dez., Rue des Lombards, ☎ 393672, 27 Zi(18 mB/mD)

France, Jan.-Dez., 29 Rue St-Thomas, ☎ 390925, 14 Zi(10 mB/mD)

Ibis, Jan.-Dez., Av. Winston Churchill, ☎ 381636, Tx 172748, 42 Zi mB/mD

J Jan.-Dez., 3 Bd. Gambetta, ☎ 335611

△ **Municipal,** ★★, Jan.-Dez., Rue Jean Bouin, ☎ 394359

FALAISE ✉ 14700 ⌕ 31

i 32 Rue G. Clemenceau, ☎ 901726

De Normandie, Jan.-Dez., 4 Rue Amiral Courbet, ☎ 901826, 28 Zi(15 mB/mD)

△ **Du Château,** ★★★★, Jan.-Dez., westl. der Stadt, ☎ 901655

FÉCAMP ✉ 76400 ⌕ 35

i Pl. Bellet, ☎ 282051

Angleterre, ⟞, Jan.-Dez., 93-95 Rue de la Plage, ☎ 280160, 25 Zi(22 mB/mD)

De la Mer, ⟞, Feb.-Dez., 89 Bd. Albert 1er, ☎ 282464, 8 Zi(6 mB/mD)

J Jan.-Dez., Route du Commandant Roquigny, Côte de la Vierge, 24 Be.

△ **Municipal de Réneville,** ★★★, Jan.-Dez., an der Straße nach Étretat, 300 m vom Strand, ☎ 282097

FLEURVILLE ✉ 71260 ⌕ 85

Château de Fleurville, Jan.-Dez., ☎ 331217, 15 Zi mB/mD

FOUGÈRES ✉ 35300 ⌕ 99

i Pl. A. Briand, ☎ 941220

Balzac, ⟞, Jan.-Dez., 15 Rue National, ☎ 994246, 20 Zi(19 mB/mD)

Des Voyageurs, Jan.-Dez., 10 Pl. Gambetta, ☎ 990820, 36 Zi(35 mB/mD)

Mainhotel, Jan.-Dez., nach 1,5 km an der N12 nach Alençon, ☎ 998155, Tx 730956, 50 Zi mB/mD

J Jan.-Dez., 11 Rue Beaumanoir, ☎ 992206, 55 Be.

△ **Camping-Caravaning Municipal,** ★★★, Jan.-Dez., an der Straße nach La Chapelle-Janson, ☎ 994081

GÉRARDMER ✉ 88400 ⌕ 29

i Pl. Déportés, ☎ 630874, Tx 961408

Grand Hôtel Bragard, Jan.-Dez., Pl. du Tilleul, ☎ 630631, Tx 961408, 61 Zi mB/mD

Hostellerie Bas-Rupts, Jan.-Dez., 4 km südöstl. an der D486, ☎ 630925, Tx 960992, 32 Zi mB/mD

Jamagne, Jan.-Dez., 2 Bd. Jamagne, ☎ 633686, Tx 961139, 50 Zi mB/mD

La Reserve Beau-Séjour, ◪, Esplanade du Lac, ☎ 632160, Tx 961509, 32 Zi mB/mD

De la Paix, Jan.-Dez., 6 Av. Ville-de-Vichy, am See, ☎ 633878, 21 Zi(9 mB/mD)

Des Bains, ⟞, 16 Bd. A. Garnier, ☎ 630819, Tx 960992, 48 Zi(12 mB/mD)

Du Parc, Feb.-Okt., 12 Av. Ville-de-Vichy, ☎ 633243, 38 Zi(24 mB/mD)

Plein Air, Jan.-Dez., 2 km nordöstl. an der D417, La Cercenée, ☎ 633211, Tx 961408, 10 Zi(8 mB/mD)

Route Vert, Jan.-Dez., 61 Bd. Jamagne, ☎ 631297, Tx 961408, 18 Zi(6 mB/mD)

J Jan.-Dez., in Xonrupt, nach 6 km, La Roche du Plage, ☎ 630717, 90 Be.

GEVREY-CHAMBERTIN ✉ 21220 ⌕ 80

Les Grands Crus, ⟞, Jan.-Dez., Route des Grands Crus, ☎ 343415, 24 Zi mB/mD

Les Terroirs, –, Jan.-Dez., 28 Route de Dijon, ☎ 343076, 18 Zi mB/mD

GIEN ✉ 45500 ⌕ 38

i Rue Anne de Beaujeu, ☎ 672528

Le Rivage, Jan.-Dez., 1 Quai de Nice, ☎ 672053, 26 Zi(13 mB/mD)

Sanotel, –, Jan.-Dez., 21 Quai Sully, ☎ 676146, 58 Zi mB/mD

△ **Le Bois de Bardelet,** ★★★, Jan.-Dez., 4 km südl. an der D940, ☎ 672739

△ **Municipal,** ★★, Jan.-Dez., Quai de Sully, ☎ 671250

HENNEBONT ✉ 56700 ⌕ 97

Château de Locguénolé, Jan.-Dez., 4 km südl. an der D781, ☎ 762904, Tx 950636, 34 Zi mB/mD

L'Hermine, –, Jan.-Dez., in Brandérion, nach 7 km östl. an der N165, ☎ 329293, 9 Zi mB/mD

HONFLEUR ✉ 14600 ⌕ 31

i 33 Cours des Fossée, ☎ 892330

Ferme St-Siméon et son Manier, Jan.-Dez., Rue Adolphe Marais, ☎ 892361, Tx 171031, 19 Zi mB/mD

L'Ecrin, –, Jan.-Dez., 19 Rue E. Boudin, ☎ 893239, 15 Zi mB/mD

Du Dauphin, –, Jan.-Dez., 10 Pl. Pierre Berthelot, ☎ 891553, 29 Zi mB/mD

La Tour, –, Jan.-Dez., 3 Quai Tour, ☎ 892122, 48 Zi mB/mD

Le Cheval Blanc, Feb.-Dez., Quai des Passagers, ☎ 891349, 33 Zi mB/mD

△ **La Briquerie,** ★★★, Jan.-Dez., 3,5 km südwestl. an der Straße nach Pont-l'Évêque, ☎ 892832

JOIGNY ✉ 89300 ⌕ 86

i Quai H. Ragobert, ☎ 621105

A La Côte St-Jacques, Jan.-Dez., 14 Faubourg de Paris, ☎ 620970, 18 Zi mB/mD

Modern'Hôtel, Jan.-Dez., Av. R. Petit, ☎ 621628, Tx 801693, 22 Zi mB/mD

JOUÉ-LÈS-TOURS ✉ 37000 ⌕ 47

Château de Beaulieu, Jan.-Dez., an der Straße nach Villandry, ☎ 532026, 17 Zi(16 mB/mD)

Campanile, Jan.-Dez., an der Straße nach Chinon, ☎ 672489, 40 Zi mB/mD

Du Parc, Jan.-Dez., 17 Bd. de Chinon-Alouette, ☎ 284019, 30 Zi mB/mD

Chantepie, –, Jan.-Dez., Rue Chantepie, ☎ 530609, 20 Zi mB/mD

KAYSERSBERG ✉ 68240 ⌕ 89

i im Rathaus, ☎ 782278

Chambard, Jan.-Dez., Rue du Général de Gaulle, ☎ 471017, Tx 880272, 18 Zi mB/mD

Remparts, –, Jan.-Dez., ☎ 471212, 23 Zi mB/mD

LA BAULE ✉ 44500 ⌕ 40

i 8 Pl. de la Victoire, ☎ 243444, Tx 710050

Castel Marie Louise, Jan.-Dez., Esplanade du Casino, ☎ 602060, 31 Zi mB/mD

Hermitage, ◪, Esplanade du Casino, ☎ 603700, Tx 710510, 230 Zi mB/mD

Royal, ◪, Esplanade du Casino, ☎ 603306, 110 Zi(90 mB/mD)

Alexandra, ◪, 3 Bd. d'Armor, ☎ 603006, 40 Zi(34 mB/mD)

Bellevue Plage, ◪, 27 Bd. de l'Océan, ☎ 602855, 34 Zi mB/mD

Christina, ◪, 26 Bd. Hennecart, ☎ 602244, 40 Zi(36 mB/mD)

Majestic, –, Esplanade F. André, ☎ 602486, 67 Zi mB/mD

La Closerie, –, 173 Av. de Lattre de Tassigny, ☎ 602271, 13 Zi mB/mD

La Concorde, –, Av. de la Concorde, ☎ 602309, 42 Zi mB/mD

Les Alizés, Jan.-Dez., 10 Av. de Rhuys, ☎ 603486, 30 Zi mB/mD

Les Dunes, Jan.-Dez., 227 Av. de Lattre de Tassigny, ☎ 245370, 38 Zi(30 mB/mD)

Maritza, ◪, 221 Bd. Hennecart, ☎ 602021, 24 Zi(9 mB/mD)

△ **L'Eden,** ★★, Jan.-Dez., 1 km nordwestl., ☎ 600323

△ **Les Ajonc d'Or,** ★★, Jan.-Dez., Chemin du Rocher, ☎ 603329

LA FLÈCHE ✉ 72200 ⌕ 43

i 23 Pl. du Marché-au-Blé, ☎ 940253

Relais Cicéro, Jan.-Dez., 18 Bd. d'Alger, ☎ 941414, 16 Zi mB/mD

△ **La Route d'Or,** ★★★, Jan.-Dez., südl. bei der Straße nach Saumur, ☎ 940026

LA ROCHE-SUR-YON ✉ 85000 ⌕ 51

i Place Napoléon, ☎ 360085, Tx 700745

Le Napoléon, –, Jan.-Dez., 50 Bd. Aristide Briand, ☎ 371356, 30 Zi(27 mB/mD)

Campanile, Jan.-Dez., 2 km östl. an der Straße nach Nantes, ☎ 372786, 33 Zi mB/mD

Gallet, Jan.-Dez., 75 Bd. Maréchal Leclerc, ☎ 370231, 17 Zi(10 mB/mD)

St-Jean, Jan.-Dez., 7 Rue Chanzy, ☎ 371207, 24 Zi mB/mD

Vendée, –, Jan.-Dez., 4 Rue Malesherbes, ☎ 372867, 33 Zi(16 mB/mD)

LANDIVISIAU ✉ 29320 ⌕ 98

i im Rathaus, ☎ 680350

De L'Étendard, Jan.-Dez., 8-10 Rue du Général de Gaulle, ☎ 680660, 30 Zi(20 mB/mD)

Du Léon, Jan.-Dez., 3 Rue Champ-de-Foire, ☎ 680011, Tx 940333, 44 Zi mB/mD

LANGEAIS ✉ 37130 ⌕ 47

i ☎ 967162

Duchesse Anne, Jan.-Dez., 10 Rue de Tours, ☎ 558203, 22 Zi(16 mB/mD)

Hosten, ◪, 2 Rue Gambetta, ☎ 968212, 14 Zi(11 mB/mD)

△ **Camp Municipal,** ★★, Jan.-Dez., nordöstl. an der N152, ☎ 968580

LANGRES ✉ 52200 ⌕ 25

i Pl. Bel Air, ☎ 850332

Du Cheval Blanc, ◪, 4 Rue d'Estres, ☎ 850700, 22 Zi(17 mB/mD)

Du Lion d'Or, ◪, an der Straße nach Vesoul, ☎ 850330, 16 Zi(13 mB/mD)

Grand Hôtel de l'Europe, Jan.-Dez., 23 Rue Diderot, ☎ 851088, 28 Zi(16 mB/mD)

- **Municipal,** ★, Jan.-Dez., in Humes, 6 km nordwestl.

LAON ✉ 02000 ⌕ 23

- i Pl. du Parvis, ☎ 202862
- **D'Angleterre,** Jan.-Dez., 10 Bd. de Lyon, ☎ 230462, Tx 145580, 30 Zi(20 mB/mD)
- **De la Bannière de France,** Jan.-Dez., 11 Rue F. Roosevelt, ☎ 232144, 18 Zi(12 mB/mD)
- **Du Commerce,** ⊸, Jan.-Dez., 13 Pl. de la Gare, ☎ 791038, 25 Zi(14 mB/mD)
- **Les Chevaliers,** ⊸, Jan.-Dez., 3 Rue Serurier, ☎ 234378, 15 Zi(8 mB/mD)

LARMOR-PLAGE ✉ 56100 ⌕ 97

- **La Rade,** ★★, Jan.-Dez., ☎ 885534

LAVAL ✉ 53000 ⌕ 43

- i Pl. du 11 Novembre, ☎ 530939
- **Ibis le Relais d'Armor,** Jan.-Dez., an der N162 nach Mayenne, ☎ 538182, Tx 721094, 51 Zi mB/mD
- **Imperial,** ⊸, Jan.-Dez, 61 Av. Robert Buron, ☎ 535502, 32 Zi mB/mD
- **Ouest,** Jan.-Dez., 3 Av. J. Ferry, ☎ 531171, 30 Zi(27 mB/mD)
- **S.I. le Poiter,** ★★, Jan.-Dez., 4,5 km südl. an der Straße nach Angers, ☎ 536886

LE HAVRE ✉ 76600 ⌕ 35

- i Pl. de l'Hôtel de ville, ☎ 212288, Tx 190369, (*C3*)
- **Mercure,** Jan.-Dez., Chaussée d'Angoûleme, ☎ 212345, 96 Zi mB/mD, (*C4*, **a**)
- **De Bordeaux,** ⊸, Jan.-Dez., 147 Rue Louis Brindeau, ☎ 226944, 31 Zi mB/mD, (*C3*, **b**)
- **France Bourgogne,** Jan.-Dez., 19-21 Cours de la République, ☎ 254034, 31 Zi mB/mD, (*C5*, **c**)
- **Le Marly,** ⊸, Jan.-Dez., 121 Rue de Paris, ☎ 417248, Tx 190369, 34 Zi(30 mB/mD), (*D3*, **d**)
- **Astoria,** Jan.-Dez., 13 Cours de la République, ☎ 250003, Tx 190075, 35 Zi mB/mD, (*C5*, **c**)
- **Bauza,** ⊸, Jan.-Dez., Rue Georges Braque, ☎ 422727, 22 Zi(11 mB/mD), (*B-C2*, **e**)
- **Foch,** ⊸, Jan.-Dez., 4 Rue Caligny, ☎ 425069, Tx 190369, 33 Zi(23 mB/mD), (*C2*, **f**)
- **Parisien,** ⊸, Jan.-Dez., 1 Cours de la République, ☎ 252383, 22 Zi(18 mB/mD), (*C5*, **g**)
- **Fôret de Montgeon,** ★★★★, Jan.-Dez., nordöstl. an der D32, ☎ 465239, (*A6 a.P.*)

LE MANS ✉ 72000 ⌕ 43

- i 40 Pl. de la République, ☎ 281722, Tx 720006, (*B2*)
- **Concorde,** Jan.-Dez., 16 Av. du Général Leclerc, ☎ 241230, Tx 720487, 64 Zi(55 mB/mD), (*C2*, **a**)
- **Novotel,** Jan.-Dez., Bd. Robert Schumann, ☎ 852680, Tx 720706, 94 Zi mB/mD, (*A2 a.P.*)
- **Moderne,** Jan.-Dez., 14 Rue du Bourg Belé, ☎ 247920, 32 Zi mB/mD, (*C2*, **b**)
- **Chantecler,** ⊸, Jan.-Dez., 50 Rue Pelouse, ☎ 245853, 36 Zi mB/mD, (*D1*, **f**)
- **De l'Étoile,** ⊸, Jan.-Dez., 19 Rue Gougeard, ☎ 819823, 12 Zi mB/mD, (*B3*, **e**)
- **Du Saumon,** Jan.-Dez., 44 Pl. de la République, ☎ 240319, 38 Zi(30 mB/mD), (*B2*, **d**)
- **Ibis,** Jan.-Dez., Quai Lédru-Rollin, ☎ 231823, Tx 722035, 83 Zi mB/mD, (*B1*, **g**)
- **Ibis Le Mans-Est,** Jan.-Dez., Rue Clément Marot, ☎ 861414, Tx 720651, 49 Zi mB/mD, (*D3 a.P.*)
- **L'Escale,** ⊸, Jan.-Dez., 72 Rue Chanzy, ☎ 845592, 42 Zi(38 mB/mD), (*D3*, **c**)

LE MONT-ST-MICHEL ✉ 50116 ⌕ 33

- i Corps de Garde des Bourgeois, ☎ 601430
- **De la Digue,** Jan.-Dez., 2 km südl., ☎ 601402, Tx 170157, 33 Zi(30 mB/mD)
- **La Mère Poulard,** ◪, auf der Insel, ☎ 601401, 28 Zi(22 mB/mD)
- **Relais du Roy,** ◪, 2 km südl., ☎ 601425, 27 Zi mB/mD
- **St-Aubert,** ⊸, 2 km südl., ☎ 600874, 27 Zi mB/mD
- **Les Campings du Mont-St-Michel,** ★★, Jan.-Dez., ☎ 600933
- **K Motel du Mt. St-Michel,** ◪, 2 km südl., ☎ 601418, Tx 170537, 60 Zi mB/mD
- **Vert,** ◪, auf der Insel, La Caserme, ☎ 600933, Tx 170537, 60 Zi mB/mD

LE POULDU ✉ 29130 ⌕ 98

- **Castel Treaz,** ◪, Les Grands Sables, ☎ 399111, 27 Zi(21 mB/mD)

LE TOUQUET-PARIS-PLAGE ✉ 62520 ⌕ 21

- i Palais de l'Europe, ☎ 052165
- **Novotel-Thalamer,** Jan.-Dez., am Strand, ☎ 052400, Tx 160480, 104 Zi mB/mD
- **Westminster,** ◪, Av. du Verger, ☎ 051966, Tx 160439, 145 Zi mB/mD
- **Côte d'Opale,** ◪, 99 Bd. de la Mer, ☎ 050811, 28 Zi(21 mB/mD)
- **Le Manoir Hôtel et Golf Club,** ◪, 2,5 km südl., Av. du Golf, ☎ 052022, Tx 135565, 44 Zi(42 mB/mD)
- **De la Fôret,** ⊸, Jan.-Dez., 73 Rue de Moscou, ☎ 050988, 10 Zi mB/mD
- **De la Plage,** ⊸, Bd. de la Mer, ☎ 050322, 26 Zi(19 mB/mD)
- **Ibis,** Jan.-Dez., am Strand, ☎ 053690, Tx 134273, 71 Zi mB/mD

LES ROUSSES ✉ 39220 ⌕ 84

- i Pl. Pasteur, ☎ 600255
- **De France,** ◪, Rue Pasteur, ☎ 600145, 34 Zi mB/mD
- **La Redoute,** Jan.-Dez., an der N5, ☎ 600040, 26 Zi mB/mD
- **Relais des Gentianes,** Jan.-Dez., ☎ 605064, 14 Zi(10 mB/mD)

LES SABLES-D'OLONNE ✉ 85100 ⌕ 51

- i Pl. Navarin, ☎ 320328
- **Atlantic,** Jan.-Dez., Av. G. Godet, ☎ 953771, Tx 710474, 30 Zi mB/mD
- **Arundel,** ◪, 8 Bd. Roosevelt, ☎ 320377, 42 Zi mB/mD
- **Beau Rivage,** Feb.-Dez., 40 Quai G. Clemenceau, ☎ 320301, 35 Zi(18 mB/mD)
- **Chêne Vert,** Jan.-Dez., 5 Rue Bauduère, ☎ 320947, 33 Zi mB/mD
- **Roches Noires,** ⊸, 12 Promenade Clemenceau, ☎ 320171, 27 Zi(24 mB/mD)
- J **Ancien Sémaphore,** Jan.-Dez., Rue du Sémaphore, in La Chaume, 34 Be.
- **Le Petit Paris,** ★★, Jan.-Dez., 5,5 km südöstl., ☎ 956444

- △ **Municipal les Dunes,** ★★★, Jan.-Dez., 4,5 km nordwestl., ☎ 323121
- △ **Municipal les Roses,** ★★★★, Jan.-Dez., Rue des Roses, ☎ 951042

LES-TROIS-EPIS ✉ 68000 ☏ 89

- **Mapotel le Grand hôtel,** Feb.-Dez., ☎ 498065, Tx 880229, 48 Zi mB/mD
- **Marchal,** Jan.-Dez., ☎ 498161, 43 Zi(40 mB/mD)

LILLE ✉ 59000 ☏ 20

- i Palais Rihour, Pl. Rihour, ☎ 308100, Tx 110213, (*C3*)
- **Bellevue,** ⊣, Jan.-Dez., 5 Rue Jean-Roisin, ☎ 574586, Tx 820790, 66 Zi(59 mB/mD), (*B3*, **a**)
- **Holiday Inn,** Jan.-Dez., Av. de la Marne, beim Flughafen, ☎ 979202, Tx 120051, 215 Zi mB/mD, (*E4 a.P.*)
- **Mapotel Carlton,** Jan.-Dez., 3 Rue de Paris, ☎ 552411, Tx 110400, 80 Zi(70 mB/mD), (*B3*, **b**)
- **Novotel,** Jan.-Dez., am Flughafen, ☎ 979225, Tx 820519, 92 Zi mB/mD, (*E4 a.P.*)
- **Royal,** ⊣, Jan.-Dez., 2 Bd. Carnot, ☎ 510511, Tx 820575, 106 Zi(94 mB/mD), (*B3*, **c**)
- **Central,** ⊣, Jan.-Dez., 51 Rue Faidherbe, ☎ 063157, 35 Zi(18 mB/mD), (*B4*, **h**)
- **Chagnot,** Jan.-Dez., 24 Pl. de la Gare, ☎ 062550, Tx 130709, 75 Zi mB/mD, (*C4*, **d**)
- **De Strasbourg,** ⊣, Jan.-Dez., 7 Rue Jean-Roisin, ☎ 570546, 46 Zi(36 mB/mD), (*B-C3*, **g**)
- **Monte Carlo,** ⊣, Jan.-Dez., 17 Pl. des Reignaux, ☎ 550632, 42 Zi(19 mB/mD), (*B4*, **f**)
- **Univers,** ⊣, Jan.-Dez., 19 Pl. des Reignaux, ☎ 069969, 56 Zi(48 mB/mD), (*B3*, **e**)

LISIEUX ✉ 14100 ☏ 31

- i 11 Rue d'Alençon, ☎ 620841, Tx 170169
- **De la Place,** ⊣, Jan.-Dez., 67 Rue Henri Chéron, ☎ 311744, Tx 170187, 36 Zi(30 mB/mD)
- **Grand Hôtel de l'Espérance,** ◪, 16 Bd. Ste-Anne, ☎ 621753, 100 Zi(63 mB/mD)
- **Grand Hôtel de Normandie,** ◪, 11 bis Rue au Char, ☎ 621605, Tx 170269, 80 Zi(60 mB/mD)
- **La Coupe d'Or,** Jan.-Dez., 49 Rue Pont Mortain, ☎ 311684, 16 Zi(12 mB/mD)
- △ **Municipal de la Vallée,** ★★, Jan.-Dez., nördl. an der D48, ☎ 620040

LOCHES ✉ 37600 ☏ 47

- i Pl. de la Marne, ☎ 590798
- **George Sand,** Jan.-Dez., 39 Rue Quintefol, ☎ 593974, 17 Zi mB/mD
- **Grand Hôtel de France,** Jan.-Dez., 6 Rue Picois, ☎ 590032, 22 Zi(12 mB/mD)
- **Luccotel,** Jan.-Dez., nach 1,5 km in Richtung Chinon, Rue Lézard, ☎ 915050, 42 Zi mB/mD
- △ **Municipal,** ★★, Jan.-Dez., südl. an der N143, ☎ 590591

LOCRONAN ✉ 29136 ☏ 98

- i ☎ 917014
- **De la Plage,** Jan.-Dez., in Ste-Anne-la-Palud, 4 km nördl. an der D63, ☎ 925012, 30 Zi(29 mB/mD)
- **Fer à Cheval,** Jan.-Dez., 1 km südwestl. an der Straße nach Bois de Nevet, ☎ 917067, 35 Zi(33 mB/mD)
- **Manoir Hôtel de Moëllien,** Jan.-Dez., 3 km nordwestl., ☎ 925040, 10 Zi mB/mD
- **Prieuré,** Jan.-Dez., ☎ 917089, 15 Zi(10 mB/mD)
- △ **Kervel,** ★★★, Jan.-Dez., in Kervel, 4 km nordwestl., ☎ 925154
- △ **Tréguier-Plage,** ★★★, Jan.-Dez., in Ste-Anne-la- Palud, 4 km nördl. an der D63, ☎ 925352

LONS-LE-SAUNIER ✉ 39000 ☏ 84

- i 1 Rue Pasteur, ☎ 246501
- **Du Cheval Rouge,** Jan.-Dez., 47 Rue Lecourbe, ☎ 472044, 19 Zi(5 mB/mD)
- **Grand Hôtel de Genève,** Jan.-Dez., 39 Rue Jean Moulin, ☎ 241911, 42 Zi(28 mB/mD)
- **Nouvel Hôtel,** ⊣, Jan.-Dez., 50 Rue Lecourbe, ☎ 472067, 23 Zi(19 mB/mD)
- **Gambetta,** ⊣, Jan.-Dez., 4 Bd. Gambetta, ☎ 244118, 23 Zi mB/mD
- **Motel Solvan,** ⊣, Jan.-Dez., Bd. Europe, ☎ 244050, 26 Zi mB/mD
- △ **Municipal la Marjorie,** ★★★★, Jan.-Dez., nordöstl. beim Bd. de Ceinture, ☎ 242694

LORIENT ✉ 56100 ☏ 97

- i Pl. Jules-Ferry, ☎ 210784
- **Bretagne,** Jan.-Dez., 6 Pl. de la Libération, ☎ 643465, 39 Zi(25 mB/mD)
- **Mapotel le Richelieu,** Jan.-Dez., 31 Pl. Jules-Ferry, ☎ 213573, Tx 950810, 58 Zi mB/mD
- **Novotel,** Jan.-Dez., in Lanestère, Zone Commerciale de Kerpont-Bellevue, ☎ 760216, Tx 950026, 75 Zi mB/mD
- **Ibis,** ⊣, Jan.-Dez., 5 km nördl., Zone commerciale Kerpont, ☎ 764022, 40 Zi mB/mD
- **Inter-hôtel Atlantic,** ⊣, Jan.-Dez., 33 Rue du Coëdic, ☎ 641327, 26 Zi(20 mB/mD)
- **Léopol,** ⊣, Jan.-Dez., 11 Rue W-Rousseau, ☎ 212316, 32 Zi(23 mB/mD)
- **Christina,** ⊣, Jan.-Dez., 10 Rue du Poulorio, ☎ 213392, 15 Zi(10 mB/mD)
- **Duguesclin,** Jan.-Dez., 24 Rue Duguesclin, ☎ 210216, 24 Zi(14 mB/mD)
- J **Rives du Ter,** Jan.-Dez., 41 Rue Schoelcher Lorient, ☎ 371165, 100 Be.

LUNÉVILLE ✉ 54300 ☏ 8

- i Pl. du Château, ☎ 3740655
- **Des Pages,** Jan.-Dez., Rue Chanzy, ☎ 3731142, 27 Zi mB/mD
- **Europe,** ⊣, Jan.-Dez., 26 Rue d'Alsace, ☎ 3731234, 30 Zi(20 mB/mD)

LUXEUIL-LES-BAINS ✉ 70300 ☏ 84

- i 1 Rue des Thermes, ☎ 400641
- **Beau Site,** Jan.-Dez., 18 Rue des Thermes, ☎ 401467, 44 Zi(36 mB/mD)
- **Thermes,** ⊣, Jan.-Dez., Rue des Thermes, ☎ 400367, 21 Zi mB/mD
- **Le Métropole,** ⊣, Jan.-Dez., 4 Rue des Thermes, ☎ 400367, 44 Zi mB/mD
- **Parc,** ⊣, Jan.-Dez., 6 Rue des Thermes, ☎ 400367, 36 Zi mB/mD
- △ **Municipal,** ★★, Jan.-Dez., westl. an der D6, ☎ 400239

LUYNES ✉ 37230 ☏ 47

- i im Rathaus, ☎ 555031
- **Domaine de Beauvois,** ◪, 4 km nordwestl. an der D49, ☎ 555011, Tx 750204, 41 Zi mB/mD

△ **Municipal les Granges,** ★★★, Jan.-Dez., südl. an der D49, ☎ 556085

MÂCON ✉ 71000 ⌕ 85

🛈 Av. de Lattre-de-Tassigny, ☎ 380600, Tx 800762

Frantel Mâcon, Jan.-Dez., 26 Rue de Coubertin, 0,5 km nördl. an der N6, ☎ 382806, Tx 800830, 63 Zi mB/mD

Sofitel, Jan.-Dez., in St-Albain, 14 km südl. an der A6, ☎ 381617, Tx 800881, 100 Zi mB/mD

La Huchette, Jan.-Dez., nach 4,5 km an der N79 in Richtung Bourg-en-Bresse, ☎ 310355, Tx 800787, 12 Zi mB/mD

Novotel, Jan.-Dez., 7 km nördl. an der A6, ☎ 360080, Tx 800869, 106 Zi mB/mD

Bellevue, Jan.-Dez., 416-420 Quai Lamartine, ☎ 380507, Tx 800837, 28 Zi(25 mB/mD)

De Genève, Jan.-Dez., 1 Rue Bigonet, ☎ 381810, Tx 800762, 62 Zi(49 mB/mD)

Ibis, Jan.-Dez., 6 km südl. an der A6, ☎ 365160, Tx 351926, 45 Zi mB/mD

Terminus, Jan.-Dez., 91 Av. Victor Hugo, ☎ 391711, Tx 800831, 34 Zi mB/mD

△ **Municipal,** ★★★★, Jan.-Dez., 2 km nördl. an der N6, ☎ 381622

La Vieille Ferme, Jan.-Dez., 4 km nördl. an der A6, ☎ 384693, Tx 351995, 32 Zi mB/mD

MAUBEUGE ✉ 59600 ⌕ 27

🛈 Port du Bavay, Av. du Parc, ☎ 691193

Mercure, Jan.-Dez., 4 km südl. an der N2, ☎ 649373, Tx 110696, 59 Zi mB/mD

Grand Hôtel, Jan.-Dez., Port de Paris, ☎ 646316, 31 Zi(24 mB/mD)

△ **Municipal,** ★★★, Jan.-Dez., 1,5 km nördl., ☎ 622548

METZ ✉ 57000 ⌕ 8

🛈 Porte Serpenoise, Av. Robert-Schuman, ☎ 7756521, Tx 860411, (*C1*)

Frantel, Jan.-Dez., 29 Pl. St-Thiébault, ☎ 7755633, Tx 930417, 112 Zi mB/mD, (*C2*, **a**)

Mercure, Jan.-Dez., in Metz-Woippy, Rue du Fort Gambetta, ☎ 7325279, Tx 860891, 84 Zi mB/mD, (*A1 a.P.*)

Royal Concorde, Jan.-Dez., 23 Av. Foch, ☎ 7668111, Tx 860425, 75 Zi(61 mB/mD), (*C2*, **b**)

Sofitel, Jan.-Dez., Pl. des Paraiges, ☎ 7745727, Tx 930328, 115 Zi mB/mD, (*B2*, **c**)

Le Crinouc, Jan.-Dez., 79-81 Rue du Général Metman 57, ☎ 7741246, Tx 860408, 10 Zi mB/mD, (*B3 a.P.*)

Novotel, Jan.-Dez., in Hauconcourt, 11 km nördl. an der A31, ☎ 7804111, Tx 860191, 128 Zi mB/mD, (*A1 a.P.*)

Bristol, ⟶, Jan.-Dez., 7 Rue La Fayette, ☎ 7667422, 67 Zi mB/mD, (*C2*, **g**)

Central, ⟶, Jan.-Dez., 3 bis Rue Vauban, ☎ 7755343, Tx 920281, 54 Zi mB/mD, (*C2*, **d**)

Ibis, Jan.-Dez., Quartier Pontiffroy, Rue Chambière, ☎ 7310173, Tx 930278, 79 Zi mB/mD, (*A2*, **e**)

Métropole, ⟶, Jan.-Dez., 5 Pl. du Général de Gaulle, ☎ 7662622, 79 Zi(41 mB/mD), (*C2*, **f**)

La Pergola, ⟶, Jan.-Dez., 13 Rue Plapperville, ☎ 7325294, 27 Zi(3 mB/mD), (*A1 a.P.*)

J Jan.-Dez., Pl. du Pontiffroy, ☎ 7304402, 80 Be., (*A1 a.P.*)

△ **Metz-Plage,** ★★★, Jan.-Dez., nahe dem Pont de Thionville, ☎ 7314229, A1 a.P.

MOELAN-SUR-MER ✉ 29130 ⌕ 98

Auberge Des Moulins du Duc, ◪, ☎ 396073, Tx 940080, 26 Zi mB/mD

MOLSHEIM ✉ 67120 ⌕ 88

🛈 im Rathaus, ☎ 381161

Diana, Jan.-Dez., Pont de la Bruche, ☎ 385159, Tx 890559, 42 Zi mB/mD

Du Centre, Jan.-Dez., 1 Rue St-Martin, ☎ 385450, 29 Zi(25 mB/mD)

MONTBAZON ✉ 37250 ⌕ 47

🛈 im Rathaus, ☎ 260331

Château d'Artigny, Jan.-Nov., 2 km südwestl. an der D17, ☎ 262424, Tx 750900, 57 Zi mB/mD

Domaine de la Tortinière, Feb.-Nov., 1,5 km nördl. an der N10, ☎ 260019, Tx 750806, 21 Zi mB/mD

Relais de Touraine, Jan.-Dez., nach 2 km in Richtung Tours, ☎ 260657, 21 Zi mB/mD

MONTBÉLIARD ✉ 25200 ⌕ 81

🛈 1 Rue H. Mouhot, ☎ 944560

Bristol, ◪, 2 Rue de Velotte, ☎ 944317, 39 Zi(22 mB/mD)

Ibis, Jan.-Dez., Rue J. Foillet, ☎ 971920, Tx 361555, 42 Zi mB/mD

Joffre, ⟶, Jan.-Dez., 34 bis Av. du Maréchal Joffre, ☎ 944464, 30 Zi mB/mD

MONTREUIL ✉ 62170 ⌕ 21

🛈 Pl. Poissonnerie, ☎ 060427

Château de Montreuil, ⟶, Jan.-Dez., 4 Chaussée des Capucins, ☎ 815304, 12 Zi mB/mD

J **La Hulotte,** Jan.-Dez., in Montreuil-sur-Mer, ☎ 061083, 50 Be.

△ **La Fontaine des Clercs,** ★★, Jan.-Dez., Eingang im Norden, ☎ 060728

MORGAT ✉ 29160 ⌕ 98

🛈 Bd. de la Plage, ☎ 270792

Ville d'Ys, ◪, Quai du Kador, ☎ 270619, 42 Zi(23 mB/mD)

Julia, Jan.-Dez., 43 Rue de Treflez, ☎ 0589, 22 Zi(10 mB/mD)

MORLAIX ✉ 29210 ⌕ 98

🛈 Pl. des Otages, ☎ 621494

Fontaine, ⟶, Jan.-Dez., an der D786 nach Lannion, ☎ 620955, 35 Zi mB/mD

Grand Hôtel de l'Europe, Jan.-Dez., 1 Rue d'Aiguillon, ☎ 621199, Tx 940696, 63 Zi(35 mB/mD)

Mini Mote, ⟶, Jan.-Dez., in St-Martin-les-Champs, 3 km westl., ☎ 883530, 22 Zi mB/mD

J Jan.-Dez., 3 Rue de Paris, ☎ 881363, 58 Be.

MÜHLHAUSEN (MULHOUSE) ✉ 68100 ⌕ 89

🛈 9 Av. du Maréchal Foch, ☎ 456831, Tx 881295,

Sofitel Sausheim, Jan.-Dez., nordöstl. an der N422A, ☎ 618585, Tx 881311, 100 Zi mB/mD

Frantel, Jan.-Dez., 4 Pl. Charles de Gaulle, ☎ 460123, Tx 881807, 96 Zi mB/mD

Bristol, ⟝, Jan.-Dez., 18 Av. de Colmar, ☎ 421231, Tx 881720, 50 Zi(36 mB/mD)

Mercure Sausheim, Jan.-Dez., nordöstl. an der N422A, ☎ 618787, Tx 881757, 99 Zi mB/mD

Novotel Sausheim, Jan.-Dez., nordöstl. an der N422A, ☎ 618484, Tx 881673, 77 Zi mB/mD

Campanile, Jan.-Dez., in Lutterbach, 100 Rue du Général de Gaulle, ☎ 536655, Tx 881432, 41 Zi mB/mD

Du Musée, ⟝, Jan.-Dez., 3 Rue de l'Est, ☎ 454741, 43 Zi(26 mB/mD)

Ibis, Jan.-Dez., nordöstl. an der N422, Rue de l'Ile Napoléon, ☎ 618383, Tx 881970, 76 Zi mB/mD

Paris, ⟝, Jan.-Dez., 5 Passage hôtel de Ville, ☎ 452141, 20 Zi(18 mB/mD)

Salvator, ⟝, Jan.-Dez., 29 Passage Central, ☎ 452832, Tx 881188, 39 Zi(25 mB/mD)

Touring, ⟝, Jan.-Dez., 10 Rue du Moulin, ☎ 453284, 29 Zi(16 mB/mD)

J Jan.-Dez., 37 Rue de l'Illberg, ☎ 426328, 63 Be.

△ **L'Ill**, ★★★, Jan.-Dez., Rue Pierre de Coubertin, ☎ 062066

NANCY ✉ 54000 ⌕ 8

i 14 Pl. Stanislas, ☎ 3352241, Tx 960414, (*B2*)

De la Reine, Jan.-Dez., 2 Pl. Stanislas, ☎ 3350301, Tx 960367, 53 Zi mB/mD, (*C2*, **b**)

Americain, ⟝, Jan.-Dez., 3 Pl. André Maginot, ☎ 3322853, Tx 961052, 51 Zi mB/mD, (*C1*, **c**)

Astoria, ⟝, Jan.-Dez., 3 Rue de l'Armée Patton, ☎ 3403124, Tx 850895, 134 Zi mB/mD, (*C1 a.P.*)

De l'Europe, ⟝, Jan.-Dez., 5 Rue des Carmes, ☎ 3355210, Tx 960413, 80 Zi(69 mB/mD), (*C2*, **d**)

Frantel, Jan.-Dez., 11 Rue Raymond Poincaré, ☎ 3356101, Tx 960034, 192 Zi mB/mD, (*C1*, **a**)

Novotel Nancy-Ouest, Jan.-Dez., in Laxou, 4 km westl., ☎ 3966746, Tx 850988, 119 Zi mB/mD, (*C1 a.P.*)

Novotel Nancy-Sud, Jan.-Dez., in Houdemont, 6 km südl., ☎ 3561025, Tx 961124, 86 Zi mB/mD, (*D3 a.P.*)

Central, ⟝, Jan.-Dez., 6 Rue Poincaré, ☎ 3322124, 68 Zi(62 mB/mD), (*C1*, **e**)

Crystal, ⟝, Jan.-Dez., 5 Pl. Maginot, ☎ 3354155, 38 Zi(23 mB/mD), (*C1*, **f**)

Résidence, ⟝, Jan.-Dez., 30 Bd. J. Jaurès, ☎ 3403356, Tx 850036, 24 Zi mB/mD, (*D1 a.P.*)

Stanislas, ⟝, Jan.-Dez., 22 Rue Ste-Catherine, ☎ 3372388, 16 Zi(10 mB/mD), (*B3 a.P.*)

J Jan.-Dez., Château de Remicourt, ☎ 3277367, (*D1 a.P.*)

△ **De Brabois**, ★★, Jan.-Dez., in Villers-les-Nancy, ☎ 3550888, (*D1 a.P.*)

NANTES ✉ 44000 ⌕ 40

i Pl. du Change, ☎ 470451, Tx 700629, (*B3*)

Sofitel, Jan.-Dez., Rue A. Millerand, ☎ 476103, Tx 710990, 100 Zi mB/mD, (*D5 a.P.*)

Frantel, Jan.-Dez., 3 Rue Dr. Zamenhof, ☎ 471058, Tx 711440, 150 Zi mB/mD, (*D5 a.P.*)

Astoria, ⟝, Jan.-Dez., 11 Rue Richebourg, ☎ 743990, 45 Zi(42 mB/mD), (*A5*, **a**)

De Bourgogne, ⟝, Jan.-Dez., 9 Allée Charcot, ☎ 740334, Tx 700610, 42 Zi mB/mD, (*B5*, **b**)

De France, Jan.-Dez., 24 Rue Crébillon, ☎ 735791, Tx 700633, 75 Zi mB/mD, (*C2*, **c**)

L'Hôtel, ⟝, Jan.-Dez., 6 Pl. Duchesse Anne, ☎ 293031, 31 Zi mB/mD, (*B5*, **k**)

La Lande, Jan.-Dez., in Haute-Goulaine, 8 km östl., ☎ 800080, 35 Zi mB/mD, (*C5 a.P.*)

Mapotel Central, Jan.-Dez., 4 Rue du Couédic, ☎ 200935, Tx 700666, 142 Zi(133 mB/mD), (*C3*, **d**)

Novotel, Jan.-Dez., in Carquefou, Allée des Sapins, 10,5 km östl., ☎ 493284, 98 Zi mB/mD, (*A4 a.P.*)

PLM Carquefou, Jan.-Dez., in Carquefou, Le Petit Bel Air, ☎ 492924, Tx 710962, 80 Zi mB/mD, (*A4 a.P.*)

Sup Hôtel, ⟝, Jan.-Dez., 9 Rue d'Alger, ☎ 737694, 43 Zi mB/mD, (*D1*, **e**)

Cholet, ⟝, Jan.-Dez., 10 Rue Gresset, ☎ 718347, 38 Zi(30 mB/mD), (*C2*, **f**)

Concorde, ⟝, Jan.-Dez., 2 Allée d'Orléans, ☎ 739328, 34 Zi(25 mB/mD), (*B3*, **g**)

Duquesne, ⟝, Jan.-Dez., 12 Allée Duquesne, ☎ 475724, 27 Zi mB/mD, (*A3*, **h**)

Grand Hôtel de Nantes, ⟝, Jan.-Dez., 2 Rue Santeuil, ☎ 734668, 43 Zi(39 mB/mD), (*C3*, **i**)

Les Trois Marchands, Jan.-Dez., 26 Rue A. Brossand, ☎ 476200, 64 Zi(62 mB/mD), (*A3*, **j**)

Maeva, ⟝, Jan.-Dez., 3 Rue du Marais, ☎ 896060, 27 Zi(19 mB/mD), (*B3*, **m**)

△ **Val du Cens**, ★★★★, Jan.-Dez., Bd. du Petit Bord, ☎ 744794, (*A4 a.P.*)

NEVERS ✉ 58000 ⌕ 86

i 31 Rue du Remparts, ☎ 590703

Magdalena, ⟝, Jan.-Dez., 2 km nördl. an der N7, ☎ 572141, 38 Zi mB/mD

Mapotel De Diana, ⟝, Jan.-Dez., 38 Rue du Midi, ☎ 572810, 30 Zi mB/mD

PLM Loire, Jan.-Dez., Quai de Médine, ☎ 615092, Tx 801112, 60 Zi mB/mD

Clèves, ⟝, Jan.-Dez., 8 Rue St-Didier, ☎ 611587, 15 Zi(12 mB/mD)

Molière, ⟝, Jan.-Dez., 25 Rue Molière, ☎ 572996, 18 Zi(15 mB/mD)

Terminus, Jan.-Dez., 59 Av. du Général de Gaulle, ☎ 570922, 25 Zi(16 mB/mD)

△ **Municipal**, ★★, Jan.-Dez., südl. an der N7, am Ufer der Loire, ☎ 575695

NUITS-ST-GEORGES ✉ 21700 ⌕ 80

i Rue Sonoys, ☎ 612247

La Gentilhommière, Jan.-Dez., La Serrée, ☎ 611206, 20 Zi mB/mD

Ibis, Jan.-Dez., Av. Chambolland, ☎ 611717, Tx 350954, 52 Zi mB/mD

OBEREHNHEIM (OBERNAI) ✉ 67210 ⌕ 88

i Chapelle du Beffroi, ☎ 956413

Hôtel du Parc, Jan.-Dez., 169 Rue du Général Gourand, ☎ 955008, Tx 870615, 49 Zi mB/mD

Le Grand Hôtel, Jan.-Dez., Rue Dietrich, ☎ 955128, 24 Zi mB/mD

Hostellerie La Diligence, Jan.-Dez., 23 Pl. Mairie, ☎ 955569, Tx 880133, 46 Zi mB/mD

△ **Municipal**, ★★, Jan.-Dez., westl. an der D426, ☎ 956131

OLIVET ✉ 45000 ⌕ 38

Auberge "Les 4 Saisons", Jan.-Dez., 351 Rue de la Reine Blanche, ☎ 661430, 10 Zi mB/mD

Frantel la Reine Blanche, Jan.-Dez., 635 Rue de la Reine Blanche, ☎ 664051, Tx 760926, 65 Zi mB/mD

Le Rivage, Jan.-Dez., 635 Rue de la Reine Blanche, ☎ 660293, Tx 760926, 21 Zi(17 mB/mD)

△ **Municipal,** ⋆⋆, Jan.-Dez., 2 km südöstl. an der D14, ☎ 635394

ORLÉANS ✉ 45000 ⌕ 38

- [i] Pl. Albert 1er, ☎ 530595, [Tx] 781188, (*A2*)
- **Sofitel,** Jan.-Dez., 44-46 Quai Barentin, ☎ 621739, [Tx] 780073, 110 Zi mB/mD, (*B1*, **a**)
- **Auberge de la Montespan,** Feb.-Dez., 2 km westl. an der RN152, ☎ 881207, 10 Zi(8 mB/mD), (*B1 a.P.*)
- **D'Orléans,** ⟞, Jan.-Dez., 6 Rue Adolfe Crespin, ☎ 533534, 18 Zi mB/mD, (*A2*, **c**)
- **Les Cedres,** ⟞, Jan.-Dez., 17 Rue Maréchal Foch, ☎ 622292, [Tx] 760912, 32 Zi(28 mB/mD), (*A1*, **b**)
- **Novotel,** Jan.-Dez., 2 Rue H. de Balzac, ☎ 630428, [Tx] 760219, 121 Zi mB/mD, (*C2 a.P.*)
- **Marguerite,** ⟞, Jan.-Dez., 14 Pl. du Vieux Marché, ☎ 537432, 25 Zi(15 mB/mD), (*B2*, **d**)
- **St-Jean,** ⟞, Jan.-Dez., 19 Porte St-Jean, ☎ 536332, 27 Zi(10 mB/mD), (*A1*, **e**)
- **St-Martin,** ⟞, Jan.-Dez., 52 Bd. A. Martin, ☎ 624747, 22 Zi(12 mB/mD), (*A2*, **f**)
- **J** Jan.-Dez., 14 Faubourg Madeleine, ☎ 624575, 50 Be., (*B1 a.P.*)
- △ **Gaston-Marchand,** ⋆⋆, Jan.-Dez., in St-Jean-de- la-Ruelle, 2 km westl., ☎ 883939, (*B2 a.P.*)

OUISTREHAM-RIVA-BELLA ✉ 14150 ⌕ 31

- [i] Jardins du Casino, ☎ 971863
- **Du Chalet,** ⟞, Jan.-Dez., in Riva-Bella, 74 Rue de la Mer, ☎ 971306, 25 Zi(20 mB/mD)
- **L'Univers,** Jan.-Dez., am Hafen, Pl. du Général de Gaulle, ☎ 971216, 28 Zi mB/mD
- △ **Le Port,** ⋆⋆, Jan.-Dez., beim Hafen, ☎ 871348
- △ **Les Pommiers,** ⋆⋆⋆, Jan.-Dez., 0,6 km südl. an der D514, ☎ 971266

PAIMPOL ✉ 22500 ⌕ 96

- [i] Pl. de la République, ☎ 208316
- **Château de Coatguelen,** Jan.-Dez., 11 km südöstl. an der Straße nach Lanvallon, ☎ 223124, 16 Zi mB/mD
- **De la Marne,** Jan.-Okt., 30 Rue de la Marne, ☎ 208216, 16 Zi(13 mB/mD)
- **Relais Brenner,** Feb.-Nov., Pont de Lezardrieux, 5 km westl. an der D786, ☎ 201105, [Tx] 740676, 32 Zi mB/mD

PARAY-LE-MONIAL ✉ 71600 ⌕ 85

- [i] Pl. de la Poste, ☎ 811092
- **Inter Hôtel Le Charollais,** Jan.-Dez., 5 km östl. an der N79, ☎ 810335, 20 Zi mB/mD
- **Aux Vendanges de Bourgogne,** Jan.-Dez., 5 Rue D. Papin, ☎ 811343, 14 Zi(13 mB/mD)
- **Terminus,** Jan.-Dez., 57 Av. de la Gare, ☎ 810880, 22 Zi(8 mB/mD)
- **Trois Pigeons,** Jan.-Dez., 2 Rue Dargaud, ☎ 810377, 33 Zi(22 mB/mD)
- △ **Municipal le Pré Barret,** ⋆⋆, Jan.-Dez., Bd. Dauphin-Louis, ☎ 810505

PERROS-GUIREC ✉ 22700 ⌕ 96

- [i] 21 Pl. de l'hôtel de Ville, ☎ 232115, [Tx] 740637
- **Grand Hôtel de Trestraou,** Jan.-Dez., Bd. Joseph le Bihan, ☎ 232405, 71 Zi(66 mB/mD)
- **Morgane,** ◪, Plage de Trestraou, ☎ 232280, 28 Zi mB/mD
- **Printania,** Jan.-Dez., 12 Rue des Bons Enfants, ☎ 232100, 40 Zi(35 mB/mD)
- **Bon Acceuil,** Jan.-Dez., 16 Rue de Landerval, ☎ 232411, 21 Zi(14 mB/mD)
- **Le Sphinx,** Jan.-Dez., 67 Chemin de la Messe, ☎ 232542, 11 Zi mB/mD
- **Les Sternes,** ⟞, Jan.-Dez., Rond-Point de Perros-Guirec, ☎ 910338, 20 Zi mB/mD
- **Port,** ⟞, Jan.-Dez., am Hafen, ☎ 232179, 12 Zi mB/mD
- △ **La Claire Fontaine,** ⋆⋆⋆, Jan.-Dez., ☎ 230355

PLOMBIÈRES-LES-BAINS ✉ 88370 ⌕ 29

- [i] Rue Stanislas, ☎ 660130
- **Beauséjour,** ⟞, Jan.-Dez., 26 Av. Louis Français, ☎ 660150, 38 Zi(29 mB/mD)
- **Grand Hôtel,** ◪, 2 Av. des États-Unis, ☎ 660003, 115 Zi(101 mB/mD)
- **Alsace,** Jan.-Dez., 34 Rue Liétard, ☎ 660005, 60 Zi(54 mB/mD)
- **Des Abbesses,** ◪, Pl. de l'Église, ☎ 660040, 44 Zi(20 mB/mD)
- **Modern,** Jan.-Dez., Av. Th. Gauthier, ☎ 660402, 32 Zi mB/mD
- △ **L'Hermitage,** ⋆⋆, Jan.-Dez., 2 km westl. an der D26, ☎ 670187
- △ **Municipal la Fraiteux,** ⋆⋆⋆, Jan.-Dez., in Ruaux, 4 km westl., ☎ 660071

PLOUGASTEL-DAOULAS ✉ 29213 ⌕ 98

- **Ibis Brest Point d'Armorique,** Jan.-Dez., Zac de Ty Menez, ☎ 405028, [Tx] 940731, 46 Zi mB/mD
- **Kastel Roc'h,** ⟞, Jan.-Dez., Roc'h Kérézen, ☎ 403200, 45 Zi mB/mD

POLIGNY ✉ 39800 ⌕ 84

- [i] Grande Rue, ☎ 372421
- **Hostellerie des Monts de Vaux,** Jan.-Okt., nach 4,5 km an der Straße nach Genf, ☎ 371250, 10 Zi mB/mD
- **Paris,** Feb.-Nov., 7 Rue Travot, ☎ 371387, 25 Zi(23 mB/mD)
- △ **Municipal,** ⋆, Jan.-Dez., 1 km westl. des Ortszentrums

PONT-AUDEMER ✉ 27500 ⌕ 32

- **Cloches de Corneville,** Jan.-Dez., in Corneville-sur-Risle, 6 km in Richtung Rouen, ☎ 570104, 12 Zi mB/mD

QUIBERON ✉ 56170 ⌕ 97

- [i] 7 Rue Verdun, ☎ 500784, [Tx] 950538
- **Sofitel Thalassa,** Jan.-Dez., Pointe de Goulvars, ☎ 502000, [Tx] 730712, 113 Zi mB/mD
- **Beau Rivage,** ◪, Rue de Port Maria, ☎ 500839, [Tx] 950538, 48 Zi(38 mB/mD)
- **Ker Noyal,** ◪, an der Straße nach St-Clément, ☎ 500841, 91 Zi(84 mB/mD)
- **Des Druides,** ◪, 6 Rue de Port Maria, ☎ 501474, 30 Zi(26 mB/mD)
- **Hoche,** Jan.-Dez., Pl. Hoche, ☎ 550773, 23 Zi(15 mB/mD)
- **J** **Les Filets Bleus,** Jan.-Dez., 45 Rue du Roch-Priol, ☎ 501554, 60 Be.
- △ **Beauséjour,** ⋆⋆, Jan.-Dez., St-Julien, 50 m vom Meer
- △ **Du Castero,** ⋆⋆, Jan.-Dez., Rue des Flots Bleus, ☎ 500226

△ **Les Joncs du Roc,** ★★★, Jan.-Dez., Rue de l'Aérodrome, 2 km südöstl., ☎ 502437

△ **Municipal du Bois d'Amour,** ★★, Jan.-Dez., Rue St-Clément, ☎ 501352

△ **Park er Lann,** ★★★, Jan.-Dez., 1,5 km südl. von St- Pierre Quiberon, ☎ 502493

QUIMPER ✉ 29000 ⌀ 98

[i] 3 Rue du Roi Gradlon, ☎ 950469

Griffon, Jan.-Dez., 131 Route de Bénodet, 3 km südl., ☎ 903333, [Tx] 940063, 50 Zi mB/mD

Novotel, Jan.-Dez., Rue de Bénodet-Kerdrèzac, ☎ 904626, [Tx] 941362, 92 Zi mB/mD

Dupleix, —, Jan.-Dez., 34 Bd. Dupleix, ☎ 905335, 29 Zi mB/mD

Gradlon, —, Jan.-Dez., 30 Rue de Brest, ☎ 950439, 25 Zi(18 mB/mD)

Ibis, Jan.-Dez., Rue G. Eiffel, 1,5 km östl. an der N165, ☎ 905380, [Tx] 940007, 43 Zi mB/mD

Ibis Le Bretania, Jan.-Dez., an der Straße nach Brest, ☎ 957764, 35 Zi mB/mD

Sapinière, —, Jan.-Dez., 4 km südl. an der Straße nach Bénodet, ☎ 903963, 40 Zi(19 mB/mD)

△ Jan.-Dez., 6 Av. des Oiseaux, Bois de l'Ancien Séminaire, ☎ 554167, 60 Be.

△ **Orangerie de Lanniron,** ★★★, Jan.-Dez., 3 km südl., ☎ 906202

QUIMPERLÉ ✉ 29130 ⌀ 98

[i] Pont Bourgneuf, ☎ 960432

Hermitage, 2 km südl. an der D49, ☎ 960466, 24 Zi mB/mD

REIMS ✉ 51100 ⌀ 26

[i] 3 Bd. de la Paix, ☎ 472569, [Tx] 830631, (*B3*)

Boyer „Les Crayères“, Jan.-Dez., 64 Bd. Vasnier, ☎ 828080, [Tx] 8300959, 16 Zi mB/mD, (*D3 a.P.*)

Frantel, Jan.-Dez., 31 Bd. Paul Doumer, ☎ 885354, [Tx] 830629, 125 Zi mB/mD, (*C1*, **a**)

De la Paix, Jan.-Dez., 9 Rue Buirette, ☎ 400408, [Tx] 830974, 99 Zi mB/mD, (*B1*, **b**)

Mercure Reims Est, Jan.-Dez., an der Straße nach Châlons, „Les Essilards“, ☎ 050008, [Tx] 830782, 98 Zi mB/mD, (*D3 a.P.*)

Novotel, Jan.-Dez., in Tinqueux, an der A4, ☎ 081161, [Tx] 830034, 125 Zi mB/mD, (*B1 a.P.*)

Bristol, —, Jan.-Dez., 76 Pl. Drouet-d'Erlon, ☎ 405225, 39 Zi mB/mD, (*B1*, **c**)

Campanile, Jan.-Dez., Av. G. Pompidou, Val de Murigny, ☎ 366694, 41 Zi mB/mD, (*D2 a.P.*)

Continental, —, Jan.-Dez., 83 Pl. Drouet-d'Erlon, ☎ 403935, [Tx] 830585, 60 Zi mB/mD, (*B1*, **f**)

Crystal, —, Jan.-Dez., 86 Pl. Drouet-d'Erlon, ☎ 475988, 28 Zi(12 mB/mD), (*A1*, **d**)

Du Nord, —, Jan.-Dez., 75 Pl. Drouet-d'Erlon, ☎ 473903, 50 Zi mB/mD, (*B1*, **e**)

J **Centre International de Séjour,** Jan.-Dez., Parc Léo-Lagrange, ☎ 405260, 60 Be., (*C1*)

△ **Airotel de Champagne,** ★★★, Jan.-Dez., 3 km südöstl. an der N44, ☎ 854122, (*D3 a.P.*)

REMIREMONT ✉ 88200 ⌀ 29

Chanoinesses, Jan.-Dez., 16 Faubourg du Val d'Ajol, ☎ 622746, [Tx] 960573, 16 Zi mB/mD

RENNES ✉ 35000 ⌀ 99

[i] Pont de Nemours, ☎ 790198, [Tx] 741218, (*B2*)

Frantel, Jan.-Dez., Pl. du Colombier, ☎ 315454, [Tx] 730905, 140 Zi mB/mD, (*C2*, **a**)

Anne de Bretagne, —, Jan.-Dez., 12 Rue Troncolly, ☎ 314949, 42 Zi mB/mD, (*C2*, **d**)

Duguesclin, Jan.-Dez., 5 Pl. de la Gare, ☎ 314747, [Tx] 740748, 66 Zi mB/mD, (*C3*, **b**)

Novotel Rennes Alma, Jan.-Dez., 1416 Av. du Canada, ☎ 506131, [Tx] 740144, 99 Zi mB/mD, (*C1-2 a.P.*)

Président, —, Jan.-Dez., 27 Av. Janvier, ☎ 654222, [Tx] 730004, 34 Zi mB/mD, (*C3*, **c**)

Angelina, —, Jan.-Dez., 1 Quai Lamennais, ☎ 792966, 25 Zi(19 mB/mD), (*B2*, **c**)

Astrid, —, Jan.-Dez., 32 Av. Louis-Barthou, ☎ 308238, 30 Zi(19 mB/mD), (*C3*, **g**)

Aux Voyageurs, —, Jan.-Dez., 28 Av. Janvier, ☎ 317333, 32 Zi(25 mB/mD), (*C3*, **f**)

Garden, —, Jan.-Dez., 3 Rue Duhamel, ☎ 654506, 22 Zi(8 mB/mD), (*B3*, **i**)

Germinal, Jan.-Dez., 9 Cours de la Vilaine, in Cessogne-Sevigné, ☎ 831101, 20 Zi mB/mD, (*A3 a.P.*)

Ibis, Jan.-Dez., in Cessogne-Sevigné, an der N157, La Perrière, ☎ 839393, [Tx] 740321, 76 Zi mB/mD, (*A3 a.P.*)

Voltaire, —, Jan.-Dez., 10 Rue Guébriant, ☎ 673333, 32 Zi mB/mD, (*B1 a.P.*)

J Jan.-Dez., 40 Rue Montaigne, ☎ 505267, 86 Be., (*A3 a.P.*)

△ **Les Gayeulles,** ★★, Jan.-Dez., nordöstl. an der N12, ☎ 369122, (*A3 a.P.*)

RIBEAUVILLÉ ✉ 68150 ⌀ 89

[i] Grand-Rue, ☎ 736222

Clos Saint-Vincent, ◪, an der Straße nach Bergheim, ☎ 736765, 11 Zi mB/mD

Pepinière, Jan.-Dez., an der Straße nach Ste-Marie-aux-Mines, ☎ 736414, 18 Zi mB/mD

Tour, —, Jan.-Dez., 1 Rue Mairie, ☎ 737273, 32 Zi mB/mD

RIQUEWIHR ✉ 68340 ⌀ 89

[i] Rue du Général de Gaulle, ☎ 478080

Riquewihr, Jan.-Dez., an der Straße nach Ribeauvillé, ☎ 478314, 49 Zi mB/mD

Au Riesling, Jan.-Dez., in Zellenberg, nach 1 km östl. an der D18, ☎ 478585, 36 Zi mB/mD

△ **Riquewihr Camping,** ★★★★, Jan.-Dez., 2 km östl. an der D18, ☎ 479008

ROMORANTIN-LANTHENAY ✉ 41200 ⌀ 54

[i] Pl. de la Paix, ☎ 764389

Du Lion d'Or, Jan.-Dez., 69 Rue G. Clemenceau, ☎ 760028, [Tx] 750990, 10 Zi mB/mD

Auberge du Lanthenay, Jan.-Dez., in Lanthenay, Pl. de l'Église, 2,5 km nördl., ☎ 760919, 14 Zi mB/mD

△ **S.I. Le Tournefeuille,** ★★★, Jan.-Dez., östl. an der D724, ☎ 761660

ROSCOFF ✉ 29211 ⌀ 98

[i] Rue Gambetta, ☎ 697070

Gulf Stream, ◪, in Roskogoz, Marquise de Kergariau, ☎ 697319, 32 Zi mB/mD

Régina, —, 1 Rue Ropartz Morvan, ☎ 612355, 50 Zi mB/mD

Bellevue, ◪, Rue J. d'Arc, ☎ 612338, 23 Zi(20 mB/mD)

Le Triton, Feb.-Nov., Rue du Dr. Bagot, ☎ 612444, 45 Zi(31 mB/mD)

△ **Municipal de Perharidy,** ★★, Jan.-Dez., 2,5 km westl., ☎ 697086

ROUEN ⊠ 76000 ⌕ 35

- i 25 Pl. de la Cathédrale, ☎ 714177, Tx 770940, (*C2*)
- **Frantel,** Jan.-Dez., Rue Croix de Fer, ☎ 980698, Tx 180949, 125 Zi mB/mD, (*B-C2*, **a**)
- **De Dieppe,** Jan.-Dez., Pl. Bernard Tissot, ☎ 719600, Tx 180413, 44 Zi mB/mD, (*A2*, **b**)
- **Novotel,** Jan.-Dez., 6 km südöstl. an der N138, ☎ 665850, Tx 180215, 133 Zi mB/mD, (*D1 a.P.*)
- **Soretel,** Jan.-Dez., in Grand Quevilly, 5,5 km südöstl., Av. Provinces, ☎ 696350, Tx 180743, 45 Zi mB/mD, (*D1 a.P.*)
- **Atlas,** Jan.-Dez., in Montigny, nach 8 km an der D982 nach Lillebonne, ☎ 360597, 22 Zi mB/mD, (*B1 a.P.*)
- **Campanile,** Jan.-Dez., in Cléon, 15 km südwestl., Rue de l'Église, ☎ 813800, Tx 172691, 42 Zi mB/mD, (*D1 a.P.*)
- **De la Vieille Tour,** ⟞, Jan.-Dez., 42 Pl. Haute Vieille Tour, ☎ 700327, 23 Zi(16 mB/mD), (*C3*, **d**)
- **De Paris,** ⟞, Jan.-Dez., 12 Rue Champmeslé, ☎ 700926, 22 Zi(13 mB/mD), (*C2*, **c**)
- **Grand Hôtel du Nord,** ⟞, Jan.-Dez., 91 Rue du Gros-Horloge, ☎ 704141, 62 Zi mB/mD, (*B-C2*, **e**)
- **Québec,** ⟞, Jan.-Dez., 18-24 Rue de Québec, ☎ 700938, 38 Zi(31 mB/mD), (*C3*, **f**)
- J Jan.-Dez., 17 Rue Diderot, ☎ 720645, 120 Be., (*D2 a.P.*)

ROUFFACH ⊠ 68150 ⌕ 89

- **Château d'Isenbourg,** ◪, ☎ 496353, Tx 496353, 32 Zi mB/mD
- **Campanile,** Jan.-Dez., an der N83, ☎ 496632, 32 Zi mB/mD
- **De la Ville de Lyon,** ⟞, Jan.-Dez., 1 Rue Poincaré, ☎ 496551, 30 Zi mB/mD

SAULIEU ⊠ 21210 ⌕ 80

- **De la Côte d'Or,** Jan.-Dez., 2 Rue d'Argentine, ☎ 640766, Tx 350778, 17 Zi mB/mD
- **De la Poste,** ⟞, Jan.-Dez., 1 Rue Grillot, ☎ 640567, Tx 350540, 48 Zi(42 mB/mD)
- △ **Municipal le Perron,** ★★, Jan.-Dez., 1 km nordwestl. an der N6, ☎ 641619

SAUMUR ⊠ 49400 ⌕ 41

- i 25 Rue Beaurepaire, ☎ 510306
- **Anne d'Anjou,** ⟞, Jan.-Dez., 32 Quai Mayaud, ☎ 673030, 38 Zi mB/mD
- **Campanile,** Jan.-Dez., in Bagneux, 1,5 km südwestl. an der N147, ☎ 501440, Tx 720183, 34 Zi mB/mD
- **Hôtel Des Londres,** ⟞, Dez.-Okt., 48 Rue d'Orléans, ☎ 512398, 26 Zi(14 mB/mD)
- **Roi René,** Jan.-Dez., 94 Av. Général de Gaulle, ☎ 674530, 28 Zi mB/mD
- J **Ile d'Offard,** Jan.-Dez., ☎ 504500, 95 Be.

SEMUR-EN-AUXOIS ⊠ 21140 ⌕ 80

- i Pl. Gaveau, ☎ 970596
- **Du Lac,** Jan.-Dez., beim Lac de Pont, 3 km südöstl. an der D103B, ☎ 971111, 23 Zi(17 mB/mD)
- △ **Municipal du Lac de Pont,** ★★★, Jan.-Dez., 3 km südöstl. an der D103F, ☎ 970126

SENS ⊠ 89100 ⌕ 86

- i Pl. Jean Jaurès, ☎ 651949, Tx 800306
- **De Paris et de la Poste,** Jan.-Dez., 97 Rue de la République, ☎ 651743, Tx 801831, 30 Zi(28 mB/mD)
- **De la Résidence,** ⟞, Jan.-Dez., 10 Rue René Binet, ☎ 656789, 33 Zi(26 mB/mD)
- **Parc,** ⟞, Jan.-Dez., 9 Cours Tarbé, ☎ 642699, 21 Zi(16 mB/mD)
- △ **Municipal d'Entre Deux Vannes,** ★, Jan.-Dez., südl. an der N6, ☎ 665471

ST-AMAND-MONTROND ⊠ 18200 ⌕ 48

- i Pl. de la République, ☎ 961686
- **Croix d'Or,** Jan.-Dez., 28 Rue 14 Juillet, ☎ 960941, 15 Zi mB/mD
- △ **La Roche,** ★★, Jan.-Dez., Chemin de la Roche, ☎ 608831

ST-BRIEUC ⊠ 22000 ⌕ 96

- i Rue St-Gouéno, ☎ 333250
- **Alexandre 1er,** ⟞, Jan.-Dez., 19 Pl. Duguesclin, ☎ 337945, 43 Zi mB/mD
- **Le Griffon,** Jan.-Dez., 3,5 km westl. an der N12, Rue Guernesey, ☎ 945762, 45 Zi mB/mD
- **Pomme d'Or,** Jan.-Dez., Rue Pascal, 3,5 km östl., ☎ 611210, 46 Zi mB/mD
- **Au Pignon Pointu,** ⟞, Jan.-Dez., 16 Rue J.J. Rousseau, ☎ 330239, 17 Zi(11 mB/mD)
- **Chêne Vert,** Jan.-Dez., in Piérin, 3 km nördl., ☎ 746320, 52 Zi mB/mD
- J **Ty Coat,** Jan.-Dez., Rue Alphon Daudet, 70 Be
- △ **Municipal,** ★★, Jan.-Dez., Rue Pierre-de-Coubertin, ☎ 612933

ST-CAST-LE-GUILDO ⊠ 22380 ⌕ 96

- i Pl. Général de Gaulle, ☎ 418152
- **Ar-Vro,** ◪, 10 Bd. de la Plage, ☎ 418501, 47 Zi(42 mB/mD)
- **Des Dunes,** ◪, Rue Primauguet, ☎ 418031, 27 Zi(25 mB/mD)
- **Espérance,** ◪, 5 Bd. du Ponchel, ☎ 418113, 26 Zi(24 mB/mD)

ST-CLAUDE ⊠ 39200 ⌕ 84

- i 1 Av. Belfort, ☎ 453424
- **Du Jura,** ⟞, Jan.-Dez., 40 Av. de la Gare, ☎ 452404, 23 Zi mB/mD
- **Joly,** Feb.-Okt., 3 km südl. an der D290, Le Martinet, ☎ 451236, 16 Zi(14 mB/mD)
- **St-Hubert,** ⟞, Jan.-Dez., 3 Pl. St-Hubert, ☎ 451070, 30 Zi mB/mD
- △ **Municipal du Martinet,** ★★★, Jan.-Dez., 2,5 km südöstl., ☎ 450040

ST-DIZIER ⊠ 52100 ⌕ 25

- i Pavillon du Jard, ☎ 053184
- **Gambetta,** Jan.-Dez., 62 Rue Gambetta, ☎ 052210, 33 Zi mB/mD
- **Soleil d'Or,** Jan.-Dez., 2 km nördl., 64 Rue Gambetta, ☎ 056822, Tx 840946, 60 Zi mB/mD
- J **Ancien Collège des Ajouts,** Jan.-Dez., Rue des Capucins, 60 Be.

ST-HIPPOLYTE ⊠ 68590 ⌕ 89

- **Munsch "Aux Ducs de Lorraine",** Jan.-Dez., 16 Route du Vin, ☎ 730009, 40 Zi(30 mB/mD)

A la Vignette, Jan.-Nov., 66 Route du Vin, ☎ 730017, 16 Zi(13 mB/mD)

ST-LÔ ✉ 50000 ✆ 33

i 2 Rue Havin, ☎ 050209

Armoric, —, Jan.-Dez., 15 Rue de la Marne, ☎ 571747, 21 Zi(7 mB/mD)

Grand Hôtel de l'Univers, Jan.-Dez., 1 Av. Briovère, ☎ 051084, 24 Zi(6 mB/mD)

Le Marignan, Jan.-Dez., Pl. de la Gare, ☎ 051515, 18 Zi(12 mB/mD)

Terminus, Jan.-Dez., 3 Av. Briovère, ☎ 050860, 15 Zi(13 mB/mD)

△ **Municipal,** ★, Jan.-Dez., 1,5 km östl. an der Straße nach Bayeux

ST-MALO ✉ 35400 ✆ 99

i Ports des Yachts, ☎ 566448

Central, Jan.-Dez., Grande-Rue, ☎ 408770, 47 Zi(44 mB/mD)

Duguesclin, —, Jan.-Dez., Pl. Duguesclin, ☎ 560130, 22 Zi mB/mD

Elizabeth, —, Jan.-Dez., 2 Rue des Cordiers, ☎ 562498, Tx 730800, 17 Zi mB/mD

Alba Hôtel, —, Jan.-Dez., 17 Rue des Dunes, ☎ 560718, 24 Zi(22 mB/mD)

De la Digue, —, 49 Chaussée du Sillon, ☎ 560926, Tx 740802, 53 Zi(50 mB/mD)

France et Châteaubriand, ◪, Pl. Châteaubriand, ☎ 566652, 85 Zi(69 mB/mD)

Univers, Jan.-Dez., Pl. Châteaubriand, ☎ 408952, Tx 740802, 76 Zi(50 mB/mD)

J Jan.-Dez., 37 Av. du Père Umbricht, ☎ 561552, 210 Be.

△ **Le Grand Domaine,** ★★, Jan.-Dez., in Saint-Servan, ☎ 813592

△ **Le Nicet,** ★★★, Jan.-Dez., in Paramé, ☎ 402632

△ **Le Petit Bois,** ★★, Jan.-Dez., in St.Douan-des-Guérets, ☎ 814836

ST-NAZAIRE ✉ 44600 ✆ 40

i Pl. François-Blancho, ☎ 224065

Du Berry, Jan.-Dez., 1 Pl. de la Gare, ☎ 224261, Tx 700952, 27 Zi mB/mD

Bretagne, —, Jan.-Dez., 7 Av. de la République, ☎ 665566, 32 Zi(17 mB/mD)

Europe, —, Jan.-Dez., 2 Pl. des Martyrs-de-la-Résistance, ☎ 224987, 39 Zi(29 mB/mD)

Parc, —, Jan.-Dez., 27 Rue Côte d'Amour, ☎ 705674, 32 Zi mB/mD

△ **Camp de l'Ève,** ★★★, Jan.-Dez., Plage de la Courance, ☎ 459265

△ **Plage des Jaunais,** ★★, Jan.-Dez., 2 km westl., ☎ 459260

ST-OMER ✉ 62500 ✆ 21

i im Rathaus, ☎ 984088

Hostellerie Château du Vert Mesnil, Jan.-Dez., in Tilques, 5 km östl. an der N43, ☎ 982899, Tx 133360, 40 Zi mB/mD

Ibis, Jan.-Dez., 2 Rue H. Dupuis, ☎ 931111, Tx 135206, 43 Zi mB/mD

Le Bretagne, Jan.-Dez., 2 Pl. du Vainquai, ☎ 382578, 31 Zi(29 mB/mD)

St-Louis, —, Jan.-Dez., 25-27 Rue d'Arras, ☎ 385521, 20 Zi mB/mD

△ **Le Clair Marais,** ★★, Jan.-Dez., in Clairmarais, 4,5 km nordöstl., ☎ 383480

ST-PIERRE DES CORPS ✉ 37000 ✆ 47

Dancotel, Jan.-Dez., 10 Rue J. Moulin, ☎ 444467, 32 Zi mB/mD

ST-QUENTIN ✉ 02100 ✆ 23

i im Rathaus, ☎ 670500

Grand Hôtel Président, Jan.-Dez., 6 Rue Dachery, ☎ 626977, Tx 140225, 41 Zi mB/mD

De la Paix et Albert 1er, Jan.-Dez., 3 Pl. du Huit Octobre, ☎ 627762, Tx 140225, 82 Zi(64 mB/mD)

France et Angleterre, —, Jan.-Dez., 28 Rue É. Zola, ☎ 621310, 28 Zi(23 mB/mD)

△ **Municipal,** ★★, Jan.-Dez., Bd. Jean-Bouin, ☎ 626866

STRASSBURG (STRASBOURG) ✉ 67000 ✆ 88

i 10 Pl. Gutenberg, ☎ 325707, (*D3*)

Hilton, Jan.-Dez., Av. Herrenschmidt, ☎ 371010, Tx 890363, 253 Zi mB/mD, (*A4*, **q**)

Sofitel, Jan.-Dez., 4 Pl. St-Pierre-le-Jeune, ☎ 329930, Tx 870894, 180 Zi mB/mD, (*C2*, **a**)

Terminus Gruber, Jan.-Dez., 10 Pl. de la Gare, ☎ 328700, Tx 870998, 78 Zi(70 mB/mD), (*C1*, **b**)

France, —, Jan.-Dez., 20 Rue du Jeu-des-Enfants, ☎ 323712, Tx 890084, 66 Zi mB/mD, (*C2*, **c**)

Grand Hôtel, —, Jan.-Dez., 12 Pl. de la Gare, ☎ 324690, Tx 870011, 90 Zi mB/mD, (*C1*, **d**)

Holiday Inn, Jan.-Dez., 20 Pl. Bordeaux, ☎ 357070, Tx 890515, 170 Zi mB/mD, (*A4*, **t**)

Mercure, Jan.-Dez., Rue du 23 Novembre, 8 km südwestl., ☎ 660300, Tx 890277, 95 Zi mB/mD, (*D1 a.P.*)

Novotel Strasbourg Centre Halles, Jan.-Dez., Quai Klèber, ☎ 221099, Tx 880700, 97 Zi mB/mD, (*C2*, **e**)

Bristol, Jan.-Dez., 4 Pl. de la Gare, ☎ 320083, Tx 890317, 40 Zi mB/mD, (*C1*, **f**)

Des Rohan, —, Jan.-Dez., 17 Rue Maroquin, ☎ 328511, 36 Zi mB/mD, (*D3*, **r**)

Hannong, —, Jan.-Dez., 15 Rue du 22 Novembre, ☎ 321622, Tx 890551, 70 Zi mB/mD, (*C2*, **g**)

Monopol Métropol, —, Jan.-Dez., 15 Rue Kuhn, ☎ 321194, Tx 890336, 104 Zi(75 mB/mD)

Villa d'Est, —, Jan.-Dez., 12 Rue Jacques Kablé, ☎ 366902, Tx 890020, 31 Zi mB/mD, (*A2*, **i**)

Arcade, Jan.-Dez., 7 Rue de Molsheim, ☎ 223000, Tx 880147, 143 Zi mB/mD, (*D1 a.P.*)

Astoria, —, Jan.-Dez., 70 Rue Rosheim, ☎ 321722, 28 Zi(16 mB/mD), (*D1 a.P.*)

Continental, —, Jan.-Dez., 14 Rue Maire Kuss, ☎ 222807, Tx 880881, 48 Zi mB/mD, (*C1*, **s**)

Europe, —, Jan.-Dez., 38 Rue Fosse des Tanneurs, ☎ 321788, Tx 890673, 60 Zi(45 mB/mD), (*C2*, **k**)

Gutenberg, —, Jan.-Dez., 31 Rue des Serruriers, ☎ 321715, 50 Zi(30 mB/mD), (*D2*, **l**)

Ibis, Jan.-Dez., 1 Rue Sébastopole, ☎ 221449, Tx 880399, 97 Zi mB/mD, (*C2*, **m**)

La Dauphine, —, Jan.-Dez., 30 Rue 1ere Armée, ☎ 362661, Tx 880776, 45 Zi mB/mD, (*D3 a.P.*)

Lutetia, —, Jan.-Dez., 2 Rue Général Rapp, ☎ 352045, 40 Zi(30 mB/mD), (*B3*, **n**)

National, Jan.-Dez., 13 Pl. de la Gare, ☎ 323509, 87 Zi(68 mB/mD), (*C1*, **o**)

Vendôme, —, Jan.-Dez., 9 Pl. de la Gare, ☎ 324523, 48 Zi(44 mB/mD), (*C1*, **p**)

J Jan.-Dez., 9 Rue de l'Auberge de Jeunesse, ☎ 302646, 235 Be., (*D3 a.P.*)

△ **Plage Baggersee,** ★★★, Jan.-Dez., an der Straße nach Colmar, ☎ 390340, (*D3 a.P.*)

SULLY-SUR-LOIRE ✉ 45600 ✆ 38

i Pl. du Général de Gaulle, ☎ 363221

- **Du Pont de Sologne,** Jan.-Dez., 21 Rue Porte de Sologne, ☎ 362634, 24 Zi(9 mB/mD)
- **Hostellerie du Grand Sully,** Jan.-Dez., 10 Bd. du Champs de Foire, ☎ 362756, 11 Zi(9 mB/mD)

THIONVILLE ✉ 57100 ⌀ 8

- ℹ 16 Rue du Vieux-Collège, ☎ 2533318
- **Horizon,** ◪, 50 Rue du Crève-Coeur, ☎ 2885365, 12 Zi mB/mD
- **Aux Portes de France,** Jan.-Dez., Pl. Général Patton, ☎ 2533001, 22 Zi(12 mB/mD)
- **Beffroi,** ⟞, Jan.-Dez., 2 Rue du Mersch, ☎ 2533130, 24 Zi(18 mB/mD)
- **Du Parc,** ⟞, Jan.-Dez., 10 Pl. de la République, ☎ 2537180, 42 Zi(33 mB/mD)

TOURNUS ✉ 71700 ⌀ 85

- ℹ Rue Albert Thibaudet, ☎ 511310
- **Le Rempart,** Jan.-Dez., 2 Av. Gambetta, ☎ 511056, 30 Zi mB/mD
- **Mapotel le Sauvage,** Jan.-Dez., Pl. du Champs de Mars, ☎ 511445, Tx 800726, 30 Zi(25 mB/mD)
- **Paix,** Jan.-Dez., 9 Rue Jean Jaurès, ☎ 510185, 19 Zi(16 mB/mD)
- △ **Municipal le Pas Fleury,** ★★, Jan.-Dez., südl. nahe der Saône, ☎ 511658
- **Le Clos Mouron,** ★★★★★, Jan.-Dez., 0,5 km nördl. an der N6, ☎ 512386, 20 Zi mB/mD

TOURS ✉ 37000 ⌀ 47

- ℹ Pl. Marechal Léclerc, ☎ 055808, Tx 750008, (*C3*)
- **Méridien,** Jan.-Dez., 292 Av. de Grammont, ☎ 280080, Tx 750414, 125 Zi mB/mD, (*D3 a.P.*)
- **Bordeaux,** Jan.-Dez., 3 Pl. Maréchal Leclerc, ☎ 054032, Tx 750008, 53 Zi mB/mD, (*C3*, **a**)
- **Central,** ⟞, Jan.-Dez., 21 Rue Berthelot, ☎ 054644, Tx 750414, 42 Zi(31 mB/mD), (*D2*, **b**)
- **De France,** ⟞, Jan.-Dez., 38-40 Rue de Bordeaux, ☎ 053532, Tx 750806, 36 Zi mB/mD, (*C3*, **c**)
- **De L'Univers,** Jan.-Dez., 3 Bd. Heurteloup, ☎ 053712, Tx 750806, 93 Zi(90 mB/mD), (*C3*, **d**)
- **Novotel,** Jan.-Dez., an der N10 in Richtung Poitiers, ☎ 274138, Tx 751206, 125 Zi mB/mD, (*D1 a.P.*)
- **Royal,** ⟞, Jan.-Dez., 65 Av. Grammont, ☎ 647178, Tx 750289, 32 Zi mB/mD, (*D3*, **f**)
- **Criden,** ⟞, Jan.-Dez., 65 Bd. Heurteloup, ☎ 208114, 32 Zi mB/mD, (*C3 a.P.*)
- **D'Armor,** ⟞, Jan.-Dez., 26 bis Bd. Heurteloup, ☎ 052960, Tx 750008, 50 Zi(33 mB/mD), (*C3*, **g**)
- **De l'Europe,** ⟞, Jan.-Dez., 12 Pl. Maréchal Léclerc, ☎ 054207, 50 Zi(16 mB/mD), (*C3*, **i**)
- **Des Châteaux de la Loire,** ⟞, Jan.-Dez., 12 Rue Gambetta, ☎ 051005, 30 Zi(24 mB/mD), (*C2*, **h**)
- **Gambetta,** ⟞, Jan.-Dez., 7 Rue Gambetta, ☎ 050835, 39 Zi(36 mB/mD), (*C2*, **j**)
- **Ibis Tours Nord,** Jan.-Dez., La Petite Arche, Av. Maginot, ☎ 543220, Tx 751592, 49 Zi mB/mD, (*A2 a.P.*)
- **Italia,** ⟞, Jan.-Dez., 19 Rue Devilde, ☎ 544301, 20 Zi(10 mB/mD), (*A2 a.P.*)
- J Jan.-Dez., Parc de Grandmont, ☎ 281587, 120 Zi mB/mD, (*D3 a.P.*)
- △ **Les Rives du Cher,** ★★★, Jan.-Dez., in St-Avertin, 5 km südöstl., ☎ 272760, (*D3 a.P.*)

TRÉBEURDEN ✉ 22560 ⌀ 96

- ℹ Pl. Crech'Héry, ☎ 235164
- **Manoir de Lan-Kerrelec,** ⟞, Allée Centrale, ☎ 235009, 11 Zi mB/mD
- **Ti Al Lannec,** ◪, Allée de Mezo Guen, ☎ 235726, 24 Zi mB/mD
- **Family,** ◪, Rue des Plages, ☎ 235031, 25 Zi(19 mB/mD)
- △ **Armor-Loisirs,** ★★★★, Jan.-Dez., 0,5 km südl., ☎ 235164

TRÉGASTEL-PLAGE ✉ 22730 ⌀ 96

- ℹ Pl. Ste-Anne, ☎ 238867
- **Armoric,** ◪, Plage du Coz-Pors, ☎ 238816, 60 Zi(48 mB/mD)
- **Belle Vue,** ◪, Rue des Calculots, ☎ 238818, 33 Zi(32 mB/mD)
- **La Grève Blanche,** Feb.-Okt., ☎ 238827, 28 Zi(15 mB/mD)
- **Mer et de la Plage,** ◪, Plage du Coz-Pors, ☎ 238803, 40 Zi(24 mB/mD)
- △ **Le Golven,** ★★★, Jan.-Dez., 1,5 km südl. an der Straße nach Trébeurden, ☎ 238777

TRÉGUIER ✉ 22220 ⌀ 96

- ℹ im Rathaus, ☎ 923019
- **Kastell Dinec'h,** ◪, 2 km südwestl., ☎ 524939, 15 Zi mB/mD
- **Ker Bugalic,** Jan.-Dez., Trestel, ☎ 237215, 18 Zi mB/mD
- **Trestel Bellevue,** ◪, an Der Straße nach Tristel, ☎ 237144, 14 Zi(10 mB/mD)
- △ **Le Mat,** ★★★★, Jan.-Dez., in Trestel, ☎ 237152

TROUVILLE ✉ 14360 ⌀ 31

- ℹ Rue Maréchal Foch, ☎ 883619
- **Les Sablettes,** ⟞, Jan.-Dez., 15 Rue P. Besson, ☎ 881066, 17 Zi(12 mB/mD)
- **Reynita,** ⟞, Jan.-Dez., 29 Rue Carnot, ☎ 881513, 24 Zi(19 mB/mD)

TROYES ✉ 10000 ⌀ 25

- ℹ 16 Bd. Carnot, ☎ 730036, Tx 840216, (*B1*)
- **Grand Hôtel,** Jan.-Dez., 4 Av. Maréchal Joffre, ☎ 799090, Tx 840582, 100 Zi mB/mD, (*B1*, **a**)
- **Novotel,** Jan.-Dez., in Barberey-St-Sulpice, 5 km nördl., ☎ 745995, Tx 840759, 84 Zi mB/mD, (*A1 a.P.*)
- **Poste,** Jan.-Dez., 35 Av. Émile Zola, ☎ 431302, 34 Zi(25 mB/mD), (*B2*, **b**)
- **Royal,** Jan.-Dez., 22 Bd. Carnot, ☎ 731999, 37 Zi(31 mB/mD), (*B1*, **c**)
- **Campanile,** Jan.-Dez., in Buchères, an der N71 nach Dijon, ☎ 496767, 38 Zi mB/mD
- **Chantereigne,** ⟞, Jan.-Dez., in Ste-Savine, 3 km westl. an der N60, ☎ 748935, Tx 841096, 30 Zi mB/mD
- **De France,** Jan.-Dez., 18 Quai Dampierre, ☎ 731195, 60 Zi(44 mB/mD), (*A-B2*, **d**)
- **Motel Savinien,** Jan.-Dez., in Ste-Savine, 87 Rue La Fontaine, ☎ 792490, 90 Zi mB/mD
- **Thiers,** ⟞, Jan.-Dez., 59 Av. du Général de Gaulle, ☎ 734066, 30 Zi(23 mB/mD), (*D1*, **e**)
- J **Hameau de Viélaines,** Jan.-Dez., in Troyes-Rosières, 2 Rue Jules Ferray, ☎ 820065, 50 Be., (*C2 a.P.*)

VALENCIENNES ✉ 59300 ⌕ 27

- [i] 1 Rue Askièvre, ☎ 462299
- **Grand Hôtel,** Jan.-Dez., 8 Pl. de la Gare, ☎ 463201, [Tx] 110701, 96 Zi mB/mD
- **Novotel,** Jan.-Dez., 5 km südwestl. an der N30, ☎ 442080, [Tx] 120970, 76 Zi mB/mD
- **Bristol,** ⟞, Jan.-Dez., 2 Av. de Lattre-de-Tassigny, ☎ 465888, 20 Zi(14 mB/mD)
- **Ibis,** Jan.-Dez., bei der Abfahrt der A2, ☎ 442986, [Tx] 160737, 60 Zi mB/mD
- **Modern Hôtel,** ⟞, Jan.-Dez., 92 Rue de Lille, ☎ 462070, 31 Zi(21 mB/mD)
- **Notre-Dame,** ⟞, Jan.-Dez., 1 Pl. Thellier-de-Poncheville, ☎ 463000, 40 Zi(28 mB/mD)

VANNES ✉ 56000 ⌕ 97

- [i] 29 Rue Thiers, ☎ 472434
- **Manche Océan,** ⟞, Jan.-Dez., 31 Rue du Lieut Col Maury, ☎ 472646, 42 Zi(36 mB/mD)
- **Marébaudière,** Jan.-Dez., 4 Rue A. Briand, ☎ 473429, 40 Zi(38 mB/mD)
- **Anne de Bretagne,** ⟞, Jan.-Dez., 42 Rue Olivier de Clisson, ☎ 542219, 20 Zi mB/mD
- **Ibis,** Jan.-Dez., Rue Émile Jourdan, ☎ 636111, [Tx] 950521, 59 Zi mB/mD
- **Image Ste-Anne,** Jan.-Dez., 8 Pl. de la Libération, ☎ 632736, [Tx] 950352, 30 Zi(26 mB/mD)
- **Moulin de Lesnuhé,** ⟞, Jan.-Dez., 5 km nordöstl. an der D126, ☎ 607777, 10 Zi mB/mD
- △ **Municipal,** ★★★, Jan.-Dez., 3,5 km südl., ☎ 631888

VENDÔME ✉ 41100 ⌕ 54

- [i] Pl. St-Martin, ☎ 770507
- **Saint-Georges,** Jan.-Dez., Rue Poterie, ☎ 772542, 34 Zi(29 mB/mD)
- **Vendôme,** Jan.-Dez., 15 Faubourg Chartrain, ☎ 770288, [Tx] 750383, 35 Zi mB/mD
- △ **Municipal les Grands Prés,** ★★★, Jan.-Dez., Rue Geoffroy-Martel, ☎ 770727

VERDUN ✉ 55100 ⌕ 29

- [i] Pl. de la Nation, ☎ 841885, [Tx] 860464
- **Bellevue,** ◪, Rond Point de Lattre-de-Tassigny, ☎ 843941, [Tx] 860464, 72 Zi(46 mB/mD)
- **Coq Hardi,** Jan.-Dez., 8 Av. de la Victoire, ☎ 860068, [Tx] 860464, 42 Zi(28 mB/mD)
- **Montaulbain,** ⟞, Jan.-Dez., 4 Rue Vieille-Prison, ☎ 860047, 10 Zi(4 mB/mD)
- **St-Paul,** Jan.-Dez., 12 Pl. St-Paul, ☎ 860216, 31 Zi(7 mB/mD)
- △ **Les Breuils,** ★★★, Jan.-Dez., südwestl. Richtung Paris, ☎ 861531

VÉZELAY ✉ 89450 ⌕ 86

- [i] Pl. Champ-de-Foire, ☎ 332369
- **De la Poste et Lion d'Or,** ◪, Pl. du Champ-de-Foire, ☎ 331123, [Tx] 800949, 49 Zi(40 mB/mD)
- **Espérance,** Jan.-Dez., in St-Père, 3 km südöstl. an der D957, ☎ 332045, [Tx] 800005, 17 Zi mB/mD
- J **Croix Sainte-Marthe,** Jan.-Dez., ☎ 332418, 30 Be.

VIERZON ✉ 18100 ⌕ 48

- [i] Pl. Gabriel-Péri, ☎ 752003
- **Continental,** Jan.-Dez., 104 Av. E. Vaillant, ☎ 753522, 36 Zi(33 mB/mD)
- **Le Sologne,** Jan.-Dez., nach 2 km auf der Straße nach Châteauroux, ☎ 751520, 24 Zi mB/mD
- **Terminus et Bordeaux,** ⟞, Jan.-Dez., 26 Av. Pierre Sémard, ☎ 750046, 43 Zi mB/mD
- J Jan.-Dez., Pl. de la République, ☎ 753062, 72 Be.

VILLENEUVE D'ASCQ ✉ 59000 ⌕ 20

- **Campanile,** Jan.-Dez., Av. de Canteleu la Cousinière, ☎ 918310, [Tx] 133335, 50 Zi mB/mD
- **Ibis,** Jan.-Dez., Quartier de l'hôtel de Ville, ☎ 918150, [Tx] 160626, 80 Zi mB/mD

VITTEL ✉ 88800 ⌕ 29

- [i] Palais des Congrès, ☎ 081272
- **Angleterre,** ◪, Rue de Charmey, ☎ 080842, 62 Zi(50 mB/mD)
- **Beauséjour,** ◪, 12 Av. des Tilleuls, ☎ 080934, 37 Zi(18 mB/mD)
- **Bellevue,** ◪, 10 Av. de Châtillon, ☎ 080798, 39 Zi(33 mB/mD)
- **Castel Fleuri,** ◪, 22 Bd. Jeanne d'Arc, ☎ 080520, 45 Zi(16 mB/mD)
- **Continental,** Jan.-Dez., Av. Bouloumie, ☎ 080018, 39 Zi(19 mB/mD)
- **Le Chalet,** Jan.-Dez., 6 Av. G. Clemenceau, ☎ 080721, 10 Zi mB/mD
- △ **Municipal,** ★★, Jan.-Dez., 0,5 km östl., ☎ 080271

REGISTER

Die im Ortsteil eigens angeführten Orte sind fett gedruckt.

Abbeville *74*
Ablis 65
Airaines 62
Aire 191
Alençon *74*
Alise-Sainte-Reine 52
Altkirch 45
Ambierle 40
Amboise *75*
Amiens *77*
Ancenis 69
Ancy-le-Franc 52
Andlau 201
Anet *79*
Angers *79*
Ango, Manoir d' 117
Annemasse 49
Anse 42
Arbois 43
Arches 53
Archéodrome 88
Arcy 42
Ardres 47
Areines 212
Argentan 75
Argenton-sur-Creuse 107
Arnay-le-Duc 42
Arpajon *82*
Arras *82*
Arromanches-les-Bains 86
Artenay 67
Arz, Insel 211
Audierne 124
Auray 70
Autun *82*
Auxerre *84*
Auxonne 47, 51
Avallon *85*
Avary, Burg von 67
Avesnes-sur-Helpe 59
Avioth 57
Avranches 63
Azay-le-Rideau 205

Bagnoles-de-l' Orne 75
Bailleul, Schloß von 127
Bar-le-Duc 213
Bar-sur-Aube 108
Bar-sur-Seine 210
Barbizon 127
Barr 201
Batz-sur-Mer 190
Baume-les-Dames 43
Baume-les-Messieurs 143
Bayeux *85*
Beaugency 160
Beaune *86*
Beauport, Abtei 188
Beauvais *88*
Beg-Meil 115
Belfort *89*
Belle-Ile 103
Belleville 42
Benfeld 43
Bergheim 114
Bergues 102
Bernay *89*
Berry-au-Bac 46
Berzé-la-Ville 111
Besançon *90*
Bessais-sur-Allier 39
Bettignies 59
Bénodet 175
Béthune 47
Binic 187
Bléré 38
Bligny 57
Blois *92*
Bois-Bourdon 59
Bonneville 49
Bonnières-sur-Seine 63
Bosserville, Chartreuse de 152
Boulogne-sur-Mer *94*
Bourges *94*
Bourgueil 69
Brancion 202
Bras 213
Brest *97*
Brécy, Schloß von 101
Bréhal 63
Bréhat, Insel 188
Bricquebec 109
Brissac, Schloß von 81
Bussang 53
Bussy-Rabutin, Schloß 52
Buzancy 57

Cabourg 116
Caen 98
Calais *101*
Cambrai 123
Cancale 189
Cap Fréhel 190
Carnac *102*
Carrouges 75
Cassel 191
Caudebec-en-Caux 187
Caudeberquet 187
Cerisy-la-Forêt 63
Cernay 43
Chablis 53
Chagny 42
Chailly-en-Bière 41, 53
Chambord *104*
Chambrecy 57
Champagnole 48
Champeaux 182
Champigny-sur-Veude 110
Champs-sur-Marne 129
Champs-sur-Yonne 41
Champtoceaux 69
Chantilly *105*
Chaource 210
Chapaize 202
Charbonnières-les-Bains 40
Charleville-Mézières *106*
Charlieu 40
Charmes 53
Chartres *106*
Chaumont *108*
Chaumont-sur-Loire 94
Chavignon 59
Châalis, Abtei von 193
Châlon-sur-Saône *104*
Châlons-sur-Marne *103*
Château-Gontier 131
Château-Thierry 57
Châteaubourg 66
Châteaubriant 182
Châteaudun 160
Châteaulin 71
Châteauneuf-sur-Cher 97
Châteauroux *107*
Châtillon-sur-Seine *107*
Chenonceaux, Schloß von 76
Chenôve 88
Cherbourg *108*
Cheverny, Schloß von 105
Chevreuse *109*
Chinon *109*
Chissay-en-Touraine 38
Cinq-Mars-la-Pile 206
Cîteaux, Abtei 88
Claye-Souilly 57
Clermont, Abtei von 131
Clery-St-André 67
Clères 187
Clos de Vougeot 88
Cluny *110*
Cluses 49
Coat-Conq 70
Col de la Faucille 48
Coligny 44
Colmar *111*
Colombey-les-deux-Églises 108
Comburg 122
Compiègne *115*
Concarneau *115*
Contamine-sur-Arve 49
Contrexéville 216
Cordon 50
Cormatin 111
Coutances *116*
Cravant 42
Creuly, Schloß von 101
Croisset 187
Crucuno 103
Cuiseaux 44
Cunault 192
Cussy-les-Forges 85

Dammartin-en-Goële 58
Dampierre-en-Yvelines 109
Daoulas 71
Deauville *116*
Deuil-la-Barre 125
Dieppe *117*
Dieulouard 54
Dijon *117*
Dinan *122*
Dinard 189
Dives-sur-Mer 116
Divonne-les-Bains 48
Dizier 46
Dol-de-Bretagne 189
Dole *122*
Dombasle-sur-Meurthe 56
Domrémy-la-Pucelle 153
Dormans 57
Douai *123*
Douarnenez *124*
Douaumont, Fort de 213
Dourdan *124*
Dreux *124*
Duclair 187
Dünkirchen 101
Dunkerque 101

Ebersmünster 43
Enghien-les-Bains *125*
Epau, Abtei 136
Eperlecques, Wald von 191
Esternay 55
Eu 117
Evrange 54
Evron 66
Écouen *124*
Épernay 103
Épinal *125*
Époisses 85
Étampes *125*
Étretat 127
Évreux *126*

Falaise 101
Fayl-Billot 45
Ferney-Voltaire 49
Fécamp *126*
Findrol 49
Flaine 49
Flavigny-sur-Moselle 53
Flavigny-sur-Ozerain 52
Fleurigny, Burg von 194
Fleurville 42
Fléville, Château de 153
Fontaine-Henry, Schloß 101
Fontainebleau *127*
Fontenay, Abtei von 52
Fontenay-le-Comte 158
Fontenay-Trésigny 55
Fontevraud-l'Abbaye 192
Forest-Montiers 62
Fort la Latte 190
Fouchères 210
Fouesnant 115
Fougères *127*
Foussais 158
Fresnoy-en-Bassigny 216
Frisange 54

Gavrinis, Insel 211
Gebweiler 149
Gevrey-Chambertin 88
Gex 48
Gérardmer 114

Gien 160
Gisors *128*
Giverny 214
Gorze 147
Goulaine, Schloß von 156
Grandvilliers 62
Granville 63
Gravelines 101
Gray 92
Guebwiller 149
Guermantes, Schloß von 129
Guérande 190
Guimiliau 148
Guingamp 66

Hagenau 201
Haguenau 201
Halle 60
Hambye, Abtei von 116
Haut-Koenigsburg 114
Hennebont 70
Héming 56
Héricourt 43
Hochkönigsburg 114
Hohwald 201
Honfleur *128*
Houlgate 116
Huelgoat 147

Ile Aux Moines 211
Ingrandes 69

Joigny 41
Joinville 108
Josselin 212
Jougne 51
Jouy-aux-Arches 54, 147
Jumièges 187

Kaysersberg 114
Kerazan 176
Kerdévot, Kapelle von 175
Kerlescan 102
Kermaria-an-Iskuit, Kapelle 187
Kermario 102
Kerzerho 103

L' Épine 103
L' Isle-sur-le-Doubs 43
L' Arbresle 40
La Baule 190
La Charité-sur-Loire 157
La Châtre 107
La Daguenière 69
La Devinière 110
La Ferté-Bernard 65
La Ferté-sous-Jouarre 57
La Fère 130
La Flèche 136
La Forêt-Fouesnant 115
La Gravelle 66
La Pierre-qui-Vire, Abtei 42
La Rivière-Thibouville 63
La Roche-Bernard 70
La Roche-Maurice 66
La Rochepot 42
La Tour-de-Salvagny 40
Lagat-Jar 124
Lagny-sur-Marne *128*
Lamballe 187
Lampaul-Guimiliau 148
Landivisiau 148
Langeais 206
Langres *129*
Lannion 206
Laon *129*
Lapalisse 39
Largoët, Château de 212
Larmor-Baden 211
Larmor-Plage 176
Lautenbach 149
Laval *130*
Le Bec-Hellouin, Abtei von 89
Le Cateau-Cambrésis 123
Le Creusot 83
Le Croisic 190
Le Faou 71
Le Folgoët 98
Le Guildo 189
Le Havre *131*
Le Hohwald 201
Le Lude 136
Le Mans *133*
Le Marais, Schloß von 82
Le Mont-Saint-Michel *136*
Le Neuburg 126
Le Pailly 48
Le Pouldu 176
Le Puy-Notre-Dame 192
Le Touquet-Paris-Plage *138*
Le Tréport 117
Le Val-André 64
Les Andelys *138*
Les Bossons 50
Les Carroz-d' Arâches 49
Les Houches 50
Les Laumes 52
Les Ponts-Neufs 64
Les Rousses 48
Lessay 116
Ligny-en-Barrois 55
Lille *138*
Lillebonne 187
Lillers 47, 191
Lisieux *140*
Loches *141*
Locmariaquer 102
Locronan 124
Loctudy 176
Longlaville 58
Longuyon 58
Longwy 58
Lons-le-Saunier *143*
Lorient 176
Loudun 110
Lunéville 153
Lusigny-sur-Barse 108
Luxeuil-les-Bains 174
Luynes 68

Mâcon *143*
Magland 49
Maillezais 158
Maisons-Laffitte *143*
Malo-les-Bains 102
Mantes-la-Jolie *144*
Marle 59
Marly-le-Roy *144*
Marmagne 52
Marmoutier 200
Marquise 62
Marsannay-la-Côte 88
Marville 58
Massay 107
Matignon 64, 189
Maubeuge 59
Mauersmünster 200
Meaux *144*
Mehun-sur-Yèvre 39
Meillant, Schloß von 97
Melun *144*
Menars 68
Mennetou-sur-Cher 39
Mer 68
Metz 144
Meung-sur-Loire 67
Meursault 88
Ménec 102
Moëllesulaz 49
Molsheim 201
Mondorf-les-Bains 54
Monfort-sur-Risle 63
Mons 59
Mont-Sainte-Odile 201
Mont-Saxonnex 49
Mont-sous-Vaudrey 51
Montbard 52
Montbéliart 89
Montmédy 57
Montmirail 65
Montmorency 125
Montreuil 62
Montreuil-Bellay 192
Montréal 85
Montrésor 142
Montrichard 38
Montrond 48
Montsoreau 192
Montvilliers 133
Morbier 48
Moret-sur-Loing *147*
Morez 48
Morgat 124
Morimond, Abtei von 216
Morlaix *147*
Mouchard 43, 51
Moulins 39
Mouzon 106
Mülhausen *148*
Mulhouse, siehe Mülhausen 148
Munster 114
Murbach 149
Mussy-sur-Seine 108
Muzillac 70

Nampont-St-Martin 62
Nancy *150*
Nantes *153*
Nanteuil 38
Neuvy-Saint-Sépulcre 107
Neuweiler 201
Neuwiller-les-Saverne 201
Nevers *156*
Niort *157*
Nogent-le-Rotrou 65
Nohant 107
Noirlac, Abtei von 97
Nonancourt 124
Notre-Dame-de-Tronoën, Kirche 176
Noyon *158*
Nuits-St-Georges 88

Oberehnheim 201
Obernai 201
Odilienberg 201
Oiron 192
Omaha Beach 86
Onessant, Insel 98
Orléans *158*
Ornans 92
Ottmarsheim 149
Oudon 69
Ouistreham-Riva-Bella 101

Pacy-sur-Eure 63
Pagny-sur-Meuse 55
Paimpol 188
Paray-le-Monial *161*
Paris *161*
– *Arc de Triomphe du Carrousel 167*
– *Arènes de Lutèce 172*
– *Bibliothèque Nationale 169*
– *Bois de Boulogne 172*
– *Bois de Vincennes 172*
– *Boulevard des Capucines 168*
– *Boulevard des Italiens 168*
– *Centre Georges-Pompidou 169*
– *Champs-Élysées 168*
– *Chapelle expiatoire 170*
– *Château de Vincennes 172*
– *Cimetière Montparnasse 171*
– *Comédie Française 169*
– *Conservatoire des Arts et Metiers 169*
– *Dôme des Invalides 170*
– *Eiffelturm 170*
– *École Militaire 170*
– *Faubourg St-Germain 170*
– *Forum de Commerce 169*
– *Friedhof Père Lachaise 172*
– *Friedhof von Montmartre 170*
– *Gare d'Austerlitz 172*
– *Grand-Palais 168*
– *Grands-Boulevards 168*
– *Hôpital St-Louis 168*
– *Hôtel Carnavalet 169*
– *Hôtel de Beauharnais 171*
– *Hôtel de Cluny 171*
– *Hôtel de Matignon 171*
– *Hôtel de Sens 169*
– *Hôtel de Sully 169*
– *Hôtel de Ville 169*
– *Hôtel des Invalides 170*
– *Hôtel Lamoignon 169*
– *Hôtel Soubise 169*
– *Ile Saint-Louis 166*
– *Invalides 170*
– *Jardin des Plantes 172*

– *Jardin des Tuileries 167*
– *Kathedrale Notre-Dame 166*
– *Kirche Notre-Dame-des-Victoires 169*
– *Kirche Saint-Germain-l'Auxerrois 166*
– *Kirche Saint-Louis-en-l'Ile 166*
– *Kirche St-Augustin 170*
– *Kirche St-Eustache 169*
– *Kirche St-Étienne-du-Mont 172*
– *Kirche St-Germain-des-Près 171*
– *Kirche St-Julien-le-Pauvre 171*
– *Kirche St-Louis 170*
– *Kirche St-Merry 169*
– *Kirche St-Médard 172*
– *Kirche St-Nicolas-du Chardonnet 172*
– *Kirche St-Paul-St-Louis 169*
– *Kirche St-Roch 169*
– *Kirche St-Severin 171*
– *Kirche St-Sulpice 171*
– *L'Étoile 168*
– *La Cité 161*
– *La Madeleine 168*
– *Louvre 166*
– *Manufacture de Tapisserie des Gobelins 172*
– *Monnaie 171*
– *Montmartre 170*
– *Montparnasse 171*
– *Musée Cernuschi 170*
– *Musée Cognacq-Jay 168*
– *Musée de Cluny 171*
– *Musée de l'Histoire de France 169*
– *Musée de l'Opéra 168*
– *Musée de l'Orangerie 167*
– *Musée des Arts et Traditions Populaires 173*
– *Musée du Jeu de Paume 168*
– *Musée Historique de la Ville de Paris 169*
– *Musée Jacquemart-André 170*
– *Musée Marmottan 173*
– *Musée National du Louvre 166*
– *Musée Nissim de Camondo 170*
– *Musée Rodin 170*
– *Observatoire 171*
– *Opéra 168*
– *Palais Bourbon 171*
– *Palais de Chaillot 170*
– *Palais de Justice 166*
– *Palais de l'Élysée 168*
– *Palais de l'Institut 171*
– *Palais du Luxembourg 171*
– *Palais Royal 169*
– *Panthéon 172*
– *Parc Monceau 170*
– *Petit-Palais 168*
– *Place Charles-de-Gaulle 168*
– *Place de la Bastille 169*
– *Place de la Concorde 168*
– *Place de la République 168*
– *Place des Vosges 169*
– *Place du Carrousel 167*
– *Place du Châtelet 166*
– *Place du Louvre 166*
– *Place du Parvis Notre-Dame 161*
– *Place du Tertre 170*
– *Place du Trocadéro 170*
– *Place St-Germain-des-Près 171*
– *Place Vendôme 169*
– *Pont Neuf 166*
– *Quai de Conti 171*
– *Quai de la Mégisserie 166*
– *Quai du Louvre 166*
– *Quartier Latin 171*
– *Rue de Rivoli 167*
– *Rue du Faubourg St-Honoré 168*
– *Rue Royale 168*
– *Sacré-Cœur 170*
– *Sainte-Chapelle 166*
– *Sorbonne 172*
– *Square St-Jacques 169*
– *Triumphbogen 168*
– *Val-de-Grâce 172*
– *Vincennes 172*

Penmarc' h 176
Perros-Guirec 207
Phalsbourg 56
Pierrefonds 115
Plessis-Bourré, Burg von 81
Plessis-Macé, Burg von 81
Pleyben 175
Ploërmel 211
Plombières-les-Bains *174*
Plougastel-Daoulas 97
Plougonven 147
Plouha 188
Ploumanac' h 207
Pointe du Raz 124
Poissy *174*
Poix-de-Picardie 62
Poligny 44, 48
Pont-Audemer 63
Pont-Aven 115
Pont-à-Mousson 153
Pont-Croix 124
Pont-l' Abbé 176
Pont-sur-Yonne 53
Pontalier 51
Pontchâteau 70
Pontigny 85
Pontoise *174*
Pontorson 64
Port-Boulet 69
Port-Navalo 211
Port-Royal, Abtei 109
Port-sur-Saône 45
Posanges 52
Provins *174*

Quiberon 102
Quimper *175*
Quimperlé *176*
Quingey 43

Rambouillet *176*
Rappoltsweiler 114
Reichenweier 114
Reims *177*
Remiremont 174
Rennes *180*
Ribeauvillé 114
Richelieu 110
Riquewihr 114
Rixheim 149
Roanne 40
Rochecorbon 68
Rocroi 106
Rodange 58
Rodemack 54
Romorantin-Lanthenay 39
Ronchamp 45
Roscoff 148
Rosheim 201
Rosny-sur-Seine 63
Rosporden 70
Rothéneuf 189
Rots 101
Rouen *182*
Rouffach, siehe Rufach 43
Rouvray 42
Rozay-en-Brie 55
Rue 74
Rufach 43
Rumilly-les-Vaudes 210

Sables-d' Or-les-Pins 190
Saché, Schloß von 206
Salins-les-Bains 51
Sallanches 50
Samer 62
Sancoins 39
Sarrebourg 56
Sarzay, Burg von 107
Sarzeau 211
Saulieu 42
Saumur *191*
Saverne 200
Savigny-en-Terre-Plaine 85
Savonnières 205
Sceaux 173
Schlettstadt 114
Sedan 106
Selles-sur-Cher 39
Semur-en-Auxois *192*
Senlis *192*
Sennecy-le-Grand 42
Sens *193*
Sées 74
Sélestat 114
Sèvres 173
Sézanne 55
Sierck-les-Bains 54
Sizun 148
Soignies 59
Soissons *194*
Solesmes, Abtei von 136
Solutré 143
Sombernon 52
Souville, Fort de 213
St-Aide 64
St-Aignan 38
St-Albain 42
St-Amand-les-Eaux 211
St-Amand-Montrond 97
St-André-les-Vergers 210
St-Benoit-sur-Loire 160
St-Brieuc 187
St-Bris-le-Vineux 84
St-Cast 64, 189
St-Claude *188*
St-Clément-des-Levées 69
St-Denis 173
St-Denis d' Orques 66
St-Dié 114
St-Dizier 55
St-Florentin 53
St-Georges-sur-Loire 69
St-Germain-en-Laye *188*
St-Germain-Lespinasse 40
St-Gildas-de-Rhuys 211
St-Gonéry, Kapelle von 206
St-Guénolé 176
St-Hippolyte 114
St-Jean-aux-Bois 115
St-Jean-du-Doigt 147
St-Just 39
St-Laurent-en-Grandvaux 48
St-Léger-Vauban 42
St-Louis 53
St-Loup-de-Varenne 42
St-Lô 86
St-Lunaire 189
St-Malo *188*
St-Martin-de-Boscherville 187
St-Maurice-sur-Moselle 53
St-Mihiel 214
St-Nazaire *190*
St-Nicolas-de-Port 153
St-Omer *190*
St-Omer-en-Chaussée 62
St-Ouen-l' Aumone 174
St-Parres-les-Vaudes 210
St-Paul-de-Varax 44
St-Père 216
St-Pierre-le-Moutier 39
St-Pierre-sur-Dives 141
St-Pilt 114
St-Pol-de-Léon 147
St-Quai-Portrieux 187
St-Quentin 130
St-René 64, 66
St-Riquier 74
St-Servan 64, 189
St-Sulpice-de-Favières 82
St-Thégonnec 148
St-Thibault 52
St-Thierry 46
St-Wandrille, Abtei 187
Stainville 55
Ste-Mère-Église 86
Ste-Savine 210
Ste-Seine-l' Abbaye 122
Stenay 57
Strasbourg, siehe Straßburg 195
Straßburg *195*
Suèvres 68
Sully, Schloß von 83
Sully-sur-Loire 160

Taizé 111
Talcy, Schloß von 68
Tancarville, Burg 187
Tanlay 52
Tarare 40
Tassin-la-Demi-Lune 40

Taverny 125
Thann 149
Thaon 101
Thésée 38
Thionville 147
Thouars 192
Tonnerre 52
Tonquédec, Schloß von 206
Toul 153
Tournus *201*
Tours *202*
Toury 67
Trébeurden 207
Trégastel-Plage 207
Tréguier 206
Trèves 69
Trilport 57
Trouville 116
Troyes *207*

Uchizy 42
Ussé, Schloß d' 109
Utah Beach 86

Vaise 42
Valenciennes *210*
Valençai 39
Valloires, Abtei von 62
Vallorbe 51
Vannes *211*
Varennes-sur-Allier 39
Vascoeuil, Schloß 187
Vaux-le-Vicomte, Schloß 144
Vaux. Fort de 213
Vendôme *212*
Verdun *213*
Vermenton 42
Verneuil-sur-Avre *214*
Vernon *214*
Versailles *214*
Vervins 59
Vesoul 45
Véretz 38
Vézelay *215*
Vic 107
Vichy 40
Vierzon 39, 107
Vignory 108
Villandry 205
Villars-les-Dombes 44
Villefranche-sur-Cher 39
Villemaur-sur-Vanne 194
Villeneuve-l' Archevêque 194
Villeneuve-sur-Yonne 41
Villers-Cotterêts 59
Villers-sur-Mer 116
Villiers-en-Lieu 46
Vitré 181
Vitry-le-François 46
Vitteaux 52
Vittel *216*
Vouvant 158
Vouvray 68
Vouziers 57

Weißenburg 201
Wissembourg 201

Yffiniac 64, 66

Zabern 200